해커스

사회복지사 1급 FINAL 봉투모의고사

제1회

해커스

본 교재 인강·기출해설 무료 동영상강의

sabok.edu2080.co.kr

사회복지사 1급 국가자격시험 대비
제1회 FINAL 모의고사

교 시	문제형별	시 간	시 험 과 목
1교시	A	50분	〈사회복지기초〉 1 인간행동과 사회환경 2 사회복지조사론

수험번호		성 명	

[수험자 유의사항]

1. 시험문제지는 **단일 형별(A형)**이며, 답안카드 형별 기재란에 표시된 형별(A형)을 확인하시기 바랍니다. 시험문제지의 **총면수**, **문제번호 일련순서**, **인쇄상태** 등을 확인하시고, 문제지 표지에 수험번호와 성명을 기재하시기 바랍니다.

2. 답은 각 문제마다 요구하는 **가장 적합하거나 가까운 답 1개**만 선택하고, 답안카드 작성 시 시험문제지 **마킹착오**로 인한 불이익은 전적으로 **수험자에게 책임**이 있음을 알려 드립니다.

3. 답안카드는 국가전문자격 공통 표준형으로 문제번호가 1번부터 125번까지 인쇄되어 있습니다. 답안 마킹 시에는 반드시 **시험문제지의 문제번호와 동일한 번호**에 마킹하여야 합니다.

4. **감독위원의 지시에 불응하거나 시험시간 종료 후 답안카드를 제출하지 않을 경우** 불이익이 발생할 수 있음을 알려 드립니다.
   ※ 시험문제지는 시험 종료 후 가지고 갈 수 있습니다.

5. 문제지 맨 뒤에 제공되는 답안카드를 활용하여 실전처럼 모의고사를 풀어보시기 바랍니다.

각 문제에서 요구하는 가장 적합한 답 1개만을 고르시오.

사회복지기초(인간행동과 사회환경)

01. 인간발달에 관한 설명으로 옳지 않은 것은?

① 인간의 성장과 발달은 종단적으로 일어난다.

② 일정한 방향으로 이루어지며, 개인적 차이도 존재한다.

③ 태아기에서 노년기에 이르기까지 시간적 흐름에 따라 일어나는 변화이다.

④ 특정단계에서의 발달은 이전단계의 발달과업 성취와 무관하다.

⑤ 상부에서 하부로, 중심에서 말초로, 단순한 것에서 복잡한 것으로 나타난다.

02. 프로이트(S. Freud)의 정신분석이론에 관한 설명으로 옳지 않은 것은?

① 인간행동과 경험의 역동적이고 무의식적 영향을 연구하였다.

② 인간의 성격은 과거사건 및 미래에 대한 열망에 의해 형성된다고 보았다.

③ 전 생애적 성격발달을 제시하지 않았다.

④ 일반적으로 리비도(libido)를 성적에너지로 한정시켜 이해하였다.

⑤ 구강수동적 성격은 수동적이고 의타심이 많은 성향을 보인다.

03. 스키너(B. Skinner)의 행동주의이론에 관한 설명으로 옳지 않은 것을 모두 고른 것은?

ㄱ. 사회복지실천과 관련해서 환경의 변화를 통해 문제를 해결할 수 있는 기반을 제공하였다. ㄴ. 간헐적 강화계획 중 가장 높은 반응의 빈도를 지속적으로 유발하는 것은 가변간격계획이다. ㄷ. 숙제하지 않는 학생의 핸드폰을 압수하는 방법으로 숙제하지 않는 행위를 감소시키는 것은 부적처벌의 예이다. ㄹ. 체벌은 대표적인 부적강화의 예이다.

① ㄱ, ㄷ　② ㄴ, ㄹ　③ ㄱ, ㄴ, ㄷ　④ ㄴ, ㄷ, ㄹ　⑤ ㄱ, ㄴ, ㄷ, ㄹ

04. 태아기에 관한 설명 중 옳은 것은?

① 헌팅톤병은 열성 유전인자 질병으로서 단백질의 대사장애를 일으킨다.

② 다운증후군은 45개의 염색체를 가짐으로 발생하는 증후군이다.

③ 태아의 태내발달은 어머니의 영양상태, 학력, 교육수준, 질병 등으로부터 영향을 받는다.

④ 양수검사는 임신초기에 실시하여 임산부와 태아의 건강 상태를 확인하는 데 활용된다.

⑤ 융모막 검사는 정확도가 양수검사에 비해 떨어지고 유산의 위험성이나 사지 기형의 가능성이 있어 염색체 이상이나 노산일 경우에만 제한적으로 실시하는 것이 바람직하다.

05. 에릭슨(E. Erikson)의 심리사회이론에 관한 설명으로 옳지 않은 것은?

① 개인의 성격은 전 생애를 통하여 발달한다고 보았다.
② 발달에 영향을 미치는 유전적·생물학적 요인을 배제하였다.
③ 성격발달에 있어서 환경과의 상호작용이 중요하다고 보았다.
④ 자아(ego)의 자율적, 창조적 기능을 고려하였다.
⑤ 청소년기의 자아정체감 발달을 강조하였다.

06. 융(C. Jung)의 분석심리이론에 관한 설명으로 옳지 않은 것을 모두 고른 것은?

ㄱ. 남성의 여성적 면은 아니무스(animus), 여성의 남성적 면은 아니마(anima)이다.
ㄴ. 페르소나(persona)는 외부의 요구나 기대에 부응하는 과정에서 생긴 자아의 가면이다.
ㄷ. 리비도(libido)는 전반적인 삶의 에너지이다.
ㄹ. 자기(self)는 중년기 이후에 나타나는 원형(archetype)이다.

① ㄱ ② ㄴ, ㄹ ③ ㄱ, ㄴ, ㄷ ④ ㄴ, ㄷ, ㄹ ⑤ ㄱ, ㄴ, ㄷ, ㄹ

07. 영아기(0~2세)에 관한 설명으로 옳지 않은 것은?

① 피아제에 의하면, 통찰기 단계에서 상징적 표상 사고가 시작된다.
② 영아는 정지된 것보다 움직이는 것을 선호하여 지각한다.
③ 제1성장 급등기라고 할 정도로 일생 중 신체적으로 급격한 성장이 일어난다.
④ 생존반사에는 연하반사(삼키기반사), 빨기반사, 바빈스키반사, 모로반사 등이 있다.
⑤ 대상이 눈에 보이지 않아도 존재한다는 사실을 인식할 수 있는 대상영속성이 습득된다.

08. 파블로프(I. Pavlov)의 이론에 관한 설명으로 옳지 않은 것을 모두 고른 것은?

ㄱ. 고전적 조건형성의 학습원리에는 일관성의 원리, 계속성의 원리, 강도의 원리, 시간의 원리 등이 있다.
ㄴ. '쥐를 전혀 두려워하지 않는 아동에게 쥐를 보여주는 동시에 큰 소리를 내어 공포를 갖게 하는 것을 반복하면, 이후 아동은 쥐만 보아도 공포심을 느끼게 된다.' 이 경우 쥐는 무조건적 자극이다.
ㄷ. 자극일반화란 조건형성이 된 대상을 조건자극과 유사하지만 다른 자극에 노출시킬 경우에도 동일한 조건반응이 나타나는 현상이다.
ㄹ. 환경적 자극에 능동적으로 반응하여 나타나는 행동에 관심을 갖는다.

① ㄱ ② ㄴ, ㄹ ③ ㄱ, ㄴ, ㄷ ④ ㄴ, ㄷ, ㄹ ⑤ ㄱ, ㄴ, ㄷ, ㄹ

09. 학자와 인간관의 연결이 옳지 않은 것은?

① 에릭슨 - 인간은 합리적이고 창조적인 존재이다.
② 아들러 - 개인이 지닌 창조적 힘이 인간의 본성을 결정한다.
③ 피아제 - 인간은 환경과의 상호작용을 통하여 변화하고 발달하는 능동적 존재이다.
④ 스키너 - 인간은 환경적 자극이 없어도 동기화가 가능한 자율적 존재이다.
⑤ 반두라 - 인간 성격의 대부분은 타인의 행동을 모방하여 형성된다.

10. 유아기(3~6세)에 관한 설명으로 옳지 않은 것을 고른 것은?

ㄱ. 피아제의 전조작기에 해당하며 상징적 사고가 활발한 시기이다.
ㄴ. 콜버그의 후인습적 도덕발달단계에 해당한다.
ㄷ. 프로이트의 남근기에 해당하며 동성부모에게 성적 관심을 갖는 시기이다.
ㄹ. 영아기에 비해 성장 속도가 빨라지며 지속적으로 성장한다.

① ㄱ ② ㄴ, ㄹ ③ ㄱ, ㄴ, ㄷ ④ ㄴ, ㄷ, ㄹ ⑤ ㄱ, ㄴ, ㄷ, ㄹ

11. 체계이론의 주요개념에 관한 설명으로 옳지 않은 것은?

① 폐쇄체계가 지속되면 엔트로피 속성이 나타난다.
② 경계란 모든 사회체계에서 관찰되는 사회적 구조이다.
③ 공유영역(interface)이란 두 개 이상의 체계가 공존하는 부분으로 체계 간의 교류가 일어나는 장소이다.
④ 홀론(holon)이란 체계는 부분성과 전체성을 동시에 가지고 있다는 개념이다.
⑤ 항상성은 외부체계로부터 투입이 없이 체계의 구조변화가 고정된 상태를 말한다.

12. 문화에 관한 설명으로 옳지 않은 것은?

① 자연환경적 요인보다 인간의 정신활동을 중시한다.
② 시대적 상황에 따라 변화하지만 사회마다 공통적인 문화형태가 존재한다.
③ 개별 클라이언트에게 영향을 주는 거시체계이다.
④ 개인행동에 대한 규제와 사회통제의 기능은 없다.
⑤ 문화변용(acculturation)은 둘 이상의 문화가 지속적으로 접촉하여 한쪽이나 양쪽에 변화가 일어나는 현상이다.

13. 아들러(A. Adler)의 개인심리이론에 관한 설명으로 옳지 않은 것은?

① 지배형 생활양식은 사회적 관심은 낮으나 활동수준이 높은 유형이다.
② 아동에 대한 신체적 결함, 과잉보호, 방임 등은 병적 열등감을 초래할 수 있다.
③ 열등감은 모든 인간이 지닌 보편적인 감정이다.
④ 사회적 관심은 선천적으로 타고나는 것이어서 의식적인 개발과 교육이 필요하지 않다.
⑤ 개인이 추구하는 목표는 현실에서 검증하기 어려운 가상적 목표이다.

14. 아동기(7~12세)에 관한 설명으로 옳은 것을 모두 고른 것은?

ㄱ. 사물의 분류와 보존의 개념을 획득한다.
ㄴ. 자율성 대 수치감이 형성되는 시기이다.
ㄷ. 물활론적 사고가 나타나는 시기이다.
ㄹ. 성역할 정체감이 완성되는 시기이다.

① ㄱ ② ㄴ, ㄹ ③ ㄱ, ㄴ, ㄷ ④ ㄴ, ㄷ, ㄹ ⑤ ㄱ, ㄴ, ㄷ, ㄹ

15. 퀴블러 로스(Kübler-Ross)가 주장한 죽음 수용의 순서로 옳은 것은?

① 부정 → 분노 → 우울 → 타협 → 수용
② 부정 → 분노 → 타협 → 우울 → 수용
③ 부정 → 분노 → 타협 → 수용 → 상실
④ 분노 → 부정 → 상실 → 타협 → 수용
⑤ 분노 → 부정 → 우울 → 타협 → 수용

16. 피아제(J. Piaget)의 인지발달 단계 중 구체적 조작기에 관한 설명으로 옳지 않은 것은?

① 보존의 개념을 획득하게 되어 역조작성의 논리를 사용할 수 있다.
② 유목화가 가능하여 동물과 식물이 생물보다 하위개념임을 안다.
③ 추상적으로 사고하고 추론을 통해 가설을 검증할 수 있다.
④ 서열화, 탈중심화를 획득한다.
⑤ 또래들과의 관계 속에서 의사소통이 활발하게 이루어지는 시기이다.

17. 청소년기(13~18세)에 관한 설명으로 옳은 것은?

① 매우 안정적인 정서상태를 보인다.
② 에릭슨은 이 시기를 친밀감 대 고립감의 위기로 표현했다.
③ 자기개념(self-concept)의 발달이 시작되고 자기효능감이 급격히 증가한다.
④ 이상적 자아와 현실적 자아의 괴리로 인해 갈등과 고민이 많은 시기이다.
⑤ 또래집단에서 단체놀이를 통해 상대를 존중하고 규칙과 예절을 배운다.

18. 반두라(A. Bandura)의 사회학습이론에 관한 설명으로 옳지 않은 것을 모두 고른 것은?

ㄱ. 관찰학습과정은 운동재생 단계로 마쳐진다. ㄴ. 인간행동 발달에서 연령별 단계를 제시하고 있다. ㄷ. 인간행동의 발달에서 개인·행동·환경 간의 상호작용을 강조한다. ㄹ. 개인은 자기효율성을 성취하기 위해 자신의 행동을 규제할 수 있다.

① ㄱ ② ㄴ, ㄹ ③ ㄱ, ㄴ ④ ㄴ, ㄷ, ㄹ ⑤ ㄱ, ㄴ, ㄷ, ㄹ

19. 청년기(19~34세)에 관한 설명으로 옳지 않은 것은?

① 직업을 선택하고 경력을 쌓는 등 자기 부양 능력을 갖추어야 하는 시기이다.
② 타인과의 관계 속에서 친밀감을 형성한다.
③ 신체발달이 완성되며 매우 건강한 시기이다.
④ 자신의 과거에 대한 재평가를 통해 변화가능성을 탐색해야 한다.
⑤ 삶과 직업에 관한 목표와 희망을 명확하게 정의해야 한다.

20. 매슬로우(A. Maslow)의 이론에 관한 설명으로 옳지 않은 것은?

① 인간의 본성은 본질적으로 선하다고 전제한다.
② 다섯 가지 욕구는 동시에 일어날 수 없다고 가정한다.
③ 자아실현의 욕구가 안전의 욕구보다 강도와 우선순위가 높다.
④ 소속감과 사랑의 욕구는 충족된 직후에 욕구가 더 이상 동기로 작용하지 않는다.
⑤ 창조성은 누구에게나 잠재해 있기 때문에 특별한 자질이나 능력을 요구하지 않는다.

21. 중년기(35~64세)에 대한 설명으로 옳은 것은?

① 혼(J. Horn)에 따르면 유동적 지능은 증가하는 반면, 결정적 지능은 감소한다.
② 폐경기 여성은 여성호르몬인 안드로겐의 감소로 인해 관상동맥질환과 골다공증이 발생하는 경우가 많다.
③ 아들러(A. Adler)는 외부에 쏟았던 에너지를 자기 내부로 돌리며 개성화과정을 경험한다고 보았다.
④ 어휘력과 언어능력이 저하되므로 학습과 경험을 통합하여 사고하는 능력이 저하된다.
⑤ 생산성 형성이 주요 과업이며, 사회적 관계망이 확대된다.

22. 로저스(C. Rogers)의 이론에 관한 설명으로 옳지 않은 것은?

① 성격발달은 주로 자아(ego)를 중심으로 이루어진다.
② 인간을 합리적·미래지향적인 존재로 규정한다.
③ 비지시적 상담의 중요성을 강조한다.
④ 인간행동은 인간이 세계를 어떻게 지각하느냐에 따라 달라진다.
⑤ 개인의 존엄과 가치, 사회적 책임에 대한 소신은 사회복지실천의 철학과 조화를 이룬다.

23. 노년기(65세 이상)에 관한 설명으로 옳지 않은 것은?

① 자아통합 대 절망의 심리사회적 위기를 경험한다.
② 주요 과정은 이제까지 자신의 삶을 수용하는 것이다.
③ 조심성, 경직성, 능동성, 외향성이 증가한다.
④ 남성노인은 생식기능이 저하되고 성교능력이 저하되긴 하지만 여성보다는 그 정도가 덜하다.
⑤ 일반적으로 단기기억 능력이 감퇴하는 경향을 보인다.

24. 방어기제에 관한 설명으로 옳지 않은 것을 모두 고른 것은?

ㄱ. 방어기제의 병리성 판단기준에는 강도, 균형, 연령의 적절성, 철회 가능성 등이 있다.
ㄴ. 갈등과 불안에 대처하기 위해 초자아가 사용하는 심리적 기제이다.
ㄷ. 억압은 갈등해결에 사용되는 대표적인 방어기제이다.
ㄹ. 전환은 심리적 갈등이 감각기관이나 수의근계통 이외의 다른 신체증상으로 표출되는 것이다.

① ㄱ ② ㄴ, ㄹ ③ ㄱ, ㄴ, ㄷ ④ ㄷ, ㄹ ⑤ ㄱ, ㄴ, ㄷ, ㄹ

25. 콜버그(L. Kohlberg)의 이론에 관한 설명으로 옳지 않은 것은?

① 도덕발달은 개인의 인지구조와 환경 간 상호작용의 결과이다.
② 도덕발달은 위계적 단계가 있으며, 그 순서는 전인습수준, 인습수준, 후인습수준이다.
③ 남성과 여성의 도덕성은 질적 차이가 있어 남성은 권리와 규칙을, 여성은 책임감을 중시하는 형태로 도덕발달이 이루어진다.
④ 개인이 도달하는 최종 도덕발달단계는 다를 수 있다.
⑤ 아동은 동일한 발달단계 순서를 거친다.

사회복지기초(사회복지조사론)

26. 조사과정의 단계를 순서대로 나열한 것은?

> ㄱ. '급여인상은 사회복지사의 업무능력을 향상시킬 것이다.'로 가설을 설정한다.
> ㄴ. 할당표집으로 대상자가 되는 사회복지사를 선정하여 자료를 수집한다.
> ㄷ. 사회복지사의 업무능력 향상을 관심주제로 선정한다.
> ㄹ. 구조화된 설문지를 작성한다.

① ㄱ - ㄴ - ㄷ - ㄹ ② ㄱ - ㄷ - ㄴ - ㄹ ③ ㄱ - ㄷ - ㄹ - ㄴ
④ ㄷ - ㄱ - ㄹ - ㄴ ⑤ ㄷ - ㄹ - ㄱ - ㄴ

27. 측정에 관한 설명으로 옳지 않은 것은?

① 개념의 구체화 과정에서 포괄성과 상호배타성의 원칙을 지켜야 한다.
② 개념의 경험화 과정에서 변수를 구성하는 속성들 간의 구분이 분명해야 한다.
③ 타당도가 높은 측정을 위해서는 문항 간 내적 일관성을 가져야 한다.
④ 명목변수의 수치에는 서열이나 양적 의미가 없다.
⑤ 측정의 수준에 따라 명목, 서열, 등간, 비율의 4가지 유형으로 분류한다.

28. 측정의 오류에 관한 설명으로 옳지 않은 것은?

① 연구자의 의도가 포함된 질문은 체계적 오류를 발생시킨다.
② 사회적으로 바람직한 응답의 유도는 체계적 오류를 발생시킨다.
③ 타당도가 낮은 척도의 사용은 무작위 오류를 발생시킨다.
④ 측정의 다각화는 측정의 오류를 줄여 객관성을 높인다.
⑤ 코딩 왜곡은 무작위 오류를 발생시킨다.

29. 과학철학에 관한 설명으로 옳지 않은 것을 모두 고른 것은?

> ㄱ. 비판사회과학적 패러다임은 억압받는 집단의 권한을 강화하는 데에 관심을 둔다.
> ㄴ. 반증주의는 누적적인 진보를 부정하면서 역사적 사실들과 더 잘 부합하는 새로운 패러다임을 제시한다.
> ㄷ. 포스트모더니즘은 다양성과 차이를 강조하며, 따라서 객관적 실재라는 개념을 부정한다.
> ㄹ. 후기실증주의는 인간의 비합리적 행위도 합리적으로 설명할 수 있다고 보며, 해석주의가 주장하는 귀납주의를 기반으로 한다.

① ㄱ ② ㄴ, ㄹ ③ ㄱ, ㄴ, ㄷ ④ ㄴ, ㄷ, ㄹ ⑤ ㄱ, ㄴ, ㄷ, ㄹ

30. 신뢰도와 타당도에 관한 설명으로 옳은 것은?

① 측정할 때마다 항상 30분 빠르게 측정되는 시계는 신뢰도가 높은 것이다.
② 측정도구의 신뢰도가 높으면 타당도도 높아진다.
③ 측정도구를 동일 응답자에게 반복 적용했을 때 일관된 결과가 나오면 타당도가 높은 것이다.
④ 동일한 변수를 측정할 때 신뢰도와 타당도를 높이기 위해서는 관련 문항 수를 줄인다.
⑤ 타당도를 검사하기 위해 복수양식법을 활용한다.

31. 다음 중 (   )에 들어갈 알맞은 것은?

> A대학교 사회복지학과에서는 졸업반의 학업 능력의 (   )타당도를 확보하기 위해 교수회의를 통해 사회복지실천론, 사회복지정책론 등을 포함하기로 결정하였다.

① 내용 ② 동시 ③ 예측 ④ 판별 ⑤ 기준

32. 연구 윤리에 관한 설명으로 옳지 않은 것은?

① 연구대상자의 익명성을 보장한다.
② 수집된 정보에 대하여 비밀을 유지한다.
③ 동료집단의 조언은 편견을 발생시킬 수 있으므로 거부한다.
④ 판단능력이 현저히 상실된 조사대상자의 경우 후견인의 동의를 얻는다.
⑤ 연구에 참여하면 얻게 되는 이익을 연구대상자에게 미리 알린다.

33. 다음 연구에 관한 설명으로 옳지 않은 것은?

> 17개 시·도에서 20OO년부터 20OO년까지 매년 수집한 자료를 이용하여 '노인빈곤율이 노인자살률에 미치는 영향과 추세'를 분석하였다.

① 독립변수는 비율척도이다.
② 종속변수는 비율척도이다.
③ 분석단위는 개인이다.
④ 종단연구이다.
⑤ 양적인 자료를 분석한 연구이다.

34. 리커트(Likert) 척도에 관한 설명으로 옳은 것은?

① 비율척도이다.
② 개별 문항의 중요도는 동등하지 않다.
③ 단일 문항으로 측정한다.
④ 질적 조사에서 보편적으로 사용된다.
⑤ 척도나 지수 개발에 용이하다.

35. 정서불안완화 프로그램의 효과성을 판단하는 다음의 연구설계에서 내적타당도를 저해하는 요인에 해당하지 않는 것은?

> 사회복지사 A는 학교폭력의 피해를 당한 지 1주일 이내인 학생들을 대상으로, 정서불안완화 프로그램을 실행하였다. 프로그램 참여를 원하는 17명의 학생들에 대해서 프로그램 시작 전에 불안증 수준을 측정하는 검사지로 사전검사를 실시하였다. 2주에 걸쳐 하루 2시간씩 참여하는 프로그램을 실시한 후, 종료 시까지 남은 10명의 참여자들을 대상으로 동일한 검사지를 통해 불안증 수준을 재측정하는 사후검사를 실시하였다. 사후검사 결과 사전검사에 비해 불안증 수준이 감소하였다. 이에 사회복지사 A는 프로그램이 불안증을 완화시키는 데 효과적이라고 결론을 내렸다.

① 도구효과(instrumentation effect)
② 성숙효과(maturation effect)
③ 외부사건(history)
④ 연구대상의 상실(experimental mortality)
⑤ 검사효과(testing)

36. 지역사회 욕구조사 방법에 관한 설명으로 옳지 않은 것은?

① 델파이 조사는 전문가 패널의 의견을 수렴하는 방법으로 활용된다.
② 사회지표분석은 지역사회 문제를 잘 파악하고 있는 사람들을 대상으로 정보를 확보하는 방법이다.
③ 명목집단기법은 욕구의 배경이나 결정과정보다 욕구내용 결정에 초점을 둔다.
④ 지역사회포럼은 지역주민이 참여할 수 있는 공개 모임을 개최하여 구성원의 의견을 모색하는 방법이다.
⑤ 초점집단 조사는 선택된 사람들을 한 곳에 모아 특정 문제에 대한 의견을 집단으로 토론한다.

37. 질적조사의 사례로 옳은 것을 모두 고른 것은?

> ㄱ. 잠재적 클라이언트를 대상으로 심층면접을 실시하였다.
> ㄴ. ADHD를 겪고 있는 성인의 사회 적응방법을 참여행동조사를 통해 파악하였다.
> ㄷ. 사례연구의 기록을 분석하여 핵심적 개념들을 추출하였다.
> ㄹ. A 노숙인 쉼터 입소자들의 음주횟수를 단일사례조사를 통해 6개월 동안 주기적으로 기록하였다.

① ㄱ ② ㄴ, ㄹ ③ ㄱ, ㄴ, ㄷ ④ ㄴ, ㄷ, ㄹ ⑤ ㄱ, ㄴ, ㄷ, ㄹ

38. 변수에 관한 설명으로 옳지 않은 것은?

① 선행변수는 독립변수 앞에서 독립변수에 영향을 주는 변수이다.
② 매개변수는 독립변수의 결과인 동시에 종속변수의 원인이 되는 변수이다.
③ 종속변수는 다른 변수에 의존하지만 다른 변수에 영향을 미칠 수 없는 변수이다.
④ 외생변수는 독립변수와 종속변수 모두에 영향을 미치는 제3의 변수이다.
⑤ 조절변수가 존재하지 않아도 독립변수와 종속변수의 이론적 관계(theorized relationship)가 성립한다.

39. 통계적 가설검증에 관한 설명으로 옳지 않은 것을 모두 고른 것은?

ㄱ. 연구가설을 직접 검증하여 가설의 지지 여부를 반증한다.
ㄴ. 영가설을 기각하면 연구가설이 잠정적으로 채택된다.
ㄷ. 신뢰수준을 95%에서 99%로 높이면 제1종 오류의 발생 가능성이 높아진다.
ㄹ. 연구가설은 경험적으로 검증이 가능하여야 한다.

① ㄱ ② ㄴ, ㄹ ③ ㄱ, ㄷ ④ ㄴ, ㄷ, ㄹ ⑤ ㄱ, ㄴ, ㄷ, ㄹ

40. 내적타당도와 외적타당도에 관한 설명으로 옳지 않은 것은?

① 사전점수가 매우 높은 집단을 선정하면 내적타당도를 저해할 수 있다.
② 내적타당도가 높은 연구 결과는 일반화 가능성이 높다.
③ 조사대상자의 선정편향(selection bias)은 내적타당도와 외적타당도 모두에 영향을 미칠 수 있다.
④ 자신이 연구대상자라는 인식이 외적타당도를 낮출 수 있다.
⑤ 내적타당도는 인과관계를 추론할 수 있는 정도를 의미한다.

41. 실험설계에 관한 설명으로 옳지 않은 것은?

① 순수실험설계는 무작위 할당을 활용해야 한다.
② 순수실험설계가 준(유사)실험설계에 비해 내적타당도가 높다.
③ 순수실험설계와 준(유사)실험설계는 모두 원인을 조작한다.
④ 비동일통제집단설계는 임의적으로 나눈 실험집단과 통제집단 간의 교류를 통제하기 어렵다.
⑤ 준(유사)실험설계는 모두 두 개 이상의 집단이 있어야 한다.

42. 자료수집방법 중 면접법에 관한 설명으로 옳지 않은 것은?

① 표준화 면접은 비표준화 면접보다 타당도가 높다.
② 자기기입식 설문조사에 비해 응답률이 높다.
③ 혼동을 일으키는 질문에 대한 추가설명이 가능하다.
④ 표준화 면접에는 개방형 및 폐쇄형 질문을 모두 사용할 수 있다.
⑤ 면접법은 자기기입식 설문조사에 비해 응답의 결측치를 최소화할 수 있다.

43. 다문화 가족성원 간 관계 증진 프로그램이 다문화 가족 자녀들의 자아정체감에 미치는 영향을 평가하는 연구를 실시하고자 한다. 이때 자아정체감의 차이를 불러올 수 있는 부모의 사회경제적 지위는 어떤 변수에 해당하는가?

① 독립변수 ② 외생변수 ③ 투입변수 ④ 내생변수 ⑤ 종속변수

44. 조사유형에 관한 설명으로 옳은 것은?

① 동년배집단조사는 같은 대상집단을 일정한 시차를 두고 조사하는 것이다.
② 횡단조사는 조사대상을 두 번 이상 연속적으로 관찰하거나 자료를 수집하는 조사이다.
③ 경향분석은 각각 다른 시기에 일정한 연령집단을 관찰하여 비교하는 조사이다.
④ 종단조사는 어느 한 시점에서 다수의 분석단위에 대한 자료를 수집하는 조사이다.
⑤ 패널조사는 각각 다른 시기와 서로 다른 대상이지만 일정한 연령집단을 조사하는 것이다.

45. 단일사례 설계에 관한 설명으로 옳지 않은 것은?

① 임상적 분석은 결과 판단에 주관적 요소의 개입 가능성이 크다.
② 평균비교는 기초선이 불안정할 때 기초선의 변화의 폭과 기울기까지 고려하여 결과를 분석하는 방법이다.
③ 개입 후 상당한 기간이 지나 최초의 변화가 발생할 경우 개입효과가 있다고 판단하기 어렵다.
④ 다중기초선설계는 일부 연구대상자에게 개입의 제공이 지연되는 문제를 갖는다.
⑤ 연구대상과 개입방법은 여러 개가 될 수 있다.

46. 표집방법에 관한 설명 중 옳지 않은 것은?

① 집락표집은 집락 간 표집오차가 발생할 수 있다.
② 단순무작위표집은 모집단의 명부를 확보해야 한다.
③ 할당표집은 표집오차의 추정이 가능하다.
④ 층화표집과 할당표집은 이질적 집단보다 동질적 집단에서 추출한 표본의 표집오차가 작다는 이론에 기초한 표집방법이다.
⑤ 체계적 표집은 주기성(periodicity)이 문제가 될 수 있다.

47. 지식을 습득하는 과정에서 발생하는 오류에 관한 설명으로 옳지 않은 것을 모두 고른 것은?

ㄱ. 부정확한 관찰은 규칙성을 전제로 이와 부합되는 특수한 사례만을 관찰하는 것이다. ㄴ. 선별적 관찰은 관찰자의 자아특성이 현상을 이해하는 데 영향을 미치는 것이다. ㄷ. 꾸며진 지식은 의식적 활동의 부재로 현상에 대한 정확한 관찰이 이루어지지 않는 것이다. ㄹ. 자아개입은 일반화된 관점을 유지하기 위해 스스로 사실이 아닌 정보를 만들어 내는 것이다.

① ㄱ ② ㄴ, ㄹ ③ ㄱ, ㄴ, ㄷ ④ ㄴ, ㄷ, ㄹ ⑤ ㄱ, ㄴ, ㄷ, ㄹ

48. 가설에 관한 설명으로 옳지 않은 것은?

① 검증을 통해 문제 해결에 도움을 준다.
② 2개 이상의 변수들 간의 관계를 가정하여 서술한 문장이다.
③ 이론이나 선행연구에 기초해서 도출될 수 있다.
④ 경험적으로 검증이 가능해야 한다.
⑤ 연구문제 도출을 위해 필요하다.

49. 개념의 조작화 과정에 관한 설명으로 옳은 것은?

① 조작화 과정의 최종 산물은 수량화이다.
② 개념의 조작화는 조작적 정의, 명목적 정의, 측정의 순서로 이루어진다.
③ 조작적 정의가 없이도 가설 검증이 가능하다.
④ 조작적 정의는 개념에 대한 사전(辭典)적 정의이다.
⑤ 변수를 조작적으로 정의하는 방법은 한정되어 있다.

50. 표본의 크기와 표집오차에 관한 설명 중 옳지 않은 것은?

① 표본크기가 커질수록 모수와 통계치의 유사성이 커진다.
② 표집오차가 커질수록 표본이 모집단을 대표하는 정확성이 낮아진다.
③ 동일한 표집오차를 가정한다면, 분석변수가 많아질수록 표본크기는 커져야 한다.
④ 모집단을 가장 잘 대표하는 표본추출방법은 유의표집이다.
⑤ 모집단이 이질적인 경우에는 표본의 크기를 늘려야 한다.

사회복지사 1급 국가자격시험 대비
제1회 FINAL 모의고사

교 시	문제형별	시 간	시 험 과 목
2교시	**A**	**75분**	〈사회복지실천〉 1 사회복지실천론 2 사회복지실천기술론 3 지역사회복지론

수험번호		성 명	

[수험자 유의사항]

1. 시험문제지는 **단일 형별(A형)**이며, 답안카드 형별 기재란에 표시된 형별(A형)을 확인하시기 바랍니다. 시험문제지의 **총면수**, **문제번호 일련순서**, **인쇄상태** 등을 확인하시고, 문제지 표지에 수험번호와 성명을 기재하시기 바랍니다.

2. 답은 각 문제마다 요구하는 **가장 적합하거나 가까운 답 1개**만 선택하고, 답안카드 작성 시 시험 문제지 **마킹착오**로 인한 불이익은 전적으로 **수험자에게 책임**이 있음을 알려 드립니다.

3. 답안카드는 국가전문자격 공통 표준형으로 문제번호가 1번부터 125번까지 인쇄되어 있습니다. 답안 마킹 시에는 반드시 **시험문제지의 문제번호와 동일한 번호**에 마킹하여야 합니다.

4. **감독위원의 지시에 불응하거나 시험시간 종료 후 답안카드를 제출하지 않을 경우** 불이익이 발생할 수 있음을 알려 드립니다.
   ※ 시험문제지는 시험 종료 후 가지고 갈 수 있습니다.

5. 문제지 맨 뒤에 제공되는 답안카드를 활용하여 실전처럼 모의고사를 풀어보시기 바랍니다.

해커스

각 문제에서 요구하는 가장 적합한 답 1개만을 고르시오.

사회복지실천(사회복지실천론)

01. 사회복지실천의 목적으로 옳은 것을 모두 고른 것은?

ㄱ. 개인의 욕구 충족을 위해 전적인 책임을 갖고 지속적으로 지원한다. ㄴ. 개인의 문제해결능력과 대처능력을 향상시킨다. ㄷ. 개인과 환경 간의 상호작용에 초점을 두고 사회정책을 개발한다. ㄹ. 개인과 환경 간 불균형 발생 시 문제를 감소하도록 돕는다.

① ㄱ ② ㄴ, ㄹ ③ ㄱ, ㄴ, ㄷ ④ ㄴ, ㄷ, ㄹ ⑤ ㄱ, ㄴ, ㄷ, ㄹ

02. 자선조직협회(COS)의 활동에 관한 설명으로 옳지 않은 것은?

① 민간 사회복지기관의 활동을 체계적으로 조정하기 위해 등장하였다.
② 빈민지역에 거주하며 지역사회 문제에 대한 집합적이고 개혁적인 해결을 강조하였다.
③ 우애방문자들은 빈곤가정을 방문하면서 상담 및 교육, 교화를 하는 역할을 수행하였다.
④ 빈민 지원 시 중복과 누락을 방지하고자 시작되었다.
⑤ 개입대상은 주로 개인이나 가족이었다.

03. 직접적 실천에 해당하는 것은?

① 지역현안 문제 해결을 위해 공청회 개최
② 지역모금 활성화를 위한 홍보활동 전개
③ 외부 프로그램지원사업 신청
④ 성매매피해여성을 위한 직업기술교육 제공
⑤ 결식아동 지원을 위한 예산확보운동 참여

04. 강점관점에 관한 설명으로 옳은 것은?

① 사회복지사는 클라이언트 삶의 전문가이다.
② 변화를 위한 자원은 전문가의 지식과 기술이다.
③ 실천의 초점을 과거에서 현재와 미래로 전환한다.
④ 사회복지사는 문제 원인을 파악하고 해결하는 데 주도적으로 개입한다.
⑤ 강점은 용기와 낙관주의 같은 개인 내적인 요소로 한정된다.

05. 플렉스너(A. Flexner)의 비판 이후에 나타난 반응에 해당하는 것으로 옳지 않은 것은?

① 리치몬드(M. Richmond)가 사회진단(Social Diagnosis)을 출간하였다.
② 밀포드(Milford) 회의에서 개별사회사업 방법론을 기본으로 하는 사회복지실천의 공통요소가 정리되어 발표되었다.
③ 미국사회복지사협회(American Association of Social Workers)가 설립되었다.
④ 의사인 카보트(R. Cabot)가 매사추세츠병원에 의료사회복지사를 정식으로 채용하였다.
⑤ 사회복지사들이 치료자로서의 역할을 강조하면서 위상을 높이고자 하였다.

06. 사회복지실천기술의 전문적 기반에 관한 설명으로 옳은 것을 모두 고른 것은?

ㄱ. 이론과 실천의 준거틀을 적절하게 이용하는 것은 예술적 기반에 해당된다. ㄴ. 연구자료를 수집하고 분석하는 것은 과학적 기반에 해당된다. ㄷ. 사회복지 전문가로서 가지는 가치관은 예술적 기반에 해당된다. ㄹ. 사회복지사에게는 과학적 기반과 예술적 기반의 상호보완적이고 통합적인 실천역량이 요구된다.

① ㄱ ② ㄴ, ㄹ ③ ㄱ, ㄴ, ㄷ ④ ㄴ, ㄷ, ㄹ ⑤ ㄱ, ㄴ, ㄷ, ㄹ

07. 인권에 관한 설명 중 옳지 않은 것은?

① 모든 인간에게 해당되는 보편적인 권리이다.
② 개인, 집단, 국가가 상호 간에 책임을 동반하는 권리이다.
③ 사회적 약자를 위하여 지켜지고 확보되어야 하는 권리이다.
④ 인권은 법에 의해 보장되는 것에만 한정된다.
⑤ 우리나라 사회복지사 윤리강령의 윤리적 원칙에서 '사회복지사는 개인적·사회적·문화적·정치적·종교적 다양성을 고려하며 개인의 인권을 보호하고 존중한다.'고 정하고 있다.

08. 통합적 접근방법이 나타난 배경으로 옳지 않은 것은?

① 서비스 영역별 분화로 전문직 내 상호협력이 어려워졌다.
② 개별이론을 집중적으로 발전시킬 필요성이 대두되었다.
③ 클라이언트의 문제와 욕구가 복잡하고 다원화되었다.
④ 전문화중심의 훈련으로 사회복지사의 분야 이동이 어려워졌다.
⑤ 다양한 실천방법에 공통기반이 존재한다는 인식이 확산되었다.

09. 역량강화(empowerment)에 관한 설명으로 옳지 않은 것은?

① 생태체계적 관점에 기반한다.
② 클라이언트를 자신 문제의 전문가로 인정한다.
③ 클라이언트를 개입의 주체가 아닌 객체로 보기 때문에 자기결정권이 잘 보호될 수 있다.
④ 클라이언트를 문제중심으로 보지 않고, 필요한 자원을 활용하거나 문제에 대처할 수 있도록 지지하여 자립을 가능하게 한다.
⑤ 클라이언트가 의미 있는 선택을 할 수 있도록 자아효능감을 증진하고 자신의 강점을 찾도록 돕는다.

10. 사회복지실천의 가치와 윤리에 관한 설명으로 옳지 않은 것은?

① 가치는 좋고 바람직한 것에 대한 믿음체계이다.
② 윤리는 옳고 그름을 판단하는 도덕적 지침이며, 행동체계이다.
③ 윤리기준은 지속적으로 변화된다.
④ 윤리강령은 윤리적 갈등이 생겼을 때 법적 제재의 근거를 제공한다.
⑤ 사회복지 전문직의 가치체계에는 사회적 형평성의 원리, 개인의 복지에 대한 사회와 개인 공동의 책임, 개인의 존엄성과 독특성에 대한 존중, 자기결정의 원리 등이 있다.

11. 다음의 상황에서 사회복지사 A가 직면한 윤리적 딜레마는?

지역아동센터에서 근무하는 사회복지사 A는 방과 후 교과학습지도 프로그램을 운영하고 있다. 그러나 프로그램을 이용하는 아동 B의 결석이 잦아, 사회복지사 A는 이 문제에 대한 상담을 위해 그의 가정을 방문하였다. 사회복지사 A는 가정방문을 통해 아동 B의 알코올 중독인 아버지와 도박중독인 어머니, 그리고 중증의 치매 증상을 보이는 할머니를 만나게 되었다. 사회복지사 A는 이러한 상황 속에서 어떠한 문제에 먼저 개입해야 할지 결정하기가 쉽지 않은 상황에 직면하였다.

① 다중 클라이언트체계의 문제
② 가치 상충
③ 충성심과 역할 상충
④ 힘과 권력의 불균형
⑤ 의무상충

12. 로웬버그와 돌고프(Loewenberg & Dolgoff)가 제시한 윤리적 의사결정에 관한 설명 중 옳지 않은 것은?

① 생명보호를 최우선으로 한다.
② 자율성과 자유의 원칙은 도움을 요청해 온 클라이언트의 의사를 존중해 주는 것이다.
③ 최소 손실의 원칙의 실현을 위해 사회복지사는 클라이언트에게 해악을 최소화시키는 대안을 제시해 주어야 한다.
④ 평등과 불평등의 원칙은 불평등한 상황에 놓인 클라이언트를 평등하게 대우해 주는 것이다.
⑤ 진실성과 정보개방의 원칙에 따라 사회복지사는 클라이언트에게 충분한 수준의 정보를 제공해야 한다.

13. 사회복지 실천현장의 예와 분류의 연결로 옳은 것은?

① 요양병원 - 1차 현장이며 생활시설
② 사회복지관 - 2차 현장이며 이용시설
③ 정신건강복지센터 - 1차 현장이며 생활시설
④ 청소년쉼터 - 2차 현장이며 이용시설
⑤ 노인복지관 - 1차 현장이며 이용시설

14. 핀커스와 미나한(Pincus & Minahan)의 4체계모델의 주요 대상체계에 대한 설명으로 옳지 않은 것은?

① 변화매개 체계에는 사회복지사뿐만 아니라 사회복지사를 고용한 기관도 해당될 수 있다.
② 표적 체계란 변화매개 체계가 목적 달성을 위해 영향을 미치거나 변화시킬 필요가 있는 체계를 말한다.
③ 클라이언트 체계와 표적 체계는 경우에 따라 동일할 수도 있다.
④ 행동 체계의 구성요소와 클라이언트 체계의 구성요소는 중첩되지 않는다.
⑤ 문제해결을 위해 사회복지사와 상호작용하는 사람들은 행동 체계에 해당한다.

15. 사례관리에 관한 설명으로 옳은 것을 모두 고른 것은?

ㄱ. 기관접촉, 접수, 사정, 계획, 개입, 점검, 재사정, 결과평가의 순으로 진행된다.
ㄴ. 서비스의 중복 가능성을 낮춰 자원을 효율적으로 사용할 수 있게 한다.
ㄷ. 복합적인 문제를 가진 개인의 자원 획득 및 활용 능력을 강화시킨다.
ㄹ. 공적부담의 확대를 추구한다.

① ㄱ ② ㄴ, ㄹ ③ ㄱ, ㄴ, ㄷ ④ ㄴ, ㄷ, ㄹ ⑤ ㄱ, ㄴ, ㄷ, ㄹ

16. 사회복지실천 이념에 관한 설명으로 옳지 않은 것은?

① 사회진화론은 사회통제적 성격이 강하다.
② 다양화 경향은 다양한 계층과 문제를 인정하는 계기가 되었다.
③ 민주주의는 시민의식의 확산에 영향을 주었으며, 이로 인해 주는 자 중심에서 받는 자 중심의 서비스로 전환되었다.
④ 개인주의는 엄격한 자격요건 하에서 최소한의 서비스만 제공하는 경향을 낳기도 하였다.
⑤ 인도주의는 빈곤이나 장애를 클라이언트의 책임으로 돌렸다.

17. 사회복지사의 역할과 그 사례의 연결이 옳은 것을 모두 고른 것은?

ㄱ. 옹호자(advocate) - 중증장애인의 교육권을 확보하기 위해 학교당국에 편의시설 확충을 요구하였다.
ㄴ. 교사(educator) - 가족에 의해 강제로 거주시설에 입소된 장애인이 퇴소하기를 요청함에 따라 그의 가족들을 설득하여 지역사회 내 다양한 주거 관련 정보를 안내하였다.
ㄷ. 중재자(mediator) - 돌봄서비스를 받고 있는 노인과 요양보호사 간의 갈등에 중립적 입장으로 개입하여 해결하였다.
ㄹ. 촉진자(group facilitator) - 집단 성원들 간의 상호작용을 활성화시키기 위한 프로그램을 진행하였다.

① ㄱ ② ㄴ, ㄹ ③ ㄱ, ㄴ, ㄷ ④ ㄴ, ㄷ, ㄹ ⑤ ㄱ, ㄴ, ㄷ, ㄹ

18. 사례관리의 개입 원칙에 관한 설명으로 옳지 않은 것은?

① 서비스의 접근성 향상을 추구한다.
② 서비스의 획일적 제공을 중요시한다.
③ 공식적 또는 비공식적 자원의 연계 및 조정을 한다.
④ 클라이언트에게 필요한 서비스를 중단하지 않고 제공한다.
⑤ 변화하는 클라이언트 욕구에 반응하여 장기적으로 서비스를 제공한다.

19. 사회복지실천의 전문적 관계에 관한 설명으로 옳은 것은?

① 사회복지사는 클라이언트에 비해 우월적 지위에 있다.
② 클라이언트에게 도움을 주기 위해 정해진 기간 동안 관계를 맺는다.
③ 사회복지사의 욕구에 부응하기 위해 상호 만족스러운 관계를 형성한다.
④ 관계의 전반적인 과정에 대해 사회복지사와 클라이언트가 공동으로 책임진다.
⑤ 전문적 관계를 통해 사회복지사는 클라이언트의 감정과 행동의 변화를 통제한다.

20. 사회복지사가 자기노출을 고려하는 목적으로 옳은 것은?

① 역전이를 촉진시키기 위해
② 클라이언트의 자기 표현을 촉진하기 위해
③ 자신과 비슷한 경험인지 알아보기 위해
④ 클라이언트의 자기합리화를 돕기 위해
⑤ 사회복지사가 자신의 문제를 극복했는지 확인하기 위해

21. 비에스텍(F. Biestek)이 제시한 전문적 사회복지실천관계의 기본원칙에 관한 설명 중 옳지 않은 것은?

① 수용은 클라이언트의 감정이나 태도를 있는 그대로 받아들이고 존중하는 것이다.
② 의도적 감정표현은 사회복지사가 자신의 감정을 적극적으로 드러내는 것이다.
③ 자기결정권 보장은 목적달성을 위한 방안들의 장·단점을 설명하고 클라이언트가 스스로 선택하도록 하는 것이다.
④ 통제된 정서적 관여는 공감을 받고 싶어 하는 클라이언트의 욕구에 따라 클라이언트에게 공감하는 반응을 표현하는 것이다.
⑤ 개별화를 위해서는 클라이언트 집단에 대한 편견과 선입관에서 벗어나야 한다.

22. 사회복지실천 면접에 관한 설명 중 옳은 것은?

① 초기면접에서 클라이언트가 불안해하면 안심시키는 것이 필요하다.
② 초기면접을 진행하기 위해서 모든 질문을 사전에 확정해 놓는다.
③ 클라이언트가 지나치게 말을 많이 하는 경우, 폐쇄형 질문만을 사용하여 초점을 모으는 것이 필요하다.
④ 초기에는 개방형 질문을 통해서 클라이언트와 대화를 이끌어가는 것이 필요하며, 차츰 폐쇄형 질문을 해야 한다.
⑤ 가족폭력 피해여성의 자존감 향상을 목적으로 심리적 지지를 제공하는 것은 사정면접이다.

23. 사회복지실천 과정에 대한 설명으로 옳은 것은?

① 초기면접지(intake sheet)에는 동거 중인 가족관계, 개입방법과 비용, 타 기관으로부터의 의뢰 이유, 이전의 서비스를 받은 경험, 기관에 오게 된 주요 문제 등이 포함된다.
② 개입단계에는 서비스 제공 전략 및 우선순위를 결정한다.
③ 종결단계에서 종결의 기준 및 목표를 수립한다.
④ 표적문제의 우선순위를 결정하기 위해서는 긴급성, 변화가능성, 측정가능성, 해결가능성, 클라이언트의 선택 등이 고려되어야 한다.
⑤ 접수는 문제와 욕구를 확인하여 기관의 정책과 서비스에 부합되는지를 판단하는 과정이다.

24. 우리나라 사회복지실천의 역사적 발달과정을 순서대로 나열한 것은?

ㄱ. 「정신보건법」 제정
ㄴ. 사회복지전문요원의 최초 배치
ㄷ. 사회복지시설평가 법제화
ㄹ. 사회복지의 날 제정

① ㄱ - ㄴ - ㄷ - ㄹ
② ㄴ - ㄱ - ㄹ - ㄷ
③ ㄴ - ㄱ - ㄷ - ㄹ
④ ㄱ - ㄷ - ㄴ - ㄹ
⑤ ㄹ - ㄷ - ㄴ - ㄱ

25. 한국 사회복지사 윤리강령에 관한 설명 중 옳지 않은 것은?

① 사회복지사는 평가나 연구 조사를 할 때, 연구 참여자의 권리를 보장하기 위해, 연구 관련 사항을 충분히 안내하고 자발적인 동의를 얻어야 한다.
② 사회복지사는 개인적·집단적·사회적·문화적·정치적·종교적 특성에 근거해 개인이나 집단을 차별·억압하는 것을 인식하고, 이를 해결 또는 예방하기 위해 노력해야 한다.
③ 슈퍼바이저는 슈퍼바이지가 전문적 업무 수행을 할 수 있도록 지원하고 슈퍼바이지는 슈퍼바이저의 전문적 지도와 조언을 존중해야 한다.
④ 사회복지사는 클라이언트가 자신과 관련된 기록의 공개를 요구하면 언제든 정보에 접근할 수 있도록 해야 한다.
⑤ 윤리강령의 핵심가치에는 인간 존엄성과 사회정의가 있다.

사회복지실천(사회복지실천기술론)

26. 인지적 왜곡에 관한 설명으로 옳지 않은 것을 모두 고른 것은?

ㄱ. 과잉일반화는 정반대의 증거나 증거가 없음에도 불구하고 어떤 결론을 내리는 것이다. ㄴ. 개인화는 하나 또는 별개의 사건들을 가지고 결론을 내린 후 비논리적으로 확장하는 것이다. ㄷ. 과장과 축소는 하나의 사건 혹은 별개의 사건들의 결론을 주관적으로 내리는 것이다. ㄹ. 선택적 사고는 상황에 대한 자신의 관점을 지지하기 위해 특정 자료들을 걸러 내거나 무시하는 것이다.

① ㄱ ② ㄴ, ㄹ ③ ㄱ, ㄴ, ㄷ ④ ㄴ, ㄷ, ㄹ ⑤ ㄱ, ㄴ, ㄷ, ㄹ

27. 해결중심모델에 관한 설명으로 옳지 않은 것은?

① 삶에서 변화는 불가피하며 작은 변화가 더 큰 변화로 이어진다고 전제한다.
② 클라이언트의 과거에 관해 깊이 탐색하여 현재와 미래에 적응하도록 돕는 데 관심을 둔다.
③ 모든 문제에는 예외가 존재한다고 가정한다.
④ 클라이언트는 자기 삶의 주체이며, 자신에게 중요한 사람과 일에 대해 가장 잘 아는 전문가이다.
⑤ 사회복지사는 클라이언트를 변화시키는 전문가가 아니라 변화에 도움을 주는 자문가 역할을 한다.

28. 인지행동모델에 관한 설명으로 옳은 것은?

① 객관적 경험의 일반화를 강조한다.
② 제한된 시간 내에 특정 문제에 초점을 두고 접근하는 단기개입방법이다.
③ 교육적 접근과 비구조화된 접근을 한다.
④ 클라이언트의 강점과 자원을 활용한 문제해결을 강조한다.
⑤ 클라이언트가 수동적으로 참여한다.

29. 위기개입모델에 관한 설명으로 옳지 않은 것은?

① 단기적인 개입을 목표로 한다.
② 개입목표는 가능한 한 포괄적으로 설정한다.
③ 사회복지사는 지시적인 역할을 수행한다.
④ 위기 이전의 기능수준으로 회복하도록 원조한다.
⑤ 위기개입의 원칙으로는 신속한 개입, 초점적 문제 해결, 희망과 기대 등이 있다.

30. 심리사회모델의 개입 기법에 관한 설명으로 옳지 않은 것은?

① 지지하기: 클라이언트의 현재 또는 최근 사건을 고찰하게 하여 현실적인 해결방법을 찾는다.

② 수용: 온정과 친절한 태도로 클라이언트의 감정이나 주관적인 상태에 감정이입을 하며 공감한다.

③ 직접적 영향: 사회복지사와 클라이언트 간의 신뢰관계를 바탕으로 클라이언트에게 제안과 설득을 제공한다.

④ 유형의 역동 성찰 : 클라이언트로 하여금 자신의 성격, 행동, 감정의 주요 경향에 관한 자기이해를 돕는다.

⑤ 탐색-기술(묘사)-환기: 자기 상황과 감정을 말로 표현하게 함으로써 감정전환을 도모한다.

31. 인지행동모델의 개입기법에 관한 설명으로 옳은 것을 모두 고른 것은?

ㄱ. 내적의사소통의 명료화 - 클라이언트 스스로 자신에 대해 독백(獨白)하고 생각하게 만드는 기법이다.
ㄴ. 과제수행 - 특정 상황에서 떠오르는 생각을 점검하기 위해 행동기록일지를 작성하도록 한다.
ㄷ. 경험적 학습 - 인지불일치 원리를 활용한다.
ㄹ. 설명 - 클라이언트의 행동이 어떻게 생각에 영향을 미치는지를 알려주는 기법이다.

① ㄱ, ㄴ, ㄷ ② ㄱ, ㄷ ③ ㄴ, ㄹ ④ ㄹ ⑤ ㄱ, ㄴ, ㄷ, ㄹ

32. 다음은 양육 문제로 싸움 중인 부부의 대화이다. 사티어(V. Satir)의 의사소통 유형 중 남편과 아내에 해당하는 유형을 각각 알맞게 연결한 것은?

ㅇ 남편: 아이들이 이런 건 전부 당신 잘못이야! 당신은 제대로 하는 것이 도대체 뭐야!
ㅇ 아내: 그게 내게 무슨 상관이야! 그대로 둬! 도대체 왜 그렇게 항상 심각해!

① 남편 - 일치형, 아내 - 일치형

② 남편 - 초이성형, 아내 - 혼란형

③ 남편 - 비난형, 아내 - 혼란형

④ 남편 - 비난형, 아내 - 초이성형

⑤ 남편 - 초이성형, 아내 - 회유형

33. 가족생활주기에 관한 설명으로 옳지 않은 것은?

① 재혼가족은 가족 내 관계를 재구성해야 한다.

② 이혼가족은 부모 자신의 적응과 자녀 양육의 과업 수행을 병행해야 한다.

③ 청소년기 자녀를 둔 부모는 훈육과 통제를 강화해야 한다.

④ 한부모가족은 전 배우자와 자녀에 대한 재정적인 책임감을 유지해야 한다.

⑤ 학령기 자녀 가족은 자녀의 발달을 돕기 위해 학교와 보조를 맞추어야 한다.

34. 가족 사정에 관한 설명으로 옳은 것을 모두 고른 것은?

ㄱ. 생활력표를 활용하여 가족의 현재 기능 수행에 영향을 미치는 발달단계상 생활경험을 이해할 수 있다.
ㄴ. 가족조각은 가족역동을 시각적으로 표현하여 가족성원의 상호 인식을 파악하는 도구이다.
ㄷ. 사회적 관계망표를 통해 사회적 지지의 유형을 구분하고 가족의 환경과 필요한 자원을 파악할 수 있다.
ㄹ. 가계도를 통해 가족과 환경과의 접촉에서 발생하는 정보를 수집하고 정리할 수 있다.

① ㄱ ② ㄴ, ㄹ ③ ㄱ, ㄴ, ㄷ ④ ㄴ, ㄷ, ㄹ ⑤ ㄱ, ㄴ, ㄷ, ㄹ

35. 다음 사례에서 사회복지사가 활용한 가족 개입기법은?

잦은 부부싸움 때문에 사회복지사를 찾은 클라이언트에게 사회복지사는 다음과 같은 과제를 부여하였다.
사회복지사: 말씀을 들어보니… 부부 간 싸움이 잦으시네요, 이렇게 해보시죠, 앞으로 주중에 하루를 정해 싸울 거리를 한 가지씩 찾아 1시간 이상 반드시 싸움을 하시는 겁니다!

① 실연 ② 코칭 ③ 증상처방 ④ 가족조각 ⑤ 역할연습

36. 자아분화에 관한 설명으로 옳은 것을 모두 고른 것은?

ㄱ. 생각과 감정을 분리하고 타인과의 관계에서 자주적으로 행동한다.
ㄴ. 원가족을 거부하며 정서적으로 자신을 고립시킨다.
ㄷ. 두 사람 사이의 갈등을 완화하고자 제3자를 끌어들인다.
ㄹ. 가족의 분화수준과 기능이 세대 간 전수된다.

① ㄱ ② ㄴ, ㄹ ③ ㄱ, ㄴ, ㄷ ④ ㄴ, ㄷ, ㄹ ⑤ ㄱ, ㄴ, ㄷ, ㄹ

37. 다음 사례에 적합한 가족치료모델의 개입 기법이 아닌 것은?

A는 3년 전에 남편과 이혼한 후 올해 초등학교 3학년인 딸 B와 함께 살았다. A는 직장을 다니고 있어, 1년 전부터는 A의 어머니이자 B의 외조모가 되는 C가 이들과 함께 살면서 B를 돌봐주고 있다. 다만 외조모인 C는 종종 A의 훈육과 반대되는 방향으로 손녀인 B를 대하며, B의 앞에서 A의 훈육방법을 나무란다. 그리고 B는 점점 더 말을 듣지 않고 무시하는 행동을 보이고 있다.

① 하위체계 간 경계 만들기
② 과제주기
③ 가족 재구조화
④ 실연
⑤ 외현화

38. 가족체계에 관한 설명으로 옳은 것을 모두 고른 것은?

ㄱ. 순환적 인과관계는 누가 가족문제를 일으키는 원인제공자인지 확인하기 위해 활용한다.
ㄴ. 동귀결성을 적용하여 어떤 결과에 어떤 하나의 원인이 작용하였는지를 밝힌다.
ㄷ. 가족은 사회환경의 하위체계이나 그 내부는 하위체계가 없는 체계이다.
ㄹ. 가족체계는 성장과 발전을 추구하면서도 지나친 변화는 제어하며 일정한 안정성을 유지하고자 한다.

① ㄱ, ㄴ, ㄷ ② ㄱ, ㄷ ③ ㄴ, ㄹ ④ ㄹ ⑤ ㄱ, ㄴ, ㄷ, ㄹ

39. 역량강화모델 개입의 세 단계(대화 - 발견 - 발전) 중 발전단계에서 사회복지사가 중점적으로 수행해야 할 과제를 모두 고른 것은?

ㄱ. 자원활성화
ㄴ. 동맹관계 창출
ㄷ. 기회 확장
ㄹ. 성공 확인·인정

① ㄱ, ㄴ, ㄷ ② ㄱ, ㄷ ③ ㄴ, ㄹ ④ ㄹ ⑤ ㄱ, ㄴ, ㄷ, ㄹ

40. 가족을 대상으로 한 개입모델에 관한 내용으로 옳지 않은 것은?

① 다세대가족치료모델 - 문제와 클라이언트를 분리하여 이해하도록 한다.
② 전략적가족치료모델 - 문제가 되는 상황을 강화하도록 역설적으로 지시한다.
③ 경험적가족치료모델 - 클라이언트가 생각하는 가족의 모습을 조각으로 표현해보도록 한다.
④ 해결중심가족치료모델 - 상담계획 이후 첫 회기 전까지 나타난 긍정적인 변화가 있었는지 질문한다.
⑤ 구조적가족치료모델 - 가족에 합류한 뒤 균형 깨뜨리기를 통해 가족을 재구조화 한다.

41. 가족에 관한 설명으로 옳지 않은 것은?

① 가족은 위기 시 역기능적 행동을 보일 수도 있지만 가족탄력성을 보일 수도 있다.
② 가족 개념은 시대와 문화의 영향을 받지 않는다.
③ 노부부만 남는 빈 둥지(empty nest) 시기가 길어지고 있다.
④ 과거에 가족이 수행했던 기능이 상당 부분 사회로 이양되었다.
⑤ 가족관계가 점차 평등하게 변하면서 이로 인해 갈등이 발생하기도 한다.

42. 해결중심모델에서 사용되는 질문기법의 예로 옳지 않은 것을 모두 고른 것은?

ㄱ. 예외질문 - "두 분이 매일 싸우신다고 말씀하셨는데, 혹시 싸우지 않은 날은 없었나요?"
ㄴ. 대처질문 - "이렇게 힘들고 어려운 상황을 이겨내기 위해 가족들이 어떻게 대처해야 할까요?"
ㄷ. 관계성질문 - "당신의 어머니는 이 상황에서 당신이 무엇을 해야 문제해결에 도움이 된다고 말씀하실까요?"
ㄹ. 기적질문 - "어떤 기적이 일어나서 당신의 지금 문제가 해결되었나요?"

① ㄱ ② ㄴ, ㄹ ③ ㄱ, ㄴ, ㄷ ④ ㄴ, ㄷ, ㄹ ⑤ ㄱ, ㄴ, ㄷ, ㄹ

43. 정신역동모델의 개입기술에 관한 설명으로 옳은 것은?

ㄱ. 직면 - 핵심이 되는 문제에 초점을 맞춘다.
ㄴ. 훈습 - 저항이나 전이에 대한 이해를 반복해서 심화, 확장하도록 한다.
ㄷ. 자유연상 - 의식에 떠오르는 것이면 모든 것을 이야기하도록 한다.
ㄹ. 해석 - 클라이언트의 통찰력 향상을 위해 상담자의 직관에 근거하여 설명한다.

① ㄱ, ㄷ ② ㄴ, ㄹ ③ ㄱ, ㄴ, ㄷ ④ ㄴ, ㄷ, ㄹ ⑤ ㄱ, ㄴ, ㄷ, ㄹ

44. 사회복지실천 기록에 관한 설명으로 옳지 않은 것을 모두 고른 것은?

ㄱ. 과정기록은 교육과 훈련의 중요한 수단으로 활용된다.
ㄴ. 문제중심기록은 사회복지사와 클라이언트의 상호작용을 구체적으로 기록한다.
ㄷ. 이야기체기록은 사회복지사의 재량에 의존하기 때문에 추후에 원하는 정보를 찾기 어렵다.
ㄹ. 요약기록은 작성시간과 비용이 많이 소요되어 비효율적이다.

① ㄱ ② ㄴ, ㄹ ③ ㄱ, ㄴ, ㄷ ④ ㄴ, ㄷ, ㄹ ⑤ ㄱ, ㄴ, ㄷ, ㄹ

45. 다음 사례에 해당하는 집단의 유형은 무엇인가?

이혼 후 홀로 발달장애 자녀를 양육하고 있는 A는 지자체에서 운영 중인 장애인 자녀 부모 자조모임에서 다른 부모들을 만나 양육 정보를 공유하고 스트레스를 해소하였으며, 이를 통해 삶에 대한 희망을 갖게 되었다.

① 과업집단 ② 지지집단 ③ 교육집단 ④ 사회화집단 ⑤ 성장집단

46. 집단역동에 관한 설명으로 옳지 않은 것은?

① 집단응집력 향상을 위해서는 집단성원을 가급적 이질적으로 구성한다.
② 집단성원 간 직접적 의사소통을 격려하여 집단역동을 발달시킨다.
③ 집단응집력이 강할 경우, 집단성원들 사이에 상호 의존하려는 경향이 강해진다.
④ 개별성원의 목적과 집단 전체의 목적의 일치 여부에 따라 집단역동은 달라진다.
⑤ 긴장과 갈등을 적절하고 건설적인 방법으로 해결할 때 집단은 더욱 성장할 수 있다.

47. 다양한 사회복지실천모델에서 사용하는 개입기법에 관한 설명으로 옳지 않은 것은?

① 체계적 탈(둔)감법 - 특정 행동에 대한 불안을 유발하는 행동을 하도록 지시하는 것이다.
② 행동조성 - 목표행동을 세분화하여 연속적, 단계적으로 강화하는 것이다.
③ 소거 - 강화를 중지시켜 강화된 행동의 빈도수가 줄어들거나 사라지게 하는 기술이다.
④ 직접적 영향 - 사회복지사와 클라이언트 간의 신뢰관계를 바탕으로 클라이언트에게 제안과 설득을 제공한다.
⑤ 기적질문 - 문제가 해결된 미래에 대해 상상하도록 함으로써 변화의 목표를 찾아낸다.

48. 사회기술훈련에 관한 설명으로 옳지 않은 것은?

① 사회화집단에서 활용하는 일종의 대인관계 기술이다.
② 역할연습, 시연, 모델링, 직접적 지시 등의 기법을 활용한다.
③ 반복적인 예행연습을 통해 원하는 기술 수준에 도달하도록 해야 한다.
④ 문제가 발생하는 실제 상황을 자세하게 파악해야 한다.
⑤ 난이도가 높은 과제로부터 쉬운 과제를 주는 조성화의 원칙을 준수해야 한다.

49. 다음 사례를 과제중심모델로 개입할 경우 표적문제와 과제의 연결로 옳은 것은?

A군은 절도사건에 연루되어 수강명령처분을 받았다. A군은 현재 쉼터에 머물고 있으나 집으로 돌아가는 것과 학교출석만 요구하지 않는다면 상담을 받겠다고 한다. 또한 상담을 통해 남의 요구를 거절하지 못하는 것, 분노조절을 하지 못하는 행동을 고치고 싶다고 이야기하고 있다.

① 절도행위 - 자기통제력 증진하기
② 가출 - 1주일 내에 집으로 돌아가기
③ 무단결석 - 담임교사에게 전화하기
④ 분노조절이 안됨 - 원인파악을 위해 주 1회 상담하기
⑤ 남의 요구 거절 못함 - 자존감 향상하기

50. 집단사회복지실천모델에 관한 설명으로 옳지 않은 것은?

① 사회적 목표모델에서는 집단 내의 민주적 절차와 과정을 중시한다.
② 치료모델은 민주시민의 역량개발에 초점을 둔다.
③ 사회적 목표모델에서는 사회복지사의 촉진자 역할을 강조한다.
④ 상호작용모델에서 사회복지사는 중재자의 역할을 담당한다.
⑤ 치료모델에서는 사회복지사의 전문가의 역할을 강조한다.

사회복지실천(지역사회복지론)

51. 지역사회에 관한 설명으로 옳은 것을 모두 고른 것은?

> ㄱ. 지역사회를 지리적 지역사회와 기능적 지역사회로 구분한 학자는 로스만(Rothman)이다.
> ㄴ. 산업사회 이후 공동사회(gemeinschaft)가 발전되어 왔다.
> ㄷ. 이익사회에서 개인들 간의 상호작용은 계약에 기초한다.
> ㄹ. 기능적 공동체는 사회문화적 동질성이 기반이 된다.

① ㄱ ② ㄴ, ㄹ ③ ㄷ, ㄹ ④ ㄱ, ㄴ, ㄹ ⑤ ㄱ, ㄴ, ㄷ, ㄹ

52. 워렌(R. Warren)이 제시한 좋은 지역사회의 특징에 관한 설명으로 옳지 않은 것은?

① 구성원 사이에 인격적 관계가 이루어져 있다.
② 권력이 폭넓게 분산되어 있다.
③ 다양한 소득, 인종, 종교, 이익집단이 포함되어 있다.
④ 주민들의 자율권이 적절한 수준에서 제한된다.
⑤ 정책형성과정에서 갈등을 최소화하면서 최대의 협력을 도출해 낸다.

53. 지역사회를 이해하는 이론에 관한 설명으로 옳은 것을 모두 고른 것은?

> ㄱ. 지역사회상실이론에 따르면 정부 차원의 사회복지제도 도입을 반대한다.
> ㄴ. 지역사회보존이론에 따르면 정부 차원의 사회복지제도 도입을 찬성한다.
> ㄷ. 지역사회개방이론에 따르면 사회적 지지망의 관점에서 지역사회 내에서의 비공식적인 연계를 주장한다.
> ㄹ. 지역사회의 역량을 강화시키기 위해서는 지역사회 구성원의 자율성을 유지시켜야 한다.

① ㄱ ② ㄴ, ㄹ ③ ㄷ, ㄹ ④ ㄱ, ㄴ, ㄹ ⑤ ㄱ, ㄴ, ㄷ, ㄹ

54. 우리나라 지방자치제에 관한 설명으로 옳지 않은 것은?

① 1990년대부터 실시되었다.
② 주민자치와 단체자치로 구성되어 있다.
③ 민주주의 사상에 기반한다.
④ 「지방자치법」에 따라 시행되고 있다.
⑤ 자기통치 원리를 담고 있다.

55. 시·군·구 지역사회보장계획에 포함되어야 할 내용으로 옳지 않은 것은?

① 지역사회보장 수요의 측정, 목표 및 추진전략
② 지역사회보장지표의 설정 및 목표
③ 사회보장급여의 사각지대 발굴 및 지원 방안
④ 지역 내 부정수급 발생 현황 및 방지대책
⑤ 사회보장급여 담당 인력의 양성 및 전문성 제고 방안

56. 사회행동의 전략과 전술에 관한 설명으로 옳은 것을 모두 고른 것은?

ㄱ. 사회행동의 전술에는 정치적 압력전술, 법적행동, 사회적 대결, 언론의 활용, 협상 등이 있다.
ㄴ. 사회행동전술들을 혼합해서 사용하는 것은 지양해야 한다.
ㄷ. 타 조직과 협력을 맺는 전략 중 동맹은 조직의 자율성을 중시하면서 힘을 증대시키는 방식이다.
ㄹ. 타 조직과의 협력체계 정도는 협조 → 동맹 → 연합 순으로 갈수록 강화된다.

① ㄱ ② ㄴ, ㄷ ③ ㄷ, ㄹ ④ ㄱ, ㄴ, ㄹ ⑤ ㄱ, ㄴ, ㄷ, ㄹ

57. 사회복지협의회에 관한 설명으로 옳지 않은 것을 모두 고른 것은?

ㄱ. 전국 단위의 한국사회복지협의회와 시·도 단위의 사회복지협의회는 의무적으로 설치하지만, 시·군·구 단위의 사회복지협의회의 설치는 임의적이다.
ㄴ. 「사회복지사업법」에 근거를 둔 법정단체이다.
ㄷ. 한국(중앙)사회복지협의회는 기타 공공기관으로 지정되었다.
ㄹ. 1952년 사단법인 한국사회복지협의회가 창립되었고, 이후 1970년에 사회복지법인 한국사회복지협의회로 명칭이 변경되었다.

① ㄱ ② ㄴ, ㄷ ③ ㄷ, ㄹ ④ ㄱ, ㄴ, ㄹ ⑤ ㄱ, ㄴ, ㄷ, ㄹ

58. 조직화 기술에 관한 설명으로 옳지 않은 것은?

① 지역사회 문제를 해결하기 위해 필요한 인력이나 서비스를 규합한다.
② 지역사회 문제를 해결하기 위해 사회복지사를 대표로 하는 모임을 구성한다.
③ 효과적인 조직화를 위해서는 갈등과 대립에 익숙해지는 법을 배워야 한다.
④ 지역복지운동·사회복지관 등에서 활용한다.
⑤ 지역사회의 역량강화가 필수적이며, 따라서 지역사회복지 거버넌스 구조의 기능을 확대시킨다.

59. 지역사회보장협의체에 관한 설명으로 옳지 않은 것은?

① 지역사회보장협의체의 업무를 효율적으로 수행하기 위하여 지역사회보장협의체에 실무협의체를 둔다.
② 보장기관의 장은 지역사회보장협의체의 효율적 운영을 위하여 필요한 인력 및 운영비 등 재정을 지원할 수 있다.
③ 읍·면·동 단위 지역사회보장협의체의 조직·운영에 필요한 사항은 보건복지부령으로 정한다.
④ 특별자치시의 읍·면·동 단위 지역사회보장협의체의 구성 및 운영에 관한 사항은 시·도 사회보장위원회가 심의·자문한다.
⑤ 읍·면·동 단위 지역사회보장협의체 위원은 읍·면·동별로 각 10명 이상으로 한다.

60. 주민 참여수준을 높은 것에서 낮은 것 순으로 옳게 나열한 것은?

ㄱ. 공청회나 집회 등을 통해 주민의 의견 수렴
ㄴ. 위원회 등을 구성
ㄷ. 주민에 의한 완전한 자치 실현
ㄹ. 주민은 임상적 치료의 대상

① ㄴ - ㄷ - ㄹ - ㄱ　② ㄷ - ㄱ - ㄴ - ㄹ　③ ㄷ - ㄴ - ㄱ - ㄹ
④ ㄹ - ㄱ - ㄴ - ㄷ　⑤ ㄹ - ㄴ - ㄱ - ㄷ

61. 2000년 이후 우리나라 지역사회복지의 전개에 관한 설명으로 옳은 것을 모두 고른 것은?

ㄱ. 기초자치단체와 광역자치단체에서 지역사회복지계획을 수립하기 시작하였다.
ㄴ. 전자바우처(사회서비스 이용권) 사업이 시행되었다.
ㄷ. 시·도 단위로 지역사회복지협의체가 구성되었다.
ㄹ. 「아동복지법」의 개정으로 지역아동센터가 아동복지시설로 법제화되었다.

① ㄱ　② ㄴ, ㄷ　③ ㄷ, ㄹ　④ ㄱ, ㄴ, ㄹ　⑤ ㄱ, ㄴ, ㄷ, ㄹ

62. 연계기술(networking)에 관한 설명으로 옳지 않은 것은?

① 서비스 중복을 막고 새로운 서비스 제공 인프라 구축을 위한 시간과 비용을 절감할 수 있다.
② 지역사회보장협의체는 연계기술을 활용한 사례로 볼 수 있다.
③ 상호 신뢰 형성을 위해 수평적 관계를 유지하고, 이를 통해 다양한 서비스 제공 주체들의 자발성을 촉진할 수 있다.
④ 서비스 제공 주체들 간에 경쟁이 우선되어야 한다.
⑤ 서비스 제공 주체들 간 신뢰와 호혜성이 형성되어야 네트워크가 지속될 수 있다.

63. 지역사회복지실천의 단계별 과업에 관한 설명으로 옳은 것을 모두 고른 것은?

ㄱ. 지역사회 욕구 사정 - 지역사회의 사회구조와 경제적인 상황에 대한 고려
ㄴ. 실행 - 지역사회복지 추진체계의 리더십 확보
ㄷ. 지역사회의 문제 분석 및 확인 - 인과관계에 기반한 개입 가설의 개발
ㄹ. 평가 - 효율성 및 효과성 평가

① ㄱ　② ㄴ, ㄷ　③ ㄷ, ㄹ　④ ㄱ, ㄴ, ㄹ　⑤ ㄱ, ㄴ, ㄷ, ㄹ

64. 영국의 지역사회복지 역사에 관한 설명으로 옳지 않은 것은?

① 구호의 중복과 누락을 방지하기 위한 목적으로 자선조직협회가 설립되었다.
② 최초의 자선조직협회 설립은 바네트(Barnett) 목사가 주도했고, 옥스퍼드대학교의 학생과 교회청년들이 참여하였다.
③ 그리피스(Griffiths) 보고서는 지역사회보호의 1차적 책임주체로 지방정부를 강조하였다.
④ 정신보건법의 제정으로 지역사회보호가 법률적으로 규정되었다.
⑤ 지역사회보호가 강조되면서 민간서비스, 비공식 서비스의 역할이 점차 증가하였다.

65. 지역사회복지실천의 가치에 관한 설명으로 옳은 것을 모두 고른 것은?

ㄱ. 비판의식의 개발 - 억압을 조장하는 사회구조 및 의사결정 과정을 주시하고 이해한다.
ㄴ. 임파워먼트 - 지역주민들은 자신의 문제를 스스로 해결할 수 있는 충분한 잠재력을 가지고 있다고 가정한다.
ㄷ. 상호학습 - 비판적 의식은 제한적으로 생성되어야 한다.
ㄹ. 다양성 존중 - 소외된 집단을 지역사회 문제와 관련된 정책결정에 참여시켜야 한다.

① ㄱ ② ㄴ, ㄷ ③ ㄷ, ㄹ ④ ㄱ, ㄴ, ㄹ ⑤ ㄱ, ㄴ, ㄷ, ㄹ

66. 우리나라 지역사회복지 관련 사건의 순서를 옳게 나열한 것은?

ㄱ. 주민생활지원서비스가 실시되었다.
ㄴ. 「사회복지사업법」이 제정되었다.
ㄷ. 「국민기초생활 보장법」이 시행되었다.
ㄹ. 사회복지시설평가가 법제화되었다.

① ㄱ → ㄴ → ㄷ → ㄹ ② ㄱ → ㄴ → ㄹ → ㄷ ③ ㄴ → ㄹ → ㄷ → ㄱ
④ ㄷ → ㄱ → ㄹ → ㄴ ⑤ ㄹ → ㄴ → ㄷ → ㄱ

67. 다음에서 설명하는 것은?

○ 전통적인 전문사회사업실천의 한 방법이다.
○ 공공과 민간 사회복지기관의 전문사회복지사에 의해 수행된다.
○ 보다 조직적이고, 추구하는 변화에 대해 의도적이며, 과학적인 지식과 기술을 사용한다.

① 지역사회보호 ② 지역사회개발 ③ 시설 사회화 ④ 시설보호 ⑤ 지역사회조직

68. 지역사회복지실천의 원칙으로 옳지 않은 것은?

① 일차적인 클라이언트는 지역사회 내 사회복지기관이다.
② 사회복지기관의 효과적인 운영을 위해 자원의 집중과 분산을 병행한다.
③ 지역사회의 특성과 문제를 개별화한다.
④ 지역사회 문제의 구조적 요인을 고려하여 개입한다.
⑤ 지역주민 간의 협력관계를 구축한다.

69. 로스만(J. Rothman)의 지역사회조직모델의 개입 목표에 관한 설명으로 옳은 것을 모두 고른 것은?

ㄱ. 지역사회개발모델 - 지역사회의 능력 향상과 통합
ㄴ. 사회계획모델 - 지역사회의 특정 문제 해결
ㄷ. 사회행동모델 - 표적대상에 대항하는 주민동원 및 조직화

① ㄱ ② ㄴ, ㄷ ③ ㄷ ④ ㄱ, ㄴ ⑤ ㄱ, ㄴ, ㄷ

70. 지역사회복지실천 과정 중 문제확인에 관한 설명으로 옳은 것을 모두 고른 것은?

ㄱ. 문제의 범위를 설정할 때 초기에는 개방적인 태도를 취하는 것이 바람직하다.
ㄴ. 시간과 자원의 양에 따라 표적집단을 결정하는 것이 필요하다.
ㄷ. 문제에 대해 공식적으로 인정하고 지역사회행동을 위한 아젠다(agenda)로 채택한다.
ㄹ. 문제를 해결하기 위한 과거의 노력을 검토할 필요는 없다.

① ㄱ ② ㄴ, ㄷ ③ ㄷ, ㄹ ④ ㄱ, ㄴ, ㄷ ⑤ ㄱ, ㄴ, ㄷ, ㄹ

71. 지역사회복지실천 이론에 관한 설명으로 옳지 않은 것은?

① 갈등이론 - 지역사회복지실천의 목표는 불평등 관계의 변화이다.
② 생태학 이론 - 지역사회는 환경과 교류하며 적응과 역동적 진화를 통해 변화한다.
③ 구조기능이론 - 조화, 적응, 안정, 균형을 중시한다.
④ 사회구성이론 - 모든 현상에 대한 객관적 진실의 존재를 부인한다.
⑤ 체계이론 - 사회운동조직들의 역할과 한계를 설명한다.

72. 다음에 해당하는 지역사회복지실천을 하는 사회복지사의 주된 역할은?

A 사회복지관의 지역사회조직화팀에서 근무하는 B 사회복지사는 지역사회 주민들을 대상으로 한 조사 결과 지역 내 놀이터가 오랫동안 방치되어 우범지대화되었다는 사실을 알게 되었다. 이를 개선하기 위해 지역 내 주부들을 모집하여 봉사단을 결성하고, 이들을 대상으로 교육·훈련 프로그램에 참여하도록 하여 봉사단이 스스로 놀이터 개량을 하도록 원조하였다.

① 행정가 ② 중개자 ③ 조직가 ④ 옹호자 ⑤ 계획가

73. 다음에서 A 노인요양시설이 사용한 하드캐슬(Hardcastle)의 힘 균형 전략은?

A 노인요양시설은 B 노인주야간보호시설로부터 신체 기능이 더욱 악화된 클라이언트를 의뢰받고 있다. 최근에 B 노인주야간보호시설이 클라이언트를 의뢰해 주는 조건으로, 시설의 이용자들을 위한 프로그램 활동에 A 노인요양시설에서 활동하고 있는 자원봉사자들을 보내달라고 요구하였다. A 노인요양시설은 현재 자원봉사자들의 여유 봉사 시간 등을 고려할 때, B 노인주야간보호시설이 제시한 조건을 들어주기가 어려웠다. 이에 인근에 있는 C 노인주야간보호시설과 연계하여 클라이언트를 의뢰받기로 하였다.

① 경쟁 ② 연합 ③ 강압 ④ 호혜 ⑤ 재평가

74. 테일러와 로버츠(Taylor & Roberts)의 지역사회복지실천모델과 의사결정 권한 정도의 연결이 옳지 않은 것은?

	후원자	:	클라이언트
① 프로그램 개발 및 조정모델	100%	:	없음
② 계획모델	1	:	7
③ 지역사회연계모델	1	:	1
④ 지역사회개발모델	7	:	3
⑤ 정치적 권력강화모델	없음	:	100%

75. 지역사회복지실천의 이념으로써 정상화(normalization)에 관한 설명으로 옳지 않은 것을 모두 고른 것은?

ㄱ. 전통적 지역사회복지서비스 이데올로기에 부합하는 이념이다. ㄴ. 일탈은 문화적으로 규정되며 절대적인 특성을 갖는다. ㄷ. 시설집중화에 대해 반대하는 입장이다. ㄹ. 1959년 미국에서 제정된 정신지체법에서 출발하였다.

① ㄱ ② ㄴ, ㄷ ③ ㄷ, ㄹ ④ ㄱ, ㄴ, ㄹ ⑤ ㄱ, ㄴ, ㄷ, ㄹ

사회복지사 1급 국가자격시험 대비
제1회 FINAL 모의고사

교 시	문제형별	시 간	시 험 과 목
3교시	A	75분	<사회복지정책과 제도> 1 사회복지정책론 2 사회복지행정론 3 사회복지법제론

수험번호		성 명	

[수험자 유의사항]

1. 시험문제지는 **단일 형별(A형)**이며, 답안카드 형별 기재란에 표시된 형별(A형)을 확인하시기 바랍니다. 시험문제지의 **총면수**, **문제번호 일련순서**, **인쇄상태** 등을 확인하시고, 문제지 표지에 수험번호와 성명을 기재하시기 바랍니다.

2. 답은 각 문제마다 요구하는 **가장 적합하거나 가까운 답 1개**만 선택하고, 답안카드 작성 시 시험문제지 **마킹착오**로 인한 불이익은 전적으로 **수험자에게 책임**이 있음을 알려 드립니다.

3. 답안카드는 국가전문자격 공통 표준형으로 문제번호가 1번부터 125번까지 인쇄되어 있습니다. 답안 마킹 시에는 반드시 **시험문제지의 문제번호와 동일한 번호**에 마킹하여야 합니다.

4. **감독위원의 지시에 불응하거나 시험시간 종료 후 답안카드를 제출하지 않을 경우** 불이익이 발생할 수 있음을 알려 드립니다.

   ※ 시험문제지는 시험 종료 후 가지고 갈 수 있습니다.

5. 문제지 맨 뒤에 제공되는 답안카드를 활용하여 실전처럼 모의고사를 풀어보시기 바랍니다.

해커스

각 문제에서 요구하는 가장 적합한 답 1개만을 고르시오.

사회복지정책과 제도(사회복지정책론)

01. 조지와 윌딩(George & Wilding)이 제시한 사회복지사상에 관한 설명으로 옳은 것을 모두 고른 것은?

ㄱ. 신우파 - 소극적 자유를 강조하며 현존하는 불평등은 경제성장에 기여할 수 있다.
ㄴ. 중도노선 - 중심가치에는 자유, 개인주의, 불평등이 있다.
ㄷ. 사회민주주의 - 평등, 자유, 우애를 중심 사회가치로 여기며, 시장사회주의를 지향한다.
ㄹ. 마르크스주의 - 시장에 대한 국가 개입은 최소화되어야 한다.

① ㄱ, ㄴ, ㄷ ② ㄱ, ㄷ ③ ㄴ, ㄹ ④ ㄹ ⑤ ㄱ, ㄴ, ㄷ, ㄹ

02. 공적연금에 관한 설명으로 옳은 것을 모두 고른 것은?

ㄱ. 우리나라의 공적연금은 특수직역연금과 국민연금으로 구분하여 운영되고 있다.
ㄴ. 우리나라의 공적연금 중 공무원연금이 가장 먼저 시행되었다.
ㄷ. 적립방식의 연금제도에는 수지상등의 원칙을 고려하지 않는다.
ㄹ. 공적연금은 기여여부에 따라 무기여연금과 기여연금으로 구분된다.

① ㄱ ② ㄴ, ㄹ ③ ㄷ, ㄹ ④ ㄱ, ㄴ, ㄹ ⑤ ㄱ, ㄴ, ㄷ, ㄹ

03. 우리나라의 사회보험제도에 관한 설명으로 옳지 않은 것은?

① 국민건강보험과 국민연금 중 적용범위가 농어민으로까지 먼저 확대된 것은 국민연금이다.
② 강제 가입을 통해 역선택을 방지하고자 한다.
③ 국민연금에서 기본연금액의 균등부분에서 소득재분배 기능이 나타난다.
④ 국민건강보험에서 진료비 지불방식으로 행위별수가제와 포괄수가제가 함께 사용되고 있다.
⑤ 노인장기요양보험에서 급여의 종류는 크게 재가급여, 시설급여, 특별현금급여로 나눌 수 있다.

04. 빈곤과 소득불평등에 관한 설명으로 옳은 것을 모두 고른 것은?

ㄱ. 중위소득을 활용하여 상대적 빈곤선을 설정할 수 있다.
ㄴ. 반물량 방식은 모든 항목의 생계비를 계산하지 않고 엥겔계수를 활용하여 생계비를 추정한다.
ㄷ. 빈곤율은 모든 빈곤층의 소득을 빈곤선 수준으로 끌어올리는 데에 필요한 총소득으로 빈곤의 심도를 나타낸다.
ㄹ. 중위소득의 50%를 빈곤선으로 책정할 경우, 사회구성원 99명을 소득액 순으로 나열하여 이 중 50번째 사람의 소득 50%를 빈곤선으로 한다.

① ㄱ ② ㄴ, ㄹ ③ ㄷ, ㄹ ④ ㄱ, ㄴ, ㄹ ⑤ ㄱ, ㄴ, ㄷ, ㄹ

05. 사회복지정책의 가치에 관한 설명으로 옳지 않은 것을 모두 고른 것은?

ㄱ. 사회복지정책의 가치에는 평등, 자유, 사회적 적절성, 효율성 등이 있다.
ㄴ. 사회복지정책의 각 가치는 사회복지정책 수립이나 집행 시 적절한 수준에서 모두 고려되어야 한다.
ㄷ. 가치는 사회복지정책의 목표가 아니라 수단이다.
ㄹ. 사회복지정책은 가치중립적이어야 한다.

① ㄱ ② ㄴ, ㄹ ③ ㄷ, ㄹ ④ ㄴ, ㄷ, ㄹ ⑤ ㄱ, ㄴ, ㄷ, ㄹ

06. 독일의 비스마르크(Bismarck) 사회입법에 관한 설명으로 옳지 않은 것을 모두 고른 것은?

ㄱ. 1883년 제정된 질병보험은 세계 최초의 사회보험으로 평가받는다.
ㄴ. 1889년 제정된 노령폐질연금은 전 국민을 대상으로 시행되었다.
ㄷ. 상호부조 조직인 공제조합을 기원으로 하였다.
ㄹ. 자유주의자는 노동자를 국가복지의 노예로 만드는 것으로 보아 산재보험 도입을 반대하였다.

① ㄱ ② ㄴ, ㄹ ③ ㄷ, ㄹ ④ ㄱ, ㄴ, ㄹ ⑤ ㄱ, ㄴ, ㄷ, ㄹ

07. 우리나라의 사회보험제도에 관한 설명으로 옳지 않은 것은?

① 위험이전과 위험의 광범위한 공동분담에 기초한다.
② 강제가입의 원칙에 따라 운영된다.
③ 보편주의 원칙에 따라 가입 대상을 정한다.
④ 사전에 규정된 욕구(presumed need)에 따라 급여가 지급된다.
⑤ 급여는 계약에 따라 개별적으로 정해진다.

08. 에스핑-안데르센(G. Esping-Andersen)의 복지국가 유형에 관한 설명으로 옳지 않은 것은?

① 복지국가의 유형을 자유주의적 복지국가, 조합주의적 복지국가, 사회민주주의적 복지국가로 구분하였다.
② 복지국가의 유형들 중에서 자유주의적 복지국가가 탈상품화 정도가 가장 낮다.
③ 탈상품화는 복지정책의 시장영향력 완화 정도를 분석하기 위한 개념틀이다.
④ 개별 복지국가의 유형들은 국가별 경제상황과 경제정책의 특성에 영향을 받아 형성되었다.
⑤ 사회민주주의 복지국가는 탈상품화 정도가 높고 보편적 사회서비스를 제공한다.

09. 공공부조제도와 사회보험제도를 비교한 것 중에서 옳은 것을 모두 고른 것은?

		공공부조	사회보험
ㄱ.	목적	사후적 대응	사전적 대비
ㄴ.	이념	선별주의	보편주의
ㄷ.	기여자 및 수급자의 일치 여부	일치하지 않음	일치함
ㄹ.	수급권의 성격	추상적이고 약함	구체적이고 강함

① ㄱ ② ㄴ, ㄹ ③ ㄷ, ㄹ ④ ㄱ, ㄴ, ㄹ ⑤ ㄱ, ㄴ, ㄷ, ㄹ

10. 사회복지정책 발달 이론에 관한 설명으로 옳지 않은 것은?

① 권력자원이론 - 의회민주주의의 정착과 노동자 계급의 조직화된 힘을 강조한다.
② 시민권론 - 사회문제는 농경사회에서 산업사회로 변화하면서 발생하였고, 이에 대한 대응으로 사회복지정책이 발달하였다.
③ 사회양심이론 - 사회적 양심과 이타주의의 확대로 사회복지정책이 발달하였다.
④ 시민권론 - 마샬(T. H. Marshall)에 따르면 시민권은 공민권, 참정권, 사회권 순서로 발전하였고, 사회복지정책은 사회권이 발달한 결과이다.
⑤ 국가중심이론 - 국가는 적극적인 행위자로 사회복지정책의 발달은 국가 관료제의 영향이다.

11. 국민건강보험제도에 관한 설명으로 옳은 것을 모두 고른 것은?

ㄱ. DRG포괄수가제는 보험을 관리하는 측과 의사대표 간에 미리 진료비의 총액을 정해 놓고 지불하는 방식이다.
ㄴ. 우리나라 국민건강보험에서 본인부담액의 연간 총액이 법령이 규정하는 일정금액을 넘는 경우, 그 넘는 금액을 건강보험공단이 부담한다.
ㄷ. 우리나라 국민건강보험에서 요양급여비용은 보건복지부장관이 의결한다.
ㄹ. 상대가치점수체계는 수가 항목 간 상대가치 불균형을 감소하기 위한 제도이다.

① ㄱ ② ㄴ, ㄹ ③ ㄷ, ㄹ ④ ㄱ, ㄴ, ㄹ ⑤ ㄱ, ㄴ, ㄷ, ㄹ

12. 사회복지재원에 관한 설명으로 옳은 것은?

① 우리나라 사회보장의 주된 재원은 사회보장세이다.
② 일반조세는 추정된 부담능력(assumed capacity), 즉 지불능력(capacity to pay)을 고려한다.
③ 일반조세 중 재산세의 계층 간 소득재분배 효과가 가장 크다.
④ 직접세는 크게 소득세, 법인세와 소비세로 대별된다.
⑤ 간접세는 비례적이기 때문에 일반적으로 소득재분배에 중립적이다.

13. 사회복지정책 과정에 관한 설명으로 옳지 않은 것은?

① 외부주도형 아젠다 형성모형은 민주화된 선진국에서 자주 볼 수 있다.
② 이슈 촉발장치는 대중의 관심을 불러일으키는 예기치 못한 사건이다.
③ 사회복지정책 관련 최적격의 이슈 제기자는 사회복지전문가이다.
④ 정책대안 형성 과정은 정치적 성격을 갖는다.
⑤ 동원형 아젠다 형성모형은 민주화되지 않은 후진국 정치체계에서 자주 확인된다.

14. 사회복지 재원 중 본인 부담금에 관한 설명으로 옳지 않은 것을 모두 고른 것은?

ㄱ. 일반적으로 정액제는 정률제에 비해 소득재분배 효과가 크다.
ㄴ. 일반적으로 정률제는 연동제(sliding scale)에 비해 소득재분배 효과가 작다.
ㄷ. 일반적으로 정률제는 정액제에 비해 서비스 남용을 방지하는 데 유리하다.
ㄹ. 정부의 재정 부담을 완화시킬 수 있지만, 저소득층의 서비스 접근성을 저해할 수도 있다.

① ㄱ ② ㄴ, ㄹ ③ ㄷ, ㄹ ④ ㄱ, ㄴ, ㄹ ⑤ ㄱ, ㄴ, ㄷ, ㄹ

15. 소득재분배에 관한 설명으로 옳지 않은 것은?

① 조세정책·사회복지정책 등을 통해 소득이 2차적으로 분배되는 것을 말한다.
② 민간은 소득재분배의 주체가 될 수 없다.
③ 능력에 따른 부담과 수혜를 강조한다.
④ 재원조달 측면에서 부조방식이 보험방식보다 재분배 효과가 크다.
⑤ 조세를 재원으로 하는 공공부조제도에서 일반적으로 나타난다.

16. 사회복지전달체계에 관한 설명으로 옳지 않은 것은?

① 사회복지서비스를 제공하는 '공급자와 공급자' 또는 '사회복지서비스를 소비하는 소비자와 공급자'를 연결시키기 위한 장치(또는 매개체)이다.
② 소비자인 클라이언트에게 사회복지서비스를 제공하기 위해 상호작용하는 조직 및 인력이다.
③ 공공전달체계, 민간전달체계, 혼합부문 등으로 구분된다.
④ 우리나라의 각종 사회보험은 중앙정부가 단독으로 전달체계를 책임지고 있다.
⑤ 공공부조와 사회서비스 전달체계는 중앙정부가 단독으로 전달체계를 책임지고 있다.

17. 길버트와 스펙트(N. Gilbert & H. Specht) 등이 제시한 사회복지정책 분석에 관한 설명으로 옳지 않은 것은?

① 성과분석은 실행된 정책이 낳은 결과를 기술하고 분석하는 접근방법이다.
② 기초연금과 국민연금의 대상자 선정기준 분석은 산물분석의 사례이다.
③ 산물분석은 정책의 분석틀로써 재원, 할당, 급여, 전달체계라는 4가지 선택의 차원과 대안, 가치, 이론이라는 3가지 축을 활용한다.
④ 분석 방법 중 조사방법론의 이론적 지식에 가장 밀접하게 연관된 것은 과정분석이다.
⑤ 「노인장기요양보험법」 제정에서 이익집단의 영향 분석은 과정분석의 사례이다.

18. 우리나라 사회복지정책의 대상자 선정에 관한 설명으로 옳지 않은 것은?

ㄱ. 긴급복지지원제도는 선별주의 원칙에 부합된다. ㄴ. 장애수당제도는 전문가의 진단을 고려한다. ㄷ. 아동수당제도는 인구학적 기준을 고려한다. ㄹ. 기초연금제도는 부양의무자의 유무를 고려한다.

① ㄱ, ㄴ, ㄷ ② ㄱ, ㄷ ③ ㄴ, ㄹ ④ ㄹ ⑤ ㄱ, ㄴ, ㄷ, ㄹ

19. 사회서비스에 관한 설명으로 옳지 않은 것은?

① 우리나라 「사회보장기본법」에서는 "국가·지방자치단체 및 민간부문의 도움이 필요한 모든 국민에게 복지, 보건의료, 교육, 고용, 주거, 문화, 환경 등의 분야에서 인간다운 생활을 보장하고 상담, 재활, 돌봄, 정보의 제공, 관련 시설의 이용, 역량 개발, 사회참여 지원 등을 통하여 국민의 삶의 질이 향상되도록 지원하는 제도를 말한다."로 정의하고 있다.

② 사회적 욕구 충족에 초점을 둔다.

③ 사회복지기관의 운영을 지원하는 서비스이다.

④ 이윤추구 등 경제적 동기 외에 이타주의 등 사회적 동기가 결합된 서비스이다.

⑤ 서비스 대상자의 노동시장 참여를 강조한다.

20. 사회복지 재화나 서비스를 국가가 제공해야 하는 근거로서 옳지 않은 것은?

① 긍정적 외부효과 발생

② 정보의 비대칭성 문제 해결

③ 역선택(adverse selection)의 문제 해결

④ 도덕적 해이 문제 해결

⑤ 경제발전의 낙수효과 발생

21. 영국 구빈제도의 역사에 관한 설명으로 옳지 않은 것을 모두 고른 것은?

ㄱ. 엘리자베스 구빈법(1601년) - 전국적으로 구빈 행정구조를 통일하였다. ㄴ. 스핀햄랜드법(1795년) - 노동빈민에 대한 구제를 허용하였다. ㄷ. 공장법(1833년) - 아동의 노동여건을 개선하여 아동복지법의 시초로 평가받는다. ㄹ. 신빈민법(1834년) - 전국적으로 구빈 행정구조를 수립하였다.

① ㄱ ② ㄱ, ㄹ ③ ㄷ, ㄹ ④ ㄱ, ㄴ, ㄹ ⑤ ㄱ, ㄴ, ㄷ, ㄹ

22. 사회복지 급여 형태 중 현물급여에 비해 현금급여가 갖는 장점에 관한 설명으로 옳지 않은 것은?

① 소비자 선택의 자유를 증진시킬 수 있다.

② 운영비용을 절감할 수 있다.

③ 용도 외 사용을 막아 목표달성에 효과적일 수 있다.

④ 사회적 낙인을 줄일 수 있다.

⑤ 인간의 존엄성을 유지시킬 수 있다.

23. 사회복지 정책결정모형에 관한 설명으로 옳은 것을 모두 고른 것은?

ㄱ. 점증모형은 기존의 정책에 기반한 약간의 정책 개선이나 수정을 강조하는 정책결정모형으로 이상적·경제적 합리성보다는 대중의 지지를 얻을 수 있는 정치적 합리성을 더 추구하는 모형이다.

ㄴ. 쓰레기통 모형은 조직화된 무질서 상태를 가정하면서 정책결정이 일정한 규칙에 따라 이루어지는 것이 아니라 정책결정에 필요한 여러 가지 흐름이 우연히 한곳에 모여져 정책결정이 이루어진다고 보는 모형이다.

ㄷ. 만족모형은 합리모형과 점증모형의 절충적인 형태로 중요한 문제의 경우에는 합리모형에서와 같이 포괄적 관찰을 통해 기본적인 정책결정을 하고, 이후 기본적인 결정을 수정·보완하면서 세부적인 사안을 점증적으로 결정한다는 모형이다.

ㄹ. 합리모형은 인간이 매우 이성적이며 고도의 합리성에 따라 행동하고 결정한다는 전제하에 정책결정에는 경제적 합리성과 함께 직관, 통찰력, 창의력 등을 동시에 고려해야 한다는 모형이다.

① ㄱ, ㄴ ② ㄴ, ㄹ ③ ㄷ, ㄹ ④ ㄱ, ㄴ, ㄷ ⑤ ㄱ, ㄴ, ㄷ, ㄹ

24. 사회복지정책 평가 기준에 관한 설명으로 옳은 것은?

① 비효율적인 정책은 효과적인 정책이 될 수 없다.

② 효율성 평가는 정책목표 달성을 위한 비용 대비 편익을 비교하는 것이다.

③ 과정평가는 최초의 정책목표 달성여부를 평가하는 것이다.

④ 효과성 평가는 정책성과를 화폐단위로 환산하기 쉬운 경우에 적절하다.

⑤ 적절성은 소득재분배 정도를 평가하기 위한 기준이다.

25. 사회복지정책에 관한 설명으로 옳은 것을 모두 고른 것은?

ㄱ. 국민의 복지 증진을 위해 복지국가가 사용하는 수단이다.

ㄴ. 1935년 미국의 「사회보장법(Social Security Act)」에서는 세계 최초로 사회보장이란 용어를 명문화하였다.

ㄷ. 능력에 따른 분배를 지향한다.

ㄹ. 북유럽국가들의 사회복지정책은 영미권 국가들의 사회복지정책에 비해 보편주의·연대주의적 성격이 강하다.

① ㄱ ② ㄴ, ㄹ ③ ㄷ, ㄹ ④ ㄱ, ㄴ, ㄹ ⑤ ㄱ, ㄴ, ㄷ, ㄹ

사회복지정책과 제도(사회복지행정론)

26. 기획에 관한 설명으로 옳지 않은 것은?

① 전문화된 지식체계에 기반한다.

② 정태적인 과업이다.

③ 목표 달성을 위한 미래 활동을 준비하는 과정이다.

④ 미래의 환경 변화에 대응하기 위한 의사결정과정이다.

⑤ 의사결정과 연관되어 있어야 한다.

27. 사회복지조직과 같은 비영리조직의 마케팅에 관한 설명으로 옳은 것은?

① 영리를 추구한다.

② 재정자립은 마케팅의 목표가 될 수 없다.

③ 제공된 서비스를 반환하거나 되파는 것이 어렵다.

④ 표준화된 서비스를 대량으로 생산할 수 있다.

⑤ 생산 후 소비가 이루어진다.

28. 변혁적 리더십의 특징에 관한 설명으로 옳지 않은 것은?

① 높은 도덕적 가치와 이상에 호소하여 직원의 의식을 변화시킨다.

② 직원의 성장에 대한 헌신과 공동체 의식 형성에 초점을 둔다.

③ 직원에게 새로운 비전을 제시하고 지적 자극을 제공한다.

④ 직원의 욕구와 보상에 주된 관심을 갖는다.

⑤ 감화력를 제공하여 목표달성에 조직성원들을 동기화시키고 조직문화를 창출한다.

29. 조직 구성요소 중 공식성에 관한 설명으로 옳은 것을 모두 고른 것은?

ㄱ. 조직 내 직무와 수행과정의 명문화·성문화된 정도이다.
ㄴ. 조직운영의 경제성과 예측성을 높이기 위한 활동이다.
ㄷ. 공식성 정도가 높으면 직무수행자의 재량권과 자율권이 높아진다.
ㄹ. 조직규모가 커질수록 공식성 정도가 높아진다.

① ㄱ　　② ㄴ, ㄷ　　③ ㄷ, ㄹ　　④ ㄱ, ㄴ, ㄹ　　⑤ ㄱ, ㄴ, ㄷ, ㄹ

30. 동기부여 이론에 관한 설명으로 옳지 않은 것은?

① 매슬로우(Maslow)의 욕구이론에 따르면 조직성원의 현재 욕구 위계수준을 파악한 뒤 파악된 욕구의 다음 위계의 욕구를 충족시킬 수 있는 기회를 제공해야 한다.

② 동기-위생이론에서 책임감, 성취에 대한 인정, 일 자체는 동기부여요인이다.

③ 성취동기이론에서 권력욕구는 친화욕구의 상위 욕구이다.

④ ERG이론에서는 좌절-퇴행적 접근을 인정한다.

⑤ X이론에서는 하위욕구 관리전략이 필요하다.

31. 쿤츠와 오도넬(Koontz & O'Donnel)의 부문화(departmentation) 방법 중 다음 설명에 해당하는 것은?

ㅇ 동일한 직무를 수행하는 직원들을 1명의 관리자의 지휘하에 소속시키는 부문화 방법이다. ㅇ 업무단위 간 조직성원 개인의 능력 차이가 간과될 수 있다.

① 수(數) 기준 부문화　② 시간 기준 부문화　③ 기능 기준 부문화
④ 서비스 기준 부문화　⑤ 서비스 접근통로 기준 부문화

32. 기획의 유형에 관한 설명으로 옳은 것을 모두 고른 것은?

ㄱ. 중간관리층은 할당, 사업계획, 보완적 목표, 정책 등을 기획한다. ㄴ. 최고관리층은 일반적으로 1년 이상의 장기적 기획에 관여한다. ㄷ. 운영기획에서는 조직의 사명과 가치를 설정한다. ㄹ. 전략적 기획은 조직의 기본적인 결정과 행동계획을 새롭게 수립하는 기획이다.

① ㄱ　② ㄴ, ㄷ　③ ㄷ, ㄹ　④ ㄱ, ㄴ, ㄹ　⑤ ㄱ, ㄴ, ㄷ, ㄹ

33. 섬김(servant) 리더십 이론에 관한 설명으로 옳은 것을 모두 고른 것은?

ㄱ. 타인을 배려하고 희생하며 봉사함으로서 그들에게 영향력을 발휘하는 리더십이다. ㄴ. 인간존중·봉사·정의·정직·공동체적 윤리에 입각한다. ㄷ. 모든 상황에 적용할 수 있는 리더의 행동 유형을 밝히려는 시도로 연구되었다. ㄹ. 청지기 의식(stewardship)에 따른 책무활동을 강조한다.

① ㄱ　② ㄴ, ㄷ　③ ㄷ, ㄹ　④ ㄱ, ㄴ, ㄹ　⑤ ㄱ, ㄴ, ㄷ, ㄹ

34. 사회복지 슈퍼비전에 관한 설명으로 옳지 않은 것은?

① 슈퍼바이저와 슈퍼바이지 간 상호작용과 의사소통이 핵심이다.

② 교육적 기능은 일선 사회복지사의 지식과 기술을 향상시키는 것이다.

③ 슈퍼비전은 사회복지사에 대한 관리 및 통제의 수단으로도 활용된다.

④ 지지적 기능은 슈퍼바이지의 가치와 감정의 문제에 개입하여 직무만족도를 향상시키는 것이다.

⑤ 슈퍼비전은 반드시 슈퍼바이저가 있어야 한다.

35. 직원에 대한 직무수행 평가 순서로 옳은 것은?

ㄱ. 실제의 직무수행을 직무수행 평가기준과 비교 ㄴ. 직무수행 측정 ㄷ. 직원에게 직무 수행 기대치 전달 ㄹ. 직무수행기준 확립 ㅁ. 직원과 평가 결과 회의 진행

① ㄱ - ㄷ - ㄴ - ㄹ - ㅁ
② ㄱ - ㄴ - ㄷ - ㄹ - ㅁ
③ ㄹ - ㄷ - ㄱ - ㄴ - ㅁ
④ ㄹ - ㄷ - ㄴ - ㄱ - ㅁ
⑤ ㄹ - ㅁ - ㄷ - ㄱ - ㄴ

36. 사회복지프로그램의 기획 시 대상집단 규정과 관련된 설명으로 옳지 않은 것은?

① 일반집단은 프로그램의 행정구역 내에 거주하는 전체 인구집단이다.
② 위험집단은 문제에 노출될 위험이 큰 지역이나 연령층이다.
③ 표적집단은 프로그램의 수급 자격을 갖춘 인구집단이다.
④ 프로그램 운영에 소요될 자원이 충분할 경우 표적집단과 클라이언트 집단이 같을 수 있다.
⑤ 위험집단이 일반집단의 규모보다 크다.

37. 인적자원관리에 관한 설명으로 옳지 않은 것은?

① 확보관리, 개발관리, 유지관리를 포함한다.
② 직무분석은 직무에 대한 업무내용과 책임을 종합적으로 분류하는 활동이다.
③ 선발시험에는 필기시험, 실기시험, 면접시험 등이 있다.
④ 직무명세서는 직무명칭과 개요 등 직무 자체에 관한 내용이다.
⑤ 직무분석 이후 직무명세서와 직무기술서가 작성된다.

38. 「사회복지법인 및 사회복지시설 재무·회계 규칙」상 예산에 첨부해야 할 서류에 해당하는 것을 모두 고른 것은?

ㄱ. 예산총칙	ㄴ. 세입·세출명세서
ㄷ. 추정재무상태표	ㄹ. 임직원 보수 일람표

① ㄱ, ㄴ, ㄷ
② ㄱ, ㄷ
③ ㄴ, ㄹ
④ ㄹ
⑤ ㄱ, ㄴ, ㄷ, ㄹ

39. 의사결정에 관한 설명으로 옳지 않은 것은?

① 판단적 결정은 의사결정자가 지닌 감정, 육감, 영감 등에 의존한다.
② 문제해결적 결정은 정보수집, 연구, 분석 등의 합리적이고 과학적인 절차를 통해 진행된다.
③ 정형적 의사결정은 일상적이고 반복적인 의사결정 유형이다.
④ 비정형적 의사결정은 의사결정자의 직관과 판단에 따라 진행된다.
⑤ 직관적 결정은 의사결정의 결과와 이에 따른 집행 시 위험발생 부담이 크다.

40. 예산모형에 관한 설명으로 옳은 것을 모두 고른 것은?

ㄱ. 성과주의 예산은 간편하고 주로 점증식으로 평가된다.
ㄴ. 항목별 예산은 산출중심형 예산이다.
ㄷ. 기획예산은 프로그램 작성에서부터 시작된다.
ㄹ. 영기준 예산은 예산의 효과성·효율성·시급성을 중시한다.

① ㄱ, ㄴ, ㄷ ② ㄱ, ㄷ ③ ㄴ, ㄹ ④ ㄹ ⑤ ㄱ, ㄴ, ㄷ, ㄹ

41. 테일러(F. Taylor)의 과학적 관리론에 관한 설명으로 옳지 않은 것은?

① 직무수행의 효율성과 생산성의 극대화를 실현하기 위한 이론이다.
② 상하의 일치성을 강조한다.
③ 비공식집단, 커뮤니케이션 등을 중시한다.
④ 경제적 보상을 통해 생산성을 극대화시킬 수 있다.
⑤ 조직을 폐쇄체계적 관점으로 이해한다.

42. 우리나라 사회복지서비스 전달체계의 도입 과정을 순서대로 나열한 것은?

ㄱ. 보건복지사무소 시범사업 실시
ㄴ. 사회복지사무소 시범사업 실시
ㄷ. 사회복지전문요원의 공공영역 배치
ㄹ. 주민생활지원서비스 실시
ㅁ. 사회복지통합관리망(또는 행복e음) 개통

① ㄱ → ㄷ → ㄴ → ㅁ → ㄹ ② ㄴ → ㅁ → ㄱ → ㄹ → ㄷ ③ ㄷ → ㄱ → ㄴ → ㄹ → ㅁ
④ ㄱ → ㄴ → ㄷ → ㄹ → ㅁ ⑤ ㅁ → ㄱ → ㄷ → ㄹ → ㄴ

43. 사회복지행정의 특성에 관한 설명으로 옳지 않은 것은?

① 관리자가 중심이 되어 수행하는 기획, 대안 모색, 의사결정, 실행, 평가과정 등을 모두 포함하는 문제해결 과정이다.
② 인간을 가치중립적 존재로 가정한다.
③ 공공의 의지(public will)를 실현시키고자 한다.
④ 외부환경에 대한 의존도가 매우 높다.
⑤ 클라이언트의 욕구충족을 기본으로 한다.

44. 사회복지행정의 개념에 관한 설명으로 옳지 않은 것을 모두 고른 것은?

ㄱ. 사회서비스 활동으로 민간조직의 역할은 제외된다.
ㄴ. 사회복지정책을 개별적이고 구체적인 서비스로 전환시키는 과정이다.
ㄷ. 사회복지조직의 과업수행을 위해 인적·물적 자원을 체계적으로 결합·운영하는 합리적 활동이다.
ㄹ. 사회복지조직의 목표달성을 위한 내부적 조정과 협력의 과정이다.

① ㄱ ② ㄴ, ㄷ ③ ㄷ, ㄹ ④ ㄱ, ㄴ, ㄹ ⑤ ㄱ, ㄴ, ㄷ, ㄹ

45. 신공공관리론에 관한 설명으로 옳은 것을 모두 고른 것은?

ㄱ. 주요 이론적 배경에는 공공선택이론, 대리이론, 거래비용경제학 등이 있다.
ㄴ. 정책과 관리의 분리를 주장한다.
ㄷ. 시장실패를 수정하기 위해서 관료제의 원리를 공공행정에 도입한 것이다.
ㄹ. 시장지향적인 신자유주의 정부 개혁에서 비롯된 이론이다.

① ㄱ ② ㄴ, ㄷ ③ ㄷ, ㄹ ④ ㄱ, ㄴ, ㄹ ⑤ ㄱ, ㄴ, ㄷ, ㄹ

46. 조직이론 중 체계이론에 관한 설명으로 옳은 것을 모두 고른 것은?

ㄱ. 고전이론, 인간관계이론, 구조주의이론을 기반으로 한다.
ㄴ. 유지하위체계는 업무절차를 공식화하고 표준화한다.
ㄷ. 경계하위체계는 서비스를 생산한다.
ㄹ. 관리하위체계는 다른 하위체계를 조정하고 통합하기 위해 리더십을 제공한다.

① ㄱ ② ㄴ, ㄷ ③ ㄷ, ㄹ ④ ㄱ, ㄴ, ㄹ ⑤ ㄱ, ㄴ, ㄷ, ㄹ

47. 하센펠트(Y. Hasenfeld)가 제시한 사회복지조직 재정의 특징으로 옳지 않은 것은?

① 재원의 지속적인 조달을 직접적으로 통제할 수 없으며 통제하려 하지도 않는다.

② 정부보조금, 재단지원금, 기부금, 상품판매 등의 다양한 재원을 가지고 있다.

③ 재원확보를 위해서 사업제안서, 모금행사, 정부와 계약맺기 등의 활동을 한다.

④ 재원조달에 대한 직접적인 통제력이 약하다.

⑤ 법적으로 위탁받은 서비스를 제공할 때에는 임의적 할당이 필수적이다.

48. 메이요(E. Mayo)의 인간관계이론에 관한 설명으로 옳지 않은 것은?

① 조직 밖 타인과의 인간관계가 조직의 생산성 향상에 영향을 미친다고 가정한다.

② 호손(Hawthorne) 공장에서의 실험결과가 반영되었다.

③ 개인은 비경제적인 동기인 심리적·사회적 욕구에 따라 행동한다.

④ 맥그리거(McGregor)의 Y이론과 유사한 관점이다.

⑤ 비공식적 집단의 형성은 생산성 향상으로 이어진다.

49. 관료제 이론에 관한 설명으로 옳지 않은 것은?

① 조직 내 권위는 수직적으로 구조화된다.

② 조직성원 개인의 사적 감정은 배제된다.

③ 조직운영 시 합법적·합리적 권한 양식을 중시한다.

④ 조직 외부의 정치적 상황에 주목한다.

⑤ 위계적 직무수행의 절차와 방법을 엄격히 규정한다.

50. 조직관리자가 활용할 수 있는 조직 운영 기법에 관한 설명으로 옳은 것을 모두 고른 것은?

> ㄱ. 리스트럭처링(restructuring) - 조직의 사업 구조를 개혁하는 전략으로, 중복사업을 통합하는 경우가 있다.
> ㄴ. 리엔지니어링(reengineering) - 조직의 비용·품질·서비스·업무 속도 등을 향상시키기 위해 조직의 과정·체제 및 구조를 근본적으로 재설계하는 것이다.
> ㄷ. 아웃소싱(outsourcing) - 조직에서 프로젝트의 비용적·시간적 효율을 위하여 외주 업체에 위탁하여 처리하는 방식이다.
> ㄹ. 목표관리(management by objective) - 조직이 경쟁력을 제고하기 위해 특수 분야에서 우수한 타 조직을 모방하는 것이다.

① ㄱ, ㄴ, ㄷ ② ㄱ, ㄷ ③ ㄴ, ㄹ ④ ㄹ ⑤ ㄱ, ㄴ, ㄷ, ㄹ

사회복지정책과 제도(사회복지법제론)

51. 「다문화가족지원법」에 관한 내용으로 옳은 것은?

① 보건복지부장관은 다문화가족 지원을 위하여 5년마다 다문화가족정책에 관한 기본계획을 수립하여야 한다.
② 다문화가족의 삶의 질 향상과 사회통합에 관한 중요 사항을 심의·조정하기 위하여 보건복지부 소속으로 다문화가족정책위원회를 둔다.
③ 국가와 지방자치단체는 다문화가족에 대한 사회적 차별 및 편견을 예방하고 사회구성원이 문화적 다양성을 인정하고 존중할 수 있도록 다문화 이해교육을 실시하고 홍보 등 필요한 조치를 하여야 한다.
④ 국가 또는 지방자치단체 아닌 자가 지원센터를 설치·운영하고자 할 때에는 미리 시·도지사 또는 시장·군수·구청장의 허가를 받아야 한다.
⑤ 다문화가족이 이혼 등의 사유로 해체된 경우에는 그 구성원이었던 자녀에 대해서 이 법을 적용하지 않는다.

52. 「산업재해보상보험법」의 내용으로 옳지 않은 것은?

① 근로자·임금·평균임금·통상임금이란 각각 「최저임금법」에 따른 근로자·임금·평균임금·통상임금을 말한다.
② 치유란 부상 또는 질병이 완치되거나 치료의 효과를 더 이상 기대할 수 없고 그 증상이 고정된 상태에 이르게 된 것을 말한다.
③ 장해란 부상 또는 질병이 치유되었으나 정신적 또는 육체적 훼손으로 인하여 노동능력이 상실되거나 감소된 상태를 말한다.
④ 중증요양상태란 업무상의 부상 또는 질병에 따른 정신적 또는 육체적 훼손으로 노동능력이 상실되거나 감소된 상태로서 그 부상 또는 질병이 치유되지 아니한 상태를 말한다.
⑤ 출퇴근이란 취업과 관련하여 주거와 취업장소 사이의 이동 또는 한 취업장소에서 다른 취업장소로의 이동을 말한다.

53. 「기초연금법」의 내용으로 옳지 않은 것은?

① 소득인정액이란 가구의 소득평가액과 재산의 소득환산액을 합산한 금액을 말한다.
② 보건복지부장관은 선정기준액을 정하는 경우 65세 이상인 사람 중 기초연금 수급자가 100분의 70 수준이 되도록 한다.
③ 기초연금 수급권자에 대한 기초연금의 금액은 기준연금액과 국민연금 급여액 등을 고려하여 산정한다.
④ 기초연금의 적정성 평가를 할 때에는 노인 빈곤에 대한 실태 조사와 기초연금의 장기적인 재정 소요에 대한 전망을 함께 실시하여야 한다.
⑤ 소득인정액과 기초연금액을 합산한 금액이 선정기준액 이상인 경우에는 선정기준액을 초과하는 금액의 범위에서 기초연금액의 일부를 감액할 수 있다.

54. 「국민기초생활 보장법」상 급여의 기본원칙 및 기준에 관한 내용으로 옳지 않은 것은?

① 급여는 수급자가 자신의 생활의 유지·향상을 위하여 그의 소득, 재산, 근로능력 등을 활용하여 최대한 노력하는 것을 전제로 이를 보충·발전시키는 것을 기본원칙으로 한다.
② 부양의무자의 부양과 다른 법령에 따른 보호는 이 법에 따른 급여에 우선하여 행하여지는 것으로 한다.
③ 다른 법령에 따른 보호의 수준이 이 법에서 정하는 수준에 이르지 아니하는 경우에는 나머지 부분에 관하여 이 법에 따른 급여를 받을 권리를 잃지 아니한다.
④ 지방자치단체인 보장기관은 해당 지방자치단체의 조례로 정하는 바에 따라 이 법에 따른 급여의 범위 및 수준을 초과하여 급여를 실시할 수 있다.
⑤ 급여는 건강하고 문화적인 최적생활을 유지할 수 있는 것이어야 한다.

55. 「사회보장급여의 이용·제공 및 수급권자 발굴에 관한 법률」의 정의 규정으로 옳지 않은 것을 모두 고른 것은?

ㄱ. 보장기관이란 관계 법령 등에 따라 사회보장급여를 제공하는 국가기관과 지방자치단체를 말한다.
ㄴ. 사회보장급여란 보장기관이 「국민기초생활 보장법」에 따라 제공하는 현금, 현물, 서비스 및 그 이용권을 말한다.
ㄷ. 수급권자란 「국민기초생활 보장법」에 따른 사회보장급여를 제공받을 권리를 가진 사람을 말한다.
ㄹ. 수급자란 사회보장급여를 받고 있는 사람을 말한다.

① ㄱ ② ㄴ, ㄷ ③ ㄷ, ㄹ ④ ㄱ, ㄴ, ㄹ ⑤ ㄱ, ㄴ, ㄷ, ㄹ

56. 「고용보험법」의 내용으로 옳지 않은 것은?

① 실업이란 근로의 의사와 능력이 있음에도 불구하고 취업하지 못한 상태에 있는 것을 말한다.
② 국가는 매년 보험사업에 드는 비용의 일부를 특별회계에서 부담하여야 한다.
③ 일용근로자란 1개월 미만 동안 고용되는 사람을 말한다.
④ 고용보험은 고용노동부장관이 관장한다.
⑤ 보험관계의 성립 및 소멸에 대하여는 「고용보험 및 산업재해보상보험의 보험료징수 등에 관한 법률」로 정하는 바에 따른다.

57. 「정신건강증진 및 정신질환자 복지서비스 지원에 관한 법률」에 관한 내용으로 옳지 않은 것은?

① 정신건강증진시설이란 정신의료기관, 정신요양시설 및 정신재활시설을 말한다.
② 보건복지부장관은 관계 행정기관의 장과 협의하여 5년마다 정신건강증진 및 정신질환자 복지서비스 지원에 관한 국가의 기본계획을 수립하여야 한다.
③ 정신건강의 중요성을 환기하고 정신질환에 대한 편견을 해소하기 위하여 매년 10월 10일을 정신건강의 날로 하고, 정신건강의 날이 포함된 주(週)를 정신건강주간으로 한다.
④ 보건복지부장관은 3년마다 정신질환의 인구학적 분포, 유병률(有病率) 및 유병요인 등에 관한 실태조사를 하여야 한다. 다만, 정신건강증진 정책을 수립하는 데 필요한 경우 수시로 실태조사를 할 수 있다.
⑤ 보건복지부장관은 재난이나 그 밖의 사고로 정신적 피해를 입은 사람과 그 가족 등의 심리적 안정과 사회 적응을 지원하기 위하여 국가트라우마센터를 설치·운영할 수 있다.

58. 「국민건강보험법」의 피부양자에 해당하는 사람(직장가입자에게 주로 생계를 의존하는 사람으로서 소득 및 재산이 보건복지부령으로 정하는 기준 이하에 해당하는 사람)을 모두 고른 것은?

ㄱ. 직장가입자의 배우자
ㄴ. 직장가입자의 직계존속(단 배우자의 직계존속은 포함되지 않는다)
ㄷ. 직장가입자의 형제·자매
ㄹ. 직장가입자의 직계비속(단 배우자의 직계비속은 포함되지 않는다)과 그 배우자

① ㄱ, ㄴ, ㄷ ② ㄱ, ㄷ ③ ㄴ, ㄹ ④ ㄹ ⑤ ㄱ, ㄴ, ㄷ, ㄹ

59. 「사회복지사업법」에서 열거하고 있는 사회복지사업 관련 법률에 해당하지 않는 것은?

①「청소년기본법」 ②「사회복지공동모금회법」 ③「청소년복지 지원법」
④「장애인활동 지원에 관한 법률」 ⑤「긴급복지지원법」

60. 「사회복지사업법」상 사회복지사 자격증에 관한 내용으로 옳은 것은?

① 시·도지사는 사회복지에 관한 전문지식과 기술을 가진 사람에게 사회복지사 자격증을 발급할 수 있다.
② 사회복지사의 등급은 1급 · 2급으로 한다.
③ 정신건강·교정·학교 영역에 대해서는 영역별로 정신건강사회복지사·교정사회복지사·학교사회복지사의 자격을 부여할 수 있다.
④ 피성년후견인과 피한정후견인은 사회복지사가 될 수 없다.
⑤ 사회복지사의 업무수행 중 그 자격과 관련하여 고의나 중대한 과실로 다른 사람에게 손해를 입힌 경우에는 사회복지사 자격을 취소하여야 한다.

61. 「국민연금법」의 내용으로 옳은 것은?

① 소득이란 일정한 기간 근로를 제공하여 얻은 수입에서 대통령령으로 정하는 비과세소득을 제외한 금액 또는 사업 및 자산을 운영하여 얻는 수입에서 필요경비를 제외한 금액을 말한다.
② 기준소득월액이란 매년 사업장가입자 및 지역가입자 전원(全員)의 평균소득월액을 합산한 금액을 말한다.
③ 기여금이란 사업장가입자의 사용자가 부담하는 금액을 말한다.
④ 이 법을 적용할 때 배우자, 남편 또는 아내에는 사실상의 혼인관계에 있는 자는 제외된다.
⑤ 수급권을 취득할 당시 가입자 또는 가입자였던 자의 태아가 출생하면 그 자녀는 가입자 또는 가입자였던 자에 의하여 생계를 유지하고 있던 자녀로 보지 않는다.

62. 「사회복지사업법」상 사회복지의 날은?

① 매년 4월 20일 ② 매년 5월 2일 ③ 매년 9월 7일 ④ 매년 10월 2일 ⑤ 매년 10월 10일

63. 「사회보장기본법」에 따른 사회보장위원회에 관한 설명으로 옳지 않은 것은?

① 위원장은 국무총리가 된다.
② 부위원장은 기획재정부장관, 교육부장관 및 보건복지부장관이 된다.
③ 위원의 임기는 2년으로 한다.
④ 사회보장에 관한 주요 시책을 심의·의결하기 위하여 국무총리 소속으로 사회보장위원회를 둔다.
⑤ 공무원인 위원의 임기는 그 재임 기간으로 한다.

64. 「아동복지법」상 가정위탁지원센터에 관한 내용으로 옳지 않은 것은?

① 지방자치단체는 보호대상아동에 대한 가정위탁사업을 활성화하기 위하여 시·도 및 시·군·구에 가정위탁지원센터를 둔다.
② 시·도지사는 조례로 정하는 바에 따라 둘 이상의 시·군·구를 통합하여 하나의 가정위탁지원센터를 설치·운영할 수 있다.
③ 시·도지사 및 시장·군수·구청장은 가정위탁지원을 목적으로 하는 비영리법인을 지정하여 가정위탁지원센터의 운영을 위탁할 수 있다.
④ 가정위탁사업과 관련된 연구 및 자료발간 등의 업무를 수행한다.
⑤ 가정위탁사업의 홍보 및 가정위탁을 하고자 하는 가정을 발굴한다.

65. 「사회보장급여의 이용·제공 및 수급권자 발굴에 관한 법률」의 기본원칙에 관한 내용으로 옳지 않은 것은?

① 사회보장급여가 필요한 사람은 누구든지 자신의 의사에 따라 사회보장급여를 신청할 수 있으며, 보장기관은 이에 필요한 안내와 상담 등의 지원을 충분히 제공하여야 한다.
② 보장기관은 국민의 다양한 복지욕구를 충족시키고 생애주기별 필요에 맞는 사회보장급여가 공정·투명·적정하게 제공될 수 있도록 노력하여야 한다.
③ 사회복지를 필요로 하는 사람은 누구든지 자신의 의사에 따라 서비스를 신청하고 제공받을 수 있다.
④ 보장기관은 국민이 사회보장급여를 편리하게 이용할 수 있도록 사회보장 정책 및 관련 제도를 수립·시행하기 위하여 노력하여야 한다.
⑤ 보장기관은 지역의 사회보장 수준이 균등하게 실현될 수 있도록 노력하여야 한다.

66. 「노인복지법」의 내용으로 옳지 않은 것은?

① 노인복지주택에 입소자격자와 함께 입소할 수 있는 사람에는 입소자격자가 부양을 책임지고 있는 25세 미만의 자녀·손자녀가 포함된다.
② 노인은 그 능력에 따라 적당한 일에 종사하고 사회적 활동에 참여할 기회를 보장 받는다.
③ 노인에 대한 사회적 관심과 공경의식을 높이기 위하여 매년 10월 2일을 노인의 날로, 매년 10월을 경로의 달로 한다.
④ 국가, 지방자치단체, 그 밖의 공공단체 중 대통령령으로 정하는 기관은 소관 공공시설에 청소, 주차관리, 매표 등의 사업을 위탁하는 경우에는 65세 이상 노인을 100분의 20 이상 채용한 사업체를 우선적으로 고려할 수 있다.
⑤ 국가 또는 지방자치단체는 대통령령이 정하는 바에 의하여 65세 이상의 자에 대하여 건강진단과 보건교육을 실시할 수 있다.

67. 국민기초생활보장법령의 내용으로 옳은 것은?

① 수급자란 이 법에 따른 급여를 받을 수 있는 자격을 가진 사람을 말한다.
② 보장시설이란 이 법에 따른 급여를 실시하는 국가 또는 지방자치단체를 말한다.
③ 부양의무자란 수급권자를 부양할 책임이 있는 사람으로서 수급권자의 2촌의 직계혈족 및 그 배우자를 말한다.
④ 최저생계비란 국민의 소득·지출 수준과 수급권자의 가구 유형 등 생활실태, 물가상승률 등을 고려하여 급여의 종류별로 공표하는 금액이나 보장수준을 말한다.
⑤ 차상위계층이란 소득인정액이 기준 중위소득의 100분의 50 이하인 사람을 말한다.

68. 「사회보장기본법」의 내용으로 옳지 않은 것은?

① 국내에 거주하는 외국인에게 사회보장제도를 적용할 때에는 상호주의의 원칙에 따르되, 관계 법령에서 정하는 바에 따른다.

② 사회보장수급권이 제한되거나 정지되는 경우에는 제한 또는 정지하는 목적에 필요한 최소한의 범위에 그쳐야 한다.

③ 사회보장급여를 신청하는 사람이 다른 기관에 신청한 경우에는 그 기관은 지체 없이 이를 정당한 권한이 있는 기관에 이송하여야 한다. 이 경우 정당한 권한이 있는 기관에 이송된 다음 날을 사회보장급여의 신청일로 본다.

④ 제3자의 불법행위로 피해를 입은 국민이 그로 인하여 사회보장수급권을 가지게 된 경우 사회보장제도를 운영하는 자는 그 불법행위의 책임이 있는 자에 대하여 관계 법령에서 정하는 바에 따라 구상권(求償權)을 행사할 수 있다.

⑤ 사회보장기본계획은 다른 법령에 따라 수립되는 사회보장에 관한 계획에 우선하며 그 계획의 기본이 된다.

69. 「노인장기요양보험법」의 내용으로 옳지 않은 것은?

① 장기요양급여란 1년 이상 동안 혼자서 일상생활을 수행하기 어렵다고 인정되는 자에게 신체활동·가사활동의 지원 또는 간병 등의 서비스나 이에 갈음하여 지급하는 현금 등을 말한다.

② 노인등이란 65세 이상의 노인 또는 65세 미만의 자로서 치매·뇌혈관성질환 등 대통령령으로 정하는 노인성 질병을 가진 자를 말한다.

③ 장기요양사업이란 장기요양보험료, 국가 및 지방자치단체의 부담금 등을 재원으로 하여 노인등에게 장기요양급여를 제공하는 사업을 말한다.

④ 장기요양기관이란 시장·군수·구청장으로부터 지정을 받은 기관으로서 장기요양급여를 제공하는 기관을 말한다.

⑤ 장기요양요원이란 장기요양기관에 소속되어 노인등의 신체활동 또는 가사활동 지원 등의 업무를 수행하는 자를 말한다.

70. 우리나라 자치법규에 관한 설명으로 옳은 것을 모두 고른 것은?

ㄱ. 지방자치단체는 주민의 복리에 관한 사무를 처리하고 재산을 관리하며, 법령의 범위 안에서 자치에 관한 규정을 제정할 수 있다.

ㄴ. 지방자치단체의 종류는 법률로 정한다.

ㄷ. 주민은 지방자치단체의 조례를 제정하거나 개정하거나 폐지할 것을 청구할 수 있다.

ㄹ. 조례의 제정·개정 또는 폐지 청구의 청구권자·청구대상·청구요건 및 절차 등에 관한 사항은 「주민조례발안에 관한 법률」로 정한다.

① ㄱ, ㄴ, ㄷ　　② ㄱ, ㄷ　　③ ㄴ, ㄹ　　④ ㄹ　　⑤ ㄱ, ㄴ, ㄷ, ㄹ

71. 「사회보장기본법」상 국가와 지방자치단체의 책임에 관한 내용으로 옳은 것을 모두 고른 것은?

ㄱ. 국가와 지방자치단체는 모든 국민의 인간다운 생활을 유지·증진하는 책임을 가진다.

ㄴ. 국가와 지방자치단체는 사회보장에 관한 책임과 역할을 합리적으로 분담하여야 한다.

ㄷ. 국가와 지방자치단체는 국가 발전수준에 부응하고 사회환경의 변화에 선제적으로 대응하며 지속가능한 사회보장제도를 확립하고 격년으로 이에 필요한 재원을 조달하여야 한다.

ㄹ. 국가는 사회보장제도의 안정적인 운영을 위하여 중장기 사회보장 재정추계를 매년 실시하고 이를 공표하여야 한다.

① ㄱ, ㄴ, ㄷ　　② ㄱ, ㄴ　　③ ㄴ, ㄷ　　④ ㄹ　　⑤ ㄱ, ㄴ, ㄷ, ㄹ

72. 사회복지법의 역사적 변천에 관한 설명으로 옳은 것을 모두 고른 것은?

ㄱ. 1961년에 제정된 「아동복리법」이 1981년에 「아동복지법」으로 변경되었다.
ㄴ. 1973년에 제정된 「국민복지연금법」이 1988년에 「국민연금법」으로 전부개정되었다.
ㄷ. 1963년에 제정된 「사회보장에 관한 법률」이 1995년에 「사회보장기본법」으로 대체되었다.
ㄹ. 1997년에 제정된 「사회복지공동모금회법」이 1999년에 「사회복지공동모금법」으로 전부개정되었다.

① ㄱ, ㄴ, ㄷ ② ㄱ, ㄷ ③ ㄴ, ㄹ ④ ㄹ ⑤ ㄱ, ㄴ, ㄷ, ㄹ

73. 「장애인연금법」의 내용으로 옳은 것은?

① 수급권자는 18세 이상의 중증장애인으로서 소득인정액이 그 중증장애인의 소득·재산·생활수준과 물가상승률 등을 고려하여 보건복지부장관이 정하여 고시하는 금액이하인 사람으로 한다.
② 소득인정액이란 가구의 소득평가액과 재산의 소득환산액을 합산한 금액을 말한다.
③ 기초급여는 장애로 인하여 추가로 드는 비용의 전부 또는 일부를 보전하여 주기 위하여 지급하는 급여이다.
④ 수급자가 행방불명 또는 실종 등의 사유로 사망한 것으로 추정되는 경우 수급권은 소멸한다.
⑤ 수급권자 중 「기초연금법」에 따른 기초연금 수급권자에게도 기초급여를 지급한다.

74. 헌법 제34조 규정의 일부이다. (　　　)에 들어갈 내용을 순서대로 나열한 것은?

ㄱ. 국가는 노인과 (　　　)의 복지향상을 위한 정책을 실시할 의무를 진다.
ㄴ. 신체장애자 및 질병·노령 기타의 사유로 생활능력이 없는 국민은 (　　　)이 정하는 바에 의하여 국가의 보호를 받는다.
ㄷ. 국가는 (　　　)·사회복지의 증진에 노력할 의무를 진다.

① 영유아, 법령, 공공부조
② 아동, 법률, 국민복지
③ 청소년, 법률, 사회보장
④ 여성, 법령, 사회보장
⑤ 근로자, 법률, 사회보장

75. 우리나라의 사회복지법 및 법체계에 관한 설명으로 옳지 않은 것을 모두 고른 것은?

ㄱ. 「국민기초생활 보장법」은 공공부조법의 영역에 속한다.
ㄴ. 헌법은 법률에 의해 구체화되기 이전에도 사회복지법의 법원(法源)이 될 수 있다.
ㄷ. 구법인 특별법과 신법인 일반법 간에 충돌이 있는 경우에는 구법인 특별법이 우선 적용된다.
ㄹ. 실정법상 사회보장의 정의규정은 존재하지 않는다.

① ㄱ, ㄴ, ㄷ ② ㄱ, ㄷ ③ ㄴ, ㄹ ④ ㄹ ⑤ ㄱ, ㄴ, ㄷ, ㄹ

✂ 자르는 선

제1회 FINAL 모의고사 답안카드

자동채점 + 합격예측 서비스

◀ QR 코드를 스캔하시면, 더욱 상세한 성적 분석 서비스 이용이 가능합니다.

성 명

교시 기재란			
(　　)교시	①	②	③
형별 기재란	A형		
	●		
선 택 과 목 1			
선 택 과 목 2			

수 험 번 호							
⓪	⓪	⓪	⓪	⓪	⓪	⓪	⓪
①	①	①	①	①	①	①	①
②	②	②	②	②	②	②	②
③	③	③	③	③	③	③	③
④	④	④	④	④	④	④	④
⑤	⑤	⑤	⑤	⑤	⑤	⑤	⑤
⑥	⑥	⑥	⑥	⑥	⑥	⑥	⑥
⑦	⑦	⑦	⑦	⑦	⑦	⑦	⑦
⑧	⑧	⑧	⑧	⑧	⑧	⑧	⑧
⑨	⑨	⑨	⑨	⑨	⑨	⑨	⑨

감독위원 확인
(인)

1	① ② ③ ④ ⑤	21	① ② ③ ④ ⑤	41	① ② ③ ④ ⑤	61	① ② ③ ④ ⑤	81	① ② ③ ④ ⑤	101	① ② ③ ④ ⑤	121	① ② ③ ④ ⑤
2	① ② ③ ④ ⑤	22	① ② ③ ④ ⑤	42	① ② ③ ④ ⑤	62	① ② ③ ④ ⑤	82	① ② ③ ④ ⑤	102	① ② ③ ④ ⑤	122	① ② ③ ④ ⑤
3	① ② ③ ④ ⑤	23	① ② ③ ④ ⑤	43	① ② ③ ④ ⑤	63	① ② ③ ④ ⑤	83	① ② ③ ④ ⑤	103	① ② ③ ④ ⑤	123	① ② ③ ④ ⑤
4	① ② ③ ④ ⑤	24	① ② ③ ④ ⑤	44	① ② ③ ④ ⑤	64	① ② ③ ④ ⑤	84	① ② ③ ④ ⑤	104	① ② ③ ④ ⑤	124	① ② ③ ④ ⑤
5	① ② ③ ④ ⑤	25	① ② ③ ④ ⑤	45	① ② ③ ④ ⑤	65	① ② ③ ④ ⑤	85	① ② ③ ④ ⑤	105	① ② ③ ④ ⑤	125	① ② ③ ④ ⑤
6	① ② ③ ④ ⑤	26	① ② ③ ④ ⑤	46	① ② ③ ④ ⑤	66	① ② ③ ④ ⑤	86	① ② ③ ④ ⑤	106	① ② ③ ④ ⑤		
7	① ② ③ ④ ⑤	27	① ② ③ ④ ⑤	47	① ② ③ ④ ⑤	67	① ② ③ ④ ⑤	87	① ② ③ ④ ⑤	107	① ② ③ ④ ⑤		
8	① ② ③ ④ ⑤	28	① ② ③ ④ ⑤	48	① ② ③ ④ ⑤	68	① ② ③ ④ ⑤	88	① ② ③ ④ ⑤	108	① ② ③ ④ ⑤		
9	① ② ③ ④ ⑤	29	① ② ③ ④ ⑤	49	① ② ③ ④ ⑤	69	① ② ③ ④ ⑤	89	① ② ③ ④ ⑤	109	① ② ③ ④ ⑤		
10	① ② ③ ④ ⑤	30	① ② ③ ④ ⑤	50	① ② ③ ④ ⑤	70	① ② ③ ④ ⑤	90	① ② ③ ④ ⑤	110	① ② ③ ④ ⑤		
11	① ② ③ ④ ⑤	31	① ② ③ ④ ⑤	51	① ② ③ ④ ⑤	71	① ② ③ ④ ⑤	91	① ② ③ ④ ⑤	111	① ② ③ ④ ⑤		
12	① ② ③ ④ ⑤	32	① ② ③ ④ ⑤	52	① ② ③ ④ ⑤	72	① ② ③ ④ ⑤	92	① ② ③ ④ ⑤	112	① ② ③ ④ ⑤		
13	① ② ③ ④ ⑤	33	① ② ③ ④ ⑤	53	① ② ③ ④ ⑤	73	① ② ③ ④ ⑤	93	① ② ③ ④ ⑤	113	① ② ③ ④ ⑤		
14	① ② ③ ④ ⑤	34	① ② ③ ④ ⑤	54	① ② ③ ④ ⑤	74	① ② ③ ④ ⑤	94	① ② ③ ④ ⑤	114	① ② ③ ④ ⑤		
15	① ② ③ ④ ⑤	35	① ② ③ ④ ⑤	55	① ② ③ ④ ⑤	75	① ② ③ ④ ⑤	95	① ② ③ ④ ⑤	115	① ② ③ ④ ⑤		
16	① ② ③ ④ ⑤	36	① ② ③ ④ ⑤	56	① ② ③ ④ ⑤	76	① ② ③ ④ ⑤	96	① ② ③ ④ ⑤	116	① ② ③ ④ ⑤		
17	① ② ③ ④ ⑤	37	① ② ③ ④ ⑤	57	① ② ③ ④ ⑤	77	① ② ③ ④ ⑤	97	① ② ③ ④ ⑤	117	① ② ③ ④ ⑤		
18	① ② ③ ④ ⑤	38	① ② ③ ④ ⑤	58	① ② ③ ④ ⑤	78	① ② ③ ④ ⑤	98	① ② ③ ④ ⑤	118	① ② ③ ④ ⑤		
19	① ② ③ ④ ⑤	39	① ② ③ ④ ⑤	59	① ② ③ ④ ⑤	79	① ② ③ ④ ⑤	99	① ② ③ ④ ⑤	119	① ② ③ ④ ⑤		
20	① ② ③ ④ ⑤	40	① ② ③ ④ ⑤	60	① ② ③ ④ ⑤	80	① ② ③ ④ ⑤	100	① ② ③ ④ ⑤	120	① ② ③ ④ ⑤		

자르는 선

제1회 FINAL 모의고사 답안카드

자동채점 + 합격예측 서비스

◀ QR 코드를 스캔하시면, 더욱 상세한 성적 분석 서비스 이용이 가능합니다.

성　　명

교시 기재란			
(　　)교시	①	②	③
형별 기재란	A형		
	●		

선 택 과 목 1

선 택 과 목 2

수 험 번 호							
⓪	⓪	⓪	⓪	⓪	⓪	⓪	⓪
①	①	①	①	①	①	①	①
②	②	②	②	②	②	②	②
③	③	③	③	③	③	③	③
④	④	④	④	④	④	④	④
⑤	⑤	⑤	⑤	⑤	⑤	⑤	⑤
⑥	⑥	⑥	⑥	⑥	⑥	⑥	⑥
⑦	⑦	⑦	⑦	⑦	⑦	⑦	⑦
⑧	⑧	⑧	⑧	⑧	⑧	⑧	⑧
⑨	⑨	⑨	⑨	⑨	⑨	⑨	⑨

감독위원 확인
(인)

1	① ② ③ ④ ⑤	21	① ② ③ ④ ⑤	41	① ② ③ ④ ⑤	61	① ② ③ ④ ⑤	81	① ② ③ ④ ⑤	101	① ② ③ ④ ⑤	121	① ② ③ ④ ⑤
2	① ② ③ ④ ⑤	22	① ② ③ ④ ⑤	42	① ② ③ ④ ⑤	62	① ② ③ ④ ⑤	82	① ② ③ ④ ⑤	102	① ② ③ ④ ⑤	122	① ② ③ ④ ⑤
3	① ② ③ ④ ⑤	23	① ② ③ ④ ⑤	43	① ② ③ ④ ⑤	63	① ② ③ ④ ⑤	83	① ② ③ ④ ⑤	103	① ② ③ ④ ⑤	123	① ② ③ ④ ⑤
4	① ② ③ ④ ⑤	24	① ② ③ ④ ⑤	44	① ② ③ ④ ⑤	64	① ② ③ ④ ⑤	84	① ② ③ ④ ⑤	104	① ② ③ ④ ⑤	124	① ② ③ ④ ⑤
5	① ② ③ ④ ⑤	25	① ② ③ ④ ⑤	45	① ② ③ ④ ⑤	65	① ② ③ ④ ⑤	85	① ② ③ ④ ⑤	105	① ② ③ ④ ⑤	125	① ② ③ ④ ⑤
6	① ② ③ ④ ⑤	26	① ② ③ ④ ⑤	46	① ② ③ ④ ⑤	66	① ② ③ ④ ⑤	86	① ② ③ ④ ⑤	106	① ② ③ ④ ⑤		
7	① ② ③ ④ ⑤	27	① ② ③ ④ ⑤	47	① ② ③ ④ ⑤	67	① ② ③ ④ ⑤	87	① ② ③ ④ ⑤	107	① ② ③ ④ ⑤		
8	① ② ③ ④ ⑤	28	① ② ③ ④ ⑤	48	① ② ③ ④ ⑤	68	① ② ③ ④ ⑤	88	① ② ③ ④ ⑤	108	① ② ③ ④ ⑤		
9	① ② ③ ④ ⑤	29	① ② ③ ④ ⑤	49	① ② ③ ④ ⑤	69	① ② ③ ④ ⑤	89	① ② ③ ④ ⑤	109	① ② ③ ④ ⑤		
10	① ② ③ ④ ⑤	30	① ② ③ ④ ⑤	50	① ② ③ ④ ⑤	70	① ② ③ ④ ⑤	90	① ② ③ ④ ⑤	110	① ② ③ ④ ⑤		
11	① ② ③ ④ ⑤	31	① ② ③ ④ ⑤	51	① ② ③ ④ ⑤	71	① ② ③ ④ ⑤	91	① ② ③ ④ ⑤	111	① ② ③ ④ ⑤		
12	① ② ③ ④ ⑤	32	① ② ③ ④ ⑤	52	① ② ③ ④ ⑤	72	① ② ③ ④ ⑤	92	① ② ③ ④ ⑤	112	① ② ③ ④ ⑤		
13	① ② ③ ④ ⑤	33	① ② ③ ④ ⑤	53	① ② ③ ④ ⑤	73	① ② ③ ④ ⑤	93	① ② ③ ④ ⑤	113	① ② ③ ④ ⑤		
14	① ② ③ ④ ⑤	34	① ② ③ ④ ⑤	54	① ② ③ ④ ⑤	74	① ② ③ ④ ⑤	94	① ② ③ ④ ⑤	114	① ② ③ ④ ⑤		
15	① ② ③ ④ ⑤	35	① ② ③ ④ ⑤	55	① ② ③ ④ ⑤	75	① ② ③ ④ ⑤	95	① ② ③ ④ ⑤	115	① ② ③ ④ ⑤		
16	① ② ③ ④ ⑤	36	① ② ③ ④ ⑤	56	① ② ③ ④ ⑤	76	① ② ③ ④ ⑤	96	① ② ③ ④ ⑤	116	① ② ③ ④ ⑤		
17	① ② ③ ④ ⑤	37	① ② ③ ④ ⑤	57	① ② ③ ④ ⑤	77	① ② ③ ④ ⑤	97	① ② ③ ④ ⑤	117	① ② ③ ④ ⑤		
18	① ② ③ ④ ⑤	38	① ② ③ ④ ⑤	58	① ② ③ ④ ⑤	78	① ② ③ ④ ⑤	98	① ② ③ ④ ⑤	118	① ② ③ ④ ⑤		
19	① ② ③ ④ ⑤	39	① ② ③ ④ ⑤	59	① ② ③ ④ ⑤	79	① ② ③ ④ ⑤	99	① ② ③ ④ ⑤	119	① ② ③ ④ ⑤		
20	① ② ③ ④ ⑤	40	① ② ③ ④ ⑤	60	① ② ③ ④ ⑤	80	① ② ③ ④ ⑤	100	① ② ③ ④ ⑤	120	① ② ③ ④ ⑤		

✂ 자르는 선

제1회 FINAL 모의고사 답안카드

자동채점 + 합격예측 서비스

◀ QR 코드를 스캔하시면, 더욱 상세한 성적 분석 서비스 이용이 가능합니다.

성 명

교시 기재란			
( )교시	①	②	③
형별 기재란	A형		
	●		

선 택 과 목 1

선 택 과 목 2

수 험 번 호							
⓪	⓪	⓪	⓪	⓪	⓪	⓪	⓪
①	①	①	①	①	①	①	①
②	②	②	②	②	②	②	②
③	③	③	③	③	③	③	③
④	④	④	④	④	④	④	④
⑤	⑤	⑤	⑤	⑤	⑤	⑤	⑤
⑥	⑥	⑥	⑥	⑥	⑥	⑥	⑥
⑦	⑦	⑦	⑦	⑦	⑦	⑦	⑦
⑧	⑧	⑧	⑧	⑧	⑧	⑧	⑧
⑨	⑨	⑨	⑨	⑨	⑨	⑨	⑨

감독위원 확인
(인)

1	① ② ③ ④ ⑤	21	① ② ③ ④ ⑤	41	① ② ③ ④ ⑤	61	① ② ③ ④ ⑤	81	① ② ③ ④ ⑤	101	① ② ③ ④ ⑤	121	① ② ③ ④ ⑤
2	① ② ③ ④ ⑤	22	① ② ③ ④ ⑤	42	① ② ③ ④ ⑤	62	① ② ③ ④ ⑤	82	① ② ③ ④ ⑤	102	① ② ③ ④ ⑤	122	① ② ③ ④ ⑤
3	① ② ③ ④ ⑤	23	① ② ③ ④ ⑤	43	① ② ③ ④ ⑤	63	① ② ③ ④ ⑤	83	① ② ③ ④ ⑤	103	① ② ③ ④ ⑤	123	① ② ③ ④ ⑤
4	① ② ③ ④ ⑤	24	① ② ③ ④ ⑤	44	① ② ③ ④ ⑤	64	① ② ③ ④ ⑤	84	① ② ③ ④ ⑤	104	① ② ③ ④ ⑤	124	① ② ③ ④ ⑤
5	① ② ③ ④ ⑤	25	① ② ③ ④ ⑤	45	① ② ③ ④ ⑤	65	① ② ③ ④ ⑤	85	① ② ③ ④ ⑤	105	① ② ③ ④ ⑤	125	① ② ③ ④ ⑤
6	① ② ③ ④ ⑤	26	① ② ③ ④ ⑤	46	① ② ③ ④ ⑤	66	① ② ③ ④ ⑤	86	① ② ③ ④ ⑤	106	① ② ③ ④ ⑤		
7	① ② ③ ④ ⑤	27	① ② ③ ④ ⑤	47	① ② ③ ④ ⑤	67	① ② ③ ④ ⑤	87	① ② ③ ④ ⑤	107	① ② ③ ④ ⑤		
8	① ② ③ ④ ⑤	28	① ② ③ ④ ⑤	48	① ② ③ ④ ⑤	68	① ② ③ ④ ⑤	88	① ② ③ ④ ⑤	108	① ② ③ ④ ⑤		
9	① ② ③ ④ ⑤	29	① ② ③ ④ ⑤	49	① ② ③ ④ ⑤	69	① ② ③ ④ ⑤	89	① ② ③ ④ ⑤	109	① ② ③ ④ ⑤		
10	① ② ③ ④ ⑤	30	① ② ③ ④ ⑤	50	① ② ③ ④ ⑤	70	① ② ③ ④ ⑤	90	① ② ③ ④ ⑤	110	① ② ③ ④ ⑤		
11	① ② ③ ④ ⑤	31	① ② ③ ④ ⑤	51	① ② ③ ④ ⑤	71	① ② ③ ④ ⑤	91	① ② ③ ④ ⑤	111	① ② ③ ④ ⑤		
12	① ② ③ ④ ⑤	32	① ② ③ ④ ⑤	52	① ② ③ ④ ⑤	72	① ② ③ ④ ⑤	92	① ② ③ ④ ⑤	112	① ② ③ ④ ⑤		
13	① ② ③ ④ ⑤	33	① ② ③ ④ ⑤	53	① ② ③ ④ ⑤	73	① ② ③ ④ ⑤	93	① ② ③ ④ ⑤	113	① ② ③ ④ ⑤		
14	① ② ③ ④ ⑤	34	① ② ③ ④ ⑤	54	① ② ③ ④ ⑤	74	① ② ③ ④ ⑤	94	① ② ③ ④ ⑤	114	① ② ③ ④ ⑤		
15	① ② ③ ④ ⑤	35	① ② ③ ④ ⑤	55	① ② ③ ④ ⑤	75	① ② ③ ④ ⑤	95	① ② ③ ④ ⑤	115	① ② ③ ④ ⑤		
16	① ② ③ ④ ⑤	36	① ② ③ ④ ⑤	56	① ② ③ ④ ⑤	76	① ② ③ ④ ⑤	96	① ② ③ ④ ⑤	116	① ② ③ ④ ⑤		
17	① ② ③ ④ ⑤	37	① ② ③ ④ ⑤	57	① ② ③ ④ ⑤	77	① ② ③ ④ ⑤	97	① ② ③ ④ ⑤	117	① ② ③ ④ ⑤		
18	① ② ③ ④ ⑤	38	① ② ③ ④ ⑤	58	① ② ③ ④ ⑤	78	① ② ③ ④ ⑤	98	① ② ③ ④ ⑤	118	① ② ③ ④ ⑤		
19	① ② ③ ④ ⑤	39	① ② ③ ④ ⑤	59	① ② ③ ④ ⑤	79	① ② ③ ④ ⑤	99	① ② ③ ④ ⑤	119	① ② ③ ④ ⑤		
20	① ② ③ ④ ⑤	40	① ② ③ ④ ⑤	60	① ② ③ ④ ⑤	80	① ② ③ ④ ⑤	100	① ② ③ ④ ⑤	120	① ② ③ ④ ⑤		

해커스
사회복지사 1급 FINAL 봉투모의고사

제2회

해커스

본 교재 인강·기출해설 무료 동영상강의

sabok.edu2080.co.kr

사회복지사 1급 국가자격시험 대비
제2회 FINAL 모의고사

교 시	문제형별	시 간	시 험 과 목
1교시	A	50분	<사회복지기초> 1 인간행동과 사회환경 2 사회복지조사론

수험번호		성 명	

[수험자 유의사항]

1. 시험문제지는 **단일 형별(A형)**이며, 답안카드 형별 기재란에 표시된 형별(A형)을 확인하시기 바랍니다. 시험문제지의 **총면수**, **문제번호 일련순서**, **인쇄상태** 등을 확인하시고, 문제지 표지에 수험번호와 성명을 기재하시기 바랍니다.

2. 답은 각 문제마다 요구하는 **가장 적합하거나 가까운 답 1개**만 선택하고, 답안카드 작성 시 시험문제지 **마킹착오**로 인한 불이익은 전적으로 **수험자에게 책임**이 있음을 알려 드립니다.

3. 답안카드는 국가전문자격 공통 표준형으로 문제번호가 1번부터 125번까지 인쇄되어 있습니다. 답안 마킹 시에는 반드시 **시험문제지의 문제번호와 동일한 번호**에 마킹하여야 합니다.

4. **감독위원의 지시에 불응하거나 시험시간 종료 후 답안카드를 제출하지 않을 경우** 불이익이 발생할 수 있음을 알려 드립니다.
   ※ 시험문제지는 시험 종료 후 가지고 갈 수 있습니다.

5. 문제지 맨 뒤에 제공되는 답안카드를 활용하여 실전처럼 모의고사를 풀어보시기 바랍니다.

해커스

각 문제에서 요구하는 가장 적합한 답 1개만을 고르시오.

사회복지기초(인간행동과 사회환경)

01. 에릭슨(E. Erikson)의 이론에 관한 설명으로 옳지 않은 것은?

① 성격은 생물학적 요인과 개인의 심리·사회문화의 상호작용에 의해 결정된다.
② 성장하는 모든 것은 기본 계획이 있다.
③ 인간의 행동은 사회적 관심에 대한 욕구, 유능성에 대한 욕구에서 비롯된다.
④ 성인기 이후의 발달을 고려하지 않았다.
⑤ 자아(ego)의 자율적·창조적 기능을 인정하였다.

02. 콜버그(L. Kohlberg) 이론에 관한 설명으로 옳지 않은 것은?

① 하인츠 딜레마(Heinz dilemma)라는 가상의 상황을 제시하여 도덕성 발달 단계를 제시하였다.
② 전인습적 단계에서는 도덕적인가 아닌가를 자신의 행동이 가져올 결과로 판단하는 경향을 보인다.
③ 피아제의 인지발달이론을 도덕성 발달에 적용시켜 형성되었다.
④ 후인습적 단계에서는 일반윤리에 의해 자신의 이익에 따라 행동을 판단한다.
⑤ 하위단계에 있는 개인은 상위단계의 도덕적 추론을 능동적으로 표현할 수 없다.

03. 매슬로우(A. Maslow)의 인본주의에 관한 설명으로 옳지 않은 것을 모두 고른 것은?

ㄱ. 유기체적 평가과정, 완전히 기능하는 인간 등의 개념이 추상적이고 모호하다는 비판을 받았다.
ㄴ. 지나친 획일성으로 인해 개인 차이나 상황을 고려하지 않았다.
ㄷ. 인간의 창조성은 잠재적인 본능이다.
ㄹ. 건전하고 창조적인 인간을 지나치게 강조함으로써 내적인 측면의 영향을 무시하였다.

① ㄱ ② ㄴ, ㄹ ③ ㄱ, ㄴ, ㄷ ④ ㄴ, ㄷ, ㄹ ⑤ ㄱ, ㄴ, ㄷ, ㄹ

04. 피아제(J. Piaget)의 이론에 관한 설명으로 옳지 않은 것을 모두 고른 것은?

ㄱ. 발달에는 정해진 순서가 있지만 단계를 뛰어넘을 수 있다.
ㄴ. 단계별 성취연령에는 개인차가 존재하지 않는다.
ㄷ. 발달이 완성되면 낮은 단계의 사고로 전환하지 않는다.
ㄹ. 발달은 감각운동기, 전조작기, 형식적 조작기, 구체적 조작기의 순서로 진행된다.

① ㄱ ② ㄴ, ㄹ ③ ㄱ, ㄴ, ㄷ ④ ㄴ, ㄷ, ㄹ ⑤ ㄱ, ㄴ, ㄷ, ㄹ

05. 인간발달에 관한 설명으로 옳지 않은 것은?

① 발달에는 최적의 시기가 존재한다.
② 무작위적으로 발달이 진행되기 때문에 예측이 불가능하다.
③ 순서와 방향성이 정해져 있으나 발달속도에는 개인차가 존재한다.
④ 대근육이 있는 중심부위에서 소근육의 말초부위 순으로 발달한다.
⑤ 발달의 각 영역은 상호 밀접한 연관이 있다.

06. 발달의 유사개념에 관한 설명으로 옳지 않은 것은?

① 성숙은 유전인자가 지니고 있는 정보에 따른 변화이다.
② 성장은 신체 크기의 증대, 근력 증가, 인지의 확장 등과 같은 양적 확대이다.
③ 성숙은 경험이나 훈련과 관계없이 체계적으로 일어난다.
④ 학습은 일정한 시기가 지나면 정지한다.
⑤ 학습은 직·간접적인 경험 및 훈련과정을 통한 변화이다.

07. 로저스(C. Rogers)의 이론에 관한 설명으로 옳은 것을 모두 고른 것은?

ㄱ. 인간의 주관적 경험을 강조한다.
ㄴ. 완전히 기능하는 사람은 실존적인 삶을 산다.
ㄷ. 인간은 자기이해와 자아실현을 위한 잠재력을 가지고 있다.
ㄹ. 치료과정은 지시적이며 사회복지사는 능동적 참여자이다.

① ㄱ, ㄴ, ㄷ ② ㄱ, ㄷ ③ ㄴ, ㄹ ④ ㄹ ⑤ ㄱ, ㄴ, ㄷ, ㄹ

08. 문화에 관한 설명으로 옳지 않은 것은?

① 문화접촉은 필연적으로 문화마찰과 문화변용을 일으킨다.
② 문화변용(acculturation)은 이질적인 문화가 지속적·장기적·직접적으로 문화접촉을 할 경우 한쪽 또는 양쪽이 지닌 본래 문화의 유형이 달라지게 되는 현상이다.
③ 다양한 생활양식을 내면화시켜 개인이 사회에 적응하며 살아갈 수 있게 한다.
④ 사회의 안정과 질서에 악영향을 미치는 문제들을 제거·조절하는 기능을 수행한다.
⑤ 동화(assimilation)는 원문화에 관한 정체성을 유지함과 동시에 이주민의 사회참여를 추구하는 유형이다.

09. 체계이론의 주요 개념에 관한 설명으로 옳지 않은 것은?

① 폐쇄체계는 외부환경과 에너지의 상호교환이 이루어지지 않은 채 고립되어, 다른 체계로부터 투입도 없고 다른 체계로 산출도 전하지 못하는 체계이다.

② 균형은 환경과 수직적 상호작용보다는 수평적 상호작용을 선호한다.

③ 항상성은 외부체계로부터 투입이 없어 체계의 구조변화가 고정된 평형상태를 말한다.

④ 체계는 부분성과 전체성을 동시에 가지며 위계질서가 존재하는 경우가 많다.

⑤ 환류(feedback)는 정보의 투입에 대한 반응으로 일종의 적응기제이다.

10. 스키너(B. F. Skinner) 이론에 관한 설명으로 옳은 것은?

① 부적강화는 특정 행동을 제거하는 데 목적이 있다.

② 일차적 강화물은 미소, 칭찬, 점수 등이다.

③ 숙제하지 않는 행위를 감소시키기 위해, 숙제를 하지 않은 학생의 핸드폰을 압수하는 것은 정적처벌의 예이다.

④ 고정간격 강화계획은 반응에 대해 일정한 시간이 지난 후 강화를 주는 것이다.

⑤ 반응률이 높은 강화계획 순서는 가변간격, 고정간격, 가변비율, 고정비율 순이다.

11. 다음과 같은 현상을 설명할 수 있는 이론은?

유명 연예인이 피아노를 치며 사랑을 고백하는 드라마가 유행한 뒤, 피아노 학원에 등록하는 청소년들이 늘어났다.

① 고전적 조건화이론

② 조작적 조건화이론

③ 사회학습이론

④ 인지행동이론

⑤ 사회적 상호작용이론

12. 파블로프(I. Pavlov) 이론에 관한 설명으로 옳지 않은 것을 모두 고른 것은?

ㄱ. 환경적 자극에 능동적으로 반응하여 나타나는 행동에 관심을 가진다.

ㄴ. 자발적 회복은 소거가 이루어져 이미 조건형성이 풀어진 중성자극일지라도 이에 반복적으로 노출시키게 되면 조건반응이 자발적으로 이루어지는 회복이다.

ㄷ. 반응적 행동을 강조한다.

ㄹ. 대표적인 개념으로 고전적 조건형성이 있다.

① ㄱ ② ㄴ, ㄹ ③ ㄱ, ㄴ, ㄷ ④ ㄴ, ㄷ, ㄹ ⑤ ㄱ, ㄴ, ㄷ, ㄹ

13. 프로이트(S. Freud)의 정신분석이론에 관한 설명으로 옳은 것은?

① 거세불안과 남근선망은 주로 생식기(genital stage)에 나타난다.

② 초자아는 현실원리에 지배되며 성격의 실행자이며, 마음의 이성적인 부분이다.

③ 엘렉트라 콤플렉스(electra complex)는 여아가 자신의 아버지를 사랑하고 어머니를 경쟁상대로 삼는 현상으로, 여아는 자신의 어머니를 동일시한다.

④ 인간이 가진 자유의지의 중요성을 강조하였다.

⑤ 성격을 지형학적 모형에 따라 원초아, 자아, 초자아로 구분하였다.

14. 태내기에 관한 설명으로 옳은 것은?

① 임산부의 연령이 16세 이하 또는 35세 이상일 경우 태아의 선천성 결함 가능성이 높아진다.

② 정자의 X염색체와 난자가 만나 XX로 결합하면 남아가 태어나게 된다.

③ 다운증후군은 21번 성염색체가 하나 더 있다.

④ 터너증후군은 47개의 염색체를 가짐으로 남성에게 여성적인 성징이 나타난다.

⑤ 일반적으로 임신 후 3주가 되면 임신부가 태동을 느낄 수 있다.

15. 영아기(0~2세)의 특징으로 옳은 것을 모두 고른 것은?

ㄱ. 애착관계를 형성한다.
ㄴ. 서열화를 획득한다.
ㄷ. 물활론적 사고를 한다.
ㄹ. 성적 호기심을 갖는다.

① ㄱ　② ㄴ, ㄹ　③ ㄱ, ㄴ, ㄷ　④ ㄴ, ㄷ, ㄹ　⑤ ㄱ, ㄴ, ㄷ, ㄹ

16. 유아기(3~6세)에 관한 설명으로 옳은 것을 모두 고른 것은?

ㄱ. 타율적 도덕성이 발달한다.
ㄴ. 자아개념과 자아존중감을 형성한다.
ㄷ. 프로이트(S. Freud)의 성격발달 단계의 남근기에 해당한다.
ㄹ. 타인의 감정을 수용할 수 있는 사회적 관점이 발달하기 시작한다.

① ㄱ, ㄴ, ㄷ　② ㄱ, ㄷ　③ ㄴ, ㄹ　④ ㄹ　⑤ ㄱ, ㄴ, ㄷ, ㄹ

17. 융(C. Jung)의 분석심리이론에 관한 설명으로 옳지 않은 것을 모두 고른 것은?

ㄱ. 인간의 성격은 과거사건 및 미래에 대한 열망에 의해 형성된다.
ㄴ. 자기(self)는 유아기에 나타나는 원형으로 성격의 조화와 통일을 관장한다.
ㄷ. 성격발달은 전 생애에 걸쳐 이루어지며 후천적으로 변화될 수 있다.
ㄹ. 음영(shadow)은 자기나 자아상과 같은 개념으로 인간의 어둡고 동물적인 측면이다.

① ㄱ ② ㄴ, ㄹ ③ ㄱ, ㄴ, ㄷ ④ ㄴ, ㄷ, ㄹ ⑤ ㄱ, ㄴ, ㄷ, ㄹ

18. 청년기(19~34세)에 관한 설명으로 옳지 않은 것은?

① 개인적 욕구와 사회적 욕구 사이에 균형을 찾아 직업을 선택하는 시기이다.
② 사회적 성역할 정체감이 확립되는 시기이다.
③ 에릭슨(E. Erikson)의 발달단계에서 친밀감 대 고립감에 해당하는 시기이다.
④ 아동기 이후 인생의 과도기로서 신체적·성적 성숙이 빠르게 진행된다.
⑤ 주요 발달과업은 진로 및 직업선택, 혼인준비 등이다.

19. 아들러(A. Adler)의 이론에 관한 설명으로 옳은 것은?

① 우월의 목표에는 긍정적 경향과 부정적 경향 모두가 포함될 수 있다.
② 개인은 환경을 객관적으로 파악하고 객관적 믿음에 따라 행동한다.
③ 사회적 관심은 선천적으로 타고나는 것이어서 의식적인 개발과 교육이 필요하지 않다.
④ 기본적인 생활양식은 4~5세경에 형성되며 그 이후로 지속적으로 변화한다.
⑤ 생활양식을 위기와 전념을 기준으로 4가지 유형으로 구분하였다.

20. 아동기(7~12세)의 특징으로 옳지 않은 것을 모두 고른 것은?

ㄱ. 자기중심적 사고에서 벗어나 추상적 개념을 획득하게 된다.
ㄴ. 학교에서의 성공이나 실패경험이 자아발달에 중요한 영향을 미친다.
ㄷ. 성 에너지가 무의식 속으로 잠복하는 시기이다.
ㄹ. 피아제의 자율적 도덕성 단계·콜버그의 인습적 도덕발달 단계에 해당한다.

① ㄱ ② ㄴ, ㄹ ③ ㄱ, ㄴ, ㄷ ④ ㄴ, ㄷ, ㄹ ⑤ ㄱ, ㄴ, ㄷ, ㄹ

21. 방어기제와 그 예의 연결이 옳지 않은 것은?

① 부정 - 불치병에 걸렸음을 알고도 미래의 계획을 화려하게 세우는 환자
② 퇴행 - 입원 중 간호사에게 아기 같은 행동을 하며 불안을 감소시키는 노인
③ 상환 - 효도를 다하지 못한 죄책감으로 독거노인을 극진히 부양하는 자식
④ 대리형성 - 자신의 오빠에게 강한 성적 매력을 느껴 그와 비슷한 외모를 가진 사람과 사귀는 여성
⑤ 전치 - 남편이 바람피워 데려온 아이를 싫어함에도 오히려 과잉보호로 키우는 부인

22. 노년기(65세 이상)에 관한 설명으로 옳은 것을 모두 고른 것은?

ㄱ. 성공적인 노화(successful aging)를 위해서는 사회적 지지가 필요하다.
ㄴ. 노화이론 중 분리이론에 따르면 노인과 사회의 유리(遊離)는 사회와 노인 모두에 유리(有利)하다.
ㄷ. 노년기에는 기능손상과 만성질환의 위험으로 인한 스트레스에 노출되기 쉽다.
ㄹ. 남성노인은 생식기능이 저하되고 성교능력이 저하되지만, 그 정도는 여성노인에 비해 덜하다.

① ㄱ ② ㄴ, ㄹ ③ ㄱ, ㄴ, ㄷ ④ ㄴ, ㄷ, ㄹ ⑤ ㄱ, ㄴ, ㄷ, ㄹ

23. 청소년기(13~18세)의 성적 성숙에 관한 설명으로 옳은 것을 모두 고른 것은?

ㄱ. 남성의 사정능력은 14~15세 사이에 생긴다.
ㄴ. 남성의 성적 성숙은 고환·음낭·음경의 확대, 음모, 겨드랑이 체모, 수염의 순서로 진행된다.
ㄷ. 남성이 여성에 비해 2년 정도 늦게 시작하나 오래 지속된다.
ㄹ. 여성은 10~16세 사이에 초경을 경험하며, 초경 이후 약 1년간은 배란이 되지 않아 임신이 가능하지 않을 수도 있다.

① ㄱ ② ㄴ, ㄹ ③ ㄱ, ㄴ, ㄷ ④ ㄴ, ㄷ, ㄹ ⑤ ㄱ, ㄴ, ㄷ, ㄹ

24. 인간발달이론이 사회복지실천에 미치는 유용성에 관한 설명으로 옳지 않은 것은?

① 개인의 적응과 부적응을 판단하기 위한 기준을 제공한다.
② 다양한 연령층의 클라이언트를 이해하여 이들과 일할 수 있는 기반이 된다.
③ 개인이 경험하는 사회문화적 요인들을 정형화하여 이해할 수 있는 시각을 제공한다.
④ 클라이언트의 발달과업과 문제를 파악할 수 있는 준거틀을 제공한다.
⑤ 발달단계별 욕구에 따른 사회복지제도의 기반을 제공한다.

25. 중년기(35~64세)의 특징으로 옳은 것은?

① 빈 둥지 증후군의 특성을 보이며, 이때 부부에게는 역할 변화가 요구된다.
② 남성은 에스트로겐(estrogen) 호르몬의 감소로 성적 능력이 저하되며 갱년기를 경험하게 된다.
③ 자아통합 대 절망의 심리사회적 위기에 직면한다.
④ 문제해결능력은 저하되지만 새로운 것의 학습능력은 증가한다.
⑤ 결정성 지능은 감소하고 유동성 지능은 증가하는 인지적 변화를 경험한다.

사회복지기초(사회복지조사론)

26. 지역사회욕구 조사 방법 중 델파이(Delphi)기법에 관한 설명으로 옳은 것은?

① 패널 참가자의 익명성 보장에 어려움이 있다.

② 대면집단의 상호작용을 중요시한다.

③ 일반인들을 대상으로 한 일반적 주제에 대한 견해를 도출하는 데 유용하다.

④ 되풀이되는 조사 과정을 통해 합의를 도출한다.

⑤ 조사 자료의 정리에 연구자의 편향을 방지할 수 있다.

27. 설문지 작성 방법에 관한 설명으로 옳은 것은?

① 행렬식(matrix) 질문은 한 주제의 응답에 따라 부가질문을 연결해서 사용하는 질문이다.

② 신뢰도 측정을 위해 짝(pair)으로 된 문항들은 이어서 배치한다.

③ 다항선택식(multiple choice) 질문은 응답범주들 중에서 하나 또는 그 이상을 선택하도록 하는 질문이다.

④ 개연성 질문(contingency questions)은 사고의 흐름과는 상관없이 배치한다.

⑤ 민감한 주제나 주관식 질문은 설문지의 앞부분에 배치한다.

28. A 초등학교에 재학 중인 500명의 학생을 대상으로 아래와 같이 체계적 표집을 실시하였다. 이 표집에서 표집간격(ㄱ)과 표본수(ㄴ)가 바르게 짝지어진 것은?

500명을 번호 순서대로 배열한 모집단에서 7번이 처음 무작위로 선정되고 17번, 27번, 37번, … 등이 차례로 선정되었다.

① ㄱ: 5 ㄴ: 10

② ㄱ: 5 ㄴ: 50

③ ㄱ: 10 ㄴ: 50

④ ㄱ: 10 ㄴ: 100

⑤ ㄱ: 10 ㄴ: 150

29. 2차 자료분석에 관한 설명으로 옳은 것은?

① 원자료(raw data) 수집과정이 필요하다.

② 원자료에서 누락된 변수와 결측값을 복구할 수 있다.

③ 통계적 기법으로 자료의 결측값을 대체할 수 없다.

④ 비교적 적은 비용으로 대규모 사례 분석이 가능하다.

⑤ 신뢰도와 타당도에 관한 문제는 발생하지 않는다.

30. 표집방법에 관한 설명 중 옳지 않은 것은?

① 층화표집은 전체 모집단이 아니라 여러 하위집단에서 표본을 추출한다.

② 군집표집은 다단계 표본추출이 가능하다.

③ 할당표집은 연구자의 편향적 선정이 이루어질 수 있다.

④ 임의표집은 모집단의 대표성이 높은 표본을 추출한다.

⑤ 단순무작위표집은 모집단으로부터 표본으로 추출될 확률을 알 수 있다.

31. 다음 연구에 관한 설명으로 옳지 않은 것은?

17개 시·도의 120개 사회복지기관에서 근무하는 사회복지사 500명을 대상으로 근무기관의 규모별 직무만족도를 설문조사하였다.

① 독립변수는 근무기관의 규모이다.

② 종속변수는 직무만족도이다.

③ 독립변수의 관찰단위는 개인이다.

④ 종속변수의 관찰단위는 집단이다.

⑤ 독립변수의 분석단위는 개인이다.

32. 증거기반실천에 관한 설명으로 옳지 않은 것은?

① 과학적 조사연구를 평가하고 응용하여 사회복지실천의 결과를 가장 좋게 할 수 있는 실천방법을 선택하여 적용하는 것이다.

② 사회복지사로 하여금 경험이나 견해 등 권위에 기반한 실천이 아닌 검증된 증거에 기반한 실천을 가능하게 한다.

③ 개입 시 클라이언트에게 발생할 수 있는 문제를 최소화할 수 있다.

④ 사회복지사의 증거 확보 및 분석 능력이 필수적이다.

⑤ 증거를 분석하고 평가한 이후에 증거를 찾는다.

33. 과학철학에 관한 설명으로 옳은 것은?

① 후기실증주의는 관찰대상이 인간과 무관하게 존재할 수 있다고 본다.

② 후기실증주의는 관찰의 이론의존성을 부정한다.

③ 논리적 실증주의는 과학의 이론들이 확률적으로 검증되는 관찰에 의해서만 정당화될 수 있다고 주장한다.

④ 쿤(T. Kuhn)에 의하면 과학은 기존의 이론과 상충되는 현상을 관찰하는 데서 출발하여 기존의 이론에 엄격한 검증을 행한다.

⑤ 실증주의는 지식의 본질을 잠정적, 확률적으로 본다.

34. 노인학대에 관하여 연구할 때 조작적 정의(operational definition) 단계에 해당하는 것은?

① 사전(dictionary)을 참고하여 노인학대를 명확히 정의한다.
② 노인학대에 대한 기존 연구 결과를 정리한다.
③ 노인학대 관련 척도를 탐색한 후 선정한다.
④ 학대당한 노인과 그렇지 않은 노인의 차이에 대해 조사한다.
⑤ 학대당한 노인의 현황을 파악한다.

35. 조사유형에 관한 설명으로 옳지 않은 것은?

① 설명적 조사는 인과관계를 규명하여 가설을 검증하려는 조사이다.
② 기술적 조사는 특정 현상을 사실적으로 묘사하려는 조사이다.
③ 탐색, 기술, 설명적 조사는 조사의 목적에 따른 구분이다.
④ 패널조사와 동년배집단(cohort) 조사는 동일대상인에 대한 반복측정을 원칙으로 한다.
⑤ 횡단조사는 탐색, 기술, 설명의 목적을 갖는다.

36. 통계적 가설 검정에 관한 설명으로 옳지 않은 것을 모두 고른 것은?

ㄱ. 신뢰수준을 높이면 제1종 오류가 늘어난다.
ㄴ. 유의수준을 낮추면 제1종 오류를 줄일 수 있다.
ㄷ. 유의확률 값이 유의수준보다 크면 영가설이 채택된다.
ㄹ. 제2종 오류는 영가설이 실제로 거짓임에도 불구하고 이를 채택하여 대립가설을 기각할 오류이다.

① ㄱ ② ㄴ, ㄹ ③ ㄱ, ㄴ, ㄷ ④ ㄴ, ㄷ, ㄹ ⑤ ㄱ, ㄴ, ㄷ, ㄹ

37. 변수 간의 관계에 관한 설명으로 옳은 것은?

① 사회복지정책이 소득수준 향상의 원인일 때 사회복지정책은 종속변수이다.
② 소득수준 향상이 경제발전의 결과라면 소득수준은 종속변수이다.
③ 경제수준이 비슷한 국가를 대상으로 복지정책의 빈곤감소효과를 조사할 때 경제수준은 선행변수이다.
④ 경제발전으로 복지정책의 재원이 늘어 생활수준이 향상되었다면 경제발전은 매개변수이다.
⑤ 경제여건에 따라 복지정책의 빈곤감소효과가 달라진다면 경제여건은 억압변수이다.

38. 관찰을 통한 자료 수집에 관한 설명으로 옳은 것은?

① 피관찰자에 의해 자료가 생성된다.
② 내면적 의식의 파악이 용이하다.
③ 비언어적 상황의 자료 수집이 용이하다.
④ 서베이에 비해 자료의 계량화가 쉽다.
⑤ 자연적 환경에서 외생변수의 통제가 용이하다.

39. 다음 실험설계의 특성에 관한 설명으로 옳은 것은?

$O_1\ X\ O_2$ O_1: 사전검사 X: 개입 프로그램 O_2: 사후검사

① 다른 실험설계에 비해 내적타당도가 높다.
② 검사효과의 통제가 가능하다.
③ 유사실험설계에 속한다.
④ 통제집단을 확보하기 어려울 때 사용할 수 있다.
⑤ 연구결과의 일반화가 용이하다.

40. 신뢰도를 높이는 방법에 관한 설명으로 옳지 않은 것을 모두 고른 것은?

ㄱ. 측정 항목 수를 가능한 줄여야 한다. ㄴ. 측정자에게 측정도구에 대한 교육을 사후에 실시한다. ㄷ. 측정자들이 측정방식을 대상자에 맞게 유연하게 바꾸어야 한다. ㄹ. 조사대상자가 알지 못하는 내용에 대해서는 측정하지 않는 것이 좋다.

① ㄱ ② ㄴ, ㄹ ③ ㄱ, ㄴ, ㄷ ④ ㄴ, ㄷ, ㄹ ⑤ ㄱ, ㄴ, ㄷ, ㄹ

41. 측정의 '수준 - 사례 - 가능한 통계분석'의 연결이 옳지 않은 것은?

① 명목측정 - 성별 - 백분율
② 서열측정 - 학점(A, B, C) - 최빈치
③ 등간측정 - 지능지수 - 중위수
④ 비율측정 - 시험점수(0~100점) - 산술평균
⑤ 명목측정 - 현재흡연여부 - 교차분석

42. 표집에 관한 설명으로 옳은 것은?

① 표본의 크기를 정한 후에 표집방법을 정한다.
② 비확률표집은 조사자의 주관성을 배제할 수 있다.
③ 다른 조건이 일정할 때, 표본의 크기가 커지면 표준오차는 커진다.
④ 신뢰수준을 95%에서 99%로 높이려면 표본의 크기를 줄여야 한다.
⑤ 표본의 크기는 조사자가 선택하는 신뢰수준에 따라 달라진다.

43. 측정도구에 관한 설명으로 옳지 않은 것은?

① 리커트(Likert) 척도는 서열척도구성이다.
② 의미분화(semantic differential) 척도는 한 쌍의 반대가 되는 형용사를 사용한다.
③ 사회적 거리(social distance) 척도는 문항평가자들로부터 받은 점수의 중위수를 가중치로 하여 척도를 구성한다.
④ 거트만(Guttman) 각 문항을 서열적으로 구성한다.
⑤ 리커트(Likert) 척도는 각 문항별 응답점수의 총합이 측정하고자 하는 개념을 대표한다는 가정에 근거한다.

44. 측정 시 나타날 수 있는 체계적 오류에 관한 설명으로 옳지 않은 것은?

① 익명의 응답은 체계적 오류를 최소화한다.
② 측정의 신뢰도를 저해한다.
③ 편향에 의해 발생한다.
④ 비관여적 관찰은 체계적 오류를 최소화한다.
⑤ 편견 없는 단어는 체계적 오류를 최소화한다.

45. 단일사례설계에 관한 설명으로 옳지 않은 것은?

① 반복측정으로 통제집단 효과를 볼 수 있다.
② 기초선으로 성숙효과를 통제할 수 있다.
③ 비반응성 연구의 한 유형이다.
④ 여러 명의 조사대상자에게 개입시기를 다르게 하면 우연한 사건효과를 통제할 수 있다.
⑤ 단일사례로서 개인, 가족, 단체 등이 분석대상이다.

46. 통제집단사후검사설계에 관한 설명으로 옳지 않은 것은?

① 무작위 할당으로 통제집단과 실험집단을 나누고 실험집단에만 개입을 한다.
② 사전조사를 실시하지 않아 내적타당도를 저해하지 않는다.
③ 사전검사를 하지 않아도 집단 간 차이를 어느 정도 통제할 수 있다.
④ 통제집단 전후비교에 비해 설계가 간단하여 사회조사에서 많이 활용된다.
⑤ 통제집단을 확보하기 어려울 때 사용할 수 있는 설계이다.

47. 다음에서 설명하는 타당도 유형은?

최근에 개발된 우울증 척도를 사용하여 우울증을 치료 중인 집단과 일반인 집단의 불안수준을 측정하였다. 측정 결과 우울증을 치료 중인 집단의 평균이 일반인 집단의 평균보다 통계적으로 유의미하게 높아 우울증 측정 척도는 두 집단을 잘 구별하였다.

① 액면(face)타당도 ② 내용(content)타당도 ③ 기준(criterion)타당도
④ 이해(nomological)타당도 ⑤ 수렴(convergent)타당도

48. 크론바흐 알파(cronbach's alpha)에 관한 설명으로 옳은 것을 모두 고른 것은?

ㄱ. 척도를 구성하는 전체 문항 조합들의 상관관계 평균값을 계산한 것이다. ㄴ. 척도의 문항을 절반으로 나누어 두 부분 간의 상관관계를 계산한 것이다. ㄷ. 복수의 조사자를 통해 측정한 점수를 비교하여 의견일치도를 평가한 것이다. ㄹ. 동일한 척도를 사용하여 동일대상에게 서로 다른 시점에 측정한 점수 간의 상관관계를 계산한 것이다.

① ㄱ ② ㄴ, ㄹ ③ ㄱ, ㄴ, ㄷ ④ ㄴ, ㄷ, ㄹ ⑤ ㄱ, ㄴ, ㄷ, ㄹ

49. 내적타당도 저해 요인 중 우연한 사건(history)을 통제할 수 있는 실험설계를 모두 고른 것은?

ㄱ. 솔로몬 4집단 설계(solomon four-group design) ㄴ. 단일집단 사전사후검사 설계(one-group pretest-posttest design) ㄷ. 단일집단 사후검사 설계(one-group posttest-only design) ㄹ. 통제집단 사후검사 설계(posttest-only control group design)

① ㄹ ② ㄱ, ㄹ ③ ㄴ, ㄷ ④ ㄱ, ㄴ, ㄹ ⑤ ㄴ, ㄷ, ㄹ

50. 질적연구의 방법에 설명으로 옳지 않은 것은?

① 부정적 사례(negative case)의 목적은 연구자가 편견에 빠지지 않게 동료집단이 감시기제로서의 역할을 하는 것이다.
② 자료 수집원을 다양화하여 연구의 엄격성을 높일 수 있다.
③ 참여행동조사는 연구에 의해 영향을 받게 될 대상들도 그 연구설계에 책임이 있다고 주장한다.
④ 생애사 조사를 통해 위안부 피해자 할머니 삶의 중요한 사건을 이해할 수 있다.
⑤ 문화기술지는 특정 문화를 이해하기 위한 방법, 과정 및 결과이다.

사회복지사 1급 국가자격시험 대비
제2회 FINAL 모의고사

교 시	문제형별	시 간	시 험 과 목
2교시	A	75분	〈사회복지실천〉 1 사회복지실천론 2 사회복지실천기술론 3 지역사회복지론

수험번호		성 명	

[수험자 유의사항]

1. 시험문제지는 **단일 형별(A형)**이며, 답안카드 형별 기재란에 표시된 형별(A형)을 확인하시기 바랍니다. 시험문제지의 **총면수**, **문제번호 일련순서**, **인쇄상태** 등을 확인하시고, 문제지 표지에 수험번호와 성명을 기재하시기 바랍니다.

2. 답은 각 문제마다 요구하는 **가장 적합하거나 가까운 답 1개**만 선택하고, 답안카드 작성 시 시험문제지 **마킹착오**로 인한 불이익은 전적으로 **수험자에게 책임**이 있음을 알려 드립니다.

3. 답안카드는 국가전문자격 공통 표준형으로 문제번호가 1번부터 125번까지 인쇄되어 있습니다. 답안 마킹 시에는 반드시 **시험문제지의 문제번호와 동일한 번호**에 마킹하여야 합니다.

4. **감독위원의 지시에 불응하거나 시험시간 종료 후 답안카드를 제출하지 않을 경우** 불이익이 발생할 수 있음을 알려 드립니다.
   ※ 시험문제지는 시험 종료 후 가지고 갈 수 있습니다.

5. 문제지 맨 뒤에 제공되는 답안카드를 활용하여 실전처럼 모의고사를 풀어보시기 바랍니다.

해커스

각 문제에서 요구하는 가장 적합한 답 1개만을 고르시오.

사회복지실천(사회복지실천론)

01. 우리나라 사회복지실천의 역사에 관한 설명으로 옳지 않은 것을 모두 고른 것은?

ㄱ. 1987년부터 사회복지전담공무원이 공공영역에 배치되었다.
ㄴ. 2000년에 사회복지사 1급 제1회 국가시험이 시행되었다.
ㄷ. 1925년 한국외원단체협의회(KAVA)가 탄생하였다.
ㄹ. 1931년 태화여자관이 설립되었다.

① ㄱ ② ㄴ, ㄹ ③ ㄱ, ㄴ, ㄷ ④ ㄴ, ㄷ, ㄹ ⑤ ㄱ, ㄴ, ㄷ, ㄹ

02. 전미사회복지사협회(NASW)가 제시한 사회복지실천의 기능으로 옳은 것을 모두 고른 것은?

ㄱ. 사회정책과 환경정책에 영향을 미친다.
ㄴ. 사람들의 역량을 확대하고 대처능력 향상을 돕는다.
ㄷ. 조직 간의 상호관계에 영향력을 행사한다.
ㄹ. 개인이 조직의 요구에 부응하도록 돕는다.

① ㄱ ② ㄴ, ㄹ ③ ㄱ, ㄴ, ㄷ ④ ㄴ, ㄷ, ㄹ ⑤ ㄱ, ㄴ, ㄷ, ㄹ

03. 자선조직협회와 관계있는 것을 모두 고른 것은?

ㄱ. 우애 방문 ㄴ. 개별사회사업 ㄷ. 과학적 자선 ㄹ. 함께 거주

① ㄱ ② ㄱ, ㄴ, ㄷ ③ ㄴ, ㄹ ④ ㄹ ⑤ ㄱ, ㄴ, ㄷ, ㄹ

04. 서구 사회복지실천 역사에 관한 설명으로 옳은 것을 모두 고른 것은?

ㄱ. 서구에서 전문직 교육과정이 시작된 것은 19세기 후반이다.
ㄴ. 플렉스너의 비판 이전 의사인 캐벗(R. Cabot)이 매사추세츠병원에 의료사회복지사를 정식으로 채용하였다.
ㄷ. 1917년 리치먼드(M. Richmond)가 사회진단(Social diagnosis)을 출간하였다.
ㄹ. 플렉스너의 비판 이후 미국 사회복지사협회(American Association of Social Workers)가 설립되었다.

① ㄱ ② ㄴ, ㄹ ③ ㄱ, ㄴ, ㄷ ④ ㄴ, ㄷ, ㄹ ⑤ ㄱ, ㄴ, ㄷ, ㄹ

05. 사회복지실천 윤리에 관한 설명으로 옳지 않은 것을 모두 고른 것은?

> ㄱ. 가치와 조화를 이루어야 한다.
> ㄴ. 사회복지사의 올바른 판단과 결정을 위한 믿음 체계이다.
> ㄷ. 옳고 그름을 판단하는 도덕적 지침이다.
> ㄹ. 가치는 윤리에 기반을 두고 있다.

① ㄱ ② ㄴ, ㄹ ③ ㄱ, ㄴ, ㄷ ④ ㄴ, ㄷ, ㄹ ⑤ ㄱ, ㄴ, ㄷ, ㄹ

06. 사회복지실천의 개입수준과 그 활동이 옳게 연결된 것은?

① 거시적 실천 - 다문화 청소년을 위한 조례 제정을 추진한다.
② 미시적 실천 - 사회복지관에서 후원자개발을 위한 행사를 진행한다.
③ 중시적 실천 - 지역특성에 맞는 주민 대상 프로그램 개발을 위한 지역사회 욕구조사를 실시한다.
④ 미시적 실천 - 지역사회보장협의체에서 기관실무자 네트워크 회의를 소집한다.
⑤ 중시적 실천 - 지역사회 내 노숙인 지원을 위한 모금을 진행한다.

07. 사회복지실천지식에 관한 설명으로 옳지 않은 것은?

① 사회복지실천지식의 구성 수준을 추상성에서 구체성의 방향으로 순서대로 나열하면 패러다임 - 관점 - 이론 - 모델 - 실천지혜 순이다.
② 모델은 실천과정에 직접적으로 필요한 기술적 적용방법을 제시한 것이다.
③ 이론은 현상을 설명하기 위한 가설이나 개념의 집합체이다.
④ 관점은 개인과 사회에 관한 주관적 인식의 차이를 보여주는 사고체계이다.
⑤ 실천지혜는 실천 활동의 원칙과 방식을 구조화한 것이다.

08. 통합적 접근의 특징에 관한 내용으로 옳지 않은 것은?

① 다양하고 복합적인 원인으로 발생하는 문제를 해결하기 위한 접근이다.
② 미시 수준에서 거시 수준에 이르는 다차원적 개입을 한다.
③ 순환적 원인론을 활용한다.
④ 인간 또는 환경 중 한 측면에만 집중하는 2궤도 접근이다.
⑤ 생태체계 관점을 토대로 한다.

09. 강점관점에 관한 설명으로 옳지 않은 것을 모두 고른 것은?

ㄱ. 클라이언트의 문제를 사정하고 해결하기 위해 과거를 중요하게 본다. ㄴ. 클라이언트가 갖고 있는 내적·외적 자원을 활용하려고 한다. ㄷ. 클라이언트의 문제를 도전, 전환점, 성장의 기회로 간주한다. ㄹ. 클라이언트를 변화할 수 있는 능력을 가진 존재로 이해한다.

① ㄱ ② ㄴ, ㄹ ③ ㄱ, ㄴ, ㄷ ④ ㄴ, ㄷ, ㄹ ⑤ ㄱ, ㄴ, ㄷ, ㄹ

10. 자선조직협회 우애방문자의 활동에 해당하는 사회복지실천의 이념을 모두 고른 것은?

ㄱ. 박애사상	ㄴ. 애타주의	ㄷ. 민주주의	ㄹ. 사회진화론

① ㄱ ② ㄴ, ㄷ ③ ㄷ, ㄹ ④ ㄱ, ㄴ, ㄹ ⑤ ㄱ, ㄴ, ㄷ, ㄹ

11. 사회복지실천의 예술적 속성(A)과 과학적 속성(B)이 잘못 짝지어진 것을 모두 고른 것은?

ㄱ. A: 창의적 사고	B: 경험적 사실의 수집
ㄴ. A: 기술 훈련	B: 사회적 관심
ㄷ. A: 직관적인 능력	B: 이론적 설명
ㄹ. A: 실험적 조사	B: 적합한 가치

① ㄱ ② ㄴ, ㄹ ③ ㄱ, ㄴ, ㄷ ④ ㄴ, ㄷ, ㄹ ⑤ ㄱ, ㄴ, ㄷ, ㄹ

12. 사회복지사의 가치갈등에 관한 설명으로 옳지 않은 것은?

① 가치갈등에 대응하는 첫 단계는 가치갈등의 존재를 인식하는 것이다.
② 기관의 목표가 클라이언트 이익에 위배될 때 가치상충으로 윤리적 딜레마가 발생할 수 있다.
③ 결과의 모호성은 영유아의 해외입양처럼 사회복지사의 결정에 대한 결과의 불확실성으로 인해 발생하는 가치갈등이다.
④ 클라이언트 체계의 다중성은 한 가정 내에 장애아동, 학대받는 아내, 치매에 걸린 부모 등 다수의 클라이언트가 존재하고, 이들 간의 이해가 충돌했을 때 누구의 이해를 최우선으로 할 것인가에 대한 가치갈등이다.
⑤ 권력의 불균형은 클라이언트와 사회복지사 간의 권력의 불균형으로 인해 클라이언트의 알 권리 또는 자기결정권이 침해되었을 때 발생하는 가치갈등이다.

13. 임파워먼트 모델에 관한 설명으로 옳지 않은 것은?

① 개입과정은 대화 - 발견 - 발달 단계로 진행된다.
② 클라이언트의 문제와 부적응에 개입의 초점을 맞춘다.
③ 임파워먼트는 개인, 대인관계, 제도적 차원에서 이루어진다.
④ 클라이언트를 문제해결의 협력적 파트너로 인정한다.
⑤ 모델의 역사적 기원은 레이놀즈(B. Reynolds)의 활동에서 찾을 수 있다.

14. 콤튼과 갤러웨이(Compton & Galaway)의 사회복지실천의 구성 체계 중 다음 사례에서 확인할 수 없는 체계는?

> A 고등학교 2학년에 재학 중인 철수는 중학교 1학년 때부터 지속적으로 흡연을 해왔다. 이에 철수의 어머니는 A 고등학교 학교사회복지사를 찾아와 철수의 흡연 문제 해결을 요청하였고, 학교사회복지사는 철수와 치료를 위한 상담을 하였다. 철수는 자신의 흡연의 심각성을 인지하고 있지만 함께 어울리는 친구들의 압력을 거부하기 어렵다고 토로하였다. 이에 사회복지사는 철수의 흡연 문제 해결을 위해 지역 보건소의 금연 클리닉 프로그램 담당자와 철수의 친구들을 함께 치료에 참여시키는 방안을 모색하였다.

① 행동체계 ② 변화매개체계 ③ 클라이언트체계 ④ 표적체계 ⑤ 전문체계

15. 로웬버그와 돌고프(Loewenberg & Dolgoff)가 제시한 윤리적 의사결정의 우선순위를 순서대로 바르게 나열한 것은?

> ㄱ. 생명보호의 원칙
> ㄴ. 자율성과 자유의 원칙
> ㄷ. 사생활보호와 비밀보장의 원칙
> ㄹ. 진실성과 완전공개의 원칙

① ㄱ → ㄴ → ㄷ → ㄹ ② ㄱ → ㄷ → ㄹ → ㄴ ③ ㄴ → ㄱ → ㄹ → ㄷ
④ ㄷ → ㄴ → ㄱ → ㄹ ⑤ ㄹ → ㄱ → ㄷ → ㄴ

16. 사례관리의 등장배경에 관한 설명으로 옳지 않은 것은?

① 탈시설화로 인해 많은 정신 장애인이 지역사회 내에서 생활하게 되었다.
② 사회복지서비스 비용 절감에 관심이 커지면서 저비용 고효율을 지향하게 되었다.
③ 인구·사회적 변화에 따라 다양하고, 복합적이며 만성적인 욕구를 가진 클라이언트가 증가하였다.
④ 사회복지서비스 공급주체가 지방정부에서 중앙정부로 변화하였다.
⑤ 시설보호에서 지역사회보호로 전환하게 되었다.

17. 인권에 관한 설명 중 옳지 않은 것은?

① 우리나라 헌법에서는 국가의 국민에 대한 인권보장 의무를 규정하고 있다.
② 사회권은 제2세대 인권이다.
③ 자유권은 제3세대 인권이다.
④ 차별은 인권과 대치되는 개념이다.
⑤ '양로시설에서 생활하는 노인의 의사결정을 사회복지사가 대신할 수 없다'는 의미의 인권 특성은 불가양성·불가분성이다.

18. 사회복지실천의 전문적 관계에 관한 설명으로 옳은 것은?

① 전문가 윤리강령에 따른다.
② 사회복지사와 클라이언트는 반드시 상호 간의 이익에 헌신하는 관계이다.
③ 클라이언트는 전문성에서 비롯된 권위를 가진다.
④ 문제가 해결되어야만 종결되는 관계이기 때문에 시간의 제한이 없다.
⑤ 친밀함에 기반한 온정주의적 관계이다.

19. 사회복지실천의 관계형성 기술에 대한 설명으로 옳지 않은 것을 모두 고르면?

ㄱ. 개별화란 클라이언트를 각각 개별적인 특징과 자질을 가진 존재로 인정하여 원조 방법과 과정 등에서 각기 다른 원리나 방법을 활용해야 한다는 것이다.
ㄴ. 의도적 감정표현이란 라포 형성을 위해 사회복지사가 자신의 감정을 클라이언트에게 의도적으로 표현하는 것이다.
ㄷ. 통제된 정서적 관여란 클라이언트의 감정에 민감성과 이해로 반응하는 것이다.
ㄹ. 수용이란 클라이언트의 행동변화를 위해 바람직한 가치를 받아들이도록 격려하는 것이다.

① ㄱ ② ㄴ, ㄹ ③ ㄱ, ㄴ, ㄷ ④ ㄴ, ㄷ, ㄹ ⑤ ㄱ, ㄴ, ㄷ, ㄹ

20. 개입 계획을 수립하는 순서로 옳은 것은?

ㄱ. 표적문제를 선정한다.
ㄴ. 클라이언트를 동기화시킨다.
ㄷ. 개입의 성과목표를 정한다.
ㄹ. 클라이언트의 과업을 구체화한다.

① ㄱ → ㄴ → ㄹ → ㄷ ② ㄱ → ㄹ → ㄴ → ㄷ ③ ㄴ → ㄱ → ㄷ → ㄹ
④ ㄴ → ㄱ → ㄹ → ㄷ ⑤ ㄴ → ㄷ → ㄱ → ㄹ

21. 사회복지사 윤리강령에 관한 설명으로 옳지 않은 것은?

① 사회복지사를 실천오류(malpractice) 소송으로부터 보호한다.
② 외부의 통제로부터 사회복지 전문직의 전문성을 보호한다.
③ 사회복지사들이 지켜야 할 전문적 행동기준과 원칙을 기술해 놓은 것이다.
④ 일반 대중에게 전문가로서의 사회복지사의 기본 업무 및 자세를 알리는 1차적 수단이 된다.
⑤ 동료나 기관과 갈등이 생길 때 사회복지사를 법적으로 보호한다.

22. 사회복지사의 역할에 관한 설명으로 옳지 않은 것은?

① 중재자 - 양자 간의 논쟁에 개입하여 중립을 지키면서 상호합의를 이끌어냈다.
② 상담자 - 거동불편 노인에게 밑반찬서비스를 연계하였다.
③ 옹호자 - 미등록 이주노동자 자녀가 교육받을 수 있도록 관계법 개정을 제안하였다.
④ 조성자 - 학교사회복지사가 비행학생과의 상담을 통해 자신의 문제해결에 대처할 수 있는 능력을 강화하였다.
⑤ 교육자 - 지적장애인에게 일상생활기술훈련을 실시하였다.

23. 사회복지 실천현장에 관한 설명으로 옳은 것은?

① 사회복지관은 2차 현장이며 이용시설이다.
② 지역자활센터, 지역아동센터, 장애인복지관은 1차 현장이면서 이용시설이다.
③ 양로시설은 1차 현장이며, 이용시설이다.
④ 교정시설은 1차 현장이다.
⑤ 장애인거주시설은 1차 현장이며 이용시설이다.

24. 기능주의 학파와 진단주의 학파에 관한 설명으로 옳은 것은?

① 진단주의 학파는 미국의 대공황 이후 등장하였다.
② 기능주의 학파는 기관의 기능과 서비스를 최대한 활용하여 문제를 해결하는 것을 선호하였다.
③ 진단주의 학파는 인간의 성장 가능성을 중시하였다.
④ 두 학파 간의 논쟁은 1970년대에 와서 비로소 종식되었다.
⑤ 기능주의 학파는 과거의 심리사회적 문제가 현재의 기능에 영향을 미친다는 관점을 가졌다.

25. 한국 사회복지사 윤리강령에 대한 설명 중 옳지 않은 것은?

① 사회복지사는 인간 존엄성과 클라이언트의 권익옹호라는 사회복지의 핵심 가치에 기반을 두고 사회복지 전문직의 사명을 다하기 위해 노력해야 한다.
② 사회복지사는 인간과 자연이 서로 떨어져 살 수 없음을 깨닫고, 인간과 자연환경, 생명 등 생태에 미칠 영향을 생각하며 실천해야 한다.
③ 사회복지사는 다양한 문화의 강점을 인식하고 존중하며, 문화적 역량을 바탕으로 사회복지를 실천한다.
④ 사회복지사는 동료가 적법하게 업무를 수행하는 과정에서 부당한 조치를 당하면 동료를 변호하고 원조해 주어야 한다.
⑤ 사회복지사는 필요한 경우에 제공된 서비스에 대해 공정하고 합리적으로 이용료를 책정할 수 있다.

사회복지실천(사회복지실천기술론)

26. 인지왜곡을 가져오는 자동적 사고에 관한 설명으로 옳은 것을 모두 고른 것은?

ㄱ. 선택적 요약 - "선생님은 나를 미워하니까 성적도 나쁘게 줄 거야"
ㄴ. 이분법적 사고 - "최고가 아니면 모두 실패자인 거야"
ㄷ. 개인화 - "내가 신고만 빨리했어도 화재로 사람이 죽지 않았을 텐데"
ㄹ. 과잉일반화 - "내가 너무 못생겨서 남자친구가 떠났으니 결혼도 하기 어렵겠지"

① ㄱ ② ㄴ, ㄹ ③ ㄱ, ㄴ, ㄷ ④ ㄴ, ㄷ, ㄹ ⑤ ㄱ, ㄴ, ㄷ, ㄹ

27. 가족사정 기법 중 가족조각을 통해 파악할 수 있는 것을 모두 고른 것은?

ㄱ. 가족동맹
ㄴ. 가족규칙
ㄷ. 가족성원들 간의 친밀도
ㄹ. 세대 간의 반복적인 정서적·행동적 유형

① ㄱ, ㄴ, ㄷ ② ㄱ, ㄷ ③ ㄴ, ㄹ ④ ㄹ ⑤ ㄱ, ㄴ, ㄷ, ㄹ

28. 단일사례설계에 관한 설명으로 옳은 것을 모두 고른 것은?

ㄱ. 개입 이후에도 기초선 자료를 수집할 수 있다.
ㄴ. 다수의 클라이언트의 변화를 확인할 수 있다.
ㄷ. 개입의 효과성을 알기 위해 반복측정을 해야 한다.
ㄹ. 개입과정에서 개입의 강도나 방식을 바꿀 수 없다.

① ㄱ ② ㄴ, ㄹ ③ ㄱ, ㄴ, ㄷ ④ ㄴ, ㄷ, ㄹ ⑤ ㄱ, ㄴ, ㄷ, ㄹ

29. 다음 사례에 대한 위기개입방법으로 옳지 않은 것은?

> 사회복지사에게 의뢰된 A 씨는 남편 B 씨와 10년 전에 결혼하여 10살과 8살이 된 자녀 둘을 두고 있다. 남편 B 씨가 택시 운전을 하여 가족 생계에 필요한 수입을 대부분 책임졌으며, 아내인 A 씨는 가끔씩 시간제 일을 하면서 남편을 도왔다. 그런데 2주 전에 갑자기 남편 B 씨가 교통사고를 당하여 사망하였다. 이 사건 이후 A 씨는 비탄에 빠져 가정생활을 유지하기 힘들 정도로 우울과 불안감을 표현하며, 심지어 자살 충동까지 보이고 있다.

① A 씨에게 자신이 처한 상황을 객관적으로 이해할 수 있도록 돕는다.
② A 씨에게 남편의 사망이라는 촉발사건의 의미가 무엇인지 확인한다.
③ 자살 충동을 막고 안전을 확보한다.
④ A 씨 성격의 원인을 분석하여 보다 긍정적인 인생관을 갖도록 삶의 태도를 근본적으로 재조직한다.
⑤ A 씨 가구의 실제 수입변화를 확인한다.

30. 다음의 사례에서 활용한 개입 기법은?

> 50대 중반의 여성 A는 남편과 갈등이 있을 때마다 분가한 4명의 자녀 모두에게 일일이 전화를 걸어 집으로 불러들인다. 이러한 A의 요구에 자녀 중 유일하게 막내아들인 경옥만 민감하게 반응하여 바로 달려간다. 사회복지사는 경옥에게 어머니의 이러한 행동에 즉각적으로 반응하지 않도록 하면서 또한 자신의 생각과 감정을 명확히 하도록 하였다.

① 합류　② 재구성　③ 탈삼각화　④ 균형 깨기　⑤ 경계 만들기

31. 사회복지실천모델에 관한 설명으로 옳은 것은?

① 심리사회모델은 상황 속 인간을 고려하며 개인의 내적변화보다는 환경의 변화를 중시한다.
② 임파워먼트모델에서는 클라이언트를 일방적 수혜자로 인식한다.
③ 위기개입모델에서는 클라이언트의 과거를 탐색하는 데 우선순위를 둔다.
④ 위기개입모델은 위기에 의한 병리적 반응과 영구적 손상의 치료에 초점을 둔다.
⑤ 과제중심모델은 펄만(H. Perlman)의 문제해결요소의 영향을 받았다.

32. 과제중심모델에 관한 설명으로 옳지 않은 것은?

① 문제규명단계에서 의뢰기관에서 위임한 문제를 확인하고, 예비적인 초기사정을 한다.
② 계약 내용에 사회복지사의 과제를 포함한다.
③ 클라이언트의 문제의식을 반영하여 표적문제를 설정한다.
④ 클라이언트의 문제는 자원 혹은 기술의 부족으로 이해한다.
⑤ 단기치료의 기본원리를 강조한 비구조화된 접근이다.

33. 가족관계와 치료에 관한 설명으로 옳은 것을 모두 고른 것은?

> ㄱ. 전문가의 객관적 입장을 강조하는 것은 1차 수준의 사이버네틱스(cybernetics)이다.
> ㄴ. 가족의 순환적 인과관계(circular causality)는 가족을 단선적으로 이해하는 것이다.
> ㄷ. 구두점(punctuation)은 가족 문제의 원인과 결과에 영향을 미치지 않는다.
> ㄹ. 이중구속(double binds)은 가족의 유대관계를 강화시키는 요인이다.

① ㄱ ② ㄴ, ㄹ ③ ㄱ, ㄴ, ㄷ ④ ㄴ, ㄷ, ㄹ ⑤ ㄱ, ㄴ, ㄷ, ㄹ

34. 문제해결모델의 개입기술에 관한 설명으로 옳은 것을 모두 고른 것은?

> ㄱ. 클라이언트의 동기부여를 위해 자아방어기제의 활용을 억제시킨다.
> ㄴ. 문제를 위험으로 보지 않고 도전으로 인식하도록 돕는다.
> ㄷ. 클라이언트가 선택한 대안을 스스로 모니터링하도록 돕는다.
> ㄹ. 문제해결의 주된 초점은 클라이언트의 대처능력 강화이다.

① ㄱ ② ㄴ, ㄹ ③ ㄱ, ㄴ, ㄷ ④ ㄴ, ㄷ, ㄹ ⑤ ㄱ, ㄴ, ㄷ, ㄹ

35. 정신역동모델의 개입 기법에 관한 설명으로 옳지 않은 것은?

① 직면으로 클라이언트의 이야기와 행동 간 불일치를 보일 때 자기모순을 직시하게 한다.
② 해석으로 치료적 관계에서 나타나는 클라이언트의 특정 생각이나 행동의 의미를 설명한다.
③ 전이분석으로 클라이언트가 과거의 중요한 인물에 대해 느꼈던 감정을 치료사에게 재현하는 현상을 분석하여 과거 문제를 해석하고 통찰하도록 한다.
④ 훈습으로 클라이언트의 불안은 최소화되고 적합한 방법으로 자신의 문제를 이해할 수 있는 능력을 기르게 된다.
⑤ 명료화로 저항이나 전이에 대한 이해를 심화·확장하여 통합적으로 이해하도록 한다.

36. 가족 사정도구에 관한 설명으로 옳은 것을 모두 고른 것은?

> ㄱ. 생태도: 세대 간 반복되는 유형을 분석한다.
> ㄴ. 생활주기표: 가족성원의 발달단계별 수행 과제를 파악한다.
> ㄷ. 가계도: 가족에게 부족한 자원과 보충되어야 할 자원을 이해한다.
> ㄹ. 생활력표: 시기별 가족의 중요 사건이나 문제를 발견한다.

① ㄱ, ㄴ, ㄷ ② ㄱ, ㄷ ③ ㄴ, ㄹ ④ ㄹ ⑤ ㄱ, ㄴ, ㄷ, ㄹ

37. 전략적 가족치료에 관한 설명으로 옳지 않은 것은?

① 가족이 변화에 대한 저항이 클 때 역설적 개입을 사용할 수 있다.
② 문제와 관련된 가족의 행동체계를 정확히 파악하여 증상처방기법을 활용한다.
③ 치료적 이중구속은 증상을 이용한다.
④ 제지는 변화의 속도가 빠르다고 지적하며 조금 천천히 변화하라고 하는 기법이다.
⑤ 문제를 보는 시각을 변화시키고 새로운 의미를 발견하는 재구조화 기법을 사용한다.

38. 사티어(V. Satir)의 경험적 가족치료 모델에 관한 설명 중 옳은 것은?

① 비난형 의사소통은 자기 생각을 관철시키려고 어려운 말로 장황하게 설명한다.
② 산만형 의사소통은 자신과 타인을 무시하고 상황만을 중요시한다.
③ 가족그림은 어느 시점에서의 인간관계, 타인에 대한 느낌과 감정을 동작과 공간을 사용하여 표현하는 비언어적 기법이다.
④ 가족생활주기는 역기능적 의사소통 유형에 영향을 미친다.
⑤ 일치형 의사소통 유형이 치료의 목표다.

39. 집단사회복지실천의 원칙에 관한 설명으로 옳은 것을 모두 고른 것은?

ㄱ. 집단활동에 필요한 최소한의 규범을 설정한다.
ㄴ. 집단이 직면하는 어려움을 해결하기 위해 개입한다.
ㄷ. 집단성원의 참여를 촉진하기 위해 지지한다.
ㄹ. 집단성원의 성장을 돕기 위해 개인의 욕구에 대응한다.

① ㄱ, ㄴ, ㄷ　② ㄱ, ㄷ　③ ㄴ, ㄹ　④ ㄹ　⑤ ㄱ, ㄴ, ㄷ, ㄹ

40. 다음 대화에서 사회복지사 B가 클라이언트 A에게 사용한 기법은?

○ A: "나는 항상 우울한 사람이에요."
○ B: "우울한 감정이 당신 자신에 관해서 당신에게 무엇이라고 말하나요?"

① 문제의 외현화　② 재보증　③ 코칭(coaching)　④ 가족지도　⑤ 체험기법

41. 다음 기록의 유형은?

면접내용	사회복지사의 의견	슈퍼바이저의 슈퍼비전
ㅇ 재철: (무기력하고 우울한 표정으로) 저는 인터넷 도박에 빠져 전 재산을 다 탕진하고 지금은 그 후유증으로 알코올중독증과 대인기피증에 빠져 살고 있습니다.(흐느낀다.) ㅇ 사회복지사: 지금의 상황이 어려운 것은 짐작이 됩니다. ㅇ 재철: 솔직히 말씀드리는데... (한숨을 쉰다.) 저 얼마 전부터 약국들을 돌며 수면제를 사 모았어요. 지금 상황에선 언제든지 자살할 수 있을 것 같아요. 아니 당장이라도 자살하고 싶어요! ㅇ 재철: (자신의 통장을 내보이며) 이 5만 4천 원이 내 전 재산이에요. 이 돈만 떨어지면 전 자살할 거예요.	재철 씨는 매우 위기적인 상황에 고통스러워하고 있는 것처럼 보였다. 사회복지사로써 내가 당장에 해줄 것이 없는 것이 아쉬웠다.	이런 위기적 상황에서는 다차원적인 개입을 통해 위기 극복에 대한 적극적인 원조를 실시해야 합니다. 우선 재철 씨의 '국민기초생활보장법상의 수급권자'의 자격 여부를 행정복지센터를 통해 확인해서 재철 씨의 경제적인 어려움에 대한 해결을 모색하시고 더불어 지역정신건강복지센터에의 의뢰 및 주 2회 이상 지지적 면담을 실시하여 재철 씨가 경험하는 심리사회적인 어려움에 대한 개입을 즉각 실시하시기 바랍니다.

① 이야기체기록　② 문제중심기록　③ 과정기록　④ 요약기록　⑤ 시계열기록

42. 집단을 구성할 때 고려할 내용으로 옳은 것을 모두 고른 것은?

ㄱ. 집단의 응집력을 높이기 위해 참여 동기가 유사한 성원을 모집한다.
ㄴ. 다양한 집단성원의 참여를 유도하기 위해 개방형 집단으로 구성한다.
ㄷ. 집단성원의 동질성을 높이기 위해 사전에 욕구 수준을 파악한다.
ㄹ. 집단의 목표에 따라 집단의 크기를 융통성 있게 정한다.

① ㄱ　② ㄴ, ㄹ　③ ㄱ, ㄴ, ㄷ　④ ㄴ, ㄷ, ㄹ　⑤ ㄱ, ㄴ, ㄷ, ㄹ

43. 가족 대상 개입기법에 관한 설명으로 옳은 것을 모두 고른 것은?

ㄱ. 나-입장 취하기(I-position) - 가족성원으로 하여금 상대방의 행동을 비난하는 대신 그 행동에 대한 본인의 입장을 상대방에게 표현하게 하는 것이다.
ㄴ. 합류(joining) - 사회복지사가 가족을 수용하고 가족에 적응하는 것이다.
ㄷ. 가족지도(family map) - 가족의 내부 구조인 하위체계의 경계선이나 위계구조 등을 그림으로 표현한 것이다.
ㄹ. 실연(enactment) - 가족성원들에게 다른 가족성원의 과거의 사건·소망·미래의 사건 등에 대한 감정을 담은 역할을 직접 표현할 수 있는 기회를 제공하는 것이다.

① ㄱ　② ㄴ, ㄹ　③ ㄱ, ㄴ, ㄷ　④ ㄴ, ㄷ, ㄹ　⑤ ㄱ, ㄴ, ㄷ, ㄹ

44. 집단을 대상으로 하는 사회복지실천의 장점이 아닌 것은?

① 일반화 ② 모방행동 ③ 정보전달 ④ 성원의 순응 ⑤ 실존적 요인

45. 토스랜드와 리바스(Toseland & Rivas)가 분류한 집단 유형 중 지지집단에 관한 다음 설명으로 옳은 것을 모두 고른 것은?

ㄱ. 동병상련(同病相憐)의 원리에 기반한다. ㄴ. 비슷한 문제를 경험한 사람들로 집단을 구성한다. ㄷ. 유대감 형성이 쉽고 자기 개방성이 높다. ㄹ. 상호원조하면서 대처기술을 형성하도록 돕는다.

① ㄱ ② ㄴ, ㄹ ③ ㄱ, ㄴ, ㄷ ④ ㄴ, ㄷ, ㄹ ⑤ ㄱ, ㄴ, ㄷ, ㄹ

46. 집단대상 사회복지실천 접근방법 중 상호작용모델에 관한 설명으로 옳지 않은 것은?

① 장기적 목적은 개인과 사회의 조화이다.
② 문제해결을 위한 상호원조체계 개발에 초점을 둔다.
③ 사회복지사는 집단성원과 집단 사이의 조력자와 중재자의 역할을 한다.
④ 집단성원의 행동변화에 초점을 두고 구조화된 개입을 한다.
⑤ 집단활동이 이루어진 후에 사회복지사와 집단성원 간의 협력을 통해 집단 목표를 설정한다.

47. 다음 설명에 해당하는 집단사회복지의 역할은?

집단성원 간의 갈등이나 상반되는 관점 등을 해결할 수 있도록 원조하는 역할이다.

① 교육자(educator) ② 중개자(broker) ③ 옹호자(advocate)
④ 중재자(mediator) ⑤ 조성자(enabler)

48. 집단역동성에 관한 설명으로 옳은 것은?

① 하위집단은 집단 초기 단계에 나타나며 집단응집력을 촉진한다.
② 긴장과 갈등, 가치와 규범, 지식 및 정보습득 등이 있다.
③ 집단응집력이 높은 집단이 낮은 집단보다 생산적인 작업에 더 유리하다.
④ 집단응집력을 향상시키기 위해서 집단성원의 기대와 집단의 목적을 불일치시킨다.
⑤ 집단성원 간 긴장과 갈등은 집단발달에 부정적인 영향만을 미친다.

49. 집단 사정을 위한 활동으로 옳지 않은 것을 모두 고른 것은?

ㄱ. 개별성원의 기능적 행동과 비기능적 행동을 파악하여 개인별 프로파일을 작성한다.
ㄴ. 의의차별척도(semantic differential scale)를 활용하여 집단과 집단 간 거리감을 평가한다.
ㄷ. 상호작용차트를 활용하여 일정시간 동안 집단성원 간 발생한 특정 행동의 빈도를 측정한다.
ㄹ. 전체집단 사정에는 집단을 인가하고 지원하는 기관의 목표가 포함된다.

① ㄱ ② ㄴ, ㄹ ③ ㄱ, ㄴ, ㄷ ④ ㄴ, ㄷ, ㄹ ⑤ ㄱ, ㄴ, ㄷ, ㄹ

50. 집단사회복지실천의 종결단계 과업이 아닌 것은?

① 미래에 대한 계획을 세우기
② 변화유지 능력을 확인하기
③ 평가 계획을 수립하기
④ 변화 결과를 생활영역으로 일반화하기
⑤ 종결에 따른 감정 다루기

사회복지실천(지역사회복지론)

51. 로스만(J. Rothman)의 지역사회조직모델 중 지역사회개발모델에 관한 설명으로 옳지 않은 것은?

① 지역사회의 아노미 상황에서 활용할 수 있다.
② 지역주민들의 조직화를 주요 실천과정으로 이해한다.
③ 변화를 위한 전략으로 문제해결에 다수의 주민들을 참여시킨다.
④ 변화의 매개체로서 과정지향적 소집단을 활용한다.
⑤ 사회복지사의 주된 역할은 조력자, 촉매자, 조정자이다.

52. 지역사회자원을 개발하거나 동원하는 기술에 관한 설명으로 옳지 않은 것을 모두 고른 것은?

ㄱ. 자원개발은 자연발생적 상황에 따라 대처해야 한다.
ㄴ. 자원의 사용에 대한 투명성을 확보하고 조직의 지역사회 내 책임성을 보여주기 위해 노력해야 한다.
ㄷ. 인적자원을 동원하기 위해 기존 조직의 활용, 개별적 접촉, 지역사회 네트워크의 활용 등을 할 수 있다.
ㄹ. 클라이언트·기부자들과 같은 이해당사자들의 욕구를 규명해야 한다.

① ㄱ ② ㄴ, ㄷ ③ ㄷ, ㄹ ④ ㄱ, ㄴ, ㄹ ⑤ ㄱ, ㄴ, ㄷ, ㄹ

53. 지역사회복지실천 과정 중 실행단계에서의 과업이 아닌 것은?

① 재정자원의 확보 및 집행
② 추진인력의 확보 및 활용
③ 참여자의 적응 촉진 및 활동 조정
④ 참여자 간 저항과 갈등 관리
⑤ 실천계획의 목표 수립

54. 지역사회 사정방법에 관한 설명으로 옳은 것을 모두 고른 것은?

ㄱ. 하위체계 사정은 지역사회 내 하위체계의 정태적인 이해를 높이는 데 활용된다.
ㄴ. 포괄적 사정의 범위는 지역사회의 특정 문제이다.
ㄷ. 문제중심 사정은 아동학대, 노인학대, 정신건강 등 지역사회의 특정 문제에 초점을 둔 사정이다.
ㄹ. 자원 사정을 통해 기관의 자원봉사자 수, 관할 자치단체의 사회복지 분야 예산 규모 등을 파악할 수 있다.

① ㄱ ② ㄴ, ㄷ ③ ㄷ, ㄹ ④ ㄱ, ㄴ, ㄹ ⑤ ㄱ, ㄴ, ㄷ, ㄹ

55. 우리나라의 지역사회복지 역사에 관한 설명으로 옳지 않은 것은?

① 1980년대 - 사회복지전담공무원이 공공영역에 배치되었다.

② 1990년대 - 「국민기초생활 보장법」이 제정되었다.

③ 2000년대 - 사회복지사무소 시범사업이 실시되었다.

④ 2010년대 - 사회복지통합관리망이 개통되었다.

⑤ 2020년대 - 「사회서비스 지원 및 사회서비스원 설립·운영에 관한 법률」이 제정되었다.

56. 지역사회복지실천 이론에 관한 설명으로 옳은 것을 모두 고른 것은?

ㄱ. 체계이론 - 지역사회 내 하부체계 간 상호작용을 중시한다.
ㄴ. 사회적 교환이론 - 힘 균형 전략에는 경쟁, 재평가, 호혜성, 연합, 강제 등이 있다.
ㄷ. 기능이론 - 갈등을 둘러싼 연대와 권력형성의 도구가 될 수 있다는 측면에서 사회행동 모델에 적용할 수 있다.
ㄹ. 자원동원이론 - 힘 의존이론(power dependency theory)에 영향을 받았다.

① ㄱ ② ㄴ, ㄷ ③ ㄷ, ㄹ ④ ㄱ, ㄴ, ㄹ ⑤ ㄱ, ㄴ, ㄷ, ㄹ

57. 지역사회개발모델에서 조력자로서의 사회복지사의 역할이 아닌 것은?

① 불만을 집약한다.

② 조직화에 대해 격려한다.

③ 좋은 대인관계를 조성한다.

④ 공동의 목표를 강조한다.

⑤ 지역사회를 진단한다.

58. 지역사회복지와 관련된 개념에 관한 설명으로 옳은 것을 모두 고른 것은?

ㄱ. 지역사회복지실천(community practice)은 공식적인 전문가에 의해서만 이루어진다.
ㄴ. 지역사회조직(community organization)은 전통적인 전문 사회복지실천방법 중 하나이다.
ㄷ. 지역사회보호(community care)는 가정 또는 그와 유사한 지역사회 내의 환경에서 서비스를 제공하는 사회적 돌봄의 형태이다.
ㄹ. 지역사회(community) 자체는 지역사회복지의 실천 수단이 될 수 없다.

① ㄱ ② ㄴ, ㄷ ③ ㄷ, ㄹ ④ ㄱ, ㄴ, ㄹ ⑤ ㄱ, ㄴ, ㄷ, ㄹ

59. 지역사회복지실천 기술 중 연계기술(networking)에 관한 설명으로 옳지 않은 것을 모두 고른 것은?

ㄱ. 효율적인 자원관리 및 서비스 제공을 위해서 활용된다.
ㄴ. 사회적 자본을 확충시킬 수 있다.
ㄷ. 서비스 제공 조직들은 계약에 따라 참여를 강제해야 한다.
ㄹ. 개별조직들 간에는 수직적인 관계를 통해 조직의 독립성을 유지해야 한다.

① ㄱ ② ㄴ, ㄷ ③ ㄷ, ㄹ ④ ㄱ, ㄴ, ㄹ ⑤ ㄱ, ㄴ, ㄷ, ㄹ

60. 지역사회와 관련된 학자들의 견해에 관한 설명으로 옳지 않은 것은?

① 길버트와 스펙트(N. Gilbert & H. Specht)는 지역사회가 가진 사회통합기능이 현대의 사회복지제도로 정착되었다고 보았다.
② 던햄(A. Dunham)은 지역사회를 인구크기, 경제적 기반, 행정구역, 사회적 특수성으로 유형화하였다.
③ 워렌(R. Warren)은 지역사회의 비교 척도로 지역적 자치성, 서비스 영역의 일치성, 수평적 유형 등을 제시하였다.
④ 퇴니스(F. Tönnies)는 지역사회를 공동사회와 이익사회로 구분하였다.
⑤ 펠린(P. Fellin)은 바람직한 지역사회를 역량 있는 지역사회(competent community)로 보았다.

61. 지역사회복지실천의 이념에 관한 설명으로 옳지 않은 것을 모두 고른 것은?

ㄱ. 가족주의는 탈시설화에 대해 반대한다.
ㄴ. 주민참여는 개인의 자유와 권리를 증진시킬 수 있다.
ㄷ. 정상화는 휴먼서비스 영역에서 계획의 지침이 될 수 있다.
ㄹ. 국가주의는 집합주의적 보호를 강조한다.

① ㄱ ② ㄴ, ㄷ ③ ㄷ, ㄹ ④ ㄱ, ㄴ, ㄹ ⑤ ㄱ, ㄴ, ㄷ, ㄹ

62. 지역사회복지실천이 추구하는 방향으로 옳지 않은 것은?

① 지역사회의 역량 강화 ② 네트워크 구축 ③ 사회통합 구현
④ 생활시설의 확대 ⑤ 주민참여의 확대

63. 테일러와 로버츠(Taylor & Roberts)의 지역사회복지실천모델에 관한 설명으로 옳은 것을 모두 고른 것은?

ㄱ. 로스만의 기본 3가지 모델을 분화하여 지역사회복지실천 모델을 5가지 유형으로 구분하였다.
ㄴ. 후원자와 클라이언트 간의 의사결정 영향 정도에 따라 모델을 구체적으로 구분하였다.
ㄷ. 정치적 권력강화모델은 갈등이론과 다원주의 사회에서의 다양한 이익집단의 경쟁원리에 기초한다.
ㄹ. 지역사회연계모델은 후원자가 클라이언트보다 더 많은 의사결정권한을 가지고 있다.

① ㄱ, ㄴ, ㄷ ② ㄱ, ㄷ ③ ㄴ, ㄹ ④ ㄹ ⑤ ㄱ, ㄴ, ㄷ, ㄹ

64. 우리나라 지역사회복지 관련 사건의 순서를 옳게 나열한 것은?

ㄱ. 태화여자관이 설립되었다. ㄴ. 「사회복지사업법」 개정으로 사회복지시설 설립 시 기존 허가제에서 신고제로 변경되었다. ㄷ. 사회서비스원이 시범사업차 개소되었다. ㄹ. 지방자치단체의 지역사회복지계획 수립이 의무화되었다.

① ㄱ → ㄴ → ㄷ → ㄹ ② ㄱ → ㄴ → ㄹ → ㄷ ③ ㄴ → ㄹ → ㄷ → ㄱ
④ ㄷ → ㄱ → ㄹ → ㄴ ⑤ ㄹ → ㄴ → ㄷ → ㄱ

65. 지역사회복지실천의 원칙으로 옳은 것을 모두 고른 것은?

ㄱ. 사회복지관의 이익을 우선해야 한다. ㄴ. 지역사회에 대한 지역주민들의 불만은 집약되어야 한다. ㄷ. 지역주민들의 의견이 자유롭게 표현될 수 있는 조건과 장치가 마련되어야 한다. ㄹ. 사업 추진의 효율성을 달성하기 위해서 지역사회의 능력 탐색은 보류될 수 있다.

① ㄱ ② ㄴ, ㄷ ③ ㄷ, ㄹ ④ ㄱ, ㄴ, ㄹ ⑤ ㄱ, ㄴ, ㄷ, ㄹ

66. 사회복지관에 관한 설명으로 옳지 않은 것을 모두 고른 것은?

ㄱ. 일반주의 실천을 하는 사회복지시설이며, 따라서 일반 지역주민들에게 서비스를 우선 제공해야 한다. ㄴ. 1급 사회복지사자격증 소지자 또는 이와 동등한 자격이 있다고 운영위원회에서 인정한 자만이 사회복지관의 관장이 될 수 있다. ㄷ. 실습지도는 교육문화 사업분야에 해당한다. ㄹ. 지방자치단체, 사회복지법인 및 기타 비영리법인이 설치·운영할 수 있다.

① ㄱ, ㄴ, ㄷ ② ㄱ, ㄷ ③ ㄴ, ㄹ ④ ㄹ ⑤ ㄱ, ㄴ, ㄷ, ㄹ

67. 읍·면·동 단위 지역사회보장협의체의 목적 및 기능에 해당하지 않는 것은?

① 위기가정 상시 발굴 업무 지원
② 사회보장 자원 발굴 및 연계 업무 지원
③ 지역사회보호체계 구축 및 운영 업무 지원
④ 읍·면·동 지역사회보장협의체의 구성 및 운영에 관한 사항에 대한 심의·자문
⑤ 읍·면·동 협의체의 특화사업 논의

68. 한국사회복지협의회(중앙협의회)의 주요 업무를 모두 고른 것은?

ㄱ. 사회복지 관련 기관·단체 간의 연계·협력·조정
ㄴ. 사회복지 소외계층 발굴 및 민간사회복지자원과의 연계·협력
ㄷ. 사회복지에 관한 조사·연구 및 정책 건의
ㄹ. 자원봉사활동의 진흥

① ㄱ ② ㄴ, ㄷ ③ ㄷ, ㄹ ④ ㄱ, ㄴ, ㄹ ⑤ ㄱ, ㄴ, ㄷ, ㄹ

69. 갈등이론에 관한 설명으로 옳지 않은 것은?

① 지역사회 구성원 간의 대립을 불평등한 분배로 설명한다.
② 갈등전술이나 내부 결속을 강조한다.
③ 사회를 안정적인 체계로 이해한다.
④ 사회문제는 개인의 사회적응이 아니라 사회의 구조적 변화를 통해 해결할 수 있다고 가정한다.
⑤ 갈등현상을 사회적 과정의 본질로 이해한다.

70. 시·군·구 지역사회보장계획에 관한 설명으로 옳은 것을 모두 고른 것은?

ㄱ. 시장·군수·구청장은 4년마다 지역사회보장계획을 수립하여야 한다.
ㄴ. 사회보장급여의 사각지대 발굴 및 지원 방안이 포함된다.
ㄷ. 시·군·구 의회의 심의와 지역사회보장협의체의 보고를 거쳐야 한다.
ㄹ. 시행 연도의 전년도 9월 30일까지 시·도지사에게 제출되어야 한다.

① ㄱ ② ㄴ, ㄷ ③ ㄷ, ㄹ ④ ㄱ, ㄴ, ㄹ ⑤ ㄱ, ㄴ, ㄷ, ㄹ

71. 지방자치가 지역사회복지에 미칠 수 있는 영향을 모두 고른 것은?

ㄱ. 민간 사회복지부문 사회복지종사자들의 직무능력 개발과 책임성 강화가 요구된다.
ㄴ. 지방정부 간 복지 불균형이 심화될 수 있다.
ㄷ. 지역사회복지의 분권화를 통해 효율적인 복지집행체계의 구축이 용이해질 수 있다.
ㄹ. 중앙정부의 사회적 책임성이 강화된다.

① ㄱ, ㄴ, ㄷ ② ㄱ, ㄷ ③ ㄴ, ㄹ ④ ㄹ ⑤ ㄱ, ㄴ, ㄷ, ㄹ

72. 영국의 지역사회복지 역사에 관한 설명으로 옳지 않은 것은?

① 그리피스(Griffiths) 보고서는 복지 제공 주체의 다원화에 영향을 미쳤다.
② 자선조직협회는 빈곤의 책임이 개인에게 있다고 여겼다.
③ 인보관 운동은 사회진화론에 영향을 받았다.
④ 자선조직협회의 우애방문원은 오늘날 사회복지사의 기원으로 볼 수 있다.
⑤ 시봄(Seebohm) 보고서에서는 지역사회를 사회서비스의 수혜자이며 동시에 제공자로 인식하였다.

73. 사회적 자본에 관한 설명으로 옳지 않은 것을 모두 고른 것은?

ㄱ. 한 번 획득되더라도 언제든지 소멸될 수 있다.
ㄴ. 보상에 대한 믿음이 존재할 수 있다.
ㄷ. 물적자본과 같이 사용할수록 총량이 감소한다.
ㄹ. 지역사회주민들과 이익이 공유되지 않는다.

① ㄱ ② ㄴ, ㄷ ③ ㄷ, ㄹ ④ ㄱ, ㄴ, ㄹ ⑤ ㄱ, ㄴ, ㄷ, ㄹ

74. 지역사회에 관한 설명으로 옳은 것을 모두 고른 것은?

ㄱ. 정보통신기술의 발달로 온라인 커뮤니티와 같은 가상공동체가 부상하였다.
ㄴ. 기능적 지역사회는 이념, 사회계층, 직업유형 등을 중심으로 이루어진다.
ㄷ. 현대의 지역사회는 기능적 개념을 넘어 지리적 개념을 포괄하는 추세이다.
ㄹ. 지역사회는 의사소통, 교환, 상호작용의 필요성이 점차 늘어나고 있다.

① ㄱ ② ㄴ, ㄹ ③ ㄷ, ㄹ ④ ㄱ, ㄴ, ㄹ ⑤ ㄱ, ㄴ, ㄷ, ㄹ

75. 사회복지공동모금회의 사업에 관한 설명으로 옳은 것은?

① 지정기탁사업은 개별 사회복지 기관이나 시설에서 공모사업에 신청함으로써 배분된다.
② 특별사업형은 사회복지공동모금회의 모금방법 중 시민 걷기대회를 개최하고 언론사 홍보를 통해 사회복지공동모금의 필요성과 중요성을 홍보하면서 재원을 확보하는 방식이다.
③ 기획사업은 긴급지원사업과 지정기탁사업으로 구분된다.
④ 제안기획사업은 취약한 사회복지현장의 역량강화를 위한 지역사회복지 사업으로 사회복지공동모금회에서 주제를 정하여 배분하는 사업이다.
⑤ 연말집중모금을 하려면 그 모집일부터 15일 전에 그 내용을 보건복지부장관에게 승인을 받아야 한다.

사회복지사 1급 국가자격시험 대비
제2회 FINAL 모의고사

교 시	문제형별	시 간	시 험 과 목
3교시	A	75분	〈사회복지정책과 제도〉 1 사회복지정책론 2 사회복지행정론 3 사회복지법제론

수험번호		성 명	

[수험자 유의사항]

1. 시험문제지는 **단일 형별(A형)**이며, 답안카드 형별 기재란에 표시된 형별(A형)을 확인하시기 바랍니다. 시험문제지의 **총면수**, **문제번호 일련순서**, **인쇄상태** 등을 확인하시고, 문제지 표지에 수험번호와 성명을 기재하시기 바랍니다.

2. 답은 각 문제마다 요구하는 **가장 적합하거나 가까운 답 1개**만 선택하고, 답안카드 작성 시 시험문제지 **마킹착오**로 인한 불이익은 전적으로 **수험자에게 책임**이 있음을 알려 드립니다.

3. 답안카드는 국가전문자격 공통 표준형으로 문제번호가 1번부터 125번까지 인쇄되어 있습니다. 답안 마킹 시에는 반드시 **시험문제지의 문제번호와 동일한 번호**에 마킹하여야 합니다.

4. **감독위원의 지시에 불응하거나 시험시간 종료 후 답안카드를 제출하지 않을 경우** 불이익이 발생할 수 있음을 알려 드립니다.
   ※ 시험문제지는 시험 종료 후 가지고 갈 수 있습니다.

5. 문제지 맨 뒤에 제공되는 답안카드를 활용하여 실전처럼 모의고사를 풀어보시기 바랍니다.

각 문제에서 요구하는 가장 적합한 답 1개만을 고르시오.

사회복지정책과 제도(사회복지정책론)

01. 길버트와 스펙트(N. Gilbert & H. Specht) 등이 제시한 산물분석에 관한 설명으로 옳은 것을 모두 고른 것은?

ㄱ. 정책 선택에 관련된 다양한 쟁점을 분석하는 것이다.
ㄴ. 선택의 차원에는 급여, 전달체계, 재원 등이 있다.
ㄷ. 3가지 축에는 가치, 이론, 대안이 있다.
ㄹ. 할당은 '누구에게 급여를 지불할 것인가?'에 관한 것으로, 그 대안으로는 현금, 현물, 증서, 기회, 권력 등이 있다.

① ㄱ, ㄴ, ㄷ ② ㄱ, ㄷ ③ ㄴ, ㄹ ④ ㄹ ⑤ ㄱ, ㄴ, ㄷ, ㄹ

02. 사회보험과 민영보험에 관한 설명으로 옳지 않은 것은?

① 사회보험의 보험료와 급여는 개별적 공평성과 사회적 적절성을 반영한다.
② 사회보험급여는 철저한 보험수리원칙에 따라 납부한 보험료에 비례한다.
③ 사회보험의 재정은 가입자가 납부한 보험료와 일부 국가 지원으로 마련한다.
④ 사회보험의 급여는 법률로 정해지며 민간보험의 급여는 계약에 의해 정해진다.
⑤ 사회보험은 최저수준의 소득 보장을, 민영보험은 지불능력에 따른 급여 보장을 목적으로 한다.

03. 우리나라 공공부조제도에 관한 설명으로 옳지 않은 것을 모두 고른 것은?

ㄱ. 열등처우의 원칙은 영국의 신빈민법(1834)과 우리나라의 현재 국민기초생활보장제도에서 공통으로 나타나는 원칙이다.
ㄴ. 제도 시행에 필요한 비용은 중앙정부가 전적으로 부담한다.
ㄷ. 보충성의 원칙은 빈곤의 함정 문제를 발생시킬 수 있다.
ㄹ. 의료급여제도, 기초연금제도, 장애연금제도, 긴급복지지원제도 등이 있다.

① ㄱ ② ㄴ, ㄹ ③ ㄷ, ㄹ ④ ㄴ ⑤ ㄱ, ㄴ, ㄷ, ㄹ

04. 연금제도의 적립방식과 부과방식에 관한 설명으로 옳은 것을 모두 고른 것은?

ㄱ. 재정방식에 따른 구분이다. ㄴ. 적립방식은 부과방식에 비해 세대 내 소득재분배 효과가 크다. ㄷ. 부과방식은 적립방식에 비해 자본축적 효과가 크다. ㄹ. 완전적립방식은 퇴직 후 생활보장을 위해 현재 소득의 일부를 저축하는 구조이다.

① ㄱ　② ㄴ, ㄹ　③ ㄷ, ㄹ　④ ㄱ, ㄴ, ㄹ　⑤ ㄱ, ㄴ, ㄷ, ㄹ

05. 빈곤과 소득불평등에 관한 설명으로 옳은 것을 모두 고른 것은?

ㄱ. 최저생계비를 계측하여 빈곤선을 설정하는 방식은 절대적 빈곤개념을 적용한 것이다. ㄴ. 전(全)물량 방식은 식료품비를 계산하고 엥겔수의 역을 곱해서 빈곤선을 기준으로 측정하는 방식이다. ㄷ. 지니계수의 최대값은 1, 최소값은 -1이다. ㄹ. 중위소득 또는 평균소득을 근거로 빈곤선을 측정하는 것은 절대적 빈곤 측정방식이다.

① ㄱ　② ㄴ, ㄹ　③ ㄷ, ㄹ　④ ㄱ, ㄴ, ㄹ　⑤ ㄱ, ㄴ, ㄷ, ㄹ

06. 우리나라 사회보험제도에 관한 설명으로 옳은 것을 모두 고른 것은?

ㄱ. 수평적·수직적 재분배 기능이 있다. ㄴ. 수지상등이 원리가 반영되어 있다. ㄷ. 모든 사회보험 업무가 통합되어 1개 기관에서 운영되고 있다. ㄹ. 수익자 부담 원칙을 전제로 한다.

① ㄱ　② ㄴ, ㄹ　③ ㄷ, ㄹ　④ ㄱ, ㄴ, ㄹ　⑤ ㄱ, ㄴ, ㄷ, ㄹ

07. 우리나라 사회보장 급여 중에서 보편주의 범주에 포함되는 것은?

① 장애연금　② 생계급여　③ 주거급여　④ 기초연금　⑤ 장애수당

08. 사회복지재원에 관한 설명으로 옳지 않은 것을 모두 고른 것은?

ㄱ. 간접세 인상은 물가상승의 요인이 될 수 있다. ㄴ. 목적세는 재원의 용도를 정하지만, 사회보험료는 재원의 용도를 정하지 않는다. ㄷ. 일반조세의 부담자 - 수혜자 일치 정도와 사회보험료의 부담자 - 수혜자 일치 정도가 다르다. ㄹ. 전체 조세수입 중에서 직접세의 비중이 클수록 조세형평성이 낮다고 볼 수 있다.

① ㄱ, ㄴ, ㄷ　② ㄱ, ㄷ　③ ㄴ, ㄹ　④ ㄹ　⑤ ㄱ, ㄴ, ㄷ, ㄹ

09. 사회보장에 관한 설명 중 옳지 않은 것을 모두 고른 것은?

ㄱ. 협의의 사회보장 개념에 따르면 사회보장은 소득보장으로 한정된다. ㄴ. 우리나라 「사회보장기본법」에서 정의하는 사회보장의 영역으로는 사회보험, 공공부조, 사회복지서비스가 있다. ㄷ. 1935년 미국이 「사회보장법(Social Security Act)」을 제정하면서 법률용어로 처음 사용되었다. ㄹ. 우리나라 「사회보장기본법」에 명시된 사회보장제도 운영원칙에는 형평성, 보편성, 통일성, 효율성, 전문성 등이 있다.

① ㄱ ② ㄴ, ㄹ ③ ㄷ, ㄹ ④ ㄱ, ㄴ, ㄹ ⑤ ㄱ, ㄴ, ㄷ, ㄹ

10. 사회복지정책의 가치 중 평등에 관한 설명으로 옳지 않은 것은?

① 수량적 평등은 결과의 평등이다.
② 형평은 결과의 평등에 비해 소극적인 재분배 개념이다.
③ 비례적 평등은 공평(equity)이다.
④ 기회의 평등은 가장 적극적인 평등의 개념이다.
⑤ 수량적 평등은 별도로 자원배분의 기준이 필요 없다.

11. 의료보험을 민간 시장에서 제공할 때 발생할 수 있는 문제점을 모두 고른 것은?

ㄱ. 도덕적 해이 문제가 발생할 수 있다. ㄴ. 역의 선택(adverse selection) 문제가 발생할 수 있다. ㄷ. 무임승차자 문제가 발생할 수 있다. ㄹ. 대공황 등 환경적 요인에 따라 위험발생이 상호의존적이며, 이에 대응하기 어렵다.

① ㄱ ② ㄴ, ㄹ ③ ㄷ, ㄹ ④ ㄱ, ㄴ, ㄹ ⑤ ㄱ, ㄴ, ㄷ, ㄹ

12. 소득재분배에 관한 설명으로 옳지 않은 것은?

① 사회보장을 통해 보장하는 사회적 위험의 종류와 적용대상의 범위에 따라 소득재분배의 효과가 달라질 수 있다.
② 국가의 사회보장 급여 지출이 전체 국민소득에서 차지하는 비율이 클 수록 소득재분배 효과가 크다.
③ 공공부조제도는 수직적 재분배 보다는 수평적 재분배 효과가 더 크다.
④ 사적재분배는 민간부분의 자발적인 동기에 의해 이루어지는 소득이전 형태이다.
⑤ 세대 내 재분배와 세대 간 재분배로 구분할 수 있다.

13. 테일러 - 구비(Taylor - Gooby)가 제안한 새로운 사회적 위험이 아닌 것을 모두 고른 것은?

ㄱ. 아동 보육이나 노인 부양의 어려움을 감내해야 하는 저숙련 여성 노동자층의 증가 ㄴ. 고령화에 따른 노인돌봄을 위해 가족구성원의 경제활동 포기로 인한 소득 감소 ㄷ. 산업재해, 질병, 노후 등에 대처하는 남성 가장의 소득 중단 ㄹ. 저출산에 따른 생산가능인구의 감소로 인한 국가 경쟁력 하락

① ㄱ ② ㄴ, ㄹ ③ ㄷ, ㄹ ④ ㄱ, ㄴ, ㄹ ⑤ ㄱ, ㄴ, ㄷ, ㄹ

14. 사회복지전달체계에 관한 설명으로 옳지 않은 것은?

① 역선택이나 도덕적 해이 문제가 발생할 수 있는 재화나 서비스는 공공부문이 제공하는 것이 바람직하다.
② 권한을 위임받은 민간복지기관 역시 사회복지정책의 주체가 될 수 있다.
③ 사회복지서비스 공급자들을 공간적으로 분산배치하면 전달체계에 대한 접근성을 높일 수 있다.
④ 지방정부는 민간부문에 비해 경쟁을 유발시켜 서비스 가격과 질을 수급자에게 유리하게 할 수 있다.
⑤ 중앙정부는 지방정부에 비해 사회복지가 추구하는 평등과 소득재분배의 목적을 달성하는 데 유리하다.

15. 사회복지 급여 형태에 관한 설명으로 옳지 않은 것을 모두 고른 것은?

ㄱ. 현금급여 - 사회적 통제를 강조 ㄴ. 바우처 - 공급자 직접 지원방식 ㄷ. 현물급여 - 소비자의 자기결정권 강조 ㄹ. 기회 - 부정적(negative) 차별 보상

① ㄱ, ㄴ, ㄷ ② ㄱ, ㄷ ③ ㄴ, ㄹ ④ ㄹ ⑤ ㄱ, ㄴ, ㄷ, ㄹ

16. 에스핑 - 안데르센(G. Esping - Andersen)의 복지국가 유형에 관한 설명으로 옳지 않은 것은?

① 탈상품화란 노동자가 자신의 노동력을 팔지 않고 살아갈 수 있는 정도를 의미한다.
② 탈상품화 수준이 높을수록 권리로서의 복지가 강조되는 경향이 있다.
③ 일반적으로 자유주의 복지국가보다 사회민주주의 복지국가의 탈상품화 수준이 높다.
④ 스웨덴 등 북유럽 복지국가 모델은 탈상품화의 정도가 가장 낮은 것으로 평가된다.
⑤ 보수주의 복지국가에서는 사회보험이 발달되어 탈상품화 효과는 제한적이다.

17. 사회복지 정책결정모형에 관한 설명으로 옳은 것을 모두 고른 것은?

ㄱ. 만족모형 - 주어진 상황에서 목표 달성을 극대화하는 최선의 정책대안을 찾아낼 수 있다. ㄴ. 합리모형 - 인간의 제한적 합리성을 전제로 하여 정책대안을 선택한다. ㄷ. 쓰레기통 모형 - 합리적 요소와 초합리적 요소를 바탕으로 한 질적 모형이다. ㄹ. 점증모형 - 과거의 정책을 약간 수정한 정책결정이 이루어지고, 여론의 반응에 따라 정책수정을 반복한다.

① ㄱ, ㄴ ② ㄴ, ㄹ ③ ㄹ ④ ㄱ, ㄴ, ㄷ ⑤ ㄱ, ㄴ, ㄷ, ㄹ

18. 영국 구빈제도의 역사에 관한 설명으로 옳지 않은 것은?

① 1601년 엘리자베스 구빈법에서는 열등처우의 원칙이 마련되었다.
② 1662년 정주법에서는 빈민의 자유로운 이동을 금지하였다.
③ 1722년 작업장 테스트법에서는 공동작업장을 설치하여 임금지불과 직업보도 등을 처음 시작하였다.
④ 1782년 길버트법에서는 거택보호를 처음 인정하였다.
⑤ 1795년 스핀햄랜드법은 구빈지출 비용을 증가시켜 1834년 개정구빈법 제정에 결정적인 영향을 미쳤다.

19. 조지와 윌딩(George & Wilding)의 사회복지 이데올로기 모형에 관한 설명으로 옳지 않은 것을 모두 고른 것은?

ㄱ. 4분 모형 중 복지국가의 확대를 가장 지지하는 이념은 페이비언 사회주의이다. ㄴ. 반집합주의가 선호하는 가치에는 개인, 시장, 평등, 가족, 경쟁 등이 있다. ㄷ. 중도노선은 실용주의에 입각하며, 신우파의 중심가치들을 절대적으로 믿지는 않는다. ㄹ. 마르크스주의는 자본주의가 효율적이고 공정하게 기능하기 위해서는 국가에 의한 규제와 통제가 필요하다고 본다.

① ㄱ, ㄴ, ㄷ ② ㄱ, ㄷ ③ ㄴ, ㄹ ④ ㄹ ⑤ ㄱ, ㄴ, ㄷ, ㄹ

20. 복지국가에 관한 설명으로 옳지 않은 것은?

ㄱ. 복지국가는 정치적 민주주의를 그 성립의 수반조건으로 한다. ㄴ. 복지국가는 복지정책의 일차적 목표를 전 국민의 최소한의 생활보장에 둔다. ㄷ. 복지국가는 경제적 조건으로 자유주의를 기반으로 한다. ㄹ. 냉전체제의 붕괴로 복지국가의 위기론이 등장하였다.

① ㄱ, ㄴ, ㄷ ② ㄱ, ㄷ ③ ㄴ, ㄹ ④ ㄹ ⑤ ㄱ, ㄴ, ㄷ, ㄹ

21. 사회투자국가전략에 관한 설명으로 옳은 것은?

① 수량적 평등의 가치에 기초한다.
② 소비지출은 최대한 억제하는 반면 투자지출의 확대를 강조한다.
③ 인적자본과 사회적 자본에 대한 투자를 배척한다.
④ 사회정책과 경제정책의 분리를 추구한다.
⑤ 사회적 배제보다는 불평등의 해소에 초점을 둔다.

22. 다음에서 설명하는 사회복지정책 발달이론은?

사회복지정책은 산업화 과정에서 필연적으로 발생하는 새로운 욕구와 사회문제를 경제발전으로 확보한 자원을 통해 해결하는 방안으로 등장하였다.

① 산업화이론 ② 사회양심론 ③ 시민권론 ④ 음모이론 ⑤ 독점자본이론

23. 베버리지 보고서(1942년)에 관한 설명으로 옳지 않은 것은?

① 5대 악으로 결핍(궁핍), 질병, 무지, 불결, 나태를 규정하였다.
② 사회보험의 성공을 위한 3대 전제조건으로 아동(또는 가족)수당, 완전고용, 포괄적 의료 및 재활서비스를 제시하였다.
③ 정액기여의 원칙은 보험료의 징수와 관련한 행정비용을 절감할 수 있는 효과가 있었다.
④ 기여금과 급여를 단일한 사회보험기금으로 운영하는 통합적 행정 책임의 원칙을 제시하였다.
⑤ 빈민들만을 대상으로 하는 잔여적 복지를 강조하였다.

24. 롤즈(J. Rawls)의 「사회정의론」에 관한 설명으로 옳은 것을 모두 고른 것은?

ㄱ. 개인의 기본적 자유에 대한 동등한 권리 보장을 제1원칙으로 한다. ㄴ. 원초적 상황(original position)에서 사회구성원 간의 사회적 계약의 원칙을 도출하고자 하였다. ㄷ. 차등의 원칙에는 기회균등과 최소극대화의 원칙이 있다. ㄹ. 자유지상주의적 관점으로 소극적 자유를 옹호한다.

① ㄱ, ㄴ, ㄷ ② ㄱ, ㄷ ③ ㄴ, ㄹ ④ ㄹ ⑤ ㄱ, ㄴ, ㄷ, ㄹ

25. 사회복지정책의 기능에 관한 설명으로 옳은 것을 모두 고른 것은?

ㄱ. 능력에 따른 분배 ㄴ. 사회통합의 증진 ㄷ. 개인의 잠재능력 향상 ㄹ. 시장실패의 시정을 통한 자원배분의 효율화 증진

① ㄱ ② ㄴ, ㄹ ③ ㄷ, ㄹ ④ ㄴ, ㄷ, ㄹ ⑤ ㄱ, ㄴ, ㄷ, ㄹ

사회복지정책과 제도(사회복지행정론)

26. 리더십 이론에 관한 설명으로 옳지 않은 것은?

① 행동이론의 비판적 대안으로 자질이론이 등장하였다.
② 섬김의 리더십은 경청, 공감, 치유, 설득, 인지, 통찰, 비전의 제시, 청지기 의식, 구성원의 성장, 공동체 형성 등을 강조한다.
③ 변혁적 리더십은 리더와 추종자가 상호 협력하는 과정에서 형성된다.
④ 행동이론에 따르면 바람직한 리더의 행동은 훈련과 학습을 통해 형성된다.
⑤ 상황이론은 주어진 상황에 따라 요구되는 리더의 행태와 자질이 달라진다고 본다.

27. 예산수립의 순서를 옳게 나열한 것은?

ㄱ. 우선순위에 따른 예산안(지출 및 수입 예산)의 잠정적 확정
ㄴ. 조직의 단기적·구체적 목표설정
ㄷ. 조직활동 우선순위 결정
ㄹ. 조직 운영 관련 자료 수집 운영 대안 고려
ㅁ. 재정원천과의 접촉 및 확인

① ㄱ - ㄴ - ㄷ - ㄹ - ㅁ
② ㄴ - ㄹ - ㄷ - ㄱ - ㅁ
③ ㄴ - ㄹ - ㄱ - ㄷ - ㅁ
④ ㄷ - ㄹ - ㄱ - ㅁ - ㄴ
⑤ ㄷ - ㄱ - ㄴ - ㄹ - ㅁ

28. 사회복지조직의 서비스 질과 위험관리(risk management)에 관한 설명으로 옳지 않은 것은?

① 「사회복지사업법」에 따라 시장·군수·구청장은 사회복지시설에 대하여 정기 및 수시 안전점검을 실시하여야 한다.
② 위험관리의 범주에는 서비스 이용자에 대한 서비스 관리 측면과 조직관리 측면이 모두 포함된다.
③ 위험 요인에는 업무 리스크, 경영 리스크, 사회적 리스크, 재해 리스크 등이 있다.
④ 위험관리를 계획할 경우 서비스 이용자의 권리 옹호가 모든 대책에 포함되어야 한다.
⑤ 위험관리는 서비스 질과 직접적으로 연결된다.

29. 사회복지 프로그램 기획과 평가에 관한 설명으로 옳은 것은?

① 성과목표는 과정지향적 성격을 갖는다.
② 체계모델은 조직을 특정한 목표달성을 위한 합리적인 도구로 이해한다.
③ 논리모형은 목표달성모델을 기반으로 한다.
④ 체계모델은 조직의 하위체계 간 관계와 과정에 초점을 둔다.
⑤ 프로그램 기획은 문제확인, 목적설정, 실행, 프로그래밍, 평가의 순서로 진행된다.

30. 사회복지조직의 특성에 관한 설명으로 옳지 않은 것은?

① 일선전문가인 사회복지사의 재량을 인정한다.
② 제공하는 서비스는 전문적인 성격을 갖는다.
③ 전문인력인 사회복지사를 원료로 한다.
④ 클라이언트와 직접적인 접촉을 통해 서비스를 제공한다.
⑤ 도덕적 정당성에 민감하다.

31. 다음에서 설명하는 조직이론은?

○ 조직은 생존과 관련된 자원을 내부적으로 창출하지 못한다. ○ 자원을 소유하고 있는 이해집단이 조직에 영향력을 발휘한다. ○ 외부자원에 크게 의존하는 사회복지조직의 현실을 생생하게 설명한다.

① 조직군생태이론 ② 제도이론 ③ 과학적관리론 ④ 인간관계이론 ⑤ 정치경제이론

32. 브래드쇼(J. Bradshaw)의 다차원적 욕구 규정 중 다음 설명에 해당하는 것은?

○ 사람들의 요구 행위를 근거로 하는 욕구이다. ○ 대기자 명단이나 신청자 명단 등을 통해 파악할 수 있다.

① 규범적 욕구(normative need) ② 감지적 욕구(felt need) ③ 표현된 욕구(expressed need)
④ 비교적 욕구(comparative need) ⑤ 잠재적 욕구(latent need)

33. 베버(M. Weber)의 관료제 이론에 따른 이상적인 조직의 특성이 아닌 것은?

① 연공(年功)과 업적에 따라 급여와 소득을 차별화한다.
② 관리자의 고도로 전문화된 기술적 지식을 요구한다.
③ 최고관리자의 의사결정권을 강조한다.
④ 명확하고 고도로 전문화된 분업을 강조한다.
⑤ 카리스마적 권위에 의해 조직을 통제한다.

34. 「사회복지법인 및 사회복지시설 재무·회계 규칙」상 준예산으로 집행할 수 있는 경비에 해당하는 것을 모두 고른 것은?

ㄱ. 직원의 급여
ㄴ. 국민건강보험 보험료의 사용자 부담금
ㄷ. 전신전화료
ㄹ. 직원의 퇴직급여 및 퇴직적립금

① ㄱ, ㄴ, ㄷ ② ㄱ, ㄷ ③ ㄴ, ㄹ ④ ㄹ ⑤ ㄱ, ㄴ, ㄷ, ㄹ

35. 메이요(E. Mayo)의 인간관계이론에 관한 설명으로 옳지 않은 것은?

① 조직 관리자로 하여금 조직 내 비공식적 집단에 대한 이해를 증진시켰다.
② 조직 밖 환경에 대해 개방체계적 시각을 갖는다.
③ 인간의 정서적인 측면과 사회적 관계를 중시한다.
④ 사회기술(social skill)의 활용을 중시한다.
⑤ 조직성원들 간에 호의적인 태도를 가지는 조직은 생산성이 높다.

36. 동기부여 이론에 관한 설명으로 옳지 않은 것은?

① 목표설정이론은 과정이론으로 분류된다.
② 공정성 이론에 따르면 개인의 투입·산출에 대해 공평하게 보상할 경우 동기부여가 된다.
③ 기대이론에 따르면 동기부여 정도는 가치, 수단, 기대의 함수 관계에 따라 결정된다.
④ 맥클랜드(McClelland)의 성취동기이론은 X, Y 이론에 기반한다.
⑤ Z이론에 따르면 조직 내의 방임상태가 동기부여 요인으로 작용한다.

37. 사회복지조직이 활용 가능한 마케팅 기법에 관한 설명으로 옳지 않은 것을 모두 고른 것은?

ㄱ. 클라우드 펀딩(crowd funding): 특정 사회문제 해결과 관련된 기금(fund)을 마련하기 위해서 인터넷 매체 등을 활용하여 불특정 대중(crowd)을 대상으로 모금하는 방법
ㄴ. 다이렉트 마케팅(direct marketing): 배너교환이나 공익연계캠페인 등을 통해 후원자를 개발하는 방법
ㄷ. 데이터베이스 마케팅(database marketing): 사회복지조직을 찾은 클라이언트나 기부자의 성명, 주소, 프로그램 이용 현황 등의 개별 정보를 자료화시켜서 마케팅에 활용하는 방법
ㄹ. 기업연계 마케팅(cause-related marketing): 맞춤형 서비스를 지속적으로 제공하여 기부금 확보의 효과를 극대화시키는 방법

① ㄱ, ㄴ, ㄷ ② ㄱ, ㄷ ③ ㄴ, ㄹ ④ ㄹ ⑤ ㄱ, ㄴ, ㄷ, ㄹ

38. 사회복지 슈퍼비전에 관한 설명으로 옳지 않은 것은?

① 혁신적 슈퍼바이저는 슈퍼바이지의 과실을 정확히 파악하여 지적하는 능력이 있어야 한다.
② 직렬 슈퍼비전은 두 명의 동료직원이 동등한 자격으로 상호 슈퍼비전을 교환하는 모형이다.
③ 슈퍼비전을 통해 직원의 소진을 예방할 수 있다.
④ 사례 컨설테이션은 슈퍼바이저와 슈퍼바이지가 특정 사례에 관해서만 1:1 혹은 1:다수의 관계로 자문을 하는 모형이다.
⑤ 슈퍼바이저는 예기치 못한 상황에서 슈퍼바이지가 자신에게 쉽게 접근하여 질문하고 지도 받을 수 있는 기회를 마련해야 한다.

39. 간트 차트(Gantt chart)에 관한 설명으로 옳은 것을 모두 고른 것은?

ㄱ. 헨리 간트(H. gantt)가 생산관리를 위해 고안한 기획방법이다.
ㄴ. 하나의 사업이 다른 사업과 어떻게 연결되는지를 파악하는 데에 유리하다.
ㄷ. 임계경로(critical path)를 활용한다.
ㄹ. 사업이 언제 시작되고 언제 끝나는지를 분명히 알 수 있다.

① ㄱ ② ㄴ, ㄷ ③ ㄱ, ㄹ ④ ㄴ, ㄹ ⑤ ㄱ, ㄴ, ㄷ, ㄹ

40. 사회복지조직의 인적자원관리에 관한 설명으로 옳지 않은 것은?

① 채용은 모집, 선발, 임명의 순서로 진행된다.
② 종사자를 모집하기 위해서는 단기·중기·장기의 충원계획 수립이 필요하다.
③ 직무명세서는 직무요건을 구체적으로 기술한 문서이다.
④ 인적자원 확보와 직원에 대한 훈련, 교육, 보상관리 등을 포함한다.
⑤ 직무기술서에는 종사자의 기술수준, 자격증, 연령 등이 포함된다.

41. 스키드모어(R. Skidmore)의 기획과정에 관한 설명으로 옳지 않은 것은?

① 기획 과정 중 첫 번째 단계는 가용자원을 고려하는 것이다.
② 대안을 모색할 경우 집단토의, 개별적 대화, 수집된 정보로부터의 발견 등을 활용할 수 있다.
③ 결과예측단계는 발생 가능한 일을 다각도에서 예측해 보는 것이다.
④ 구체적 프로그램 수립 단계는 도표 작성 등의 업무를 포함한다.
⑤ 변화의 개방성 유지 단계는 예측 불가능한 변화에 대해 언제든지 기획을 수정할 수 있는 개방성을 유지하는 단계이다.

42. 의사결정 기법에 관한 설명으로 옳은 것을 모두 고른 것은?

ㄱ. 의사결정나무분석은 집단적 의사결정 기법이다.
ㄴ. 명목집단기법은 감정이나 분위기상의 왜곡현상을 발생시킬 수 있다.
ㄷ. 변증법적 토의는 사안에 대해 조직성원을 찬반으로 나누어 토론을 진행하는 기법이다.
ㄹ. 상호작용집단기법은 다양한 사회적 배경을 지닌 사람들이 자유로운 분위기 속에서 공개적으로 여러 대안들에 대해 토론하고 논쟁하여 최선의 대안에 합의하는 방법이다.

① ㄱ ② ㄴ, ㄷ ③ ㄷ, ㄹ ④ ㄱ, ㄴ, ㄹ ⑤ ㄱ, ㄴ, ㄷ, ㄹ

43. 조직의 부문화(departmentation) 방법에 관한 설명으로 옳지 않은 것은?

① 기능 기준 부문화는 업무단위 간 조직성원 간 능력차를 반영한다.
② 시간 기준 부문화는 일반사회복지조직에서 장려되는 부문화 방법이다.
③ 지리적 기준 부문화는 업무단위 간 업무량 격차를 해소하는 데에 불리할 수 있다.
④ 서비스 기준 부문화는 개별사회사업, 집단사회사업, 지역사회조직사업 등으로 구분하는 방법이다.
⑤ 고객 기준 부문화는 복합적인 문제를 가진 클라이언트에게 서비스를 효과적으로 전달하는 데에는 불리할 수 있다.

44. 블라우와 스콧(P. Blaw & W. Scott)이 제시한 클라이언트의 종류에 따른 조직 분류가 아닌 것은?

① 상호수혜조직 ② 사업조직 ③ 서비스조직 ④ 일선조직 ⑤ 공공조직

45. 기획의 특성에 관한 설명으로 옳지 않은 것은?

① 미래지향적이어야 한다.
② 사업에 대한 연속적인 의사결정이다.
③ 한 번 수립된 기획은 변동되지 않는다.
④ 목표지향적이어야 한다.
⑤ 목표달성을 위한 수단이다.

46. 조직 구조에 관한 설명으로 옳지 않은 것은?

① 공식성 정도를 높이면 조직성원들의 업무편차를 줄일 수 있다.
② 위원회 조직은 조직 내 특별한 과업이나 문제해결을 위한 전문가 중심의 조직이다.
③ 일반적으로 사회복지조직은 공식성 정도가 높을수록 적합하다.
④ 집권성 수준을 높이면 의사결정 권한이 집중된다.
⑤ 조직 내 업무가 복잡할수록 공식화의 효과가 떨어진다.

47. 미국 사회복지행정의 역사에 관한 설명으로 옳은 것을 모두 고른 것은?

ㄱ. 1910년대 - 사회복지사에 대한 정규교육이 시작되었다. ㄴ. 1920년대 - 사회복지행정 교육의 필요성이 주장되었다. ㄷ. 1930년대 - 경제 대공황 이후 공공사회복지행정 인력에 대한 수요가 증가하였다. ㄹ. 1960년대 - 빈곤과의 전쟁 시기 동안 사회복지행정의 발달이 가속화되었다.

① ㄱ, ㄴ, ㄷ　② ㄱ, ㄷ　③ ㄴ, ㄹ　④ ㄹ　⑤ ㄱ, ㄴ, ㄷ, ㄹ

48. 총체적 품질관리(Total Quality Management, TQM)에 관한 설명으로 옳은 것을 모두 고른 것은?

ㄱ. 고객 중심 관리를 강조한다. ㄴ. 우리나라의 경우 사회복지서비스의 전문직주의 강화로 확산되고 있다. ㄷ. 품질변이 가능성을 예방하는 노력을 강조한다. ㄹ. 조직관리의 효율성과 조직의 생산성 향상에 집중한다.

① ㄱ, ㄴ, ㄷ　② ㄱ, ㄷ　③ ㄴ, ㄹ　④ ㄹ　⑤ ㄱ, ㄴ, ㄷ, ㄹ

49. 한국사회복지행정의 역사에 관한 설명으로 옳지 않은 것은?

① 1970년대 「사회복지사업법」이 제정되었다.
② 1980년대 사회복지전담공무원이 공공영역에 배치되었다.
③ 1990년대 사회복지시설의 설치가 허가제에서 신고제로 변경이 결정되었다.
④ 2000년대 지역사회복지계획 수립이 의무화되었다.
⑤ 2010년대 사회보장정보시스템이 구축되었다.

50. 사회복지행정의 가치에 관한 설명으로 옳은 것을 모두 고른 것은?

ㄱ. 효과성 - 조직의 목표 달성 정도 ㄴ. 효율성 - 서비스 제공을 위한 투입에 대한 산출의 비율 정도 ㄷ. 형평성 - 동일한 욕구를 지닌 클라이언트에게 동일한 수준의 서비스 제공 ㄹ. 접근성 - 서비스 이용의 편의성 정도

① ㄱ, ㄴ, ㄷ　② ㄱ, ㄷ　③ ㄴ, ㄹ　④ ㄹ　⑤ ㄱ, ㄴ, ㄷ, ㄹ

사회복지정책과 제도(사회복지법제론)

51. 「기초연금법」의 내용으로 옳지 않은 것은?

① 국가와 지방자치단체는 기초연금의 지급에 따라 계층 간 소득역전 현상이 발생하지 아니하고 근로의욕 및 저축유인이 저하되지 아니하도록 최대한 노력하여야 한다.

② 본인과 그 배우자가 모두 기초연금 수급권자인 경우에는 각각의 기초연금액에서 기초연금액의 100분의 20에 해당하는 금액을 가액한다.

③ 기초연금은 65세 이상인 사람으로서 소득인정액이 보건복지부장관이 정하여 고시하는 금액 이하인 사람에게 지급한다.

④ 보건복지부장관은 5년마다 기초연금 수급권자의 생활 수준, 「국민연금법」에 따른 금액의 변동률, 전국소비자물가변동률 등을 종합적으로 고려하여 기초연금액의 적정성을 평가하고 그 결과를 반영하여 기준연금액을 조정하여야 한다.

⑤ 기초연금 수급권은 양도하거나 담보로 제공할 수 없으며, 압류 대상으로 할 수 없다.

52. 「노인장기요양보험법」상의 급여제공 기본원칙으로 옳은 것을 모두 고른 것은?

ㄱ. 장기요양급여는 노인등이 자신의 의사와 능력에 따라 최대한 자립적으로 일상생활을 수행할 수 있도록 제공하여야 한다.

ㄴ. 장기요양급여는 노인등의 심신상태·생활환경과 노인등 및 그 가족의 욕구·선택을 종합적으로 고려하여 필요한 범위 안에서 이를 적정하게 제공하여야 한다.

ㄷ. 장기요양급여는 노인등이 가족과 함께 생활하면서 가정에서 장기요양을 받는 재가급여를 우선적으로 제공하여야 한다.

ㄹ. 장기요양급여는 노인등의 심신상태나 건강 등이 악화되지 아니하도록 의료서비스와 연계하여 이를 제공하여야 한다.

① ㄱ, ㄴ, ㄷ　② ㄱ, ㄷ　③ ㄴ, ㄹ　④ ㄹ　⑤ ㄱ, ㄴ, ㄷ, ㄹ

53. 「국민기초생활 보장법」의 내용으로 옳지 않은 것은?

① 국내에 체류하고 있는 외국인 중 대한민국 국민과 혼인하여 본인 또는 배우자가 임신 중이거나 대한민국 국적의 미성년 자녀를 양육하고 있거나 배우자의 대한민국 국적인 직계존속(直系尊屬)과 생계나 주거를 같이하고 있는 사람으로서 대통령령으로 정하는 사람이 이 법에 따른 급여를 받을 수 있는 자격을 가진 경우에는 수급권자가 된다.

② 보건복지부장관 또는 소관 중앙행정기관의 장은 급여의 종류별 수급자 선정기준 및 최저보장수준을 결정하여야 한다.

③ 보건복지부장관 또는 소관 중앙행정기관의 장은 매년 9월 1일까지 중앙생활보장위원회의 심의·의결을 거쳐 다음 연도의 급여의 종류별 수급자 선정기준 및 최저보장수준을 공표하여야 한다.

④ 차상위자에게는 주거급여, 의료급여, 교육급여, 장제급여, 자활급여의 전부 또는 일부를 실시할 수 있다.

⑤ 생계급여는 금전을 지급하는 것으로 한다. 다만, 금전으로 지급할 수 없거나 금전으로 지급하는 것이 적당하지 아니하다고 인정하는 경우에는 물품을 지급할 수 있다.

54. 「사회복지사업법」상 사회복지법인(이하 법인)에 관한 내용으로 옳은 것은?

① 법인을 설립하려는 자는 대통령령으로 정하는 바에 따라 시·도지사의 인가를 받아야 한다.
② 법인은 대표이사를 제외한 이사 7명 이상과 감사 2명 이상을 두어야 한다.
③ 이사 또는 감사 중에 결원이 생겼을 때에는 3개월 이내에 보충하여야 한다.
④ 미성년자는 법인의 임원이 될 수 없다.
⑤ 감사는 법인이 설치한 사회복지시설의 장을 제외한 그 시설의 직원을 겸할 수 없다.

55. 「고용보험법」의 내용으로 옳지 않은 것은?

① 고용보험사업으로 고용안정·직업능력개발 사업, 실업급여, 육아휴직 급여 및 출산전후휴가 급여 등을 실시한다.
② 이 법은 근로자를 사용하는 모든 사업 또는 사업장에 적용한다.
③ 고용노동부장관은 보험사업에 대하여 3년마다 평가를 하여야 한다.
④ 고용노동부장관은 보험사업에 관하여 국제기구 및 외국 정부 또는 기관과의 교류·협력 사업을 할 수 있다.
⑤ 실업급여는 구직급여와 취업촉진 수당으로 구분한다.

56. 「사회보장기본법」상 사회보장급여에 필요한 비용 부담에 관한 설명으로 옳지 않은 것은?

① 모든 국민은 관계 법령에서 정하는 바에 따라 사회보장급여에 필요한 비용의 부담, 정보의 제공 등 국가의 사회보장정책에 협력하여야 한다.
② 사회보험에 드는 비용은 사용자, 피용자(被傭者) 및 자영업자가 부담하는 것을 원칙으로 한다.
③ 공공부조 및 관계 법령에서 정하는 일정 소득 수준 이하의 국민에 대한 사회서비스에 드는 비용의 전부 또는 일부는 국가와 지방자치단체가 부담한다.
④ 사회보장 비용의 부담은 각각의 사회보장제도의 목적에 따라 국가, 지방자치단체 및 민간부문 간에 합리적으로 조정되어야 한다.
⑤ 국가와 지방자치단체는 사회보장제도의 급여 수준과 비용 부담 등에서 효율성을 유지하여야 한다.

57. 「사회보장급여의 이용·제공 및 수급권자 발굴에 관한 법률」의 내용으로 옳은 것은?

① 보장기관의 장은 지원대상자에 대한 발굴조사를 1년마다 정기적으로 실시하여야 한다.
② 지방자치단체장은 지원대상자 발굴체계의 운영 실태를 매년 정기적으로 점검하고 개선방안을 마련하여야 한다.
③ 누구든지 출산, 양육, 실업, 노령, 장애, 질병, 빈곤 및 사망 등의 사회적 위험으로 인하여 사회보장급여를 필요로 하는 지원대상자를 발견하였을 때에는 보장기관에 알릴 수 있다.
④ 보건복지부장관은 속임수 등의 부정한 방법으로 사회보장급여를 받거나 타인으로 하여금 사회보장급여를 받게 한 경우에 대하여 보장기관이 효과적인 대책을 세울 수 있도록 그 발생 현황, 피해사례 등에 관한 실태조사를 매년 실시하고, 그 결과를 공개하여야 한다.
⑤ 보장기관의 장은 수급권자의 지원계획 수립·변경 시 사회보장정보시스템을 통하여 수급자격을 확인할 수 있다.

58. 「국민기초생활 보장법」상 자활급여의 내용에 해당하는 것을 모두 고른 것은?

ㄱ. 자활에 필요한 금품의 지급 또는 대여
ㄴ. 자활에 필요한 근로능력의 향상 및 기능습득의 지원
ㄷ. 자활에 필요한 시설 및 장비의 대여
ㄹ. 자활에 필요한 자산형성 지원

① ㄱ, ㄴ, ㄷ ② ㄱ, ㄷ ③ ㄴ, ㄹ ④ ㄹ ⑤ ㄱ, ㄴ, ㄷ, ㄹ

59. 「국민연금법」상 급여의 종류에 해당하는 것을 모두 고른 것은?

ㄱ. 노령연금 ㄴ. 유족급여 ㄷ. 반환일시금 ㄹ. 장애인연금

① ㄱ, ㄴ, ㄷ ② ㄱ, ㄷ ③ ㄴ, ㄹ ④ ㄹ ⑤ ㄱ, ㄴ, ㄷ, ㄹ

60. 「사회복지사업법」의 내용으로 옳지 않은 것은?

① 각 시설의 수용인원은 500명을 초과할 수 없다. 다만, 대통령령으로 정하는 경우에는 그러하지 아니하다.
② 가정봉사서비스는 가사 및 개인활동을 지원하거나 정서활동을 지원하는 서비스이다.
③ 국가나 지방자치단체가 사회복지사업을 하는 자에게 보조한 보조금은 그 목적 외의 용도로 사용할 수 없다.
④ 보건복지부장관은 시설에서 제공하는 서비스의 최저기준을 마련하여야 한다.
⑤ 사회복지법인의 대표이사와 시설의 장은 후원금의 수입·지출 내용을 공개하여야 하며 그 관리에 명확성이 확보되도록 하여야 한다.

61. 「정신건강증진 및 정신질환자 복지서비스 지원에 관한 법률」상 정신건강전문요원이 아닌 것은?

① 정신건강임상심리사 ② 정신건강간호사 ③ 정신건강사회복지사
④ 정신건강작업치료사 ⑤ 정신건강물리치료사

62. 우리나라의 사회복지법 및 법체계에 관한 설명으로 옳은 것을 모두 고른 것은?

ㄱ. 사회복지법은 공·사법의 성격이 혼재된 사회법 영역에 속한다.
ㄴ. 국회의원만이 법률안 제출을 할 수 있다.
ㄷ. 대통령은 법률에서 구체적으로 범위를 정하여 위임받은 사항과 법률을 집행하기 위하여 필요한 사항에 관하여 대통령령을 발할 수 있다.
ㄹ. 대통령은 법률안의 일부에 대해서만 재의를 요구할 수 있다.

① ㄱ, ㄴ, ㄷ ② ㄱ, ㄷ ③ ㄴ, ㄹ ④ ㄹ ⑤ ㄱ, ㄴ, ㄷ, ㄹ

63. 「사회보장급여의 이용·제공 및 수급권자 발굴에 관한 법률」상 사회보장급여 신청권자가 아닌 것은?

① 「청소년 기본법」에 따른 청소년상담사·청소년지도사
② 「민법」에 따른 후견인
③ 지원대상자
④ 교정공무원
⑤ 지원대상자를 사실상 보호하고 있는 기관의 장

64. 「한부모가족지원법」에 관한 내용으로 옳은 것은?

① "청소년 한부모"란 25세 이하의 모 또는 부를 말한다.
② 아동이 취학 중인 경우에는 22세 미만을 말하되, 「병역법」에 따른 병역의무를 이행하고 취학 중인 경우에는 병역의무를 이행한 기간을 가산한 연령 미만을 말한다.
③ 한부모가족에 대한 국민의 이해와 관심을 제고하기 위하여 매년 5월 11일을 한부모가족의 날로 한다.
④ 보건복지부장관은 한부모가족 지원을 위하여 한부모가족 정책에 관한 기본계획을 5년마다 수립하여야 한다.
⑤ 고용노동부장관은 한부모가족의 모 또는 부와 아동을 위한 취업지원사업 등이 효율적으로 추진될 수 있도록 보건복지부장관과 긴밀히 협조하여야 한다.

65. 「노인복지법」의 내용으로 옳은 것은?

① 부양의무자라 함은 배우자와 직계존속 및 그 배우자를 말한다.
② 보건복지부장관은 노인의 보건 및 복지에 관한 실태조사를 5년마다 실시하고 그 결과를 공표하여야 한다.
③ 매년 11월 19일을 노인학대예방의 날로 지정한다.
④ 국가 또는 지방자치단체는 65세 이상의 자에 대하여 대통령령이 정하는 바에 의하여 국가 또는 지방자치단체의 수송시설 및 고궁·능원·박물관·공원 등의 공공시설을 무료로 또는 그 이용요금을 할인하여 이용하게 하여야 한다.
⑤ 국가 및 지방자치단체는 노인학대를 예방하고 수시로 신고를 받을 수 있도록 긴급전화를 설치하여야 한다.

66. 「사회보장기본법」상 국가와 지방자치단체가 구축·운영해야 할 사회보장급여의 관리체계에 해당하지 않는 것은?

① 사회보장수급권자 권리구제
② 사회보장급여의 사각지대 발굴
③ 사회보장급여의 부정·오류 관리
④ 사회보장급여의 과오지급액의 환수 등 관리
⑤ 사회보장급여의 내용 및 제공 규모

67. 다음은 「의료급여법」의 내용이다. (　　)에 들어갈 숫자가 순서대로 옳은 것은?

ㅇ 의료급여기관은 의료급여가 끝난 날부터 (　　)년간 보건복지부령으로 정하는 바에 따라 급여비용의 청구에 관한 서류를 보존하여야 한다. ㅇ 약국 등 보건복지부령으로 정하는 의료급여기관은 처방전을 급여비용을 청구한 날부터 (　　)년간 보존하여야 한다.

① 3, 5　　② 5, 3　　③ 5, 5　　④ 3, 3　　⑤ 4, 3

68. 「사회복지사업법」상 사회복지시설(이하 시설)에 관한 내용으로 옳은 것은?

① 국가나 지방자치단체는 신고를 통해 시설을 설치·운영할 수 있다.

② 시설의 운영자는 다음 각 호의 손해배상책임을 이행하기 위하여 손해보험회사의 책임보험과 「사회복지사 등의 처우 및 지위 향상을 위한 법률」에 따른 한국사회복지공제회의 책임공제에 가입하여야 한다.

③ 시장·군수·구청장은 시설에 대하여 정기 및 수시 안전점검을 실시하여야 한다.

④ 사회복지시설을 설치·운영하는 자는 종사자를 채용하기 전에 정당한 사유 없이 채용광고에서 제시한 근로조건을 종사자에게 불리하게 변경하여 적용하여서는 아니 된다.

⑤ 사회복지분야의 6급 이상 공무원으로 재직하다 퇴직한 지 3년이 경과하지 아니한 사람 중에서 퇴직 전 5년 동안 소속하였던 기초자치단체가 관할하는 시설의 장이 되고자 하는 사람은 시설의 장이 될 수 없다.

69. 법률의 제정년도가 빠른 순서대로 나열된 것은?

ㄱ. 「사회복지사업법」
ㄴ. 「재해구호법」
ㄷ. 「산업재해보상보험법」
ㄹ. 「노인복지법」

① ㄱ - ㄴ - ㄷ - ㄹ ② ㄴ - ㄱ - ㄹ - ㄷ ③ ㄴ - ㄷ - ㄱ - ㄹ
④ ㄹ - ㄱ - ㄷ - ㄴ ⑤ ㄹ - ㄷ - ㄴ - ㄱ

70. 「산업재해보상보험법」의 내용으로 옳지 않은 것은?

① 산업재해보상보험 사업은 고용노동부장관이 관장한다.

② 보험사업의 보험연도는 정부의 회계연도에 따른다.

③ 국가는 회계연도마다 예산의 범위에서 보험사업의 사무 집행에 드는 비용을 일반회계에서 부담하여야 한다.

④ 업무상의 사고란 업무상의 사유에 따른 근로자의 부상·질병·장해 또는 사망을 말한다.

⑤ 국가는 회계연도마다 예산의 범위에서 보험사업에 드는 비용의 일부를 지원할 수 있다.

71. 헌법에서 규정한 사회권적 기본권에 해당하는 것을 모두 고른 것은?

ㄱ. 모든 국민은 인간으로서의 존엄과 가치를 가지며, 행복을 추구할 권리를 가진다.
ㄴ. 모든 국민은 능력에 따라 균등하게 교육받을 권리를 가진다.
ㄷ. 국가는 사회적·경제적 방법으로 근로자의 고용의 증진과 적정임금의 보장에 노력하여야 하며, 법률이 정하는 바에 의하여 최저임금제를 시행하여야 한다.
ㄹ. 모든 국민은 인간다운 생활을 할 권리를 가진다.

① ㄱ, ㄴ, ㄷ ② ㄱ, ㄷ ③ ㄴ, ㄹ ④ ㄹ ⑤ ㄱ, ㄴ, ㄷ, ㄹ

72. 「사회보장기본법」상 사회보장기본계획에 포함되어야 할 내용으로 옳지 않은 것은?

① 국내외 사회보장환경의 변화와 전망
② 사회보장의 기본목표 및 중장기 추진방향
③ 필요한 재원의 규모와 조달방안
④ 사회보장급여의 유형·방법·수량 및 제공기간
⑤ 사회보장 전달체계

73. 「긴급복지지원법」상 지원을 하지 않는 경우에 해당하는 것을 모두 고른 것은?

ㄱ. 「재해구호법」에 따라 이 법에 따른 지원 내용과 동일한 내용의 구호·보호 또는 지원을 받고 있는 경우
ㄴ. 「국민기초생활 보장법」에 따라 이 법에 따른 지원 내용과 동일한 내용의 구호·보호 또는 지원을 받고 있는 경우
ㄷ. 「가정폭력방지 및 피해자보호 등에 관한 법률」에 따라 이 법에 따른 지원 내용과 동일한 내용의 구호·보호 또는 지원을 받고 있는 경우
ㄹ. 「성폭력방지 및 피해자보호 등에 관한 법률」에 따라 이 법에 따른 지원 내용과 동일한 내용의 구호·보호 또는 지원을 받고 있는 경우

① ㄱ, ㄴ, ㄷ ② ㄱ, ㄷ ③ ㄴ, ㄹ ④ ㄹ ⑤ ㄱ, ㄴ, ㄷ, ㄹ

74. 「가정폭력방지 및 피해자보호 등에 관한 법률」의 내용으로 옳지 않은 것은?

① 여성가족부장관은 3년마다 가정폭력에 대한 실태조사를 실시하여 그 결과를 발표하고, 이를 가정폭력을 예방하기 위한 정책수립의 기초자료로 활용하여야 한다.
② 피해자를 고용하고 있는 자는 누구든지 「가정폭력범죄의 처벌 등에 관한 특례법」에 따른 가정폭력범죄와 관련하여 피해자를 해고(解雇)하거나 그 밖의 불이익을 주어서는 아니 된다.
③ 국가나 지방자치단체 외의 자가 상담소를 설치·운영하려면 특별자치시장·특별자치도지사·시장·군수·구청장에게 지정을 받아야 한다.
④ 여성가족부장관 또는 시·도지사는 외국어 서비스를 제공하는 긴급전화센터를 따로 설치·운영할 수 있다.
⑤ 단기보호시설은 피해자등을 6개월의 범위에서 보호하는 시설이다.

75. 「국민건강보험법」의 내용으로 옳지 않은 것은?

① 근로자란 직업의 종류와 관계없이 근로의 대가로 보수를 받아 생활하는 사람으로서 공무원 및 교직원을 포함한 사람을 말한다.
② 건강보험사업은 보건복지부장관이 맡아 주관한다.
③ 건강보험정책에 관한 사항을 심의·의결하기 위하여 보건복지부장관 소속으로 건강보험정책심의위원회를 둔다.
④ 가입자는 직장가입자와 지역가입자로 구분한다.
⑤ 건강보험의 보험자는 국민건강보험공단으로 한다.

✂ 자르는 선

제2회 FINAL 모의고사 답안카드

자동채점 + 합격예측 서비스

◀ QR 코드를 스캔하시면, 더욱 상세한 성적 분석 서비스 이용이 가능합니다.

성 명

교시 기재란			
( )교시	①	②	③
형별 기재란	A형		
	●		

선 택 과 목 1

선 택 과 목 2

수 험 번 호							
⓪	⓪	⓪	⓪	⓪	⓪	⓪	⓪
①	①	①	①	①	①	①	①
②	②	②	②	②	②	②	②
③	③	③	③	③	③	③	③
④	④	④	④	④	④	④	④
⑤	⑤	⑤	⑤	⑤	⑤	⑤	⑤
⑥	⑥	⑥	⑥	⑥	⑥	⑥	⑥
⑦	⑦	⑦	⑦	⑦	⑦	⑦	⑦
⑧	⑧	⑧	⑧	⑧	⑧	⑧	⑧
⑨	⑨	⑨	⑨	⑨	⑨	⑨	⑨

감독위원 확인
(인)

1	① ② ③ ④ ⑤	21	① ② ③ ④ ⑤	41	① ② ③ ④ ⑤	61	① ② ③ ④ ⑤	81	① ② ③ ④ ⑤	101	① ② ③ ④ ⑤	121	① ② ③ ④ ⑤
2	① ② ③ ④ ⑤	22	① ② ③ ④ ⑤	42	① ② ③ ④ ⑤	62	① ② ③ ④ ⑤	82	① ② ③ ④ ⑤	102	① ② ③ ④ ⑤	122	① ② ③ ④ ⑤
3	① ② ③ ④ ⑤	23	① ② ③ ④ ⑤	43	① ② ③ ④ ⑤	63	① ② ③ ④ ⑤	83	① ② ③ ④ ⑤	103	① ② ③ ④ ⑤	123	① ② ③ ④ ⑤
4	① ② ③ ④ ⑤	24	① ② ③ ④ ⑤	44	① ② ③ ④ ⑤	64	① ② ③ ④ ⑤	84	① ② ③ ④ ⑤	104	① ② ③ ④ ⑤	124	① ② ③ ④ ⑤
5	① ② ③ ④ ⑤	25	① ② ③ ④ ⑤	45	① ② ③ ④ ⑤	65	① ② ③ ④ ⑤	85	① ② ③ ④ ⑤	105	① ② ③ ④ ⑤	125	① ② ③ ④ ⑤
6	① ② ③ ④ ⑤	26	① ② ③ ④ ⑤	46	① ② ③ ④ ⑤	66	① ② ③ ④ ⑤	86	① ② ③ ④ ⑤	106	① ② ③ ④ ⑤		
7	① ② ③ ④ ⑤	27	① ② ③ ④ ⑤	47	① ② ③ ④ ⑤	67	① ② ③ ④ ⑤	87	① ② ③ ④ ⑤	107	① ② ③ ④ ⑤		
8	① ② ③ ④ ⑤	28	① ② ③ ④ ⑤	48	① ② ③ ④ ⑤	68	① ② ③ ④ ⑤	88	① ② ③ ④ ⑤	108	① ② ③ ④ ⑤		
9	① ② ③ ④ ⑤	29	① ② ③ ④ ⑤	49	① ② ③ ④ ⑤	69	① ② ③ ④ ⑤	89	① ② ③ ④ ⑤	109	① ② ③ ④ ⑤		
10	① ② ③ ④ ⑤	30	① ② ③ ④ ⑤	50	① ② ③ ④ ⑤	70	① ② ③ ④ ⑤	90	① ② ③ ④ ⑤	110	① ② ③ ④ ⑤		
11	① ② ③ ④ ⑤	31	① ② ③ ④ ⑤	51	① ② ③ ④ ⑤	71	① ② ③ ④ ⑤	91	① ② ③ ④ ⑤	111	① ② ③ ④ ⑤		
12	① ② ③ ④ ⑤	32	① ② ③ ④ ⑤	52	① ② ③ ④ ⑤	72	① ② ③ ④ ⑤	92	① ② ③ ④ ⑤	112	① ② ③ ④ ⑤		
13	① ② ③ ④ ⑤	33	① ② ③ ④ ⑤	53	① ② ③ ④ ⑤	73	① ② ③ ④ ⑤	93	① ② ③ ④ ⑤	113	① ② ③ ④ ⑤		
14	① ② ③ ④ ⑤	34	① ② ③ ④ ⑤	54	① ② ③ ④ ⑤	74	① ② ③ ④ ⑤	94	① ② ③ ④ ⑤	114	① ② ③ ④ ⑤		
15	① ② ③ ④ ⑤	35	① ② ③ ④ ⑤	55	① ② ③ ④ ⑤	75	① ② ③ ④ ⑤	95	① ② ③ ④ ⑤	115	① ② ③ ④ ⑤		
16	① ② ③ ④ ⑤	36	① ② ③ ④ ⑤	56	① ② ③ ④ ⑤	76	① ② ③ ④ ⑤	96	① ② ③ ④ ⑤	116	① ② ③ ④ ⑤		
17	① ② ③ ④ ⑤	37	① ② ③ ④ ⑤	57	① ② ③ ④ ⑤	77	① ② ③ ④ ⑤	97	① ② ③ ④ ⑤	117	① ② ③ ④ ⑤		
18	① ② ③ ④ ⑤	38	① ② ③ ④ ⑤	58	① ② ③ ④ ⑤	78	① ② ③ ④ ⑤	98	① ② ③ ④ ⑤	118	① ② ③ ④ ⑤		
19	① ② ③ ④ ⑤	39	① ② ③ ④ ⑤	59	① ② ③ ④ ⑤	79	① ② ③ ④ ⑤	99	① ② ③ ④ ⑤	119	① ② ③ ④ ⑤		
20	① ② ③ ④ ⑤	40	① ② ③ ④ ⑤	60	① ② ③ ④ ⑤	80	① ② ③ ④ ⑤	100	① ② ③ ④ ⑤	120	① ② ③ ④ ⑤		

자르는 선

제2회 FINAL 모의고사 답안카드

자동채점 + 합격예측 서비스

◀ QR 코드를 스캔하시면, 더욱 상세한 성적 분석 서비스 이용이 가능합니다.

성 명

교시 기재란			
( )교시	①	②	③
형별 기재란	A형		
	●		

선 택 과 목 1

선 택 과 목 2

수 험 번 호							
⓪	⓪	⓪	⓪	⓪	⓪	⓪	⓪
①	①	①	①	①	①	①	①
②	②	②	②	②	②	②	②
③	③	③	③	③	③	③	③
④	④	④	④	④	④	④	④
⑤	⑤	⑤	⑤	⑤	⑤	⑤	⑤
⑥	⑥	⑥	⑥	⑥	⑥	⑥	⑥
⑦	⑦	⑦	⑦	⑦	⑦	⑦	⑦
⑧	⑧	⑧	⑧	⑧	⑧	⑧	⑧
⑨	⑨	⑨	⑨	⑨	⑨	⑨	⑨

감독위원 확인
(인)

1	① ② ③ ④ ⑤	21	① ② ③ ④ ⑤	41	① ② ③ ④ ⑤	61	① ② ③ ④ ⑤	81	① ② ③ ④ ⑤	101	① ② ③ ④ ⑤	121	① ② ③ ④ ⑤
2	① ② ③ ④ ⑤	22	① ② ③ ④ ⑤	42	① ② ③ ④ ⑤	62	① ② ③ ④ ⑤	82	① ② ③ ④ ⑤	102	① ② ③ ④ ⑤	122	① ② ③ ④ ⑤
3	① ② ③ ④ ⑤	23	① ② ③ ④ ⑤	43	① ② ③ ④ ⑤	63	① ② ③ ④ ⑤	83	① ② ③ ④ ⑤	103	① ② ③ ④ ⑤	123	① ② ③ ④ ⑤
4	① ② ③ ④ ⑤	24	① ② ③ ④ ⑤	44	① ② ③ ④ ⑤	64	① ② ③ ④ ⑤	84	① ② ③ ④ ⑤	104	① ② ③ ④ ⑤	124	① ② ③ ④ ⑤
5	① ② ③ ④ ⑤	25	① ② ③ ④ ⑤	45	① ② ③ ④ ⑤	65	① ② ③ ④ ⑤	85	① ② ③ ④ ⑤	105	① ② ③ ④ ⑤	125	① ② ③ ④ ⑤
6	① ② ③ ④ ⑤	26	① ② ③ ④ ⑤	46	① ② ③ ④ ⑤	66	① ② ③ ④ ⑤	86	① ② ③ ④ ⑤	106	① ② ③ ④ ⑤		
7	① ② ③ ④ ⑤	27	① ② ③ ④ ⑤	47	① ② ③ ④ ⑤	67	① ② ③ ④ ⑤	87	① ② ③ ④ ⑤	107	① ② ③ ④ ⑤		
8	① ② ③ ④ ⑤	28	① ② ③ ④ ⑤	48	① ② ③ ④ ⑤	68	① ② ③ ④ ⑤	88	① ② ③ ④ ⑤	108	① ② ③ ④ ⑤		
9	① ② ③ ④ ⑤	29	① ② ③ ④ ⑤	49	① ② ③ ④ ⑤	69	① ② ③ ④ ⑤	89	① ② ③ ④ ⑤	109	① ② ③ ④ ⑤		
10	① ② ③ ④ ⑤	30	① ② ③ ④ ⑤	50	① ② ③ ④ ⑤	70	① ② ③ ④ ⑤	90	① ② ③ ④ ⑤	110	① ② ③ ④ ⑤		
11	① ② ③ ④ ⑤	31	① ② ③ ④ ⑤	51	① ② ③ ④ ⑤	71	① ② ③ ④ ⑤	91	① ② ③ ④ ⑤	111	① ② ③ ④ ⑤		
12	① ② ③ ④ ⑤	32	① ② ③ ④ ⑤	52	① ② ③ ④ ⑤	72	① ② ③ ④ ⑤	92	① ② ③ ④ ⑤	112	① ② ③ ④ ⑤		
13	① ② ③ ④ ⑤	33	① ② ③ ④ ⑤	53	① ② ③ ④ ⑤	73	① ② ③ ④ ⑤	93	① ② ③ ④ ⑤	113	① ② ③ ④ ⑤		
14	① ② ③ ④ ⑤	34	① ② ③ ④ ⑤	54	① ② ③ ④ ⑤	74	① ② ③ ④ ⑤	94	① ② ③ ④ ⑤	114	① ② ③ ④ ⑤		
15	① ② ③ ④ ⑤	35	① ② ③ ④ ⑤	55	① ② ③ ④ ⑤	75	① ② ③ ④ ⑤	95	① ② ③ ④ ⑤	115	① ② ③ ④ ⑤		
16	① ② ③ ④ ⑤	36	① ② ③ ④ ⑤	56	① ② ③ ④ ⑤	76	① ② ③ ④ ⑤	96	① ② ③ ④ ⑤	116	① ② ③ ④ ⑤		
17	① ② ③ ④ ⑤	37	① ② ③ ④ ⑤	57	① ② ③ ④ ⑤	77	① ② ③ ④ ⑤	97	① ② ③ ④ ⑤	117	① ② ③ ④ ⑤		
18	① ② ③ ④ ⑤	38	① ② ③ ④ ⑤	58	① ② ③ ④ ⑤	78	① ② ③ ④ ⑤	98	① ② ③ ④ ⑤	118	① ② ③ ④ ⑤		
19	① ② ③ ④ ⑤	39	① ② ③ ④ ⑤	59	① ② ③ ④ ⑤	79	① ② ③ ④ ⑤	99	① ② ③ ④ ⑤	119	① ② ③ ④ ⑤		
20	① ② ③ ④ ⑤	40	① ② ③ ④ ⑤	60	① ② ③ ④ ⑤	80	① ② ③ ④ ⑤	100	① ② ③ ④ ⑤	120	① ② ③ ④ ⑤		

✂ 자르는 선

제2회 FINAL 모의고사 답안카드

자동채점 + 합격예측 서비스

◀ QR 코드를 스캔하시면, 더욱 상세한 성적 분석 서비스 이용이 가능합니다.

성 명

교시 기재란			
( )교시	①	②	③
형별 기재란	A형 ●		
선 택 과 목 1			
선 택 과 목 2			

수 험 번 호							
⓪	⓪	⓪	⓪	⓪	⓪	⓪	⓪
①	①	①	①	①	①	①	①
②	②	②	②	②	②	②	②
③	③	③	③	③	③	③	③
④	④	④	④	④	④	④	④
⑤	⑤	⑤	⑤	⑤	⑤	⑤	⑤
⑥	⑥	⑥	⑥	⑥	⑥	⑥	⑥
⑦	⑦	⑦	⑦	⑦	⑦	⑦	⑦
⑧	⑧	⑧	⑧	⑧	⑧	⑧	⑧
⑨	⑨	⑨	⑨	⑨	⑨	⑨	⑨

감독위원 확인
(인)

1	①②③④⑤	21	①②③④⑤	41	①②③④⑤	61	①②③④⑤	81	①②③④⑤	101	①②③④⑤	121	①②③④⑤
2	①②③④⑤	22	①②③④⑤	42	①②③④⑤	62	①②③④⑤	82	①②③④⑤	102	①②③④⑤	122	①②③④⑤
3	①②③④⑤	23	①②③④⑤	43	①②③④⑤	63	①②③④⑤	83	①②③④⑤	103	①②③④⑤	123	①②③④⑤
4	①②③④⑤	24	①②③④⑤	44	①②③④⑤	64	①②③④⑤	84	①②③④⑤	104	①②③④⑤	124	①②③④⑤
5	①②③④⑤	25	①②③④⑤	45	①②③④⑤	65	①②③④⑤	85	①②③④⑤	105	①②③④⑤	125	①②③④⑤
6	①②③④⑤	26	①②③④⑤	46	①②③④⑤	66	①②③④⑤	86	①②③④⑤	106	①②③④⑤		
7	①②③④⑤	27	①②③④⑤	47	①②③④⑤	67	①②③④⑤	87	①②③④⑤	107	①②③④⑤		
8	①②③④⑤	28	①②③④⑤	48	①②③④⑤	68	①②③④⑤	88	①②③④⑤	108	①②③④⑤		
9	①②③④⑤	29	①②③④⑤	49	①②③④⑤	69	①②③④⑤	89	①②③④⑤	109	①②③④⑤		
10	①②③④⑤	30	①②③④⑤	50	①②③④⑤	70	①②③④⑤	90	①②③④⑤	110	①②③④⑤		
11	①②③④⑤	31	①②③④⑤	51	①②③④⑤	71	①②③④⑤	91	①②③④⑤	111	①②③④⑤		
12	①②③④⑤	32	①②③④⑤	52	①②③④⑤	72	①②③④⑤	92	①②③④⑤	112	①②③④⑤		
13	①②③④⑤	33	①②③④⑤	53	①②③④⑤	73	①②③④⑤	93	①②③④⑤	113	①②③④⑤		
14	①②③④⑤	34	①②③④⑤	54	①②③④⑤	74	①②③④⑤	94	①②③④⑤	114	①②③④⑤		
15	①②③④⑤	35	①②③④⑤	55	①②③④⑤	75	①②③④⑤	95	①②③④⑤	115	①②③④⑤		
16	①②③④⑤	36	①②③④⑤	56	①②③④⑤	76	①②③④⑤	96	①②③④⑤	116	①②③④⑤		
17	①②③④⑤	37	①②③④⑤	57	①②③④⑤	77	①②③④⑤	97	①②③④⑤	117	①②③④⑤		
18	①②③④⑤	38	①②③④⑤	58	①②③④⑤	78	①②③④⑤	98	①②③④⑤	118	①②③④⑤		
19	①②③④⑤	39	①②③④⑤	59	①②③④⑤	79	①②③④⑤	99	①②③④⑤	119	①②③④⑤		
20	①②③④⑤	40	①②③④⑤	60	①②③④⑤	80	①②③④⑤	100	①②③④⑤	120	①②③④⑤		

해커스

사회복지사 1급 FINAL 봉투모의고사

제3회

해커스

사회복지사 1급 국가자격시험 대비
제3회 FINAL 모의고사

교 시	문제형별	시 간	시 험 과 목
1교시	A	50분	〈사회복지기초〉 1 인간행동과 사회환경 2 사회복지조사론

수험번호		성 명	

[수험자 유의사항]

1. 시험문제지는 **단일 형별(A형)**이며, 답안카드 형별 기재란에 표시된 형별(A형)을 확인하시기 바랍니다. 시험문제지의 **총면수**, **문제번호 일련순서**, **인쇄상태** 등을 확인하시고, 문제지 표지에 수험번호와 성명을 기재하시기 바랍니다.

2. 답은 각 문제마다 요구하는 **가장 적합하거나 가까운 답 1개**만 선택하고, 답안카드 작성 시 시험문제지 **마킹착오**로 인한 불이익은 전적으로 **수험자에게 책임**이 있음을 알려 드립니다.

3. 답안카드는 국가전문자격 공통 표준형으로 문제번호가 1번부터 125번까지 인쇄되어 있습니다. 답안 마킹 시에는 반드시 **시험문제지의 문제번호와 동일한 번호**에 마킹하여야 합니다.

4. **감독위원의 지시에 불응하거나 시험시간 종료 후 답안카드를 제출하지 않을 경우** 불이익이 발생할 수 있음을 알려 드립니다.

   ※ 시험문제지는 시험 종료 후 가지고 갈 수 있습니다.

5. 문제지 맨 뒤에 제공되는 답안카드를 활용하여 실전처럼 모의고사를 풀어보시기 바랍니다.

해커스

각 문제에서 요구하는 가장 적합한 답 1개만을 고르시오.

사회복지기초(인간행동과 사회환경)

01. 인간발달에 관한 설명으로 옳은 것은?

① 연속적 과정이며, 일정한 속도로 전 생애에 걸쳐 이루어진다.
② 주로 유전적 요인에 의해 주도되는 과정이다.
③ 하부에서 상부로, 말초부위에서 중심부위로 진행된다.
④ 인간행동 양식의 전체적인 맥락 안에서 분석되어야 한다.
⑤ 점진적으로 일어나는 체계적 변화이며 질적 변화보다는 양적 변화를 의미한다.

02. 다음의 설명으로 옳지 않은 것을 모두 고른 것은?

ㄱ. 성숙은 주로 유전인자가 지니고 있는 정보에 따라 나타나는 신체적·심리적 측면에서의 변화이다.
ㄴ. 성장은 훈련과정을 통하여 행동이 변화하는 과정이다.
ㄷ. 성장은 신체의 크기, 근육의 세기 등의 양적 증가를 의미한다.
ㄹ. 학습은 경험이나 훈련과 관계없이 체계적으로 일어난다.

① ㄱ, ㄴ, ㄷ ② ㄱ, ㄷ ③ ㄴ, ㄹ ④ ㄹ ⑤ ㄱ, ㄴ, ㄷ, ㄹ

03. 프로이트(S. Freud)의 정신분석이론에 관한 설명으로 옳은 것은?

① 성격의 구조나 발달단계를 제시하지 않았다.
② 잠복기에 원초아(id)는 약해지고 초자아(superego)는 강해진다.
③ 신경증적 불안은 자아의 욕구를 초자아가 통제하지 못하고 압도될 때 나타난다.
④ 항문기는 양육자와의 상호작용과정에서 최초로 갈등을 경험하는 시기이다.
⑤ 생식기는 오이디푸스·엘렉트라 콤플렉스가 강해지는 시기이다.

04. 아들러(A. Adler)의 개인심리이론에 관한 설명으로 옳지 않은 것은?

① 회피형은 사회적 관심과 활동수준이 낮은 유형으로 성공보다 실패하는 것을 더 두려워한다.
② 획득형은 사회적 관심과 활동수준이 높아 자신과 타인의 욕구를 동시에 충족시키며 인생과업을 완수한다.
③ 사회적 관심은 가족관계 및 아동기 경험의 맥락에서 발달한다.
④ 인간을 사회적 존재로 보았다.
⑤ 사회적 관심과 활동수준에 따라 생활양식을 4가지 유형으로 구분하였다.

05. 기업의 사용자가 영업사원이 판매 목표를 10%씩 초과 달성할 때마다 초과 달성분의 3%를 성과급으로 지급하여 의욕을 고취하는 경우의 강화계획은?

① 고정간격강화계획 ② 가변비율강화계획 ③ 가변간격강화계획
④ 고정비율강화계획 ⑤ 연속적 강화계획

06. 융(C. Jung)의 분석심리이론에 관한 설명으로 옳지 않은 것은?

① 원형(archetype)은 표상 불가능한 무의식적이고 선험적인 이미지이다.
② 정신은 의식, 전의식, 무의식으로 구성되어 있다.
③ 음영(shadow)은 인간의 어둡고 동물적인 측면이다.
④ 페르소나(persona)는 개인이 사회적 요구에 대한 반응으로 내보이는 사회적 모습이다.
⑤ 자기(self)는 중년기에 드러나는 집단무의식 내에 존재하는 타고난 핵심 원형이다.

07. 파블로프(I. Pavlov)의 고전적 조건화 이론의 주요 개념으로 옳은 것을 모두 고른 것은?

ㄱ. 반응적 행동(reactive behavior)
ㄴ. 자극 일반화(stimulus generalization)
ㄷ. 자발적 회복(spontaneous recovery)
ㄹ. 대리학습(vicarious learning)

① ㄱ, ㄴ, ㄷ ② ㄷ ③ ㄴ, ㄹ ④ ㄹ ⑤ ㄱ, ㄴ, ㄷ, ㄹ

08. 피아제(J. Piaget)의 인지발달이론에 관한 설명으로 옳지 않은 것은?

① 인지발달의 촉진요인에는 성숙, 물리적 경험, 사회적 상호작용 등이 있다.
② 문화적·사회경제적·인종적 차이를 고려하지 않았다는 비판을 받는다.
③ 인지는 동화와 조절의 과정을 통해서 발달한다.
④ 전조작기에는 다중 유목화의 논리를 이해한다.
⑤ 인지능력의 발달은 아동과 환경 간의 상호작용에 의해 단계적으로 성취되며 발달단계의 순서는 변하지 않는다.

09. '환경 속의 인간(person in environment)'에 관한 설명으로 옳지 않은 것은?

① 인간을 환경과 지속적인 상호작용을 일으키는 존재로 본다.
② 인간과 환경체계 사이의 유기적 관계를 설명한다.
③ 인간은 사회환경을 지배하는 독립적 존재이다.
④ 인간행동이 사회환경에 의해 영향을 받고 있음을 설명한다.
⑤ 인간과 환경을 하나의 통합적 체계로 이해한다.

10. 프로이트(S. Freud)의 심리성적발달단계와 에릭슨(E. Erikson)의 심리사회적 위기의 연결이 옳은 것을 모두 고른 것은?

ㄱ. 구강기 - 신뢰감 대 불신감
ㄴ. 항문기 - 친밀감 대 고립감
ㄷ. 남근기 - 근면성 대 열등감
ㄹ. 잠복기 - 정체감 대 정체감 혼란

① ㄱ ② ㄴ, ㄹ ③ ㄱ, ㄴ, ㄷ ④ ㄴ, ㄷ, ㄹ ⑤ ㄱ, ㄴ, ㄷ, ㄹ

11. 태아기에 관한 설명 중 옳지 않은 것은?

① 수정이 이루어지는 순간부터 출생하기까지의 시기를 말한다.
② 임신부의 연령은 임신부와 태아 모두에게 영향을 미칠 수 있다.
③ 성염색체 이상으로 발생하는 유전질환에는 혈우병이나 묘성(cat-cry)증후군 등이 있다.
④ 혈우병은 X염색체의 열성유전자에 기인한다.
⑤ 클라인펠터증후군은 X염색체를 더 많이 가진 남성에게 나타난다.

12. 영아기(0~2세)에 관한 설명으로 옳지 않은 것은?

① 낯가림이 시작된다.
② 언어발달은 인지 및 사회성 발달과 밀접한 관련이 있다.
③ 피아제(J. Piaget)의 감각운동기에 해당한다.
④ 에릭슨(E. Erikson)의 자율성 대 수치심 단계에 해당한다.
⑤ 제1성장 급등기라고 할 정도로 일생 중 신체적으로 급격한 성장이 일어난다.

13. 유아기(3~6세)에 관한 설명으로 옳은 것을 모두 고른 것은?

ㄱ. 콜버그(L. Kohlberg)의 도덕발달단계에서는 보상 또는 처벌회피를 위해 행동한다.
ㄴ. 에릭슨(E. Erikson)의 주도성 대 죄의식 단계로 부모와 가족이 가장 큰 영향을 미친다.
ㄷ. 성적 정체성(gender identity)이 발달하고, 성역할의 내면화가 이루어진다.
ㄹ. 전환적 추론이 가능하다.

① ㄱ ② ㄴ, ㄹ ③ ㄱ, ㄴ, ㄷ ④ ㄴ, ㄷ, ㄹ ⑤ ㄱ, ㄴ, ㄷ, ㄹ

14. 아동기(7~12세)의 심리·사회적 발달에 관한 설명으로 옳은 것은?

① 자아의식이 발달하여 고독에 빠지기 쉽다.
② 단체놀이를 통하여 협동, 경쟁, 협상하는 능력이 향상된다.
③ 부모의 기대와 문화적 기준에 맞는 성역할 고정관념이 확립된다.
④ 사회적 관계가 확대되어 가족으로부터 독립을 준비하고자 한다.
⑤ 학년이 올라갈수록 급우들과의 관계가 약화되며 성인의 승인을 받고 싶어 한다.

15. 청소년기(13~18세)의 특징으로 옳지 않은 것은?

① 신체적 발달이 활발하여 제2의 성장 급등기로 불린다.
② 정서의 변화가 심하며 극단적 정서를 경험하기도 한다.
③ 성적 성숙에는 개인차가 있으며, 발달의 순서 역시 개인마다 다르다.
④ 어린이도 성인도 아니라는 점에서 주변인이라고 불린다.
⑤ 상상적 청중과 개인적 우화는 청소년기의 자기중심성이 반영된 예이다.

16. 마샤(J. Marcia)의 자아정체감에 관한 설명 중 옳지 않은 것은?

① 정체감 성취 - 전념을 통해 위기를 해결한 경우이다.
② 정체감 유실 - 자신만의 위기는 없지만, 부모 등이 제시한 정체감에 그대로 전념한다.
③ 정체감 유예 - 위기를 해결하지 못하고, 현재 진행 중에 있다.
④ 정체감 혼란 - 위기와 전념이 모두 없다.
⑤ 정체감 수행 - 전념과 위기를 조절하여 자신만의 정체감을 만든다.

17. 청년기(19~34세)에 관한 설명으로 옳지 않은 것은?

① 부모로부터 심리적·경제적으로 독립하여 자율성을 성취하는 시기이다.
② 자아성취감 형성과 성숙한 사회관계 성취가 중요하다.
③ 타인과의 관계에서 친밀감을 형성하면서 결혼과 부모됨을 고려하는 시기이다.
④ 하비거스트(R. Havighurst)는 청년기의 발달과업으로 육아에 대한 기본적인 지식을 배우는 것을 제시하였다.
⑤ 사랑하고 보살피는 능력이 심화되는 시기이다.

18. 로저스(C. Rogers)의 이론에 관한 설명으로 옳은 것을 모두 고른 것은?

> ㄱ. 인간이 지닌 보편적·객관적 경험을 강조하였다.
> ㄴ. 개입 과정에서 상담가의 진실성 및 일치성을 강조하였다.
> ㄷ. 지시적 상담의 중요성을 강조하였다.
> ㄹ. 인간 본성이 지닌 낙관적이고 긍정적인 측면을 강조하였다.

① ㄱ ② ㄴ, ㄹ ③ ㄱ, ㄴ, ㄷ ④ ㄴ, ㄷ, ㄹ ⑤ ㄱ, ㄴ, ㄷ, ㄹ

19. 생태학이론이 사회복지실천에 미친 영향으로 옳은 것을 모두 고른 것은?

> ㄱ. 전체 체계를 고려하여 문제를 이해할 수 있도록 하였다.
> ㄴ. 클라이언트와 사회복지사 간의 상호교류를 중시한다.
> ㄷ. 각 체계들로부터 풍부한 정보의 획득이 가능하다.
> ㄹ. 클라이언트의 현재 행동을 적합성과 적응과정으로 이해하는 데에 관심을 둔다.

① ㄱ ② ㄴ, ㄹ ③ ㄱ, ㄴ, ㄷ ④ ㄴ, ㄷ, ㄹ ⑤ ㄱ, ㄴ, ㄷ, ㄹ

20. 중년기(35~64세)의 특징으로 옳은 것은?

① 남성만이 우울, 무기력감 등 심리적 증상을 경험한다.
② 유동성 지능은 계속 증가하지만 결정성 지능은 감소한다.
③ 레빈슨(D. Levinson)은 성인 초기의 생애 구조에 대한 평가, 중년기에 대한 가능성 탐구, 새로운 생애 구조 설계를 위한 선택 등을 과업으로 제시하였다.
④ 남성은 에스트로겐이, 여성은 테스토스테론의 분비가 감소되는 호르몬의 변화과정을 겪는다.
⑤ 남성은 성기능 저하 및 성욕감퇴와 더불어 생식능력도 상실한다.

21. 매슬로우(A. Maslow)의 이론에 관한 설명으로 옳지 않은 것은?

① 창조성은 누구에게나 잠재해 있기 때문에 특별한 자질이나 능력을 요구하지 않는다.
② 인간의 본성은 본질적으로 선하다고 가정하며, 따라서 인간에 대해 낙관적 태도를 보인다.
③ 자아실현의 경향은 인간의 본성이다.
④ 자존감의 욕구에는 능력, 신뢰감, 성취, 독립의 욕구 등이 있다.
⑤ 인간의 욕구는 실현가능성과 개인의 의지에 따라 위계적으로 구성되어 있다.

22. 퀴블러-로스(Kübler-Ross)의 죽음의 적응단계로 옳지 않은 것은?

① 1단계 - 충격과 심한 불신감을 나타내며 강하게 부정한다.

② 2단계 - 주변 사람들한테 화를 내며 분노를 터뜨린다.

③ 3단계 - 타협으로 죽음을 연기하고 싶어 한다.

④ 4단계 - 조건을 받아들이고 이겨내기 위해 노력한다.

⑤ 5단계 - 담담하게 생각하고 수용하게 된다.

23. 노년기(65세 이상)의 설명으로 옳은 것을 모두 고른 것은?

ㄱ. 주요 과업은 자신의 삶을 수용하는 것이다.

ㄴ. 친근한 사물에 대한 애착심이 강하고 수동성이 증가한다.

ㄷ. 전반적으로 반응 속도가 저하되어 안전사고를 당할 가능성이 높다.

ㄹ. 생에 대한 회상과 융통성이 증가한다.

① ㄱ, ㄴ, ㄷ ② ㄱ, ㄷ ③ ㄴ, ㄹ ④ ㄹ ⑤ ㄱ, ㄴ, ㄷ, ㄹ

24. 반두라(A. Bandura)의 사회학습이론에 관한 설명으로 옳지 않은 것은?

① 모델이 관찰자와 상이할 때 관찰자는 모델을 더욱 모방하는 경향이 있다.

② 학습은 사람, 환경 및 행동의 상호작용에 의해 이루어짐을 강조한다.

③ 특정행동을 성공적으로 수행할 수 있다는 신념을 강조한다.

④ 관찰학습의 마지막 단계는 동기화단계이다.

⑤ 관찰학습은 단순한 환경적 자극에 대한 반응을 통하여 행동을 학습하는 것이 아니라 타인의 행동을 관찰함으로써 행동을 습득하는 것이다.

25. 브론펜브레너(U. Bronfenbrenner)의 사회환경체계에 관한 설명으로 옳은 것은?

① 거시체계는 개인이 가장 밀접하게 상호작용하는 사회적·물리적 환경을 말한다.

② 미시체계는 인간의 삶과 행동에 일방적인 영향을 미친다.

③ 내부체계는 개인이 직접 참여하거나 관여하지는 않으나 개인에게 영향을 미치는 체계로 부모의 직장 등이 포함된다.

④ 미시체계는 조직수준에서 영향을 미칠 수 있는 체계이다.

⑤ 중간체계는 상호작용하는 둘 이상의 미시체계 간의 관계로 구성된다.

26. 귀납법과 연역법에 관한 설명으로 옳지 않은 것을 모두 고른 것은?

ㄱ. 귀납법과 연역법은 상호 배타적이다.
ㄴ. 귀납법은 이론에서 조작화와 관찰로 이어진다.
ㄷ. '모든 사람은 죽는다'와 같은 명제에서 시작하는 것은 귀납법이다.
ㄹ. 연역법은 개별 사례의 관찰에서 출발한다.

① ㄱ ② ㄴ, ㄹ ③ ㄱ, ㄴ, ㄷ ④ ㄴ, ㄷ, ㄹ ⑤ ㄱ, ㄴ, ㄷ, ㄹ

27. 인과관계를 성립시키기 위한 경험적 요건에 해당하는 것을 모두 고른 것은?

ㄱ. 원인이 되는 변수가 결과가 되는 변수보다 시간적으로 앞서야 한다.
ㄴ. 원인이 되는 변수와 결과가 되는 변수는 일정한 방식으로 함께 변해야 한다.
ㄷ. 원인이 되는 변수와 결과가 되는 변수의 관계가 허위적 관계이면 안 된다.

① ㄱ ② ㄱ, ㄴ ③ ㄱ, ㄷ ④ ㄴ, ㄷ ⑤ ㄱ, ㄴ, ㄷ

28. 쿤(T. Kuhn)의 과학적 패러다임에 관한 설명으로 옳지 않은 것은?

① 과학은 일정한 방향으로 누적적 진보를 하지 않는다.
② 일반적으로 패러다임의 우열을 가릴 수 있는 객관적 기준이 존재하지 않는다.
③ 과학적 진리는 과학자 공동체의 패러다임에 의존한다.
④ 과학의 진보에는 특정한 패턴이나 구조가 존재하지 않는다.
⑤ 정상과학은 당대의 지배적 패러다임에서 벗어나지 않는 것이다.

29. 자료분석 단계에서 발생할 수 있는 오류 중 생태학적 오류(ecological fallacy)에 관한 설명으로 옳은 것은?

① 측정 환경의 불안정으로 인해 수집된 자료의 값들이 일관성을 보이지 못하는 현상이다.
② 집단을 분석단위로 한 조사 결과를 개인 단위에 대한 설명으로 사용하는 것이다.
③ 어떤 현상의 발생 원인이나 개념을 지나치게 제한하거나 단순화시키는 것이다.
④ 소수의 표본에서 얻은 결과를 전체에게 과도하게 확대 적용하는 것이다.
⑤ 개인을 분석단위로 한 조사 결과를 집단 단위에 대한 설명으로 사용하는 것이다.

30. 다음의 연구모형에 존재하지 않는 변수는?

노인학대가 피해 노인의 자살생각에 미치는 영향은 노인이 맺고 있는 사회적 지지체계의 수준에 따라 달라진다는 연구 결과가 발표되었다.

① 독립변수 ② 매개변수 ③ 종속변수 ④ 조절변수 ⑤ 내생변수

31. 개념의 조작화 과정에 관한 설명으로 옳지 않은 것을 모두 고른 것은?

ㄱ. 표준화된 척도는 조작화의 산물이다. ㄴ. 명목적 정의로서 충분히 조작화가 가능하다. ㄷ. 질적조사에서 매우 중요한 과정이다. ㄹ. 변수를 조작화시키는 방법은 한정되어 있다.

① ㄱ ② ㄴ, ㄹ ③ ㄱ, ㄴ, ㄷ ④ ㄴ, ㄷ, ㄹ ⑤ ㄱ, ㄴ, ㄷ, ㄹ

32. 다음과 같은 연구문제를 검증하기 위하여 변수를 구성할 때 측정 방법, 변수의 종류, 분석가능한 통계수치의 연결이 옳은 것은?

치매노인의 우울증 치료레크리에이션 프로그램 경험이 삶의 만족 정도에 미치는 영향은 치매노인 가족의 지지 정도에 따라 차이가 있을 것이다.

① 치료레크리에이션 프로그램의 경험(유무) - 독립변수, 최빈값
② 치료레크리에이션 프로그램의 경험(종류) - 독립변수, 산술평균
③ 치료레크리에이션 프로그램의 경험(기간) - 조절변수, 중간값
④ 치매노인 가족의 지지 정도(5점 척도) - 독립변수, 산술평균
⑤ 삶의 만족 정도(5점 척도) - 매개변수, 산술평균

33. 측정의 오류에 관한 설명으로 옳지 않은 것은?

① 체계적 오류는 측정도구의 구성에서 발생할 수 있다.
② 측정오류의 정도는 측정대상과 측정도구의 성격에 따라 차이가 나타난다.
③ 측정오류는 신뢰도와 타당도가 확보된 측정도구를 이용하여 예방할 수 있다.
④ 무작위 오류는 수집된 자료를 코딩하는 과정에서 잘못 입력하는 경우에도 발생한다.
⑤ 체계적 오류는 신뢰도를 낮추는 주요 원인이다.

34. 측정의 신뢰도에 관한 설명으로 옳지 않은 것은?

① 재검사법, 반분법은 신뢰도를 평가하는 방법이다.
② 신뢰도는 타당도의 필요충분조건이다.
③ 신뢰도는 일관성으로 표현될 수 있는 개념이다.
④ 측정할 때마다 실제보다 5g 더 높게 측정되는 저울은 신뢰도가 있다.
⑤ 측정도구의 문항 수가 많을수록 신뢰도는 높아진다.

35. 다음 사례에서 측정하고자 하는 타당도로 옳은 것은?

연구자는 새롭게 개발한 자아존중감 척도 A의 타당도를 확인하기 위하여 우울증 척도 B와의 상관관계의 상관계수를 산출하였고, 그 결과 A와 B의 상관관계가 매우 높은 것을 확인하였다.

① 내용타당도(content validity)
② 판별타당도(discriminant validity)
③ 액면타당도(face validity)
④ 예측타당도(predictive validity)
⑤ 기준관련타당도(criterion-related validity)

36. 다음과 같은 조사방법에 관한 설명으로 옳지 않은 것을 <보기>에서 모두 고른 것은?

총 40문항의 척도를 20문항씩 두 조합으로 나눈 후, 평균점수 간 상관관계를 보고 측정의 일관성을 확인하였다.

〈보기〉

ㄱ. 타당도 측정 방법 중 하나다.
ㄴ. 일관성 확인을 위해 두 번 조사해야 하는 불편함이 발생할 수 있다.
ㄷ. 문항을 어떻게 두 조합으로 나누는지와는 상관없이 상관관계는 동일하다.
ㄹ. 상관관계가 낮을 경우 어떤 문항을 제거할지 알 수 없다.

① ㄱ　　② ㄴ, ㄹ　　③ ㄱ, ㄴ, ㄷ　　④ ㄴ, ㄷ, ㄹ　　⑤ ㄱ, ㄴ, ㄷ, ㄹ

37. 사회복지조사 과정에 관한 설명으로 옳지 않은 것은?

① 연구문제 설정은 가설 설정의 전 단계이다.
② 조사과정은 자료분석으로 마무리 된다.
③ 연구문제 설정에서 비용, 시간, 윤리성 등이 고려되어야 한다.
④ 보고서는 연구결과의 함의에 맞추어 서술되어야 한다.
⑤ 가설설정 이후에 조사설계를 한다.

38. 변수에 관한 설명으로 옳은 것은?

① 독립변수는 명목, 서열, 등간, 비율 등 모든 수준의 척도가 활용될 수 있다.

② 매개변수는 독립변수와 종속변수에게 영향을 미친다.

③ 소득이 삶의 만족도에 미치는 영향은 성별에 따라 다를 경우 성별은 매개변수이다.

④ 변수들 간의 관계는 그 속성에 따라 직선의 형태로만 나타낼 수 있다.

⑤ 외생변수는 독립변수에만 영향을 미친다.

39. 영가설(null hypothesis)에 관한 설명으로 옳지 않은 것은?

① 연구가설에 대한 반증가설이다.

② 변수 간에 관계가 없음을 뜻한다.

③ 대안가설을 검증하여 채택하는 가설이다.

④ 변수 간의 관계가 우연에 의해서 발생했다고 진술한다.

⑤ 영가설을 기각하면 연구가설이 잠정적으로 채택된다.

40. 횡단연구와 종단연구에 관한 설명으로 옳은 것을 모두 고른 것은?

ㄱ. 특정 집단의 변화에 대한 횡단연구는 경향연구(trend study)이다.
ㄴ. 일정기간에 걸쳐 발생하는 변화에 관한 연구는 종단연구이다.
ㄷ. 횡단연구는 종단연구에 비해 상대적으로 비용이 많이 든다.
ㄹ. 횡단연구는 한 시점에서 대상을 관찰한다.

① ㄱ　② ㄴ, ㄹ　③ ㄱ, ㄴ, ㄷ　④ ㄴ, ㄷ, ㄹ　⑤ ㄱ, ㄴ, ㄷ, ㄹ

41. 척도에 관한 설명으로 옳지 않은 것은?

① 리커트(Likert)척도는 개별문항의 중요도를 동등화한다.

② 보가더스(Bogardus)의 사회적 거리척도는 누적척도이다.

③ 거트만(Guttman)척도는 단일차원적 내용을 분석할 때 사용된다.

④ 의미차별(semantic differential)척도는 느낌이나 감정을 나타내는 한 쌍의 유사한 형용사를 사용한다.

⑤ 서스톤척도(Thurstone scale)는 개발이 어렵다는 단점이 있다.

42. 사회조사의 윤리에 관한 설명으로 옳은 것은?

① 연구의 공익적 가치는 일반적으로 연구윤리보다 우선해야 한다.

② 변조란 존재하지 않는 조사 자료나 조사 결과 등을 허위로 만들어 보고하는 행위를 말한다.

③ 연구로부터 얻을 수 있는 사회적 이익이 비용을 초과해야만 한다.

④ 조사과정에서 드러난 문제점과 실패도 모두 보고해야 한다.

⑤ 비밀성이 보장되면 익명성도 보장된다.

43. 단일사례 설계에 관한 설명으로 옳은 것은?

① AB설계는 외부요인을 충분히 통제할 수 있기 때문에 여러 유형의 문제에 적용가능하다.
② ABAB설계는 외부요인을 통제할 수 있어 개입의 효과를 확인할 수 있다.
③ 복수기초선설계는 기초선 단계 이후 여러 개의 다른 개입방법을 순차적으로 적용한다.
④ 통계적 분석은 변화의 수준, 파동, 경향을 고려해야 한다.
⑤ 통계적 분석을 할 때 기초선이 불안정한 경우 평균비교가 적합하다.

44. 서베이(survey) 조사에 관한 설명으로 옳은 것은?

① 대면면접조사는 우편조사에 비해 응답자의 익명성 보장 수준이 높다.
② 우편조사는 심층규명이 쉽다.
③ 배포조사는 응답 환경을 통제하기 쉽다.
④ 일반적으로 전화조사는 면접조사에 비해 면접시간이 길다.
⑤ 우편조사는 원래 표본으로 추출된 응답자가 응답하지 않을 수 있다.

45. 질적연구에 관한 설명으로 옳지 않은 것은?

① 현장연구라고도 하며, 문화기술지 연구, 내러티브연구, (심층)사례연구, 근거이론 연구, 현상학적 연구 등이 대표적 연구 방법들이다.
② 자연주의는 질적조사의 오랜 전통이다.
③ 일반화 가능성이 양적연구보다 낮다.
④ 다른 연구자들이 재연하기 용이하다.
⑤ 연구참여자의 상황적 맥락 안에서 이루어지며, 현상에 대해 심층적으로 기술한다.

46. 표집오차(sampling error)에 관한 설명으로 옳지 않은 것은?

① 모집단의 모수와 표본의 통계치 간의 차이이다.
② 표본으로 추출될 기회가 동등하면 표집오차는 감소한다.
③ 표준오차(standard error)가 커지면 신뢰구간도 커진다.
④ 신뢰수준(confidence level)을 높이면 표집오차가 증가한다.
⑤ 표본의 크기가 커지면 표집오차는 증가한다.

47. 다음에 해당하는 표집방법은?

지역사회 내 다문화가족에 대한 서비스 개발을 위해 다문화가족지원센터의 사례관리 담당자에게 의뢰하여 자신의 욕구를 잘 표현할 수 있는 다문화가족 성원을 조사 대상으로 선정하였다.

① 층화 표집 ② 할당 표집 ③ 의도적 표집 ④ 우발적 표집 ⑤ 체계적 표집

48. 실험설계의 유형에 관한 설명으로 옳은 것을 모두 고른 것은?

ㄱ. 단일집단 사전사후검사 설계(one-group pretest-posttest design)는 검사효과를 통제하기 어렵다.
ㄴ. 통제집단 사후검사 설계(posttest-only control group design)는 사전검사의 영향을 배제할 수 있다.
ㄷ. 시계열 설계(time-series design)는 검사효과와 외부사건을 통제하기 어렵다.
ㄹ. 정태적 집단 비교설계(static group design)는 두 집단의 본래 차이를 확인하기 어렵다.

① ㄱ ② ㄴ, ㄹ ③ ㄱ, ㄴ, ㄷ ④ ㄴ, ㄷ, ㄹ ⑤ ㄱ, ㄴ, ㄷ, ㄹ

49. 내적 타당도와 외적 타당도에 관한 설명으로 옳은 것은?

① 내적 타당도는 외적 타당도의 필요조건이지만 충분조건은 아니다.
② 내적 타당도가 높으면 외적 타당도 또한 높다.
③ 외적 타당도가 낮은 경우 내적 타당도 역시 낮다.
④ 연구결과를 연구조건을 넘어서는 상황이나 모집단으로 일반화하는 정도가 내적 타당도이다.
⑤ 어떤 변수가 다른 변수의 원인임을 정확하게 기술하는 것이 외적 타당도이다.

50. 실험설계에 관한 설명 중 옳지 않은 것은?

① 무작위 할당을 통해 우연한 사건의 영향을 예방할 수 있다.
② 비동일 비교집단 설계는 무작위 방법으로 실험집단과 통제집단의 구성이 어려울 경우 사용하는 설계이다.
③ 단순 시계열설계는 실험효과를 파악하기 위해 개입 이후에는 1회만 관찰한다.
④ 단일집단 사전사후검사 설계는 시간적 우선성과 비교의 기준이 존재한다.
⑤ 정태(고정)집단 비교설계는 외부요인의 설명 가능성을 배제하기 어렵다.

사회복지사 1급 국가자격시험 대비
제3회 FINAL 모의고사

교 시	문제형별	시 간	시 험 과 목
2교시	A	75분	<사회복지실천> 1 사회복지실천론 2 사회복지실천기술론 3 지역사회복지론

수험번호		성 명	

[수험자 유의사항]

1. 시험문제지는 **단일 형별(A형)**이며, 답안카드 형별 기재란에 표시된 형별(A형)을 확인하시기 바랍니다. 시험문제지의 **총면수, 문제번호 일련순서, 인쇄상태** 등을 확인하시고, 문제지 표지에 수험번호와 성명을 기재하시기 바랍니다.

2. 답은 각 문제마다 요구하는 **가장 적합하거나 가까운 답 1개**만 선택하고, 답안카드 작성 시 시험문제지 **마킹착오**로 인한 불이익은 전적으로 **수험자에게 책임**이 있음을 알려 드립니다.

3. 답안카드는 국가전문자격 공통 표준형으로 문제번호가 1번부터 125번까지 인쇄되어 있습니다. 답안 마킹 시에는 반드시 **시험문제지의 문제번호와 동일한 번호**에 마킹하여야 합니다.

4. **감독위원의 지시에 불응하거나 시험시간 종료 후 답안카드를 제출하지 않을 경우** 불이익이 발생할 수 있음을 알려 드립니다.
   ※ 시험문제지는 시험 종료 후 가지고 갈 수 있습니다.

5. 문제지 맨 뒤에 제공되는 답안카드를 활용하여 실전처럼 모의고사를 풀어보시기 바랍니다.

각 문제에서 요구하는 가장 적합한 답 1개만을 고르시오.

사회복지실천(사회복지실천론)

01. 다음 클라이언트와의 대화에서 사회복지사가 사용한 사회복지실천 기술은?

ㅇ 클라이언트: 어제 남편과 또 다툼이 있었어요! 하지만 지난번에 가르쳐 주신 것처럼... 제 감정을 푸는 대화가 아니라 남편에 대한 제 바람을 차분히 말했어요!
ㅇ 사회복지사: 남편에게 자신의 의사표현을 정확히 하셨군요! 정말 잘 하셨습니다.

① 격려(encouragement) ② 인정(recognition) ③ 재보증(reassurance)
④ 일반화(universalization) ⑤ 환기(ventilation)

02. 사회복지실천의 목적과 기능으로 옳은 것을 모두 고른 것은?

ㄱ. 사회정의를 증진시킨다.
ㄴ. 클라이언트의 삶의 질을 증진시킨다.
ㄷ. 클라이언트의 가능성과 잠재력을 개발한다.
ㄹ. 개인이 조직에게 효과적으로 순응하도록 원조한다.

① ㄱ ② ㄴ, ㄹ ③ ㄱ, ㄴ, ㄷ ④ ㄴ, ㄷ, ㄹ ⑤ ㄱ, ㄴ, ㄷ, ㄹ

03. 사회복지실천의 간접적 개입을 모두 고른 것은?

ㄱ. 공청회 개최	ㄴ. 정책 개발
ㄷ. 프로그램 개발 및 조정	ㄹ. 옹호

① ㄱ ② ㄴ, ㄹ ③ ㄱ, ㄴ, ㄷ ④ ㄴ, ㄷ, ㄹ ⑤ ㄱ, ㄴ, ㄷ, ㄹ

04. 사정에 관한 설명으로 옳지 않은 것은?

① 클라이언트와 사회복지사의 상호과정으로, 상황속의 인간이라는 이중적 관점을 가진다.
② 수집된 정보를 바탕으로 전체적인 상황을 이해하는 사고의 전개과정이다.
③ 클라이언트를 완전히 이해하는 것은 불가능하다.
④ 생태도에서 자원의 양은 '선'으로, 관계의 속성은 '원'으로 표시한다.
⑤ 가계도는 세대 간 반복된 가족 특성을 파악하기 위한 사정도구이다.

05. 우리나라 사회복지실천의 역사에 관한 설명으로 옳지 않은 것을 모두 고른 것은?

ㄱ. 1997년「사회복지사업법」의 개정으로 2001년부터 사회복지사 1급 국가시험이 실시되었다.
ㄴ. 1980년대 후반부터 사회복지전담공무원이 배치되었고, 1990년대 후반에 사회복지전문요원으로 명칭이 변경되었다.
ㄷ. 1970년대 초반에 개정된「사회복지사업법」에서 사회복지관의 설립·운영을 지원하는 근거가 마련되었다.
ㄹ. 한국전쟁 이후 외원단체들의 지원은 재가중심의 사회복지를 발전시켰다.

① ㄱ ② ㄴ, ㄹ ③ ㄱ, ㄴ, ㄷ ④ ㄴ, ㄷ, ㄹ ⑤ ㄱ, ㄴ, ㄷ, ㄹ

06. 사회복지실천 이념에 관한 설명으로 옳지 않은 것은?

① 개인주의는 개인의 권리와 함께 의무도 강조한다.
② 민주주의는 최소한의 수혜자격을 강조한다.
③ 사회진화론에 근거한 사회복지실천은 자선조직협회의 활동에서 찾아볼 수 있다.
④ 이타주의는 타인을 위하여 봉사하는 정신으로 실천되었다.
⑤ 문화다양성은 다양한 문화의 공존을 지향한다.

07. 인권에 관한 설명 중 옳지 않은 것은?

① 인간의 욕구를 충족시키기 위한 법적 권리이다.
② 국제법과 국제규약 및 각국의 국내법에 의해 규정된다.
③ 각 사회의 문화에 따라 각국마다 다양하게 규정된다.
④ 사회복지실천에서는 인권과 윤리를 명확하게 구분한다.
⑤ 법이 보장하고 있지 않다 해도 인간의 존엄성 보장에 필요한 권리이다.

08. 사회복지사 윤리강령의 기능에 관한 설명으로 옳지 않은 것은?

① 사회복지사의 비윤리적 실천으로부터 클라이언트를 보호한다.
② 사회복지사 스스로 자기규제를 갖게 하여 외부의 통제로부터 사회복지 전문직의 전문성을 보호한다.
③ 기관 내부의 다툼이나 분열로 인한 자기 파멸을 미연에 방지함으로써 전문직 동료 간에 조화로운 화합을 돕는다.
④ 선언적 선서를 통해 사회복지 전문가들의 윤리적 민감화를 고양시켜서 윤리적 실천의 재고를 유도한다.
⑤ 사회복지사가 다른 사람을 원조하기 위한 전문적인 활동과 기술을 제공한다.

09. 한국 사회복지사 윤리강령에 대한 설명 중 옳지 않은 것은?

① 사회복지사는 동료의 윤리적이고 전문적인 행위를 촉진해야 하며, 동료가 전문적인 판단과 실천이 미흡하여 문제를 발생시켰을 때 한국사회복지사협회의 지침에 따라 대처한다.
② 사회복지사는 클라이언트의 지불 능력에 상관없이 복지 서비스를 제공해야 한다.
③ 사회복지사는 동료들에게 정보통신기술을 사용한 비윤리적 행위를 하지 않는다.
④ 사회복지사는 기관의 부당한 정책이나 요구에 대해 전문직의 가치와 지식을 근거로 대응하고, 제반 법령과 규정에 따라 해결하도록 노력해야 한다.
⑤ 기본적 윤리기준에는 전문가로서의 자세, 전문성 개발을 위한 노력, 전문가로서의 실천 등의 내용으로 구성되어 있다.

10. 사회복지실천의 가치와 윤리에 관한 설명 중 옳은 것을 모두 고른 것은?

ㄱ. 가치는 좋고 바람직한 것에 대한 지침이다.
ㄴ. 사회복지실천의 가치에는 인간의 존엄성, 인간의 자율성, 인간의 자기결정권 등이 있다.
ㄷ. 윤리는 어떤 행동의 옳고 그름에 대한 판단기준이다.
ㄹ. 사회복지 가치는 윤리에 기반을 두고 있다.

① ㄱ, ㄴ, ㄷ ② ㄱ, ㄷ ③ ㄴ, ㄹ ④ ㄹ ⑤ ㄱ, ㄴ, ㄷ, ㄹ

11. 레비(C. Levy)가 제시한 사회복지전문직의 가치와 그 종류를 연결한 것 중 옳지 않은 것은?

① 사람우선의 가치 - 인간의 존엄성
② 결과우선의 가치 - 사회적 책임
③ 수단우선의 가치 - 자기결정권 존중
④ 사람우선의 가치 - 건설적 변화에 대한 능력과 열망
⑤ 결과우선의 가치 - 상호책임성

12. 돌고프, 로웬버그와 해링턴(R. Dolgoff, F. Loewenberg & D. Harrington)이 제시한 윤리적 의사결정과정의 순서로 옳은 것은?

ㄱ. 실행을 점검한다.
ㄴ. 문제와 관련 있는 사람들과 제도들을 확인한다.
ㄷ. 개입전략과 개입대상을 찾아낸다.
ㄹ. 문제와 관련 있는 사람들이 갖고 있는 가치들을 확인한다.

① ㄴ - ㄱ - ㄹ - ㄷ ② ㄴ - ㄹ - ㄱ - ㄷ ③ ㄴ - ㄹ - ㄷ - ㄱ
④ ㄹ - ㄴ - ㄱ - ㄷ ⑤ ㄹ - ㄷ - ㄴ - ㄱ

13. 사회복지사의 역할과 활동 사례가 바르게 짝지어지지 않은 것은?

① 옹호자 - 가정폭력피해여성들의 인권침해 문제와 관련해 피해여성들의 사회적 권리 확보를 위한 활동을 하였다.

② 조정자 - 방문서비스가 중복해서 제공되는 문제를 발견하고, 지역 내 재가서비스기관 모임을 통해 효율적인 서비스를 제공하고자 하였다.

③ 연구자 - 제공된 프로그램의 개입의 효과를 평가하였다.

④ 교육자 - 클라이언트에게 일상생활에 필요한 지식과 기술을 전수하였다.

⑤ 중개자 - 갈등으로 이혼위기에 처한 부부관계에 개입하여 상호 만족스러운 합의점을 도출하였다.

14. 강점관점에 관한 설명으로 옳지 않은 것은?

① 개입의 초점은 가능성에 있다.

② 클라이언트를 재능과 자원을 가진 사람으로 규정한다.

③ 사회복지사는 클라이언트의 진술에 대해 회의적이기 때문에 재해석하여 진단에 활용한다.

④ 사회복지사와 클라이언트의 협동 작업이 이루어질 때 클라이언트에게 최선의 도움을 줄 수 있다고 가정한다.

⑤ 개입의 핵심은 개인, 가족, 지역사회의 참여이다.

15. 사회복지 실천현장에 관한 설명으로 옳은 것을 모두 고른 것은?

ㄱ. 노인여가복지시설은 이용시설이다.
ㄴ. 양육지원시설은 「한부모가족지원법」에 따라 설립된다.
ㄷ. 지역아동센터는 민간기관이다.
ㄹ. 보호를 필요로 하는 아동을 입소시켜 돌보는 이용시설을 아동양육시설이라고 한다.

① ㄱ, ㄴ, ㄷ　② ㄱ, ㄷ　③ ㄴ, ㄹ　④ ㄹ　⑤ ㄱ, ㄴ, ㄷ, ㄹ

16. 통합적 접근방법이 사회복지실천에 미친 영향이 아닌 것은?

① 전통적 실천방법을 해체하고 새로운 실천방법을 제시하였다.

② 사회복지전문직의 정체성 확립에 기여하였다.

③ 사회복지실천을 구성하는 공통점이 도출되었다.

④ 클라이언트 욕구에 따른 맞춤형 원조가 가능하게 되었다.

⑤ 개인, 가족, 지역사회 등 다양한 체계에 대한 사정과 개입이 가능하게 되었다.

17. 권한부여(empowerment)모델에 관한 설명으로 옳지 않은 것은?

① 다양한 계층을 수용한다.
② 클라이언트의 독특성을 인정하는 개별화를 강조한다.
③ 개인, 대인관계, 제도적 차원에서 권한부여가 이루어진다.
④ 클라이언트의 상황을 이해하는 것은 발견단계에서의 과업이다.
⑤ 발전단계에서는 클라이언트에게 주어진 기회를 확대한다.

18. 펄만(Perlman)이 제시한 개별사회사업의 4가지 구성요소에 해당하지 않는 것은?

① 장소(place) ② 사람(person) ③ 문제(problem) ④ 실천(practice) ⑤ 과정(process)

19. 핀커스와 미나한(Pincus & Minahan)의 4체계모델의 주요 대상체계에 대한 설명으로 옳은 것은?

① 비자발적인 클라이언트는 의뢰-응답체계에 해당한다.
② 전문가를 육성하는 교육체계는 전문체계에 해당한다.
③ 표적체계는 서비스나 도움을 필요로 하는 체계이다.
④ 클라이언트체계는 목표달성을 위해 변화가 필요한 체계이다.
⑤ 행동체계는 목표달성을 위해 사회복지사가 상호작용하는 체계이다.

20. 사례관리의 등장배경에 관한 설명으로 옳지 않은 것은?

① 만성적이고 복합적인 문제를 가진 클라이언트가 증가하였다.
② 분산된 서비스 전달체계 간 조정기능이 부재하였다.
③ 임상적 치료모델에 대한 욕구가 증가하였다.
④ 중복서비스를 제공하는 전문기관이 확대되었다.
⑤ 사회적 지원망의 중요성이 강조되었다.

21. 자선조직협회에 관한 설명으로 옳지 않은 것은?

① 구빈법과 개별사회사업 태동에 영향을 주었다.
② 구제를 위한 등록제 실시 등 과학적 자선을 시작하였다.
③ 빈곤의 원인을 개인의 나태함과 게으름 등으로 보았다.
④ 영국 런던에서 시작되었다.
⑤ 우애방문자(friendly visitors)가 활동하였다.

22. 미국에서 사회복지실천이 봉사활동에서 전문직으로 바뀌게 된 배경과 사건이 아닌 것은?

① 1900~1920년대에 벌어진 일이다.

② 우애방문자들의 활동에 보수를 지급하기 시작하였다.

③ 우애방문자를 지도·감독하는 등, 오늘날 슈퍼바이저의 기원이 마련되었다.

④ 전통적 방법론의 한계와 이에 따른 대안으로 통합적 방법론이 등장하였다.

⑤ 사회복지전문직을 양성하는 교육 프로그램이 마련되었다.

23. 사례관리에 대한 설명으로 옳지 않은 것은?

① 클라이언트에게 필요한 서비스 확보를 위한 클라이언트의 책임성을 강조한다.

② 클라이언트의 신체적·정서적·사회적 상황에 따른 욕구에 맞게 서비스를 제공한다.

③ 클라이언트에게 필요한 서비스가 분산되어 있을 때 다른 기관의 서비스를 포괄적으로 받도록 한다.

④ 클라이언트의 인종, 성별, 계층 등을 이유로 이용자격 및 절차 등에서 어려움을 겪지 않고 서비스를 쉽게 이용할 수 있도록 원조해야 한다.

⑤ 시간의 경과에 따라 변화하는 클라이언트의 욕구에 대해 지속적으로 사정하고 서비스를 제공해야 한다.

24. 클라이언트의 권리를 보호하는 '고지된 동의(informed consent)'에 관한 설명으로 옳지 않은 것을 모두 고른 것은?

ㄱ. 클라이언트에게 서비스의 한계점에 대해 분명히 알린다.
ㄴ. 서비스 제공 이후에 즉시 받는다.
ㄷ. 구두(口頭)의 형태로도 받을 수 있다.
ㄹ. 개입을 위해 클라이언트에게 강제로 시행되는 절차이다.

① ㄱ ② ㄴ, ㄹ ③ ㄱ, ㄴ, ㄷ ④ ㄴ, ㄷ, ㄹ ⑤ ㄱ, ㄴ, ㄷ, ㄹ

25. 사회복지실천의 개입기술에 관한 설명으로 옳은 것은?

① 재명명은 합리적인 생각과 결정에 대해 클라이언트가 의구심을 갖거나 자신 없어 할 때 사용하는 기술이다.

② 재보증은 문제 상황에 대한 클라이언트의 관점을 변화시키기 위해 클라이언트가 부여하는 의미를 수정하는 기술이다.

③ 직면, 격려, 초점화, 재명명, 정보제공은 클라이언트의 인지능력을 향상시키기 위해 사용되는 기술들이다.

④ 요약은 클라이언트의 메시지가 추상적이고 애매모호할 때 구체화하는 기술이다.

⑤ 직면, 재명명, 재보증, 일반화는 문제에 대한 관점이나 인식을 변화시켜 새로운 이해를 촉진하는 기술들이다.

사회복지실천(사회복지실천기술론)

26. 인지행동모델의 개입기법에 관한 설명으로 옳지 않은 것을 모두 고른 것은?

> ㄱ. 설명 - 클라이언트의 행동이 어떻게 생각에 영향을 미치는지를 알려주어 인지변화를 유도한다.
> ㄴ. 내적 의사소통의 명료화 - 클라이언트 자신의 독백과 생각의 비합리성을 이해할 수 있다.
> ㄷ. 경험적 학습 - 왜곡된 인지에 도전하여 변화를 유도하는 것으로 인지적 불일치 원리를 적용한다.
> ㄹ. 인지 재구조화 - 역기능적인 사고와 신념을 현실에 맞는 것으로 대치하도록 하여 기능 향상을 돕는다.

① ㄱ ② ㄴ, ㄹ ③ ㄱ, ㄴ, ㄷ ④ ㄴ, ㄷ, ㄹ ⑤ ㄱ, ㄴ, ㄷ, ㄹ

27. 해결중심모델에 관한 설명으로 옳은 것은?

① 모든 사람은 강점과 자원, 능력을 가지고 있다고 가정하며, 다양한 질문기법들을 활용하여 클라이언트와 대화한다.
② 의료모델을 기초로 문제 중심의 접근을 지향한다.
③ 클라이언트의 준거틀, 인식, 강점보다 문제 자체에 초점을 둔다.
④ 신속한 문제해결을 위해 행동변화를 위한 새로운 전략을 가르친다.
⑤ 클라이언트의 문제의 원인을 심리내부에서 찾는다.

28. 인지행동모델의 특성에 관한 설명으로 옳지 않은 것은?

① 클라이언트 개인의 주관적 경험의 독특성을 강조한다.
② 클라이언트가 자신의 사건을 이해하는 신념체계가 감정에 어떤 영향을 주는지를 파악한다.
③ 문제에 대한 통제력이 클라이언트 자신에게 있다고 전제한다.
④ 질문을 통해 자기발견과 타당화의 과정을 거친다.
⑤ 교육적이고 비구조화된 접근을 한다.

29. 해결중심모델에서 활용하는 치료를 위한 피드백에 관한 설명으로 옳지 않은 것은?

① 매 회기 종료 전에 사회복지사가 메시지를 작성하여 클라이언트에게 전달한다.
② 고객형에게는 주로 관찰과제가, 불평형의 경우에는 행동과제가 부여된다.
③ 연결문(bridge)은 클라이언트에게 과제부여의 당위성이나 배경을 설명하는 것이다.
④ 칭찬(compliment)은 개입 과정 중에 드러난 클라이언트의 성공과 강점을 인정하고 긍정적인 표현을 통해 강조하는 것이다.
⑤ 방문형의 경우 방문한 것을 칭찬하고 다음에 다시 방문하도록 격려한다.

30. 다음 사례에 적합한 가족에 대한 접근 방법은?

가족성원 간 심한 갈등을 호소하는 가족이 사회복지사에게 의뢰되었다. 사회복지사는 가족사정을 통해 아버지가 타인을 무시하고 탓하는 비난형 의사소통유형을 가진 것으로 파악하였고, 이에 사회복지사는 아버지의 의사소통유형을 일치형으로 변화시키기 위한 접근 방법을 고려하였다.

① 전략적 접근 ② 구조적 접근 ③ 경험적 접근 ④ 이야기치료 ⑤ 해결중심모델

31. 가족 개입으로 전략적 모델에 관한 설명으로 옳은 것을 모두 고른 것은?

ㄱ. 개입의 목표는 역기능적 가족 구조의 재구조화이다. ㄴ. 가족 내 편중된 권력으로 인해 고착된 불평등한 위계구조를 재배치한다. ㄷ. 제지는 가족의 문제가 개선될 때 체계의 항상성 균형이 위험하다고 판단되어 사용하는 방법이다. ㄹ. 가족문제가 왜 일어났는지에 대한 원인을 파악하여 이를 제거하기 위한 전략을 수립한다.

① ㄱ ② ㄴ, ㄹ ③ ㄷ ④ ㄴ, ㄷ ⑤ ㄱ, ㄴ, ㄷ, ㄹ

32. 집단역동에 관한 설명으로 옳은 것은?

① 긴장과 갈등은 하위집단의 출현을 조장하므로 피해야 한다.
② 집단규칙은 사회복지사가 제공하는 것이 바람직하다.
③ 집단사회복지실천에서 하위집단은 집단초기단계에서 나타나며 집단응집력을 촉진시킨다.
④ 자기애적 성향을 가진 성원의 경우 집단에 적절한 행동과 사고를 할 수 있도록 돕는다.
⑤ 집단응집력 향상을 위해서 집단성원 간 경쟁적 관계를 형성하도록 돕는다.

33. 집단대상 사회복지실천에서 활용되는 집단과정 촉진기술 중 피드백에 관한 설명으로 옳은 것은?

① 원만한 관계 유지를 위해 추상적이고 우회적인 피드백을 제공한다.
② 집단성원의 문제해결능력 향상을 위해 단점에 초점을 둔 피드백을 제공한다.
③ 집단성원 상호 간에도 피드백을 제공할 수 있다.
④ 피드백은 동시에 많이 제공되어야 한다.
⑤ 집단성원의 요청과는 상관없이 피드백을 제공한다.

34. 역량강화모델(empowerment model)에 관한 설명으로 옳지 않은 것은?

① 전문적 관계를 협력과 파트너십으로 이해한다.
② 클라이언트를 개입의 주체로 이해하며, 따라서 변화를 위한 클라이언트의 역할이 중요하다.
③ 해결해야 할 문제를 강조한다.
④ 이용가능한 자원체계의 능력을 분석하고 목표를 구체화한다.
⑤ 수집된 정보를 조직화하는 것은 발견단계에서의 과업이다.

35. 사회복지실천집단에 관한 설명으로 옳지 않은 것은?

① 지지집단의 구성 목적은 동병상련(同病相憐)의 경험으로 해결책을 모색하는 것이다.
② 성장집단은 집단 참여자의 자기인식을 증가시켜 개인의 잠재력을 최대화하는 데 초점을 둔다.
③ 교육집단은 지도자가 집단 성원의 문제와 욕구를 해결하기 위해 필요한 기술과 정보를 제공한다.
④ 자조집단에서는 전문가가 의도적으로 집단을 구성하여 정서적 지지와 문제 해결을 지원한다.
⑤ 사회화집단의 구성 목적은 사회적응을 지원하는 것이다.

36. 사회기술훈련에 관한 설명으로 옳은 것을 모두 고른 것은?

ㄱ. 사회화집단에서 많이 사용한다.
ㄴ. 사회학습이론에 근거한다.
ㄷ. 사회복귀지원 프로그램에 적용이 가능하다.
ㄹ. 역할연습을 활용한다.

① ㄱ, ㄴ, ㄷ ② ㄱ, ㄷ ③ ㄴ, ㄹ ④ ㄹ ⑤ ㄱ, ㄴ, ㄷ, ㄹ

37. 집단프로그램의 치료요인으로 옳지 않은 것은?

① 다양한 성원들로부터 새로운 행동을 학습하면서 정화 효과를 얻는다.
② 타인에게 도움을 줄 수 있는 기회를 통해 이타성이 향상된다.
③ 그동안 해결되지 않은 원가족과의 갈등에 대해 탐색하고 행동패턴을 수정할 기회를 갖게 된다.
④ 집단 내에서 서로 공통된 문제를 확인함으로써 자신의 문제를 일반화할 수 있다.
⑤ 집단 내에서 역기능적인 경험을 재현함으로써 이를 통해 성장의 기회를 가진다.

38. 가족체계에 관한 설명으로 옳은 것을 모두 고른 것은?

> ㄱ. 가족은 상위체계이면서 하위체계이다.
> ㄴ. 가족규칙은 가족 항상성에 영향을 준다.
> ㄷ. 가족 내 하위체계의 경계유형은 투과성 정도에 따라 나뉠 수 있다.
> ㄹ. 일차적 사이버네틱스에서 가족은 스스로 창조하고 독립된 실제이며 사회복지사를 가족과 완전히 분리된 사람으로 보지 않는다.

① ㄱ, ㄴ, ㄷ ② ㄱ, ㄷ ③ ㄴ, ㄹ ④ ㄹ ⑤ ㄱ, ㄴ, ㄷ, ㄹ

39. 보웬(Bowen)의 가족치료기법의 적용사례로 옳지 않은 것을 모두 고른 것은?

> ㄱ. 재구성 - 간섭하는 부모와 갈등하는 자녀
> ㄴ. 경계만들기 - 서로 무관심한 남편과 아내
> ㄷ. 역설적 지시 - 끊임없이 잔소리하는 시어머니
> ㄹ. 균형깨뜨리기 - 독단적으로 자녀문제를 결정하는 아버지

① ㄱ ② ㄴ, ㄹ ③ ㄱ, ㄴ, ㄷ ④ ㄴ, ㄷ, ㄹ ⑤ ㄱ, ㄴ, ㄷ, ㄹ

40. 다음 사례를 분석한 것에 해당하지 않는 개념은?

> 고등학생인 영수의 어머니는 남편의 폭음과 이로 인한 술주정에 대해 잔소리를 하고, 이에 영수의 아버지는 아내의 잔소리 때문에 폭음과 술주정이 심해져 부부갈등이 지속되고 있다. 또한 평소에 아버지는 영수에게 "너의 진로는 네가 알아서 정해도 된다."고 하였지만, 정작 영수가 사회복지학과 진학을 하겠다고 말하자 "사범대학교에 입학해 선생님이 돼라!"고 언성을 높이며 영수의 의견을 묵살하였다. 영수와 그의 어머니는 이러한 아버지의 행동에 대해 분노하고 함께 아버지에게 대항하고 있다.

① 세대 간 연합
② 순환적 인과관계
③ 의사소통상 구두점(punctuation)
④ 가족구성원의 의미 체계(meaning system)
⑤ 병리적 이중구속(pathological double binds)

41. 다음 사례에 적용되기에 적합한 가족치료모델은?

> A 씨는 폭력적인 행동으로 자신의 아내와 딸로부터 소외된 채 술로 세월을 보내고 있다. 아내와 딸은 밀착되어 A 씨를 적대시하고, 이에 A 씨는 강한 소외감을 느끼고 있다.

① 구조적치료모델 ② 의사소통모델 ③ 전략적치료모델
④ 경험적치료모델 ⑤ 해결중심모델

42. 과제중심모델에 관한 설명으로 옳은 것을 모두 고른 것은?

ㄱ. 시간제한, 합의된 목표, 개입의 책무성을 강조한다.
ㄴ. 일반적 과제는 조작적 과제에 비해 구체적이다.
ㄷ. 시작-표적문제의 규명-계약-실행-종결단계와 같은 구조화된 접근을 강조한다.
ㄹ. 단일 이론에 근거하여 실천의 효과성 및 효율성을 증진시킨다.

① ㄱ, ㄴ, ㄷ ② ㄱ, ㄷ ③ ㄴ, ㄹ ④ ㄹ ⑤ ㄱ, ㄴ, ㄷ, ㄹ

43. 동기강화모델에 관한 설명으로 옳지 않은 것은?

① 클라이언트의 양가감정을 이해하는 것을 중시한다.
② 클라이언트의 선택상 자유권과 능력을 인정한다.
③ 중독증상과 관련된 변화가 요구되는 사람들이 주요 적용대상이다.
④ 인본주의 이론에 기초한다.
⑤ 클라이언트와 지시적 관계를 맺는다.

44. 가계도를 통해 파악할 수 있는 내용으로 옳은 것을 모두 고른 것은?

ㄱ. 개인 및 가족의 환경과의 교류
ㄴ. 가족 내 하위체계 간 경계의 속성
ㄷ. 가족 내 삼각관계
ㄹ. 종단·횡단, 종합·통합적인 가족의 속성

① ㄱ ② ㄴ, ㄹ ③ ㄱ, ㄴ, ㄷ ④ ㄴ, ㄷ, ㄹ ⑤ ㄱ, ㄴ, ㄷ, ㄹ

45. 순환적 인과성에 관한 설명으로 옳은 것을 모두 고른 것은?

ㄱ. 파문효과(ripple effect)와 관련이 있다.
ㄴ. 가족구성원이 많을수록 더욱 복잡한 양상을 띤다.
ㄷ. 가족의 변화를 위해서는 문제가 유지되는 상호작용 과정을 이해해야 한다.
ㄹ. 체계적 관점에서 악순환적인 연쇄고리를 파악한다.

① ㄱ ② ㄴ, ㄹ ③ ㄱ, ㄴ, ㄷ ④ ㄴ, ㄷ, ㄹ ⑤ ㄱ, ㄴ, ㄷ, ㄹ

46. 사회복지실천모델에 관한 설명으로 옳은 것을 모두 고른 것은?

> ㄱ. 위기개입모델에서는 단기개입을 강조한다.
> ㄴ. 과제중심모델에서는 클라이언트의 자기결정권을 중시한다.
> ㄷ. 역량강화모델에서는 클라이언트의 강점을 강조한다.
> ㄹ. 위기개입모델에서는 사건에 대한 주관적인 인식보다 사건 자체를 중요시한다.

① ㄱ ② ㄱ, ㄴ ③ ㄱ, ㄴ, ㄷ ④ ㄴ, ㄷ, ㄹ ⑤ ㄱ, ㄴ, ㄷ, ㄹ

47. 현대 가족의 특성에 관한 설명으로 옳지 않은 것은?

① 저출산으로 가족규모가 축소되었다.
② 정서적 기능이 약화되고 있다.
③ 가족 내 권력구조의 불평등이 약화되고 있다.
④ 청년실업이 늘면서 자녀가 독립하는 시기가 늦어지고 있다.
⑤ 과거에 사회가 수행했던 기능의 상당부분이 가족으로 이양되었다.

48. 위기개입모델에 관한 설명으로 옳은 것은?

① 골란(N. Golan)의 위기반응 단계는 위험사건, 취약상태, 위기촉발요인, 위기, 재통합 순이다.
② 청소년의 정체성 위기, 결혼, 자녀의 출산, 중년기의 직업 변화, 은퇴 등 개인의 생애주기에 따른 위기는 상황적 위기이다.
③ 다른 모델에 비해 상대적으로 장기적인 서비스를 제공한다.
④ 위기에 대한 반응보다 위기사건 자체 해결에 일차적 목표를 둔다.
⑤ 위기에 개입하는 클라이언트는 적극적이고 직접적인 역할을 수행한다.

49. 심리사회모델의 개입 기법에 관한 설명으로 옳지 않은 것은?

① 탐색-기술-환기 - 재보증이나 격려 등의 세부기술을 활용한다.
② 직접적 영향 주기 - 사회복지사의 의견을 제시하고 이를 관철시킨다.
③ 발달적 고찰 - 성인기 이전의 생애경험이 현재의 기능에 미치는 영향에 대해 고찰한다.
④ 유형의 역동성 고찰 - 클라이언트에게 자신의 성격 및 행동 유형, 방어기제 등을 이해시킨다.
⑤ 인간-상황에 대한 고찰 - 사건에 대한 클라이언트의 지각방식 및 행동에 대한 신념, 외적 영향력 등을 평가한다.

50. 정신역동모델에 관한 설명으로 옳은 것을 모두 고른 것은?

> ㄱ. 항문보유적 성격은 의타심이 많고 타인을 지배하려는 성향이 있다.
> ㄴ. 원초아와 초자아 사이에 발생하는 불안과 긴장 해소를 위해 방어기제를 사용한다.
> ㄷ. 클라이언트의 무의식적 충동과 미래의 의지를 강조한다.
> ㄹ. 심리적 결정론에 따라 현재의 문제를 과거의 경험에서 찾는다.

① ㄱ ② ㄴ, ㄹ ③ ㄱ, ㄴ, ㄷ ④ ㄴ, ㄷ, ㄹ ⑤ ㄱ, ㄴ, ㄷ, ㄹ

사회복지실천(지역사회복지론)

51. 로스만(J. Rothman)의 지역사회조직모델 중 사회계획 모델에 관한 설명으로 옳지 않은 것은?

① 변화의 전술과 기법으로 합의와 집단토의를 활용한다.
② 과업중심적 목표를 강조한다.
③ 클라이언트 집단을 소비자나 수혜자로 이해한다.
④ 사회복지사의 주된 역할은 분석전문가이다.
⑤ 주택, 약물중독, 정신건강 등의 이슈를 명확히 하고 이를 해결하고자 한다.

52. 우리나라의 사회적 경제에 관한 설명으로 옳지 않은 것을 모두 고른 것은?

ㄱ. 마을기업은 「도시재생 활성화 및 지원에 관한 특별법」에 근거를 둔다.
ㄴ. 자활기업은 조합 또는 「부가가치세법」상 사업자의 형태를 갖추어야 한다.
ㄷ. 유급근로자를 고용하여 영업활동을 해야 사회적 기업으로 인증을 받을 수 있다.
ㄹ. 「협동조합기본법」에 따른 협동조합은 기획재정부장관의 인가를, 사회적 협동조합은 시·도지사에게 신고하여 설립한다.

① ㄱ, ㄴ, ㄷ ② ㄱ, ㄷ ③ ㄴ, ㄹ ④ ㄹ ⑤ ㄱ, ㄴ, ㄷ, ㄹ

53. 지역사회의 임파워먼트를 향상시키는 방법에 해당되는 것을 모두 고른 것은?

ㄱ. 의식 제고시키기
ㄴ. 공공의제의 틀 만들기
ㄷ. 권력 키우기
ㄹ. 사회적 자본 창출하기

① ㄱ, ㄴ, ㄷ ② ㄱ, ㄷ ③ ㄴ, ㄹ ④ ㄹ ⑤ ㄱ, ㄴ, ㄷ, ㄹ

54. 사회복지관에 관한 설명으로 옳은 것은?

① 기초 지방자치단체는 의무적으로 설치해야 한다.
② 중앙정부 환원사업이 되어 재정지원방법이 변경되었다.
③ 주민복지증진사업, 주민조직화 사업, 아동·청소년 사회교육, 문화복지사업, 사례 발굴 및 개입 등을 한다.
④ 사회적 취약계층 이외에 중산층은 이용할 수 없다.
⑤ 정치활동, 영리활동, 특정 종교활동 등으로 이용되지 않도록 투명성이 유지되어야 한다.

55. 사회복지전담공무원에 관한 설명으로 옳은 것을 모두 고른 것은?

ㄱ. 「국민기초생활 보장법」의 시행으로 인원이 확대되었다. ㄴ. 사회복지사업에 관한 업무를 담당하게 하기 위하여 시·도, 시·군·구, 읍·면·동 또는 사회보장사무 전담기구에 사회복지전담공무원을 둘 수 있다. ㄷ. 1992년에 저소득 취약계층에게 전문적인 복지서비스를 제공하기 위하여 사회복지전문요원으로 최초 배치되었다. ㄹ. 사회복지전담공무원의 역할 중 서비스 및 시설입소 의뢰, 취업정보 제공 및 알선, 지역사회자원 개발 및 연결은 자원연결자이다.

① ㄱ ② ㄴ, ㄷ ③ ㄷ, ㄹ ④ ㄱ, ㄴ, ㄹ ⑤ ㄱ, ㄴ, ㄷ, ㄹ

56. 사회복지협의회에 관한 설명으로 옳은 것을 모두 고른 것은?

ㄱ. 민간과 공공기관이 협의하는 기구이다. ㄴ. 구호활동을 하던 민간사회사업기관들의 모임에서 시작되었다. ㄷ. 한국사회복지협의회는 대표이사 1인을 포함한 15인 이상 30인 이하의 이사와 감사 2인으로 구성된다. ㄹ. 「사회보장급여의 이용·제공 및 수급권자 발굴에 관한 법률」에 근거하여 설립된다.

① ㄱ ② ㄴ, ㄷ ③ ㄷ, ㄹ ④ ㄱ, ㄴ, ㄹ ⑤ ㄱ, ㄴ, ㄷ, ㄹ

57. 지역사회보장협의체에 관한 설명으로 옳은 것은?

① 시·도지사가 지역의 사회보장을 증진하고, 사회보장과 관련된 서비스를 제공하는 관계 기관·법인·단체·시설과 연계·협력을 강화하기 위하여 해당 시·도에 설치한다.
② 공급자 중심의 통합적 사회보장급여 제공의 기반을 마련하기 위한 목적을 갖는다.
③ 「사회복지사업법」에 따라 설치된 법정 기구이다.
④ 대표협의체, 실무협의체, 실무분과 등으로 구성되어 있다.
⑤ 관할 지역의 사회복지사업에 관한 중요 사항을 심의·의결한다.

58. 지역사회복지 실천 과정에 관한 설명으로 옳은 것을 모두 고른 것은?

ㄱ. 실행 과정 중 점검(monitoring)을 실시하여 프로그램의 진척 정도를 파악할 수 있다. ㄴ. 지역사회를 사정할 때에는 참여자 간 저항과 갈등을 관리해야 한다. ㄷ. 평가 시 협력과 조정을 위한 네트워크를 구축한다. ㄹ. 목적이나 목표를 설정할 때에 간트 차트(Gantt chart)나 스마트(SMART) 기법을 활용할 수 있다.

① ㄱ, ㄹ ② ㄴ, ㄷ ③ ㄷ, ㄹ ④ ㄱ, ㄴ, ㄹ ⑤ ㄱ, ㄴ, ㄷ, ㄹ

59. 사회행동모델에서 그로서(C. Grosser)가 주장한 사회복지사의 역할이 아닌 것은?

① 조력자 ② 중개자 ③ 옹호자 ④ 조직가 ⑤ 행동가

60. 지역사회복지실천의 순서를 옳게 나열한 것은?

ㄱ. 개입하고자 하는 문제에 대한 토착 지도자의 시각을 파악하기 위해 초점집단기법을 사용한다.
ㄴ. 논리모형을 활용하여 성과를 측정한다.
ㄷ. 지역사회 문제와 관련된 문헌 및 객관적 실증 자료를 분석하여 지역사회에 대해 진단한다.
ㄹ. 실천모델을 결정한다.

① ㄱ → ㄴ → ㄷ → ㄹ ② ㄱ → ㄴ → ㄹ → ㄷ ③ ㄴ → ㄹ → ㄷ → ㄱ
④ ㄷ → ㄱ → ㄹ → ㄴ ⑤ ㄹ → ㄴ → ㄷ → ㄱ

61. 옹호의 세부 전술에 관한 설명으로 옳은 것을 모두 고른 것은?

ㄱ. 설득의 구성요소에는 전달자(communicator), 전달형식(format), 메시지(message), 대상자(audience)가 있다.
ㄴ. 청원은 행정권한을 가진 조직에게 조치를 요청하기 위해 다수인의 서명지를 전달하는 활동이다.
ㄷ. 피케팅, 언론에 공표하기, 기관 앞에서 시위하기 등의 정치적 압력을 행사할 수 있다.
ㄹ. 증언청취는 자신의 문제를 스스로 해결할 능력이나 지식이 부족한 클라이언트를 대상으로 한다.

① ㄱ, ㄴ ② ㄱ, ㄷ ③ ㄴ, ㄷ ④ ㄱ, ㄴ, ㄹ ⑤ ㄱ, ㄴ, ㄷ, ㄹ

62. 우리나라 지역사회복지 역사에 관한 설명으로 옳지 않은 것은?

① 1990년대에 재가복지봉사센터가 설립되었다.
② 2010년대에 시·군·구 단위로 희망복지지원단이 설치되었다.
③ 1980년대에 영구임대주택단지 내에 사회복지관 건립이 의무화되었다.
④ 2010년대에 주민자치센터가 행정복지센터로 변경되었다.
⑤ 2000년대에 지역자활센터가 자활후견기관으로 변경되었다.

63. 지역사회복지운동에 관한 설명으로 옳은 것을 모두 고른 것은?

ㄱ. 지역사회의 문제해결 및 지역사회복지발전에 주민들이 계획하에 조직적으로 참여하여 전개하는 사회운동이다.
ㄴ. 우리나라 지역사회복지운동은 1990년대 이후 활성화되었다.
ㄷ. 여성노동운동이나 노동운동처럼 뚜렷한 참여 계층을 기반으로 한다.
ㄹ. 복지권리의식과 시민의식을 배양하는 복지권 확립 운동이다.

① ㄱ ② ㄴ, ㄷ ③ ㄷ, ㄹ ④ ㄱ, ㄴ, ㄹ ⑤ ㄱ, ㄴ, ㄷ, ㄹ

64. 지역사회복지실천 이론에 관한 설명으로 옳은 것을 모두 고른 것은?

ㄱ. 사회교환이론 - 비영리 조직의 마케팅이나 네트워킹 활동을 설명할 수 있다.
ㄴ. 사회체계이론 - 보수적 이론으로 비판받지만 지역사회의 구조와 기능을 설명할 수 있다.
ㄷ. 다원주의이론 - 지역사회복지정책은 이익집단들 간의 갈등과 타협의 산물로 간주된다.
ㄹ. 생태체계이론 - 외부체계와의 종속관계를 약화시키기 위해 회원 수를 늘리는 전략을 쓴다.

① ㄱ, ㄴ, ㄷ ② ㄱ, ㄷ ③ ㄴ, ㄹ ④ ㄹ ⑤ ㄱ, ㄴ, ㄷ, ㄹ

65. 지역사회 사정 방법에 관한 설명으로 옳지 않은 것을 모두 고른 것은?

ㄱ. 명목집단기법 - 질적 자료수집 방법 중 하나로써 소집단으로 구성되며 여러 명이 동시에 질의와 응답에 참여할 수 있고, 집중적인 토론에 유용하다.
ㄴ. 민속학적 방법 - 일반적으로 표준화된 면접도구를 사용하여 사회적 약자 계층의 문화적 규범과 실천 행위를 규명하는 사정이다.
ㄷ. 델파이 기법 - 설문구성은 개방형으로 시작해서 이후에는 유사한 응답내용을 폐쇄형으로 구성하여 질문한다.
ㄹ. 초점집단 기법 - 전문가 패널의 의견을 수렴하기 위해 우편조사 기법을 활용한다.

① ㄴ, ㄷ, ㄹ ② ㄱ, ㄷ ③ ㄱ, ㄴ, ㄹ ④ ㄹ ⑤ ㄱ, ㄴ, ㄷ, ㄹ

66. 우리나라 자원봉사센터에 관한 설명으로 옳지 않은 것은?

① 자원봉사활동의 개발·장려·연계·협력 등의 사업을 수행하기 위하여 법령과 조례 등에 따라 설치된 기관·법인·단체 등을 말한다.
② 국가기관 및 지방자치단체는 자원봉사센터를 설치할 수 있고, 이 경우 자원봉사센터를 법인으로 하여 운영하거나 비영리 법인에 위탁하여 운영하여야 한다.
③ 자원봉사센터 장은 공개경쟁의 방법에 의하여 선임한다.
④ 국가는 자원봉사센터의 설치·운영이 활성화될 수 있도록 적극 노력하여야 하며, 지방자치단체는 자원봉사센터의 운영에 필요한 경비를 지원할 수 있다.
⑤ 자원봉사센터의 운영위원회는 20인 이하로 하되 자원봉사단체 대표를 과반수 이상으로 구성하고 대표는 공무원으로 한다.

67. 지역사회에 관한 설명으로 옳은 것을 모두 고른 것은?

ㄱ. 기능적 지역사회 개념은 사회문화적 동질성과 상호작용성에 기초한다.
ㄴ. 펠린(P. F. Fellin)의 역량 있는 지역사회는 목적을 이루기 위한 실천과정에서 효과적인 협력이 이루어지다.
ㄷ. 던햄(A. Dunham)은 연대를 그 수준에 따라 기계적 연대와 유기적 연대로 구분하였다.
ㄹ. 길버트와 스펙트(N. Gilbert & H. Specht)는 지역사회의 기능을 사회통제, 사회통합 등 다섯 가지로 구분하였다.

① ㄱ ② ㄴ, ㄹ ③ ㄷ, ㄹ ④ ㄱ, ㄴ, ㄹ ⑤ ㄱ, ㄴ, ㄷ, ㄹ

68. 구조기능론적 관점에 관한 설명으로 옳지 않은 것은?

① 하위체계들은 합의된 가치와 규범에 따라 움직인다고 가정한다.

② 사회변화가 점진적으로 이루어진다고 전제한다.

③ 사회적 균형, 조화, 안정을 중시한다.

④ 사회문제는 사회변화가 아닌 개인의 변화를 통해 해결할 수 있다고 주장한다.

⑤ 사회나 조직을 지배하는 특정 소수집단의 역할을 강조한다.

69. 지역사회복지와 관련된 개념에 관한 설명으로 옳지 않은 것은?

① 지역사회보호는 시설보호의 장점을 유지하기 위해서 등장한 개념이다.

② 재가보호는 서비스 대상자가 자신의 가정에서 서비스를 받게 하는 것이다.

③ 시설보호는 서비스 대상자가 폐쇄적인 시설에 거주하면서 서비스를 제공받는 형태의 사회적 보호이다.

④ 지역사회조직은 민간조직을 포함한 공식적인 조직을 통하여 달성되는 영역이다.

⑤ 지역사회개발을 통하여 지역사회 구성원들의 사회적 관계를 향상시킬 수 있다.

70. 미국의 지역사회복지 역사에 관한 설명으로 옳은 것을 모두 고른 것은?

ㄱ. 레이거노믹스 이후 복지예산 삭감에 대한 압력이 크게 증가하였다.
ㄴ. 대공황 이후 공공부문이 지역사회복지의 주요 전달체계가 되었다.
ㄷ. 케네디와 존슨 행정부의 '빈곤과의 전쟁'은 사회복지의 연방정부 역할과 책임을 강조하였다.
ㄹ. 1970년대 인종차별 금지와 반전(反戰)운동은 지역사회조직사업을 촉진하는 계기가 되었다.

① ㄱ ② ㄴ, ㄷ ③ ㄷ, ㄹ ④ ㄱ, ㄴ, ㄹ ⑤ ㄱ, ㄴ, ㄷ, ㄹ

71. 새마을 운동에 관한 설명으로 옳은 것은?

① 1980년대 시작된 우리나라의 전형적인 지역사회개발사업이다.

② 주요 정신에는 근면, 자조, 단결이 있다.

③ 농촌생활환경 개선운동으로 시작되어 소득증대운동으로 발전하였다.

④ 1980년대 기록물은 유네스코 세계기록유산에 등재되었다.

⑤ 매년 4월 20일은 정부지정 새마을의 날이다.

72. 지역사회복지 이념에 관한 설명으로 옳은 것을 모두 고른 것은?

ㄱ. 정상화는 1950년대 덴마크를 비롯한 북유럽에서 시작된 이념이다.
ㄴ. 주민참여는 주민자치와 주민복지로 설명된다.
ㄷ. 네트워크를 통해 지역구성원의 개인정보를 누구든지 공유할 수 있다.
ㄹ. 사회통합은 세대 및 지역 간 차이에서 발생하는 불평등의 감소를 추구한다.

① ㄱ　② ㄴ, ㄷ　③ ㄷ, ㄹ　④ ㄱ, ㄴ, ㄹ　⑤ ㄱ, ㄴ, ㄷ, ㄹ

73. 지역사회복지실천의 특성에 관한 설명으로 옳지 않은 것은?

① 예방성 - 지역주민에게 발생할 수 있는 문제나 욕구를 조기에 발견하고 선제적으로 대응해야 한다.
② 포괄성 - 지역주민의 욕구는 다양하며 따라서 다양한 수준의 서비스가 개발되어야 한다.
③ 통합성 - 지역주민의 공통된 욕구를 통합하여 이에 맞는 획일적 서비스를 제공해야 한다.
④ 연대성·공동성 - 지역주민 개개인의 사적 문제를 주민 전체의 공통적인 문제로 인식하고 이를 해결하기 위한 과정에 지역주민들이 함께 참여해야 한다.
⑤ 지역성 - 주민의 기초적인 생활권역을 구분하는 기준은 다양하며, 따라서 물리적·심리적 내용까지 파악해야 한다.

74. 지역사회의 기능을 비교하는 척도에 관한 설명으로 옳은 것을 모두 고른 것은?

ㄱ. 사회성: 지역사회 내 서비스 영역이 동일지역 내에서 일치하는 정도이다.
ㄴ. 심리적 동일시: 지역주민들이 타 지역사회의 주민들과 심리적인 공감대를 형성하는 정도이다.
ㄷ. 자치성: 지역의 재정자립도나 정치인의 수 등으로 확인할 수 있다.
ㄹ. 수평적 유형: 상이한 조직들의 구조적·기능적 관련 정도이다.

① ㄱ　② ㄴ, ㄷ　③ ㄷ, ㄹ　④ ㄱ, ㄴ, ㄹ　⑤ ㄱ, ㄴ, ㄷ, ㄹ

75. 지역사회복지실천모델에 관한 설명으로 옳은 것을 모두 고른 것은?

ㄱ. 로스만(Rothman)의 지역사회개발모델은 지리적 측면에서의 지역사회 전체를 개입의 대상 집단으로 이해한다.
ㄴ. 테일러와 로버츠(Taylor & Roberts)의 계획모델은 합리적 기획모델에 기초한 조사전략 및 기술을 강조한다.
ㄷ. 웨일과 갬블(Weil & Gamble)의 근린지역사회조직모델은 로스만(Rothman)의 지역사회개발모델에서 그 원형을 찾을 수 있다.
ㄹ. 포플(Popple)의 커뮤니티 케어모델은 인종적 이유로 교육, 주택, 이민, 건강, 고용 정치 영역에서 차별받는 흑인 등 소수인종에게 적용하는 모델이다.

① ㄱ, ㄴ, ㄷ　② ㄱ, ㄷ　③ ㄴ, ㄹ　④ ㄹ　⑤ ㄱ, ㄴ, ㄷ, ㄹ

사회복지사 1급 국가자격시험 대비
제3회 FINAL 모의고사

교 시	문제형별	시 간	시 험 과 목
3교시	A	75분	<사회복지정책과 제도> 1 사회복지정책론 2 사회복지행정론 3 사회복지법제론

수험번호		성 명	

[수험자 유의사항]

1. 시험문제지는 **단일 형별(A형)**이며, 답안카드 형별 기재란에 표시된 형별(A형)을 확인하시기 바랍니다. 시험문제지의 **총면수**, **문제번호 일련순서**, **인쇄상태** 등을 확인하시고, 문제지 표지에 수험번호와 성명을 기재하시기 바랍니다.

2. 답은 각 문제마다 요구하는 **가장 적합하거나 가까운 답 1개**만 선택하고, 답안카드 작성 시 시험 문제지 **마킹착오**로 인한 불이익은 전적으로 **수험자에게 책임**이 있음을 알려 드립니다.

3. 답안카드는 국가전문자격 공통 표준형으로 문제번호가 1번부터 125번까지 인쇄되어 있습니다. 답안 마킹 시에는 반드시 **시험문제지의 문제번호와 동일한 번호**에 마킹하여야 합니다.

4. **감독위원의 지시에 불응하거나 시험시간 종료 후 답안카드를 제출하지 않을 경우** 불이익이 발생할 수 있음을 알려 드립니다.
   ※ 시험문제지는 시험 종료 후 가지고 갈 수 있습니다.

5. 문제지 맨 뒤에 제공되는 답안카드를 활용하여 실전처럼 모의고사를 풀어보시기 바랍니다.

해커스

각 문제에서 요구하는 가장 적합한 답 1개만을 고르시오.

사회복지정책과 제도(사회복지정책론)

01. 사회복지전달체계 중 민간부문의 장점에 관한 설명으로 옳지 않은 것은?

ㄱ. 다양한 사회복지서비스에 대한 선택의 기회 제공
ㄴ. 평등과 사회적 적절성의 우선적 추구
ㄷ. 지속적이고 포괄적인 복지서비스 제공
ㄹ. 대량공급을 통한 규모의 경제 이점 실현

① ㄱ, ㄴ ② ㄱ, ㄷ ③ ㄴ, ㄷ, ㄹ ④ ㄹ ⑤ ㄱ, ㄴ, ㄷ, ㄹ

02. 우리나라의 긴급지원제도에 대한 설명으로 옳은 것을 모두 고른 것은?

ㄱ. 긴급지원 요청이 들어오면 소득이나 재산을 조사한 후 최대한 신속하게 지원한다.
ㄴ. 시장·군수·구청장은 긴급지원에도 불구하고 위기상황이 계속되는 경우 긴급지원심의위원회의 심의를 거쳐 지원을 연장할 수 있다.
ㄷ. 다른 법률에 따라 긴급지원의 내용과 동일한 내용의 구호·보호 또는 지원을 받고 있는 경우에는 긴급지원을 하지 않는다.
ㄹ. 긴급지원대상자와 친족, 그 밖의 관계인은 구술 또는 서면으로 관할 시장·군수·구청장에게 긴급지원을 요청할 수 있다.

① ㄱ, ㄷ ② ㄴ, ㄹ ③ ㄱ, ㄴ, ㄷ ④ ㄴ, ㄷ, ㄹ ⑤ ㄱ, ㄴ, ㄷ, ㄹ

03. 사회복지 급여형태 중 바우처(voucher)에 관한 설명으로 옳지 않은 것은?

① 수요자 직접지원방식이며, 제3자 현금상환방식이다.
② 목표·대상효율성이 현금급여보다 높다.
③ 서비스 제공기관 간 경쟁을 통한 품질향상을 강조한다.
④ 현금급여와 달리 오·남용 문제를 원천적으로 막을 수 있다.
⑤ 현물급여에 비해 서비스에 대한 충분한 정보접근이 이루어져야 한다.

04. 공공부조제도의 운영 원칙에 해당하지 않는 것을 모두 고른 것은?

ㄱ. 현물급여 우선의 원칙
ㄴ. 가족부양우선의 원칙
ㄷ. 생존권 보장의 원칙
ㄹ. 보충성의 원칙

① ㄱ ② ㄴ, ㄹ ③ ㄷ, ㄹ ④ ㄴ, ㄷ, ㄹ ⑤ ㄱ, ㄴ, ㄷ, ㄹ

05. 퍼니스와 틸튼(Furniss & Tilton)이 분류한 복지국가 유형 중에서 국민최저수준의 복지를 보장하려는 국가는?

① 적극적 국가 ② 사회보장국가 ③ 사회복지국가
④ 분화된 복지국가 ⑤ 통합된 복지국가

06. 사회복지정책 평가에 관한 설명으로 옳지 않은 것은?

① 정책평가의 유용성은 정책담당자의 평가결과 사용의지 유무에 영향을 받는다.
② 가치중립적이며, 비정치적 과정이다.
③ 통계기법 및 분석기법 등이 요구된다는 점에서 정책평가는 기술적(技術的) 성격을 띤다.
④ 효과적인 정책평가를 수행하기 위해서 평가자는 정책학, 통계학, 사회학, 사회복지학 등 다학문적 지식체계를 갖추고 있어야 하며, 따라서 종합학문적 성격을 갖는다.
⑤ 정책수단인 구체적인 정책사업(program)이나 사업이 적용된 개별 사례를 연구의 대상으로 삼는다.

07. 사회복지 정책결정모형에 관한 설명으로 옳은 것은?

① 쓰레기통모형 - 정책결정자가 높은 합리성을 가지고 주어진 상황에서 최선의 정책 대안을 찾아낼 수 있다.
② 혼합모형 - 합리적 요소와 함께 직관, 판단, 통찰력과 같은 초합리적 요소를 바탕으로 정책결정을 한다.
③ 최적모형 - 과거의 정책결정을 기초로 하여 약간의 변화를 추구하면서 새로운 정책대안을 검토하고 점증적으로 수정하는 과정을 거친다.
④ 만족모형 - 정책결정 과정에서 모든 정책대안이 다 고려되지 않고 고려될 수도 없다.
⑤ 엘리트모형 - 합리모형과 점증모형의 절충형태이다.

08. 에스핑-안데르센(G. Esping-Andersen)의 복지국가 유형에 관한 설명으로 옳지 않은 것을 모두 고른 것은?

ㄱ. 독일, 프랑스, 이탈리아는 대표적인 자유주의 복지국가이다.
ㄴ. 보수주의 복지국가는 가족의 중요성을 강조한다.
ㄷ. 사회민주주의 복지국가의 사회보장급여는 잔여적 특성이 강하다.
ㄹ. 자유주의복지국가는 자산조사에 의한 공공부조의 비중이 큰 국가이다.

① ㄱ, ㄴ, ㄷ ② ㄱ, ㄷ ③ ㄴ, ㄹ ④ ㄹ ⑤ ㄱ, ㄴ, ㄷ, ㄹ

09. 빈곤과 소득불평등에 관한 설명으로 옳은 것을 모두 고른 것은?

ㄱ. 5분위 배율은 상위 20%의 소득을 하위 20%의 소득으로 나눈 비율이다.
ㄴ. 상대적 빈곤은 소득불평등과 관계가 있다.
ㄷ. 사회적 배제는 개인과 집단의 다차원적 불이익에 초점을 두고, 다층적 대책을 촉구한다.
ㄹ. 빈곤율은 빈곤선 이하에 속하는 인구가 전체인구에서 차지하는 비율을 의미한다.

① ㄱ ② ㄴ, ㄹ ③ ㄷ, ㄹ ④ ㄱ, ㄴ, ㄹ ⑤ ㄱ, ㄴ, ㄷ, ㄹ

10. 공적연금의 재정관리 방식에 관한 설명으로 옳지 않은 것은?

① 확정기여식 연금은 가입자가 투자위험에 노출될 수 있고, 따라서 가입자의 노후생활이 불안정할 수 있다.
② 적립방식의 연금제도는 저축 기능을 토대로 운영된다.
③ 부과방식은 축적된 자본의 효과를 기대하기 어렵다.
④ 적립방식은 부과방식에 비해 세대 간 재분배효과가 크다.
⑤ 적립방식에 비해 부과방식이 인구 구성의 변동에 더 취약하다.

11. 사회복지 재원에 관한 설명으로 옳은 것은?

① 이용료는 이용자의 권리의식을 높여 서비스 질을 향상시킬 수 있다.
② 기업복지는 기업의 사용자가 노동자와 그의 가족에게 임금을 포함하여 제공하는 부가 급여이다.
③ 우리나라는 1999년에 제정된 「사회복지공동모금법」을 근거로 공동모금을 실시하고 있다.
④ 본인부담금은 저소득층의 서비스 접근성을 향상시킬 수 있다.
⑤ 사회보험료는 조세에 비해 징수에 대한 저항이 크다.

12. 사회복지정책 발달 이론에 관한 설명으로 옳지 않은 것을 모두 고른 것은?

ㄱ. 사회민주주의이론 - 사회적 분배를 둘러싼 다양한 이익집단들의 경쟁에서 정치적 힘이 강해진 집단의 요구를 정치인들이 수용하면서 복지국가가 등장하게 되었다.
ㄴ. 수렴이론 - 산업화에 의해 새로운 욕구가 만들어지고 이를 해결하기 위해 사회복지가 확대된다.
ㄷ. 시민권이론 - 역사적으로 공민권, 정치권에 이어 사회권(복지권)이 확대되었다.
ㄹ. 신마르크스주의 이론 - 거대자본과 국가가 융합하여 자본주의체제의 영속화를 도모하는 과정에서 국가가 임금문제나 실업문제에 개입하면서 복지국가가 등장하게 되었다.

① ㄱ ② ㄴ, ㄹ ③ ㄷ, ㄹ ④ ㄱ, ㄴ, ㄹ ⑤ ㄱ, ㄴ, ㄷ, ㄹ

13. 시장실패에 따른 국가개입의 필요성을 주장하는 내용 중 정보의 비대칭성과 관련이 있는 것을 모두 고른 것은?

> ㄱ. 외부효과
> ㄴ. 역의 선택
> ㄷ. 공공재
> ㄹ. 중고차 매매시장

① ㄱ ② ㄴ, ㄹ ③ ㄷ, ㄹ ④ ㄱ, ㄴ, ㄹ ⑤ ㄱ, ㄴ, ㄷ, ㄹ

14. 사회복지정책의 효율성에 관한 설명으로 옳지 않은 것은?

① 사회복지정책은 비효율적일 수도 있다.
② 일반적으로 공공부조제도가 사회보험제도에 비해 운영효율성이 높다.
③ 파레토 효율은 완전경쟁시장에서 개인의 자발적인 선택을 전제로 한다.
④ 파레토 효율의 정의상 소득재분배는 매우 비효율적이다.
⑤ 파레토 효율적 측면에서 재분배를 통하여 빈곤층의 소득이 늘어나도 개인의 효용은 증가할 수 있다.

15. 조지와 윌딩(George & Wilding)의 사회복지 이데올로기 모형에 관한 설명으로 옳지 않은 것은?

① 반(反)집합주의는 소극적 자유를 강조하며 현존하는 불평등은 경제성장에 기여할 수 있다고 본다.
② 사회민주주의는 평등, 자유, 우애를 중심 사회가치로 여기며, 시장사회주의를 지향한다.
③ 밝고 약한 녹색주의는 환경을 무질서한 착취로부터 보호하고 방어해야 한다는 자각 아래 환경친화적 경제성장과 소비를 주장한다.
④ 페이비언주의는 적극적 자유를 중심 가치로 추구하며 복지국가에 대해 반대하는 입장으로 밀리반드(Miliband)가 대표적인 인물이다.
⑤ 마르크스주의는 시장경제를 부정하고, 불평등을 자본주의체제의 붕괴로 해결할 수 있다고 믿으며 복지국가에 반대한다.

16. 1935년 미국에서 제정된 사회보장법의 내용이 아닌 것은?

① 노령연금 ② 공공부조 ③ 의료보험 ④ 실업급여 ⑤ 공중보건 서비스

17. 사회복지정책의 원칙과 기능에 관한 설명으로 옳지 않은 것은?

① 완전경쟁 원리를 강조한다.
② 필요에 따른 배분을 강조한다.
③ 능력에 따른 기여를 강조한다.
④ 소득재분배 기능을 한다.
⑤ 국민의 최저생활 유지를 강조한다.

18. 길버트와 테렐(Gilbert & Terrell)이 분류한 할당의 세부원칙 등에 관한 설명으로 옳지 않은 것을 모두 고른 것은?

	할당의 세부원칙	원칙의 결정기준	사례
ㄱ.	귀속적 욕구	욕구에 대한 경제적 기준에 근거한 집단지향적 할당	도시재개발에 의해 피해를 입은 사람
ㄴ.	보상	욕구에 대한 규범적 기준에 근거한 집단지향적 할당	사회보험 가입자
ㄷ.	진단적 차별	욕구의 기술적·진단적 기준에 근거한 개인별 할당	「국민연금법」상의 장애연금 수급자
ㄹ.	자산조사	욕구에 대한 경제적 기준에 근거한 개인별 할당	「국민기초생활 보장법」상의 수급자

① ㄱ ② ㄴ, ㄹ ③ ㄹ ④ ㄱ, ㄴ, ㄷ ⑤ ㄱ, ㄴ, ㄷ, ㄹ

19. 베버리지 보고서(1942년)에 관한 설명으로 옳지 않은 것은?

① 소득에 따라 보험료와 급여를 달리하는 차등기여, 차등급여 원칙을 제시하였다.
② 사회보험이 모든 사람과 욕구를 포괄해야 한다는 포괄성의 원칙을 제시했다.
③ 영국 사회가 극복해야 할 5대 사회악으로 빈곤, 질병, 무지, 불결, 나태를 제시하였다.
④ 사회보장의 본질을 소득보장으로 규정하였다.
⑤ 국민최저수준 이상은 개인과 가족의 노력으로 해결해야 한다고 주장하였다.

20. 소득재분배의 유형과 관련 된 제도를 연결한 것 중 옳지 않은 것은?

① 세대 간 재분배 - 노인장기요양보험제도
② 수평적 재분배 - 아동수당
③ 장기적 재분배 - 공공부조
④ 시간적 재분배 - 적립방식 연금 재정 조달방법
⑤ 우발적 재분배 - 국민건강보험

21. 사회복지정책과 경제와의 관계에 관한 설명으로 옳지 않은 것은?

① 사회복지정책과 경제정책은 상호 영향을 준다.
② 사회복지정책의 자동안정장치 기능을 통해 자본주의 경제체제를 유지할 수 있다.
③ 부과방식 연금은 자녀세대의 소득 감소를 보존해주기 위해 유산을 남기기 위한 개인차원의 자발적인 저축을 증가시킬 수 있다.
④ 소득효과란 무상의 사회보장급여로 인해 실질소득이 증가하면 노동자들이 여가시간을 늘리는 반면, 노동시간을 줄이고자 하는 현상이다.
⑤ 부과방식 공적연금의 경우 자본축적 효과를 발생시킨다.

22. 우리나라 사회보험제도에 관한 설명으로 옳은 것을 모두 고른 것은?

ㄱ. 국민연금에서 실업기간 중에는 가입기간을 추가로 산입할 수 없다.
ㄴ. 국민건강보험은 지역가입자와 직장가입자의 보험료 산정방식이 동일하다.
ㄷ. 노인장기요양보험은 중복수급 금지를 원칙으로 하되 가족요양비수급자 중 기타 재가급여의 경우 예외가 될 수 있다.
ㄹ. 산업재해보상보험에서 장해보상 또는 유족보상을 받는 경우 조정 없이 국민연금의 장애연금 또는 유족연금 급여액을 함께 지급한다.

① ㄱ　② ㄴ, ㄹ　③ ㄷ　④ ㄱ, ㄴ, ㄹ　⑤ ㄱ, ㄴ, ㄷ, ㄹ

23. 우리나라 국민기초생활보장 제도에 관한 설명으로 옳은 것을 모두 고른 것은?

ㄱ. 수급자 및 차상위자는 상호 협력하여 자활기업을 설립·운영할 수 있다.
ㄴ. 급여의 종류에는 생계급여, 주거급여, 의료급여, 교육급여, 해산급여, 장례급여, 자활급여가 있다.
ㄷ. 수급권자에 대한 수급권 여부를 판정하는 기준에는 근로능력과 소득인정액이 있다.
ㄹ. 소득인정액은 부부의 소득평가액과 재산의 소득환산액을 합산한 금액이다.

① ㄱ　② ㄴ, ㄹ　③ ㄷ, ㄹ　④ ㄱ, ㄴ, ㄹ　⑤ ㄱ, ㄴ, ㄷ, ㄹ

24. 근로장려세제에 관한 설명으로 옳지 않은 것은?

① 소득지원제도로서 일정 금액 이하의 저소득 근로자가구를 대상으로 한다.
② 부의 소득세(negative income tax)의 일종이다.
③ 우리나라의 근로장려세제는 근로장려금과 자녀장려금으로 구성되어 있다.
④ 장애인 등과 같이 근로의지와 무관하게 취업을 할 수 없는 계층을 위해서는 별도의 공공부조제도가 필요하다.
⑤ 우리나라의 경우 근로장려금 신청·접수는 보건복지부에서 담당한다.

25. 사회수당에 관한 설명으로 옳지 않은 것은?

① 공공부조와 사회보험에 비해 운영효율성이 가장 높다.
② 공공부조에 비해 근로동기 감소효과가 크다.
③ 공공부조에 비해 낙인문제의 발생 정도가 적다.
④ 데모그란트(demogrant)라고도 한다.
⑤ 비기여 - 비소득·자산조사 프로그램이다.

사회복지정책과 제도(사회복지행정론)

26. 사회복지조직 환경에 관한 설명으로 옳지 않은 것은?

① 정당성의 제공자는 사회복지조직에게 합법성과 권위를 부여하는 법률이나 조례 등의 법규 또는 조직이다.

② 과학기술의 발전은 일반환경으로, 사회복지 조직의 운영에 영향을 미친다.

③ 보충적 서비스의 제공자는 조직 간의 의뢰-협력 체계이다.

④ 경쟁적 전략은 크리밍 현상을 발생시킬 수 있다.

⑤ 법적 규제가 많을수록 사회복지조직이 제공하는 서비스에 대한 클라이언트의 접근성이 확대될 수 있다.

27. 사회복지조직의 책임성 기준에 관한 설명으로 옳지 않은 것은?

① 사회복지조직은 명문화된 법적 기준에 부합되게 활동해야 한다.

② 사회복지조직은 사회복지행정의 이념을 전제로 하여 활동해야 한다.

③ 매몰비용이 클수록 사회복지조직 차원의 변화 시도에 대항하려는 힘이 작아진다.

④ 사회복지조직의 책임성은 조직이 제공하는 서비스의 투입단계에서부터 산출단계까지의 과정에 모두 적용된다.

⑤ 사회복지조직의 책임성은 조직의 행동에 대한 책임이지 도의적 책임을 의미하는 것이 아니다.

28. 영기준 예산(Zero-Based Budget, ZBB)에 관한 설명으로 옳지 않은 것은?

① 전년도 예산과 무관하게 매년 프로그램 우선순위에 따라 예산을 편성한다.

② 프로그램의 효과성·효율성·시급성에 따라 예산을 재평가하여 증감을 결정한다.

③ 장기적 예산에 적합하다.

④ 여러 개의 독자적인 목표를 가지고 활동하는 예산결정 단위를 설정한다.

⑤ 예산 관리자의 전문성과 객관성이 요구된다.

29. 사회복지조직의 마케팅 과정을 옳게 연결한 것은?

ㄱ. 기부시장분석
ㄴ. 조직환경 분석
ㄷ. 마케팅 목표 설정
ㄹ. 시장 욕구 분석
ㅁ. 마케팅 도구 설정

① ㄱ - ㄴ - ㄷ - ㄹ - ㅁ　② ㄴ - ㄹ - ㄷ - ㄱ - ㅁ　③ ㄴ - ㄹ - ㄱ - ㄷ - ㅁ

④ ㄷ - ㄹ - ㄱ - ㅁ - ㄴ　⑤ ㄷ - ㄱ - ㄴ - ㄹ - ㅁ

30. 동기부여 이론에 관한 설명으로 옳은 것을 모두 고른 것은?

ㄱ. 인간관계이론: 조직성원 간에 호의적인 태도를 가지는 조직은 동기부여 정도가 크다.
ㄴ. 동기-위생이론: 만족을 주는 요인인 동기부여 요인을 통해 동기부여가 가능하다.
ㄷ. 성취동기이론: 맥그리거(McGregor)는 욕구를 권력욕구, 친화욕구, 성취욕구로 구분하였다.
ㄹ. 목표설정이론: 인지에 초점을 둔 이론으로 동기부여를 위해 의미 있는 목표 설정을 강조한다.

① ㄱ ② ㄴ, ㄷ ③ ㄷ, ㄹ ④ ㄱ, ㄴ, ㄹ ⑤ ㄱ, ㄴ, ㄷ, ㄹ

31. 우리나라 사회복지시설 평가에 관한 설명으로 옳은 것을 모두 고른 것은?

ㄱ. 1997년 「사회복지사업」 개정으로 사회복지시설의 평가가 법정(法定)으로 의무화되었다.
ㄴ. 1999년 제1기 사회복지시설 평가가 시행되었다.
ㄷ. 현재 사회보장정보원에서 사회복지시설 평가 업무를 맡고 있다.
ㄹ. 사회복지사업법령상 사회복지시설 평가에 포함된 서비스 최저기준의 적용 사항에는 시설 이용자의 인권, 서비스의 과정 및 결과, 지역사회 연계, 시설의 인력관리 등이 있다.

① ㄱ ② ㄴ, ㄷ ③ ㄷ, ㄹ ④ ㄱ, ㄴ, ㄹ ⑤ ㄱ, ㄴ, ㄷ, ㄹ

32. 사회복지행정의 특성에 관한 설명으로 옳지 않은 것은?

① 인간의 문제를 전체적으로 접근하며 통합성을 추구한다.
② 사회사업적 지식, 기술, 가치 등을 의도적으로 적용한다.
③ 일선 직원과 수혜자와의 관계가 효과성을 좌우한다.
④ 인간을 대상으로 하는 직접적인 사회복지실천방법이다.
⑤ 목표를 구체화하기 어렵고 측정하기가 쉽지 않다.

33. 기획의 필요성에 관한 설명으로 옳지 않은 것은?

① 조직 미래의 불확실성을 감소시킬 수 있다.
② 과거에 발생한 오류의 재발을 방지할 수 있다.
③ 최소비용으로 조직의 목표를 달성할 수 있다.
④ 조직관리자 중심의 의사결정으로 조직성원의 사기를 진작시킬 수 있다.
⑤ 프로그램 수행의 책임성을 높이는 데 도움이 될 수 있다.

34. 직무기술서에 기술되는 내용을 모두 고른 것은?

ㄱ. 직무명칭
ㄴ. 직무수행에 필요한 장비
ㄷ. 직무의 특성
ㄹ. 직무수행방법

① ㄱ, ㄴ, ㄷ　② ㄱ, ㄷ　③ ㄴ, ㄹ　④ ㄹ　⑤ ㄱ, ㄴ, ㄷ, ㄹ

35. 리더십 상황이론에 관한 설명으로 옳은 것은?

① 피들러(Fiedler)의 상황이론에서 상황변수에는 리더와 직원과의 관계, 과업의 구조화, 지위 권력이 있다.
② 피들러(Fiedler)의 상황이론에 따르면 상황호의성이 아주 호의적이거나 비호의적일 때에는 관계지향적 리더십이 적합하다.
③ 하우스(House)의 상황이론에서 상황변수에는 리더의 특성과 과업환경의 특성이 있다.
④ 하우스(House)의 상황이론에서 욕구와 능력이 높은 직원에게는 지시적 리더십이 적합하다.
⑤ 허쉬와 블랜차드(Hersey & Blanchard)의 상황이론에서 직원의 능력은 낮고, 의지는 높은 경우 지시형 리더십이 적합하다.

36. 다음에서 설명하는 의사결정 기법은?

○ 목표가 분명하고 예상 가능한 사항의 선택에 적용될 수 있는 의사결정 기법이다.
○ '예'와 '아니오'로 답할 수 있는 연속적 질문을 통해 예상되는 결과를 결정한다.
○ 개인적 의사결정 기법이다.

① 의사결정나무분석(decision tree analysis)
② 델파이기법(Delphi technique)
③ 명목집단기법(nominal group technique)
④ 대안선택흐름도표(alternative choice flow chart)
⑤ 브레인스토밍(brain storming)

37. 목표관리(management by objectives, MBO)이론에 관한 설명으로 옳지 않은 것은?

① 조직성원의 참여를 강조한다.
② 목표는 질적으로 측정될 수 있어야 한다.
③ 명확한 단기적 목표 설정과 책임부여에 초점을 두어 생산성을 높이고자 한다.
④ 조직성원 개인별 목표를 취합한 후 조직전체의 공통 목표를 집합적으로 찾아내는 귀납적 목표 설정을 한다.
⑤ 조직관리방법 이외에 예산 및 기획방법으로도 활용된다.

38. 다음에서 설명하는 조직이론은?

ㅇ 인간의 정서적인 측면과 사회적 관계를 중시한다.
ㅇ 조직성원은 개인으로서가 아니라 집단의 일원으로서 행동한다.
ㅇ 비공식적 집단은 개인의 태도와 생산성에 큰 영향을 미친다.

① 관료제이론 ② 과학적 관리론 ③ 인간관계이론 ④ 행정관리론 ⑤ 정치경제이론

39. 프로그램 평가검토기법(program evaluation and review techniques, PERT)에 관한 설명으로 옳지 않은 것은?

① 세부목표와 프로그램의 상호관계와 시간계획을 연결시켜 도표화한 기획방법이다.
② 과업별 소요시간을 계산하여 추정하며, 전체 과업들 간 최적의 시간경로를 파악한다.
③ 일회성으로 끝나거나 종합적 파악이 유리한 프로그램에 유리하다.
④ 임계경로(critical path)는 프로그램의 시작부터 종료까지 이르는 경로 가운데 가장 짧은 시간이 걸리는 경로이다.
⑤ 활동 간의 상관관계와 순서를 파악하는 데 유리하다.

40. 사회복지서비스 전달체계에 관한 설명으로 옳은 것은?

① 서비스의 통합성을 증진시키기 위해 서비스별로 인테이크 창구를 마련할 수 있다.
② 구조·기능적 차원에서 행정체계와 집행체계로 구분할 수 있다.
③ 우리나라의 국민연금공단은 장애인활동지원 서비스의 집행체계이다.
④ 서비스 종류에 따라 공적·사적 전달체계로 구분할 수 있다.
⑤ 민간조직은 정부의 사회복지 참여욕구를 수렴할 수 없다.

41. 테일러(F. Taylor)의 과학적 관리론에 관한 설명으로 옳지 않은 것은?

① 직무성과에 따른 인센티브 제공을 강조한다.
② 비인간화로 인한 인간소외현상이 발생할 수 있다.
③ 명확한 목표를 수립하고 목표의 우선순위를 정해야 한다.
④ 관리자와 직원 모두에게 조직의 목표를 설정할 수 있는 권한과 책임을 부여한다.
⑤ 직무 수행에 필요한 단위 시간과 표준화된 동작을 강조한다.

42. 한국사회복지행정의 역사에 관한 설명으로 옳은 것을 모두 고른 것은?

ㄱ. 1970년대 - 사회복지전문요원이 공공영역에 배치되기 시작하였다.
ㄴ. 1970년대 - 외국원조기관들의 철수 후 자생적인 사회복지단체들이 성장하였다.
ㄷ. 1980년대 - 사회복지복지시설의 설치기준이 기존의 허가제에서 신고제로 변경되었다.
ㄹ. 1980년대 - 지역사회 이용시설 중심의 사회복지관이 늘어났다.

① ㄱ, ㄴ, ㄷ ② ㄱ, ㄷ ③ ㄴ, ㄹ ④ ㄹ ⑤ ㄱ, ㄴ, ㄷ, ㄹ

43. 사회복지행정의 기능에 관한 설명으로 옳은 것을 모두 고른 것은?

ㄱ. 인사(staffing) - 직무의 할당이 규정되고 조정되는 조직의 공식적인 구조를 설정하는 기능이다.
ㄴ. 보고(reporting) - 직원이나 이사회 또는 지역사회, 자원 제공자 등에게 조직의 활동을 알려주는 기능이다.
ㄷ. 지시(directing) - 조직의 다양한 부분들을 상호 관련시키는 기능이다.
ㄹ. 평가(evaluating) - 조직 활동의 효과성과 효율성을 측정하는 기능이다.

① ㄱ, ㄴ, ㄷ ② ㄱ, ㄷ ③ ㄴ, ㄹ ④ ㄹ ⑤ ㄱ, ㄴ, ㄷ, ㄹ

44. 조직 내 비공식적 조직의 특징으로 옳지 않은 것은?

① 조직성원 간 사적관계를 통해 조직성원의 응집력을 높일 수 있다.
② 조직의 목적이 전치될 수 있다.
③ 공식적 업무의 신뢰성과 일관성을 향상시킬 수 있다.
④ 정실주의(情實主義)가 발생할 수 있다.
⑤ 파벌, 반목, 분규 등으로 인해 공식적 조직의 분열을 초래할 수 있다.

45. 조직 분류에 관한 다음 설명 중 옳은 것을 모두 고른 것은?

ㄱ. 에치오니(A. Etzioni)의 권력 형태에 따른 분류 중 사회복지조직의 권력형태는 보상이다.
ㄴ. 블라우와 스콧(P. Blaw & W. Scott)이 제시한 조직 유형 중 사회복지조직은 서비스조직이다.
ㄷ. 하센펠드(Y. Hasenfeld)는 업무통제성에 따라 사회복지조직을 분류하였다.
ㄹ. 스미스(G. Smith)는 관료제조직, 일선조직, 전면적 통제조직, 투과성 조직으로 분류하였다.

① ㄱ, ㄴ, ㄷ ② ㄱ, ㄷ ③ ㄴ, ㄹ ④ ㄹ ⑤ ㄱ, ㄴ, ㄷ, ㄹ

46. 조직 구성요소 중 복잡성(complexity)에 관한 설명으로 옳은 것을 모두 고른 것은?

ㄱ. 수직적 분화, 수평적 분화, 공간적 분산이 있다.
ㄴ. 통제범위가 넓으면 상대적으로 수직적 조직구조를 갖는다.
ㄷ. 조직이 수행하는 사업의 종류가 많을수록 복잡성이 증가한다.
ㄹ. 수평적 분화는 조정과 의사소통의 수준을 고려하여 설계한다.

① ㄱ, ㄴ, ㄷ ② ㄱ, ㄷ ③ ㄴ, ㄹ ④ ㄹ ⑤ ㄱ, ㄴ, ㄷ, ㄹ

47. 사회복지조직의 정보관리에 관한 설명으로 옳지 않은 것은?

① 포괄적인 의미로 정보관리체계는 사람·절차·기술의 집합체이다.
② 전산자료처리시스템(DP)은 정보의 수집·저장·검색·조정·전송·자료출력 과정을 포함한다.
③ 지식기반시스템(KBS)은 전문가들이 의사결정을 하는 데에 활용된다.
④ 정보관리를 위해서는 전산화 구축이 필수조건이다.
⑤ 관리정보시스템(MIS)은 일상적이고 구조화된 의사결정에 필요한 효율적 정보를 제공한다.

48. 사회복지서비스 전달체계 구축의 원칙에 관한 설명으로 옳은 것은?

① 전문성 - 핵심적인 주요업무는 반드시 충분한 경력과 지식을 지닌 전문가에 의해 수행되어야 한다.
② 책임성 - 서비스의 양과 질이 욕구와 목표달성에 충분해야 한다.
③ 포괄성 - 클라이언트의 다양한 욕구 중 클라이언트가 호소하는 특정 욕구만을 선별하여 충족시켜야 한다.
④ 통합성 - 서비스의 중복과 누락을 방지하고 다양한 서비스를 종합적으로 제공해야 한다.
⑤ 평등성 - 클라이언트의 소득이나 지위 등의 조건을 파악한 후 동일한 조건을 가진 클라이언트에게 서비스를 평등하게 제공해야 한다.

49. 논리모델을 적용하여 지역사회 노인 대상 스마트폰 교육 프로그램을 기획했을 때, 옳은 것을 모두 고른 것은?

ㄱ. 투입 - 참여 노인 30명, 사회복지사 2명, 자원봉사자 5명, 비용 500만 원
ㄴ. 활동 - 스마트폰 교육 프로그램 실행
ㄷ. 산출 - 노인의 참여 횟수 120회, 자원봉사자의 총봉사시간 1200분
ㄹ. 성과 - 참여 노인들의 대인 관계 능력 향상

① ㄱ, ㄴ, ㄷ ② ㄱ, ㄷ ③ ㄴ, ㄹ ④ ㄹ ⑤ ㄱ, ㄴ, ㄷ, ㄹ

50. 제도이론에 관한 설명으로 옳지 않은 것은?

① 정부의 법과 정책, 사회적 여론이 조직의 구조와 속성에 영향을 미친다.
② 조직은 가치체계와 같은 제도적인 환경에 영향을 받는다.
③ 조직의 생산성과 이에 따른 효율성의 성취를 가장 중요시 여긴다.
④ 조직의 생존을 위한 적응기제에 주목한다.
⑤ 조직 간의 동형화(isomorphism) 현상을 모범사례에 대한 모방과 전이 행동으로 설명한다.

사회복지정책과 제도(사회복지법제론)

51. 「사회복지사업법」상 사회복지법인의 임원의 결격사유에 해당하는 것을 모두 고른 것은?

ㄱ. 미성년자
ㄴ. 피성년후견인 또는 피한정후견인
ㄷ. 파산선고를 받고 복권되지 아니한 사람
ㄹ. 금고 이상의 실형을 선고받고 그 집행이 끝나거나(집행이 끝난 것으로 보는 경우를 포함한다) 집행이 면제된 날부터 3년이 지나지 아니한 사람

① ㄱ, ㄴ, ㄷ ② ㄱ, ㄷ ③ ㄴ, ㄹ ④ ㄹ ⑤ ㄱ, ㄴ, ㄷ, ㄹ

52. 「국민기초생활 보장법」상 자활기업에 관한 내용으로 옳지 않은 것은?

① 설립 및 운영 주체는 수급자 또는 차상위자를 5인 이상 포함하여 구성해야 한다.
② 조합 또는 「부가가치세법」상 사업자의 형태를 갖추어야 한다.
③ 공공기관의 장은 소속 기관 등에 대한 평가를 시행하는 경우에는 자활기업생산품의 구매실적을 포함하여야 한다.
④ 설립 당시에는 수급자 또는 차상위자였으나, 설립 이후 수급자 또는 차상위자를 면하게 된 사람이 계속하여 그 구성원으로 있는 경우에는 수급자 또는 차상위자로 산정(算定)한다.
⑤ 수급자 및 차상위자는 상호 협력하여 자활기업을 설립·운영할 수 있다.

53. 「사회보장기본법」상 사회보장에 관한 국민의 권리에 관한 내용으로 옳은 것은?

① 국가와 지방자치단체는 관계 법령에서 정하는 바에 따라 최저보장수준과 최저임금을 매년 공표하여야 한다.
② 사회보장수급권을 포기하는 것이 다른 사람에게 피해를 주거나 사회보장에 관한 관계 법령에 위반되는 경우에는 사회보장수급권을 포기할 수 없다.
③ 국가와 지방자치단체는 최저생계비와 최저임금 등을 고려하여 사회보장급여의 수준을 결정하여야 한다.
④ 사회보장급여를 받으려는 사람은 관계 법령에서 정하는 바에 따라 국가나 지방자치단체로부터 허가를 받아야 한다.
⑤ 사회보장수급권은 정당한 권한이 있는 기관에 구두로 통지하여 포기할 수 있다.

54. 「국민연금법」의 내용으로 옳지 않은 것은?

① 연금액은 지급사유에 따라 기본연금액과 부양가족연금액을 기초로 산정한다.
② 국민연금사업은 보건복지부장관이 맡아 주관한다.
③ 수급권자에게 이 법에 따른 2 이상의 급여 수급권이 생기면 각 급여별로 2분의 1에 해당하는 금액을 지급한다.
④ 국내에 거주하는 국민으로서 18세 이상 60세 미만인 자는 국민연금 가입 대상이 된다. 다만, 「공무원연금법」, 「군인연금법」, 「사립학교교직원 연금법」 및 「별정우체국법」을 적용받는 공무원, 군인, 교직원 및 별정우체국 직원, 그 밖에 대통령령으로 정하는 자는 제외한다.
⑤ 가입자는 사업장가입자, 지역가입자, 임의가입자 및 임의계속가입자로 구분한다.

55. 「장애인복지법」상 자립생활지원에 관한 내용으로 옳지 않은 것은?

① 중앙장애인권익옹호기관은 장애인의 자립생활을 실현하기 위하여 장애인자립생활지원센터를 통하여 필요한 각종 지원서비스를 제공한다.

② 국가 및 지방자치단체는 임신 등으로 인하여 이동이 불편한 여성장애인에게 임신 및 출산과 관련한 진료 등을 위하여 경제적 부담능력 등을 고려하여 활동지원사의 파견 등 활동보조서비스를 지원할 수 있다.

③ 국가와 지방자치단체는 장애인이 장애를 극복하는 데 도움이 되도록 장애동료 간 상호대화나 상담의 기회를 제공하도록 노력하여야 한다.

④ 국가와 지방자치단체는 장애인에게 성 관련 상담 서비스를 제공할 수 있다.

⑤ 국가와 지방자치단체는 장애인의 자기결정에 의한 자립생활을 위하여 활동지원사의 파견 등 활동보조서비스 또는 장애인보조기구의 제공, 그 밖의 각종 편의 및 정보제공 등 필요한 시책을 강구하여야 한다.

56. 「기초연금법」상 기초연금 지급의 정지 사유에 해당하는 것을 모두 고른 것은?

ㄱ. 기초연금 수급자가 금고 이상의 형을 선고받고 교정시설 또는 치료감호시설에 수용되어 있는 경우
ㄴ. 기초연금 수급자가 행방불명되거나 실종되는 등 대통령령으로 정하는 바에 따라 사망한 것으로 추정되는 경우
ㄷ. 기초연금 수급자의 국외 체류기간이 60일 이상 지속되는 경우
ㄹ. 기초연금 수급자가 국적을 상실하거나 국외로 이주한 경우

① ㄱ, ㄴ, ㄷ　② ㄱ, ㄷ　③ ㄴ, ㄹ　④ ㄹ　⑤ ㄱ, ㄴ, ㄷ, ㄹ

57. 「사회복지사업법」상 사회복지시설(이하 시설)에 관한 내용으로 옳지 않은 것은?

① 국가나 지방자치단체가 설치한 시설은 필요한 경우 사회복지법인이나 비영리법인에 위탁하여 운영하게 할 수 있다.
② 시설을 통합하여 하나의 시설로 설치·운영하거나 하나의 시설에서 둘 이상의 사회복지사업을 통합하여 수행할 수 있다.
③ 시장·군수·구청장은 정당한 이유 없이 사회복지시설의 설치를 지연시키거나 제한하는 조치를 하여서는 아니 된다.
④ 국가나 지방자치단체는 시설의 안전점검, 시설의 보완 및 개수·보수에 드는 비용의 전부 또는 일부를 보조하여야 한다.
⑤ 사회복지시설의 장은 국가와 지방자치단체가 실시하는 사회복지업무의 전자화 시책에 협력하여야 한다.

58. 「고용보험법」상 취업촉진수당에 해당하는 것을 모두 고른 것은?

ㄱ. 조기(早期)재취업 수당
ㄴ. 직업능력개발 수당
ㄷ. 광역 구직활동비
ㄹ. 이주비

① ㄱ, ㄴ, ㄷ　② ㄱ, ㄷ　③ ㄴ, ㄹ　④ ㄹ　⑤ ㄱ, ㄴ, ㄷ, ㄹ

59. 「국민기초생활 보장법」상 한국자활복지개발원이 수행하는 사업이 아닌 것은?

① 자활 지원을 위한 사업의 개발 및 평가

② 자활을 위한 정보제공, 상담, 직업교육 및 취업알선

③ 자활 지원을 위한 조사·연구 및 홍보

④ 자활 관련 기관 간의 협력체계 구축·운영

⑤ 취업·창업을 위한 자활촉진 프로그램 개발 및 지원

60. 「사회보장급여의 이용·제공 및 수급권자 발굴에 관한 법률」상 사회보장급여의 관리에 관한 내용으로 옳지 않은 것은?

① 보건복지부장관은 속임수 등의 부정한 방법으로 사회보장급여를 받거나 타인으로 하여금 사회보장급여를 받게 한 경우에 대하여 보장기관이 효과적인 대책을 세울 수 있도록 그 발생 현황, 피해사례 등에 관한 실태조사를 3년마다 실시하고, 그 결과를 공개하여야 한다.

② 주기적으로 또는 기간을 정하여 사회보장급여를 제공받는 수급자는 거주지, 세대원, 소득·재산 상태, 근로능력, 다른 급여의 수급이력 등이 변동되었을 때에는 지체 없이 관할 사회복지관의 장에게 신고하여야 한다.

③ 보장기관의 장은 수급자에 대한 사회보장급여의 종류·지급방법 등의 변동으로 수급자에 대한 사회보장급여의 전부 또는 일부가 필요 없게 된 때에는 사회보장급여의 전부 또는 일부를 중지하거나 그 종류·지급방법 등을 변경하여야 한다.

④ 보장기관의 장은 수급권이 없는 자에게 사회보장급여를 제공하거나 그 변경·중지로 인하여 수급자에게 이미 제공한 사회보장급여 중 과잉지급분이 발생한 경우에는 즉시 이를 제공받은 사람에 대하여 그 전부 또는 일부의 반환을 명하여야 한다. 다만, 이를 이미 소비하였거나 그 밖에 수급자에게 부득이한 사유가 있는 때에는 그 반환을 면제할 수 있다.

⑤ 보건복지부장관과 보장기관의 장은 사회보장급여 신청권자의 신청을 받아 주기적으로 사회보장급여의 수급가능성을 확인하여 그 결과를 안내할 수 있다.

61. 「영유아보육법」에 관한 내용으로 옳은 것은?

① "영유아"란 6세 미만의 취학 전 아동을 말한다.

② 보육에 관한 각종 정책·사업·보육지도 및 어린이집 평가에 관한 사항 등을 심의하기 위하여 보건복지부에 중앙보육정책위원회를 둔다.

③ 어린이집의 원장은 어린이집 운영의 자율성과 투명성을 높이고 지역사회와의 연계를 강화하여 지역 실정과 특성에 맞는 보육을 실시하기 위하여 어린이집에 어린이집운영위원회를 설치·운영할 수 있다.

④ 보건복지부장관은 이 법의 적절한 시행을 위하여 보육 실태 조사를 3년마다 실시하고 그 결과를 공표하여야 한다.

⑤ 어린이집의 이용대상은 보육이 필요한 영유아를 원칙으로 한다. 다만, 필요한 경우 어린이집의 원장은 만 18세까지 연장하여 보육할 수 있다.

62. 법률의 제정에 관한 우리나라 헌법의 내용으로 옳은 것을 모두 고른 것은?

ㄱ. 입법권은 국회에 속한다.
ㄴ. 국회의원의 임기가 만료된 때에는 국회에 제출된 법률안 기타의 의안은 의결되지 못할 경우 폐기된다.
ㄷ. 국회에서 의결된 법률안은 정부에 이송되어 20일 이내에 대통령이 공포한다.
ㄹ. 대통령이 정해진 기간 이내에 재의 요구를 하지 아니한 때에도 그 법률안은 법률로서 확정된다.

① ㄱ　② ㄴ, ㄷ　③ ㄷ, ㄹ　④ ㄱ, ㄴ, ㄹ　⑤ ㄱ, ㄴ, ㄷ, ㄹ

63. 「사회보장기본법」에 관한 내용으로 옳지 않은 것은?

① 국내에 거주하는 외국인에게 사회보장제도를 적용할 때에는 평등주의의 원칙에 따르되, 관계 법령에서 정하는 바에 따른다.

② 국가와 지방자치단체는 사회보장제도를 시행할 때에 가정과 지역공동체의 자발적인 복지활동을 촉진하여야 한다.

③ 모든 국민은 자신의 능력을 최대한 발휘하여 자립·자활(自活)할 수 있도록 노력하여야 한다.

④ 모든 국민은 관계 법령에서 정하는 바에 따라 사회보장급여에 필요한 비용의 부담, 정보의 제공 등 국가의 사회보장정책에 협력하여야 한다.

⑤ 국가와 지방자치단체는 가정이 건전하게 유지되고 그 기능이 향상되도록 노력하여야 한다.

64. 「성폭력방지 및 피해자보호 등에 관한 법률」의 내용으로 옳지 않은 것은?

① 여성가족부장관은 성폭력의 실태를 파악하고 성폭력 방지에 관한 정책을 수립하기 위하여 3년마다 성폭력 실태조사를 하고 그 결과를 발표하여야 한다.

② 「사회복지사업법」에 따른 사회복지법인이나 그 밖의 비영리법인은 특별자치시장·특별자치도지사 또는 시장·군수·구청장의 지정을 받아 보호시설을 설치·운영할 수 있다.

③ 국가는 피해자에 대하여 법률상담과 소송대리(訴訟代理) 등의 지원을 할 수 있다.

④ 성폭력피해상담소는 성폭력피해의 신고접수와 이에 관한 상담 등의 업무를 한다.

⑤ 일반보호시설의 입소기간은 1년 이내이다. 다만, 여성가족부령으로 정하는 바에 따라 1년 6개월의 범위에서 한 차례 연장할 수 있다.

65. 「사회복지사업법」상 사회복지법인의 이사회의 회의록에 기재되어야 할 내용으로 옳은 것을 모두 고른 것은?

ㄱ. 개의, 회의 중지 및 산회 일시
ㄴ. 안건
ㄷ. 의사
ㄹ. 출석한 임원의 성명

① ㄱ, ㄴ, ㄷ ② ㄱ, ㄷ ③ ㄴ, ㄹ ④ ㄹ ⑤ ㄱ, ㄴ, ㄷ, ㄹ

66. 법률과 그 제정연대의 연결이 옳지 않은 것은?

① 1960년대 - 「아동복리법」, 「산업재해보상보험법」

② 1970년대 - 「사회복지사업법」, 「의료보호법」

③ 1980년대 - 「노인복지법」, 「국민연금법」

④ 1990년대 - 「고용보험법」, 「정신보건법」

⑤ 2000년대 - 「국민기초생활 보장법」, 「긴급복지지원법」

67. 「사회보장급여의 이용·제공 및 수급권자 발굴에 관한 법률」의 내용으로 옳지 않은 것은?

① 사회보장사무 전담기구의 사무 범위, 조직 및 운영 등에 필요한 사항은 대통령령으로 정한다.

② 사회보장급여로 지급된 금품과 이를 받을 권리는 압류하지 못한다.

③ 사회복지사업에 관한 업무를 담당하게 하기 위하여 시·도, 시·군·구, 읍·면·동 또는 사회보장사무 전담기구에 사회복지전담공무원을 둘 수 있다.

④ 통합사례관리를 실시하기 위하여 필요한 경우에는 특별자치시 및 시·군·구에 통합사례관리사를 둘 수 있다.

⑤ 한국사회보장정보원은 법인으로 한다.

68. 「자원봉사활동기본법」에 관한 내용으로 옳은 것을 모두 고른 것은?

ㄱ. 자원봉사활동은 무보수성, 자발성, 공익성, 비영리성, 비정파성(非政派性), 비종파성(非宗派性)의 원칙 아래 수행될 수 있도록 하여야 한다.

ㄴ. 자원봉사활동에 관한 주요 정책을 심의하기 위하여 국무총리 소속으로 관계 공무원 및 민간 전문가로 구성된 자원봉사진흥위원회를 둔다.

ㄷ. 행정안전부장관은 관계 중앙행정기관의 장과 협의하여 자원봉사활동의 진흥을 위한 국가기본계획을 5년마다 수립하여야 한다.

ㄹ. 국가는 국민의 자원봉사활동에 대한 참여를 촉진하고 자원봉사자의 사기를 높이기 위하여 매년 11월 5일을 자원봉사자의 날로 하고 자원봉사자의 날부터 1주일간을 자원봉사주간으로 설정한다.

① ㄱ, ㄴ, ㄷ　② ㄱ, ㄷ　③ ㄴ, ㄹ　④ ㄹ　⑤ ㄱ, ㄴ, ㄷ, ㄹ

69. 「노인장기요양보험법」의 내용으로 옳은 것은?

① 장기요양인정의 유효기간은 최소 2년 이상으로서 대통령령으로 정한다.

② 장기요양인정의 유효기간이 만료된 후 장기요양급여를 계속하여 받고자 하는 경우 국민건강보험공단에 장기요양인정의 변경을 신청하여야 한다.

③ 장기요양인정서에서는 장기요양등급, 장기요양급여의 종류 및 내용, 그 밖에 장기요양급여에 관한 사항으로서 보건복지부령으로 정하는 사항이 포함된다.

④ 미성년자는 장기요양기관을 지정받을 수 있다.

⑤ 장기요양기관 지정의 유효기간은 지정을 받은 날부터 5년으로 한다.

70. 「산업재해보상보험법」상 건강손상자녀에 대한 보험급여의 종류에 해당하는 것을 모두 고른 것은?

ㄱ. 요양급여

ㄴ. 장해급여

ㄷ. 간병급여

ㄹ. 장례비

ㅁ. 직업재활급여

① ㄱ, ㄴ, ㄷ, ㄹ　② ㄱ, ㄷ, ㅁ　③ ㄴ, ㄹ　④ ㄹ, ㅁ　⑤ ㄱ, ㄴ, ㄷ, ㄹ, ㅁ

71. 「국민건강보험법」상 가입자가 자격을 상실하는 시기로 옳은 것은?

① 사망한 날
② 국적을 잃은 날
③ 국내에 거주하지 아니하게 된 날의 다음 날
④ 직장가입자의 피부양자가 된 날의 다음 날
⑤ 수급권자가 된 날의 다음 날

72. 헌법 규정의 사회권적 기본권에 관한 설명으로 옳지 않은 것은?

① 공무원인 근로자는 법률이 정하는 자에 한하여 단결권·단체교섭권 및 단체행동권을 가진다.
② 환경권의 내용과 행사에 관하여는 법령으로 정한다.
③ 의무교육은 무상으로 한다.
④ 근로조건의 기준은 인간의 존엄성을 보장하도록 법률로 정한다.
⑤ 혼인과 가족생활은 개인의 존엄과 양성의 평등을 기초로 성립되고 유지되어야 하며, 국가는 이를 보장한다.

73. 「사회보장기본법」상 사회보장위원회(이하 위원회)에 관한 설명으로 옳지 않은 것은?

① 행정안전부장관, 고용노동부장관, 여성가족부장관, 국토교통부장관을 포함한 30명 이내의 위원으로 구성한다.
② 위원의 임기는 2년으로 한다.
③ 위원회에 전문위원회를 두며, 전문위원회에 분야별 실무위원회를 둘 수 있다.
④ 보궐위원의 임기는 전임자 임기의 남은 기간으로 한다.
⑤ 위원회의 사무를 효율적으로 처리하기 위하여 보건복지부에 사무국을 둔다.

74. 「노인복지법」상 노인복지시설에 해당하지 않는 것은?

① 노인주거복지시설
② 학대피해노인 전용쉼터
③ 노인취업알선기관
④ 노인보호전문기관
⑤ 「노인 일자리 및 사회활동 지원에 관한 법률」에 따른 노인일자리지원기관

75. 「긴급복지지원법」상 위기상황에 해당하는 사유를 모두 고른 것은?

ㄱ. 가구구성원이 중한 질병 또는 부상을 당해 생계유지가 어렵게 된 경우
ㄴ. 본인이 가구구성원으로부터 방임(放任) 또는 유기(遺棄)되거나 학대 등을 당해 생계유지가 어렵게 된 경우
ㄷ. 본인이 화재 또는 자연재해 등으로 인하여 거주하는 주택 또는 건물에서 생활하기 곤란하게 되어 생계유지가 어렵게 된 경우
ㄹ. 본인이 주소득자 또는 부소득자의 실직으로 소득을 상실하여 생계유지가 어렵게 된 경우

① ㄱ, ㄴ, ㄷ ② ㄱ, ㄷ ③ ㄴ, ㄹ ④ ㄹ ⑤ ㄱ, ㄴ, ㄷ, ㄹ

자르는 선

제3회 FINAL 모의고사 답안카드

자동채점 + 합격예측 서비스

◀ QR 코드를 스캔하시면, 더욱 상세한 성적 분석 서비스 이용이 가능합니다.

성 명

교시 기재란			
(　　)교시	①	②	③
형별 기재란	A형 ●		

선 택 과 목 1

선 택 과 목 2

수 험 번 호							
⓪	⓪	⓪	⓪	⓪	⓪	⓪	⓪
①	①	①	①	①	①	①	①
②	②	②	②	②	②	②	②
③	③	③	③	③	③	③	③
④	④	④	④	④	④	④	④
⑤	⑤	⑤	⑤	⑤	⑤	⑤	⑤
⑥	⑥	⑥	⑥	⑥	⑥	⑥	⑥
⑦	⑦	⑦	⑦	⑦	⑦	⑦	⑦
⑧	⑧	⑧	⑧	⑧	⑧	⑧	⑧
⑨	⑨	⑨	⑨	⑨	⑨	⑨	⑨

감독위원 확인
(인)

1	① ② ③ ④ ⑤	21	① ② ③ ④ ⑤	41	① ② ③ ④ ⑤	61	① ② ③ ④ ⑤	81	① ② ③ ④ ⑤	101	① ② ③ ④ ⑤	121	① ② ③ ④ ⑤
2	① ② ③ ④ ⑤	22	① ② ③ ④ ⑤	42	① ② ③ ④ ⑤	62	① ② ③ ④ ⑤	82	① ② ③ ④ ⑤	102	① ② ③ ④ ⑤	122	① ② ③ ④ ⑤
3	① ② ③ ④ ⑤	23	① ② ③ ④ ⑤	43	① ② ③ ④ ⑤	63	① ② ③ ④ ⑤	83	① ② ③ ④ ⑤	103	① ② ③ ④ ⑤	123	① ② ③ ④ ⑤
4	① ② ③ ④ ⑤	24	① ② ③ ④ ⑤	44	① ② ③ ④ ⑤	64	① ② ③ ④ ⑤	84	① ② ③ ④ ⑤	104	① ② ③ ④ ⑤	124	① ② ③ ④ ⑤
5	① ② ③ ④ ⑤	25	① ② ③ ④ ⑤	45	① ② ③ ④ ⑤	65	① ② ③ ④ ⑤	85	① ② ③ ④ ⑤	105	① ② ③ ④ ⑤	125	① ② ③ ④ ⑤
6	① ② ③ ④ ⑤	26	① ② ③ ④ ⑤	46	① ② ③ ④ ⑤	66	① ② ③ ④ ⑤	86	① ② ③ ④ ⑤	106	① ② ③ ④ ⑤		
7	① ② ③ ④ ⑤	27	① ② ③ ④ ⑤	47	① ② ③ ④ ⑤	67	① ② ③ ④ ⑤	87	① ② ③ ④ ⑤	107	① ② ③ ④ ⑤		
8	① ② ③ ④ ⑤	28	① ② ③ ④ ⑤	48	① ② ③ ④ ⑤	68	① ② ③ ④ ⑤	88	① ② ③ ④ ⑤	108	① ② ③ ④ ⑤		
9	① ② ③ ④ ⑤	29	① ② ③ ④ ⑤	49	① ② ③ ④ ⑤	69	① ② ③ ④ ⑤	89	① ② ③ ④ ⑤	109	① ② ③ ④ ⑤		
10	① ② ③ ④ ⑤	30	① ② ③ ④ ⑤	50	① ② ③ ④ ⑤	70	① ② ③ ④ ⑤	90	① ② ③ ④ ⑤	110	① ② ③ ④ ⑤		
11	① ② ③ ④ ⑤	31	① ② ③ ④ ⑤	51	① ② ③ ④ ⑤	71	① ② ③ ④ ⑤	91	① ② ③ ④ ⑤	111	① ② ③ ④ ⑤		
12	① ② ③ ④ ⑤	32	① ② ③ ④ ⑤	52	① ② ③ ④ ⑤	72	① ② ③ ④ ⑤	92	① ② ③ ④ ⑤	112	① ② ③ ④ ⑤		
13	① ② ③ ④ ⑤	33	① ② ③ ④ ⑤	53	① ② ③ ④ ⑤	73	① ② ③ ④ ⑤	93	① ② ③ ④ ⑤	113	① ② ③ ④ ⑤		
14	① ② ③ ④ ⑤	34	① ② ③ ④ ⑤	54	① ② ③ ④ ⑤	74	① ② ③ ④ ⑤	94	① ② ③ ④ ⑤	114	① ② ③ ④ ⑤		
15	① ② ③ ④ ⑤	35	① ② ③ ④ ⑤	55	① ② ③ ④ ⑤	75	① ② ③ ④ ⑤	95	① ② ③ ④ ⑤	115	① ② ③ ④ ⑤		
16	① ② ③ ④ ⑤	36	① ② ③ ④ ⑤	56	① ② ③ ④ ⑤	76	① ② ③ ④ ⑤	96	① ② ③ ④ ⑤	116	① ② ③ ④ ⑤		
17	① ② ③ ④ ⑤	37	① ② ③ ④ ⑤	57	① ② ③ ④ ⑤	77	① ② ③ ④ ⑤	97	① ② ③ ④ ⑤	117	① ② ③ ④ ⑤		
18	① ② ③ ④ ⑤	38	① ② ③ ④ ⑤	58	① ② ③ ④ ⑤	78	① ② ③ ④ ⑤	98	① ② ③ ④ ⑤	118	① ② ③ ④ ⑤		
19	① ② ③ ④ ⑤	39	① ② ③ ④ ⑤	59	① ② ③ ④ ⑤	79	① ② ③ ④ ⑤	99	① ② ③ ④ ⑤	119	① ② ③ ④ ⑤		
20	① ② ③ ④ ⑤	40	① ② ③ ④ ⑤	60	① ② ③ ④ ⑤	80	① ② ③ ④ ⑤	100	① ② ③ ④ ⑤	120	① ② ③ ④ ⑤		

✂ 자르는 선

제3회 FINAL 모의고사 답안카드

자동채점 + 합격예측 서비스

◀ QR 코드를 스캔하시면, 더욱 상세한 성적 분석 서비스 이용이 가능합니다.

성 명

교시 기재란			
( )교시	①	②	③

형별 기재란	A형
	●

선 택 과 목 1

선 택 과 목 2

수 험 번 호							
⓪	⓪	⓪	⓪	⓪	⓪	⓪	⓪
①	①	①	①	①	①	①	①
②	②	②	②	②	②	②	②
③	③	③	③	③	③	③	③
④	④	④	④	④	④	④	④
⑤	⑤	⑤	⑤	⑤	⑤	⑤	⑤
⑥	⑥	⑥	⑥	⑥	⑥	⑥	⑥
⑦	⑦	⑦	⑦	⑦	⑦	⑦	⑦
⑧	⑧	⑧	⑧	⑧	⑧	⑧	⑧
⑨	⑨	⑨	⑨	⑨	⑨	⑨	⑨

감독위원 확인
(인)

1	① ② ③ ④ ⑤	21	① ② ③ ④ ⑤	41	① ② ③ ④ ⑤	61	① ② ③ ④ ⑤	81	① ② ③ ④ ⑤	101	① ② ③ ④ ⑤	121	① ② ③ ④ ⑤
2	① ② ③ ④ ⑤	22	① ② ③ ④ ⑤	42	① ② ③ ④ ⑤	62	① ② ③ ④ ⑤	82	① ② ③ ④ ⑤	102	① ② ③ ④ ⑤	122	① ② ③ ④ ⑤
3	① ② ③ ④ ⑤	23	① ② ③ ④ ⑤	43	① ② ③ ④ ⑤	63	① ② ③ ④ ⑤	83	① ② ③ ④ ⑤	103	① ② ③ ④ ⑤	123	① ② ③ ④ ⑤
4	① ② ③ ④ ⑤	24	① ② ③ ④ ⑤	44	① ② ③ ④ ⑤	64	① ② ③ ④ ⑤	84	① ② ③ ④ ⑤	104	① ② ③ ④ ⑤	124	① ② ③ ④ ⑤
5	① ② ③ ④ ⑤	25	① ② ③ ④ ⑤	45	① ② ③ ④ ⑤	65	① ② ③ ④ ⑤	85	① ② ③ ④ ⑤	105	① ② ③ ④ ⑤	125	① ② ③ ④ ⑤
6	① ② ③ ④ ⑤	26	① ② ③ ④ ⑤	46	① ② ③ ④ ⑤	66	① ② ③ ④ ⑤	86	① ② ③ ④ ⑤	106	① ② ③ ④ ⑤		
7	① ② ③ ④ ⑤	27	① ② ③ ④ ⑤	47	① ② ③ ④ ⑤	67	① ② ③ ④ ⑤	87	① ② ③ ④ ⑤	107	① ② ③ ④ ⑤		
8	① ② ③ ④ ⑤	28	① ② ③ ④ ⑤	48	① ② ③ ④ ⑤	68	① ② ③ ④ ⑤	88	① ② ③ ④ ⑤	108	① ② ③ ④ ⑤		
9	① ② ③ ④ ⑤	29	① ② ③ ④ ⑤	49	① ② ③ ④ ⑤	69	① ② ③ ④ ⑤	89	① ② ③ ④ ⑤	109	① ② ③ ④ ⑤		
10	① ② ③ ④ ⑤	30	① ② ③ ④ ⑤	50	① ② ③ ④ ⑤	70	① ② ③ ④ ⑤	90	① ② ③ ④ ⑤	110	① ② ③ ④ ⑤		
11	① ② ③ ④ ⑤	31	① ② ③ ④ ⑤	51	① ② ③ ④ ⑤	71	① ② ③ ④ ⑤	91	① ② ③ ④ ⑤	111	① ② ③ ④ ⑤		
12	① ② ③ ④ ⑤	32	① ② ③ ④ ⑤	52	① ② ③ ④ ⑤	72	① ② ③ ④ ⑤	92	① ② ③ ④ ⑤	112	① ② ③ ④ ⑤		
13	① ② ③ ④ ⑤	33	① ② ③ ④ ⑤	53	① ② ③ ④ ⑤	73	① ② ③ ④ ⑤	93	① ② ③ ④ ⑤	113	① ② ③ ④ ⑤		
14	① ② ③ ④ ⑤	34	① ② ③ ④ ⑤	54	① ② ③ ④ ⑤	74	① ② ③ ④ ⑤	94	① ② ③ ④ ⑤	114	① ② ③ ④ ⑤		
15	① ② ③ ④ ⑤	35	① ② ③ ④ ⑤	55	① ② ③ ④ ⑤	75	① ② ③ ④ ⑤	95	① ② ③ ④ ⑤	115	① ② ③ ④ ⑤		
16	① ② ③ ④ ⑤	36	① ② ③ ④ ⑤	56	① ② ③ ④ ⑤	76	① ② ③ ④ ⑤	96	① ② ③ ④ ⑤	116	① ② ③ ④ ⑤		
17	① ② ③ ④ ⑤	37	① ② ③ ④ ⑤	57	① ② ③ ④ ⑤	77	① ② ③ ④ ⑤	97	① ② ③ ④ ⑤	117	① ② ③ ④ ⑤		
18	① ② ③ ④ ⑤	38	① ② ③ ④ ⑤	58	① ② ③ ④ ⑤	78	① ② ③ ④ ⑤	98	① ② ③ ④ ⑤	118	① ② ③ ④ ⑤		
19	① ② ③ ④ ⑤	39	① ② ③ ④ ⑤	59	① ② ③ ④ ⑤	79	① ② ③ ④ ⑤	99	① ② ③ ④ ⑤	119	① ② ③ ④ ⑤		
20	① ② ③ ④ ⑤	40	① ② ③ ④ ⑤	60	① ② ③ ④ ⑤	80	① ② ③ ④ ⑤	100	① ② ③ ④ ⑤	120	① ② ③ ④ ⑤		

자르는 선

제3회 FINAL 모의고사 답안카드

자동채점 + 합격예측 서비스
◀ QR 코드를 스캔하시면, 더욱 상세한 성적 분석 서비스 이용이 가능합니다.

성 명

교시 기재란
( )교시 ① ② ③

형별 기재란
A형 ●

선 택 과 목 1

선 택 과 목 2

수 험 번 호

⓪	⓪	⓪	⓪	⓪	⓪	⓪	⓪
①	①	①	①	①	①	①	①
②	②	②	②	②	②	②	②
③	③	③	③	③	③	③	③
④	④	④	④	④	④	④	④
⑤	⑤	⑤	⑤	⑤	⑤	⑤	⑤
⑥	⑥	⑥	⑥	⑥	⑥	⑥	⑥
⑦	⑦	⑦	⑦	⑦	⑦	⑦	⑦
⑧	⑧	⑧	⑧	⑧	⑧	⑧	⑧
⑨	⑨	⑨	⑨	⑨	⑨	⑨	⑨

감독위원 확인

(인)

1	① ② ③ ④ ⑤	21	① ② ③ ④ ⑤	41	① ② ③ ④ ⑤	61	① ② ③ ④ ⑤	81	① ② ③ ④ ⑤	101	① ② ③ ④ ⑤	121	① ② ③ ④ ⑤
2	① ② ③ ④ ⑤	22	① ② ③ ④ ⑤	42	① ② ③ ④ ⑤	62	① ② ③ ④ ⑤	82	① ② ③ ④ ⑤	102	① ② ③ ④ ⑤	122	① ② ③ ④ ⑤
3	① ② ③ ④ ⑤	23	① ② ③ ④ ⑤	43	① ② ③ ④ ⑤	63	① ② ③ ④ ⑤	83	① ② ③ ④ ⑤	103	① ② ③ ④ ⑤	123	① ② ③ ④ ⑤
4	① ② ③ ④ ⑤	24	① ② ③ ④ ⑤	44	① ② ③ ④ ⑤	64	① ② ③ ④ ⑤	84	① ② ③ ④ ⑤	104	① ② ③ ④ ⑤	124	① ② ③ ④ ⑤
5	① ② ③ ④ ⑤	25	① ② ③ ④ ⑤	45	① ② ③ ④ ⑤	65	① ② ③ ④ ⑤	85	① ② ③ ④ ⑤	105	① ② ③ ④ ⑤	125	① ② ③ ④ ⑤
6	① ② ③ ④ ⑤	26	① ② ③ ④ ⑤	46	① ② ③ ④ ⑤	66	① ② ③ ④ ⑤	86	① ② ③ ④ ⑤	106	① ② ③ ④ ⑤		
7	① ② ③ ④ ⑤	27	① ② ③ ④ ⑤	47	① ② ③ ④ ⑤	67	① ② ③ ④ ⑤	87	① ② ③ ④ ⑤	107	① ② ③ ④ ⑤		
8	① ② ③ ④ ⑤	28	① ② ③ ④ ⑤	48	① ② ③ ④ ⑤	68	① ② ③ ④ ⑤	88	① ② ③ ④ ⑤	108	① ② ③ ④ ⑤		
9	① ② ③ ④ ⑤	29	① ② ③ ④ ⑤	49	① ② ③ ④ ⑤	69	① ② ③ ④ ⑤	89	① ② ③ ④ ⑤	109	① ② ③ ④ ⑤		
10	① ② ③ ④ ⑤	30	① ② ③ ④ ⑤	50	① ② ③ ④ ⑤	70	① ② ③ ④ ⑤	90	① ② ③ ④ ⑤	110	① ② ③ ④ ⑤		
11	① ② ③ ④ ⑤	31	① ② ③ ④ ⑤	51	① ② ③ ④ ⑤	71	① ② ③ ④ ⑤	91	① ② ③ ④ ⑤	111	① ② ③ ④ ⑤		
12	① ② ③ ④ ⑤	32	① ② ③ ④ ⑤	52	① ② ③ ④ ⑤	72	① ② ③ ④ ⑤	92	① ② ③ ④ ⑤	112	① ② ③ ④ ⑤		
13	① ② ③ ④ ⑤	33	① ② ③ ④ ⑤	53	① ② ③ ④ ⑤	73	① ② ③ ④ ⑤	93	① ② ③ ④ ⑤	113	① ② ③ ④ ⑤		
14	① ② ③ ④ ⑤	34	① ② ③ ④ ⑤	54	① ② ③ ④ ⑤	74	① ② ③ ④ ⑤	94	① ② ③ ④ ⑤	114	① ② ③ ④ ⑤		
15	① ② ③ ④ ⑤	35	① ② ③ ④ ⑤	55	① ② ③ ④ ⑤	75	① ② ③ ④ ⑤	95	① ② ③ ④ ⑤	115	① ② ③ ④ ⑤		
16	① ② ③ ④ ⑤	36	① ② ③ ④ ⑤	56	① ② ③ ④ ⑤	76	① ② ③ ④ ⑤	96	① ② ③ ④ ⑤	116	① ② ③ ④ ⑤		
17	① ② ③ ④ ⑤	37	① ② ③ ④ ⑤	57	① ② ③ ④ ⑤	77	① ② ③ ④ ⑤	97	① ② ③ ④ ⑤	117	① ② ③ ④ ⑤		
18	① ② ③ ④ ⑤	38	① ② ③ ④ ⑤	58	① ② ③ ④ ⑤	78	① ② ③ ④ ⑤	98	① ② ③ ④ ⑤	118	① ② ③ ④ ⑤		
19	① ② ③ ④ ⑤	39	① ② ③ ④ ⑤	59	① ② ③ ④ ⑤	79	① ② ③ ④ ⑤	99	① ② ③ ④ ⑤	119	① ② ③ ④ ⑤		
20	① ② ③ ④ ⑤	40	① ② ③ ④ ⑤	60	① ② ③ ④ ⑤	80	① ② ③ ④ ⑤	100	① ② ③ ④ ⑤	120	① ② ③ ④ ⑤		

해커스

사회복지사 1급 FINAL 봉투모의고사

제4회

해커스

사회복지사 1급 국가자격시험 대비
제4회 FINAL 모의고사

교 시	문제형별	시 간	시 험 과 목
1교시	A	50분	<사회복지기초> 1 인간행동과 사회환경 2 사회복지조사론

수험번호		성 명	

[수험자 유의사항]

1. 시험문제지는 **단일 형별(A형)**이며, 답안카드 형별 기재란에 표시된 형별(A형)을 확인하시기 바랍니다. 시험문제지의 **총면수**, **문제번호 일련순서**, **인쇄상태** 등을 확인하시고, 문제지 표지에 수험번호와 성명을 기재하시기 바랍니다.

2. 답은 각 문제마다 요구하는 **가장 적합하거나 가까운 답 1개**만 선택하고, 답안카드 작성 시 시험문제지 **마킹착오**로 인한 불이익은 전적으로 **수험자에게 책임**이 있음을 알려 드립니다.

3. 답안카드는 국가전문자격 공통 표준형으로 문제번호가 1번부터 125번까지 인쇄되어 있습니다. 답안 마킹 시에는 반드시 **시험문제지의 문제번호와 동일한 번호**에 마킹하여야 합니다.

4. **감독위원의 지시에 불응하거나 시험시간 종료 후 답안카드를 제출하지 않을 경우** 불이익이 발생할 수 있음을 알려 드립니다.
   ※ 시험문제지는 시험 종료 후 가지고 갈 수 있습니다.

5. 문제지 맨 뒤에 제공되는 답안카드를 활용하여 실전처럼 모의고사를 풀어보시기 바랍니다.

각 문제에서 요구하는 가장 적합한 답 1개만을 고르시오.

사회복지기초(인간행동과 사회환경)

01. 인간발달에 관한 설명으로 옳지 않은 것은?

① 특정단계의 발달은 이전의 발달과업 성취에 기초한다.
② 발달은 유전과 환경의 상호작용 결과이다.
③ 성장과 발달은 횡단적으로 진행된다.
④ 발달은 양적변화와 질적변화를 모두 포함하는 개념이다.
⑤ 발달은 전체활동에서 특수활동으로 진행된다.

02. 프로이트(S. Freud)의 심리성적발달이론에 관한 설명으로 옳지 않은 것은?

① 전생애적 발달단계를 제시하지 않았다.
② 남근기는 이성 부모에 대한 동일시의 기제가 나타나는 시기이다.
③ 항문기는 자율성과 수치심을 주로 경험하는 시기이다.
④ 불안은 공포 상태로서 위급한 상황에 적합한 방법으로 반응하게 하는 것이다.
⑤ 어린 시절에 겪었던 경험의 중요성을 강조한다.

03. 에릭슨(E. Erikson)의 이론에 관한 설명으로 옳지 않은 것은?

① 청소년기의 주요 발달과업은 자아정체감 형성이다.
② 발달에 영향을 미치는 사회적·문화적 요인을 인정하였다.
③ 발달은 점성의 원리에 기초하며, 따라서 각 단계의 발달은 이전 단계의 발달을 토대로 이루어진다.
④ 학령기(아동기)는 자율성 대 수치와 의심의 심리사회적 위기를 겪는다.
⑤ 친밀감은 성인초기의 주요 발달과업이다.

04. 융(C. Jung)의 이론에 관한 설명 중 옳지 않은 것은?

① 무의식을 개인무의식과 집단무의식으로 구분하였다.
② 인간을 성(性)적 에너지인 리비도(libido)에 의해 지배되는 수동적 존재로 보았다.
③ 자아란 개인의 의식 속에 존재하는 유일한 정신기관이다.
④ 자아의 기능에서 사고와 감정은 이성을 필요로 하는 합리적 기능이다.
⑤ 과거의 사건 및 미래에 대한 열망이 성격발달에 동시에 영향을 미친다.

05. 아들러(A. Adler)의 개인심리이론에 관한 설명으로 옳지 않은 것은?

① 개인이 궁극적으로 추구하는 목표는 현실에서 검증하기 어려운 가상적 목표이다.
② 사회적 관심은 선천적으로 타고 나는 것이다.
③ 열등감은 보다 나은 자기완성의 의지를 약화시키는 요인이다.
④ 출생순위, 가족과 형제관계에서의 경험은 생활양식에 영향을 준다.
⑤ 인간은 자신의 삶을 스스로 창조해갈 수 있는 능동적인 존재이다.

06. 브론펜브레너(U. Bronfenbrenner)의 사회환경체계에 관한 설명으로 옳은 것은?

① 문화나 정책 등 거시체계는 개인의 삶에 직접적이고 강력한 영향을 미친다.
② 여러 미시체계가 각기 다른 가치관을 표방할 때 잠재적 갈등의 위험이 따른다.
③ 미시체계는 개인의 생활에 직접적으로 개입하지 않는다.
④ 중간체계는 개인이 직접 참여하고 있지는 않지만, 그 개인의 발달에 영향을 주는 사회적 환경을 의미한다.
⑤ 거시체계는 개인이 다양한 역할을 동시에 수행한다는 의미가 내포되어 있다.

07. 생태체계이론에 관한 설명으로 옳지 않은 것은?

① 문제에 대한 총체적 이해와 조망을 제공한다.
② 개인, 집단, 지역사회 등 다양한 체계에 적용이 가능하다.
③ 스트레스는 개인과 환경 간 상호교류에서의 불균형이 야기하는 현상이다.
④ 적합성은 개인이 환경과 효과적으로 상호작용을 할 수 있는 능력이다.
⑤ 환경 속의 인간을 강조한다.

08. 방어기제에 관한 설명으로 옳은 것은?

① 방어기제는 외부세계의 요구로부터 원초아가 스스로를 보호하고자 하는 무의식적 시도이다.
② 투사는 받아들일 수 없는 자신의 욕망이나 충동을 타인에게 돌리는 방어기제이다.
③ 한 사람은 한 번에 하나의 방어기제만을 사용한다.
④ 방어기제는 불안을 증폭시키고 부정적 결과를 가져온다.
⑤ 전치란 실패가능성이 있거나 심한 좌절, 불안감을 느낄 때 초기의 발달단계나 행동양식으로 후퇴하는 것이다.

09. 스키너(B. Skinner)의 이론에 관한 설명으로 옳지 않은 것은?

① 인간행동에 대한 환경의 결정력을 강조한다.
② 변별자극은 어떤 반응이 보상될 것이라는 단서 혹은 신호로 작용하는 자극이다.
③ 고정간격 강화계획은 정해진 수의 반응이 일어난 후 강화를 주는 것이다.
④ 부적강화는 특정 행동의 빈도를 증가시키는 효과를 지닌다.
⑤ 행동주의 기법에는 이완훈련, 토큰경제, 자기주장, 타임아웃 등이 있다.

10. 콜버그(L. Kohlberg) 이론에 대한 평가로 옳은 것을 모두 고른 것은?

ㄱ. 모든 문화권에 보편적으로 적용하기에는 한계가 있다. ㄴ. 여성이 남성보다 도덕수준이 낮다는 성차별적 관점을 지닌다. ㄷ. 도덕적 행동에 영향을 미치는 여러 상황적 요인을 고려하지 않는다. ㄹ. 도덕적 사고를 지나치게 강조하고 도덕적 행동이나 감정을 무시한다.

① ㄱ ② ㄴ, ㄹ ③ ㄱ, ㄴ, ㄷ ④ ㄴ, ㄷ, ㄹ ⑤ ㄱ, ㄴ, ㄷ, ㄹ

11. 반두라(A. Bandura)의 이론에 관한 설명으로 옳지 않은 것은?

① 자신이 통제할 수 있는 보상을 자신에게 줌으로써 자기 행동을 유지시키거나 개선시킬 수 있다.
② 모방(modeling)은 조작적 조건화에 의해 습득된다.
③ 개인이 지닌 인지적 요인의 영향력을 강조한다.
④ 자기효능감은 자신이 바라는 목적을 이루기 위해 특정 행동을 성공적으로 수행할 수 있다는 신념이다.
⑤ 자기효능감의 형성요인에는 성취경험, 대리경험, 언어적 격려, 정서적 각성 등이 있다.

12. 피아제(J. Piaget)가 제시한 인지발달 과정에 관한 설명으로 옳은 것을 모두 고른 것은?

ㄱ. 2차 순환반응기에는 자신과 외부대상의 구별이 가능하다. ㄴ. 구체적 조작기에는 놀이와 언어에서 외부의 관점을 고려하기 시작한다. ㄷ. 형식적 조작기에 자기중심성이 다시 나타나지만 추상적·합리적 사고가 가능하다. ㄹ. 구체적 조작기에는 자기중심적 사고가 시작되며 사물을 분류하는 것이 가능하다.

① ㄱ ② ㄴ, ㄹ ③ ㄱ, ㄴ, ㄷ ④ ㄴ, ㄷ, ㄹ ⑤ ㄱ, ㄴ, ㄷ, ㄹ

13. 다음 학자가 제시한 개념에 관한 설명으로 옳지 않은 것은?

① 프로이트 - 원초아는 쾌락원리에 지배받는다.
② 융 - 페르소나는 성격 전체의 일관성과 통일성을 관장하는 원형이다.
③ 에릭슨 - 자아는 인간 성격의 핵심이며 행동의 기초로, 자율적이다.
④ 피아제 - 조절은 새로운 경험에 맞추어 기존의 도식을 변화시키는 과정이다.
⑤ 아들러 - 우월성 추구는 자신의 약점을 극복하고 잠재력을 극대화하기 위한 노력이다.

14. 태아기에 관한 설명으로 옳지 않은 것은?

① 페닐케톤뇨증은 아미노산을 분해시키는 효소가 결핍된 열성유전자에 기인한다.
② 임산부의 흡연 이외에 간접흡연도 기형 혹은 저체중을 발생시키는 요인이다.
③ 터너(Turner)증후군은 남아가 XXY, XXXY 등의 성염색체를 가져 외모는 남성이지만 사춘기에 여성적인 2차 성징이 나타난다.
④ 유전성 질환은 유전적 요인과 환경적 요인의 상호작용에 의해 발생할 수 있다.
⑤ 태아는 임신부의 정서 상태로부터 영향을 받을 수 있다.

15. 영아기의 반사운동에 관한 설명으로 옳지 않은 것은?

① 바빈스키반사(Babinski reflect)는 입 부근에 부드러운 자극을 주면 자극이 있는 쪽으로 입을 벌리는 반사운동이다.
② 파악반사(grasping reflect)는 손에 닿는 것을 움켜쥐고 놓지 않으려는 반사운동이다.
③ 연하반사(swallowing reflect)는 입 속에 있는 음식물을 삼키려는 반사운동이다.
④ 모로반사(Moro reflect)는 갑작스러운 외부 자극에 팔과 다리를 쭉 펴면서 껴안으려고 하는 반사운동이다.
⑤ 원시반사(primitive reflect)에는 바빈스키, 모로, 파악, 걷기 반사 등이 있다.

16. 태아진단검사에 관한 설명으로 옳지 않은 것은?

① 융모생체표본검사는 임신 9~11주에 가능하며 염색체 이상이 의심되거나 35세 이상 임산부에게만 제한적으로 실시되는 태아진단검사이다.
② 풍진진단검사는 임산부의 풍진 여부를 확인하는 검사로, 임신 말기(7~9개월)에 간혹 실시한다.
③ 유전질환 가능성을 알기 위하여 임신 15~17주 경 양수를 채취하여 진단할 수 있으나 태아에 손상을 줄 우려가 있다.
④ 초음파 검사는 임신 4~5주 사이에 임산부의 복부를 초음파 기기로 진단하는 가장 일반적인 검사이다.
⑤ 산모 혈액 검사는 임신 15~20주 사이에 산모의 혈액을 채취하여 검사하는 방법이다.

17. 유아기(3~6세)에 관한 설명으로 옳은 것은?

① 남아는 엘렉트라 콤플렉스를, 여아는 오이디푸스 콤플렉스를 경험한다.
② 피아제의 구체적 조작기와 타율적 도덕성에 해당한다.
③ 영아기에 비해 성장 속도가 급격히 빨라지며 지속적으로 성장한다.
④ 콜버그의 인습적 수준의 도덕성 발달단계이다.
⑤ 상징놀이가 가능하다.

18. 아동기(7~12세)의 특징으로 옳지 않은 것은?

① 유목화 능력 획득, 논리적 사고, 보존개념의 획득, 조합적 사고가 가능해진다.
② 자기중심성이 완화되어 타인의 입장을 고려할 수 있다.
③ 역할 수용이 가능해진다.
④ 정서적 통제와 분화된 정서표현이 가능해진다.
⑤ 단체놀이를 통해 개인의 목표가 단체의 목표에 속함을 인식하고 노동배분(역할분담)의 개념을 학습한다.

19. 청소년기(13~18세)의 특징으로 옳지 않은 것은?

① 형식적 조작기에 해당한다.
② 부모의 권위에 도전하며 잦은 갈등을 겪는 시기이다.
③ 애착대상이 부모에서 동년배 친구로 이동하며, 이들 집단에 참여하여 다양한 경험을 한다.
④ 힘과 기술이 향상되지만 신체적 성장 속도는 둔화된다.
⑤ 심리적 이유기라고도 한다.

20. 청년기(19~34세)의 설명으로 옳지 않은 것을 모두 고른 것은?

ㄱ. 신체적 기능이 최고조에 달하며 이를 정점으로 쇠퇴하기 시작하는 시기이다.
ㄴ. 제2성장 급등기이다.
ㄷ. 사랑하고 보살피는 능력이 심화되는 시기이다.
ㄹ. 또래집단의 영향력이 가장 큰 시기이다.

① ㄱ ② ㄴ, ㄹ ③ ㄱ, ㄴ, ㄷ ④ ㄴ, ㄷ, ㄹ ⑤ ㄱ, ㄴ, ㄷ, ㄹ

21. 중년기(35~64세)의 특징으로 옳은 것은?

① 성격이 성숙해지고 성정체성이 확립된다.
② 갱년기는 여성만이 경험하는 것으로 신체적 변화와 동시에 우울, 무기력감 등 심리적 증상을 동반한다.
③ 혼(J. Horn)은 유동적 지능은 증가하는 반면, 결정적 지능은 감소한다고 하였다.
④ 삶의 경험으로 인해 문제해결 능력이 높아질 수 있다.
⑤ 남성은 갱년기에 안면홍조와 수면장애 등의 증상을 경험한다.

22. 마샤(J. Marcia)의 자아정체감이론에서 다음의 정체감 상태를 설명하는 것으로 옳은 것은?

미르는 어려서부터 사회복지사였던 어머니의 영향을 받아 사회복지사가 되는 것을 목표로 세우고, 이에 사회복지학과에 진학하였다. 미르는 사회복지학 전공이 자신의 적성과 잘 맞는지 제대로 탐색해보지 못했지만 이미 그 길을 선택했기에 사회복지사 외의 직업은 생각해본 적이 없다.

① 정체감 유실(identity foreclosure)

② 정체감 혼란(identity diffusion)

③ 정체감 성취(identity achievement)

④ 정체감 유예(identity moratorium)

⑤ 정체감 전념(identity commitment)

23. 노년기(65세 이상)의 특징으로 옳은 것은?

① 펙(R. Peck)의 발달과업이론은 생애주기를 중년기와 노년기로 구분하여 설명하였다.

② 에릭슨(E. Erikson)은 노년기의 발달과제로 자아통합이 중요하다고 주장하였다.

③ 생물학적으로 노화를 경험하는 시기이면서 경제적으로 안정된 시기이므로 심리적 위기를 경험하지 않는다.

④ 죽음과 상실에 대한 심리적 반응으로 퀴블러 로스(Kübler-Ross)가 제시한 부정-분노-우울-타협-수용 과정을 경험할 수 있다.

⑤ 일반적으로 사회관계망이 확대되고, 사회적 역할 역시 증가한다.

24. 인생주기에 따른 주요 발달과업의 연결이 옳은 것은?

① 영·유아기(0~6세) - 언어학습, 보행학습, 배설통제학습

② 아동기(7~12세) - 양심의 발달, 부모로부터의 정서적 독립

③ 청소년기(13~18세) - 직업 선택, 배우자 선택, 성역할학습

④ 중년기(35~64세) - 동년배 사귀는 법 학습, 놀이에 필요한 신체 기술학습

⑤ 노년기(65세 이상) - 노년기 부모에 대한 적응, 경제적 독립의 필요성 인식

25. 문화에 관한 설명으로 옳은 것은?

① 문화는 지속적으로 누적되기 때문에 항상 같은 형태를 지닌다.

② 사회체계로서 중간체계에 해당된다.

③ 세대 간에 전승되며 축적된다.

④ 후천적으로 습득되기보다는 타고 나는 것이다.

⑤ 규범적 문화는 종교적 신념, 신화, 사상 등으로 구성된다.

사회복지기초(사회복지조사론)

26. 서베이(survey) 조사에 관한 설명으로 옳지 않은 것은?

① 면접조사는 우편조사에 비해 비언어적 행위의 관찰이 가능하다.
② 면접조사는 전화조사에 비해 비용이 높을 수 있지만 무응답률은 낮은 편이다.
③ 면접조사에 비해 우편조사는 응답환경의 통제가 용이하다.
④ 폐쇄형 질문의 응답범주는 포괄적이면서 상호배타적이어야 한다.
⑤ 우편조사는 자기기입식, 면접조사는 조사자기입식 설문조사 방법이다.

27. 다음 사례에서 설명하는 표본추출 방법은?

요양보호사들의 업무상 스트레스 정도를 조사하기 위하여 설문조사를 실시하였다. 표본은 전국 장기요양기관에서 근무하는 요양보호사를 대상으로 연령(30세 미만, 30세 이상 50세 미만, 50세 이상)을 고려하여 연령 집단별 각각 100명씩 총 300명을 임의로 추출하였다.

① 비례 층화 표본추출 ② 할당 표본추출 ③ 체계적 표본추출
④ 눈덩이 표본추출 ⑤ 집락 표본추출

28. 단일사례설계에 관한 설명으로 옳지 않은 것은?

① 개인과 집단에는 적용이 가능하지만 구성원의 수가 많은 조직이나 지역사회는 연구대상이 될 수 없다.
② 조사연구 과정과 실천 과정의 통합이 가능하다.
③ 경향선 접근은 단일사례설계에서 기초선이 불안정하게 형성되어 있는 경우, 기초선의 변화의 폭과 기울기까지 고려하여 결과를 분석하는 방법이다.
④ 개입효과에 대한 즉각적인 피드백이 가능하다.
⑤ 외적타당도 보다는 내적타당도가 높다.

29. 다음에 해당하는 실험설계로 옳은 것은?

우울증 예방프로그램의 효과를 평가하기 위해 OO시 소재 노인주야간보호센터 중에서 이용 노인들의 특성이 유사한 A노인주야간보호센터와 B노인주야간보호센터를 선정하였다. 이후 두 노인주야간보호센터 이용 노인들을 대상으로 사전검사를 실시한 다음 A노인주야간보호센터에서 우울증 예방프로그램을 실시한 후 다시 한 번 두 노인주야간보호센터 이용 노인들을 대상으로 사후검사를 실시하였다.

① 비동일 통제집단 설계
② 통제집단 사후검사 설계
③ 정태적 집단(고정집단) 비교 설계
④ 일회검사사례연구
⑤ 솔로몬 4집단 설계

30. 정규분포곡선에 관한 설명으로 옳지 않은 것은?

① 좌우대칭이며 종모양을 지닌다.
② 최빈값, 중위수, 산술평균이 한 점에 일치한다.
③ 표준정규분포의 평균은 1이고 분산과 표준편차는 0이다.
④ 표준편차 값이 클수록 곡선은 평평해지고, 작을수록 높아진다.
⑤ 표본의 대표성에 관한 유용한 정보를 제공해 준다.

31. 측정에 관한 설명으로 옳지 않은 것은?

① 일정한 규칙에 따라 측정대상에 측정값을 부여하는 과정이다.
② 개념의 현상적 구조와 경험적 측정값들이 불일치될수록 정확해진다.
③ 이론적 모델과 사건이나 현상을 연결하는 방법이다.
④ 측정도구의 신뢰도를 높이기 위해서는 설문문항 수가 많을수록 좋다.
⑤ 사건이나 현상을 세분화하고 통계적 분석에 활용할 수 있는 정보를 제공한다.

32. 사회조사의 유형에 관한 설명으로 옳은 것은?

① 동년배조사는 특정 하위모집단의 변화를 관찰하기 위해 매번 동일대상을 선정한다.
② 종단조사는 장기간에 걸쳐 조사하는 연구로 질적조사로는 이루어지지 않는다.
③ 종단조사 중 일정기간의 변화에 대해 가장 포괄적 자료를 제공하는 것은 동년배조사이다.
④ 여론조사나 인구센서스 조사는 전형적인 탐색 목적의 조사연구이다.
⑤ 패널조사 시 패널조건화(panel conditioning) 현상으로 연구결과의 정확성이 떨어질 수 있다.

33. 타당도에 관한 설명으로 옳지 않은 것은?

① 특정 개념에 포함되어 있는 의미를 포괄하는 정도는 내용타당도(content validity)이다.
② 개발된 측정도구의 측정값을 현재 사용되고 있는 측정도구와 비교하는 것은 동시타당도(concurrent validity)이다.
③ 측정하려는 개념이 포함된 이론체계 안에서 다른 변수와 관련된 방식에 기초한 타당도는 구성타당도(construct validity)이다.
④ 예측타당도(predict validity)의 하위타당도는 기준관련타당도(criterion-related validity)와 동시타당도이다.
⑤ 구성타당도(construct validity)는 측정되는 개념이 속한 이론 체계 내에서 다른 개념들과 논리적으로 어느 정도 관련성을 갖고 있는지를 경험적으로 검증하는 가장 수준이 높은 타당도이다.

34. 변수에 관한 설명으로 옳은 것은?

① 매개변수는 독립변수의 원인변수이다.
② 더미변수는 연속변수이다.
③ 선행변수를 통제해도 독립변수와 종속변수 간의 관계는 유지된다.
④ 조절변수는 독립변수와 종속변수 간의 관계를 대안적으로 설명할 수 있다.
⑤ 종속변수는 원인변수로서 독립변수에 의해 변이값을 가진다.

35. 연구문제에 관한 설명으로 옳지 않은 것은?

① 정(+)의 관계로 서술되어야 한다.
② 연구의 관심이나 의문의 대상이 포함되어 서술한다.
③ 잠정적 결과를 예측하는 연구문제를 제시할 수 있다.
④ 연구문제의 설정은 조사 과정의 출발점이다.
⑤ 사실 혹은 거짓으로 판명될 수 있어야 한다.

36. 사회과학으로서 사회복지학의 특성에 대한 설명으로 옳은 것을 모두 고른 것은?

ㄱ. 사회과학의 다양한 학문적 성과를 총제적으로 활용하는 다학문적인 성격을 가지고 있다.
ㄴ. 사회문제의 해결을 위한 방법을 창출해 내고 이를 실제 사회현상에 적용하는 실천지향적 학문이다.
ㄷ. 인간의 구체적 욕구충족을 위해 과학적 지식을 사용한다.
ㄹ. 상호충돌 가능성이 있는 양극단의 가치 중 어느 하나를 선택한다.

① ㄱ ② ㄴ, ㄹ ③ ㄱ, ㄴ, ㄷ ④ ㄴ, ㄷ, ㄹ ⑤ ㄱ, ㄴ, ㄷ, ㄹ

37. 척도의 신뢰도에 관한 설명으로 옳은 것은?

① 일관성 또는 안정성으로 표현될 수 있는 개념이다.
② 척도가 의도하는 개념의 실질적 의미를 반영하는 정도와 관련이 있다.
③ 검사-재검사 신뢰도는 가장 널리 사용되는 신뢰도 유형이다.
④ 사회적 바람직성 편향은 신뢰도를 낮추는 주요 요인이다.
⑤ 특정 개념을 측정하는 문항수가 많을수록 신뢰도는 낮아진다.

38. 척도 수준에 관한 설명으로 옳은 것은?

① 소득은 모든 척도 수준으로 분석이 가능하다.
② 섭씨온도는 비율척도다.
③ 소득을 비율척도로 질문하면 다른 척도 수준으로 질문할 때보다 응답률이 높아지는 편이다.
④ 등간척도는 절대영점의 개념을 가지고 있다.
⑤ 서열척도는 등간척도로 변환이 가능하다.

39. 사회복지조사 유형에 관한 설명으로 옳지 않은 것을 모두 고른 것은?

ㄱ. 설명적 조사는 변수 간의 인과관계를 규명하려는 조사이다. ㄴ. 종단조사는 한 시점에서 대상을 관찰한다. ㄷ. 탐색적 조사는 명확한 연구 가설이나 조사계획의 수립이 필요하지 않다. ㄹ. 횡단조사는 특정 현상의 추이를 분석하는 데 활용된다.

① ㄱ ② ㄴ, ㄹ ③ ㄱ, ㄴ, ㄷ ④ ㄴ, ㄷ, ㄹ ⑤ ㄱ, ㄴ, ㄷ, ㄹ

40. 가설에 관한 설명으로 옳은 것은?

① 사용되는 변수의 수에 따라 영가설과 대립가설로 구분된다.
② 정(+)의 관계로 기술되어야 한다.
③ 하나의 가설에 변수가 많을수록 가설 검증에 유리하다.
④ 이론과 연관되어야 한다.
⑤ 목적에 따른 모든 조사 시 어떤 경우라도 가설을 설정해야 한다.

41. 새터민에 대한 인식의 변화를 알아보기 위해 지난 10년간 개봉된 영화 중 새터민이 등장하는 영화를 분석하기로 하였다. 이 연구에 관한 설명으로 옳지 않은 것은?

① 선정편향(selection bias)이 발생할 수 있다.
② 기존자료를 활용하는 질적조사이기 때문에 가설검증은 필요하지 않다.
③ 연구대상자의 반응성을 배제할 수 있다.
④ 양적 조사와 질적 조사에 공통으로 사용할 수 있다.
⑤ 인간의 의사소통 기록을 체계적으로 분석한다.

42. 영가설(null hypothesis)에 관한 설명으로 옳지 않은 것은?

① 개입의 효과를 평가하는 연구에서 '두 개 모집단의 평균 간에 차이가 없을 것이다'로 표현된다.
② $\mu_1 = \mu_2$로 표현된다.
③ 연구자가 참으로 증명되기를 기대하는 가설이다.
④ 개입의 효과가 우연(표본추출오차)에 의해서 발생하였다고 진술하는 가설이다.
⑤ 연구가설을 반증하기 위해 사용되는 가설이다.

43. **측정의 신뢰도와 타당도에 관한 설명으로 옳은 것을 모두 고른 것은?**

ㄱ. 척도의 타당도가 높으면 신뢰도도 높다.
ㄴ. 척도의 높은 신뢰도가 측정의 타당도를 보장하지는 않는다.
ㄷ. 타당도는 신뢰도의 충분조건이며, 신뢰도는 타당도의 필요조건이다.
ㄹ. 신뢰도가 높으면서 타당도가 낮은 경우는 없다.

① ㄱ ② ㄴ, ㄹ ③ ㄱ, ㄴ, ㄷ ④ ㄴ, ㄷ, ㄹ ⑤ ㄱ, ㄴ, ㄷ, ㄹ

44. **초점집단(focus group) 조사에 관한 설명으로 옳지 않은 것은?**

① 연구자의 개입에 의해 편향이 발생할 수 있다.
② 집단역학에 관한 것도 분석대상이 될 수 있다.
③ 지역사회집단의 이해관계를 가장 잘 대표할 수 있는 참여자들을 선택한다.
④ 의사소통은 폐쇄형 질문으로 진행한다.
⑤ 질적자료수집 방법이다.

45. **표본의 크기에 관한 설명으로 옳지 않은 것은?**

① 한 변수 내의 범주의 수가 많을수록 표본의 크기는 커져야 한다.
② 표본의 크기가 커질수록 비표집오차는 감소한다.
③ 표본의 크기는 모집단의 특성을 추정하는 정확성과 관계가 있다.
④ 표본의 크기가 작으면 통계적 검증력이 떨어지고 제2종 오류를 범하기 쉽다.
⑤ 층화표집은 다른 확률표집방법에 비해 상대적으로 표본의 크기가 작아도 신뢰도를 확보할 수 있다.

46. **다음 연구설계의 내용에서 확인될 수 있는 내적 타당도 저해요인으로 옳은 것을 <보기>에서 모두 고른 것은?**

치매로 인해 우울증을 겪고 있는 A주야간보호센터 이용 노인들에게 우울증 치료 레크리에이션 프로그램의 효과성을 검증하고자 한다. 이를 위해 프로그램 제공 직전과 프로그램 제공 후 한 달 만에 동일한 척도로 우울증을 측정하여 비교하였다.

〈보기〉

ㄱ. 검사효과 ㄴ. 도구효과 ㄷ. 성숙효과 ㄹ. 통계적 회귀

① ㄱ, ㄷ ② ㄴ, ㄹ ③ ㄱ, ㄴ, ㄷ ④ ㄴ, ㄷ, ㄹ ⑤ ㄱ, ㄴ, ㄷ, ㄹ

47. 프로그램 평가연구에 관한 설명으로 옳지 않은 것은?

① 프로그램의 효과는 종속변수이다.

② 과학적 객관성을 저해하더라도 의뢰기관의 요구를 수용하여 평가결과를 조정할 수 있다.

③ 외생변수에 대한 고려가 필요하다.

④ 투입된 비용에 대한 효과를 평가할 수 있다.

⑤ 결과를 해석할 때 정치적 관점이 개입될 수 있다.

48. 설문지 작성 방법에 관한 설명으로 옳지 않은 것은?

① 개방형 질문은 응답률을 높이기 위해 주로 설문지의 앞부분에 배치한다.

② 신뢰도 측정을 위한 질문들은 가능한 서로 분리해서 배치한다.

③ 명목측정을 위한 질문은 단일차원성의 원칙을 지켜 내용을 구성한다.

④ 수반형(contingency) 질문이 많아질수록 응답률은 낮아지는 경향을 보인다.

⑤ 이중(double-barreled)질문을 사용하는 것은 바람직하지 않다.

49. 질적조사의 자료수집에 관한 설명으로 옳은 것은?

① 완전관찰자로서의 연구자는 먼저 자료제공자들과 라포형성이 요청된다.

② 이론적(theoretical) 표집, 집락(cluster) 표집, 눈덩이(snowball) 표집, 극단적 사례(extreme case) 표집, 최대변이(maximum variation) 표집 등의 방법을 주로 사용한다.

③ 심층면접법은 조사대상의 언어적인 표현뿐만 아니라 몸짓이나 표정 등의 비언어적 반응까지 관찰하는 면접법이다.

④ 가설설정과 표준화된 측정도구는 자료수집을 위해 필수적 요건이다.

⑤ 연구자는 자료수집과정에서 배제되는 것이 원칙이다.

50. 사회조사의 유형에 관한 설명으로 옳은 것을 모두 고른 것은?

ㄱ. 탐색, 기술, 설명적 조사는 조사의 목적에 따른 구분이다. ㄴ. 내용분석의 결과를 양적분석에 사용하기는 어렵다. ㄷ. 경향분석은 각각 다른 시기에 일정한 연령집단을 관찰하여 비교하는 조사이다. ㄹ. 2차 자료 분석은 자료의 결측값을 추적할 수 있다.

① ㄱ, ㄴ, ㄷ ② ㄱ, ㄷ ③ ㄴ, ㄹ ④ ㄹ ⑤ ㄱ, ㄴ, ㄷ, ㄹ

사회복지사 1급 국가자격시험 대비
제4회 FINAL 모의고사

교 시	문제형별	시 간	시 험 과 목
2교시	A	75분	〈사회복지실천〉 1 사회복지실천론 2 사회복지실천기술론 3 지역사회복지론

수험번호		성 명	

[수험자 유의사항]

1. 시험문제지는 **단일 형별(A형)**이며, 답안카드 형별 기재란에 표시된 형별(A형)을 확인하시기 바랍니다. 시험문제지의 **총면수, 문제번호 일련순서, 인쇄상태** 등을 확인하시고, 문제지 표지에 수험번호와 성명을 기재하시기 바랍니다.

2. 답은 각 문제마다 요구하는 **가장 적합하거나 가까운 답 1개**만 선택하고, 답안카드 작성 시 시험문제지 **마킹착오**로 인한 불이익은 전적으로 **수험자에게 책임**이 있음을 알려 드립니다.

3. 답안카드는 국가전문자격 공통 표준형으로 문제번호가 1번부터 125번까지 인쇄되어 있습니다. 답안 마킹 시에는 반드시 **시험문제지의 문제번호와 동일한 번호**에 마킹하여야 합니다.

4. **감독위원의 지시에 불응하거나 시험시간 종료 후 답안카드를 제출하지 않을 경우** 불이익이 발생할 수 있음을 알려 드립니다.
   ※ 시험문제지는 시험 종료 후 가지고 갈 수 있습니다.

5. 문제지 맨 뒤에 제공되는 답안카드를 활용하여 실전처럼 모의고사를 풀어보시기 바랍니다.

해커스

각 문제에서 요구하는 가장 적합한 답 1개만을 고르시오.

사회복지실천(사회복지실천론)

01. 사회복지실천 면접에 관한 설명으로 옳지 않은 것은?

① 개입에 필요한 자료와 클라이언트를 이해하기 위한 정보를 수집하기 위한 도구가 될 수 있다.
② 사회복지사와 클라이언트 사이의 특정한 역할 관계가 있다.
③ 목적보다는 과정 지향적 활동이므로 목적에 집착하는 것을 지양한다.
④ 클라이언트의 자신감을 향상시키고 자기효율성을 강화시킬 수도 있다.
⑤ 기관의 상황적 특성과 맥락에서 이루어진다.

02. 다음의 사례에서 사회복지사 A가 겪을 수 있는 윤리적 쟁점은?

> 사회복지관에서 사례관리팀 팀장으로 근무 중인 사회복지사 A는 한 달 전 지역사회보호팀에 신규로 입사한 사회복지사 B와 식사 중 우연한 대화를 통해 놀라운 사실을 알게 되었다. 사회복지사 B는 지역사회보호팀 팀장 C가 자신의 업무인 프로그램 진행에 필요한 자료 제작을 지시하였을 뿐만 아니라 심지어는 개인적인 대학원 과제도 시키는 일이 있다고 하였고, 이 때문에 지역사회보호팀에서 근무하는 것이 너무 힘들다고 토로하였다. 이 이야기를 들은 사회복지사 A는 이 사실을 부장이나 관장과 같은 상사에게 보고해야 할지를 심각하게 고민하게 되었다.

① 제한된 자원의 공정한 분배
② 전문적 동료관계
③ 진실성 고수와 알 권리
④ 클라이언트의 이익과 사회복지사의 이익
⑤ 전문적 관계 유지

03. 면담기술에 관한 설명으로 옳은 것을 모두 고른 것은?

> ㄱ. 초점제공기술 - 클라이언트의 행동 저변의 단서를 발견하고 결정적 요인을 찾도록 돕는 기술이다.
> ㄴ. 표현촉진기술 - 클라이언트의 정보노출을 위하여 말을 계속하도록 하는 기술이다.
> ㄷ. 직면기술 - 클라이언트의 감정, 사고, 행동의 모순을 깨닫도록 하는 기술이다.
> ㄹ. 관찰기술 - 클라이언트가 말하고 행동하는 것에 주의를 기울이는 기술이다.

① ㄱ　② ㄴ, ㄹ　③ ㄱ, ㄴ, ㄷ　④ ㄴ, ㄷ, ㄹ　⑤ ㄱ, ㄴ, ㄷ, ㄹ

04. 비밀보장의 예외 상황에 해당되는 것을 모두 고른 것은?

ㄱ. 지도감독을 받기 위해 슈퍼바이저에게 보고해야 할 때
ㄴ. 타인이나 클라이언트 자신의 생명을 위협할 때
ㄷ. 치료를 위해 전문가 회의를 할 때
ㄹ. 외부로부터 클라이언트에 관한 정보를 제공받았을 때

① ㄱ, ㄴ, ㄷ ② ㄱ, ㄷ ③ ㄴ, ㄹ ④ ㄹ ⑤ ㄱ, ㄴ, ㄷ, ㄹ

05. 다음 사례에서 사회복지사가 고수해야 할 전문적 관계의 원칙을 <보기>에서 모두 고른 것은?

반항적인 행동과 거친 말을 일삼는 비행청소년 P양은 사회복지사를 찾아와, 성폭력을 당한 이후 심한 정신적 고통에 시달려 자살하고 싶다고 말했다. P양은 이 모든 일을 누구에게도 알리지 말아 달라고 부탁하며 도움을 요청하였다.

〈보기〉

ㄱ. 수용 ㄴ. 비심판적 태도 ㄷ. 개별화 ㄹ. 비밀보장

① ㄱ, ㄴ, ㄷ ② ㄱ, ㄷ ③ ㄴ, ㄹ ④ ㄹ ⑤ ㄱ, ㄴ, ㄷ, ㄹ

06. 전문적 관계 형성을 방해하는 요인들에 대한 설명으로 옳은 것은?

① 침묵은 저항의 한 유형이며, 따라서 면접의 성과를 얻기 위해 침묵의 이유를 알 때까지 클라이언트에게 반복해서 질문해야 한다.
② 전이는 사회복지사가 과거에 다른 사람에게 가졌던 감정을 현재의 클라이언트에게서 느끼는 현상이다.
③ 개선의 여지가 없다고 판단되는 비자발적인 클라이언트는 원천적으로 배제해야 한다.
④ 양가감정은 변화를 원하는 것과 원하지 않는 마음이 공존하는 것으로, 이를 수용하면 클라이언트의 저항감이 강화된다.
⑤ 클라이언트가 사회복지사를 불신하는 경우 신뢰와 긍정적 관계가 성립할 때까지 인내해야 한다.

07. 전문적 관계의 기본 요소 중 진실성과 일치성에 관한 설명으로 옳지 않은 것은?

① 진실성은 자기 인식을 바탕으로 사회복지사의 감정과 반응을 있는 그대로 클라이언트에게 전달하는 능력이다.
② 사회복지실천의 전문적 기반 중 예술적 기반에 해당한다.
③ 사회복지사는 자신의 감정에 대해 정직해야 한다.
④ 문제해결을 위해 클라이언트와 협력해야 한다.
⑤ 사회복지사의 언행(言行)의 일치가 필요하다.

08. 사례관리에 관한 설명으로 옳지 않은 것은?

① 계획, 사정, 연계 및 조정, 점검의 순서로 진행된다.
② 클라이언트의 자율성을 극대화하고 역량강화를 추구한다.
③ 통합적 방법을 활용한다.
④ 직접적 서비스와 간접적 서비스를 함께 제공한다.
⑤ 기관의 범위를 넘은 지역사회 차원의 서비스 제공과 점검을 강조한다.

09. 사회복지실천 개입기법에 관한 내용의 연결이 옳은 것을 모두 고른 것은?

ㄱ. 재보증 - 합리적인 생각과 결정에 대해 클라이언트가 의구심을 갖거나 자신 없어 할 때 사용하는 기법이다.
ㄴ. 일반화 - 클라이언트가 겪는 일이 자신만이 가지고 있는 문제가 아니라는 것을 인식하게 하는 기법이다.
ㄷ. 환기 - 클라이언트의 억압된 감정을 표출함으로써 감정의 강도를 약화시키거나 해소시키는 기법이다.
ㄹ. 도전 - 클라이언트가 부여하는 의미를 수정해서 클라이언트의 시각을 변화시키는 기법이다.

① ㄱ ② ㄴ, ㄹ ③ ㄱ, ㄴ, ㄷ ④ ㄴ, ㄷ, ㄹ ⑤ ㄱ, ㄴ, ㄷ, ㄹ

10. 개입 계획의 수립 시 목표를 설정할 때의 지침으로 옳은 것은?

① 기관의 가치나 기능에 부합되지 않더라도 클라이언트가 원하면 목표로 설정한다.
② 달성가능성보다 동기부여를 더 중요하게 고려한다.
③ 클라이언트와 사회복지사의 목표가 합의되지 않으면 사회복지사의 판단으로 결정한다.
④ 하나의 표적문제에 대해 다수의 목표를 설정해야 한다.
⑤ 목표가 여러 가지인 경우 시급성과 달성가능성을 따져 우선순위를 정한다.

11. 사회복지 실천과정 중 접수단계의 주요과업으로 옳은 것을 모두 고른 것은?

ㄱ. 자격요건, 이용절차, 비용 등 원조과정에 대해 안내한다.
ㄴ. 클라이언트의 문제와 서비스 간 부합 여부를 판단하기 위해 자료를 수집한다.
ㄷ. 정보 제공 동의서를 작성한다.
ㄹ. 다면적 인성검사(MMPI) 등의 심리검사를 실시한다.

① ㄱ ② ㄴ, ㄹ ③ ㄱ, ㄴ, ㄷ ④ ㄴ, ㄷ, ㄹ ⑤ ㄱ, ㄴ, ㄷ, ㄹ

12. 클라이언트를 다른 기관에 의뢰하는 경우에 지켜야 할 사항으로 옳지 않은 것은?

① 클라이언트가 거부감을 느끼지 않도록 정서적으로 지지한다.
② 의뢰에 대한 클라이언트의 준비상태를 확인한다.
③ 의뢰될 기관의 사회복지사가 사용할 상담기법을 알려준다.
④ 지역사회 내 자원에 대한 정보를 클라이언트와 공유한다.
⑤ 의뢰 후 필요한 경우에는 클라이언트와 접촉할 수 있음을 고지한다.

13. 사회복지실천 이념에 관한 설명으로 옳지 않은 것은?

① 이타주의는 사회복지실천의 근본이념이다.

② 민주주의는 클라이언트의 자기결정권 의식 향상에 영향을 주었다.

③ 다문화주의는 문화 상대주의가 반영되어 있다.

④ 개인주의는 사회복지실천과 관련하여 개별화, 최소한의 수혜자격 원칙, 개인의 권리와 의무 강조, 사회적 책임 등에 영향을 주었다.

⑤ 인도주의는 자선조직협회 우애방문단의 주요 이념이었다.

14. 1915년 플렉스너(A. Flexner)의 사회복지직에 대한 비판 내용이 아닌 것은?

① 과학적 기초가 결여되어 있다.

② 명확한 지식체계 및 전수할만한 전문기술이 결여되어 있다.

③ 정부의 책임 아래 실시되는 교육 및 전문적 자격제도가 없다.

④ 전문적 권위가 없다.

⑤ 전문적 실천에 대한 윤리강령이 없다.

15. 개입 계획을 수립하는 순서로 옳은 것은?

ㄱ. 표적문제를 선정한다.
ㄴ. 클라이언트를 동기화시킨다.
ㄷ. 목적을 설정한다.
ㄹ. 목표를 설정한다.

① ㄱ → ㄴ → ㄹ → ㄷ
② ㄱ → ㄹ → ㄴ → ㄷ
③ ㄴ → ㄱ → ㄷ → ㄹ
④ ㄴ → ㄱ → ㄹ → ㄷ
⑤ ㄴ → ㄷ → ㄱ → ㄹ

16. 인보관운동에 관한 내용으로 옳지 않은 것은?

① 인보관 운동가들은 지역사회에서 빈민들과 함께 살면서 활동하였다.

② 빈민지역의 주택 개선, 공중보건 향상 등에 관심을 두었다.

③ 사회문제에 대한 집합적이고 개혁적인 해결을 강조하였다.

④ 지역사회 문제에 관한 연구와 조사를 실시하였다.

⑤ 개별사회사업 태동에 영향을 주었다.

17. 사회복지실천의 전문화 과정에서 나타난 기능주의에 관한 설명으로 옳지 않은 것은?

① 실천가와 클라이언트가 함께 노력할 일치점을 알아본다.

② 인간은 스스로 창조하고 재창조할 수 있는 힘을 갖고 있다.

③ 사회복지기관은 실천가의 활동을 위한 초점, 방향, 내용을 제공한다.

④ 클라이언트의 잠재적 성장 가능성을 높이기 위해 실천가·클라이언트 관계를 활용한다.

⑤ 클라이언트의 생활력(life history)을 강조한다.

18. 다음에서 설명하는 사정도구는?

클라이언트의 환경 내에 영향을 미치는 중요한 사람이나 체계를 지칭하는 것으로서 소속감과 유대감, 관계 기간, 자원 정보, 접촉 빈도 등에 관한 정보를 제공한다.

① 생태도(ecomap)

② 가계도(genogram)

③ 생활력표(life history grid)

④ 생활주기표(life cycle matrix)

⑤ 사회적 관계망표(social network grid)

19. 면접 과정에서 바람직한 질문 유형은?

① 아드님과 평소에 관계가 좋지 못하시죠?

② 따님이 집 밖으로 나가지 않겠다고 약속했는데도 불구하고, 방에 가둔 이유가 뭐죠?

③ 아드님과 관계가 지금보다 조금이라도 나았을 때는 언제였나요?

④ 아내를 미워하고 계시지요?

⑤ 폭력을 당하신 부위는 어디였나요? 그 때 당신의 옆에 누가 있었나요? 어떻게 대응하셨나요?

20. 우리나라 사회복지실천의 역사적 발달과정을 그 순서대로 나열한 것은?

ㄱ. 우리나라 최초로 대학에서 사회복지 전문 인력 양성을 위한 정규 사회복지교육이 실시되었다.
ㄴ. 법률에서 사회복지사 명칭을 사용하기 시작하였다.
ㄷ. 사회복지전문요원이 공공영역에 배치되기 시작하였다.
ㄹ. 법률에서 정신건강사회복지사 명칭을 사용하기 시작하였다.

① ㄱ - ㄴ - ㄷ - ㄹ　② ㄴ - ㄱ - ㄹ - ㄷ　③ ㄴ - ㄹ - ㄱ - ㄷ

④ ㄷ - ㄴ - ㄹ - ㄱ　⑤ ㄹ - ㄷ - ㄴ - ㄱ

21. 다음과 같은 상황에서 사회복지사가 겪게 되는 가치갈등은?

명절을 맞아 A사회복지관에서는 국민기초생활보장제도에 따른 수급자만을 대상으로 쌀 1포씩을 불출하기로 하였고, 이 업무를 B사회복지사가 맡게 되었다. 이때 수급자가 아닌 A사회복지관 관할 지역의 노인이 B사회복지사에게 찾아와 본인에게도 쌀을 지급해 줄 것을 요구하였다.

① 가치상충　② 의무상충　③ 결과의 모호성
④ 힘 또는 권력의 불균형　⑤ 클라이언트 체계의 다중성

22. 사정도구 중 집단성원들 간의 상호작용을 도식화하여 구성원의 지위, 구성원 간의 관계, 하위집단 등을 파악하는 데 유용한 것은?

① 가계도(genogram)
② 소시오그램(sociogram)
③ 생태도(ecomap)
④ PIE(person in environment)체계
⑤ 생활력표(life history grid)

23. 직접적 실천에 해당하지 않는 것은?

① 장애인에 대한 취업상담
② 독거어르신 재가방문
③ 학교폭력 예방을 위한 자원봉사자 모집
④ 장애아동 양육을 위한 부모 교육
⑤ 정신장애인 대상 사회기술훈련 실시

24. 인권(人權)의 특성에 관한 설명으로 옳지 않은 것은?

① 인권은 국가와 권력의 정당성 판단의 기준이 된다.
② 인권은 영구적으로 보장되고 또한 박탈되지 않는 항구적인 권리이다.
③ 인권은 그것을 행사하는 개인, 집단, 그리고 그것을 보장하는 국가가 상호 간에 각자의 책임을 동반하는 권리이다.
④ 인권은 성문화된 실정법을 통해서만 보장받을 수 있다.
⑤ 인권의 실현은 인류의 끊임없는 노력과 투쟁으로 가능했다.

25. 그린우드(E. Greenwood)가 제시한 전문직의 속성을 모두 고른 것은?

ㄱ. 체계적 지식과 기술　ㄴ. 전문적 권위　ㄷ. 사회적 승인　ㄹ. 전문직의 고유문화

① ㄱ, ㄴ, ㄷ　② ㄱ, ㄷ　③ ㄴ, ㄹ　④ ㄹ　⑤ ㄱ, ㄴ, ㄷ, ㄹ

사회복지실천(사회복지실천기술론)

26. 집단응집력 향상을 위한 방안으로 옳지 않은 것을 모두 고른 것은?

ㄱ. 공개적인 집단토의와 프로그램 활동을 활용한다. ㄴ. 이질적 속성을 가진 집단으로 구성한다. ㄷ. 사회복지사가 집단 응집력의 모델이 된다. ㄹ. 사회복지사가 진행하기 쉬운 프로그램 활동을 일정에 포함시킨다.

① ㄱ ② ㄴ, ㄹ ③ ㄱ, ㄴ, ㄷ ④ ㄴ, ㄷ, ㄹ ⑤ ㄱ, ㄴ, ㄷ, ㄹ

27. 보웬(M. Bowen)이 제시한 개념 중 자아분화에 관한 설명으로 옳지 않은 것은?

① 다세대에 거쳐 전수될 수 있다.
② 개인이 원가족의 정서적 융합에서 벗어나 자주적으로 행동하는 것이다.
③ 정신내적 개념은 자신의 지적 측면과 정서적 측면의 구분을 의미한다.
④ 대인관계적 개념은 타인과 친밀하면서도 독립성을 유지하는 능력이다.
⑤ 자아분화수준이 낮을수록 원가족과 정서적으로 분화된다.

28. 다음에서 설명하는 집단의 치료적 요인은?

집단성원 간 상호지지를 통해 "나도 누군가에게 도움을 줄 수 있다."라는 자존감이 형성된다.

① 이타주의 ② 보편성 ③ 모방행동 ④ 희망증진 ⑤ 카타르시스

29. 인지행동모델에 관한 설명으로 옳지 않은 것은?

① 고전적 조건화이론, 조작적 조건화이론, 사회학습이론 등이 절충되어 만들어졌다.
② 클라이언트가 능동적 참여를 강조한다.
③ 인간행동의 학습은 일정기간 이후 종료된다.
④ 인간행동은 자신의 의지에 의해 결정된다고 가정한다.
⑤ 지적 능력을 가진 클라이언트에게 적용이 보다 용이하다.

30. 가족 대상 사회복지실천에 관한 설명으로 옳지 않은 것은?

① 1차 수준 사이버네틱스(cybernetics)는 전문가가 가족 내부의 의사소통과 제어과정을 객관적으로 발견한다.

② 환류고리(feedback loop)는 가족규범이 유지되거나 변화되는 과정을 설명한다.

③ 가족의사소통의 기능 중 내용기능이 관계기능보다 더 중요하다.

④ 가족규칙은 명시적 규칙보다 암묵적으로 이루어지는 경우가 더 많다.

⑤ 순환적 인과성은 가족구성원이 많을 때 더욱 복잡한 양상을 띤다.

31. 해결중심모델의 해결중심적 질문기법과 그 예시가 옳게 연결된 것은?

① 대처질문 - "저희가 처음 만났을 때에 심적 고통의 점수가 0점이고 프로그램을 통해 고통이 모두 사라진 상태를 10점이라고 한다면, 현재 당신의 상태는 몇 점입니까?"

② 예외질문 - "문제가 발생하지 않았던 때는 언제인가요?"

③ 척도질문 - "간밤에 기적이 일어나 걱정하던 문제가 해결되면 당신의 생활에 어떤 변화가 있을까요?"

④ 기적질문 - "그렇게 어려운 상황 속에서도 견디어 올 수 있었던 것은 무엇 때문이라고 생각하시나요?"

⑤ 관계성질문 - "어떻게 집안을 그토록 조용하게 유지할 수 있었어요?"

32. 흡연습관이 있는 청소년에 대한 금연 프로그램의 효과를 평가할 때 다음과 같이 활용한 단일사례 설계 유형은?

○ 청소년의 흡연행동에 대해 금연 프로그램을 먼저 실시한 후, 흡연행동의 변화를 측정한다. ○ 금연 프로그램의 효과를 확인하기 위해 프로그램을 잠시 중단한다. ○ 다시 금연 프로그램을 실시하면서 청소년의 흡연행동의 변화를 측정한다.

① AB　② ABA　③ BAB　④ ABC　⑤ ABAB

33. 다음에서 설명하는 집단 사정도구는?

○ 집단성원이 동료성원에 대하여 평가하는 것이다. ○ 척도의 양극단에 서로 상반되는 형용사를 배치한다. ○ 5개 혹은 7개의 응답 범주를 갖는다.

① 상호작용차트　② PIE 분류체계　③ 의의차별척도　④ 소시오그램　⑤ 생활주기표

34. 과정기록에 관한 설명으로 옳은 것을 모두 고른 것은?

ㄱ. 사회복지 실습이나 교육수단으로 유용하다. ㄴ. 문제를 목록화한다. ㄷ. 시간 및 비용 측면에서 효율적이다. ㄹ. 면담에 대하여 클라이언트가 분석한 내용을 기록한다.

① ㄱ ② ㄴ, ㄹ ③ ㄱ, ㄴ, ㄷ ④ ㄴ, ㄷ, ㄹ ⑤ ㄱ, ㄴ, ㄷ, ㄹ

35. 과제중심모델에 관한 설명으로 옳지 않은 것은?

① 개입 초기에 빠른 사정을 한다.
② 시작단계에서 과제수행의 장애물을 찾는다.
③ 다양한 이론과 모델을 절충적으로 활용한다.
④ 조사에 근거한 경험적 자료를 중심으로 진행한다.
⑤ 실행단계에서는 표적문제의 변화 과정을 확인한다.

36. 정신역동모델에 관한 설명으로 옳지 않은 것은?

① 현재의 문제를 과거의 경험에서 찾는 심리적 결정론에 근거한다.
② 발달단계상의 고착과 퇴행을 고려한다.
③ 자기분석이 가능한 클라이언트일수록 효과적이다.
④ 클라이언트의 무의식적 충동과 미래의 의지를 강조한다.
⑤ 전이는 반복적이며 퇴행하는 특징을 보이며, 분석을 통해 클라이언트의 통찰력을 증진시킨다.

37. 가족의 구조와 기능에 관한 설명으로 옳은 것을 모두 고른 것은?

ㄱ. 부모와 자녀 간의 밀착된 경계는 하위체계 간 불균형을 유발시킨다. ㄴ. 가족 하위체계 간 경계는 경직된 경계, 모호한 경계, 명확한 경계의 세 가지로 구분된다. ㄷ. 기능적인 가족규칙은 가족발달 단계에 따라 변화한다. ㄹ. 가족 내 역할을 파악하는 것은 가족을 이해하는 데 필요하다.

① ㄱ, ㄴ, ㄷ ② ㄱ, ㄷ ③ ㄴ, ㄹ ④ ㄹ ⑤ ㄱ, ㄴ, ㄷ, ㄹ

38. 집단과정을 촉진하기 위한 피드백에 관한 설명으로 옳은 것은?

① 사회복지사가 필요에 따라 집단성원의 요청이 없어도 피드백을 제공한다.
② 집단성원의 모든 행동과 관계에 대해 피드백을 제공한다.
③ 피드백 제공은 사회복지사의 고유 권한이므로 집단성원 상호 간의 피드백은 허용하지 않는다.
④ 다차원적 피드백을 동시에 많이 제공한다.
⑤ 집단성원의 문제해결능력 향상을 위해 장점에 초점을 둔 피드백을 제공한다.

39. 위기개입모델에 관한 설명으로 옳지 않은 것은?

① 위기로 인한 증상을 제거하고, 위기 이전의 기능 수준으로 회복하는 것이 개입의 1차적 목표이다.
② 단기개입을 강조한다.
③ 문제의 원인에 대한 이해를 위해 클라이언트의 과거 탐색에 초점을 둔다.
④ 표적문제는 구체적이어야 한다.
⑤ 위기발달은 취약단계가 발생한 후에 촉발요인으로 넘어간다.

40. 현대 우리나라 가족의 변화에 관한 설명으로 옳지 않은 것을 모두 고른 것은?

ㄱ. 청년실업의 증가로 빈 둥지 시기가 빨리 오고 있다.
ㄴ. 초혼연령이 높아지면서 가족을 형성하는 시점이 빨라지고 있다.
ㄷ. 결혼부터 첫 자녀를 출산하는 기간과 첫 자녀 출산에서부터 막내 자녀 출산까지의 기간이 늘어나고 있다.
ㄹ. 단독가구 및 무자녀가구가 증가하면서 전통적인 가족 유형이 늘고 있다.

① ㄱ ② ㄴ, ㄹ ③ ㄱ, ㄴ, ㄷ ④ ㄴ, ㄷ, ㄹ ⑤ ㄱ, ㄴ, ㄷ, ㄹ

41. 집단 계획단계에서 고려해야 할 요소로 옳은 것을 모두 고른 것은?

ㄱ. 집단구성원의 동질성과 이질성
ㄴ. 집단의 개방수준
ㄷ. 집단의 크기
ㄹ. 집단 모니터링

① ㄱ, ㄴ, ㄷ ② ㄱ, ㄷ ③ ㄴ, ㄹ ④ ㄹ ⑤ ㄱ, ㄴ, ㄷ, ㄹ

42. 해결중심모델에 관한 설명으로 옳지 않은 것은?

① 클라이언트의 자원, 건강성, 성공경험에 초점을 둔다.
② 탈이론적, 비규범적이며 현재와 미래 지향적이다.
③ 클라이언트의 문제를 자원 혹은 기술 부족으로 본다.
④ 사회복지사의 자문가 역할이 강조된다.
⑤ 클라이언트의 견해를 중시한다.

43. 전략적 가족치료모델에 관한 설명으로 옳지 않은 것은?

① 과거보다는 현재에 초점을 둔다.
② 성장보다는 변화를 강조한다.
③ 가족문제의 원인을 찾아 분석하고 이를 제거하는 것을 목표로 삼는다.
④ 가족에 대한 치료자의 권위가 요구된다.
⑤ 가족 내에서 반복되는 문제행동의 연쇄과정과 행동패턴을 변화시키는 데 주력한다.

44. 과업달성보다 집단성원 간의 유대감 강화를 강조하는 집단리더 역할에 관한 설명으로 옳은 것을 모두 고른 것은?

ㄱ. 모든 성원이 집단과정에 참여하도록 촉진한다.
ㄴ. 개별 성원들의 부정적 감정을 표현하도록 격려한다.
ㄷ. 성원 간 갈등을 해결하고 긴장을 완화한다.
ㄹ. 성원들이 제시한 아이디어와 의견을 분석한다.

① ㄱ, ㄴ, ㄷ ② ㄱ, ㄷ ③ ㄴ, ㄹ ④ ㄹ ⑤ ㄱ, ㄴ, ㄷ, ㄹ

45. 집단과정 촉진기술 중 직면에 관한 설명으로 옳지 않은 것은?

ㄱ. 집단성원의 말과 행동 간에 불일치를 보이는 경우 이러한 모순을 확인하여 지적하는 기술이다.
ㄴ. 시작단계에서 가장 많이 사용되는 기법이다.
ㄷ. 집단성원으로 하여금 자신이 아직 인식하지 못했던 부분을 확인할 수 있게 하는 데에 활용된다.
ㄹ. 집단성원이 극심한 정서적 긴장 상태에 있을 때에 적극적으로 활용한다.

① ㄱ ② ㄴ, ㄹ ③ ㄱ, ㄴ, ㄷ ④ ㄴ, ㄷ, ㄹ ⑤ ㄱ, ㄴ, ㄷ, ㄹ

46. 행동수정모델에서 사용하는 개입기술에 관한 설명으로 옳은 것은?

① 부적 강화는 불쾌한 자극을 제거함으로써 행동을 증가시킨다.

② 정적 강화는 강화를 제공함으로써 행동을 감소시킨다.

③ 아이가 버릇없이 굴 때마다 어머니가 아이를 달래주거나 야단을 쳐도 아이의 행동이 변화되지 않자, 어머니는 생각을 바꿔 아이를 달래주지도, 야단치지도 않았다. 그 결과, 아이의 버릇없는 행동이 감소되었을 경우, 이는 행동형성(shaping) 기술에 해당한다.

④ 간헐적으로 강화된 행동은 연속적으로 강화된 행동에 비해 소거하기 쉽다.

⑤ 부적 처벌은 불쾌한 자극을 주어 잘못된 행동을 수정하는 것이다.

47. 가족조각(family sculpture)에 관한 설명으로 옳지 않은 것은?

① 가족조각에 대한 피드백은 이성적으로 이루어져야 효과적이다.

② 언어를 사용하지 않고 신체적으로 상징화해야 한다.

③ 조각 후, 사회복지사는 현재의 조각이 어떻게 변화되기 바라는지를 다시 조각으로 표현하게 한다.

④ 가족조각을 실연하는 동안 가족은 서로 이야기 하거나 웃지 않아야 한다.

⑤ 공간 속에서 가족구성원의 몸을 이용해 가족의 상호작용 양상을 자유롭게 표현하도록 해야 한다.

48. 인지행동모델과 개입기법에 관한 설명으로 옳지 않은 것은?

① 클라이언트의 주관적 경험의 독특성을 중시하고, 구조화되고 교육적인 접근을 강조한다.

② 개인의 감정이나 행동변화를 위해 부정적 감정의 근원이 되는 비합리적 신념을 밝혀내고 도전함으로써 사고를 재구조화하도록 돕는다.

③ 체계적 둔감법은 두려움이 적은 상황부터 큰 상황까지 단계적으로 노출시켜 문제를 극복하도록 하는 것이다.

④ 내적 의사소통의 명료화는 클라이언트가 자신의 생각을 말로 표현하고, 피드백을 통해 사고의 명료화를 돕는 것이다.

⑤ 클라이언트의 무의식적 행동에 관심을 둔다.

49. 가족의 하위체계 간 경계 만들기(boundary making)에 관한 설명으로 옳지 않은 것은?

① 사회복지사가 자신의 몸으로 분리되어야 할 가족성원들을 가려서 분리하는 것도 방법이 될 수 있다.

② 밀착된 경계를 가진 가족성원에게는 상호 간 경계를 분명하는 개입을 한다.

③ 유리된 경계를 가진 가족성원에게는 상호교류를 감소시키는 개입을 한다.

④ 가족치료 시 가족이 앉은 위치를 통해서 파악이 가능하다.

⑤ 세대 간 경계를 관찰할 때에는 문화적 가치를 고려해야 한다.

50. 집단 발달단계의 초기단계에서 사회복지사의 주요 과업을 모두 고른 것은?

ㄱ. 집단 의존성 감소시키기	ㄴ. 집단 규칙 수립하기
ㄷ. 집단성원의 역할 명확히 하기	ㄹ. 집단성원의 저항과 불안 다루기

① ㄱ　② ㄴ, ㄹ　③ ㄱ, ㄴ, ㄷ　④ ㄴ, ㄷ, ㄹ　⑤ ㄱ, ㄴ, ㄷ, ㄹ

사회복지실천(지역사회복지론)

51. 지역사회에 관한 설명으로 옳지 않은 것은?

① 힐러리(G. A. Hillery)가 제시한 지역사회의 기본요소에는 사회적 상호작용, 공동의 유대감, 지리적 영역의 공유가 있다.
② 기능적 지역사회는 구성원 공동의 이익과 이해관계를 함께 하는 공동체를 의미한다.
③ 던햄(A. Dunham)이 인구 구성의 사회적 특수성에 따라 구분한 지역사회의 유형에는 농촌, 어촌, 산업단지 등이 있다.
④ 구성원들이 지역사회의 다양한 사회적 규범을 준수하고 순응하게 만드는 것은 지역사회가 가진 사회통제 기능이다.
⑤ 지리적 지역사회의 예에는 이웃, 마을, 도시 등이 있다.

52. 사회복지공동모금회에 관한 설명으로 옳은 것은?

① 민간과 공공재원을 동원하여 사회복지공동모금사업을 수행한다.
② 법정기부금 모금단체이다.
③ 기업(법인)모금이 전체모금에서 차지하는 비중이 상대적으로 적다.
④ 조직은 시·도별 지회형식에서 독립법인형식으로 변경되었다.
⑤ 보건복지부장관의 허가를 받아 복권을 발행할 수 있다.

53. 지역사회복지실천 이론에 관한 설명으로 옳은 것을 모두 고른 것은?

ㄱ. 갈등이론 - 지역사회복지정책을 다양한 이익집단들 간의 갈등과 타협의 산물로 간주한다.
ㄴ. 엘리트이론 - 소수 엘리트나 집단에 의한 주도적 가치판단을 중시한다.
ㄷ. 다원주의이론 - 다양한 집단과 조직이 이익을 표출함으로써 정책과정에 영향을 미칠 수 있다.
ㄹ. 사회구성주의이론 - 지역사회의 문제와 현상을 객관적 사실로 인정하지 않고, 특정 집단에 의해 규정된다고 본다.

① ㄱ ② ㄴ, ㄷ ③ ㄹ ④ ㄴ, ㄷ, ㄹ ⑤ ㄱ, ㄴ, ㄷ, ㄹ

54. 사회적 자본(social capital)에 관한 설명으로 옳지 않은 것은?

① 사회적 교환관계에 내재된 자본이다.
② 지역사회 구성원 일부가 아닌 모두에게 공유된다.
③ 지역사회의 집합적 자산으로서의 의미를 갖는다.
④ 수직적 관계에서 형성된다.
⑤ 지역사회의 신뢰, 네트워크, 호혜성 등을 강조한다.

55. 지역사회보장협의체에 관한 설명으로 옳은 것을 모두 고른 것은?

> ㄱ. 시·군·구에 지역사회보장협의체는 읍·면·동 단위 지역사회보장협의체의 구성 및 운영에 관한 사항을 심의·자문한다.
> ㄴ. 시·군·구에 지역사회보장협의체의 위원은 위원장을 포함하여 5명 이상 10명 이하로 구성한다.
> ㄷ. 사회보장에 관한 업무를 담당하는 공무원은 위원이 될 수 있다.
> ㄹ. 읍·면·동 단위 지역사회보장협의체의 위원은 시·군·구에 지역사회보장협의체의 위원이 될 수 있다.

① ㄱ, ㄴ, ㄷ　② ㄱ, ㄷ　③ ㄴ, ㄹ　④ ㄹ　⑤ ㄱ, ㄴ, ㄷ, ㄹ

56. 지역사회복지실천의 이념에 관한 설명으로 옳지 않은 것은?

① 뒤르켐(Durkheim)의 기계적 연대는 사회구성원의 동류성에 근거한다.
② 탈시설화는 무시설주의를 지향한다.
③ 주민참여는 주민과 지방자치단체와의 동등한 파트너십을 형성하는 방법이기도 하다.
④ 가족주의는 개인의 자율성과 독립성을 강조하여 탈시설화를 찬성한다.
⑤ 시설 사회화는 사회복지시설의 전반을 지역사회에 개방해야 한다고 주장한다.

57. 웨일과 갬블(Weil & Gamble)의 지역사회복지모델에서 사회복지사의 역할의 연결이 옳지 않은 것은?

① 근린 지역사회조직모델 - 조직가, 교사, 코치, 촉진자
② 기능적 지역사회조직모델 - 조직가, 옹호자, 집필 및 정보전달자, 촉진자
③ 프로그램개발과 지역사회연계모델 - 옹호자, 조직가, 조사자, 조정자
④ 사회계획모델 - 조사자, 프로포절 작성자, 정보전달자, 관리자
⑤ 연합모델 - 중개자, 협상가, 대변인

58. 다음에서 설명하고 있는 지역사회의 기능은?

> 지역사회 구성원들에게 지역사회의 지식·사회적 가치·행동 양태를 전달시킨다.

① 사회통제　② 생산, 분배, 소비　③ 사회화　④ 사회통합　⑤ 상부상조

59. 서구 지역사회복지의 역사에 관한 설명으로 옳은 것을 모두 고른 것은?

> ㄱ. 영국의 시봄(Seebohm)보고서에서는 사회서비스 부서의 창설을 제안하였다.
> ㄴ. 1960년대 미국의 존슨행정부는 '빈곤과의 전쟁'을 선포하고 다양한 지역사회 개혁을 추진하였다.
> ㄷ. 영국은 정신보건법(Mental Health Act) 제정으로 지역사회보호가 법적으로 규정되었다.
> ㄹ. 세계 최초의 인보관은 영국의 토인비홀(Toynbee hall)이다.

① ㄱ　② ㄴ, ㄷ　③ ㄷ, ㄹ　④ ㄱ, ㄴ, ㄹ　⑤ ㄱ, ㄴ, ㄷ, ㄹ

60. 사회복지관에 관한 설명으로 옳지 않은 것은?

① 지역사회를 기반으로 일정한 시설과 전문 인력을 갖추고 지역주민의 참여와 협력을 통하여 지역사회의 복지문제를 예방하고 해결하기 위하여 종합적인 복지서비스를 제공하는 시설이다.

② 사례관리, 서비스제공, 지역조직화 기능 등을 수행한다.

③ 3년마다 사회복지시설 평가를 받는다.

④ 지역성, 전문성, 책임성, 자율성, 통합성, 자원 활용, 중립성, 투명성 등의 원칙에 따라 운영되어야 한다.

⑤ 「사회복지관 설립 및 운영에 관한 법률」에 따라 설립 및 운영된다.

61. 다음에 제시된 C사회복지사의 핵심적인 역할은?

A지역은 장애인 인구 비율이 특히 높은 지역이다. B장애인 시민단체에서 근무하고 있는 C사회복지사는 지역사회 장애인들의 권익 증진과 그들 보호자들의 보호 부담 완화를 위해 지역 내 장애인복지시설 확충을 위한 서명운동 및 조례 제정 입법 활동을 하였다.

① 옹호자 ② 교육자 ③ 중재자 ④ 자원연결자 ⑤ 조정자

62. 지역사회복지실천의 원칙으로 옳지 않은 것은?

① UN에 따르면 지역사회개발은 정부의 적극적 지원을 받아 진행되는 것이 바람직하다.

② 로스(Ross)는 추진회 활동 초기에 소수집단을 위한 사업부터 전개하는 것은 바람직하지 않다고 보았다.

③ 존스와 디마치(Johns & Demarche)는 지역사회는 개인과 동일하게 자기결정의 권리를 가지고 있으며, 따라서 강요에 의한 사업 추진은 거부해야 한다고 주장하였다.

④ 던햄(Dunham)은 사회복지기관은 조직운영과 실천을 비민주적으로 해야 한다고 하였다.

⑤ 워렌(Warren)은 지역사회조직사업의 주요 목적이 지역사회이익 옹호, 폭넓은 권력 분산이라고 하였다.

63. 우리나라 지역사회복지역사에 관한 설명으로 옳은 것을 모두 고른 것은?

ㄱ. 오가통은 주민 교화 등을 목적으로 한 지식인 간의 자치적인 협동조직이다.
ㄴ. 메리 마이어스(M. Myers)가 서울에 태화여자관을 설립하였다.
ㄷ. 1970년대 최초로 재가복지 서비스가 도입되었다.
ㄹ. 메리 놀즈(M. Knowles)가 원산에 반열방(班列房)을 설립하였다.

① ㄱ ② ㄴ, ㄹ ③ ㄷ, ㄹ ④ ㄱ, ㄴ, ㄹ ⑤ ㄱ, ㄴ, ㄷ, ㄹ

64. 지역사회복지실천모델에 관한 설명으로 옳은 것을 모두 고른 것은?

ㄱ. 로스만(Rothman)의 사회행동모델은 아래로부터의 접근을 강조한다.
ㄴ. 테일러와 로버츠(Taylor & Roberts)의 프로그램개발 및 조정모델은 과업지향적인 과학적 설계를 기반으로 과정지향적인 목표를 수립하기 위한 조직과정의 관리와 영향력 발휘를 강조한다.
ㄷ. 웨일과 갬블(Weil & Gamble)의 근린지역사회조직모델은 대면접촉이 이루어지는 가까운 지역사회에 초점을 둔다.

① ㄱ, ㄴ ② ㄱ, ㄷ ③ ㄴ ④ ㄷ ⑤ ㄱ, ㄴ, ㄷ

65. 사회체계이론에 관한 설명으로 옳은 것을 모두 고른 것은?

ㄱ. 지역사회는 상호의존적인 부분들로 구성되어 있다고 가정한다.
ㄴ. 지역사회의 하부체계 간 상호작용을 중시한다.
ㄷ. 조직원 충원, 자금조달, 적절한 조직구조의 개발 능력 등을 사회운동의 성패 요인으로 본다.
ㄹ. 지역사회를 하나의 체계로 간주하고 지역사회와 환경의 관계를 설명한다.

① ㄱ ② ㄴ, ㄷ ③ ㄷ, ㄹ ④ ㄱ, ㄴ, ㄹ ⑤ ㄱ, ㄴ, ㄷ, ㄹ

66. 지역사회복지실천 과정 중 계획수립에 관한 설명으로 옳지 않은 것은?

① 결과목표는 표적 집단을 어떠한 상태로 변화시킬 것인가의 내용을 담고 있어야 한다.
② 과정목표는 무슨 일을 누가 어떻게 할 것인지에 관해 기술한다.
③ 계획수립을 기반으로 지역사회 욕구 사정을 실시한다.
④ 목적은 비전보다 좀 더 구체적인 방향을 제시해야 한다.
⑤ 목적과 목표를 수립할 때 클라이언트를 참여시킬 수 있다.

67. 우리나라 지역사회복지 관련 사건의 순서를 옳게 나열한 것은?

ㄱ. 사회복지통합관리망이 개통되었다.
ㄴ. 희망복지지원단이 출범하였다.
ㄷ. 읍·면·동 복지허브화 사업이 실시되었다.
ㄹ. 사회보장정보시스템이 개통되었다.

① ㄱ → ㄴ → ㄷ → ㄹ ② ㄱ → ㄴ → ㄹ → ㄷ ③ ㄴ → ㄹ → ㄷ → ㄱ
④ ㄷ → ㄱ → ㄹ → ㄴ ⑤ ㄹ → ㄴ → ㄷ → ㄱ

68. 다음에서 설명하는 지역사회복지실천 이론은?

ㅇ 자원을 많이 가지고 있는 조직이 적게 가진 조직을 통제할 수 있다고 가정한다. ㅇ 사회복지조직은 생존을 위해 외부의 재정적 지원에 의존할 수밖에 없다. ㅇ 사회복지조직은 자율성 확보를 위해 재정 마련을 위한 다양한 후원처를 개발해야 한다.

① 권력의존이론 ② 사회구성이론 ③ 다원주의이론 ④ 엘리트이론 ⑤ 사회적교환이론

69. 지역사회복지실천에 관한 설명으로 옳은 것을 모두 고른 것은?

ㄱ. 지역성과 기능성을 포함하는 지역사회 내에서 이루어진다. ㄴ. 지역사회 문제 발생의 구조적 요인을 고려하여 개입한다. ㄷ. 지역사회 특성과 문제를 일반화한다. ㄹ. 지역사회 내에 존재하는 각종 제도의 형성과 발전에 영향을 미친다.

① ㄱ ② ㄴ, ㄷ ③ ㄷ, ㄹ ④ ㄱ, ㄴ, ㄹ ⑤ ㄱ, ㄴ, ㄷ, ㄹ

70. 우리나라 지역사회보장계획에 관한 설명으로 옳지 않은 것은?

① 기존 「사회보장급여의 이용·제공 및 수급권자 발굴에 관한 법률」에 따른 지역사회복지계획이 「사회복지사업법」에 따른 지역사회보장계획으로 변경되었다.
② 계획 수립을 위해 4년마다 지역사회보장조사를 실시할 수 있다.
③ 시·군·구 지역사회보장계획은 시행연도의 전년도 9월 30일까지 시·도지사에 제출되어야 한다.
④ 시·도 지역사회보장계획은 시·도 사회보장위원회의 심의 후 시·도 의회에 보고된다.
⑤ 시·도지사 또는 시장·군수·구청장은 사회보장의 환경 변화, 「사회보장기본법」에 따른 사회보장에 관한 기본계획의 변경 등이 있는 경우에는 지역사회보장계획을 변경할 수 있다.

71. 사회적 경제에 관한 설명으로 옳은 것을 모두 고른 것은?

ㄱ. 사회적 목적과 민주적 운영 원리를 가진 호혜적 경제활동조직이다. ㄴ. 사회적협동조합은 영리법인으로 한다. ㄷ. 사회적기업은 고용노동부장관의 인가를 받아 설립한다. ㄹ. 마을기업은 기획재정부장관의 허가를 받아 설립한다.

① ㄱ ② ㄱ, ㄷ ③ ㄴ, ㄷ, ㄹ ④ ㄹ ⑤ ㄱ, ㄴ, ㄷ, ㄹ

72. 지방분권화가 지역사회복지에 미치는 부정적인 영향에 관한 설명으로 옳지 않은 것은?

① 지방자치단체장의 지역사회복지에 관한 인식과 의지 정도에 따라 복지수준이 다를 수 있다.
② 중앙정부의 지역문제 대한 책임성을 약화시킨다.
③ 지방자치단체의 권한과 책임성이 강화된다.
④ 지방자치단체 간 경쟁의 심화로 지역이기주의가 팽배해진다.
⑤ 지방자치단체의 재정 자립도에 따라 복지 불균형이 심화될 수 있다.

73. 우리나라 자활사업에 관한 설명으로 옳지 않은 것은?

① 자활후견기관이 지역자활센터로 변경되었다.
② 2012년 자활공동체가 자활기업으로 변경되었다.
③ 자활기업의 설립 및 운영 주체는 수급자 또는 차상위자를 2인 이상 포함하여 구성하여야 한다.
④ 국민기초생활보장법령에 따른 조건부수급자란 자활사업 참여를 조건으로 자활급여를 지급받는 수급자를 말한다.
⑤ 자활근로사업은 근로유지형, 사회서비스형, 인턴·도우미형, 시장진입형 등이 있다.

74. 다음 설명에서 아른스테인(Arnstein)이 제시한 주민참여단계로 알맞은 것은?

ㅇ 주민과 정부가 동등한 입장에서 협상하여 정책을 결정
ㅇ 최종 결정은 정부가 수행
ㅇ 필요 시 주민들은 정부와 협상이 가능

① 주민회유(placation) ② 협동(partnership) ③ 정보제공(informing)
④ 권한위임(delegated power) ⑤ 조작(manipulation)

75. 지역사회복지실천 기술 중 조직화 기술에 관한 설명으로 옳지 않은 것을 모두 고른 것은?

ㄱ. 초기에는 지역주민들이 주도적인 역할을 수행하다가 점차 사회복지사가 주도적인 역할을 수행하도록 한다.
ㄴ. 대화, 경청, 회의, 협상, 주민통제, 지역문제에 대한 이슈설정, 지역사회지도자 발굴 등의 기술을 활용한다.
ㄷ. 지역주민이 자신들의 문제를 함께 풀어나가는 과정이 포함된다.
ㄹ. 조직화 과정 중 쟁점이 형성되며, 쟁점은 명확하지 않아도 된다.

① ㄱ ② ㄴ, ㄷ ③ ㄷ, ㄹ ④ ㄱ, ㄴ, ㄹ ⑤ ㄱ, ㄴ, ㄷ, ㄹ

사회복지사 1급 국가자격시험 대비
제4회 FINAL 모의고사

교 시	문제형별	시 간	시 험 과 목
3교시	A	75분	〈사회복지정책과 제도〉 1 사회복지정책론 2 사회복지행정론 3 사회복지법제론

수험번호		성 명	

[수험자 유의사항]

1. 시험문제지는 **단일 형별(A형)**이며, 답안카드 형별 기재란에 표시된 형별(A형)을 확인하시기 바랍니다. 시험문제지의 **총면수**, **문제번호 일련순서**, **인쇄상태** 등을 확인하시고, 문제지 표지에 수험번호와 성명을 기재하시기 바랍니다.

2. 답은 각 문제마다 요구하는 **가장 적합하거나 가까운 답 1개**만 선택하고, 답안카드 작성 시 시험문제지 **마킹착오**로 인한 불이익은 전적으로 **수험자에게 책임**이 있음을 알려 드립니다.

3. 답안카드는 국가전문자격 공통 표준형으로 문제번호가 1번부터 125번까지 인쇄되어 있습니다. 답안 마킹 시에는 반드시 **시험문제지의 문제번호와 동일한 번호**에 마킹하여야 합니다.

4. **감독위원의 지시에 불응하거나 시험시간 종료 후 답안카드를 제출하지 않을 경우** 불이익이 발생할 수 있음을 알려 드립니다.

   ※ 시험문제지는 시험 종료 후 가지고 갈 수 있습니다.

5. 문제지 맨 뒤에 제공되는 답안카드를 활용하여 실전처럼 모의고사를 풀어보시기 바랍니다.

해커스

각 문제에서 요구하는 가장 적합한 답 1개만을 고르시오.

사회복지정책과 제도(사회복지정책론)

01. 국민건강보험제도에 관한 설명으로 옳지 않은 것을 모두 고른 것은?

> ㄱ. 총액계약제의 진료비 상승 억제 효과는 포괄수가제보다 높고 행위별수가제보다 낮다.
> ㄴ. 포괄수가제는 행위별수가제에 비해 의료서비스 공급자로 하여금 고가의 약·검사·의료장비 이용을 억제하게 할 가능성이 높다.
> ㄷ. 상병수당이란 건강보험 가입자가 업무상 질병·부상이 아닌 일반적인 질병·부상으로 인하여 치료를 받는 동안 상실되는 소득을 현금으로 보전하는 급여이다.
> ㄹ. 포괄수가제는 의사에게 환자 1인당 혹은 진료일수 1일당 아니면 질병별로 보수 단가를 설정하여 보상하는 방식이다.

① ㄱ ② ㄴ, ㄹ ③ ㄷ, ㄹ ④ ㄱ, ㄴ, ㄹ ⑤ ㄱ, ㄴ, ㄷ, ㄹ

02. 사회복지정책의 원칙과 기능에 관한 설명으로 옳지 않은 것은?

① 사회통합과 정치적 안정화를 추구한다.
② 국민의 최저생활을 보장한다.
③ 개인의 자립과 성장을 이끈다.
④ 능력에 따른 분배를 원칙으로 한다.
⑤ 자동안전장치 기능을 한다.

03. 우리나라의 공공부조 제도에 관한 설명으로 옳지 않은 것은?

① 의료급여제도에 따른 의료급여 수급권자는 1종과 2종으로 구분한다.
② 긴급복지지원제도에 따른 긴급지원은 위기상황에 처한 사람에게 일시적으로 신속하게 지원하는 것을 기본원칙으로 한다.
③ 장애인연금제도에서는 연령에 따라 기초급여와 부가급여가 차등적으로 지급된다.
④ 국민기초생활보장제도는 대상 가구당 행정관리비용이 사회보험보다 더 많이 소요된다.
⑤ 기초연금제도는 무기여방식의 노후 소득보장제도이다.

04. 롤즈(J. Rawls)의 「사회정의론」에 관한 설명으로 옳지 않은 것은?

① 기회균등의 원칙이 최소극대화의 원칙에 우선하여 적용되어야 한다.
② 모든 사회구성원은 다른 사람의 유사한 자유와 상충되지 않는 한 동등한 수준의 기본적인 자유를 최대한 누려야 한다는 것이 제1의 원칙이다.
③ 순수절차상의 정의가 보장되는 상황으로 원초적 입장(original position)을 제시하였다.
④ 최소수혜자들의 최대행복을 추구한다.
⑤ 정당한 경로를 통한 소유와 합법적인 이전은 정의로운 결과를 가져온다.

05. 사회복지정책 발달 이론에 관한 설명으로 옳지 않은 것을 모두 고른 것은?

ㄱ. 독점자본이론 - 경제발전이 상당 수준에 이르게 되면 사회복지 발전 정도가 유사하게 나타난다.
ㄴ. 음모이론 - 현대사회에서 귀속적 차이 등에 따른 집단들 간의 정치적 행위가 커지고 있다.
ㄷ. 사회양심론 - 사회복지는 이타주의가 제도화된 것이다.
ㄹ. 권력자원이론 - 사회복지정책은 권력 엘리트 교체의 산물이다.

① ㄱ ② ㄴ, ㄹ ③ ㄷ, ㄹ ④ ㄱ, ㄴ, ㄹ ⑤ ㄱ, ㄴ, ㄷ, ㄹ

06. 영국 사회복지정책의 역사에 관한 설명으로 옳은 것을 모두 고른 것은?

ㄱ. 국민보험법(1911년)은 건강보험과 실업보험으로 구성되었다.
ㄴ. 구빈법의 공식적인 폐지는 2차 세계대전 종전 이후에 이루어졌다.
ㄷ. 찰스 부스(C. Booth)는 요크 지역에서 빈곤에 관한 사회조사를 실시하였다.
ㄹ. 신구빈법(1834년)에서는 전국 어디서나 빈민들이 동일한 처우를 받도록 하였다.

① ㄱ ② ㄴ, ㄹ ③ ㄷ, ㄹ ④ ㄱ, ㄴ, ㄹ ⑤ ㄱ, ㄴ, ㄷ, ㄹ

07. 우리나라의 산업재해보상보험제도에 관한 설명으로 옳은 것을 모두 고른 것은?

ㄱ. 근로자 개인별 관리가 아닌 사업 또는 사업장을 적용대상으로 하여 관리한다.
ㄴ. 보험 사업에 소요되는 재원은 원칙적으로 사용자가 전액 부담한다.
ㄷ. 무과실책임주의 원칙에 따라 입각한다.
ㄹ. 1963년에 제정되어 전국민을 대상으로 한 우리나라 최초의 사회보험제도이다.

① ㄱ ② ㄴ, ㄹ ③ ㄷ, ㄹ ④ ㄱ, ㄴ, ㄹ ⑤ ㄱ, ㄴ, ㄷ, ㄹ

08. 복지국가의 위기와 재편에 관한 설명으로 옳지 않은 것을 모두 고른 것은?

ㄱ. 민영화는 1980년대 영국과 미국의 신자유주의자들에 의해 정부가 공급하는 재화와 서비스 비용을 절감하기 위해 본격적으로 도입되었다.
ㄴ. 복지국가 위기의 원인에는 포디즘적 생산방식의 비효율성이 있다.
ㄷ. 경기침체와 국가재정위기는 복지국가 위기의 결정적 요인이 되었다.
ㄹ. 신자유주의자들은 사회복지급여수급으로 시간당 임금이 변화되는 대체효과가 커져 근로동기가 줄어든다는 논리로 복지국가를 비판하였다.

① ㄱ, ㄴ, ㄷ ② ㄱ, ㄷ ③ ㄴ, ㄹ ④ ㄹ ⑤ ㄱ, ㄴ, ㄷ, ㄹ

09. 현재 우리나라가 경험하고 있는 사회적 위험이 아닌 것은?

① 노인부양비(dependency ratio)가 감소하고 있다.
② 합계출산율은 줄고 상대적으로 평균수명은 증가하고 있다.
③ 1인 가구, 한 부모 가족, 다문화 가족 등 비정형인 가족이 증가하고 있다.
④ 여성 경제활동참여 증가로 인한 일·가정양립문제가 대두되고 있다.
⑤ 임시·일용직 등 비정규직이 증가하고 있다.

10. 빈곤과 소득불평등에 관한 설명으로 옳은 것을 모두 고른 것은?

ㄱ. 5분위 배율에서는 수치가 작을수록 그 사회의 평등한 상태를 나타낸다.
ㄴ. 절대적 빈곤은 육체적 효율성을 유지하기 위한 최소한의 생활필수품을 소비하지 못하는 상태이다.
ㄷ. 센(Sen) 지수는 빈곤집단 내의 불평등 정도를 반영한다.
ㄹ. 지니계수가 1에 가까울수록 불평등한 상태를 의미한다.

① ㄱ ② ㄴ, ㄹ ③ ㄷ, ㄹ ④ ㄱ, ㄴ, ㄹ ⑤ ㄱ, ㄴ, ㄷ, ㄹ

11. 우리나라 국민연금제도에 관한 설명으로 옳은 것은?

① 출산크레딧은 3명 이상의 자녀가 있을 때부터 가능하다.
② 농 · 어업인에 대해 연금보험료를 국가가 보조할 수 있다.
③ 군복무자에게는 노령연금수급권 취득 시 병역의무를 수행한 기간에 상관없이 12개월을 가입기간에 추가로 산입한다.
④ 「고용보험법」에 따른 조기재취업수당을 받는 경우 구직급여를 받는 기간을 가입기간에 추가 산입한다.
⑤ 「병역법」에 따라 현역병으로 병역의무를 수행한 경우 가입기간을 추가 산입하지만, 사회복무요원은 추가 산입을 하지 않는다.

12. 우리나라 사회보험제도에 관한 설명으로 옳지 않은 것은?

① 노인장기요양보험의 급여 중 단기보호는 시설급여에 해당한다.
② 산업재해보상보험은 무과실책임주의 원칙에 입각한 제도이다.
③ 고용보험의 고용안정·직업능력개발사업의 보험료는 사업주가 전부 부담한다.
④ 국민건강보험과 노인장기요양보험의 보험자는 동일하다.
⑤ 노령연금 수급권자가 소득활동을 하면 최대 5년 동안 연금액이 감액된다.

13. 사회복지재원에 관한 설명으로 옳지 않은 것은?

① 개인의 기여, 재단의 기여, 법인의 기여, 유산의 기여 등 자발적 기여 역시 사회복지재원이 될 수 있다.

② 이용료는 서비스 이용자의 도덕적 해이를 방지할 수 있지만, 이용자의 서비스 이용을 제한할 수도 있다.

③ 우리나라 국민기초생활보장제도와 국민연금제도의 재원의 조달방식은 동일하다.

④ 보편주의(universalism)에서 사회복지급여는 모든 국민에게 사회적 권리로 인정된다.

⑤ 적극적 조치(affirmative action)는 여성, 장애인, 소수인종집단, 유색인종, 농어촌지역주민 등 사회적으로 불리한 조건에 처한 집단에 대한 입학, 고용, 승진 등에서의 평등을 실현하고자 하는 정책을 말한다.

14. 소득재분배에 관한 설명으로 옳지 않은 것은?

① 수직적 재분배의 관계집단은 고소득층 대(對) 저소득층이다.

② 사회적 취약계층을 대상으로 하는 사회복지서비스는 수평적 재분배 효과가 있다.

③ 수직적 재분배와 관련된 제도로는 공공부조가 있다.

④ 위험 미발생집단에서 위험 발생집단으로 소득이 이전되는 것은 수평적 소득재분배에 해당한다.

⑤ 수평적 재분배와 관련된 제도로는 아동수당이 있다.

15. 에스핑-안데르센(G. Esping-Andersen)의 복지국가 유형에 관한 설명으로 옳지 않은 것을 모두 고른 것은?

ㄱ. 자유주의 복지국가는 상대적으로 탈상품화 정도가 높다.
ㄴ. 탈상품화와 계층화 등의 개념으로 복지국가를 유형화하였다.
ㄷ. 사회민주주의 복지국가는 선별주의와 자조의 원칙에 따라 탈상품화 효과가 크다.
ㄹ. 조합(보수)주의 복지국가는 사회복지정책으로 인해 계층화가 그대로 유지된다.

① ㄱ, ㄴ, ㄷ ② ㄱ, ㄷ ③ ㄴ, ㄹ ④ ㄹ ⑤ ㄱ, ㄴ, ㄷ, ㄹ

16. 우리나라의 근로장려세제에 관한 설명으로 옳은 것을 모두 고른 것은?

ㄱ. 근로장려금의 크기는 소득구간이 높아질수록 비례하여 커진다.
ㄴ. 미국의 EITC 제도를 모델로 하였다.
ㄷ. 고용노동부가 주무 부처이다.
ㄹ. 「조세특례제한법」을 근거로 한다.

① ㄱ ② ㄴ, ㄹ ③ ㄷ, ㄹ ④ ㄱ, ㄴ, ㄹ ⑤ ㄱ, ㄴ, ㄷ, ㄹ

17. 사회수당에 관한 설명으로 옳지 않은 것은?

① 조세를 재원으로 한다.
② 인구학적 집단을 할당의 기준으로 하는 보편적인 현금급여이다.
③ 사회통합에 기여할 수 있다.
④ 기여 여부에 따라 급여가 차등적으로 지급된다.
⑤ 수평적 재분배 효과가 있다.

18. 사회복지정책 과정에 관한 설명으로 옳지 않은 것은?

① 사회복지정책 대안을 개발할 때에 주관적·직관적 방법을 사용해서는 안 된다.
② 정책 대안의 결과에 대해 다양한 미래예측 및 비교분석기법 등을 활용할 수 있다.
③ 비용편익분석은 프로그램에 들어가는 비용뿐만 아니라 프로그램의 성과도 화폐적 가치로 환산하는 평가방식이다.
④ 유추는 선례(先例)를 적용하는 등 같은 형태의 구조를 활용해서 미래의 상황이나 문제를 추정하는 방법이다.
⑤ 기술적 실현가능성은 정책대안이 가진 기술적 문제와 집행 가능성 모두와 관련된다.

19. 우리나라 사회보장 제도와 급여 대상자 선정 조건에 관한 연결로 옳지 않은 것은?

	사회보장 제도		급여 대상자 선정 조건
①	국민기초생활보장제도	-	인구학적 기준, 부양의무자
②	장애인연금제도	-	인구학적 기준, 진단적 차별, 자산조사
③	노인장기요양보험제도	-	인구학적 기준, 진단적 차별, 기여여부
④	아동수당제도	-	인구학적 기준
⑤	장애수당제도	-	인구학적 기준, 진단적 차별, 자산조사

20. 우리나라 사회복지 급여 형태에 관한 설명으로 옳지 않은 것은?

① 「국민연금법」상 장애연금은 현금급여이다.
② 「고용보험법」상 구직급여는 현물급여이다.
③ 「국민건강보험법」상 요양급여는 현물급여이다.
④ 「노인장기요양보험법」상 재가급여는 현물급여이다.
⑤ 「의료급여법」상 요양비는 현금급여이다.

21. 사회복지서비스 제공 시 비영리기관이 영리기관보다 더 적합한 경우가 아닌 것은?

① 지적장애인과 같이 표현할 능력이 부족한 이용자에 대한 서비스 제공
② 보호관찰이나 국민기초생활보장제도에 따른 조건부수급자의 서비스와 같이 강제적인 서비스의 제공
③ 공중예방접종과 같은 표준적 절차나 내용을 담고 있는 서비스의 제공
④ 치료서비스와 같이 사례별로 다른 기술이 필요한 서비스의 제공
⑤ 중증의 치매를 앓고 있는 노인과 같이 자신을 스스로 대변하기 어려운 이용자에 대한 서비스 제공

22. 우리나라의 국민기초생활보장제도에 관한 설명으로 옳은 것을 모두 고른 것은?

ㄱ. 2012년부터 자활사업 참여 희망자에 대한 근로능력평가사업이 근로복지공단으로 위탁되었다.
ㄴ. 국민기초생활보장제도의 도입으로 주거급여가 신설되었다.
ㄷ. 맞춤형 급여체계가 통합급여 체계로 변경되었다.
ㄹ. 수급권자의 자격 기준 중 부양의무자 기준이 지속적으로 완화되고 있다.

① ㄱ ② ㄴ, ㄹ ③ ㄷ, ㄹ ④ ㄱ, ㄴ, ㄹ ⑤ ㄱ, ㄴ, ㄷ, ㄹ

23. 사장실패의 요인에 관한 설명으로 옳지 않은 것은?

① 공공재는 비경합성과 비배제성의 속성을 갖는 재화로 시장에서는 생산되기 어렵다.
② 사회복지의 재화나 서비스는 정보의 불완전성으로 인해 소비자들의 합리적 선택에 차이가 난다.
③ 역선택으로 인해 정보의 비대칭성 문제가 발생한다.
④ 가치재는 현물급여가 현금급여보다 선호되는 이유이다.
⑤ 민간보험사의 보험은 가입자의 위험발생률이 상호 독립적이어야 한다.

24. 킹돈(J. Kingdon)의 쓰레기통 모형에 관한 설명으로 옳지 않은 것은?

① 정책결정과정에는 정책대안의 흐름, 문제의 흐름, 정치의 흐름이 존재한다.
② 정책전문가들은 지속적으로 특정 사회문제에 대한 정책대안들을 연구하면서 정책대안들이 정치의 흐름과 정책문제 흐름에 의해 정책아젠다(agenda)로 등장할 때까지 기다린다.
③ 정책결정은 조직화된 상태 속에서 체계적으로 이루어진다.
④ 정책대안의 흐름 속에 떠다니던 정책대안이 연결되는 경우 정책의 창문(policy window)이 열리면서 정책결정의 기회를 맞게 된다.
⑤ 코헨과 마치, 그리고 올슨(Cohen & March & Olsen)의 이론을 발전시켰다.

25. 사회복지정책의 가치에 관한 설명으로 옳은 것은?

① 결과의 평등을 추구하기 위한 추진 방법에는 드림스타트(Dream Start) 사업이 있다.
② 기회의 평등은 결과의 평등보다 빈자들의 적극적 자유를 확대하는 데 유리하다.
③ 형평을 추구하기 위한 추진 방법에는 실업급여가 있다.
④ 열등처우원칙은 수량적 평등 가치를 반영한다.
⑤ 조건의 평등은 개인의 능력, 업적, 공헌에 따라 사회적 자원을 분배하는 것을 의미한다.

사회복지정책과 제도(사회복지행정론)

26. 다음에서 설명하는 직원개발방법은?

> ㅇ 15명 내외의 소집단을 구성하여 외부와 격리된 장소에서 1~2주 동안 합숙을 한다.
> ㅇ 자유로운 의사표현과 교환을 통해 자신과 상대방의 가치관·사고방식·행동방식 등을 파악할 수 있다.
> ㅇ 인간관계 개선에 효과적이다.

① 역할연기 ② 감수성훈련 ③ 사례발표
④ 계속교육 ⑤ 신디케이트(syndicate)

27. 사회복지서비스 전달체계에 관한 설명으로 옳은 것을 모두 고른 것은?

> ㄱ. 어떤 서비스를 제공한 후 필요한 후속 서비스를 제공하지 않는다면 평등성이 결여된 것이다.
> ㄴ. 비전문적 업무의 경우에도 전문가가 담당하면 조직운영의 효율성을 높일 수 있다.
> ㄷ. 필요한 서비스의 양과 질이 부족하다면 비분절성이 결여된 것이다.
> ㄹ. 서비스 이용자의 불만을 표시할 수 있는 장치가 없다면 책임성이 결여된 것이다.

① ㄱ, ㄴ, ㄷ ② ㄱ, ㄷ ③ ㄴ, ㄹ ④ ㄹ ⑤ ㄱ, ㄴ, ㄷ, ㄹ

28. 사회복지 프로그램 평가에 관한 설명으로 옳지 않은 것은?

① 형성평가는 양적 및 질적 방법으로 프로그램 과정을 평가한다.
② 총괄평가는 모니터링과 서비스 질 관리가 포함된다.
③ 효율성은 비용-편익분석으로 평가할 수 있다.
④ 비용-편익분석은 프로그램 집행의 비용과 결과를 모두 금전적 가치로 환산하여 평가한다.
⑤ 노력성 평가는 프로그램 집행에 동원된 자원의 양으로 평가한다.

29. 「사회복지법인 및 사회복지시설 재무·회계 규칙」의 내용으로 옳지 않은 것은?

① 모든 수입금의 수납은 이를 금융기관에 취급시키는 경우를 제외하고는 수입원이 아니면 수납하지 못한다.
② 법인의 대표이사와 시설의 장은 분기별로 그 관리에 속하는 물품에 대하여 정기적으로 재물조사를 실시하여야 하며, 필요하다고 인정하는 때에는 정기재물조사 외에 수시로 재물조사를 할 수 있다.
③ 모든 후원금의 수입 및 지출은 후원금전용계좌 등을 통하여 처리하여야 한다. 다만, 물품 형태의 후원금은 그러하지 아니하다.
④ 법인의 대표이사와 시설의 장은 후원금을 후원자가 지정한 사용용도외의 용도로 사용하지 못한다.
⑤ 법인의 감사는 당해법인과 시설에 대하여 매년 1회 이상 감사를 실시하여야 한다.

30. 성과주의 예산(Performance Budget, PB)에 관한 설명으로 옳지 않은 것은?

① 예산 배정에 있어서 직관적 성격이 강하다.
② 관리지향적 예산이다.
③ 세부프로그램을 '단위원가 × 업무량 = 예산'으로 계산한다.
④ 프로그램 관리자에게 유리하다.
⑤ 조직의 사업과 목표를 이해는 데에 도움을 준다.

31. 리더십 이론에 관한 설명으로 옳은 것은?

① 블레이크와 머튼(Balke & Mouton)의 이론에서는 중도형(5, 5)이 가장 이상적인 리더십이다.
② 자질이론에서 효과적인 리더는 생산과 인간에 대한 행동유형으로 구별된다.
③ 특성이론에서 리더십은 천부적이다.
④ 오하이오 연구, 미시건 연구, 관리격자 이론은 대표적인 상황이론들이다.
⑤ 행동이론에서 성공적인 리더십은 조직이나 집단이 처한 상황에 따라 달라진다.

32. 리더십 유형에 관한 설명으로 옳은 것을 모두 고른 것은?

ㄱ. 지시적 리더십: 보상과 처벌, 명령과 복종을 중심으로 통제하고 관리한다.
ㄴ. 참여적 리더십: 관리자와 직원 간 의사소통을 활성화시킬 수 있다.
ㄷ. 자율적 리더십: 관리자가 의사결정을 적극적으로 주도한다.
ㄹ. 중간관리층의 리더십: 개별 직원들의 욕구와 기대를 조직의 목표에 통합시키는 인간관계기술이 필요하다.

① ㄱ ② ㄴ, ㄷ ③ ㄷ, ㄹ ④ ㄱ, ㄴ, ㄹ ⑤ ㄱ, ㄴ, ㄷ, ㄹ

33. 사회복지조직의 특성에 관한 설명으로 옳지 않은 것은?

① 조직이 제공하는 서비스의 성공확률은 그렇게 높지 못한 경향이 있다.
② 일선 직원과 클라이언트와의 관계가 조직 효과성을 좌우한다.
③ 조직의 목표가 명확하거나 구체적이기 어렵다.
④ 조직 간 상호연계망 구축이 중요한 과업이다.
⑤ 목표달성을 위해 명확한 지식과 기술을 사용한다.

34. 다음에서 설명하는 의사결정 기법은?

ㅇ 소집단 투표의사결정 방법이라고도 한다. ㅇ 의사결정 과정 동안 집단 성원 간에 일체의 의사소통을 제한시킨다. ㅇ 민주적 의사결정방법이다.

① 의사결정나무분석(decision tree analysis)
② 델파이기법(Delphi technique)
③ 명목집단기법(nominal group technique)
④ 대안선택흐름도표(alternative choice flow chart)
⑤ 브레인스토밍(brain storming)

35. 사회복지조직의 전략기획에 관한 설명으로 옳지 않은 것은?

① 조직의 기본적인 결정과 행동계획을 수립하기 위해 이루어진다.
② 목표달성을 위한 자원 및 그 자원의 획득방법, 사용, 자원할당을 위한 정책 결정이 진행된다.
③ 기획 과정을 중시한다.
④ 조직의 외부환경을 분석하기 위해서 SMART 분석기법을 활용한다.
⑤ 우선순위를 설정하고 단계적인 계획을 수립한다.

36. 조직 내 비공식적 조직에 관한 설명으로 옳지 않은 것은?

① 조직관리자는 비공식적 조직이 공식적 명령 계통을 위배할 경우 설득·경고·전보 등의 조치를 해야 한다.
② 공식적 조직에서 발생할 수 있는 긴장감을 감소시킬 수 있다.
③ 공식적 조직을 통해 확인이 어려운 정보를 얻을 수 있다.
④ 조직관리자는 가급적 조직 내 비공식적 조직의 형성을 허용하지 말아야 한다.
⑤ 조직 내 빈번하게 접촉하는 조직성원들 사이에서 자연적으로 발생한 소규모 집단이다.

37. 조직 구성요소에 관한 설명으로 옳지 않는 것은?

① 복잡성은 수직적·수평적 분화의 수준을 의미한다.
② 공식성 정도가 높은 조직은 직무수행 시 사적 영향력이 높아진다.
③ 공식적 조직의 기본요소에는 분업, 위계질서, 구조, 통제범위가 있다.
④ 수평적 분화 수준은 통제범위를 고려하여 설계한다.
⑤ 수평적 분화가 증가하면 조정의 필요성이 증가한다.

38. 총체적 품질관리(Total Quality Management, TQM)에 관한 설명으로 옳지 않은 것은?

① 고객만족을 최우선의 가치로 강조한다.
② 전체 조직성원의 투철한 사명감을 요구한다.
③ 조직이 제공하는 서비스의 품질은 최종단계에서 고려한다.
④ 투입(inputs)과 산출(outputs)에 관한 전반적인 과정이 포함된다.
⑤ 초기과정에서는 최고 관리자의 주도성이 필수적이다.

39. 다음에서 설명하는 조직이론은?

> ㅇ조직을 사회집단들이 상호작용하는 크고 복잡한 사회적 단위로 이해한다.
> ㅇ개인과 조직의 목표가 일치하지 않을 수 있다.
> ㅇ갈등의 순기능을 인정한다.

① 인간관계이론 ② 구조주의이론 ③ 상황이론 ④ 조직군생태이론 ⑤ 정치경제이론

40. 조직군생태이론에 관한 설명으로 옳은 것을 모두 고른 것은?

> ㄱ. 조직을 개방체계로 인식한다.
> ㄴ. 수동적이며 환경결정론적 조직관이다.
> ㄷ. 개별조직을 분석단위로 하여 조직을 분석한다.
> ㄹ. 조직의 변이, 선택, 보전의 과정에 관심을 갖는다.

① ㄱ ② ㄴ, ㄷ ③ ㄷ, ㄹ ④ ㄱ, ㄴ, ㄹ ⑤ ㄱ, ㄴ, ㄷ, ㄹ

41. 관료제 조직에 관한 설명으로 옳지 않은 것은?

① 조직 성원의 창조성을 향상시키는 데에 유리하다.
② 명문화된 규정 자체가 조직의 목적으로 인식될 수 있다.
③ 크리밍(creaming) 현상이 발생할 수 있다.
④ 조직이 수행해야 할 과업이 일상적·일률적인 경우 효율적이다.
⑤ 할거주의가 나타날 수 있다.

42. 소진(burnout)에 관한 설명으로 옳지 않은 것을 모두 고른 것은?

> ㄱ. 일반적으로 열성-좌절-침체-무관심의 단계로 진행된다.
> ㄴ. 목적의식이나 관심을 점차 상실하는 과정이다.
> ㄷ. 개인적인 차원의 대응에는 QWL(Quality of Work Life) 운동이 있다.
> ㄹ. 타인과의 감정이입을 전제로 하는 직종에서 나타나기 쉬운 현상이다.

① ㄱ, ㄴ, ㄷ ② ㄱ, ㄷ ③ ㄴ, ㄹ ④ ㄹ ⑤ ㄱ, ㄴ, ㄷ, ㄹ

43. 테일러(F. Taylor)의 과학적 관리론에서 조직의 생산성 향상 방안으로 옳지 않은 것은?

① 직원의 직무를 과학적으로 분석하여 활용한다.

② 권한과 책임은 오직 관리자에게만 부여된다.

③ 경제적 보상은 생산성을 높이는 유효한 방법이다.

④ 상하의 일치성을 확립한다.

⑤ 권리와 책임을 수반하는 권위의 위계를 강조한다.

44. 패라슈라만 등(A. Parasuraman, V. A. Zeithaml & L. L. Berry)의 SERVQUAL 구성 차원에 관한 설명으로 옳은 것을 모두 고른 것은?

ㄱ. 유형성: 서비스 제공을 위한 조직의 시설 및 장비, 제공자의 외양(外樣)이 갖춘 편의와 매력
ㄴ. 신뢰성: 고객과 약속한 서비스를 고객이 신뢰할 수 있게 정확히 제공할 수 있는 능력
ㄷ. 대응성: 고객을 돕고 고객에게 신속한 서비스를 제공하려는 조직성원들의 의지
ㄹ. 확신성: 고객에게 서비스 제공자의 지식, 예의, 믿음과 신뢰를 제공할 수 있는 능력

① ㄱ, ㄴ, ㄷ　② ㄱ, ㄷ　③ ㄴ, ㄹ　④ ㄹ　⑤ ㄱ, ㄴ, ㄷ, ㄹ

45. 퀸(R. Quinn)의 경쟁가치모델에 관한 설명으로 옳지 않은 것은?

① 상황적 리더십 이론에 해당한다.

② 동기부여형 리더십은 목표달성가 리더십과 상반된 가치를 추구한다.

③ 혁신지향형 리더십은 위계지향 리더십과 상반된 가치를 추구한다.

④ 조직의 과업지향 문화는 경쟁 지향적인 생산 중심의 문화로 외부지향적이다.

⑤ 조직의 위계지향 문화는 질서와 안정을 중시하고 내부지향적인 조직풍토를 가지고 있다.

46. 조직문화에 관한 설명으로 옳지 않은 것은?

① 조직성원이 집단적으로 공유하는 신념과 가치이다.

② 조직행동에 지대한 영향을 미친다.

③ 조직 내에서 인위적으로만 형성된다.

④ 조직성원에게 행동 및 판단의 기준을 제공한다.

⑤ 조직 내 의사결정방식과 과업수행방식에 영향을 미친다.

47. 우리나라 사회복지행정의 역사를 시대 순으로 바르게 나열한 것은?

> ㄱ. 사회복지시설 의무 평가제가 도입되었다.
> ㄴ. 제1기 지역사회복지계획이 수립되었다.
> ㄷ. 읍·면·동 주민센터가 행정복지센터로 변경되기 시작하였다.
> ㄹ. 희망복지지원단이 출범하였다.
> ㅁ. 사회보장정보시스템이 개통되었다.

① ㄱ → ㄷ → ㄴ → ㅁ → ㄹ ② ㄴ → ㅁ → ㄱ → ㄹ → ㄷ ③ ㄷ → ㄱ → ㄴ → ㄹ → ㅁ
④ ㄱ → ㄴ → ㄹ → ㅁ → ㄷ ⑤ ㅁ → ㄱ → ㄷ → ㄹ → ㄴ

48. 학습조직이론에 관한 설명으로 옳은 것을 모두 고른 것은?

> ㄱ. 개인 및 조직의 학습공유를 통한 역량강화를 강조한다.
> ㄴ. 명상 활동과 같은 자기숙련 행위를 통해 현재의 자기 능력을 심화시켜간다.
> ㄷ. 최고관리자의 감독과 통제에 의한 의도적·체계적 학습 과정을 중시한다.
> ㄹ. 조직의 추구하는 방향과 중요성에 대해 모든 조직구성원들이 공감대를 형성한다.

① ㄱ ② ㄴ, ㄷ ③ ㄷ, ㄹ ④ ㄱ, ㄴ, ㄹ ⑤ ㄱ, ㄴ, ㄷ, ㄹ

49. 미국 사회복지행정의 역사에서 1990년대 이후에 발생한 사건은?

① 사회복지행정에 관한 전문학술연구지가 처음으로 창간되었다.
② 공공기관과 민간기관의 기능이 유사해졌다.
③ 지역사회정신건강센터(Community Mental Health Center)가 출범하였다.
④ 사회복지교육협의회(CSWE)에서 사회복지행정을 교과과정으로 인정하였다.
⑤ 사회복지행정 교육의 필요성이 주장되었다.

50. 사회복지조직의 유형에 관한 설명으로 옳지 않은 것은?

① 기능조직은 직무의 배치가 기능에 따른 위계와 부서별로 이루어진 영속적·전형적·전통적인 조직이다.
② 프로젝트(project)조직은 특정 프로젝트를 중심으로 다른 종류의 기능조직을 종합한 비공식적 조직이다.
③ 매트릭스(matrix)조직은 기능조직과 프로젝트 조직의 장점을 결합한 조직형태이다.
④ 행렬조직은 직무별 분업을 인정하면서 동시에 사업별 협력을 강조한다.
⑤ 기능조직은 별도의 프로젝트 관리자를 두지 않는다.

사회복지정책과 제도(사회복지법제론)

51. 「사회보장기본법」상 사회보장정책의 기본방향에 관한 내용으로 옳지 않은 것을 모두 고른 것은?

ㄱ. 국가와 지방자치단체는 평생사회안전망을 구축·운영함에 있어 사회적 취약계층을 위한 사회서비스를 마련하여 최저생활을 보장하여야 한다.
ㄴ. 국가와 지방자치단체는 모든 국민의 인간다운 생활과 자립, 사회참여, 자아실현 등을 지원하여 삶의 질이 향상될 수 있도록 공공부조에 관한 시책을 마련하여야 한다.
ㄷ. 국가는 모든 국민이 생애 동안 삶의 질을 유지·증진할 수 있도록 평생사회안전망을 구축하여야 한다.
ㄹ. 국가와 지방자치단체는 공공부문과 민간부문의 소득보장제도가 효과적으로 연계되도록 하여야 한다.

① ㄱ, ㄴ, ㄷ ② ㄱ, ㄷ ③ ㄴ, ㄹ ④ ㄹ ⑤ ㄱ, ㄴ, ㄷ, ㄹ

52. 「국민기초생활 보장법」상 급여의 종류가 아닌 것은?

① 교육급여 ② 장해급여 ③ 해산급여 ④ 의료급여 ⑤ 생계급여

53. 「고용보험법」의 내용으로 옳지 않은 것은?

① 실업급여를 받을 권리는 양도 또는 압류하거나 담보로 제공할 수 없다.
② 구직급여를 지급받으려는 사람은 이직 후 지체없이 직업안정기관에 출석하여 실업을 신고하여야 한다.
③ 자영업자인 피보험자의 경우 실업급여의 종류 중 연장급여와 조기재취업 수당은 제외한다.
④ 실업의 신고일부터 계산하기 시작하여 3일간은 대기기간으로 보아 구직급여를 지급하지 아니한다.
⑤ 고용보험기금의 관리·운용에 관한 세부 사항은 「국가재정법」의 규정에 따른다.

54. 「산업재해보상보험법」상 진폐에 따른 보험급여의 종류에 해당하는 것을 모두 고른 것은?

ㄱ. 요양급여
ㄴ. 간병급여
ㄷ. 장례비
ㄹ. 직업재활급여
ㅁ. 진폐보상연금 및 진폐유족연금

① ㄱ, ㄴ, ㄷ, ㄹ ② ㄱ, ㄷ, ㅁ ③ ㄴ, ㄹ ④ ㄹ, ㅁ ⑤ ㄱ, ㄴ, ㄷ, ㄹ, ㅁ

55. 우리나라의 법체계에 관한 설명으로 옳지 않은 것을 모두 고른 것은?

> ㄱ. 시행령은 업무를 소관하는 행정 각부의 장이 발하는 명령이다.
> ㄴ. 국무총리령에는 법규명령과 행정명령이 있다.
> ㄷ. 국회는 헌법 또는 법률에 특별한 규정이 없는 한 재적의원 과반수의 출석과 출석의원 과반수의 찬성으로 의결한다.
> ㄹ. 자치법규에는 명령과 규칙이 있다.

① ㄱ ② ㄴ, ㄷ ③ ㄷ, ㄹ ④ ㄱ, ㄴ, ㄹ ⑤ ㄱ, ㄴ, ㄷ, ㄹ

56. 다음 중 가장 최근에 제정된 법률은?

① 「자원봉사활동 기본법」
② 「사회보장급여 이용·제공 수급권자 발굴에 관한 법률」
③ 「노인장기요양보험법」
④ 「기초연금법」
⑤ 「국민건강보험법」

57. 「사회보장급여의 이용·제공 및 수급권자 발굴에 관한 법률」상 사회보장정보시스템을 통하여 처리할 수 있는 자료나 정보에 해당하는 것을 모두 고른 것은?

> ㄱ. 「초·중등교육법」에 따른 학교생활기록 정보 중 담당교원이 위기상황에 처하여 있다고 판단한 학생의 가구정보
> ㄴ. 「국민건강보험법」에 따른 보험료를 3개월 이상 체납한 사람의 가구정보
> ㄷ. 「공공주택 특별법」에 따른 공공주택사업자가 보유하고 있는 정보로서 같은 법에 따른 임대료를 3개월 이상 체납한 임차인의 가구정보
> ㄹ. 「국민연금법」에 따라 국민연금공단에서 실시하는 자금의 대여사업을 이용하는 자의 가구정보

① ㄱ, ㄴ, ㄷ ② ㄱ, ㄷ ③ ㄴ, ㄹ ④ ㄹ ⑤ ㄱ, ㄴ, ㄷ, ㄹ

58. 「국민연금법」상 국민연금심의위원회의 심의 내용으로 옳은 것을 모두 고른 것은?

> ㄱ. 국민연금제도 및 재정 계산에 관한 사항
> ㄴ. 급여에 관한 사항
> ㄷ. 연금보험료에 관한 사항
> ㄹ. 기금운용지침에 관한 사항

① ㄱ, ㄴ, ㄷ ② ㄱ, ㄷ ③ ㄴ, ㄹ ④ ㄹ ⑤ ㄱ, ㄴ, ㄷ, ㄹ

59. 「사회보장기본법」상 사회보장제도의 운영 원칙에 관한 설명으로 옳지 않은 것은?

① 국가와 지방자치단체가 사회보장제도를 운영할 때에는 이 제도를 필요로 하는 모든 국민에게 적용하여야 한다.

② 국가와 지방자치단체는 사회보장제도의 급여 수준과 비용 부담 등에서 형평성을 유지하여야 한다.

③ 국가와 지방자치단체는 사회보장제도의 정책 결정 및 시행 과정에 공익의 대표자 및 이해관계인 등을 참여시켜 이를 민주적으로 결정하고 시행하여야 한다.

④ 국가와 지방자치단체가 사회보장제도를 운영할 때에는 국민의 다양한 복지 욕구를 효율적으로 충족시키기 위하여 연계성과 전문성을 높여야 한다.

⑤ 사회보험, 공공부조와 사회서비스는 국가와 지방자치단체의 책임으로 시행하는 것을 원칙으로 한다. 다만, 국가와 지방자치단체의 재정 형편 등을 고려하여 이를 협의·조정할 수 있다.

60. 「사회복지사업법」상 용어의 정의 규정으로 옳은 것을 모두 고른 것은?

ㄱ. 보건의료서비스란 국민의 건강을 보호·증진하기 위하여 보건의료인이 하는 모든 활동을 말한다.
ㄴ. 지역사회복지란 주민의 복지증진과 삶의 질 향상을 위하여 지역사회 차원에서 전개하는 사회복지를 말한다.
ㄷ. 사회서비스란 국가·지방자치단체 및 민간부문의 도움을 필요로 하는 모든 국민에게 「사회보장기본법」에 따른 사회복지서비스 중 사회복지사업을 통한 서비스를 제공하여 삶의 질이 향상되도록 제도적으로 지원하는 것을 말한다.
ㄹ. 사회복지관이란 지역사회를 기반으로 일정한 시설과 전문인력을 갖추고 지역주민의 참여와 협력을 통하여 지역사회의 복지문제를 예방하고 해결하기 위하여 종합적인 복지서비스를 제공하는 시설을 말한다.

① ㄱ ② ㄴ, ㄷ ③ ㄷ, ㄹ ④ ㄱ, ㄴ, ㄹ ⑤ ㄱ, ㄴ, ㄷ, ㄹ

61. 「아동복지법」의 내용으로 옳지 않은 것은?

① 아동이란 18세 미만인 사람을 말한다.

② "지원대상아동"이란 보호자가 없거나 보호자로부터 이탈된 아동 또는 보호자가 아동을 학대하는 경우 등 그 보호자가 아동을 양육하기에 적당하지 아니하거나 양육할 능력이 없는 경우의 아동을 말한다.

③ 아동학대란 보호자를 포함한 성인이 아동의 건강 또는 복지를 해치거나 정상적 발달을 저해할 수 있는 신체적·정신적·성적 폭력이나 가혹행위를 하는 것과 아동의 보호자가 아동을 유기하거나 방임하는 것을 말한다.

④ 보건복지부장관은 아동정책의 효율적인 추진을 위하여 5년마다 아동정책기본계획을 수립하여야 한다.

⑤ 아동의 권리증진과 건강한 출생 및 성장을 위하여 종합적인 아동정책을 수립하고 관계 부처의 의견을 조정하며 그 정책의 이행을 감독하고 평가하기 위하여 국무총리 소속으로 아동정책조정위원회를 둔다.

62. 「사회보장급여의 이용·제공 및 수급권자 발굴에 관한 법률」상 기본원칙의 내용으로 옳지 않은 것은?

① 사회보장급여가 필요한 사람은 누구든지 자신의 의사에 따라 사회보장급여를 신청할 수 있으며, 보장기관은 이에 필요한 안내와 상담 등의 지원을 충분히 제공하여야 한다.

② 보장기관은 지원이 필요한 국민이 급여대상에서 누락되지 아니하도록 지원대상자를 적극 발굴하여 이들이 필요로 하는 사회보장급여를 적절하게 제공받을 수 있도록 노력하여야 한다.

③ 국가와 지방자치단체는 사회복지서비스의 품질향상과 원활한 제공을 위하여 필요한 시책을 마련하여야 한다.

④ 보장기관은 국민이 사회보장급여를 편리하게 이용할 수 있도록 사회보장 정책 및 관련 제도를 수립·시행하기 위하여 노력하여야 한다.

⑤ 보장기관은 지역의 사회보장 수준이 균등하게 실현될 수 있도록 노력하여야 한다.

63. 「기초연금법」의 내용이다. (　　)에 들어갈 숫자는?

> 본인과 그 배우자가 모두 기초연금 수급권자인 경우에는 각각의 기초연금액에서 기초연금액의 100분의 (　　)에 해당하는 금액을 감액한다.

① 10　　② 20　　③ 30　　④ 40　　⑤ 50

64. 「긴급복지지원법」의 내용으로 옳지 않은 것은?

① 이 법에 따른 지원은 위기상황에 처한 사람에게 일시적으로 신속하게 지원하는 것을 기본원칙으로 한다.
② 국내에 체류하고 있는 외국인도 긴급지원대상자가 될 수 있다.
③ 국가 및 지방자치단체는 위기상황에 처한 사람에 대한 발굴조사를 분기별로 실시하여야 한다.
④ 긴급지원대상자와 친족, 그 밖의 관계인은 구술 또는 서면 등으로 관할 시장·군수·구청장에게 이 법에 따른 지원을 요청할 수 있다.
⑤ 이 법에 따라 긴급지원대상자에게 지급되는 금전 또는 현물은 압류할 수 없다.

65. 「국민건강보험법」상 요양급여에 해당하는 것을 모두 고른 것은?

> ㄱ. 진찰·검사
> ㄴ. 약제(藥劑)·치료재료의 지급
> ㄷ. 예방·재활
> ㄹ. 이송(移送)

① ㄱ, ㄴ, ㄷ　　② ㄱ, ㄷ　　③ ㄴ, ㄹ　　④ ㄹ　　⑤ ㄱ, ㄴ, ㄷ, ㄹ

66. 「노인장기요양보험법」의 내용으로 옳은 것은?

① 보건복지부장관은 노인등에 대한 장기요양급여를 원활하게 제공하기 위하여 3년 단위로 다음 각 호의 사항이 포함된 장기요양기본계획을 수립·시행하여야 한다.
② 장기요양보험의 가입자는 「국민건강보험법」에 따른 가입자로 한다.
③ 보건복지부장관은 장기요양사업의 실태를 파악하기 위하여 5년마다 조사를 정기적으로 실시하고 그 결과를 공표하여야 한다.
④ 장기요양보험사업의 보험자는 보건복지부장관으로 한다.
⑤ 국민건강보험공단은 통합 징수한 장기요양보험료와 건강보험료를 통합회계로 관리하여야 한다.

67. 「국민기초생활 보장법」의 내용으로 옳지 않은 것은?

① 보건복지부장관은 수급권자, 수급자 및 차상위계층 등의 규모·생활실태 파악, 최저생계비 계측 등을 위하여 3년마다 실태조사를 실시·공표하여야 한다.

② 시장·군수·구청장은 차상위계층에 대한 조사를 하려는 경우 조사대상자의 동의를 받아야 한다. 이 경우 조사대상자의 동의는 다음 연도의 급여신청으로 본다.

③ 보장기관은 수급자의 소득·재산·근로능력 등이 변동된 경우에는 직권으로 또는 수급자나 그 친족, 그 밖의 관계인의 신청에 의하여 그에 대한 급여의 종류·방법 등을 변경할 수 있다.

④ 수급자에 대한 급여는 정당한 사유 없이 수급자에게 불리하게 변경할 수 없다.

⑤ 소관 중앙행정기관의 장은 수급자의 최저생활을 보장하기 위하여 5년마다 소관별로 기초생활보장 기본계획을 수립하여 보건복지부장관에게 제출하여야 한다.

68. 헌법 규정 중 (　　)에 들어갈 내용이 순서대로 옳은 것은?

ㄱ. 국가는 근로의 의무의 내용과 조건을 (　　)원칙에 따라 법률로 정한다.
ㄴ. 신체장애자 및 질병·노령 기타의 사유로 생활능력이 없는 국민은 (　　)이 정하는 바에 의하여 국가의 보호를 받는다.

	ㄱ	ㄴ
①	민주주의	법률
②	상호주의	법령
③	호혜주의	법률
④	보편주의	법령
⑤	국가주의	법령

69. 「사회보장기본법」의 내용으로 옳지 않은 것은?

① 중앙행정기관의 장과 지방자치단체의 장은 사회보장제도를 신설하거나 변경할 경우 대통령령으로 정하는 바에 따라 국무총리와 협의하여야 한다.

② 보건복지부장관은 사회보장급여 관련 업무에 공통적으로 적용되는 기준을 마련할 수 있다.

③ 국가와 지방자치단체는 사회보장에 대한 민간부문의 참여를 유도할 수 있도록 정책을 개발·시행하고 그 여건을 조성하여야 한다.

④ 사회보장 비용의 부담은 각각의 사회보장제도의 목적에 따라 국가, 지방자치단체 및 민간부문 간에 합리적으로 조정되어야 한다.

⑤ 공공부조 및 관계 법령에서 정하는 일정 소득 수준 이하의 국민에 대한 사회서비스에 드는 비용의 전부 또는 일부는 국가와 지방자치단체가 부담한다.

70. 「사회복지사업법」의 내용으로 옳지 않은 것은?

① 이 법에 따라 복지업무에 종사하는 사람은 그 업무를 수행할 때에 사회복지를 필요로 하는 사람을 위하여 인권을 존중하고 차별 없이 최대로 봉사하여야 한다.

② 시장·군수·구청장은 정당한 이유 없이 사회복지시설의 설치를 지연시키거나 제한하는 조치를 하여서는 아니 된다.

③ 보호대상자에 대한 사회복지서비스 제공은 현금으로 제공하는 것을 원칙으로 한다.

④ 보건복지부장관은 사회복지법인 및 사회복지시설의 종사자, 거주자 및 이용자에 관한 자료 등 운영에 필요한 정보의 효율적 처리와 기록·관리 업무의 전자화를 위하여 정보시스템을 구축·운영할 수 있다.

⑤ 보건복지부장관은 이 법이나 그 밖의 사회복지 관련 법률의 시행에 관한 사무에 종사하는 공무원과 사회복지사업에 종사하는 사람의 자질 향상을 위하여 인권교육 등 필요한 지도와 훈련을 할 수 있다.

71. 「사회복지사업법」에 따른 사회복지법인의 정관에 포함되어야 할 내용을 모두 고른 것은?

ㄱ. 자산 및 회계에 관한 사항

ㄴ. 임원의 임면(任免) 등에 관한 사항

ㄷ. 수익(收益)을 목적으로 하는 사업이 있는 경우 그에 관한 사항

ㄹ. 존립시기와 해산 사유를 정한 경우에는 그 시기와 사유 및 남은 재산의 처리방법

① ㄱ, ㄴ, ㄷ ② ㄱ, ㄷ ③ ㄴ, ㄹ ④ ㄹ ⑤ ㄱ, ㄴ, ㄷ, ㄹ

72. 「한부모가족지원법」상 한부모가족복지시설에 관한 내용으로 옳은 것을 모두 고른 것은?

ㄱ. 출산지원시설: 혼인 관계에 있지 아니한 자로서 출산 전 임신부로 임신·출산 및 그 출산 아동(3세 미만에 한정한다)의 양육을 위하여 주거 등을 지원하는 시설

ㄴ. 생활지원시설: 12세 미만(취학 중인 경우에는 18세 미만을 말하되, 「병역법」에 따른 병역의무를 이행하고 취학 중인 경우에는 병역의무를 이행한 기간을 가산한 연령 미만을 말한다) 자녀를 동반한 한부모가족에게 자립을 준비할 수 있도록 주거 등을 지원하는 시설

ㄷ. 양육지원시설: 6세 미만 자녀를 동반한 한부모가족에게 자녀를 양육할 수 있도록 주거 등을 지원하는 시설

ㄹ. 일시지원시설: 배우자(사실혼 관계에 있는 사람은 제외한다)가 있으나 배우자의 물리적·정신적 학대로 아동의 건전한 양육이나 모 또는 부의 건강에 지장을 초래할 우려가 있을 경우 일시적 또는 일정 기간 동안 모와 아동, 부와 아동, 모 또는 부에게 주거 등을 지원하는 시설

① ㄱ, ㄴ, ㄷ ② ㄱ, ㄷ ③ ㄴ, ㄹ ④ ㄹ ⑤ ㄱ, ㄴ, ㄷ, ㄹ

73. 「정신건강증진 및 정신질환자 복지서비스 지원에 관한 법률」상 입원의 종류가 아닌 것은?

① 자의입원

② 정신건강전문요원에 의한 입원

③ 동의입원

④ 보호의무자에 의한 입원

⑤ 특별자치시장·특별자치도지사·시장·군수·구청장에 의한 입원

74. 「성매매방지 및 피해자보호 등에 관한 법률」의 내용으로 옳지 않은 것은?

① 여성가족부장관은 3년마다 국내외 성매매 실태조사를 실시하여 성매매 실태에 관한 종합보고서를 발간하고, 이를 성매매의 예방을 위한 정책수립에 기초자료로 활용하여야 한다.

② 국가 또는 지방자치단체는 일반·청소년·외국인 지원시설에 입소한 성매매피해자등의 보호를 위하여 필요한 경우 생계비, 아동교육지원비, 아동양육비 등의 보호비용을 해당 지원시설의 장 또는 지원시설에 입소한 성매매피해자등에게 지원할 수 있다.

③ 국가 또는 지방자치단체는 성매매피해자등의 회복과 자립에 필요한 지원을 제공하기 위하여 자활지원센터를 설치·운영할 수 있다.

④ 청소년 지원시설은 18세 미만의 성매매피해자등을 대상으로 18세가 될 때까지 숙식을 제공하고, 취학·교육 등을 통하여 자립을 지원하는 시설이다.

⑤ 국가 또는 지방자치단체 외의 자가 상담소를 설치·운영하려면 특별자치시장·특별자치도지사, 시장·군수·구청장에게 신고하여야 한다.

75. 장애인복지법령상 장애인복지시설에 관한 내용으로 옳은 것을 모두 고른 것은?

ㄱ. 장애인 거주시설: 거주공간을 활용하여 일반가정에서 생활하기 어려운 장애인에게 일정 기간 동안 거주·요양·지원 등의 서비스를 제공하는 동시에 지역사회생활을 지원하는 시설
ㄴ. 장애인 지역사회재활시설: 장애인을 전문적으로 상담·치료·훈련하거나 장애인의 일상생활, 여가활동 및 사회참여활동 등을 지원하는 시설
ㄷ. 장애인 의료재활시설: 장애인을 입원 또는 통원하게 하여 상담, 진단·판정, 치료 등 의료재활서비스를 제공하는 시설
ㄹ. 장애인 자립생활지원시설: 일반 작업환경에서는 일하기 어려운 장애인이 특별히 준비된 작업환경에서 직업훈련을 받거나 직업 생활을 할 수 있도록 하는 시설(직업훈련 및 직업 생활을 위하여 필요한 제조·가공 시설, 공장 및 영업장 등 부속용도의 시설로서 보건복지부령으로 정하는 시설을 포함한다)

① ㄱ, ㄴ, ㄷ ② ㄱ, ㄷ ③ ㄴ, ㄹ ④ ㄹ ⑤ ㄱ, ㄴ, ㄷ, ㄹ

✂ 자르는 선

제4회 FINAL 모의고사 답안카드

자동채점 + 합격예측 서비스

◀ QR 코드를 스캔하시면, 더욱 상세한 성적 분석 서비스 이용이 가능합니다.

성 명

교시 기재란			
( )교시	①	②	③
형별 기재란	A형		
	●		
선 택 과 목 1			
선 택 과 목 2			

수 험 번 호							
⓪	⓪	⓪	⓪	⓪	⓪	⓪	⓪
①	①	①	①	①	①	①	①
②	②	②	②	②	②	②	②
③	③	③	③	③	③	③	③
④	④	④	④	④	④	④	④
⑤	⑤	⑤	⑤	⑤	⑤	⑤	⑤
⑥	⑥	⑥	⑥	⑥	⑥	⑥	⑥
⑦	⑦	⑦	⑦	⑦	⑦	⑦	⑦
⑧	⑧	⑧	⑧	⑧	⑧	⑧	⑧
⑨	⑨	⑨	⑨	⑨	⑨	⑨	⑨

감독위원 확인
(인)

1	① ② ③ ④ ⑤	21	① ② ③ ④ ⑤	41	① ② ③ ④ ⑤	61	① ② ③ ④ ⑤	81	① ② ③ ④ ⑤	101	① ② ③ ④ ⑤	121	① ② ③ ④ ⑤
2	① ② ③ ④ ⑤	22	① ② ③ ④ ⑤	42	① ② ③ ④ ⑤	62	① ② ③ ④ ⑤	82	① ② ③ ④ ⑤	102	① ② ③ ④ ⑤	122	① ② ③ ④ ⑤
3	① ② ③ ④ ⑤	23	① ② ③ ④ ⑤	43	① ② ③ ④ ⑤	63	① ② ③ ④ ⑤	83	① ② ③ ④ ⑤	103	① ② ③ ④ ⑤	123	① ② ③ ④ ⑤
4	① ② ③ ④ ⑤	24	① ② ③ ④ ⑤	44	① ② ③ ④ ⑤	64	① ② ③ ④ ⑤	84	① ② ③ ④ ⑤	104	① ② ③ ④ ⑤	124	① ② ③ ④ ⑤
5	① ② ③ ④ ⑤	25	① ② ③ ④ ⑤	45	① ② ③ ④ ⑤	65	① ② ③ ④ ⑤	85	① ② ③ ④ ⑤	105	① ② ③ ④ ⑤	125	① ② ③ ④ ⑤
6	① ② ③ ④ ⑤	26	① ② ③ ④ ⑤	46	① ② ③ ④ ⑤	66	① ② ③ ④ ⑤	86	① ② ③ ④ ⑤	106	① ② ③ ④ ⑤		
7	① ② ③ ④ ⑤	27	① ② ③ ④ ⑤	47	① ② ③ ④ ⑤	67	① ② ③ ④ ⑤	87	① ② ③ ④ ⑤	107	① ② ③ ④ ⑤		
8	① ② ③ ④ ⑤	28	① ② ③ ④ ⑤	48	① ② ③ ④ ⑤	68	① ② ③ ④ ⑤	88	① ② ③ ④ ⑤	108	① ② ③ ④ ⑤		
9	① ② ③ ④ ⑤	29	① ② ③ ④ ⑤	49	① ② ③ ④ ⑤	69	① ② ③ ④ ⑤	89	① ② ③ ④ ⑤	109	① ② ③ ④ ⑤		
10	① ② ③ ④ ⑤	30	① ② ③ ④ ⑤	50	① ② ③ ④ ⑤	70	① ② ③ ④ ⑤	90	① ② ③ ④ ⑤	110	① ② ③ ④ ⑤		
11	① ② ③ ④ ⑤	31	① ② ③ ④ ⑤	51	① ② ③ ④ ⑤	71	① ② ③ ④ ⑤	91	① ② ③ ④ ⑤	111	① ② ③ ④ ⑤		
12	① ② ③ ④ ⑤	32	① ② ③ ④ ⑤	52	① ② ③ ④ ⑤	72	① ② ③ ④ ⑤	92	① ② ③ ④ ⑤	112	① ② ③ ④ ⑤		
13	① ② ③ ④ ⑤	33	① ② ③ ④ ⑤	53	① ② ③ ④ ⑤	73	① ② ③ ④ ⑤	93	① ② ③ ④ ⑤	113	① ② ③ ④ ⑤		
14	① ② ③ ④ ⑤	34	① ② ③ ④ ⑤	54	① ② ③ ④ ⑤	74	① ② ③ ④ ⑤	94	① ② ③ ④ ⑤	114	① ② ③ ④ ⑤		
15	① ② ③ ④ ⑤	35	① ② ③ ④ ⑤	55	① ② ③ ④ ⑤	75	① ② ③ ④ ⑤	95	① ② ③ ④ ⑤	115	① ② ③ ④ ⑤		
16	① ② ③ ④ ⑤	36	① ② ③ ④ ⑤	56	① ② ③ ④ ⑤	76	① ② ③ ④ ⑤	96	① ② ③ ④ ⑤	116	① ② ③ ④ ⑤		
17	① ② ③ ④ ⑤	37	① ② ③ ④ ⑤	57	① ② ③ ④ ⑤	77	① ② ③ ④ ⑤	97	① ② ③ ④ ⑤	117	① ② ③ ④ ⑤		
18	① ② ③ ④ ⑤	38	① ② ③ ④ ⑤	58	① ② ③ ④ ⑤	78	① ② ③ ④ ⑤	98	① ② ③ ④ ⑤	118	① ② ③ ④ ⑤		
19	① ② ③ ④ ⑤	39	① ② ③ ④ ⑤	59	① ② ③ ④ ⑤	79	① ② ③ ④ ⑤	99	① ② ③ ④ ⑤	119	① ② ③ ④ ⑤		
20	① ② ③ ④ ⑤	40	① ② ③ ④ ⑤	60	① ② ③ ④ ⑤	80	① ② ③ ④ ⑤	100	① ② ③ ④ ⑤	120	① ② ③ ④ ⑤		

✂ 자르는 선

제4회 FINAL 모의고사 답안카드

자동채점 + 합격예측 서비스

◀ QR 코드를 스캔하시면, 더욱 상세한 성적 분석 서비스 이용이 가능합니다.

성 명

교시 기재란			
( )교시	①	②	③
형별 기재란	A형		
	●		
선 택 과 목 1			
선 택 과 목 2			

수 험 번 호							
⓪	⓪	⓪	⓪	⓪	⓪	⓪	⓪
①	①	①	①	①	①	①	①
②	②	②	②	②	②	②	②
③	③	③	③	③	③	③	③
④	④	④	④	④	④	④	④
⑤	⑤	⑤	⑤	⑤	⑤	⑤	⑤
⑥	⑥	⑥	⑥	⑥	⑥	⑥	⑥
⑦	⑦	⑦	⑦	⑦	⑦	⑦	⑦
⑧	⑧	⑧	⑧	⑧	⑧	⑧	⑧
⑨	⑨	⑨	⑨	⑨	⑨	⑨	⑨

감독위원 확인
(인)

1	① ② ③ ④ ⑤	21	① ② ③ ④ ⑤	41	① ② ③ ④ ⑤	61	① ② ③ ④ ⑤	81	① ② ③ ④ ⑤	101	① ② ③ ④ ⑤	121	① ② ③ ④ ⑤
2	① ② ③ ④ ⑤	22	① ② ③ ④ ⑤	42	① ② ③ ④ ⑤	62	① ② ③ ④ ⑤	82	① ② ③ ④ ⑤	102	① ② ③ ④ ⑤	122	① ② ③ ④ ⑤
3	① ② ③ ④ ⑤	23	① ② ③ ④ ⑤	43	① ② ③ ④ ⑤	63	① ② ③ ④ ⑤	83	① ② ③ ④ ⑤	103	① ② ③ ④ ⑤	123	① ② ③ ④ ⑤
4	① ② ③ ④ ⑤	24	① ② ③ ④ ⑤	44	① ② ③ ④ ⑤	64	① ② ③ ④ ⑤	84	① ② ③ ④ ⑤	104	① ② ③ ④ ⑤	124	① ② ③ ④ ⑤
5	① ② ③ ④ ⑤	25	① ② ③ ④ ⑤	45	① ② ③ ④ ⑤	65	① ② ③ ④ ⑤	85	① ② ③ ④ ⑤	105	① ② ③ ④ ⑤	125	① ② ③ ④ ⑤
6	① ② ③ ④ ⑤	26	① ② ③ ④ ⑤	46	① ② ③ ④ ⑤	66	① ② ③ ④ ⑤	86	① ② ③ ④ ⑤	106	① ② ③ ④ ⑤		
7	① ② ③ ④ ⑤	27	① ② ③ ④ ⑤	47	① ② ③ ④ ⑤	67	① ② ③ ④ ⑤	87	① ② ③ ④ ⑤	107	① ② ③ ④ ⑤		
8	① ② ③ ④ ⑤	28	① ② ③ ④ ⑤	48	① ② ③ ④ ⑤	68	① ② ③ ④ ⑤	88	① ② ③ ④ ⑤	108	① ② ③ ④ ⑤		
9	① ② ③ ④ ⑤	29	① ② ③ ④ ⑤	49	① ② ③ ④ ⑤	69	① ② ③ ④ ⑤	89	① ② ③ ④ ⑤	109	① ② ③ ④ ⑤		
10	① ② ③ ④ ⑤	30	① ② ③ ④ ⑤	50	① ② ③ ④ ⑤	70	① ② ③ ④ ⑤	90	① ② ③ ④ ⑤	110	① ② ③ ④ ⑤		
11	① ② ③ ④ ⑤	31	① ② ③ ④ ⑤	51	① ② ③ ④ ⑤	71	① ② ③ ④ ⑤	91	① ② ③ ④ ⑤	111	① ② ③ ④ ⑤		
12	① ② ③ ④ ⑤	32	① ② ③ ④ ⑤	52	① ② ③ ④ ⑤	72	① ② ③ ④ ⑤	92	① ② ③ ④ ⑤	112	① ② ③ ④ ⑤		
13	① ② ③ ④ ⑤	33	① ② ③ ④ ⑤	53	① ② ③ ④ ⑤	73	① ② ③ ④ ⑤	93	① ② ③ ④ ⑤	113	① ② ③ ④ ⑤		
14	① ② ③ ④ ⑤	34	① ② ③ ④ ⑤	54	① ② ③ ④ ⑤	74	① ② ③ ④ ⑤	94	① ② ③ ④ ⑤	114	① ② ③ ④ ⑤		
15	① ② ③ ④ ⑤	35	① ② ③ ④ ⑤	55	① ② ③ ④ ⑤	75	① ② ③ ④ ⑤	95	① ② ③ ④ ⑤	115	① ② ③ ④ ⑤		
16	① ② ③ ④ ⑤	36	① ② ③ ④ ⑤	56	① ② ③ ④ ⑤	76	① ② ③ ④ ⑤	96	① ② ③ ④ ⑤	116	① ② ③ ④ ⑤		
17	① ② ③ ④ ⑤	37	① ② ③ ④ ⑤	57	① ② ③ ④ ⑤	77	① ② ③ ④ ⑤	97	① ② ③ ④ ⑤	117	① ② ③ ④ ⑤		
18	① ② ③ ④ ⑤	38	① ② ③ ④ ⑤	58	① ② ③ ④ ⑤	78	① ② ③ ④ ⑤	98	① ② ③ ④ ⑤	118	① ② ③ ④ ⑤		
19	① ② ③ ④ ⑤	39	① ② ③ ④ ⑤	59	① ② ③ ④ ⑤	79	① ② ③ ④ ⑤	99	① ② ③ ④ ⑤	119	① ② ③ ④ ⑤		
20	① ② ③ ④ ⑤	40	① ② ③ ④ ⑤	60	① ② ③ ④ ⑤	80	① ② ③ ④ ⑤	100	① ② ③ ④ ⑤	120	① ② ③ ④ ⑤		

✂ 자르는 선

제4회 FINAL 모의고사 답안카드

자동채점 + 합격예측 서비스

◀ QR 코드를 스캔하시면, 더욱 상세한 성적 분석 서비스 이용이 가능합니다.

성 명

교시 기재란			
( )교시	①	②	③
형별 기재란	A형		
	●		
선 택 과 목 1			
선 택 과 목 2			

수 험 번 호							
⓪	⓪	⓪	⓪	⓪	⓪	⓪	⓪
①	①	①	①	①	①	①	①
②	②	②	②	②	②	②	②
③	③	③	③	③	③	③	③
④	④	④	④	④	④	④	④
⑤	⑤	⑤	⑤	⑤	⑤	⑤	⑤
⑥	⑥	⑥	⑥	⑥	⑥	⑥	⑥
⑦	⑦	⑦	⑦	⑦	⑦	⑦	⑦
⑧	⑧	⑧	⑧	⑧	⑧	⑧	⑧
⑨	⑨	⑨	⑨	⑨	⑨	⑨	⑨

감독위원 확인
(인)

1	① ② ③ ④ ⑤	21	① ② ③ ④ ⑤	41	① ② ③ ④ ⑤	61	① ② ③ ④ ⑤	81	① ② ③ ④ ⑤	101	① ② ③ ④ ⑤	121	① ② ③ ④ ⑤
2	① ② ③ ④ ⑤	22	① ② ③ ④ ⑤	42	① ② ③ ④ ⑤	62	① ② ③ ④ ⑤	82	① ② ③ ④ ⑤	102	① ② ③ ④ ⑤	122	① ② ③ ④ ⑤
3	① ② ③ ④ ⑤	23	① ② ③ ④ ⑤	43	① ② ③ ④ ⑤	63	① ② ③ ④ ⑤	83	① ② ③ ④ ⑤	103	① ② ③ ④ ⑤	123	① ② ③ ④ ⑤
4	① ② ③ ④ ⑤	24	① ② ③ ④ ⑤	44	① ② ③ ④ ⑤	64	① ② ③ ④ ⑤	84	① ② ③ ④ ⑤	104	① ② ③ ④ ⑤	124	① ② ③ ④ ⑤
5	① ② ③ ④ ⑤	25	① ② ③ ④ ⑤	45	① ② ③ ④ ⑤	65	① ② ③ ④ ⑤	85	① ② ③ ④ ⑤	105	① ② ③ ④ ⑤	125	① ② ③ ④ ⑤
6	① ② ③ ④ ⑤	26	① ② ③ ④ ⑤	46	① ② ③ ④ ⑤	66	① ② ③ ④ ⑤	86	① ② ③ ④ ⑤	106	① ② ③ ④ ⑤		
7	① ② ③ ④ ⑤	27	① ② ③ ④ ⑤	47	① ② ③ ④ ⑤	67	① ② ③ ④ ⑤	87	① ② ③ ④ ⑤	107	① ② ③ ④ ⑤		
8	① ② ③ ④ ⑤	28	① ② ③ ④ ⑤	48	① ② ③ ④ ⑤	68	① ② ③ ④ ⑤	88	① ② ③ ④ ⑤	108	① ② ③ ④ ⑤		
9	① ② ③ ④ ⑤	29	① ② ③ ④ ⑤	49	① ② ③ ④ ⑤	69	① ② ③ ④ ⑤	89	① ② ③ ④ ⑤	109	① ② ③ ④ ⑤		
10	① ② ③ ④ ⑤	30	① ② ③ ④ ⑤	50	① ② ③ ④ ⑤	70	① ② ③ ④ ⑤	90	① ② ③ ④ ⑤	110	① ② ③ ④ ⑤		
11	① ② ③ ④ ⑤	31	① ② ③ ④ ⑤	51	① ② ③ ④ ⑤	71	① ② ③ ④ ⑤	91	① ② ③ ④ ⑤	111	① ② ③ ④ ⑤		
12	① ② ③ ④ ⑤	32	① ② ③ ④ ⑤	52	① ② ③ ④ ⑤	72	① ② ③ ④ ⑤	92	① ② ③ ④ ⑤	112	① ② ③ ④ ⑤		
13	① ② ③ ④ ⑤	33	① ② ③ ④ ⑤	53	① ② ③ ④ ⑤	73	① ② ③ ④ ⑤	93	① ② ③ ④ ⑤	113	① ② ③ ④ ⑤		
14	① ② ③ ④ ⑤	34	① ② ③ ④ ⑤	54	① ② ③ ④ ⑤	74	① ② ③ ④ ⑤	94	① ② ③ ④ ⑤	114	① ② ③ ④ ⑤		
15	① ② ③ ④ ⑤	35	① ② ③ ④ ⑤	55	① ② ③ ④ ⑤	75	① ② ③ ④ ⑤	95	① ② ③ ④ ⑤	115	① ② ③ ④ ⑤		
16	① ② ③ ④ ⑤	36	① ② ③ ④ ⑤	56	① ② ③ ④ ⑤	76	① ② ③ ④ ⑤	96	① ② ③ ④ ⑤	116	① ② ③ ④ ⑤		
17	① ② ③ ④ ⑤	37	① ② ③ ④ ⑤	57	① ② ③ ④ ⑤	77	① ② ③ ④ ⑤	97	① ② ③ ④ ⑤	117	① ② ③ ④ ⑤		
18	① ② ③ ④ ⑤	38	① ② ③ ④ ⑤	58	① ② ③ ④ ⑤	78	① ② ③ ④ ⑤	98	① ② ③ ④ ⑤	118	① ② ③ ④ ⑤		
19	① ② ③ ④ ⑤	39	① ② ③ ④ ⑤	59	① ② ③ ④ ⑤	79	① ② ③ ④ ⑤	99	① ② ③ ④ ⑤	119	① ② ③ ④ ⑤		
20	① ② ③ ④ ⑤	40	① ② ③ ④ ⑤	60	① ② ③ ④ ⑤	80	① ② ③ ④ ⑤	100	① ② ③ ④ ⑤	120	① ② ③ ④ ⑤		

해커스

사회복지사 1급 FINAL 봉투모의고사

약점 보완 해설집

해커스

본 교재 인강·기출해설 무료 동영상강의

sabok.edu2080.co.kr

제1회 FINAL 모의고사

: 정답 및 해설

1교시 | 사회복지기초
2교시 | 사회복지실천
3교시 | 사회복지정책과 제도

자동채점 + 합격예측 서비스
◀ QR 코드를 스캔하시면, 더욱 상세한 성적 분석 서비스 이용이 가능합니다.

1교시 사회복지기초

1영역 | 인간행동과 사회환경

01	④	02	②	03	②	04	⑤	05	②
06	①	07	④	08	②	09	④	10	④
11	⑤	12	④	13	④	14	①	15	②
16	③	17	④	18	③	19	④	20	③
21	⑤	22	①	23	③	24	②	25	③

2영역 | 사회복지조사론

26	④	27	③	28	③	29	②	30	①
31	①	32	③	33	③	34	⑤	35	①
36	②	37	③	38	⑤	39	③	40	②
41	⑤	42	①	43	②	44	③	45	②
46	③	47	⑤	48	⑤	49	①	50	④

나의 점수 분석표

영역명	맞힌 개수 / 문제 수
인간행동과 사회환경	/ 25
사회복지조사론	/ 25
합계	/ 50

* 과락 기준: 50문제 중 맞힌 문제 수가 20개 미만

취약점 키워드 box

* 틀린 문제 중, 본인이 부족했던 개념 또는 키워드를 정리해 보세요!

1영역 인간행동과 사회환경

01 전 생애발달의 통합적 이해 정답 ④

④ '성취와 무관하다.'가 아니라 '성취에 기초한다.'가 맞다. **특정단계의 발달은 이전 단계에서 성취한 발달과업에 영향을 받게 된다**. 즉 모든 인간 발달은 유전적인 기초안을 가지고 있고, 이러한 기초안을 바탕으로 각 영역이 발달하며, 발달한 각 영역은 서로 결합하여 새로운 형태의 구조를 만들게 된다. 에릭슨(E. Erickson)은 자신의 심리사회이론에서 이를 **점성원칙(epigenetic principle)**이라고 하였다.

오답 분석

①, ③ **인간발달**이란 **인간의 전 생애 기간 동안[또는 출생(또는 태아기)에서부터 사망(또는 노년기)에 이르기까지]** 인간의 전인적인 측면(또는 신체적·심리적·사회적 측면 등)에, **상승적, 하강적(또는 퇴행적) 상태를 포함하는 양적·질적, 연속적·점진적·체계적인** 일련의 **종단적 변화 과정**이다.

02 인간행동에 관한 주요 이론 정답 ②

② '프로이트의 정신분석이론'이 아니라 '융의 분석심리이론'에 관한 설명이다. **프로이트는 인간 성격이 과거사건에 의해 형성된다는 '정신결정론'을 제시**하였다. 반면 **융은 인간의 행동**은 과거, 즉 조상으로부터 물려받은 여러 소인의 영향도 받지만 미래의 목표와 가능성에 의해서도 결정된다고 주장하였다. 다시 말해 **인간은 역사적이면서 동시에 미래지향적인 존재**이므로 **인간 성격은 과거사건 및 미래에 대한 열망에 의해 형성**된다고 보았다.

03 인간행동에 관한 주요 이론 정답 ②

ㄴ. '가변간격계획'이 아니라 '가변비율계획'이 맞다. 행동의 반응비율이 가장 높게 나타나는 것부터 순서대로 나열하면 **가변비율계획 > 고정비율계획 > 가변간격계획 > 고정간격계획** 순이다.

ㄹ. '부적강화'가 아니라 '정적처벌'이 맞다. 정적처벌은 제3자가 유기체에게 **불쾌한 자극**을 주어 유기체의 **바람직하지 못한 행동의 빈도수를 줄이는 것**을 말하며, 따라서 **체벌은 대표적인 정적처벌의 예**가 될 수 있다.

오답 분석

ㄷ. 부적처벌이란 제3자가 유기체에게 **정적강화물을 철회하여(또는 빼앗아서)** 유기체의 **바람직하지 못한 행동의 빈도수를 줄이는 것**을 말한다.

04 전 생애발달의 통합적 이해 정답 ⑤

⑤ **융모막 검사(또는 융모생체표본검사)**는 **임신 9~11주 사이에** 관을 임산부의 질에 삽입하거나 복강을 통해 바늘을 자궁에 삽입하여 융모생채표본을 채취하여 검사하는 방법으로, 정확도가 양수검사에 비해 떨어지고, 유산의 위험성이나 사지 기형의 가능성이 있어 **염색체 이상 의심이나 35세 이상 임산부에게만 제한적으로 시행**한다.

오답 분석

① '헌팅톤병'이 아니라 '페닐케톤뇨증'에 더 가까운 설명이다. **헌팅톤병(Huntington disease)**은 **4번 상염색체 우성으로 유전되는 뇌질환**이다. 주로 30~45세 사이에 증상이 나타나기 시작하는데, 그 증상으로는 불안, 사지경련, 무도증(chorea), 연하장애, 인지장애, 성격장애 등이 있다.

② '45개'가 아니라 '47개'가 맞다. 다운증후군은 **21번째 상염색체가 1개 더 있어서, 총 염색체 수가 47개**이다.

③ 태내발달에 '학력과 교육수준'은 영향을 미치지 않는다. 태내발달에 영향을 주는 요인들로는 **임산부의 나이, 임산부의 영양상태와 영양섭취, 임산부의 약물복용, 임산부의 알코올 섭취나 흡연 행위와 같은 생활습관, 임산부의 질병, 임산부의 분만횟수, 임산부의 정서상태 등**이 있다.

④ **양수 검사**란 임산부의 복강을 통해 자궁에 바늘을 삽입하여 양수를 채취하여 검사하는 방법으로, **임신 초기에 시행할 경우 자연유산의 위험성이 있어 임신중기인 15~17주 사이에 실시**한다.

05 인간행동에 관한 주요 이론 정답 ②

② '배제하였다.'가 아니라 '인정하였다.'가 맞다. 에릭슨은 심리사회이론의 주요개념 중 **점성원칙(epigenetic principle)을 제시하였다.** 이는 성장하는 모든 것은 **유전적인 기초안**을 가지고 있으며, 이 **기초안으로부터 부분이 발생**하고 각 부분이 특별히 우세해지는 시기가 있으며, 이 모든 부분이 발생하여 기능하는 전체를 이루게 된다는 개념으로, 심리사회적 자아발달은 점성원칙에 의해 진행된다. 즉 에릭슨은 유전적·생물학적 요인을 인정하였다.

오답 분석

① 에릭슨은 영아기와 유아기 중심의 프로이트의 심리성적발달단계를 **자신의 심리사회적발달단계를 통해 청소년기, 성인초기, 성인기, 노년기까지 확장하여 성격이론가 중 처음으로 전 생애적 발달을 제시**하였다. 참고로 **성격의 전 생애적 발달을 제시한 이론으로는 에릭슨의 심리사회이론 이외에 '융의 분석심리이론'이 있다.**

④ 에릭슨에게 있어서 **자아(ego)는 자율적이며 창조적**이다. 이는 또한 인간 성격의 핵심이며 행동의 기초로, 일생 동안의 심리사회적 발달과정에서 **외부환경에 대처하고 적응하면서 형성되는 역동적인 힘**을 말한다.

06 인간행동에 관한 주요 이론 정답 ①

ㄱ. '남성의 여성적인 면은 아니마(anima), 여성의 남성적인 면은 아니무스(animus)이다.'가 맞다. 융은 유전적인 성차와 사회화로 인해 남성에게선 여성적 측면이, 여성에게선 남성적 측면이 억압되고 약화된다고 보았다. 이때 무의식 속에 존재하는 **남성의 여성적인 면은 아니마**이며, 반면 무의식 속에 존재하는 **여성의 남성적인 면은 아니무스**이다.

오답 분석

ㄹ. **자기(self)**는 **중년기 이후**에 드러나는 **집단무의식 내에 존재하는 타고난 핵심 원형**으로, **성격 전체의 일관성·통일성·전체성·조화성을 무의식적으로 추구**한다.

07 전 생애발달의 통합적 이해 정답 ④

④ **'바빈스키반사와 모로반사'는 생존반사가 아니라 원시반사에 해당**한다. **생존반사**란 **영아가 환경에 적응하고 생존하기 위한 반사**로 **빨기반사, 젖찾기반사, 연하반사** 등이 있다. 반면 **원시반사**란 **인간 진화의 증거로 보여지는 반사**로 **모로반사, 걷기반사, 바빈스키반사, 쥐기반사** 등이 있다.

오답 분석

① **상징적 표상**(symbolic representation)이란 **자신의 감각을 통해 내재화된 어떤 대상에 대한 자신만의 심상(image)**을 말한다. 상징적 표상은 피아제의 감각운동기의 6가지 하위 단계 중 마지막 단계인 **상징적(또는 정신적) 표상기[또는 통찰기(18~24개월)]에 시작**된다. 즉 **영아기에 상징적 표상이 시작**된다.

② 시각은 영아의 감각능력 중 **가장 늦게 발달**한다. 영아의 시각은 **전체보다는 부분을·정지된 물체보다는 움직이는 물체를·흑백보다는 컬러를·직선보다는 곡선을·단순한 모양보다는 복잡한 모양을·인간의 얼굴 중 눈을 가장 선호**한다.

08 인간행동에 관한 주요 이론 정답 ②

ㄴ. '무조건적 자극'이 아니라 '중성자극'이 맞다. **고전적 조건화이론**에서 '중성자극'이란 그 자체만으로는 어떤 반응도 이끌어 내지 못하는 자극으로, 이러한 **중성자극이 무조건적 자극(큰 소리)과 연합되면 조건자극**이 된다.

ㄹ. **'파블로프'가 아니라 '스키너의 조작적 행동'에 관한 설명**이다. **조작적 행동(operant behavior)이란 조작적 조건화를 통해 습득된 행동**으로, 어떤 자극에 의해 일어나는 것이 아니라 스스로 일어나는 행동, 혹은 어떤 자극이 있었다고 하더라도 그것이 무엇인지 알 수 없었던 경우의 행동을 말한다. 즉 어떤 **유기체가 능동적으로 환경에 작용**을 가하는 행동을 말한다.

09 인간행동에 관한 주요 이론 정답 ④

④ 스키너에게 있어서 인간은 **환경적(또는 외적) 자극을 통해 동기화**가 가능한 수동적 존재이다.

10 전 생애발달의 통합적 이해 정답 ④

ㄴ. '후인습적 도덕발달단계'가 아니라 '전인습적 도덕발달단계'가 맞다.

ㄷ. '동성부모'가 아니라 '이성부모'가 맞다. **유아기**는 **프로이트의 남근기**에 해당하며, 따라서 **오이디푸스·엘렉트라 콤플렉스**가 나타난다. 이로 인해 이성부모에게 관심을 갖는다.

ㄹ. '빨라지며'가 아니라 '완만해지며'가 맞다. **유아기에는 지속적으로 성장**하나, **영아기(0~2세)에 비해 성장 속도는 완만**해진다.

오답 분석

ㄱ. 유아기는 피아제의 전조작기에 해당하며, 이로 인해 상징적 사고를 하게 된다. 상징적 사고란 **영아기와 유아기의 가장 큰 인지적 차이점**으로, 유아가 실재하지만 당장 눈앞에 보이지 않는 대상을 여러 가지 **'상징적 표상'으로 대치하여 표현하는 사고**를 말한다. 유아는 **상징놀이(또는 가장놀이), 언어, 그림 등으로 자신의 상징적 사고를 표현**하며, 이는 사회정서 발달에 영향을 미친다. 또한 유아는 사고와 언어가 통합되기 시작하여 모든 사물에 이름이 있다는 것을 알게 된다.

11 사회환경에 관한 주요 이론 정답 ⑤

⑤ '항상성'이 아니라 '균형(또는 평형상태)'이 맞다. **항상성**이란 **체계의 일관성 유지, 즉 균형보다 일정한 수준의 개방체계에서 나타나는 평형상태**로, 체계가 균형을 위협받았을 때에 다른 체계와의 상호작용을 통해 비교적 **지속적으로 안정적이지만 역동적인 균형 상태를 유지하려는 경향**을 말한다.

12 사회환경에 관한 주요 이론 정답 ④

④ '기능은 없다.'가 아니라 '기능이 있다.'가 맞다. 문화는 규범이나 관습 등을 통해 사회의 안정과 질서에 악영향을 미치는 사회문제를 제거·조절하여 **사회의 안정과 질서를 유지시키는 기능**을 한다.

오답 분석

⑤ **문화변용(acculturation, 또는 문화적응)**이란 이질적인 문화가 지속적이고 직접적으로 문화접촉을 할 경우 한쪽 또는 양쪽이 지닌 본래 문화의 유형이 달라지는 현상을 말한다.

13 인간행동에 관한 주요 이론 정답 ④

④ **사회적 관심이 '선천적으로 타고나는 것'**은 맞지만, **저절로 발생하는 것은 아니고 의식적인 개발이 필요**하다.

오답 분석

① **지배형 생활양식은 사회적 관심은 낮으나 활동수준이 높은 유형**으로, 인생과업의 달성 목표가 오직 **자기 지향적**이므로 독단적이고 공격적인, 즉 반사회적 성향을 보인다.

이것도 알면 합격

생활양식(life style)의 유형

생활양식		사회적 관심	활동 수준	특성
역기능적 생활양식	지배형	낮음	높음	• 인생과업의 달성 목표가 오직 **자기 지향적**이므로 독단적이고 공격적인, 즉 반사회적 성향을 보인다. • 자신의 이익이나 욕구충족 이외에 타인의 안녕이나 이득에는 관심이 없다.
	획득형 (또는 기생형)		중간	인생과업의 달성을 위해 **타인에게 의존하며 기생적인 방식**으로 자신의 욕구를 충족시킨다.
	회피형		낮음	성공으로 얻어지는 이득에 대한 상상보다 실패에 대한 두려움으로 모든 **인생과업을 회피**하려 한다.
기능적 생활양식	사회적 유용형	높음	높음	인생과업의 달성 목표를 **자신뿐만 아니라 사회공동체의 발전**으로 여겨 자신과 타인의 욕구를 동시에 충족시키려 하며, 이를 위해 타인과 협력한다.

②, ③ 아들러(A. Adler)에게 있어서 **열등감(inferiority)은 인간의 보편적인 감정이며 행동의 동기가 되는 것**으로, 개인이 잘 적응하지 못하거나 준비가 안 되어 해결할 수 없는 문제에 부딪혔을 때 생기는 **주관적인 자기평가**이며, **개인의 성장과 발달은 열등감을 극복하려는 시도**에서 나온다. 그러나 **병적 열등감(또는 열등감 콤플렉스)을 일으키는 3가지 상황**이 존재하며, 이는 **신체적 결함 상황, 응석받이의 상황(또는 과잉보호), 방임의 상황(또는 양육 태만)** 등이다. 이러한 병적 열등감은 **성인이 된 이후에 신경증을 발생시키는 중요한 요인**이 된다.

⑤ **가상적 목표**란 개인이 추구하는 **현실에서는 검증되지 않는 가상의 목표**로, 미래에 실재하는 어떤 것을 의미하는 것이 아니라 현재의 행동에 영향을 미치는 **일종의 미래에 대한 기대**이다. 인간은 과거의 경험보다는 이러한 가상적 목표, 즉 **미래에 대한 기대로 더 동기화**된다.

14 전 생애발달의 통합적 이해 정답 ①

ㄱ. **분류화**란 여러 사물과 현상들을 **그 속성의 유사성에 따라 분류하는 인지적 능력**으로 피아제의 **구체적 조작기, 즉 아동기에 획득**된다. 또한 아동기에는 보존개념의 획득을 위한 전제 개념인 **'동일성', '가역성', '보상성'의 개념이 획득**되어, 유아기(전조작기) 때에 나타나기 시작한 **보존개념 역시 획득**하게 된다.

오답 분석

ㄴ. 아동기는 **에릭슨의 학령기(근면성 대 열등감, 능력)**에 해당한다. 자율성 대 수치심의 심리사회적 위기를 경험하는 시기는 **에릭슨의 초기아동기(1~3세)**이다.

ㄷ. 물활론적 사고는 피아제의 전조작기의 시기의 사고 특성으로, **전조작기는 유아기에 해당**한다.

ㄹ. '아동기'가 아니라 '청년기'가 맞다. **성역할 정체감(sex-role identity)**이란 사회가 각 성별로 적절하다고 인정하는 **특성, 태도, 가치관, 흥미 등을 동일시하는 과정**으로 그 성에 따른 사회의 역할기대를 내면화하는 과정이며, **청년기는 이러한 사회적 성역할 정체감을 확립하는 시기**이다.

15 전 생애발달의 통합적 이해 정답 ②

② 미국의 정신의학자이며 심리학자였던 **퀴블러 로스(Kübler Ross, 1926~2004)**는 1969년에 쓴 그녀의 저서 『죽음과 죽어감(On Death and Dying)』에서 200여 명의 말기 암환자들이 죽음을 선고받고 이를 인지하기까지의 과정을 **'부정 → 분노 → 타협 → 우울 → 수용'의 5단계로 제시**하였다.

16 인간행동에 관한 주요 이론 정답 ③

③ '구체적 조작기'가 아니라 '형식적 조작기'의 특징에 관한 설명이다. **추상적 사고**란 형식적 조작사고의 가장 중요한 특징으로, 추상적인 사물에 대해서도 **창조적·독창적 상상**을 통해 논리적으로 접근할 수 있는 사고를 말한다. 이러한 **추상적 사고와 논리적 사고**에 의해 가설을 수립하고 가설에서 과거와 현재의 사례를 통해 연역할 수 있는 사고가 **가설·연역적 사고**이다.

17 전 생애발달의 통합적 이해 정답 ④

오답 분석

① '안정적인 정서상태'가 아니라 '극단적인 정서변화'가 맞다. 청소년기는 **불안·우울·질투 등의 부정적인 감정의 기복이 심하게 발생**하며, 자아의식이 서서히 발달하면서 혼자 있고 싶어 하고 또한 고독에 빠지기 쉽다.

② '친밀감 대 고립감'이 아니라 '자아정체감 대 역할혼란'이 맞다. 청소년기는 **에릭슨의 청소년기(자아정체감 대 역할혼란, 충실)**에 해당한다.

③ **'자기개념(self-concept)의 발달이 시작되는 것'은 '영아기'**이며, **'자기효능감이 급격하게 증가하는 것'은 '아동기'**이다. **자기개념(self-concept, 또는 자아개념)**이란 영아가 **자신과 타인을 분리하여 지각할 수 있는 능력을 획득하는 데에서 시작**된다. **루이스와 브룩스 건(Lewis & Brooks-Gunn)**은 영아의 코에 붉은 연지를 바른 후 영아에게 거울을 보여주며 그 반응을 관찰하는 실험을 통해 15개월 이전의 영아의 경우 거울 속에 비친 자신의 모습을 다른 사람으로 여기는 반면, 15~24개월 영아의 경우 거울 속에 비친 자신의 코를 만지는 등 관심을 보이는 모습을 보고 **영아는 15개월 이후로 신체적 자기개념이 형성**된다고 보았다.

⑤ '청소년기'가 아니라 '아동기'에 관한 설명이다. 아동기에는 가족보다 또래 친구의 영향을 더 받는다. 즉 특별히 9~12세의 아동은 **또래 친구들과 함께 많은 시간을 보내면서 정서 및 사회적 발달에 영향을 받아 도당기**라고도 한다. 주로 동성 또래집단과의 팀놀이나 팀스포츠와 같은 **단체놀이를 통해 협동, 경쟁, 협상, 노동배분(또는 역할분담) 등의 사회성이 발달**된다.

18 인간행동에 관한 주요 이론 정답 ③

ㄱ. '운동재생 단계'가 아니라 '동기화 과정'이 맞다. **관찰학습**이란 **타인의 행동을 모방하여 자신의 행동으로 동기화시키는 일련의 과정**으로, **'주의(또는 주의집중) 과정 → 보존(또는 파지, 기억) 과정 → 운동재생 과정 → 동기화(또는 동기유발) 과정'의 4단계로 진행**된다.

ㄴ. '제시하고 있다.'가 아니라 '제시하지 않고 있다.'가 맞다.

오답 분석

ㄷ. 사회학습이론의 주요 개념인 **'상호결정론'에 관한 설명**이다. **상호결정론(reciprocal determinism)**이란 인간행동에서 개인(내적 영향력)과 환경(외적 영향력)을 모두 강조하는 개념으로, 인간의 성격은 **개인적·행동적·환경적 요소들 간의 지속적인 양방향적 상호작용에 의하여 발달**한다는 개념이다.

ㄹ. **자기효율성(self-efficacy, 또는 자기효능감)**이란 특정 과업을 **성공적으로 완수하게 될 가능성에 대한 개인의 신념**으로, 인간은 이러한 **자기효율성을 성취**하기 위해 자신의 행동을 규제할 수 있다.

19 전 생애발달의 통합적 이해 정답 ④

④ '청년기'가 아니라 '중년기'에 관한 설명이다. **중년기**는 가족생활, 직업경력, 친밀한 관계, 내적 생활 등 다양한 인생의 영역에서 새로운 측면이 나타나는 시기로, **자신의 과거에 대한 재평가를 통해 변화가능성을 탐색**해야 한다.

20 인간행동에 관한 주요 이론 정답 ③

③ '높다.'가 아니라 '낮다.'가 맞다. 매슬로우(Maslow)에 따르면 욕구는 **강도와 중요도에 따라 '생리적 욕구 > 안전의 욕구 > 소속감과 사랑(또는 애정)의 욕구 > 자기존중(또는 존경)의 욕구 > 자아실현의 욕구'**라는 위계를 가지고 있으며, 위계에 따른 순서에 따라 나타난다. 이때 생리적 욕구가 가장 하위욕구이며 자아실현의 욕구 쪽으로 갈수록 상위욕구가 된다. 또한 **위계가 낮은 욕구일수록 강도와 우선순위가 높다**.

오답 분석

① 매슬로우에게 있어서 인간의 본성은 본질적으로 **선하고 존경받을 만하다**. 단지 인간의 악하고 파괴적이며 폭력적인 부분들은 인간의 본성이 아닌 외부 환경에 기인한다.

② 상위욕구는 하위욕구가 **일정부분 충족되었을 때**에 나타난다. 즉 욕구는 동시에 나타날 수 없다.

④ 매슬로우에 따르면 욕구를 충족시키고자 하는 동기는 크게 **결핍동기와 성장동기**로 구분된다.

이것도 알면 합격

매슬로우의 결핍동기와 성장동기

결핍동기	유기체가 삶을 유지하기 위해서 **자신 안에 있는 부족한 어떤 것을 충족시키려 하는 욕구로, 일단 한 번 충족되면 더 이상 동기로 작용하지 않는다. 생리적 욕구, 안전의 욕구, 소속감과 사랑의 욕구, 자기존중의 욕구가 해당**된다.
성장동기	유기체가 삶을 창조하기 위해서 현재 상태에서 만족을 느끼면서 긍정적으로 가치 있는 목표를 추구하는 욕구로, 충족이 될수록 그 욕구가 더욱 증대된다. **자아실현의 욕구가 해당**된다.

⑤ 창조성은 모든 인간이 태어날 때부터 잠재적으로 가지고 있었으나 문명화되면서 잃게 되었고, 이는 **누구에게나 잠재되어 있는 본성**이므로 특별한 자질이나 능력을 요구하지 않는다.

21 전 생애발달의 통합적 이해 정답 ⑤

오답 분석

① '유동적 지능은 증가하는 반면, 결정적 지능은 감소'가 아니라 '유동적 지능은 감소하는 반면, 결정적 지능은 증가'가 맞다. **혼과 카텔(Horn & Cattell)**은 형성 방법에 따라 지능을 **결정성 지능과 유동성 지능으로 분류**하였다. **결정성 지능**이란 학습과 경험을 통해 형성되는 어휘력, 언어능력, 추리력, 판단력 등의 지능으로, 장년기를 포함한 인생 전반에 걸쳐 발달된다. 반면 **유동성 지능**이란 타고난 지능으로 귀납적 추리력, 형태지각의 융통성, 통합능력 등의 지능으로, 10대 후반에 절정에 도달하고 장년기에는 중추신경의 노화로 감퇴하는 경향이 있다.

② '안드로겐'이 아니라 '에스트로겐'이 맞다. 개인적인 차이는 있지만 50대 전후에 **여성 호르몬인 에스트로겐의 분비가 1/6 정도**로 줄어들면서 **폐경을 경험**하며, 이로 인해 가임기가 끝나게 된다. 또한 폐경기의 여성은 홍조현상(또는 안면홍조), 두통, 수면장애, 호흡장애, 유방통증, 골반통, 관상동맥질환, 현기증, 우울증, 무기력증 등의 증상을 보인다.

③ '아들러(A. Adler)는'이 아니라 '융(C. Jung)은'이 맞다.

④ 중년기에는 새로운 것의 학습능력은 저하되지만 학습과 경험을 통해 습득한 지혜를 통합하여 사고하는 능력이 발달하여 **문제해결능력**은 오히려 높아질 수 있다.

22 인간행동에 관한 주요 이론 정답 ①

① 로저스가 아닌 **에릭슨의 심리사회이론의 기본 가정**이다.

오답 분석

④ 로저스의 입장에서 인간에게는 객관적 현실은 존재하지 않는다. 다만 그것을 **주관적으로 인식한 현실 세계만이 존재**한다.

23 전 생애발달의 통합적 이해 정답 ③

③ '능동성, 외향성'이 아니라 '내향성, 수동성'이 맞다. 노년기에는 상황 판단을 단지 **자신의 주관에 의존**하거나, **타인에게 의지**하려는 경향을 보이는 **내향성과 수동성이 증가**한다.

오답 분석

④ 노년기에는 남녀 모두 **생식기능 및 성교능력이 저하**된다. 단 남성 노인의 경우 여성 노인에 비해 70대에도 그 정도가 덜한 경향이 있다.

⑤ 노년기에는 기억능력이 전반적으로 감퇴된다. 특히 **최근기억과 단기기억이 장기기억보다 더욱 심하게 감소**된다.

24 인간행동에 관한 주요 이론 정답 ②

ㄴ. '초자아'가 아니라 '자아'가 맞다. **방어기제**는 원초아와 초자아 사이에서 발생하는 갈등으로 인한 불안과 긴장에서 **자아가 자신을 보호하기 위해 원천을 왜곡·대체·차단하는 무의식적 기제**를 말한다.

ㄹ. '전환'이 아니라 '신체화'가 맞다. **전환(conversion)**이란 심리적 갈등이 눈, 코, 입, 귀와 같은 **감각기관** 또는 신체의 근육 중 손이나 발처럼 자신의 의지로 움직일 수 있는 근육인 **수의근계 기관의 증상으로 표출**되는 것이다.

예 시험을 치르는 수험생이 시험장에서 시험지를 받아 본 순간 아무것도 보이지 않는 경우

오답 분석

ㄱ. 방어기제의 병리성 판단 기준에 따라 맞다.

이것도 알면 합격

방어기제의 병리성 판단 기준

강도	갈등과 불안 상황에서 방어기제를 사용하는 **총 횟수는 적절**했는가?
균형	하나의 갈등과 불안 상황에서 **몇 가지 방어기제를 동시에 사용**했는가?
연령의 적절성	갈등과 불안 상황에서 사용하는 방어기제가 **사용자의 연령에 적합**했는가?
철회 가능성	갈등과 **불안이 사라진 후에도 혹 방어기제가 사용**되고 있지는 않는가?

ㄷ. **억압(repression)**은 용납하기 어려운 충동을 무의식 속으로 추방시키는 무의식적 과정으로, **불안에 대한 1차 방어기제**, 즉 갈등이나 불안을 해결하기 위해 **가장 많이 사용**된다.

예 자신의 애인을 빼앗아 결혼한 친구의 얼굴을 의식하지 못하는 경우

25 인간행동에 관한 주요 이론 정답 ③

③ '콜버그'가 아니라 '길리건(C. Gilligan)'의 주장이다. **길리건(C. Gilligan)은** 후속 연구를 통해 콜버그의 도덕성 발달 기준을 그대로 따를 경우 남성은 4단계 수준, 여성은 3단계 수준의 도덕성 발달단계에 머물기 때문에 **남성의 도덕성 수준에 비해 여성의 도덕적 수준이 열등하게 인식**될 수밖에 없다고 보았다. 이에 **길리건은 남성과 여성의 도덕성은 질적 차이가 있다고 가정**하여 **남성의 도덕성을 권리와 책임을 중시하는 정의(justice)적 도덕성**으로, **여성의 도덕성을 배려·책임·관계·이타심 등을 중시하는 돌봄(care)적 도덕성**으로 제안하였다.

2영역 사회복지조사론

26 사회복지조사의 개관 정답 ④

ㄱ. (두 번째) '가설설정' 단계이다.

ㄴ. (네 번째) '자료수집' 단계이다.

ㄷ. (첫 번째) '조사문제 설정' 단계이다.

ㄹ. (세 번째) 설문지 작성은 조사설계 단계에서 수행되는 것으로 보는 것이 적절하다.

27 사회복지조사과정(Ⅰ) 정답 ③

③ '타당도'가 아니라 '신뢰도'가 맞다.

오답 분석

② '상호배타성'에 관한 설명이다.

28 사회복지조사과정(Ⅰ) 정답 ③

③ '타당도'가 아니라 '신뢰도'가 맞다. **무작위 오류(random error, 또는 비체계적 오류)**란 우연적 또는 가변적인 원인들에 의해 **일시적으로 발생하여 측정의 결과를 일정한 경향성(또는 일관성) 없이 분산시키는 오류**로, **무작위 오류가 발생한 척도의 사용은 측정의 신뢰도를 낮춘다**.

오답 분석

①, ② 체계적 오류를 발생시키는 **'사회적 적절성(또는 바람직성)의 편향'에 관한 설명**이다. **사회적 적절성(또는 바람직성)의 편향**이란 주로 **연구자의 유도성 질문에 대해** 응답자가 연구자에게 **자신의 이미지를 좋게 보이려고 자신의 의사가 아닌 연구자가 유도한 의향이나 보편적인 사회적 가치에 부합되는 방향으로 응답**하여 발생하는 오류를 말한다. 이때 측정의 결과는 측정하려는 개념이 아닌 **연구자의 의도나 보편적인 사회적 가치를 측정한 것**일 수 있다.

④ **측정의 다각화(triangulation, 또는 삼각측정, 삼각연구법, 다원측정)**란 어떤 개념을 측정하기 위해서 **2가지 이상의 서로 다른 자료·조사자·이론·자료수집 방법을 활용하는 것**으로, 이를 통해 **측정의 오류를 줄여 자료의 객관성을 향상시키고, 조사자의 편견을 줄일 수 있다**.

⑤ **코딩**이란 드러난 내용 또는 숨은 내용의 형태로 존재하는 원자료를 표준화된 숫자의 형태로 전환하는 것으로, 따라서 **코딩 왜곡**이란 자료를 코딩하는 과정에서 잘못 입력할 경우를 의미하며, 이는 **자료분석 과정 중에 발생하는 무작위 오류**에 해당한다.

29 사회복지조사의 개관 정답 ②

ㄴ. '반증주의'가 아니라 '토마스 쿤(T. Kuhn)의 과학적 혁명'이 맞다. 토마스 쿤(T. Kuhn)의 과학적 혁명에서는 과학적 혁명을 통해 기존의 패러다임은 완전히 폐기되고, 새로운 패러다임이 그 시대를 장악하므로 **지식은 누적적으로 형성될 수 없으며**, 따라서 **시대적 패러다임의 우월을 비교할 객관적 기준 역시 존재하지 않는다고 주장**하였다.

ㄹ. '해석주의가 주장하는 귀납주의'가 아니라 '실증주의가 주장하는 연역주의'가 맞다. **후기실증주의적 패러다임**에서는 **인간에 대한 깊이 있는 이해를 추구**하며, 과학적 방법을 통해 **인간의 비합리적인 행위도 합리적으로 이해할 수 있다고 주장**한다. 또한 실증주의자들의 주장과는 달리 **관찰과 측정이 객관적일 수는 없다**고 본다. 그러나 여전히 과학적 방법에 있어서 실증주의와 같이 **관찰과 측정의 객관성을 추구**하고 이를 위해 **기본적으로 구조화되어 있는 양적 연구방법과 이에 따른 연역주의를 선호**한다. 다만 질적 연구방법을 사용하기도 한다.

오답 분석

ㄱ. **비판사회과학적 패러다임**에서는 인간을 억압된 사회적 관계와 질서 속에서 자신의 창의적이고 변화지향적인 잠재력을 발휘하지 못하는 존재로 보며, 사회과학의 궁극적인 목적은 **정치적 또는 이데올로기적 가치의 실천을 통해** 사회현실의 변화, 즉 이러한 **억압받는 집단에 대한 역량강화(또는 권한 강화)**를 해야 한다고 주장한다.

ㄷ. **포스트모더니즘(postmodernism)**에 따르면 이 세상에서는 어떠한 객관적 실재도 관찰될 수 없으며, 모든 것은 **연구자의 주관적 관점에 의해서만 존재**한다. 따라서 **객관적 실재라는 개념, 객관적 기준, 과학적 방법과 관련된 논리적 추론은 거부**되어야 한다.

30 사회복지조사과정(Ⅰ) 정답 ①

① 신뢰도란 측정도구인 척도를 가지고 **동일한 대상에게 반복하여 측정하여도 동일한(또는 일관된) 결과가 나오는 정도**를 말한다. 시간을 측정하는 도구로 시계를 보았을 때에 **'항상 30분 빠르게 측정'하므로 신뢰도가 높다고 추정**할 수 있다. 다만 정확한 측정값을 생성하지 못하므로 타당도는 낮다고 볼 수 있다.

오답 분석

② '신뢰도가 높으면 타당도도'가 아니라 '타당도가 높으면 신뢰도도'가 맞다. **신뢰도와 타당도는 비대칭적 관계**이다. 즉 타당도가 높으면 신뢰도도 높지만, 신뢰도가 높으면서 타당도가 낮은 경우도 있다.

③ '타당도'가 아니라 '신뢰도'가 맞다.

④ **'줄인다.'가 아니라 '늘린다.'가 맞다. 타당도와 신뢰도를 높이기 위해서는 측정항목(또는 하위변수)을 늘리고 항목의 선택범위(값)를 넓혀야 한다.** 또한 문항 간의 상관관계가 유사한 경우 항목의 수를 늘리면 척도의 신뢰도가 높아진다.

⑤ '타당도'가 아니라 '신뢰도'가 맞다. 참고로 **복수양식법(또는 대안법, 유사양식법, 평행양식법)**이란 평가하고자 하는 **척도와 동등한 것으로 추정되는 매우 유사한 척도를 개발하여, 동일한 대상에게 거의 시차를 두지 않고 측정하는 방법**이다.

31 사회복지조사과정(Ⅰ) 정답 ①

① **내용타당도**란 척도가 가지고 있는 **적절성과 대표성의 정도**를 의미한다. 즉 척도를 구성하고 있는 내용들이 자신이 측정하고자 하는 개념이 포함하고 있는 의미의 범위를 담고 있는 정도를 말한다.

32 사회복지조사과정(Ⅲ) 정답 ③

③ '동료집단의 조언'은 연구의 편견을 방지할 수 있는 바람직한 방법이며, 따라서 **동료집단의 조언을 통해 편견을 방지해야 한다.**

33 사회복지조사과정(Ⅰ) 정답 ③

③ '개인'이 아니라 '집단'이 맞다. **분석단위는 '노인'으로, '집단'에 해당**한다.

오답 분석

① 독립변수는 '노인빈곤율'로 비율척도이다.

② 종속변수는 '노인자살률'로 비율척도이다.

④ 시간의 흐름에 따라 조사대상을 연구하는 '종단연구'이다.

⑤ 수집한 자료를 양적으로 분석하는 '양적연구'이다.

34 사회복지조사과정(Ⅰ) 정답 ⑤

오답 분석

① '비율척도'가 아니라 '서열척도'가 맞다.

② '동등하지 않다.'가 아니라 '동등해야 한다.'가 맞다.

③ '단일 문항'이 아니라 '다수의 문항'이 맞다.

④ '질적 조사'가 아니라 '양적 조사'가 맞다.

35 사회복지조사과정(Ⅰ) 정답 ①

① **도구효과**란 사전검사와 사후검사의 척도나 검사자(또는 연구자)가 동일한 경우에 발생하는 검사효과를 제거하기 위해 **사전검사와 사후검사에서 사용된 척도나 검사자(또는 연구자)를 달리 하여 사용한 것이 종속변수에 영향을 주는 경우**를 말한다. 제시된 글에서는 확인할 수 없다.

오답 분석

② **성숙효과(또는 성장효과, 시간적 경과)**란 **단순한 시간의 경과에 따른 인간의 성장과 변화**가 종속변수에 영향을 주는 경우를 말하며, **일반적으로 실험기간이 길어지면 발생**할 수 있다. 제시된 글에서는 **'2주에 걸쳐 하루 2시간씩 참여하는 프로그램을 실시한 후'**라는 지문을 통해 이를 확인할 수 있다.

③ **외부사건(history, 또는 역사적 요인, 역사, 우연한 사건)**이란 **실험 진행 중에 연구자가 전혀 의도하지 않았던 사건이 우연히 발생**하여 종속변수에 영향을 주는 경우를 말한다. 이는 **외생변수의 하나로 제시된 글에서 학생들의 불안증 감소에 정서완화 프로그램 이외에 다른 외부사건이 영향을 미쳤다는 것을 배제할 수 없다.** 다시 말해 **모든 실험설계에서는 완벽하게 외부사건을 통제하는 것이 사실상 불가능**하다.

④ **연구대상의 상실(또는 실험대상의 변동, 중도탈락, 실험대상의 상실)**이란 실험과정 중에 참여하고 있던 대상자가 여러 이유로 인해 **조사 과정에서 탈락하여 종속변수에 영향을 주는 경우**를 말한다. 제시된 글에서는 **'남은 10명의 참여자들을 대상으로'**라는 지문을 통해 이를 확인할 수 있다.

⑤ **검사효과(testing, 또는 테스트효과, 측정효과, 검사요인, 시험효과)는 사전검사를 할 경우에 발생**한다. 즉 **사전검사와 사후검사에서 사용된 척도가 동일**할 때, 사전검사가 검사 대상자에게 영향을 미쳐 사후검사의 측정값에 영향을 주는 경우를 말한다. '동일한 검사지를 통해 불안증 수준을 재측정하는 사후검사를 실시하였다.'라는 지문을 통해 **검사효과를 확인**할 수 있다.

36 사회복지조사과정(Ⅱ) 정답 ②

② '사회지표분석'이 아니라 '주요정보제공자 조사'가 맞다. **주요정보제공자 조사(key informant method)**란 지역사회에 오래 거주한 조직의 서비스 제공자, 인접 전문직 종사자, 공무원 등 지역사회 문제에 대한 정보를 잘 알고 있는 것으로 인정되어 **지역사회를 잘 대변할 수 있는 사람들을 주요정보제공자로 정하고 이들을 관찰단위로 하여 그들의 의견을 직접 청취하거나 자문을 구해 욕구를 조사하는 방법**이다.

오답 분석

① **델파이 조사**란 **전문가 집단의 구조화된 집단적 의사결정 방법**으로, 주요 주제에 관한 설문을 작성하여 **우편(또는 전자메일)을 통해 전문가들에게 발송**하고, 설문 회수 후 전문가들의 합의 및 미합의 분야 파악을 위한 집계를 실시한다. 이후 **합의되지 않은 부분 발생 시 첫 설문의 결과가 포함된 두 번째 설문을 작성하여 전문가들에게 우편을 통해 재발송**한다. 개방형 설문으로 시작해서 이후에는 응답내용을 폐쇄형으로 구성하여 질문하며, 이와 같은 절차를 **전문가들의 합의에 이를 때까지 반복적으로 실시**하여 욕구를 조사하는 방법이다.

④ **포럼(forum, 또는 공청회, 지역사회공개토론회)**이란 **집단적 의사결정 방법**으로, 지역사회주민들이 자신의 욕구를 잘 알고 있다는 것을 전제로 하여, **주민들을 한 자리에 참여시킨 후 소수의 전문가인 발표자가 화제를 제시**하고 이에 참여한 **주민들이 청중이 되어 토론에 참석하는 방법**이다. 이때 자유로운 추가토론이 가능하다.

⑤ **초점집단기법**이란 **집단적 의사결정 방법**으로, 지역사회의 문제와 관련된 정보를 제공할 수 있는 **초점집단을 12~15명 정도의 인원으로 구성**한 후, 이들을 한자리에 모아 조사자가 주제를 제시한 후, **약 2시간 전후로 개방형 질문을 활용한 자유로운 의사소통을 유도**하고 이 과정에서 **조사자의 판단에 근거하여 욕구를 조사하는 질적 자료수집 방법**이다.

37 사회복지조사과정(Ⅲ) 정답 ③

ㄱ. **'심층면접'은 대표적인 질적조사 방법**이다.

ㄴ. **'참여행동조사'는 대표적인 질적조사 방법**이다. **참여행동조사(participatory action research, 또는 실행조사)**란 조사보다는 **조사대상자가 경험하고 있는 문제해결에 초점을 둔 실천지향적인 조사방법**으로, 진보적 철학, 비판적 사고, 민주주의 실천, 해방적 사고, 인본주의 등에 근거한 조사방법이다. 조사가 지식생산을 위한 하나의 수단일 뿐 아니라 의식의 교육과 개발을 위한 하나의 도구, 그리고 행동을 동기화시키는 것으로 기능한다는 믿음을 함축하고 있다. 따라서 **조사에 의해 영향을 받게 될 대상들도 그 연구설계에 책임이 있다고 주장한다. 조사자가 조사대상자보다 우위에 있다는 암묵적 가정에 도전**하여 조사자와 조사대상자의 조사 중 역할과 관계를 평등하고 수평하게 설정한다. 이에 따라 조사대상자가 스스로 자신의 문제와 해결책을 정의하고, 조사설계에 있어서 주도적 역할을 수행하며 더 나아가 **조사의 목적 및 절차를 수행하는 주체**가 된다.

ㄷ. **'사례연구'는 대표적인 질적조사 방법**이다.

오답 분석

ㄹ. **'단일사례조사'는 대표적인 양적조사 방법**이다.

38 사회복지조사과정(Ⅰ) 정답 ⑤

⑤ '조절변수가 존재하지 않아도'가 아니라 '조절변수가 존재해야만'이 맞다.

오답 분석

① **선행(leading)변수**란 **시간적으로 독립변수에 앞서면서 독립변수에 유효한 효과를 행사하는 변수**를 말한다. 선행변수를 통제해도 독립변수와 종속변수 간의 인과관계는 그대로 유지되지만, 독립변수를 통제할 경우 선행변수와 종속변수 간의 관계는 사라진다.

② **매개(mediating)변수(또는 개입변수)**란 독립변수와 종속변수의 **중간에 놓여 두 변수 사이를 연계하는 변수**로, 이때 독립변수의 효과가 매개변수를 거쳐 종속변수에 전달된다. 따라서 매개변수는 **독립변수의 결과인 동시에 종속변수의 원인**이 된다.

③ **종속(dependent)변수**란 인과관계 모형 내에서 결과가 되는 변수로, 독립변수에 의해 변수값을 가진다. 즉 다른 변수에 의존은 하지만 다른 변수에 영향을 미칠 수는 없는 변수를 말한다.

④ **외생(extraneous)변수**란 개입 시 실제로는 인과관계가 없는 독립변수와 종속변수를 표면적으로 **마치 인과관계가 있는 것처럼 보이게 만드는 변수**를 말한다. 이때 외생변수를 통제할 경우 기존의 인과관계는 사라지게 된다. 외생변수가 개입한 경우 독립변수와 종속변수 간의 관계를 **가식적 관계(또는 허위적 관계, 의사관계)**라고 하며, 따라서 외생변수는 **독립변수와 종속변수 모두에 영향을 미치는 제3의 변수**이다. 또한 외생변수는 인과관계 모형 내의 독립변수 이외에 **인과관계모형 밖에서 종속변수에 영향을 미치는 변수**이다. 즉 외생변수는 실제 종속변수를 발생시킨 원인이 되므로 **독립변수와 종속변수 간의 관계를 대안적으로 설명**할 수 있다.

39 사회복지조사과정(Ⅰ) 정답 ③

㉠ 모집단의 속성에 대해 수립한 **연구가설은 직접 검증이 어렵기 때문에**, 연구가설을 반증하기 위한 목적으로 모집단의 일부를 선정한 **표본을 대상으로 수립한 영가설을 통해 가설의 지지 여부를 확인**할 수 있다.

㉢ '높아진다.'가 아니라 '낮아진다.'가 맞다. **신뢰수준을 높이면 제1종 오류의 발생 가능성을 줄일 수 있다.**

오답 분석

㉡ 영가설은 연구가설과 대조되는 가설, 즉 처음부터 기각이 목표인 가설이다. 다시 말해 참일 가능성이 적어 처음부터 버릴 것이 예상되는 가설이다. 따라서 **영가설을 기각하면 연구가설이 잠정적으로 채택**된다.

40 사회복지조사과정(Ⅰ) 정답 ②

② '높다.'가 아니라 '낮은 경향이 있다.'가 맞다. **내적타당도는 인과관계 정도를, 외적타당도는 일반화 정도**를 말하며, **일반적으로 내적타당도와 외적타당도는 부적관계**, 즉 내적타당도가 높은 설계는 외적타당도가 낮은 경향이 있다. 따라서 내적타당도가 높은 연구결과가 일반화 가능성인 외적타당도가 높다고 단정하기는 어렵다.

오답 분석

① 내적타당도 저해요인 중 **'통계적 회귀(statistical regression)'에 관한 설명**이다. **통계적 회귀**란 모집단에서 표본을 추출하거나 실험집단을 구성할 때 종속변수를 기준으로 **너무 낮거나 반대로 너무 높은 측정값을 보이는 극단적 성향의 집단을 조사의 대상으로 선정할 경우에 발생**하며 이들 집단이 독립변수의 조작과는 상관없이 **시간이 지날수록 모집단의 평균값으로 수렴하는 경향을 보이는 것**을 말한다.

③ **선정편향(또는 선택의 편의, 선택효과, 선정요인, 선발요인, 편향된 집단선택, 선정의 편견, 표본 선정의 편파성)**이란 실험 전 실험집단과 통제집단은 비슷한 속성이 균등하게 분포되도록 할당되어야 하나, **잘못된 할당으로 두 집단이 서로 이질적일 경우**에 발생하는 **내적타당도 저해요인**을 말한다. 또한 선정편향은 내적타당도 이외에도 **외적타당도, 즉 표본의 대표성에도 영향**을 줄 수 있는데, 이를 **'선정편향과 개입의 상호작용 효과'**라고 한다. **선정편향과 개입의 상호작용효과**란 개입이 선정된 특정 집단에게만 영향을 미칠 경우 개입을 통해 얻어진 결과를 현실에 있는 모든 대상에게 그대로 일반화시키는 것은 사실상 어렵게 되는 현상을 말한다.

④ **외적타당도 저해요인 중 조사의 반응성과 관련된 호손효과(Hawthorne effect)에 관한 설명**이다. 여기서 **호손효과란** 조사대상자가 자신이 개입을 받고 있다는 사실을 인지하여 **일상과는 다르게 행동하는 현상**을 말하며, 이로 인한 조사결과는 일상적이지 못한 행동에서 얻어진 결과로, 그대로 일반화시키는 것은 사실상 어렵다.

⑤ **내적타당도**란 **변수 간의 인과관계 정도**를 말한다. 즉 종속변수의 변화가 독립변수에 의해 발생한 것임을 확신할 수 있는 정도로, 사회복지실천과 관련해서는 **개입의 효과성을 확인하기 위해 확보해야 하는 요소**이기도 하다.

41 사회복지조사과정(Ⅰ) 정답 ⑤

⑤ 준(유사)실험설계 유형 중에 **'단순시계열설계'의 경우에는 통제집단 없이 실험집단만 있다.** 따라서 모든 준(유사)실험설계에서 두 개 이상의 집단이 필요한 것은 아니다.

오답 분석

①, ② 순수실험설계는 실험설계의 4가지 요소인 **비교, 조작, 통제, 무작위 할당을 모두 갖춘 설계유형**이다. 따라서 모든 실험설계 중에서 **내적타당도가 가장 높다.**

③ '순수실험설계와 준(유사)실험설계'는 **모두 원인의 조작, 즉 독립변수를 조작한다.**

④ **비동일통제집단설계**에서는 **역사, 성숙** 이외에도 특히 임의적으로 나눈 실험집단과 통제집단 간의 교류를 통제하기 어려워 **개입의 확산(또는 모방)과 같은 내적타당도 저해 요인이 발생**할 수 있다. 또한 **사전검사를 실시하므로 검사효과 역시 발생**할 수 있다.

42 사회복지조사과정(Ⅱ) 정답 ①

① '높다.'가 아니라 '낮다.'가 맞다. **표준화 면접은 비표준화 면접에 비해 타당도는 낮지만 신뢰도는 높다.**

오답 분석

⑤ **결측치란 응답 문항의 범주가 정해져 있는 객관식 질문에서 응답자가 이해를 잘못하여 응답범주 이외의 번호를 응답하는 경우**를 말한다. 예를 들어 응답 문항의 범주가 '① 매우 좋다. ② 좋다. ③ 보통이다. ④ 나쁘다. ⑤ 매우 나쁘다.' 등 5개로 정해져 있는데, 응답자가 ⑥이나 ⑦ 등으로 응답하는 경우가 여기에 해당한다. 따라서 **결측치는 응답을 전혀 하지 않는 '무응답'과는 다른 개념이다. 면접자와 면접 대상자가 대면하여 진행되는 면접법은 자기기입식 설문조사에 비해 결측치를 최소화할 수 있다.**

43 사회복지조사과정(Ⅰ) 정답 ②

② '다문화 가족성원 간 관계 증진 프로그램'은 독립변수, '다문화 가족 자녀들의 자아정체감'은 종속변수이면서 내생변수, '자아정체감의 차이를 불러올 수 있는 부모의 사회경제적 지위'는 외생변수이다. **외생변수**란 개입 시 실제로는 인과관계가 없는 독립변수와 종속변수를 표면적으로 **마치 인과관계가 있는 것처럼 보이게 만드는 변수**를 말한다. 이때 외생변수를 통제할 경우 기존의 인과관계는 사라진다.

44 사회복지조사과정(Ⅰ) 정답 ③

오답 분석

① '동년배집단조사'가 아니라 '패널조사'가 맞다.

② '횡단조사'가 아니라 '종단조사'가 맞다.

④ '종단조사'가 아니라 '횡단조사'가 맞다.

⑤ '패널조사'가 아니라 '경향분석'이 맞다.

45 사회복지조사과정(Ⅰ) 정답 ②

② '평균비교'가 아니라 '경향성 접근'이 맞다. **평균비교**란 주로 **기초선 국면이 안정적일 경우에 사용**하는 통계학적 분석기법으로, **기초선 국면과 개입 국면의 평균을 산정하여 비교하는 방법**이다. 개입 국면의 평균이 기초선 국면의 평균에 비해 2 x 표준편차 이상 차이가 날 경우 개입이 효과적이라고 추정한다.

오답 분석

① **임상적 분석(또는 실질적 유의성 분석, 임상적 유의성)**이란 클라이언트의 문제에 얼마나 **의미 있는 변화가 일어났는지에 대한 검토**를 말한다. 시각적 분석이나 통계학적 분석을 통해서 개입이 변화를 이끌어내었다는 것이 확인되었을 경우라도 그것이 실질적으로 어떤 가치가 있는지를 분석하는 것이다. 즉 드러난 객관적인 변화가 대상자에게 **진정한 원조로 작용하였는지, 그것이 비용-효과성의 문제는 없는지를 분석**하기 위해 사용하며, 이로 인해 **결과 판단에 주관적 요소의 개입 가능성이 크다는 한계**가 있다.

③ 개입 후 상당한 시간이 지나 최초의 변화가 발생할 경우 '시간의 경과'가 외생변수 역할을 하는 '성숙(maturation), 역사(history)'와 같은 내적타당도 저해요인이 발생할 수 있다. 이로 인해 효과가 개입의 결과인지 여타의 외생변수로 인해 발생한 것인지를 판단하기 어렵게 된다.

④ 다중기초선설계의 유형 중 **대상자 간 복수기초선설계**에 관한 설명이다. **대상자 간 복수기초선설계란 동일한 상황에서 같은 문제를 가진 두 명 이상의 사람에게 하나의 개입방법을 실시**하여 그 개입방법의 효과성을 알아보기 위해 사용하는 설계로, **대상자의 수가 증가할수록 내적타당도가 증가**한다. 다만 대상자 간 동시변화 가능성이 있고, 기능적으로 유사하고 독립적인 대상자를 선정하는 것이 어려우며, **대상자에게 개입의 제공이 지연**될 수도 있는 한계를 가지고 있다.

⑤ 단일사례설계 유형 중 '연구대상이 여러 개인 것'은 **복수기초선설계(또는 다중기초선설계, 중다기초선설계)에 관한 설명**이고, '개입방법이 여러 개인 것'은 **ABCD 설계(또는 복수요인설계, 다중요소설계)에 관한 설명**이다.

46 사회복지조사과정(Ⅰ) 정답 ③

③ '가능하다.'가 아니라 '불가능하다.'가 맞다. **할당표집은 비확률표집**이며, **비확률표집은 표집오차의 추정이 불가능**하다.

오답 분석

⑤ 체계적 표집에서는 표집틀 내 모집단 내 요소의 배열이 일정한 경향성을 지니는 **주기성(periodicity)이 발생**할 수 있고, 이 경우 **표본의 대표성에 문제가 발생**할 수 있다.

47 사회복지조사의 개관 정답 ⑤

ㄱ. '부정확한 관찰'이 아니라 '선별적 관찰'이 맞다.

ㄴ. '선별적 관찰'이 아니라 '자아의 개입'이 맞다.

ㄷ. '꾸며진 지식'이 아니라 '부정확한 관찰'이 맞다.

ㄹ. '자아개입'이 아니라 '꾸며낸 지식'이 맞다.

48 사회복지조사과정(Ⅰ) 정답 ⑤

⑤ 가설은 **연구문제가 설정된 이후** 이를 경험적으로 검증하기 위해 구체화시키는 조사과정이다. 다시 말해 연구문제에서 가설이 도출되는 것이 옳다.

49 사회복지조사과정(Ⅰ) 정답 ①

오답 분석

② '조작적 정의, 명목적 정의'가 아니라 '명목적 정의, 조작적 정의'가 맞다.

③ '가능하다.'가 아니라 '불가능하다.'가 맞다. **조작적 정의**란 측정하고자 하는 개념을 **수량화시켜 경험적·가시적으로 측정(또는 관찰) 가능한 형태로 재정의하는 과정**으로, **가설을 수립하여 이를 검증하는 양적조사에서 매우 중요한 과정**이다. 즉 **조작적 정의가 있어야만 가설의 검증이 가능**해진다.

④ '조작적 정의'가 아니라 '명목적 정의'가 맞다.

⑤ '한정되어 있다.'가 아니라 '다양하다.'가 맞다.

50 사회복지조사과정(Ⅰ) 정답 ④

④ '유의표집'이 아니라 '층화표집'이 맞다. **'모집단을 가장 잘 대표하는 표본추출방법'이란 '표집오차'의 크기가 작다는 것**을 의미하며, 표본의 크기가 같다면 표집오차의 크기는 **층화표집 < 단순무작위표집 < 집락표집 순으로 크다. 참고로 유의표집, 임의표집, 할당표집, 눈덩이표집과 같은 비확률표집에서는 표집오차의 추정이 어렵다.**

오답 분석

⑤ **모집단의 동질성과 이질성**이란 **모집단을 구성하고 있는 요소 간 속성의 차이 정도**를 의미한다. 즉 요소 간에 차이가 있으면 이질성이, 차이가 없으면 동질성이 있다고 본다. 일반적으로 **모집단의 요소들이 상호 동질적일수록 표집오차가 작아지고, 반면 이질적일수록 표집오차가 커지며, 따라서 모집단의 요소들이 상호 이질적인 경우 표본의 크기를 크게 해야 표집오차를 줄여 표본의 대표성을 확보**할 수 있다.

2교시 사회복지실천

3영역 I 사회복지실천론

01	④	02	②	03	④	04	③	05	④
06	④	07	④	08	②	09	③	10	④
11	①	12	④	13	⑤	14	④	15	③
16	⑤	17	⑤	18	②	19	②	20	②
21	②	22	①	23	⑤	24	③	25	④

4영역 I 사회복지실천기술론

26	③	27	②	28	②	29	②	30	①
31	①	32	③	33	③	34	③	35	③
36	①	37	⑤	38	④	39	⑤	40	①
41	②	42	②	43	④	44	②	45	②
46	①	47	①	48	⑤	49	④	50	②

5영역 I 지역사회복지론

51	③	52	④	53	③	54	①	55	⑤
56	①	57	①	58	②	59	③	60	③
61	④	62	④	63	④	64	②	65	④
66	③	67	⑤	68	①	69	⑤	70	④
71	⑤	72	③	73	①	74	④	75	④

나의 점수 분석표

영역명	맞힌 개수 / 문제 수
사회복지실천론	/ 25
사회복지실천기술론	/ 25
지역사회복지론	/ 25
합계	/ 75

* 과락 기준: 75문제 중 맞힌 문제 수가 30개 미만

취약점 키워드 box

* 틀린 문제 중, 본인이 부족했던 개념 또는 키워드를 정리해 보세요!

3영역 사회복지실천론

01 사회복지실천의 토대 정답 ④

오답 분석

ㄱ. 사회복지실천은 **개인으로 하여금 자신의 역량을 확대하고 자신의 문제해결 능력 및 대처능력을 증진할 수 있도록 원조**해야 한다.

02 사회복지실천의 토대 정답 ②

② '자선조직협회의 활동'이 아니라 '인보관운동의 활동'에 관한 설명이다.

오답 분석

①, ④ **19세기 영국에서는** 산업혁명과 이에 따른 고도의 자본주의화로 빈부격차와 같은 사회문제가 대량으로 발생하였고, 이로 인해 **국가가 운영하는 「구빈법」의 한계가 발생**하였으며, 이에 '인도주의 이념'을 가진 자본가와 종교인들을 중심으로 한 **비체계적·비조직적 자선단체가 '난립'**하였다. 이러한 현상은 **구제의 중복 및 누락으로 인한 낭비 현상**을 가져왔으며, 이는 결국 **자선의 동기 약화**를 불러일으켰다. 자선조직협회는 이러한 시대적 배경 속에서 **민간 조직에 의해 수행되는 자선 활동의 '조정'을 통해 구제의 중복과 누락으로 인한 재원 낭비를 방지하기 위한 목적**으로 시작되었다.

③ 자선조직협회는 **「구빈법」상 조직인 구빈위원회와 업무를 협력**하여 구제 신청자를 접수한 후 접수된 구제 신청자의 **가정별로 우애방문단을 파견**하였다. 그리고 **수혜자격 심사(또는 자산조사)를 통해 빈민을 '도울 가치가 있는 빈민(deserving poor)'과 '도울 가치가 없는 빈민(non-deserving poor)'으로 구분한 후 '도울 가치가 있는 빈민'에 대해서만 '조언 제공, 훈계 등'을 통한 교화**를 하였다.

⑤ 자선조직협회의 우애방문자들은 **개인이나 가족차원의 접근**을 하여 **빈곤문제해결은 빈민 개인에 대한 '교화'와 이를 통한 '자조'를 통해서만 가능**하다고 보았다. 따라서 빈곤문제해결과 관련하여 **공공차원의 개입을 반대**하고 **'공공지출의 삭감'을 주장**하였다.

03 사회복지실천의 토대 정답 ④

오답 분석

①, ②, ③, ⑤ '직접적 실천'이 아니라 '간접적 실천'에 해당한다.

04 사회복지실천의 접근 방법 정답 ③

③ **병리적 관점**에서의 실천 초점이 **문제 발생의 원인을 찾고자 한 과거**였던 것에 반해, **강점관점**에서는 **미래의 성장을 위해 현재의 자원을 파악하고 이를 활용**하려하므로 **현재와 미래로 그 초점이 전환**되었다.

오답 분석

① '사회복지사'가 아니라 '개인, 가족, 지역사회가'가 맞다.

② '전문가의 지식과 기술'이 아니라 '개인, 가족, 지역사회와 같은 클라이언트 체계의 장점, 능력, 적응기술'이 맞다.

④ '강점관점'의 원리가 아니라 '병리관점'의 원리에 관한 설명이다. 강점관점하에서는 **사회복지사와의 협동 작업을 통해 클라이언트는 최선의 원조를 받을 수 있다**고 가정한다. 따라서 사회복지사는 클라이언트의 문제를 파악하고 이를 해결하는 데 있어서 문제의 원인을 파악하고 이를 해결하는 데에 주도적으로 개입하는 것이 아니라 클라이언트와 **파트너십 관계를 맺고 원조**해야 한다.

⑤ 강점은 용기와 낙관주의 같은 개인 내적인 요소 이외에도 **가족이나 지역사회가 가지고 있는 자원, 기회 등의 개인 외적인 요소 역시 포함**된다. 따라서 개인 내적인 요소로 한정되지 않는다.

05 사회복지실천의 토대 정답 ④

1915년에 미국 '전국자선단체 및 교정대회'에서 비평가인 플렉스너는 「사회복지직은 전문직인가?」라는 발표문을 통해 **사회복지직의 비전문성을 지적**하였고, 이를 **플렉스너의 비판**이라고 한다.

④ **1905년** 미국의 매사추세츠 병원에서 의사인 **카보트(Cabot)가 '의료사회복지사'를 정식으로 채용**하였다.

오답 분석

① **1917년 메리 리치몬드(Mary Richimond)가 출간한 「사회진단(Social Diagnosis)」**은 사회복지실천에 관한 이론과 방법을 체계화시킨 최초의 서적으로, 개별사회사업의 이론적 기반을 구축하는 데에 크게 기여하였다.

② **1929년** 개최된 밀포드 회의에서는 **최초로 개별사회사업의 통합과 공통적인 지식과 기술의 기반 마련을 위한 논의**가 있었다. 이를 위해 **사회사업의 공통요소가 제시**되었으며, 전문 사회사업에서 **일반사회사업(generic social work)으로의 전환이 주장**되었다.

③ **1921년** 미국사회복지사협회가 설립되었다.

⑤ 1920년대 전후에 등장한 진단주의에 관한 설명이다. 진단주의는 **1920년대 전후에 프로이트의 정신분석이론을 이론적 기반으로 하여 등장**하였다. 이들은 **질병의 심리학**에 영향을 받아서 **'진단과 치료'의 과정을 중시**하였고, 따라서 **치료자로서의 사회복지사의 역할을 강조**하였다.

06 사회복지실천의 토대 정답 ④

ㄴ. **과학적 기반**이란 과학적 방법으로 개발되어 사회복지사의 **학습에 의해 습득된 '지식과 기술'**로, 이론과 실천의 준거틀을 적절하게 활용하는 것(ㄱ), 기술과 훈련, 사회적 조건과 문제에 관한 지식, 조사 및 연구에 관한 지식[예 연구자료의 수집과 분석(ㄴ), 객관적인 관찰 등], 사회정책과 프로그램에 관한 지식, 사회현상에 관한 지식, 사회복지전문직에 관한 지식, 사회복지실천에 관한 지식, 인간행동과 사회환경에 관한 지식 등이 포함된다.

ㄷ. **예술적 기반**이란 클라이언트의 정서적 측면에 개입하는 **사회복지사의 심리적 특성과 능력**으로, 전문적 관계형성 능력, 동정, 용기, 사회적 관심, 감정이입적 의사소통, 진실성, 상상력, 온화함, 창의적 사고, 융통성, 인내심, 희망, 에너지, 건전한 판단력, 사회복지전문가로서의 가치관(ㄷ), 직관적 능력, 이해력, 감수성, 실천지혜 등이 포함된다.

ㄹ. 과학적 기반(또는 과학성)과 예술적 기반(또는 예술성)은 상호 대립적인 것이 아닌 상호보완적인 것으로, **사회복지사는 이러한 기반들을 조화시켜야만 효과적인 실천활동을 할 수 있으며, 따라서 사회복지사에게는 과학적 기반과 예술적 기반의 상호보완적이고 통합적인 실천역량이 요구**된다.

오답 분석

ㄱ. **'예술적 기반'**이 아니라 **'과학적 기반'**이 맞다.

07 사회복지실천의 토대 정답 ④

④ 인권은 보통 성문화된 실정법을 통해 구체적으로 보장되지만, 그렇다고 **실정법에서 보장하는 것에만 한정되지 않는다**. 즉 인권은 현실에 존재하는 법의 한계를 뛰어넘어 **인간의 존엄성을 보장하는 데 필요한 권리까지 포함하는 '정의의 법, 양심의 법'을 지향**한다. 따라서 실정법은 아동, 노인, 여성, 이주민, 장애인 등 **사회적 약자의 인권을 실현하여 인간의 존엄성을 보장하기 위한 수단이 되어야 한다**.

오답 분석

① 인권은 특권이나 권한과는 달리 개인의 성, 연령, 학력, 종교, 사회적 신분, 경제적 지위, 출신지역 등을 구분하지 않고 **모든 인간에게 해당되는 보편적인 권리**이다. 즉 인권은 **'인간이면 누구나'에게 해당하는 것이지 어떤 기준과 요건을 전제하지 않는다**.

② 인권은 개인이나 집단으로 하여금 **자신의 권리를 행사하는 데 있어서 타인이나 다른 집단의 권리를 제한하거나 침해하는 것을 허용하지 않으며**, 따라서 타인이나 다른 집단의 권리를 제한하거나 침해하는 개인이나 집단의 권리는 국가에 의해 일정부분 제한될 수 있다. 즉 인권은 **그것을 행사하는 개인과 집단이, 그리고 그것을 보장하는 국가가 상호 간에 각자의 책임을 동반하는 권리**이다.

08 사회복지실천의 접근 방법 정답 ②

② '개별이론을 집중적으로'가 아니라 '다양한 이론을 종합적으로'가 맞다. **통합적 접근**은 당시의 복잡하고 다원화되어가는 클라이언트의 문제와 욕구에 대응하기 위해 **다양한 이론체계의 접목 및 실용적 활용이 요구되어 등장**하였다.

09 사회복지실천의 접근 방법 정답 ③

③ '주체가 아닌 객체로'가 아니라 '객체가 아닌 주체로'가 맞다.

오답 분석

① **역량강화모델은 생태체계적 관점과 강점관점에 기반**한다.

② 역량강화모델에서는 클라이언트를 **개입의 주체, 자신의 문제에 대한 전문가, 변화과정에 능동적으로 참여하는 파트너, 소비자, 문제 해결을 위한 자원**으로 인식한다.

10 사회복지실천의 토대 정답 ④

④ '제공한다.'가 아니라 '제공하지는 못한다.'가 맞다. 사회복지사 윤리강령은 사회복지사들이 준수해야 할 **윤리적 기준을 명시한 규정**으로 **법적 구속력(또는 제재)의 근거가 될 수는 없다**. 즉 사회복지사 윤리강령은 사회복지 전문직이 준수해야 할 윤리적 기준에 해당할 뿐 이를 준수하지 않을 경우 법적 처벌이 뒤따르는 등의 법적 강제나 제재가 존재하지는 않는다.

오답 분석

① 가치란 **개인적인 신념 또는 믿음**으로, 일반적으로 **"좋다·싫다, 바람직하다·나쁘다."로 표현**되며, 사회복지실천의 3대 축(지식, 기술, 가치) 중의 하나이다. **사회복지전문직의 가치는 사회복지사의 올바른 판단과 결정을 위한 믿음체계**이다.

② 윤리란 사회복지 **전문가 집단의 '일반화된 가치'**로 윤리적 기준의 판별에 따라 **"옳다·그르다."로 표현**되며, **전문적 실천활동의 도덕적 지침**이 된다.

③ 윤리기준은 **시대와 상황에 따라 지속적으로 변화**한다.

11 사회복지실천의 토대 정답 ①

① **다중 클라이언트체계의 문제(또는 클라이언트체계의 다중성)**란 클라이언트체계의 다중성, 즉 **"누가 클라이언트인가?", "누구의 이익이 최우선인가?", "어떤 문제에 우선성이 있는가?", "개입의 초점은 무엇인가?"에 대한 혼란으로 발생**하는 가치갈등을 말한다. 제시된 상황에서 사회복지사 A에게 있어서 아동 B, 그의 알코올 중독인 아버지, 도박중독인 어머니, 그리고 중증 치매 증상을 보이는 할머니 모두가 클라이언트체계로, **사회복지사 A는 이들이 지닌 문제 중에 어떤 것에 먼저 개입해야 할지를 놓고 윤리적 딜레마에 빠졌다**.

12 사회복지실천의 토대 정답 ④

④ **평등과 불평등의 원칙**이란 **공정하고 평등한 결과의 유도**, 즉 인간은 자신의 능력이나 욕구에 따라 **다른 사람과 동일하게 또는 동일하지 않게 취급받을 권리가 있다는 것**이다.

예 아동을 학대하는 계모와 아동은 힘과 권위 면에서 불평등한 상태이다. 당연히 사회복지사는 아동을 양부와 불평등하게 취급하여 아동의 편에서 개입해야 한다.

오답 분석

① **로웬버그와 돌고프의 윤리적 의사결정**에서는 **생명보호의 원칙 > 평등과 불평등의 원칙 > 자율성과 자유의 원칙 > 최소 해악의 원칙 > 삶의 질 향상의 원칙 > 사생활보호와 비밀보장의 원칙 > 진실성과 완전공개의 원칙**의 순으로 우선시 된다.

② **자율성과 자유(또는 자기결정)의 원칙**이란 인간은 **자신의 의사에 따라 자유롭게 결정할 권리**가 있으며, 따라서 클라이언트의 의사를 존중하여 **그가 내리는 결정은 그의 의사대로 존중되어야 한다는 것**이다.

③ **최소 해악(또는 손실)의 원칙**이란 인간은 자신의 문제 해결과 관련하여 발생할 수 있는 **위해(危害)를 최소한으로 겪거나 혹은 겪지 않을 권리가 있다는 것**이며, 따라서 다양한 대안 중 선택되는 것은 해악을 최소한으로 주는 것이어야 한다.

예 요양보호사의 권익 보호와 관련된 '요양보호사 처우개선 조례 제정'을 요구하기 위해 '단식 농성'에 들어간 클라이언트에게 사회복지사는 그보다는 위험부담이 덜한 대안들을 먼저 제시해야 한다.

⑤ **진실성과 정보개방의 원칙**이란 인간은 **진실 및 가능한 정보 전부를 알 권리**가 있으며, 따라서 사회복지사는 **모든 정보를 충분히 개방하는 것을 허용하는 결정**을 해야 한다는 것이다.

13 사회복지실천의 토대 정답 ⑤

오답 분석

① 요양병원은 **2차 현장**이다.

② '2차 현장'이 아니라 '1차 현장'이 맞다.

③ '생활시설'이 아니라 '이용시설'이 맞다.

④ '2차 현장이며 이용시설'이 아니라 '1차 현장이며 생활시설'이 맞다.

14 사회복지실천의 접근 방법 정답 ④

④ '중첩되지 않는다.'가 아니라 '중첩될 수 있다.'가 맞다.

오답 분석

① **변화매개 체계**란 **사회복지사와 이들이 고용·소속되어 일하는 조직이나 기관**으로, 표적 체계의 문제를 해결할 능력과 지침을 가지고 있다.

② **표적 체계**란 **목표달성을 위해 영향을 미치거나 변화시킬 필요가 있는 대상**으로, 실제 문제를 가지고 있는 사람이다.

③ 클라이언트 체계와 표적 체계는 경우에 따라 동일할 수도 있다. 예를 들어 자신의 알코올 중독증 치료를 원해서 자발적으로 사회복지사를 찾은 클라이언트의 경우 클라이언트 체계이면서 동시에 표적 체계가 될 수 있다.

15 사회복지실천의 접근 방법 정답 ③

오답 분석

ㄹ. '확대를 추구한다.'가 아니라 '감소를 추구한다.'가 맞다. 사례관리는 지역사회를 중심으로 한 서비스 전달체계(또는 공식적·비공식적 자원) 간의 연계 및 조정을 통해 서비스 제공의 중복을 방지하여 서비스의 효율성을 높이고 **궁극적으로는 공공부문의 역할을 축소하여 공적부담의 감소를 추구**한다.

16 사회복지실천의 토대 정답 ⑤

⑤ **인도주의(人道主義, humanitarianism, 또는 박애사상)**란 인간애(人間愛)를 통해 **가진 자, 즉 부자(富者)와 가지지 못한 자, 즉 빈자(貧者)의 공존을 추구**한다. 이에 따라 **부자는 빈자를 도와야만 한다는 당위성을 제시하여 부자의 '사회적 책임'을 중시**한다.

17 사회복지실천의 토대 정답 ⑤

ㄱ. **옹호자**는 자립해서 지역사회의 자원이나 서비스를 확보하기 어려운 **소외된 개인이나 가족의 사회적 권리 확보**를 위해 그들을 대신하여 그들의 입장을 대변하고 변호하는 역할로, 이때 사회복지사는 **대중의 입장이 아닌 소외된 개인이나 가족의 입장만을 대변하고 변호**해야 한다. 궁극적으로는 **사회제도와 정책의 변화를 추구**한다.

ㄴ. **교사(또는 교육자, 정보제공자)**는 개별 클라이언트에게 문제해결과 관련된 **정보, 지식, 기술을 그가 이해할 수 있는 방법으로 가르치는 역할**을 말한다.

ㄷ. **중재자**는 분쟁 발생 시 **중립적 입장으로 개입**하여 **협상 또는 타협을 이끌 수 있도록 원조하는 역할**을 말한다.

ㄹ. **촉진자**는 효과적인 조직의 서비스 전달체계 강화를 위해서 **조직 내에서는 조직 구성원 간 상호작용과 정보교환을 강화**시키고, **조직 간에는 연결망을 강화시키는 역할**을 말한다.

18 사회복지실천의 접근 방법 정답 ②

② '서비스의 획일적 제공'이 아니라 '맞춤형 서비스 제공'이 맞다.

19 사회복지실천의 접근 방법 정답 ②

② 사회복지사는 클라이언트와 **구체적으로 한정된 기간을 갖고 관계를 맺으며**, 개입의 목적이 달성되었거나 달성될 수 없다고 판단되면 관계는 종결된다.

오답 분석

① **전문적 관계**란 사회복지사가 권위를 갖고 클라이언트의 문제해결이라는 목적하에 제한된 시간 동안 **클라이언트와 맺는 계약적 관계**를 말한다. 다만 **이것이 사회복지사가 클라이언트보다 우월적 지위에 있다고 볼 수는 없다.**

③ 클라이언트와 사회복지사 간에는 **클라이언트의 환경 적응과 문제해결이라는 상호 합의된 목적**이 있고, 이를 달성하고자 **계약관계**를 맺는다. 사회복지사의 욕구에 부응하는 것은 아니다.

④ '사회복지사와 클라이언트가 공동으로 책임진다.'가 아니라 '사회복지사가 책임진다.'가 맞다. **즉 책임의 주체는 클라이언트가 아니라 전문가인 사회복지사이다.**

⑤ '클라이언트의 감정과 행동의 변화를 통제한다.'가 아니라 '자신의 감정과 행동의 변화를 통제한다.'가 맞다. 전문적 관계에서 사회복지사는 객관성을 유지하고 **자기 자신의 감정, 반응, 정서를 자각하고 그 책임을 져야 한다.**

20 사회복지실천의 접근 방법 정답 ②

② **자기노출**이란 **사회복지사가 자신의 생각, 감정, 삶의 경험 등을 클라이언트에게 말하여** 클라이언트의 신뢰감과 상호이해를 증진시키고, **클라이언트로 하여금 표현을 촉진시키는 기술**이다. 다만 사회복지사는 클라이언트에게 도움이 되지 않는 이상 **절대 자신의 개인정보를 노출시켜서는 안 되며, 그 사용 역시 적절한 수준에서 통제**되어야 한다.

21 사회복지실천의 접근 방법 정답 ②

② **의도적 감정표현**이란 사회복지사가 클라이언트는 **타인에게 비난받을 수도 있는 자신의 부정적인 감정을 표현하고 싶어 한다는 욕구를 인정하여** 클라이언트가 자신의 감정을 자유롭게 표현하도록 **의도적인 환경을 제공하고 지지**해야 한다는 원칙이다.

22 사회복지실천의 접근 방법 정답 ①

오답 분석

② 모든 질문을 사전에 확정하기 보다는 **기본적인 질문은 정해 놓지만, 이후 면접을 진행하면서 추가적인 질문을 전개하는 것이 바람직하다.**

이것도 알면 합격

초기면접 준비 기술

- **사전검토(preparatory review)**: 클라이언트에 관한 **이전 기록**(예 의뢰서 등), 즉 이전에 서비스를 받았던 기관의 정보나 클라이언트의 기본적인 배경을 검토하여 **클라이언트에 관한 전문지식을 보완**하는 것으로, 사회복지사는 기록 검토 시 클라이언트에 대한 편견이나 선입관을 갖지 않도록 주의해야 한다.

- **사전탐색(preparatory exploring)**: 접수나 초기면접을 담당하는 사회복지사, 클라이언트의 의뢰자 또는 사회복지사가 소속된 동일한 기관의 다른 동료사회복지사에게 서비스를 받은 경우에는 그 동료사회복지사에게서 **질문을 통해 클라이언트에 대한 정보를 수집**하는 것으로, 이때 사회복지사는 그들로부터 들은 응답에 그들의 주관적인 관점이 포함되어 있음을 알고, 이를 맹신해서는 안 된다.
- **사전협의(preparatory consulting)**: **슈퍼바이저나 동료에게서 조언을 구하는 것**을 말한다.
- **사전정리(preparatory arranging)**: **클라이언트의 특성을 고려한 시설환경 준비**(예 비밀보장이 가능한 공간 확보, 가구배치, 교통 편의 및 주차, 장애인 편의 장비 등), 약속시간 잡기 등의 **물리적인 내용이 포함된 체계적인 준비**를 말한다.

③ 클라이언트가 지나치게 말을 많이 하는 경우, 목적과 맥락에 어긋나는 방향으로 면담이 진행될 우려가 있다. 그렇다고 이때 폐쇄형 질문만을 사용하게 되면, 클라이언트의 의견이나 감정, 사고, 관점 등을 명확히 파악하기 어려우며, 더 나아가 클라이언트의 입장에서는 공감받지 못하고 있다는 생각이 들어 자기개방이 되지 않고 이에 **사회복지사와 클라이언트 간의 신뢰감 형성에도 좋지 못한 결과를 제공할 수 있다.** 따라서 사회복지사는 클라이언트의 말을 경청할 수 있어야 하되, 지나치게 면접 진행에 문제가 된다고 판단될 경우 **부분적으로 폐쇄형 질문을 사용하거나 초점화 기술을 통해 클라이언트로 하여금 특정 문제에만 초점을 맞히도록 해야 한다.**

④ 면접 시 초기에는 **"결혼하신 지는 얼마나 되시나요?"와 같은 폐쇄형 질문으로 대화를 이끌어 나가는 것이 필요하며, 차츰 "부부 간에 발생한 문제의 원인은 무엇이라고 생각하시나요?"와 같은 개방형 질문으로 면접을 전개**해 나가는 것이 바람직하다.

⑤ '사정면접'이 아니라 '치료면접'이 맞다.

23 사회복지실천의 과정 정답 ⑤

오답 분석

① '개입방법과 비용'은 **'계약서'에 포함되는 내용**이다.

② '개입단계'가 아니라 **'계획단계'에서의 과업**이다.

③ '종결단계'가 아닌 **'계획단계'에서의 과업**이다.

④ '표적문제의 우선순위 결정에서 고려해야 할 사항'이 아니라 '목표 설정 시 고려해야 할 사항'이다.

이것도 알면 합격

에간(Egan)의 목표 설정의 SMART 원칙

- Specific: (구체성) 목표는 구체적이어야 한다.
- Measurable: (측정 가능성) 목표는 측정 가능해야 한다.
- Attainable: (달성 가능성) 목표는 달성할 수 있어야 한다.
- Realistic: (현실성) 목표는 현실적이어야 한다.
- Time-Bounded: (시간 제한성) 목표는 시간 제한적이어야 한다.

24 사회복지실천의 토대 정답 ③

ㄱ. (두 번째) 1995년

ㄴ. (첫 번째) 1987년

ㄷ. (세 번째) 1997년

ㄹ. (네 번째) 2000년

25 사회복지실천의 토대 정답 ④

④ '언제든'이 아니라 '정당한 비공개 사유가 없는 한'이 맞다. **사회복지사는 클라이언트가 자신과 관련된 기록의 공개를 요구하면 정당한 비공개 사유가 없는 한 정보에 접근할 수 있도록 해야 한다(사회복지사의 윤리기준 > Ⅱ. 클라이언트에 대한 윤리기준 중).**

오답 분석

①, ② 사회복지사의 윤리기준 > **Ⅰ. 기본적 윤리기준 중**

③ 사회복지사의 윤리기준 > **Ⅲ. 사회복지사의 동료에 대한 윤리기준 중**

4영역 사회복지실천기술론

26 사회복지실천 개입모델 정답 ③

ㄱ. '과잉일반화'가 아니라 '임의적 추론'이 맞다. **과잉일반화**란 **단일 사건에 극단적인 신념을 적용**하여 유사하지 않은 사건이나 장면에 부적절하게 적용하는 자동적 사고이다. 즉 한 번의 부정적 사건을 마치 끝없이 반복되는 실패의 본보기처럼 생각하는 것이다.
예 "내가 너무 못생겨서 남자친구가 떠났으니 결혼도 하기 어렵겠지!"

ㄴ. '개인화'가 아니라 '과잉일반화'가 맞다. **개인화**란 **자신과 관련시킬 근거가 없는 부정적인 외부사건을 자신과 관련지어 자신이 원인이라고 인지**하는 자동적 사고를 말한다.
예 "내가 신고만 빨리했어도 화재로 사람이 죽지 않았을 텐데"

ㄷ. **과장과 축소**란 **부정적인 부분은 극대화시키고 반면에 긍정적인 부분은 극소화**시키는 자동적 사고를 말한다.
예 (과장) "난 사회복지사 1급 시험에 합격했지만, 이 시험은 누구든지 합격할 수 있는 시험이야!"
(축소) "난 몸이 약해, 분명히 나는 오래 살지 못할 거야"

오답 분석

ㄹ. 선택적 사고란 **전체적인 사건 가운데에서 긍정적인 부분은 여과시켜 무시**하고 부정적인 세부 부분만을 가지고 전체적인 사건에 적용하는 자동적 사고이다.
예 사회복지사 1급 시험에서 사회복지실천기술론에서는 좋은 점수를 받았지만, 사회복지정책론에서는 좋지 못한 점수를 받은 학생이 "나는 이번 시험을 망쳤어"라고 하는 경우

27 사회복지실천 개입모델 정답 ②

② 해결중심모델에서는 과거를 깊게 탐색하지 않는다. 다만 해결중심모델에서는 **현재와 미래를 지향**한다. 즉 클라이언트로 하여금 과거와 문제로부터 멀리하게 하고, 발전적인 미래와 현재 문제에 대한 구체적인 해결방안을 구축하는 데 관심을 갖도록 노력한다.

28 사회복지실천 개입모델 정답 ②

② 인지행동모델은 **시간제한적인 단기개입모델**이며, **문제중심적이며, 목표지향적, 현재중심적인 개입모델**이다. 따라서 **문제를 명확히 하고 목표를 정하는 데 초점**을 둔다.

오답 분석

① '객관적 경험의 일반화'가 아니라 '주관적 경험의 독특성'이 맞다.

③ '비구조화된 접근'이 아니라 '구조화된 접근'이 맞다.

④ '인지행동모델'이라기보다는 강점관점이 반영된 **'역량강화모델이나 해결중심모델'에 관한 설명**이다.

⑤ '수동적으로'가 아니라 '능동적으로'가 맞다.

29 사회복지실천 개입모델 정답 ②

② '포괄적으로'가 아니라 '제한적으로'가 맞다. **위기개입모델**에서의 개입목표는 **제한된 목표**로, **과거의 탐색이나 위기에 대한 반응이 아닌 '위기 이전 상태로 돌아가는 것'이 개입의 1차적인 목표**이다.

오답 분석

① **위기개입모델**에서 **개입은 가능한 한 즉시 제공**되어야 하며, 위기단계에서 6주 이내에 문제를 해결해야 한다. 따라서 **위기개입모델은 단기적인 개입방법을 사용하는 개입모델에 해당**한다.

③ **위기개입모델**에서 사회복지사의 역할은 **지시적·적극적·직접적이어야** 한다.

④ **'위기 이전의 기능수준으로 회복'하는 것은 위기개입모델의 1차적인 목표**이다.

30 사회복지실천 개입모델 정답 ①

① **지지하기**는 클라이언트의 불안을 감소시키고, 원조관계를 수립하며, 동기화를 촉진시키기 위해서 **재보증, 격려, 실질적 활동**(예 경제적 지원, 선물주기 등) **등**을 하는 **심리사회모델의 직접적 개입기술의 하나**이다.

31 사회복지실천 개입모델 정답 ①

ㄱ. **내적의사소통의 명료화**는 클라이언트 스스로 **자신에 대해 독백(獨白)하고 생각하게 만드는 기법**으로, 사회복지사는 피드백을 제공하여 **클라이언트 자신의 독백과 생각의 비합리성을 이해할 수 있게 해야 한다.**

ㄴ. **과제수행(또는 기록과제, 과제기록, 행동기록일지 작성)**이란 클라이언트에게 특정 상황에서 떠오르는 **자신의 생각이나 정서를 스스로 파악하고 이를 기록하는 과제를 부여하는 기법**으로, 클라이언트로 하여금 **새로운 행동을 배우게 하거나 과거의 부정적인 반응을 제거하게 하는 데 활용**된다.

ㄷ. **경험적 학습**은 **인지적 불일치(또는 부조화) 원리를 적용한 기법**으로, 왜곡된 인지에 도전하여 변화를 유도하기 위해 클라이언트로 하여금 **자신의 인지적 왜곡에 부합하지 않는 특정한 행동을 하도록 지시**하여 클라이언트가 자신의 인지적 오류를 발견하고 수정하도록 하게 하는 것이다.

오답 분석

ㄹ. '행동이 어떻게 생각에'가 아니라 '생각이 어떻게 행동에'가 맞다. **설명**은 엘리스의 합리적 정서행동치료모델에서 사용하는 기법으로, **ABC 메커니즘을 클라이언트에게 구체적으로 설명**하여 **생각이 어떻게 행동에 영향을 미치는지를 알려주는 것**이다.

32 사회복지실천 개입모델 정답 ③

③ **비난형**은 회유형의 반대 유형으로 자신의 생존을 위해 **타인을 무시하고 탓하며, 타인에게 자신만의 방식을 강요**하는 의사소통 유형이다. 또한 **혼란형(또는 산만형, 주의산만형)**은 초이성형의 반대 유형으로 자기, 타인, 상황을 모두 무시하는 의사소통 유형이며, **맥락 없이 이야기를 하며 초점과 주제가 없다.**

33 가족 대상 사회복지실천 정답 ③

③ '훈육과 통제를 강화해야 한다.'가 아니라 '훈육과 통제보다는 자녀의 자율성을 인정해야 한다.'가 맞다.

34 가족 대상 사회복지실천 정답 ③

오답 분석

ㄹ. '가계도'가 아니라 '생태도'가 맞다. **생태도(ecomap)**는 **하트만(Hartman)에 의해 고안**된 가족 사정도구로, **생태체계적 관점, 즉 환경 속의 인간관이 반영**되었다. 다양한 **상징(또는 그림)을 활용**하여 가족과 그들에게 있어서 의미 있는 **환경체계들과의 역동적인 상호작용**을 보여준다.

35 가족 대상 사회복지실천 정답 ③

③ 역설적 개입의 세부전략 중에 하나인 **증상처방(prescription)**은 문제와 관련된 **클라이언트의 행동체계를 정확히 파악**하여 **클라이언트에게 간단하지만 수용하기 어려운 증상을 지속하게 하거나 증상을 과장하게 하여** 클라이언트 스스로 증상을 통제할 수 있도록 만드는 기술이다. 이를 통해 클라이언트는 **사회복지사의 지시를 거부하고 증상을 포기하거나, 또는 그 지시대로 따르면서 증상이 본인의 통제와 조절하에 있다는 것을 깨닫게 된다.**

36 가족 대상 사회복지실천 정답 ①

ㄱ. **자아분화**란 **보웬 이론에서 가장 핵심적인 개념**으로, **개인이 원가족의 정서적 융합에서 벗어나 자기만의 방식으로 자주적으로 행동하게 되는 것**을 말한다. **자아분화수준이 높을수록 원가족과 정서적으로 분화**되어 사고와 감정의 균형, 자발성, 적응력, 자율성, 자제력, 객관성 등 기능적인 요소를 갖는 경향이 증가한다. 반면 **자아분화수준이 낮을수록 원가족과 정서적으로 미분화**되어 삼각관계 형성, 타인과 정서적 융합, 자기중심적 사고, 분노, 배척 등 역기능적 요소를 갖는 경향이 증가한다. 보웬은 **기능적인 가족을 자아분화 수준이 높은 가족성원의 결합**으로 보았다.

오답 분석

ㄴ. '자아분화'가 아니라 '정서적 단절'이 맞다. **정서적 단절**이란 미해결된 정서적 애착으로 인해 **부모 등 원가족의 다른 성원들과 정서적 유대관계를 갖지 않고 자신을 고립시키는 현상**을 말한다. 이러한 정서적 단절은 주로 **가족투사과정에 개입된 자녀에게서 두드러지게 나타난다.** 정서적 단절 상태에 있는 사람은 가족과 접촉을 피하거나 접촉을 하더라도 상대방의 잘못을 계속 지적하는 등의 이상행동을 보인다.

ㄷ. '자아분화'가 아니라 '삼각관계'에 관한 설명이다. **삼각관계**란 **자아분화 수준이 낮은 부모**가 이로 인해 발생하는 불안이나 갈등을 회피하기 위해 **제3자를 끌어들이는 현상**을 말한다. 다시 말해 부부 사이에 갈등이 발생하게 되면 이들 중 불편을 느끼는 사람이 갈등으로 인한 불안을 감소시키기 위해 제3의 사람이나 대상(예 텔레비전, 애완동물, 취미활동, 친구 등)을 부부 관계로 끌어들이는 정서적 역동 현상이다.

ㄹ. '자아분화'가 아니라 '다세대전수과정'에 관한 설명이다. **다세대전수과정**이란 자아분화수준이나 삼각관계와 같은 **가족의 정서적 과정이 여러 세대에 걸쳐 이어지는 과정**을 말한다. 자아분화수준이 낮은 두 사람이 결혼하여 자녀에게 자신들의 미분화된 자아를 투사하면 자녀는 부모보다 더욱 미분화된 상태가 되며, 이러한 과정이 수대에 걸쳐 진행되면 조현병, 알코올중독, 강박증 등과 같은 병리적인 질환들이 나타나게 된다. 보웬의 입장에서 개인의 정서적 역기능은 **다세대에 걸쳐 전수된 미분화된 자아의 결과물**이다.

37 가족 대상 사회복지실천 정답 ⑤

⑤ **외현화(또는 문제의 외부화, 문제의 외재화, 표출대화)**란 주로 **이야기가족치료모델에서 활용되는 기법**으로, 클라이언트 안에 존재하는 문제를 끄집어내어 클라이언트와 분리해서 다루는 기술이다 (예 "돈은 당신이 남편과 갈등을 겪도록 만들었군요. 그렇지요?").

오답 분석

①, ②, ③, ④ 제시된 사례는 구조적 가족치료에서 역기능적 상황에 놓이기 쉬운 가족 유형 중 **3세대 가족과 관련된 것**이다. **3세대 가족**이란 주로 **조모, 그리고 자녀의 어머니와 그의 자녀로 구성된 가족**으로, 3세대 간 역할이 분리되거나 배치되기 어려운 특성을 가지고 있다. 이러한 가족 유형에서 어머니는 조모의 자녀이며, 따라서 자신의 자녀에게 부모라기보다 동료로 여겨질 가능성이 더 크다. 또한 **조모와 어머니는 자녀에 대한 일차적인 부모 역할과 책임을 두고 경쟁**할 수 있으며, **자칫 조모와 자녀 간에 부모자녀 사이와 같은 연합이 있을 수도 있다.** 이러한 가족에 대해 사회복지사의 치료 목표는 **명확한 경계 설정으로 3세대 간의 역할을 적절히 분리하고 배치하는 것**이다. 제시된 사례에서 A는 자신의 어머니, 그리고 아이와 함께 생활하므로 3세대 가족에 해당하며, 그녀의 어머니(또는 아이의 할머니)인 C가 A의 자녀를 돌봐주는 행위는 부모-자녀 간의 경계와 역할을 모호하게 만드는 것이다. 이로 인해 A의 아이(B)는 말을 잘 듣지 않고 무시하는 문제행동을 보이고 있으며, 더 나아가 이러한 B의 문제행동이 점점 더 심각해지고 있다. 이러한 경우 구조주의치료에 따른 사회복지사의 개입은 **경계 만들기, 과제주기, 가족 재구조화, 실연 등을 통해 B와 C 간, 그리고 A와 B 간에 명확한 경계를 설정하여 3세대 간 역할을 적절히 분리하고 배치**해야 한다.

38 가족 대상 사회복지실천 정답 ④

오답 분석

ㄱ. '순환적 인과관계'가 아니라 '직선적 인과관계'가 맞다. **순환적 인과관계란 문제의 원인과 결과를 단선적 인과론(또는 직선적 인과관계)이 아닌 순환적 인과관계로 이해**하는 것으로 **가족문제를 이해하는 효과적인 관점**이다. 이 관점에서는 문제와 관련된 증상을 보이고 있는 가족구성원은 **환자나 문제의 유발자가 아닌 증상을 표출시키는 사람 또는 가족에 의해 환자로 지목된 사람에 불과**하다. 다시 말해 가족문제의 발생과 지속의 원인은 **문제를 발생시킨 특정 대상 때문이 아니라 문제가 발생되는 가족의 상호작용유형이 지속되기 때문**이다.

ㄴ. **'동귀결성'**이란 어떤 결과가 발생하는 데 있어서 같거나 유사한 문제를 지닌 가족체계라 할지라도, 그러한 **문제를 유발시킨 원인은 각각 다양할 수 있다는 것**을 말한다.

ㄷ. '하위체계가 없는 체계'가 아니라 '하위체계가 있는 체계'가 맞다. 가족은 사회환경의 하위체계이며, 그 내부에는 **부부하위체계, 부모하위체계, 부모-자녀하위체계, 형제하위체계 등 다양한 하위체계가 존재**한다.

39 사회복지실천 개입모델 정답 ⑤

ㄱ, ㄴ, ㄷ, ㄹ. **발전(development)단계**는 강점을 발전시켜 역량을 강화하고, 강화된 역량을 안정화시켜 **달성한 것을 통합하는 단계**이다.

이것도 알면 합격

발전단계의 주요 과업

자원 활성화하기 (ㄱ)	• 클라이언트가 활용 가능한 자원을 확보하기 • 클라이언트의 권리와 책임을 강조하기 • 클라이언트를 행동에 참여시켜 동기를 부여하기
결연(또는 동맹)관계 창출하기 (ㄴ)	클라이언트와 체계 간 역량강화적인 결연관계 수립을 통해 변화를 활성화시키기 위한 새로운 자원을 형성시키기
기회 확장하기 (ㄷ)	사회변화를 위한 행동(예 프로그램 개발, 지역사회 조직, 사회행동 등)을 통해 **새로운 자원을 개발하고 활성화하기**
성공 확인·인정하기 (ㄹ)	클라이언트의 성공적인 변화의 노력에 대해 평가하기
종결하기	클라이언트의 변화를 격려하고 유지시키기

40 가족 대상 사회복지실천 정답 ①

① **'다세대가족치료모델'이 아니라 '이야기치료모델의 문제의 외현화 기술'에 관한 설명이다. 문제의 외현화(또는 문제의 외부화, 표출대화)**란 클라이언트 안에 존재하는 문제를 끄집어내어 클라이언트와 분리해서 다루는 기술로, 주로 **이야기가족치료모델에서 사용**된다.

오답 분석

② **전략적가족치료모델의 역설적 개입 기술에 관한 설명이다. 역설적 개입**이란 **"변화하라!"는 메시지와 "변화하지 말라!"는 두 가지 모순된 메시지를 전달하는 '치료적 이중구속'을 활용**하여 가족으로 하여금 증상을 통제하거나 포기하게 만들어 가족의 문제를 해결하는 기술이다. 즉 **가족이 사회복지사의 지시에 저항하도록 하여 변화를 일으키는 기술**로, 사회복지사는 가족의 변화를 돕기 원한다고 하면서 동시에 그들에게 "변화하지 말라."고 요구함으로써 가족의 변화를 유도한다.

③ **경험적가족치료모델의 가족조각 기술에 관한 설명이다. 가족조각**이란 공간 속에서 **가족성원들이 자신들의 신체를 이용해 가족력(家族歷) 중 일정 시점에서의 가족의 상호작용양상을 표현**하도록 유도하는 기술이다.

④ **해결중심가족치료모델의 상담 전 변화질문 기술에 관한 설명이다. 상담 전 변화질문**이란 변화의 불가피성에 근거하여, 클라이언트가 **면접을 약속한 후 현재 면접 당시 그동안 일어났던 변화에 대해 질문하는** 기술이다. 변화가 있을 경우 사회복지사는 클라이언트가 지닌 해결 능력을 인정하고 칭찬해야 한다.

⑤ **구조적가족치료모델의 합류하기와 균형깨뜨리기 기술에 관한 설명이다. 합류하기**란 사회복지사가 **가족 상호작용의 일원이 되어 가족 정서체계에 적응하여 관계를 맺는 기술**로, 개입 초기에 사회복지사와 가족성원 간에 **'라포'와 '신뢰관계'를 형성**하거나 **가족성원 간의 상호교류의 맥락을 이해**하기 위해 사용한다. 또한 **균형깨뜨리기**란 **가족 내 하위체계 간 역기능적인 위계의 균형을 깨뜨리기 위해서 활용하는 방법**이다.

41 가족 대상 사회복지실천 정답 ②

② '영향을 받지 않는다.'가 아니라 '영향을 받는다.'가 맞다. 시대와 문화의 변화에 따라 단독가구, 한부모가족, 동성애가족, 다문화가족, 무자녀 가족 등 **다양한 가족개념이 등장**하여 **가족생활주기별 구분이 모호**해지고 있다.

오답 분석

③ 평균 수명 연장으로 인해 **빈 둥지 기간(empty nest, 자녀의 출가 이후 노부부만 남아 이후 배우자 사망까지의 기간)이 길어지고 있다.**

④ 전통적인 가족이 본래 가지고 있던 기능의 많은 부문을 다양한 사회제도에 이전하게 되었다.

이것도 알면 합격

전통적인 가족 기능과 사회적 이양 주체

전통적인 가족 기능	사회적 이양 주체
구성원의 양육과 보호 기능	어린이 집, 장기요양기관 등의 사회적 돌봄 제도
사회화 기능	학교 등의 교육제도
경제적 기능	기업 등의 경제 주체

⑤ **부부관계가 기존의 권위적인 지배관계에서 민주적인 상호의논 관계, 남편 주도형에서 부부의논, 더 나아가 아내주도형 등 가족의 권력구조가 평등화**되었다. 이는 가족 내 다양한 갈등 발생의 원인이 되고 있다. 또한 자녀에게 있어서 부모의 권위는 낮아지고 오히려 부모가 자녀의 눈치를 보는 **역수직 관계가 발생**하고 있다.

42 사회복지실천 개입모델 정답 ②

ㄴ. **대처질문**이란 **과거 클라이언트가 수행한 문제의 대처 경험에 대해 질문**하여 클라이언트 스스로가 자신이 대처기술을 가졌다는 것을 깨닫게 하는 기술이다. 따라서 선지를 대처질문으로 옳게 고치자면 "지금까지 그 어려운 상황 속에서도 가족들이 견딜 수 있었던 것은 무엇 때문이라고 생각하십니까?"라고 해야 한다.

ㄹ. **기적질문**이란 문제 자체를 제거시키거나 감소시키지 않고 **문제와 분리되어 해결책을 상상하게 하는 기술**이다. 다시 말해 **클라이언트로 하여금 문제가 해결된 미래의 상태를 상상해보게 하는 것**이다.

오답 분석

ㄱ. **예외질문**이란 어떠한 문제에도 예외, 즉 **클라이언트가 문제로 생각하고 있는 행동이 일어나지 않았던 경우나 우연적인 성공은 있기 마련이라는 가정하에 실시하는 질문**으로, 중요한 예외를 질문을 통해 찾아내서 계속 그것을 강조하면서 클라이언트의 성공을 확대하고 강화시켜 주는 것이다.

ㄷ. **관계성질문**이란 **클라이언트에게 중요한 타인의 관점으로 클라이언트가 처한 현 상황을 바라보도록 질문**하는 기술이다.

43 사회복지실천 개입모델 정답 ④

ㄴ. **훈습**이란 클라이언트가 무의식적으로 치료의 목표 달성에 반대되는 태도를 보이는 현상인 **저항이나 전이에 대한 이해를 반복하여 심화하고 확장시키는 기술**로, 이를 통해 클라이언트는 자신의 불안을 최소화하고, 적합한 방법으로 자신의 문제를 이해할 수 있는 능력을 키우게 된다.

ㄷ. **자유연상**이란 최면술에 거부감을 가졌던 프로이트가 무의식 세계를 탐구하기 위하여 최면술 대신 선택한 방법으로, 클라이언트에게 편안한 자세를 취하고 **눈을 감게 한 후 마음속에 떠오른 감정이나 기억 등을 자유롭게 말하게 하여** 클라이언트 자신이 방어기제를 사용하여 스스로 억압한 충동을 발견하고 무의식을 의식 수준으로 전환할 수 있도록 돕는 기술을 말한다. 이때 사회복지사는 클라이언트의 진술 내용 중 **별로 중요하지 않거나 연관이 없는 것이라 할지라도 억제하지 말고 모두 진술하는 것이 중요하다는 것을 설명**해 주어야 한다.

ㄹ. **해석**이란 클라이언트의 행동 속에 내포된 의미에 대해 **사회복지사가 자신의 지식과 직관력에 근거하여 가설을 제시하고 이를 설명하는 기술**로, 클라이언트의 '무의식 세계'에 대한 분석을 통해 클라이언트가 자신의 행동, 감정, 생각을 새로운 시각으로 볼 수 있게 하는 **통찰력을 향상**시킨다.

오답 분석

ㄱ. **직면**이란 사회복지사가 클라이언트의 **언어와 행동 간의 불일치 등을 발견하고 이를 지적하여 교정하게 하는 기술**을 말하며, 주로 **저항을 극복하거나 동기화시킬 때에 활용**한다.

44 사회복지실천의 기록과 평가 정답 ②

ㄴ. '문제중심기록'이 아니라 '과정기록'이 맞다. **과정기록**은 사회복지사와 클라이언트 간에 있었던 일을 **있는 그대로 기록하는 방식**으로, **의사소통 내용뿐만 아니라 비언어적 표현까지도 상세히 포함**하여 기록한다. 이를 통해 클라이언트와 사회복지사와의 **상호작용 과정(예 클라이언트의 표정과 몸짓, 사회복지사의 느낌 등)을 면밀하게 분석하기 위해서 사용**된다.

ㄹ. '요약기록'이 아니라 '과정기록'이 맞다. **요약기록**은 **개입과 관련된 중요한 정보만을 간추려 요약하여 기록하는 방식**으로, **효율적이며 따라서 사회복지관에서 흔히 사용되는 기록형태**이다.

오답 분석

ㄱ. 과정기록은 초보 사회복지사나 실습생 등이 자신의 활동에 대한 점검과 슈퍼비전 또는 자문을 받을 때 유용하여 **교육적 도구**로 활용된다.

ㄷ. 이야기체기록은 기록인 사회복지사의 문장력에 의존하며, **사회복지사의 재량이나 관점에 많이 좌우될 수 있어 추후에 원하는 정보를 찾기에 어렵다.**

45 집단 대상 사회복지실천 정답 ②

② **지지집단**이란 **스트레스를 발생시키는 유사한 생활사건이나 문제를 경험했거나 경험 중**이어서 자조 및 상호원조가 필요한 사람들을 집단성원으로 하여, 이들 간의 상호원조를 통해 **생활사건이나 문제에 대한 대처기술을 향상**시키고, **미래에 대한 희망을 촉진**시키기 위한 목적으로 형성된 집단이다. 이런 측면에서 지지집단은 자조집단(또는 자조모임)과 집단성원 및 집단목적에 있어서 매우 유사하다. 다만 자조집단에서는 사회복지사의 역할이 거의 없거나 있더라도 자문가 정도인데 반해 **지지집단은 사회복지사가 그 집단 계획부터 운영에 있어 적극적인 역할을 하고 또한 집단목적 달성과 관련해서 책임도 크다는 데 차이점**이 있다. 제시된 사례는 자조집단으로도 볼 수 있지만, **응답범주 내에 자조집단이 없으므로 지지집단으로 보는 것이 적절하다.**

46 집단 대상 사회복지실천 정답 ①

① '이질적으로'가 아니라 '동질적으로'가 맞다.

이것도 알면 합격

집단응집력 향상을 위한 지침(또는 전략)

- **가급적 동질적 집단으로 구성**한다.
- **공개적인 집단토의와 프로그램 활동 등을 적극적으로 활용**하여 집단성원 간 상호작용을 촉진시킨다.
- 집단성원이 **흥미 있어 하는 프로그램 활동을 일정에 포함**시킨다.
- **집단성원 간 원활한 피드백을 교환할 수 있도록 지지**한다.
- **사회복지사가 집단응집력의 모델**이 된다.
- 집단에 대한 **자부심을 고취**시킨다.
- 집단성원으로서의 **책임성을 강조**한다.
- 집단성원 간 **다른 인식과 관점을 수용, 지지, 경청, 인지하도록 원조**한다.
- 집단 참여를 통해 얻게 되는 **보상, 자원 등을 제시하고 또한 제공**한다.
- 개별성원의 변화하려는 시도와 기능적인 행동을 습득하기 위해 노력하는 모습을 집단성원들이 **지지하고 격려하는 분위기가 형성**되도록 한다.
- **집단성원 간 협력적 관계를 형성**할 수 있도록 원조한다.
- **집단성원의 기대와 집단의 목적을 일치**시킨다.
- 집단성원들로 하여금 자신들이 **집단의 목표를 달성할 수 있는 유능한 존재라는 것을 인식**시킨다.

47 사회복지실천 개입모델 정답 ①

① '체계적 탈(둔)감법'이 아니라 '역설적 의도'가 맞다. **체계적 탈(둔)감법이란 고전적 조건화 이론에 근거한 기술**로, 클라이언트로 하여금 **그가 불안감을 경험하는 상황에 의도적으로 노출시키는 것**이다. 즉 **클라이언트에게 가장 덜 위협적인 상황에서 가장 위협적인 상황까지의 상황들을 순서대로 제시**하면서, 불안자극과 불안반응 간의 연결이 없어질 때까지 불안을 일으키는 자극들을 반복적으로 이완 상태와 연결하는 기술이다.

48 집단 대상 사회복지실천 정답 ⑤

⑤ '난이도가 높은 과제로부터 쉬운 과제를 주는'이 아니라 '난이도가 쉬운 과제로부터 높은 과제를 푸는'이 맞다.

오답 분석

①, ② **사회(성)기술이란 사회화집단에서 활용하는 일종의 대인관계 기술이다.** 따라서 **사회기술훈련**이란 **사회학습이론에 근거**하여 적당한 훈련 방법(예 모델링, 강화, 과제제시, 직접적인 지시, 영상물, 행동시연, 역할연습, 코칭, 자기옹호 등)을 활용하여 클라이언트의 환경에 대한 영향력을 향상시키고, 적응하게 만드는 것이다. 의사소통기술, 사회인지기술(상대방의 말을 경청하고, 상황을 파악하고, 어떻게 반응해야 하는지를 알 수 있는 능력), 사회문제 상황에 대한 대처기술 등으로 구성되어 있으며, **정신병원이나 교정시설 퇴소자 등의 사회복귀지원 프로그램에 적용이 가능**하다.

49 사회복지실천 개입모델 정답 ④

④ '과제중심모델'에서 표적문제는 클라이언트가 해결을 호소하는 심리적/사회적 문제로, 주로 면접 초기에 클라이언트와 사회복지사 간의 합의에 의해 잠정적으로 결정된다. 또한 **과제란 클라이언트와 사회복지사 간의 동의로 계획되는 특정 유형의 표적문제해결활동**으로, 면접 안에서 뿐만 아니라 면접 밖에서도 행해지는 활동이며, 클라이언트의 과제와 사회복지사의 과제로 구성된다. 제시된 사례에서 A군이 호소하는 문제는 '분노조절을 하지 못한다는 것'이며, 따라서 이를 표적문제로 정하는 것이 바람직하다. 또한 표적문제와 관련하여 과제를 설정할 때에는 반드시 구체적이어야 한다. '주 1회 상담하기'는 실행 가능성이 있는 구체적인 목표이며, 과제로서 타당하다.

50 집단 대상 사회복지실천 정답 ②

② **'치료모델'이 아니라 '사회적 목표모델'이 맞다.**

오답 분석

③ **'사회적 목표모델'을 포함해 모든 사회복지실천 모델**에서는 **'사회복지사의 촉진자 기능을 중시'**한다. 이때 '촉진자'란 집단 내에서는 집단성원 간 상호작용 강화와 정보교환을 촉진시키고, 집단 간에는 연결망을 강화시켜 궁극적으로 **집단체계를 효과적으로 유지 및 강화시키는 역할**이다. 참고로 사회적 목표모델에서 사회복지사는 집단발달의 '촉진자' 이외에 집단의 민주적 기능을 증진시키는 데 기여하는 **'상담자, 능력부여자, 교사' 등의 역할 역시 담당**한다.

5영역 지역사회복지론

51 지역사회복지실천의 토대 정답 ③

오답 분석

ㄱ. **'로스만(Rothman)'이 아니라 '로스(Ross)'가 맞다.**

ㄴ. '공동사회(gemeinschaft)'가 아니라 '이익사회(gesellschaft)'가 맞다. 퇴니스(Tönnies)는 '결합의지'에 따른 사회의 종류를 **'공동사회와 이익사회'로 분류**하였으며, 이때 공동사회(gemeinschaft)란 '자연의지'에 의해 결합된 사회로 이웃, 친구, 가족 등이 있으며, 이익사회(gesellschaft)는 '합리의지'에 의해 결합된 사회로 회사, 정부 등이 있다. **산업사회 이후 공동사회는 이익사회로 발전**되었다.

52 지역사회복지실천의 토대 정답 ④

④ 워렌이 제시한 좋은 지역사회의 특징에는 **'주민들의 자율권이 충분히 보장되어야 한다.'는 것**이 있다.

53 지역사회복지실천의 토대 정답 ③

오답 분석

ㄱ. '반대한다.'가 아니라 '찬성한다.'가 맞다. **지역사회상실이론**에 따르면 **과거의 기능적인 지역사회의 기능이 상실**되었다고 보고, 이러한 상실된 기능을 대체하기 위한 **정부 차원의 공식적인 사회복지제도 도입을 주장**한다.

ㄴ. '찬성한다.'가 아니라 '반대한다.'가 맞다. **지역사회보존이론**에 따르면 과거의 기능적인 지역사회의 기능이 현재까지도 보존되어 있다고 보기 때문에 **정부 차원의 사회복지제도 도입을 반대**한다.

이것도 알면 합격

지역사회의 역량을 강화시키는 요소

- 다양성 존중
- 사회적 가치의 존중
- **구성원의 자율성 유지**
- 공동 이익의 극대화
- 법적 테두리 내에서 공동선의 추구와 조정

54 지역사회복지실천의 토대 정답 ①

① '1990년대'가 아니라 '1950년대'가 맞다. 우리나라 지방자치제는 **1948년 제헌헌법에서 지방자치제를 명시하여 이를 제도적으로 보장**하였으며, 이후 한국전쟁 중이던 **1952년 지방의원 선거를 통해 지방자치를 실시**하게 되었으며, 이때를 공식적으로 우리나라 지방자치제도가 실시된 원년으로 본다.

이것도 알면 합격

② **지방자치는 주민자치와 단체자치로 구성**되어 있다. 이때 **주민자치**란 지역사회 발전을 위한 그 지역 안의 현안 과제를 자기부담에 의하여 주민들의 자발적이고 적극적인 참여를 통해 주민들이 직접 처리하는 것이다. 또한 **단체자치**란 국가로부터 인정받은 법인체인 시·도 또는 시·군·구 등 지방자치단체가 일정한 구역 안에서 국가로부터 부여받은 자치권에 근거를 두고 그 지역 내의 행정사무와 자치사무를 처리하는 것이다.

55 지역사회복지의 실재 정답 ⑤

⑤ '시·군·구 지역사회보장계획'이 아니라 '특별자치시 지역사회보장계획'에 포함되어야 할 내용이다.

이것도 알면 합격

시·군·구 지역사회보장계획에 포함되어야 할 내용

1. 지역사회보장 수요의 측정, 목표 및 추진전략
2. 지역사회보장의 목표를 점검할 수 있는 지표(지역사회보장지표)의 설정 및 목표
3. 지역사회보장의 분야별 추진전략, 중점 추진사업 및 연계협력 방안
4. 지역사회보장 전달체계의 조직과 운영
5. 사회보장급여의 사각지대 발굴 및 지원 방안
6. 지역사회보장에 필요한 재원의 규모와 조달 방안
7. 지역사회보장에 관련한 통계 수집 및 관리 방안
8. 지역 내 부정수급 발생 현황 및 방지대책
9. 그 밖에 대통령령으로 정하는 사항

56 지역사회복지실천의 과정과 기술 정답 ①

오답 분석

ㄴ. '것은 지양해야 한다.'가 아니라 '것을 지향해야 한다.'가 맞다. 전술이란 전략, 즉 **정해진 목표를 달성하기 위해 수립한 행동계획을 구현하기 위해 사용하는 실제적인 방법**이며, 따라서 목표를 달성하기 위해서라면 다양한 사회행동전술들을 혼합해서 사용할 수 있다.

ㄷ. '동맹'이 아니라 '협조'가 맞다.

이것도 알면 합격

지역사회의 타 조직과 협력하는 전략

구분	협조(cooperation)	연합(coalition)	동맹(alliance)
개념	각 조직별 목표는 유지한 채 유사한 목표를 가진 조직의 **최소한 협력관계를 갖는 유형**으로, **각 조직의 자율성을 중시**한다.	특정 문제에 대해 전략을 합동하여 선택하는 유형이다.	**가장 고도의 조직적인 협력관계 유형**이다.
관계유지 기간	**일시적인 관계**이다. 즉 **특정 이슈에 관해 유사 조직들이 일시적으로 연결된 방식**으로, 각 조직 중 어느 한쪽의 결정에 의해 언제든 중단될 수 있다.	**계속적이지만 느슨한 관계**이다. 즉 **각 조직은 모든 사회행동에 함께 참여할 필요는 없다.**	**전문가를 둔 영속적 구조**이다.
의사 결정권의 분배	상황적 판단에 의해 필요에 따라 임시로 협의한다.	• 조직별 대표자를 선출하여 '운영위원회' 등의 의사결정 기구를 구성하여 협의한다. • 단 조직별 비준이 있어야만 합의된 의사결정으로 간주된다.	각 조직별 승인이 필요하지만 최종적인 의사결정권은 중앙위원회나 전문직원이 갖게 된다.
협력 강도	약함 ←		→ 강함

ㄹ. '협조 → 동맹 → 연합 순'이 아니라 '협조 → 연합 → 동맹 순'이 맞다.

57 지역사회복지의 실재 정답 ①

ㄱ. '설치는 임의적이다.'가 아니라 '설치 역시 의무화되었다.'가 맞다. 한국사회복지협의회와 시·도 사회복지협의회는 「사회복지사업법」 제33조 제1항에 따라 그 설치가 의무적이었다. 반면 시·군·구 사회복지협의회의 설치는 임의 규정이었지만, 2014년 1월 2일 법개정을 통해 **2025년 1월 3일부터 시·군·구 사회복지협의회 역시 의무 설치로 변경**되었다.

오답 분석

ㄷ. 2009년 **한국사회복지협의회(또는 중앙협의회)는 정부로부터 기타 공공기관으로 지정**받았다.

이것도 알면 합격

사회복지협의회의 주요 연혁

- **1952년 사단법인 한국사회복지협의회가 창립**되었다.
- 1970년 **사회복지법인 한국사회복지협의회로 개칭**되었다.
- 1998년 시·도 사회복지협의회 독립법인이 설립되었다.
- 2003년 시·군·구 사회복지협의회가 법인화되었다.
- **2009년 한국사회복지협의회는 기타 공공기관으로 지정**되었다.

58 지역사회복지실천의 과정과 기술 정답 ②

② '사회복지사를 대표로 하는'이 아니라 '전체 주민을 대표로 하는 주민들을 선정하여'가 맞다.

59 지역사회복지의 실재 정답 ③

③ '보건복지부령으로 정한다.'가 아니라 '보건복지부령으로 정하는 바에 따라 해당 특별자치시 및 시·군·구의 조례로 정한다.'가 맞다(「사회보장급여의 이용·제공 및 수급권자 발굴에 관한 법률」 제41조 제8항).

60 지역사회복지의 실재 정답 ③

ㄱ. 아른스테인(S. Arnstein)의 주민참여의 단계 중에서 **4번째 단계인 '상담'에 관한 설명이다.**

ㄴ. 아른스테인(S. Arnstein)의 주민참여의 단계 중에서 **5번째 단계인 '주민회유'에 관한 설명이다.**

ㄷ. 아른스테인(S. Arnstein)의 주민참여의 단계 중에서 **8번째 단계인 '주민통제'에 관한 설명이다.**

ㄹ. 아른스테인(S. Arnstein)의 주민참여의 단계 중에서 **2번째 단계인 '대책치료'에 관한 설명이다.**

61 지역사회복지실천의 토대 정답 ④

ㄱ. 2005년의 사건이다. 2005년 「사회복지사업법」 개정으로 기초자치단체와 광역자치단체는 4년마다 지역사회복지계획을 수립하도록 하였고(의무화), 이에 **2005년부터 제1기 지역사회복지계획 수립이 시작**되었다.

ㄴ. 2007년의 사건이다. **2007년, 장애인활동보조, 노인돌봄종합, 지역사회서비스투자사업 등 3가지 사업에 대해 전자바우처 사업이 시행**되었다.

ㄹ. 2004년의 사건이다.

오답 분석

ㄷ. '시·도 단위로'가 아니라 '시·군·구 단위로'가 맞다. 지역사회복지협의체는 **2005년 7월부터 단계적으로 설치되어 2014년에 전국 시·군·구에 설치가 완료**되었다.

62 지역사회복지실천의 과정과 기술 정답 ④

④ '경쟁'이 아니라 '협력'이 맞다. 연계기술 적용 시 참여한 서비스 제공 기관 간에는 **협력하는 비전과 목적이 공유**되어야 한다.

63 지역사회복지실천의 과정과 기술 정답 ④

오답 분석

ㄷ. '지역사회의 문제 분석 및 확인'이 아니라 '실천계획의 수립'이 맞다.

64 지역사회복지실천의 토대 정답 ②

② '최초의 자선조직협회'가 아니라 '최초의 인보관'이 맞다.

오답 분석

① **19세기 영국에서는** 산업혁명과 이에 따른 고도의 자본주의화로 빈부격차와 같은 사회문제가 대량으로 발생하였다. 이로 인해 **국가가 운영하는 「구빈법」의 한계가 발생**하였고, '인도주의 이념'을 가진 자본가와 종교인들을 중심으로 한 **비체계적·비조직적 자선단체가 '난립'**하였으며, 이러한 현상은 **구제의 중복 및 누락으로 인한 낭비 현상**을 가져왔으며, 이는 결국 **자선의 동기 약화**를 불러일으켰다. 자선조직협회는 이러한 시대적 배경 속에서 **민간 조직에 의해 수행되는 자선 활동의 '조정'을 통해 구제의 중복과 누락으로 인한 재원 낭비를 방지하기 위한 목적**으로 시작되었다.

③ **그리피스 보고서(Griffiths report, 1988년)**에서는 **지역사회보호의 1차적 책임자로서 지방정부의 역할을 강조**하여 **지역사회보호를 위한 권한과 재정의 지방정부 이양을 주장**하였다.

④ 1957년, 「정신질환과 정신장애에 관한 왕립위원회 보고서」가 출간되었고, 이 보고서의 영향으로 1959년에 **「정신보건법(Mental Health Act)」이 제정**되어 **'지역사회보호가 법적으로 규정'**되고, 형식적이지만 **1960년대부터 지역사회보호정책이 전개**되었다.

⑤ **1960년대 후반 이후** 영국에서는 지역사회보호가 강조되면서 **서비스 제공주체로서 민간서비스 및 비공식 서비스의 역할이 점차 확대**되었다.

65 지역사회복지실천의 토대 정답 ④

ㄱ. **'비판의식의 개발'**이란 억압을 조장하는 사회구조 및 의사결정 과정을 주시하고 이해하고, **건전한 비판의식을 통해 지역의 긍정적인 발전과 변화를 도모**해야 한다는 것이다.

ㄴ. **'임파워먼트'**란 지역주민들은 자신의 문제를 스스로 해결할 수 있는 충분한 잠재력을 가지고 있다는 가정하에 이를 강화시켜야 한다는 것이다. 특히 **사회복지사가 주목해야 할 임파워먼트는 불리한 조건에 처한 주민의 능력을 고취시키는 것**이다.

ㄹ. **'다양성 존중'**이란 지역사회 내·외의 다양성을 인정하고 다양성의 관점에서 **소외된 집단을 지역사회 문제와 관련된 정책결정에 참여시켜야** 한다는 것이다.

오답 분석

ㄷ. '제한적으로'가 아니라 '자유롭게'가 맞다. **'상호학습'**이란 특정한 가치나 신념에 대한 신봉을 강요하지 않으며, **지역의 다양한 문화적 배경을 상호학습**해야 한다는 것이다. 다만 이러한 상호학습이 없으면 비판적 의식은 제한적으로 생성될 수밖에 없다.

66 지역사회복지실천의 토대 정답 ③

ㄱ. 2006년의 사건이다.

ㄴ. 1970년의 사건이다.

ㄷ. 2000년의 사건이다.

ㄹ. 1997년의 사건이다.

67 지역사회복지실천의 토대 정답 ⑤

⑤ **지역사회조직**은 **개별사회사업, 집단사회사업과 더불어 전통적인 전문사회사업실천의 방법**으로, 공공과 민간 사회복지기관의 전문 사회복지사에 의해 수행되는 활동이다.

68 지역사회복지실천의 토대 정답 ①

① '지역사회 내 사회복지기관'이 아니라 '지역사회'가 맞다. **맥닐(McNeil)의 지역사회복지실천의 원칙으로 지역사회복지실천가는** 지역사회복지실천에 있어서 **1차적인 클라이언트는 지역사회**임을 알아야 한다고 보았다.

69 지역사회복지실천의 이론과 모델 정답 ⑤

ㄱ. **지역사회개발모델의 개입 목표**는 **지역사회의 능력 향상, 지역사회의 역량 강화, 사회통합, 민주적 능력 개발 등**이다.

ㄴ. **사회계획모델의 개입 목표**는 지역사회의 특정 문제 해결, 문제규명·욕구사정·목표개발 등을 통한 **합리적 대안 수립 등**이다.

70 지역사회복지실천의 과정과 기술 정답 ④

오답 분석

ㄹ. '검토할 필요는 없다.'가 아니라 '검토해야 한다.'가 맞다. **문제확인** 시에는 **지역사회복지실천을 위한 과거의 장애요인과 문제해결과 관련된 노력을 검토**해야 한다.

71 지역사회복지실천의 이론과 모델 정답 ⑤

⑤ '체계이론'이 아니라 '자원동원론'이 맞다.

72 지역사회복지실천의 과정과 기술 정답 ③

③ 'B 사회복지사가 지역사회 주민들을 대상으로 조사를 한 것'은 **'분석가'로서의 역할**을, '지역 내 주부들을 모집하여 봉사단을 결성한 것'은 **'조직가'로서의 역할**을, '봉사단 단원들을 대상으로 교육·훈련 프로그램에 참여하도록 하여 봉사단이 스스로 놀이터 개량을 하도록 원조한 것'은 **'조력자'의 역할에 관한 내용들**이다.

73 지역사회복지실천의 이론과 모델 정답 ①

① **하드캐슬(Hardcastle)**의 **힘 균형 전략 중 '경쟁'은 '약자'가 '강자' 대신 다른 교환 대상을 찾도록 하는 전략**을 말한다. 제시된 글에서 A 노인요양시설은 B 노인주야간보호시설의 무리한 조건을 수용하기 어려웠고, 이에 이를 대신할 다른 교환 대상인 C 노인주야간보호시설과 새롭게 연계하여 클라이언트를 의뢰받기로 하였다.

이것도 알면 합격

하드캐슬(Hardcastle)의 권력(또는 힘)균형 전략

- 교환관계에서의 권력(또는 힘)이란 **교환상대방이 필요로 하는 자원을 통제할 수 있는 능력**을 말한다.
- 'A'가 'B'에게 제시한 조건에 대해 'B'의 복종을 조건으로 자원을 교환함으로써 'A'는 'B'에 대해 권력을 행사할 수 있다. 이때 **'B'는 교환관계에서 'A'에 대해 '권력-의존적'인 상태에 있다고 표현**된다.
- **하드캐슬(Hardcastle)**은 **'B'가 'A'와의** '권력-의존적'인 상태에서 벗어나기 위한 **5가지 권력균형 전략으로 경쟁, 재평가, 상호호혜, 연합, 강압을 제안**하였다.

경쟁	'B'가 'A'와의 교환 관계에 참여하는 대신 **'C'나 'D' 등의 다른 교환 대상을 찾도록 하는 전략**으로, 이로 인해 'A'는 'B'와의 교환과 관련해서 'C', 'D'와 경쟁하게 된다. 예 'B': 난 지금부터 'A' 당신 말고 C나 D와 교환하겠소!
재평가	'B'로 하여금 **'A'의 '교환자원'의 가치를 재평가하여 절하시키는 전략**이다. 예 'B': 'A' 당신이 제공한 교환자원은 더 이상 내게 필요가 없소!
호혜성	'B'로 하여금 'A'가 필요한 교환자원을 개발하게 하여 **상호의존할 수밖에 없는 동등한 관계를 만드는 전략**이다. 예 'B': 나도 'A' 당신이 필요한 자원을 가지고 있소! 우리 이제부터는 동등한 위치에서 거래합시다.

연합	**'B'가 자신처럼 'A'에 종속된 다른 'C, D 등'과 연합하여 'A'와 동등하게 교환할 수 있는 능력을 갖추어 대항하는 전략**이다. 예 'B': 'A'의 관계에서 종속된 'C', 와 'D'여, 우리 함께 힘을 모아 'A'에 대항합시다.
강제 (또는 강압)	**'B'로 하여금 물리적 강제력이나 위협 등을 사용해 'A'의 자원을 빼앗게 하는 전략**으로, 윤리적인 문제가 발생할 수 있으며, 따라서 사회복지 영역에서 전적으로 수용할 수는 없는 전략이다. 예 'B': 'A' 당신이 가진 것을 내놓으시오!

74 지역사회복지실천의 이론과 모델 정답 ④

④ '7:3'이 아니라 '7:1'이 맞다.

75 지역사회복지실천의 토대 정답 ④

ㄱ. '이데올로기에 부합하는 이념'이 아니라 '이데올로기에 부합되지 않는 이념'이 맞다. **정상화(normalization)**란 1959년 **덴마크에서** '정신지체인을 가능한 최대로 정상적인 생활조건에 가깝게 생존하도록 하는 것'이라 정의한 정신지체인을 대상으로 한 **「정신지체인법」에서 처음으로 사용된 개념**으로, **전통적 지역사회복지서비스 이데올로기에 도전하는 이념**이다. **휴먼서비스 영역에서 계획 수립의 지침**이 될 수 있다. 처음의 취지는 지적장애인에게 주거, 교육, 일, 취미활동 등을 포함하여 다른 모든 시민들이 갖는 기본권을 제공하는 데 있었으나, 이후 인간에게는 발달과정에서 개인적인 경험을 중시 받고, 인생주기에 선택의 자유를 보장받을 수 있는 환경이 제공되어져야 한다고 확대되어 주장되었다. 일탈을 **문화적으로 규정되며, 상대적(또는 상이적) 특성을 지닌 사회현상으로 이해**한다.

ㄴ. '절대적인 특성'이 아니라 '상대적인 특성'이 맞다.

ㄹ. '미국에서'가 아니라 '덴마크에서'가 맞다.

3교시 사회복지정책과 제도

6영역 | 사회복지정책론

01	②	02	④	03	①	04	④	05	③
06	②	07	⑤	08	④	09	⑤	10	②
11	②	12	②	13	④	14	①	15	②
16	⑤	17	④	18	④	19	③	20	⑤
21	②	22	③	23	①	24	②	25	④

7영역 | 사회복지행정론

26	②	27	③	28	④	29	④	30	③
31	①	32	④	33	④	34	⑤	35	④
36	⑤	37	④	38	⑤	39	①	40	④
41	③	42	③	43	②	44	①	45	④
46	④	47	⑤	48	①	49	④	50	①

8영역 | 사회복지법제론

51	③	52	①	53	①	54	⑤	55	②
56	②	57	④	58	②	59	①	60	②
61	①	62	③	63	④	64	④	65	③
66	①	67	⑤	68	③	69	①	70	⑤
71	②	72	②	73	①	74	③	75	④

나의 점수 분석표

영역명	맞힌 개수 / 문제 수
사회복지정책론	/ 25
사회복지행정론	/ 25
사회복지법제론	/ 25
합계	**/ 75**

* 과락 기준: 75문제 중 맞힌 문제 수가 30개 미만

취약점 키워드 box

* 틀린 문제 중, 본인이 부족했던 개념 또는 키워드를 정리해 보세요!

6영역 사회복지정책론

01 복지국가의 이해 정답 ②

오답 분석

ㄴ. '중도노선'이 아니라 '신우파'가 맞다. **'불평등'은 '신우파'의 중심가치**이다. 신우파에서는 **소극적 자유, 개인주의, 가족, 시장, 불평등, 경쟁**을 주요 사회적 가치로 삼는다. 특히 현존하는 **불평등은 경제성장에 기여하므로 정당화될 수 있다고 주장**한다.

ㄹ. '마르크스주의'가 아니라 '반집합주의나 신우파'에 관한 설명이다.

02 사회보장론 정답 ④

ㄱ. 우리나라의 사회보험방식의 공적연금에는 **공무원연금, 사립학교교직원연금, 군인연금**과 같은 특수직역연금과 전 국민을 대상으로 한 **국민연금**이 있다. 이때 **특수직역연금**이란 **특정 직업 또는 자격에 의해 연금수급권이 주어지는 연금**으로, 소속 근로자는 모두 의무 가입해야 하며, **노후생활보장, 재해보상 및 퇴직금의 성격**을 모두 가지고 있는 연금형태이다.

ㄴ. 1960년에 **「공무원연금법」이 제정**(60.1.1)되어, 같은 날 시행되었다. 이는 **우리나라 최초의 사회보험제도이며, 공적연금제도**로 평가받는다.

오답 분석

ㄷ. '고려하지 않는다.'가 아니라 '고려해야 한다.'가 맞다. **적립방식(reserve-financed method)**은 **원칙적으로 수지상등의 원칙에 따라 가입자들 각자가 보험료를 납부하여 축적한(또는 저축한) 적립기금으로 자신들의 노후를 보장하는 방식**이다.

이것도 알면 합격

기여여부에 따른 공적연금의 종류

* **무기여식 연금: 재원을 국가의 일반재정으로 충당**하여 개인에게 기여를 요구하지 않는 방식으로, **사회부조식 연금, 사회수당식 연금** 등이 있다.

사회부조식 연금	자산조사와 소득조사를 통해 정해진 **기준 이하의 소득과 연령을 지닌 자에게 보험료 부과 없이 국가의 일반재정을 통해 연금을 지급**하는 방식이다.
사회수당식 연금	• **정해진 연령 기준을 충족하는 모든 국민에게 보험료 부과 없이 국가의 일반재정을 통해 연금을 지급**하는 방식이다. • 뉴질랜드, 덴마크, 캐나다, 스웨덴 등이 대표국가이다.

• 기여식 연금: 사용자, 피용자, 자영자 등이 지불하는 기여금으로부터 재원을 충당하는 방식으로, 사회보험식 연금, 퇴직준비금제도, 강제가입식 개인연금제도 등이 있다.

사회보험식 연금	• 가입자들에게 징수한 사회보험료를 재원으로 하여 기금을 조성하는 방식으로, 급여수급은 보험료 납입 실적, 즉 과거의 소득, 소득 활동 기간 등과 연동되므로 중상위 소득계층으로부터 정치적 지지를 받기가 용이하다. • 연금수급권이 기여에 대한 반대급부로 인정되므로 권리개념이 강하다. • 우리나라를 포함해서 다수의 국가에서 주로 채택되는 보편적인 연금형태이다.
퇴직준비금제도 (또는 퇴직저축, 기업연금, 직역연금)	• 소득재분배 없이 기여금과 이식수입이 개인별로 관리되고 축적되는 개인저축계정 형태의 강제저축식 연금으로, 기업 또는 근로자가 근로기간 동안 현금·주식 등을 적립하였다가 정년퇴직 이후 연금형태로 지급받는 방식이다. • 소득재분배 기제를 포함하지 않고, 물가상승률·수익률 등의 위험이 개인에게 전가되며, 민간운영 주체가 많다는 문제점이 있다.
강제가입식 개인연금제도	• 개인으로 하여금 민간의 보험사가 운영하는 보험 상품을 임의로 선택하되 이를 강제로 가입하게 하는 방식으로 급여가 일시금이 아닌 연금 형태로 지급된다. • 칠레 등이 대표적인 국가이다.

03 사회보장론 정답 ①

① '먼저 확대된 것은 국민연금이다.'가 아니라 '먼저 확대된 것은 건강보험이다.'가 맞다. **농어촌지역으로 확대된 것은 건강보험이 1988년이며, 국민연금은 1995년**이다.

오답 분석

③ 국민연금제도의 '기본연금액의 균등부분'이란 '연금수급 전 3년간 전체 가입자의 평균소득월액의 평균액'을 말하며, 이는 가입자 개인의 연금보험료 납부 실적 등과는 상관없이 전체 연금수급자에게 동일하게 적용되므로 개인별 수령하는 **기본연금액의 격차를 줄이는 역할을 하여 소득재분배 기능을 한다.**

④ **행위별수가제는 1977년부터, 포괄수가제는 2012년부터 시작**되었다.

04 사회보장론 정답 ④

ㄱ. **상대적 빈곤**이란 **상대적 박탈과 소득불평등 개념을 중시**하며, **한 사회의 평균적인 생활수준과 비교하여 빈곤을 규정**하는 방법으로, **그 사회의 불평등 정도와 관계가 깊다.** 보통 사회구성원의 **평균소득이나 중위소득과 이에 대한 비율**로 빈곤선으로 정한다. 이때 **중위소득**이란 모든 가구를 소득 순서대로 줄을 세웠을 때, **정확히 중간에 있는 가구의 소득**을 말한다. 반면 **평균소득**이란 **국가 또는 사회의 가구 소득의 전부를 가구의 수로 나눈 가구당 평균소득**을 의미한다.

ㄴ. **반물량 방식(Engel, Orshansky 방식)**이란 1964년 미국 사회보장청의 오샨스키(Orshansky)가 처음 제안한 방식으로, **최저식료품비를 구하여 여기에 엥겔계수(식료품비 X 총소득)의 역수를 곱한 금액을 최저생계비로 보는 방식**이며, 미국의 공식적인 빈곤선 계산에 활용된다. 참고로 '모든 항목의 생계비를 계산하는 것'은 **'전물량 방식(market basket, Rowntree 방식)'에 관한 설명**이다.

ㄹ. 상대적 빈곤 개념에서는 보통 사회구성원의 **평균소득이나 중위소득과 이에 대한 비율**을 빈곤선으로 정한다. 이때 **중위소득**이란 모든 사회구성원을 소득 순서대로 줄을 세웠을 때 **정확히 중간에 있는 사회구성원의 소득**을 말한다. 모든 사회구성원을 99명으로 가정했을 때, 그들 중 **50번째 사람을 기준으로 그 아래에 있는 사람들인 49명이 중위소득 밑에, 그리고 그 위에 있는 사람들인 49명이 중위소득 위에 있는 사회구성원들이 되며,** 또한 지문의 내용처럼 중위소득의 50%를 빈곤선으로 책정할 경우에는 사회구성원 중 50번째 사람의 소득 50%가 빈곤선이 된다.

오답 분석

ㄷ. '빈곤율'이 아니라 '빈곤갭'이 맞다. **빈곤율**이란 국가 또는 사회 전체의 **빈곤선 이하의 가구 수(또는 인구수)를 전체 가구 수(또는 인구수)에서 나눈 비율로, 빈곤선 이하에 속하는 가구 수(또는 인구수)가 전체 가구 수(또는 인구수)에서 차지하는 비율**을 의미하며, 따라서 **빈곤선 이하 가구(또는 인구)의 전체적인 규모를 파악하는 데 유리**하다.

05 사회복지정책의 이해 정답 ③

ㄷ. '목표가 아니라 수단이다.'가 아니라 '수단이 아니라 목표이다.'가 맞다.

ㄹ. '가치중립적'이 아니라 '가치판단적(또는 가치지향적)'이 맞다.

06 사회복지정책 분석 정답 ②

ㄴ. **1889년 제정된 노령폐질연금의 가입대상**은 국가의 관리나 도제를 제외한 연간소득 2천 마르크 미만인 모든 노동자였다. 다시 말해 **전 국민 대상으로 한 사회보험 제도는 아니었다.**

ㄹ. '자유주의자'가 아니라 '사회주의자'가 맞다. 당시 비스마르크(Bismarck)의 사회입법은 좌·우진영(사회주의자 및 자유주의자)의 반대에 직면하였다. **사회주의자들은 사회입법이 노동자들을 국가의 노예로 만들려는 의도라며 반대**하였고, **자유주의자들은 국가의 권력강화와 관료제화가 이루어질 것이라며 반대**하였다.

오답 분석

ㄷ. 1883년 제정된 '질병보험법'은 직역별·지역별 조합방식으로, 1884년 제정된 '산업재해보험법'은 직업조합 방식으로, 1889년 제정된 '노령 및 폐질보험법'은 '고용주와 노동자가 동수로 구성되는 조합위원회'에 의해 운영되었다.

07 사회보장론 정답 ⑤

⑤ '사회보험제도'가 아니라 **'민간보험'에 관한 설명**이다. 참고로 **사회보험제도의 급여는 '법률에 따라' 정해진다.**

오답 분석

① **기여분담의 원칙에 관한 설명**이다. **기여분담의 원칙**이란 **위험이전과 위험의 광범위한 공동분담을 위해** 보험료 납입에 있어서 **가입자 외에 고용주·국가 등도 함께 분담하여 이를 납입**해야 한다는 원칙이다.

② **강제(또는 의무)가입의 원칙**이란 **정보의 비대칭성로 인한 도덕적 해이·역의 선택 문제를 해결**하기 위해 도입된 것으로, **위험분산을 통해 사회보험 재정을 안정화**시키려는 원칙이다.

③ **보편주의 원칙**이란 사회보험의 적용에 있어서 법적 요건만 충족되면 **모든 국민은 당연하게 가입**된다는 원칙이다.

08 복지국가의 이해 정답 ④

④ '국가별 경제상황과 경제정책의 특성'이 아니라 **'탈상품화(decommodification)와 계층화(stratification) 정도, 그리고 국가와 시장 및 가족과의 역할관계(또는 상대적 비중)의 기준'이 맞다.**

오답 분석

① 1990년 에스핑-안데르센은 자신의 저서 「복지 자본주의의 세 개의 세계(Three Worlds of Welfare Capitalism)」를 통해 18개국을 **탈상품화(decommodification)와 계층화(stratification) 정도, 그리고 국가와 시장 및 가족과의 역할관계(또는 상대적 비중)의 기준**에 따라 **자유주의, 보수주의(또는 조합주의), 사회민주주의로 유형화**시켰다.

② 복지국가의 유형들 중에서 **자유주의적 복지국가가 탈상품화 정도가 가장 낮은 반면, 사회민주주의 복지국가가 탈상품화 정도가 가장 높다.**

③ 탈상품화란 노동자의 노동력의 상품화를 의미하는 것으로, **노동자가 자신의 노동력을 노동시장에 상품으로 내다 팔지 않고서도 국가가 제공하는 무상의 급여를 통해 기본적인 삶을 유지할 수 있는 정도**를 말한다. 이는 **복지정책의 시장영향력 완화 정도를 분석하기 위한 개념틀**로써 **그 정도가 높을수록 복지국가이며 권리로써 복지가 강조**된다.

⑤ **사회민주주의 복지국가**는 **탈상품화 정도는 매우 높은 반면, 계층화 정도는 낮은 국가 유형**으로, **국민의 사회권적 시민권을 강조하여 이에 기초한 보편적이고 포괄적인 복지국가를 추구**한다. 따라서 사회복지제도 역시 국가 중심의 보편적이고 포괄적인 성격을 가지고 있으며, 특히 **보편주의적 개입을 통해 가족과 시장을 대체**하고자 한다.

09 사회보장론 정답 ⑤

ㄱ, ㄴ, ㄷ, ㄹ. **공공부조제도와 사회보험제도의 비교표**를 참고한다.

공공부조		구분	사회보험	
사후적 대응	빈곤 등의 사회적 위험 발생 이후 이를 해결하기 위해 사후적으로 대응한다.	목적	사전적 대비	미래에 직면할 수 있는 특정된 사회적 위험에 보험방식을 통하여 사전적으로 대비한다.
선별주의	빈곤 등의 사회적 위험에 처한 특정한 사람들과 그들의 욕구에 대해서만 급여를 제공한다.	이념	보편주의	인구학적 자격조건을 갖춘 모든 국민에게 급여를 제공한다.
일치하지 않음	수급자는 직접적인 기여 없이 급여를 제공받을 수 있다.	기여자 및 수급자의 일치 여부	일치함	수급자는 직접적으로 기여를 해야 하며, 이에 따라 급여를 제공받을 수 있다.
권리성이 추상적이고 약함	수급자의 직접적인 기여가 없이 급여가 제공되므로 수급권의 권리성이 약하다.	수급권의 성격	권리성이 구체적이고 강함	수급자의 직접적인 기여가 있어야만 급여가 제공되므로 수급권의 권리성이 강하다.

10 사회복지정책의 이해 정답 ②

② '시민권론'이 아니라 '산업화론(또는 수렴이론)'이 맞다.

11 사회보장론 정답 ②

ㄴ. 「국민건강보험법」 제44조 제2항

이것도 알면 합격

「국민건강보험법」 제44조 제2항

본인이 연간 부담하는 **본인일부부담금의 총액이 대통령령으로 정하는 금액(본인부담상한액)을 초과한 경우에는 국민건강보험공단이 그 초과 금액을 부담**하여야 한다.

ㄹ. **상대가치점수체계**란 의료서비스 공급자의 의료행위(요양급여)에 소요되는 시간·노력 등의 업무량, 인력·시설·장비 등 자원의 양, 요양급여의 위험도 및 발생빈도'를 종합적으로 고려하여 산정한 가치를 의료행위별로 비교하여 상대적인 점수로 나타낸 것으로, 이는 **수가 항목 간 상대가치 불균형을 감소시키기 위해 만들어진 제도**이다.

오답 분석

ㄱ. 'DRG포괄수가제'가 아니라 '총액계약제'가 맞다.

ㄷ. '보건복지부장관'이 아니라 '건강보험정책심의위원회'가 맞다.

12 사회복지정책 분석 정답 ②

② **일반조세**는 **지출용도를 정하지 않고 추정된 부담(또는 담세)능력을 고려**하여 **국민에게 징수하는 조세**로, **소득세, 소비세(또는 간접세), 부세(富稅)**가 있다.

오답 분석

① '사회보장세'가 아니라 '일반조세'가 맞다.

③ '재산세'가 아니라 '소득세, 그중에서도 개인소득세'가 맞다.

④ '소비세'는 간접세에 해당한다.

⑤ '중립적'이 아니라 '역진적'이 맞다.

13 사회복지정책 과정 정답 ④

④ '정치적 성격'이 아니라 '비정치적 성격'이 맞다. 사회복지정책 대안 형성은 사회복지전문가나 학자, 전문관료들에 의해 이루어지기 때문에 **이해당사자들 사이의 정치적 관점이 반영되지 않는다.**

오답 분석

① **콥, 로스와 로스(Cobb, Ross and Ross)의 외부주도형 모형은 공공의제에서 정부의제로 전환되는 유형**으로, 공공이 특정 사회문제 해결을 정부에게 요구하고 정부가 이를 의제로 받아들이는 형태이다. 주로 **민주화된 선진국의 유형**이다.

③ **이슈 제기자**란 사회복지사, 언론, 정치인, 클라이언트 자신, 시민운동가와 같이 **사회문제를 대중에게 논쟁거리로 제기하여 그들의 관심을 불러일으키는 사람**이다. 이 중에서 **사회복지사(또는 사회복지전문가)는 최적격의 이슈 제기자**이다.

⑤ **콥, 로스와 로스(Cobb, Ross and Ross)의 동원모형은 정부의제에서 공공의제로 전환되는 유형**으로, 정책결정가가 이미 정한 정부의제를 공공의 정부 지지를 유도하기 위해 일반 대중에게 공표하여 확산시키는 형태이다. 주로 민주화되지 않은 후진국 정치체제나 관료적 계층사회의 유형이다.

14 사회복지정책 분석 정답 ①

ㄱ. '크다.'가 아니라 '작다.'가 맞다. **'정액제(또는 정액요금)'**란 이용료(본인부담금)의 부담에 있어서 서비스 이용자의 소득수준과는 상관없이 일정하게 정해진 금액을 기여하는 방식이다. 이로 인해 소득이 적은 사람이나 또는 소득이 많은 사람이나 동일한 이용료를 지불하게 되므로 매우 역진적이며 소득재분배 효과 역시 매우 적다. 반면 **'정률제'란 소득수준이나 서비스 이용량에 따라 이용료의 부담이 증감하는 방식**이다. 즉 소득이 많거나 서비스 이용량이 많을 경우, 소득이 적거나 서비스 이용량이 적은 경우 보다 더 많은 이용료를 부담한다. 또한 **'연동제'란 소득수준을 주기적으로 파악해서 이를 이용료 부담에 연동시키는 방식**으로, 소득재분배 효과가 매우 크다. 정리하면, 이용료 부과 방식에 따른 소득재분배 효과가 큰 것부터 나열하면 **'연동제(sliding scale) > 정률제 > 정액제'** 순서이다.

15 사회보장론 정답 ②

② 소득재분배는 사적이전, 즉 **개인의 자발적 기부, 민간보험, 기업복지와 같이 민간에 의해서도 이루어질 수 있다.**

오답 분석

③ **소득재분배**는 **능력에 따른 부담과 수혜,** 즉 능력이 있는 자는 부담하고, 능력이 없는 자는 수혜를 받는 구조이다.

④, ⑤ 재원조달 측면에서 **부조방식이 보험방식보다 소득재분배 효과가 크며,** 따라서 기여금을 주된 재원으로 하는 사회보험제도 보다 조세를 주된 재원으로 하는 공공부조제도에서 더욱 두드러지게 나타난다.

16 사회복지정책 분석 정답 ⑤

⑤ **'중앙정부가 단독으로 전달체계를 책임지고 있다.'**가 아니라 **'중앙정부와 지방정부가 분담**하고 있다.'가 맞다.

17 사회복지정책 분석 정답 ④

④ '과정분석'이 아니라 '성과분석'이 맞다. **성과분석**은 **조사방법론을 활용한 양적, 질적 자료를 수집함으로써 측정이 가능**하며, 이러한 조사방법론은 사회과학의 여러 분야에 기초하고 있다. 또한 분석대상이 명확하므로 객관적이며 체계적인 분석이 가능하다.

18 사회보장론 정답 ④

ㄹ. '고려한다.'가 아니라 '고려하지 않는다.'가 맞다. 「기초연금법」 제3조 제1항에서는 '기초연금은 65세 이상인 사람으로서 소득인정액이 보건복지부장관이 정하여 고시하는 금액(선정기준) 이하인 사람에게 지급한다.'고 정하고 있다. 이에 따라 **기초연금제도에서는 할당의 조건으로 부양의무자를 정하고 있지 않다.**

오답 분석

ㄱ. 긴급복지지원제도는 **대표적인 공공부조제도로 선별주의 원칙에 부합**된다.

ㄴ. 장애수당은 「장애인복지법」 제49조에 따라 **만 18세 이상**의 등록장애인 중 「장애인연금법」상 **중증장애인에 해당하지 않는 자**로 **국민기초생활수급자 및 차상위계층**에게 매월 지급되는 현금급여이다. 즉 **중증장애인이 아닌 경증장애인에게만 지급되므로 할당에 있어서 '전문가의 진단'이 필요한 제도**이다.

ㄷ. 아동수당이란 아동에게 아동수당을 지급하여 아동 양육에 따른 경제적 부담을 경감하고 건강한 성장환경을 조성함으로써 아동의 기본적 권리와 복지를 증진시키고자 「아동수당법」에 근거하여 **2018년 9월부터 시행**되고 있는 아동복지정책이다. 현재는 아동 1인당 월 10만 원씩의 지원금액이 **만 8세 미만의 모든 아동을 대상으로 지급**되고 있으므로 **보편주의 원칙이 적용된 우리나라 최**

초의 **사회수당제도**이다. **8세 미만이라는 연령을 기준으로 하여 할당되므로 인구학적 기준이 적용**되었다고 볼 수 있다.

19 사회보장론 정답 ③

③ '사회복지기관의 운영을 지원하는 서비스'가 아니라 '사회복지기관이 제공하는 서비스'가 맞다. 일반적으로 **사회서비스**란 **사회복지기관이 제공**하는 소득보장, 의료, 교육, 주택, 개별적 서비스 등을 포함하는 **기본적이며 보편적인 인간의 욕구를 해결하기 위한 서비스**이며, **사회적 욕구 충족에 초점을 두는 집합적이고 관계지향적인 활동**이다.

20 사회복지정책의 이해 정답 ⑤

⑤ '경제발전의 낙수효과'가 아니라 '정부의 시장 개입에 따른 분수효과'가 맞다. **낙수효과(trickle down effect)**란 불황 시에 정부의 시장개입(예 소득 및 법인세 감세 등)을 통해 대기업과 고소득계층의 소득을 증가시키면, 이들이 더 많은 투자를 하여 경기가 부양되고, 이에 **중소기업과 저소득계층에게도 그 혜택이 돌아가 궁극적으로 불황도 극복하고, 더불어 소득불평등 역시 감소시킬 수 있다고 가정하는 개념**이다. 반면 **분수효과(fountain effect)**란 **낙수효과와 반대되는 것으로, 정부의 시장개입(**예 대기업이나 고소득계층에 대한 증세, 저소득계층에 대한 감세 및 복지정책 확대 등**)**을 통해 저소득층에 대한 직접적인 지원을 늘리면 총수요가 진작되며, 이는 생산투자로 이어져 **경기를 활성화시켜 궁극적으로 고소득계층의 소득까지 높아질 수 있다는 개념**이다. 따라서 **시장에 대한 국가 개입을 주장하는 것은 '낙수효과'가 아니라 '분수효과'가 맞다.**

21 사회복지정책의 이해 정답 ②

ㄱ. '행정구조를 통일'이 아니라 '행정구조를 수립'이 맞다. **엘리자베스 구빈법(1601년)**에서는 **추밀원, 치안판사, 구빈감독관 등의 빈민구제를 담당하는 행정기구를 설립**하여 **전국적 구빈행정구조를 수립**하였다. 즉 중앙정부의 추밀원을 정점으로 하는 중앙집권적 빈민통제를 위해, 교구(教區, 또는 지방정부)에는 구빈감독관이 교구단위로 2~4명씩 임명되어 교구위원과 함께 구빈세를 징수하고 빈민에 대한 급여지급 업무를 담당하였으며, 또한 치안판사가 이들의 업무를 감독하였다. 참고로 **'구빈행정구조를 통일'한 것은 '개정구빈법(1834년)'**이다.

ㄹ. '행정구조를 수립'이 아니라 '행정구조를 통일'이 맞다.

22 사회복지정책 분석 정답 ③

③ **'현금급여에 비해 현물급여가 갖는 장점에 관한 설명'**이다.

이것도 알면 합격

현물·현금·증서의 주요 특징 비교

소비자 주권 (또는 소비자 선택권)	현금 > 증서 > 현물
인간의 존엄성 유지 (또는 낙인방지)	현금 > 증서 > 현물
급여의 오남용 문제 발생	현금 > 증서 > 현물
목표효율성 (또는 대상효율성)	현금 < 증서 < 현물
운영효율성	현금 > 증서 > 현물
수급자 개인의 효용	현금 > 증서 > 현물
공급자 간 경쟁 유도와 이에 따른 서비스 질 향상	현금 > 증서 > 현물
사회적 효용	현금 < 증서 < 현물
정치적 선호	현금 < 증서 < 현물
규모의 경제 실현	현금 < 증서 < 현물

23 사회복지정책 과정 정답 ①

오답 분석

ㄷ. '만족모형'이 아니라 '혼합모형'이 맞다.

ㄹ. '합리모형'이 아니라 '최적모형'이 맞다.

24 사회복지정책 과정 정답 ②

오답 분석

① 사회복지정책 평가 기준 중 '효율성'은 **정책에 소요된 투입과 산출의 비율 정도**로 비용 대비 편익의 정도를 말하며, **정책목표의 달성 여부를 비용측면에서 평가하는 것**이다. 또한 **효과성과 효율성은 깊은 상관관계가 없다.**

③ '과정평가'가 아니라 '효과성 평가'가 맞다.

④ '효과성 평가'가 아니라 '효율성 평가'가 맞다.

⑤ 적절성은 **정책목표와 수단 간의 부합 정도**로, 정책목표 달성을 위해 사용된 수단의 적합성 여부에 대한 평가이다.

25 사회복지정책의 이해 정답 ④

오답 분석

ㄷ. '능력에 따른 분배'가 아니라 '욕구(또는 필요)에 따른 분배'가 맞다. 참고로 능력에 따른 **분배는 시장의 기능**이며, **사회복지정책은 능력에 따른 기여를 지향**한다.

7영역 사회복지행정론

26 사회복지조직의 운영과 관리 정답 ②

② '정태적인'이 아니라 '동태적인'이 맞다. **기획**은 사업에 대한 **연속적인 의사결정**으로 **계속적인 과정(또는 동태적인 과정)**이다.

27 사회복지조직의 운영과 관리 정답 ③

③ **사회복지조직의 서비스와 프로그램은 저장이 불가능**하다. 따라서 제공된 서비스를 반환하거나 되파는 것이 어렵다.

오답 분석

① '영리를'이 아니라 '비영리를'이 맞다.

② '될 수 없다.'가 아니라 '될 수 있다.'가 맞다. 사회복지조직과 같은 비영리조직은 조직의 생존과 관련된 자원을 내부적으로 창출하기 어려우며, 따라서 조직의 생존을 위해 외부 환경의 영향력에 의존할 수밖에 없다. 이런 측면에서 재정확보와 이에 따른 재정자립은 비영리조직이 마케팅을 하는 주요한 목적 또는 목표가 될 수 있다.

④ 사회복지조직과 같은 비영리조직의 서비스는 **소비자의 개별적인 욕구에 따라 다양하고 복잡하게 제공**된다.

⑤ 사회복지조직과 같은 비영리조직의 서비스는 **생산과 소비가 동시에 이루어진다.**

28 사회복지조직의 운영과 관리 정답 ④

④ '변혁적 리더십'이 아니라 '거래적 리더십'에 관한 설명이다. **거래적 리더십**에서 리더는 **교환관계에 기반**하여 직원의 욕구를 파악하여 직원들에게 목표를 제시하고 목표 달성 시 얻을 수 있는 '보상'이 무엇인지 알려주고 또한 **실제로 그 보상을 제공함으로써 리더십을 얻을 수 있다.**

29 사회복지조직이론 정답 ④

오답 분석

ㄷ. '높아진다.'가 아니라 '낮아진다.'가 맞다. **공식성 정도가 높은 조직**은 직무수행자가 직무수행 시 정형화된 규정에 따라 업무를 수행해야 하므로 **재량권과 자율권이 낮은 편**이다. 반면 **공식성 정도가 낮은 조직**은 직무수행자가 직무수행 시 비정형화된 규정에 따라 업무를 수행해야 하므로 **재량권과 자율권이 높은 편**이다.

30 사회복지조직의 운영과 관리 정답 ③

③ 맥클리랜드는 조직성원의 욕구를 개인의 성격이 행위를 유발하는 3가지 요소, 즉 **성취욕구, 권력욕구, 친화(또는 친교)욕구로 구분**되어 있다고 보았지만, 이러한 욕구가 단계나 계층으로 구성되어 있다고 보지는 않았다.

오답 분석

② **동기부여요인**은 **조직성원에게 만족을 주는 요인**으로 **성취에 대한 인정, 일 자체, 책임감, 발전, 성장 등**이 해당된다.

④ **ERG이론**에서는 매슬로우와는 달리 **고위계적 욕구가 충족되지 않으면 저위계적 욕구를 더 많이 충족시켜서 이를 해소하려하는 경향이 있다**고 보아 **좌절-퇴행적 접근을 인정**하였다.

⑤ **X이론**에서는 조직성원을 매슬로우의 하위욕구인 **생리적 욕구와 안전의 욕구에 해당하는 인간**으로 보아 그들은 본래 일하기 싫어하므로 조직의 목표달성을 위해서는 지속적인 감시와 통제가 필요하다고 가정한다. 이때 관리자에게 있어서 바람직한 인간관계 유형은 **지시적이며 권위적인 인간관계**이며, 또한 관리자가 조직성원의 동기부여를 하기 위해서는 그들의 **하위욕구를 관리**해야 한다.

31 사회복지조직이론 정답 ①

① **수(數) 기준 부문화**는 통제범위를 고려하여 **동일한 직무를 수행하는 직원들을 1명의 관리자의 지휘하에 소속시키는 방법**으로, **조직성원 개인의 능력 차이를 간과할 수 있는 단점**이 있다.

32 사회복지조직의 운영과 관리 정답 ④

오답 분석

ㄷ. '운영기획에서는'이 아니라 '전략적 기획에서는'이 맞다. **운영기획**은 자원 관리를 위한 기획이다. 즉 **획득된 자원이 효과적으로 사용되도록 하는 기획**이다.

33 사회복지조직의 운영과 관리 정답 ④

ㄱ, ㄴ, ㄹ. **그린리프(Greenleaf)에 따르면 섬김 리더십을 실천하는 리더는 인간존중·봉사·정의·정직·공동체적 윤리에 입각**하여, 조직성원에게 경청하여 공감대를 형성하고, 고쳐나가고, 깨닫고자 노력해야 하며, 설득해 나가야 할 뿐만 아니라, 자신의 능력 개발을 통해 비전을 실현하는 것에 최선을 다해야 한다. 또한 **선견지명(先見之明)을 발휘하여 청지기 의식(stewardship)에 따른 책무활동**을 다하며, **사람을 성장하게 하는 데 몰입하고, 공동체 의식을 구축하도록 노력**해야 한다.

오답 분석

ㄷ. '섬김 리더십 이론'이 아니라 '행동이론'에 관한 설명이다.

34 사회복지조직의 운영과 관리 정답 ⑤

⑤ **동료집단 슈퍼비전**의 경우 **별도의 슈퍼바이저 없이** 모든 조직성원들이 동등 자격으로 참여하는 모형이다.

오답 분석

③ 슈퍼비전의 기능 중 **'행정적 기능'에 관한 설명**이다.

35 사회복지조직의 운영과 관리 정답 ④

④ **직무수행 평가 단계**는 다음과 같다.

직무수행기준 확립(ㄹ)	직무명세서, 즉 **직무 기대치, 직무책임자, 평가시기, 직무와 관련된 기타 사항 등을 개발**한다.
↓	
직원에게 직무 수행 기대치 전달(ㄷ)	문서화된 직무명세서를 만들어 직원과 조직관리자(또는 상급자)가 함께 검토한다.
↓	
직무수행 측정(ㄴ)	**다양한 직무평가도구를 활용하여 직무수행을 측정**한다.
↓	
실제의 직무수행을 직무수행 평가기준과 비교(ㄱ)	**직원이 실제 수행한 직무를 직무 수행 평가 기준과 비교하는 것**으로, 앞의 3단계가 성공적으로 이행되었을 때에 진행될 수 있다.
↓	
직원과 평가 결과 회의 진행(ㅁ)	**평가의 결과를 직원과 토의**한다.
↓	
직무수행 기대치 및 기준 등에 관한 수정	조직관리자(또는 상급자)는 직원의 직무수행에 대해 직원과 함께 **건설적이고 구체적으로 기대치 및 기준 등에 대해 수정**한다.

36 사회복지조직의 운영과 관리 정답 ⑤

⑤ '위험집단이 일반집단의'가 아니라 '일반집단이 위험집단의'가 맞다. **사회복지프로그램의 대상집단은 일반집단, 위험집단, 표적집단, 클라이언트집단 등 4개의 인구집단으로 구분**하여 그 범위를 좁혀나간다.

37 사회복지조직의 운영과 관리 정답 ④

④ '직무명세서'가 아니라 '직무기술서'가 맞다. **직무기술서는 직무명칭, 직무개요, 직무내용, 직무수행에 필요한 각종 장비 및 도구, 요건, 직무수행방법, 핵심과업, 직무의 특성 등 직무분석을 통해 얻은 직무 자체에 대한 정보**를 직무의 특성에 중점을 두어 정리해서 기술한 문서이다.

38 사회복지조직의 운영과 관리 정답 ⑤

ㄱ, ㄴ, ㄷ, ㄹ. **「사회복지법인 및 사회복지시설 재무·회계 규칙」 제11조 제1항**

예산에는 다음 각 호의 서류가 첨부되어야 한다. 다만, 단식부기로 회계를 처리하는 경우에는 제1호·제2호·제5호 및 제6호의 서류만을 첨부할 수 있고, 국가·지방자치단체·법인 외의 자가 설치·운영하는 시설로서 거주자 정원 또는 일일평균 이용자가 20명 이하인 시설은 제2호, 제5호(노인장기요양기관의 경우만 해당한다) 및 제6호의 서류만을 첨부할 수 있으며, 「영유아보육법」 제2조에 따른 어린이집은 보건복지부장관이 정하는 바에 따른다.

1. **예산총칙(ㄱ)**
2. **세입·세출명세서(ㄴ)**
3. **추정재무상태표(ㄷ)**
4. 추정수지계산서
5. **임직원 보수 일람표(ㄹ)**
6. 예산을 의결한 이사회 회의록 또는 예산을 보고받은 시설운영위원회 회의록 사본

39 사회복지조직의 운영과 관리 정답 ①

① '판단적 결정'이 아니라 '직관적 결정'이 맞다. **판단적 결정**은 **의사결정자 개인이 가지고 있는 '지식과 경험'에 의존**하여 의사결정하는 방법으로, 조직에서 활용하는 **가장 일반적인 의사결정 방법**이다.

오답 분석

③ **정형적 의사결정**은 일상적이고 반복적인 의사결정 유형으로, 의사결정자가 **조직 내에서 이미 정해져 있는 절차, 규정, 방침 등에 따라 규칙적이고 체계적인 의사결정을 하는 방법**이다.

40 사회복지조직의 운영과 관리 정답 ④

ㄹ. **영기준 예산**은 **전년도 예산과는 무관**하게 매년 **비용-편익분석에 따라** 프로그램의 우선순위를 정하여 합리적으로 편성하는 예산으로, **현재 프로그램의 효과성·효율성·시급성에 따라 예산을 재평가하여 증감을 결정하는 모형**이다.

오답 분석

ㄱ. '성과주의 예산은'이 아니라 '항목별 예산은'이 맞다.

ㄴ. '산출중심형'이 아니라 '투입중심형'이 맞다. 참고로 **산출중심형 예산은 기획예산**이다.

ㄷ. '프로그램 작성에서부터'가 아니라 '계획수립에서부터'가 맞다.

이것도 알면 합격

기획예산의 편성 과정

계획 수립	• 장기적 목표개발(또는 수립) • 목표 달성의 우선순위결정
↓	
프로그램 작성	• 구체적인 프로그램 계획 수립 • 연도별 소요비용 추정
↓	
예산 편성	결정된 소요비용에 맞추어 예산 편성

41 사회복지조직이론 정답 ③

③ '과학적 관리론'이 아니라 **'인간관계이론'에 관한 설명**이다.

오답 분석

② 과학적 관리론에 따르면 **권한과 책임은 오직 관리자에게만 부여**되어져야 하며, 관리자 중에서도 전문가를 채용하여 직무의 방법, 속도, 규율, 품질 조정 등의 **'절차와 표준'을 맡겨서 조직성원 상하의 일치성을 확립**해야 한다.

④ 과학적 관리론에 따르면 조직성원에게 그가 최선을 다해 일할 의욕이 생기도록 **금전적인 혜택(또는 차별적인 성과급)을 제공**해야 한다.

42 사회복지행정의 개관 정답 ③

ㄱ. **1995~1999년, 보건복지사무소 시범사업이 실시**되었다. **원안은 1995년 7월~1997년 6월까지 2년간 시범운영**하기로 하였으나, 가시적 성과를 얻지 못해 1999년 12월까지 재연장하여 4년 6개월 간 운영하였고, 이후 **평가결과가 효과성이 없음으로 판명되어 전면 중지**되었다.

ㄴ. **2004~2006년, 사회복지사무소 시범사업이 실시**되었다. **사회복지사무소**는 지역사회 복지자원 발굴 및 연계 및 조정업무 수행을 위해 **2004년 7월부터 2006년 6월까지 전국 9개 시·군·구에서 2년 동안 시범 운영**되었다.

ㄷ. **1987년 사회복지전문요원제도가 신설**되어 사회복지전문요원이 서울시 관악구에서 최초로 시범사업 차 배치되었고, 이후 5개 직할시에 49명이 별정 7급으로 최초 배치되었다.

ㄹ. **2006년, 주민생활지원서비스가 실시**되었다. 주민생활지원서비스는 당시 **행정자치부가 중심이 되어 민관협력을 통해 8대 서비스(복지, 보건, 고용, 주거, 문화, 관광, 평생교육, 생활체육)의 통합적인 제공을 목적**으로 2006년 7월부터 시행되었다.

ㅁ. **2010년, 사회복지통합관리망(또는 행복e음)이 개통**되었다.

43 사회복지행정의 개관 정답 ②

② 사회복지행정은 서비스의 대상으로서 **인간을 가치지향적 존재로 가정**하며, 이에 따라 사회복지행정가는 대안선택 시 **인본주의적 가치지향적인 행정기술을 적용**해야 한다.

44 사회복지행정의 개관 정답 ①

ㄱ. '제외된다.'가 아니라 '포함된다.'가 맞다. 사회복지행정은 **사회서비스 활동**으로, 공공 및 민간의 **조직 관리자에 의해** 조직의 목표 달성을 위해 **수행되는 조직 관리 또는 내부적 조정과 협력과정**을 의미한다.

45 사회복지조직이론 정답 ④

오답 분석

ㄷ. 신공공관리론은 전통적인 정부 관료제하에서의 **공공서비스 공급이 유발한 정부실패를 해결하기 위해 시장의 경쟁원리를 공공행정에 도입**한 것이다.

46 사회복지조직이론 정답 ④

ㄴ. **유지하위체계**는 업무절차를 **공식화 및 표준화(예** 보상체계 확립, 직원의 선발과 훈련 등**)**시켜 조직의 안정상태, 즉 현재 상태대로 **조직의 영속성을 확보**하도록 만드는 하위체계이다.

오답 분석

ㄷ. '경계하위체계'가 아니라 '생산하위체계'가 맞다. **경계하위체계**는 조직이 **외부환경에 영향을 미칠 수 있는 기반을 구축**하는 하위체계이다.

47 사회복지조직의 운영과 관리 정답 ⑤

⑤ '임의적 할당이 필수적이다.'가 아니라 '임의적 할당은 불가하다.'가 맞다. **사회복지조직**은 국가와 지방자치단체의 보조금, 법인지원금, 후원금, 상품판매, 특별 행사, 서비스 이용료 등 매우 다양한 재원을 가지고 있다. 그리고 이러한 다양한 재원 중에서도 특히 **국가와 지방자치단체의 보조금이나 후원금과 같은 외부재원의 영향을 많이 받으며, 또한 특별히 법적으로 위탁받은 서비스를 제공할 때에는 그 재정의 임의적 할당은 불가**하다.

48 사회복지조직이론 정답 ①

① '조직 밖 타인과의 인간관계가'가 아니라 '조직 내 타인과의 인간관계가'가 맞다.

오답 분석

②, ③ **인간관계이론**은 산업심리학자인 메이요(E. Mayo)가 **호손(Hawthorne)공장실험**의 결과를 통해 제시한 조직이론으로, 호손 공장실험의 결과, 생산과 관리에서 **인간적인 요소와 감정의 중요성, 인간의 사회적·심리적 욕구와 조직성원의 사회적인 상호작용이 중요한 영향**을 미친다는 것이 증명되었다.

49 사회복지조직이론 정답 ④

④ 관료제 이론이 아니라 정치경제이론에 관한 설명이다. **관료제 이론은 폐쇄체계이론으로, 조직 내부의 권위 구조 등에 집중**한다.

50 사회복지조직이론 정답 ①

오답 분석

ㄹ. '목표관리(management by objective)'가 아니라 '벤치마킹(benchmarking)'이 맞다.

8영역 사회복지법제론

51 사회서비스 관련 법체계 정답 ③

③ 법 제5조 제1항

오답 분석

① '보건복지부장관은'이 아니라 '여성가족부장관은'이 맞다(법 제3조의2 제1항).

② '보건복지부'가 아니라 '국무총리'가 맞다(법 제3조의4 제1항).

④ '허가를'이 아니라 '지정을'이 맞다(법 제12조 제3항).

⑤ 법 제14조의2

이것도 알면 합격

법 제14조의2

다문화가족이 이혼 등의 사유로 해체된 경우에도 그 구성원이었던 자녀에 대하여는 이 법을 적용한다.

52 사회보험 관련 법체계 정답 ①

① 『최저임금법』이 아니라 『근로기준법』이 맞다(법 제5조 제2호).

오답 분석

② 법 제5조 제4호

③ 법 제5조 제5호

④ 법 제5조 제6호

⑤ 법 제5조 제8호

53 공공부조 관련 법체계 정답 ①

① '가구의'가 아니라 '본인과 배우자의'가 맞다(법 제2조 제4호).

오답 분석

② 법 제3조 제2항

③ 법 제5조 제1항

④ 법 제9조 제2항

⑤ 법 제8조 제2항

54 공공부조 관련 법체계 정답 ⑤

⑤ '최적생활을'이 아니라 '최저생활을'이 맞다(법 제4조 제1항).

오답 분석

① 법 제3조 제1항

②, ③ 법 제3조 제2항

④ 법 제4조 제4항

55 사회복지 관련 일반법체계 정답 ②

ㄴ. '국민기초생활 보장법'이 아니라 '사회보장기본법'이 맞다(법 제2조 제1호).

ㄷ. '국민기초생활 보장법'이 아니라 '사회보장기본법'이 맞다(법 제2조 제2호).

오답 분석

ㄱ. 법 제2조 제5호

ㄹ. 법 제2조 제3호

56 사회보험 관련 법체계 정답 ②

② '특별회계'가 아니라 '일반회계'가 맞다(법 제5조 제1항).

오답 분석

① 법 제2조 제3호

③ 법 제2조 제6호

④ 법 제3조

⑤ 법 제9조

57 사회서비스 관련 법체계 정답 ④

④ '3년마다'가 아니라 '5년마다'가 맞다(법 제10조 제1항).

오답 분석

① 법 제3조 제4호

② 법 제7조 제1항

③ 법 제14조 제1항

⑤ 법 제15조의2 제1항

58 사회보험 관련 법체계 정답 ②

오답 분석

ㄴ. '직계존속은 포함되지 않는다'가 아니라 '직계존속을 포함한다'가 맞다(법 제5조 제2항 제2호).

ㄹ. '직계비속은 포함되지 않는다'가 아니라 '직계비속을 포함한다'가 맞다(법 제5조 제2항 제3호).

59 사회복지 관련 일반법체계 정답 ①

오답 분석

②, ③, ④, ⑤ 법 제2조

60 사회복지 관련 일반법체계 정답 ②

② 법 제11조 제2항

오답 분석

① '시·도지사는'이 아니라 '보건복지부장관은'이 맞다(법 제11조 제1항).

③ '교정'이 아니라 '의료'가 맞다(법 제11조 제2항).

④ '피한정후견인'은 해당되지 않는다(법 제11조의2). 참고로 **2024년 1월 23일 법 개정을 통해 사회복지사의 결격 사유 중 '피한정후견인'이 제외**되었다.

이것도 알면 합격

법 제11조의2(사회복지사의 결격사유)

다음 각 호의 어느 하나에 해당하는 사람은 사회복지사가 될 수 없다.

1. 피성년후견인
2. 금고 이상의 형을 선고받고 그 집행이 끝나지 아니하였거나 그 집행을 받지 아니하기로 확정되지 아니한 사람
3. 법원의 판결에 따라 자격이 상실되거나 정지된 사람
4. 마약·대마 또는 향정신성의약품의 중독자
5. 「정신건강증진 및 정신질환자 복지서비스 지원에 관한 법률」 제3조제1호에 따른 정신질환자. 다만, 전문의가 사회복지사로서 적합하다고 인정하는 사람은 그러하지 아니하다.

⑤ '취소하여야 한다.'가 아니라 '취소할 수 있다.'가 맞다(법 제11조의3 제1항).

61 사회보험 관련 법체계 정답 ①

① 법 제3조 제1항 제3호

오답 분석

② '평균소득월액이란 매년 사업장가입자 및 지역가입자 전원(全員)의 기준소득월액을 평균한 금액을 말한다.'가 맞다(법 제3조 제1항 제4호).

③ '기여금'이 아니라 '부담금'이 맞다(법 제3조 제1항 제11호).

④ '자는 제외된다.'가 아니라 '자를 포함한다.'가 맞다(법 제2조 제2항).

⑤ '보지 않는다.'가 아니라 '본다.'가 맞다(법 제2조 제3항).

62 사회복지 관련 일반법체계 정답 ③

③ **법 제15조의2 제1항**

국가는 국민의 사회복지에 대한 이해를 증진하고 사회복지사업 종사자의 활동을 장려하기 위하여 **매년 9월 7일을 사회복지의 날**로 하고, 사회복지의 날부터 1주간을 사회복지주간으로 한다.

63 사회복지 관련 일반법체계 정답 ④

④ '심의·의결하기'가 아니라 '심의·조정하기'가 맞다(법 제20조 제1항).

오답 분석

①, ② 법 제21조 제2항

③, ⑤ 법 제21조 제4항

64 사회복지 관련 일반법체계 정답 ④

④ 아동권리보장원이 가정위탁사업의 활성화 등을 위하여 수행하는 업무에 해당한다(법 제48조 제6항).

이것도 알면 합격

법 제48조 제6항

보장원은 가정위탁사업의 활성화 등을 위하여 다음 각 호의 업무를 수행한다.

1. 가정위탁지원센터에 대한 지원
2. 효과적인 가정위탁사업을 위한 지역 간 연계체계 구축
3. 가정위탁사업과 관련된 연구 및 자료발간
4. **가정위탁사업을 위한 프로그램의 개발 및 평가(④)**
5. 상담원에 대한 교육 등 가정위탁에 관한 교육 및 홍보

6. 가정위탁사업을 위한 정보기반 구축 및 정보 제공
7. 그 밖에 대통령령으로 정하는 가정위탁사업과 관련된 업무

오답 분석

①, ② 법 제48조 제2항

③ 법 제48조 제4항

⑤ 법 제49조 제2항

이것도 알면 합격

법 제49조 제2항

가정위탁지원센터는 다음 각 호의 업무를 수행한다.

1. 가정위탁사업의 홍보 및 가정위탁을 하고자 하는 가정의 발굴(⑤)
2. 가정위탁을 하고자 하는 가정에 대한 조사 및 가정위탁 대상 아동에 대한 상담
3. 가정위탁을 하고자 하는 사람과 위탁가정 부모에 대한 교육
4. 위탁가정의 사례관리
5. 친부모 가정으로의 복귀 지원
6. 가정위탁 아동의 자립계획 및 사례 관리
7. 관할 구역 내 가정위탁 관련 정보 제공
8. 그 밖에 대통령령으로 정하는 가정위탁과 관련된 업무

65 사회복지 관련 일반법체계 정답 ③

③ 「사회복지사업법」 제1조의2에 따른 기본이념이다.

이것도 알면 합격

「사회복지사업법」 제1조의2(기본이념)

① 사회복지를 필요로 하는 사람은 누구든지 자신의 의사에 따라 서비스를 신청하고 제공받을 수 있다. **(③)**
② 사회복지법인 및 사회복지시설은 공공성을 가지며 사회복지사업을 시행하는 데 있어서 공공성을 확보하여야 한다.
③ 사회복지사업을 시행하는 데 있어서 사회복지를 제공하는 자는 사회복지를 필요로 하는 사람의 인권을 보장하여야 한다.
④ 사회복지서비스를 제공하는 자는 필요한 정보를 제공하는 등 사회복지서비스를 이용하는 사람의 선택권을 보장하여야 한다.

오답 분석

① 법 제4조 제1항

② 법 제4조 제2항

④ 법 제4조 제5항

⑤ 법 제4조 제6항

66 사회서비스 관련 법체계 정답 ①

① '25세 미만의'가 아니라 '24세 미만의'가 맞다(법 제33조의2 제1항).

이것도 알면 합격

법 제33조의2 제1항

노인복지주택에 입소할 수 있는 자는 60세 이상의 노인(이하 "입소자격자"라 한다)으로 한다. 다만, 다음 각 호의 어느 하나에 해당하는 경우에는 입소자격자와 함께 입소할 수 있다.

1. 입소자격자의 배우자
2. 입소자격자가 부양을 책임지고 있는 24세 미만의 자녀·손자녀
3. 보건복지부령으로 정하는 장애로 인하여 입소자격자가 부양을 책임지고 있는 24세 이상의 자녀·손자녀

오답 분석

② 법 제2조 제2항

③ 법 제6조 제1항

④ 법 제25조 제2항

⑤ 법 제27조 제1항

67 공공부조 관련 법체계 정답 ⑤

⑤ 법령 제3조

오답 분석

① '수급자'가 아니라 '수급권자'가 맞다(법 제2조 제1호).

② '보장시설'이 아니라 '보장기관'이 맞다(법 제2조 제4호).

③ '2촌의'가 아니라 '1촌의'가 맞다(법 제2조 제5호).

④ '최저생계비란'이 아니라 '최저보장수준이란'이 맞다(법 제2조 제6호).

68 사회복지 관련 일반법체계 정답 ③

③ '이송된 다음 날'이 아니라 '이송된 날'이 맞다(법 제11조 제2항).

오답 분석

① 법 제8조

② 법 제13조 제2항

④ 법 제15조

⑤ 법 제17조

69 사회보험 관련 법체계 정답 ①

① '1년 이상'이 아니라 '6개월 이상'이 맞다(법 제2조 제2호).

오답 분석

② 법 제2조 제1호

③ 법 제2조 제3호

④ 법 제2조 제4호

⑤ 법 제2조 제5호

70 사회복지법제의 개관 정답 ⑤

ㄱ. 헌법 제117조 제1항

ㄴ. 헌법 제117조 제2항

ㄷ. 「지방자치법」 제19조 제1항

ㄹ. 「지방자치법」 제19조 제2항

71 사회복지 관련 일반법체계 정답 ②

ㄱ. 법 제5조 제1항

ㄴ. 법 제5조 제2항

오답 분석

ㄷ. '격년으로'가 아니라 '매년'이 맞다(법 제5조 제3항).

ㄹ. '매년'이 아니라 '격년으로'가 맞다(법 제5조 제4항).

72 사회복지법제의 개관 정답 ②

오답 분석

ㄴ. '1988년에'가 아니라 '1986년에'가 맞다. 「국민복지연금법」은 1973년 12월 24일 제정되어 1974년 1월 1일부터 시행예정이었지만, 1973년 당시 발발한 세계석유파동 등으로 인해 시행되지 못하다가 **1986년 12월 31일 「국민연금법」으로 전부개정되어 1988년 1월 1일부터 시행**되었다.

ㄹ. 1997년에 제정된 「사회복지공동모금법」은 1999년 3월 31일 **사회복지공동모금회를 사회복지법인으로 설립하고, 시·도 단위 지회를 설립하는 것**을 골자로 하여 전부개정을 하고, 법률 명칭 역시 **「사회복지공동모금회법」으로 변경**하였다(**1980년, 「사회복지사업기금법」→ 1997년, 「사회복지공동모금법」→ 1999년, 「사회복지공동모금회법」**).

73 공공부조 관련 법체계 정답 ①

① 법 제4조 제1항

오답 분석

② '가구의'가 아니라 '수급권자와 배우자의'가 맞다(법 제2조 제5호).

③ '기초급여는'이 아니라 '부가급여는'이 맞다(법 제5조 제2호).

④ '수급권은 소멸한다.'가 아니라 '장애인연금의 지급을 정지한다.'가 맞다(법 제15조).

⑤ '지급한다.'가 아니라 '지급하지 아니한다.'가 맞다(법 제6조 제5항).

74 사회복지법제의 개관 정답 ③

ㄱ. 청소년, 헌법 제34조 제4항

ㄴ. 법률, 헌법 제34조 제5항

ㄷ. 사회보장, 헌법 제34조 제2항

75 사회복지법제의 개관 정답 ④

ㄹ. '존재하지 않는다.'가 아니라 '존재한다.'가 맞다. 「사회보장기본법」 제3조 제1호에서 정의규정이 있다.

이것도 알면 합격

「사회보장기본법」 제3조 제1호

"사회보장"이란 출산, 양육, 실업, 노령, 장애, 질병, 빈곤 및 사망 등의 사회적 위험으로부터 모든 국민을 보호하고 국민 삶의 질을 향상시키는 데 필요한 소득·서비스를 보장하는 사회보험, 공공부조, 사회서비스를 말한다.

오답 분석

ㄷ. 법의 우선적용의 원칙 상충 시 적용순서는 **신법인 특별법 > 구법인 특별법 > 신법인 일반법 > 구법인 일반법**의 순서이다.

제2회 FINAL 모의고사

정답 및 해설

1교시 | 사회복지기초
2교시 | 사회복지실천
3교시 | 사회복지정책과 제도

자동채점 + 합격예측 서비스

◀ QR 코드를 스캔하시면, 더욱 상세한 성적 분석 서비스 이용이 가능합니다.

1교시 사회복지기초

1영역 | 인간행동과 사회환경

01	④	02	④	03	①	04	⑤	05	②
06	④	07	①	08	⑤	09	③	10	④
11	③	12	①	13	③	14	①	15	①
16	⑤	17	②	18	④	19	①	20	①
21	⑤	22	⑤	23	⑤	24	③	25	①

2영역 | 사회복지조사론

26	④	27	③	28	③	29	④	30	④
31	④	32	⑤	33	⑤	34	③	35	④
36	①	37	②	38	③	39	④	40	③
41	④	42	⑤	43	③	44	②	45	③
46	⑤	47	③	48	①	49	②	50	①

나의 점수 분석표

영역명	맞힌 개수 / 문제 수
인간행동과 사회환경	/ 25
사회복지조사론	/ 25
합계	**/ 50**

* 과락 기준: 50문제 중 맞힌 문제 수가 20개 미만

취약점 키워드 box

* 틀린 문제 중, 본인이 부족했던 개념 또는 키워드를 정리해 보세요!

1영역 인간행동과 사회환경

01 인간행동에 관한 주요 이론 정답 ④

④ 에릭슨은 영아기와 유아기 중심의 프로이트의 심리성적발달단계를 심리사회적발달단계를 통해 청소년기, 성인초기, 성인기, 노년기까지 확장하여 **성격이론가 중 처음으로 전 생애적 발달을 제시**하였다.

오답 분석

② 에릭슨은 성격발달에 있어서 주로 **유전적·생물학적 요인만을 강조한 프로이트**와는 달리 **유전적·생물학적 요인 이외에도 사회적 힘이 성격발달에 미치는 영향을 강조**하였다. 즉 성격은 **생물학적 요인과 개인의 심리·사회문화의 상호작용에 의해 결정**된다고 보았다. '성장하는 모든 것은 기본 계획이 있다.'는 것은 에릭슨의 **점성원칙(epigenetic principle)**에 관한 설명으로, **점성원칙**이란 성장하는 모든 것은 **유전적인 기초안**을 가지고 있으며, 이 **기초안으로부터 부분이 발생**하고 각 부분이 특별히 우세해지는 시기가 있으며, 이 모든 부분이 발생하여 기능하는 전체를 이루게 된다는 개념이다. 다시 말해 **인간은 유전적으로 이미 예정된 단계를 거치며 발달한다는 것을 의미**한다. 심리사회적 자아발달은 점성원칙에 의해 진행된다.

02 인간행동에 관한 주요 이론 정답 ④

④ '일반윤리'에 의하는 것은 '후인습적 수준이면서 6번째 단계인 보편적 원리(또는 일반윤리) 도덕성'이 맞지만, '자신의 이익에 따라 행동을 판단하는 것'은 '전인습적 수준이면서 2번째 단계인 개인적·도구적 도덕성'에 관한 설명이다.

03 인간행동에 관한 주요 이론 정답 ①

ㄱ. '매슬로우'가 아니라 '로저스'의 인본주의 이론의 비판에 관한 내용이다. 이 외에도 로저스의 이론은 클라이언트의 문제가 아닌 클라이언트의 자기통찰, 즉 클라이언트 자신에 대한 자기 인식과 이해만을 중요시하여 **사회복지사의 개입 효과성 파악이 어렵다**는 점, **지나치게 비지시적 접근을 강조**하므로 자칫 사회복지사의 직무 정체성을 상실하게 할 수 있다는 점, **클라이언트의 정서적인 요인만을 강조**하므로 **인지적인 요인이 간과**될 수 있다는 점 등에서 비판받았다.

04 인간행동에 관한 주요 이론 정답 ⑤

ㄱ, ㄴ. '단계를 뛰어넘을 수 있다.'가 아니라 '뛰어넘을 수 없다.'가 맞다. 피아제에게 있어서 인지발달에는 정해진 순서와 단계(감각운동기, 전조작기, 구체적 조작기, 형식적 조작기)가 있으며, 개인적 유전이나 문화 등과 관계없이 이러한 **발달단계의 순서와 발달단계별 주요 특징이 나타나는 것에서는 개인차(또는 변화)가 없다. 단 발달단계별 성취연령에서는 개인차가 존재할 수 있다.**

예 모든 아동이 전조작기를 거쳐서 구체적 조작기로 이행하는 것은 같지만, 전조작기가 나타나는 시기는 일반적으로 2~7세 정도일 뿐, 그 시기는 개인별로 빠르거나 느릴 수 있다.

ㄷ. **'전환하지 않는다.'가 아니라 '전환된다.'가 맞다.** 피아제는 인지발달에 있어서 **퇴행의 가능성을 인정**하여 발달이 완성되었어도 **낮은 단계의 사고로 전환이 가능**하다고 보았다.

ㄹ. '감각운동기, 전조작기, 형식적 조작기, 구체적 조작기의 순'이 아니라 '감각운동기, 전조작기, 구체적 조작기, 형식적 조작기의 순'이 맞다.

05 전 생애발달의 통합적 이해 정답 ②

② 발달은 무작위적이 아닌 **일정한 순서와 방향성을 가지고 진행**되며, 또한 **일생에 걸쳐 일어나는 예측 가능한 연속적인 과정**이다.

06 전 생애발달의 통합적 이해 정답 ④

④ 일반적으로 학습은 일생에 걸쳐 진행된다.

오답 분석

①, ③ **성숙(maturation)**이란 주로 **유전인자**가 가지고 있는 정보에 의해 발생하는 **신체적·심리적 측면에서의 변화**를 말한다. 따라서 **경험이나 훈련과 같은 환경요인의 영향은 받지 않으며, 체계적으로 일어난다.**

② **성장(growth)**이란 주로 신체 크기의 확대, 근력의 증강, 인지의 확장 등과 같은 **양적인 확대(또는 증가)를 의미**하며, 유전적인 요인과 더불어 환경적인 요인에도 영향을 받고, 일정한 시기가 지나면 정지된다.

07 인간행동에 관한 주요 이론 정답 ①

오답 분석

ㄹ. '치료과정은 비지시적이며 클라이언트는 능동적 참여자이다.'가 맞다.

이것도 알면 합격

ㄴ. 로저스에게 있어서 **완전히(또는 충분히) 기능하는 사람(fully functioning person)**이란 **무조건적 긍정적 관심이 제공하는 결과**로, **자아실현이 된 사람**, 즉 자신의 자기를 완전히 지각하고 자기성장을 이루며 타인과의 관계를 원만하게 만드는 건강하고 창의적인 성격을 가지고 있는 사람을 말하며, 그들은 다음과 같은 특징을 보인다.

- **경험에 대한 개방성:** 자신의 경험을 전부로 여기지 않고, 새로운 경험을 지속적으로 시도한다.
- **실존적인 삶(ㄴ):** 현재에 충실하게 살아간다. 즉 과거의 회상이나 미래의 예측으로 인한 걱정 없이 매순간을 충분히 만끽한다.
- **자신의 유기체에 대한 신뢰:** 자신을 신뢰하여 타인의 판단이 아닌 자신의 평가에 의해서 행동한다.
- **창조성:** 독창적 사고력과 창조적 삶으로 스스로를 표현한다. 즉 사회문화적 구속에 동조하거나 수동적으로 적응하지 않는다.
- **선택과 행동의 자유의식:** 자신의 인생의 선택에 있어서 자유로워 일시적인 생각이나 환경, 과거 사건들에 의해 미래를 결정하는 것이 아니라 스스로 미래를 결정하며 책임감 있게 살아간다.

08 사회환경에 관한 주요 이론 정답 ⑤

⑤ '동화(assimilation)'가 아니라 '통합(integration)'이 맞다.

이것도 알면 합격

베리(Berry)의 문화변용이론(고유문화에 대한 주류문화의 진입에 대한 반응)

차원		고유문화(또는 원문화)의 문화적 가치를 유지할 것인가? 예	고유문화(또는 원문화)의 문화적 가치를 유지할 것인가? 아니오
주류사회의 문화를 받아들이고 관계를 유지할 것인가?	예	통합(integration)	동화(assimilation)
	아니오	분리(separation)	주변화(marginalization)

오답 분석

③ 문화의 '사회화 기능'에 관한 설명이다.

④ 문화의 '사회통제 기능'에 관한 설명이다.

09 사회환경에 관한 주요 이론 정답 ③

③ '항상성'이 아니라 '균형(equilibrium, 또는 평형상태)'이 맞다. **항상성**이란 **개방체계에서 나타나는 평형상태**로, 체계가 균형을 위협받았을 때 다른 체계와의 상호작용을 통해 비교적 **지속적으로 안정적이지만 역동적인 균형 상태를 유지하려는 현상**을 말한다. 즉 체계의 **기존 구조를 유지한 상태**에서 체계의 일관성을 유지하기 위해 **일정한 범위에서만 변화를 모색**하는 것이다.

오답 분석

② **균형(equilibrium, 또는 평형상태)**이란 체계가 **고정된 구조를 추구하려는 속성**으로 체계가 다른 체계와 **수평적 상호작용만을 하며 교류하지 않고 현상을 유지하려는 것**이다. 균형은 환경과 상호작용하지 않는 폐쇄체계의 진화적 특성이다. 참고로 상호작용의 유형으로는 수직적 상호작용과 수평적 상호작용이 있다. **수직적 상호작용**이란 체계가 자신 밖의 다른 체계(환경)와 상호작용하는 것을, **수평적 상호작용**이란 체계가 환경과 상호작용 없이 체계 내의 구성요소들과만 상호작용하는 것으로, 체계 자체의 에너지 소비를 통해 그 구조를 유지하고자 하는 것이다.

④ 체계는 **부분성과 전체성을 동시**에 가지고 있다. 즉 하나의 체계는 여러 하위체계들로 구성되는데 그 하위체계들에 대해서는 전체체계가 되고 동시에 이 체계는 보다 큰 체계의 하위체계이므로 하나의 보다 큰 체계의 부분이 된다. 이러한 현상을 **홀론(holon)**이라고 하는데, 이는 하나의 체계는 보다 큰 체계의 부분임과 동시에 다른 하위체계에 대해서는 전체체계가 된다는 것을 의미한다. 예를 들어 한 개인은 가족체계의 하위체계이며, 동시에 가족은 지역사회라는 보다 큰 체계의 하위체계가 된다.

⑤ **환류(feedback, 또는 피드백)**란 **정보의 투입에 반응해서 행동하는 조직망**으로, **산출을 다시 체계로 투입하는 과정**이며, 체계가 목표달성을 위해 체계의 행동을 점검한 후 새로운 정보를 포함시켜 적응적 행동을 할 수 있도록 수정하는 능력이다. 다시 말해 환류는 체계가 그 행동의 결과를 알아서 스스로 행동을 수정해 나가는 **일종의 적응기제**이다.

10 인간행동에 관한 주요 이론 정답 ④

④ **고정간격 강화계획**이란 **일정한 시간마다 유기체의 반응과는 상관없이** 강화물이 주어지는 것을 말한다. 이로 인해 유기체는 자신에게 강화물이 제공되는 시간을 정확하게 인지할 수 있게 된다.

오답 분석

① '부적강화'가 아니라 '처벌'이 맞다. **부적강화**란 유기체에게 불쾌한 강화물(또는 부적강화물)을 제시하고, 이후 유기체가 제3자가 원하는 행동을 할 경우 그 **부적강화물을 제거하여 유기체의 행동을 강화시키는 방법**이다.

② '일차적 강화물'이 아니라 '이차적 강화물'이 맞다. **일차적 강화물**이란 인간의 생존과 관련이 있어서 **훈련이나 경험이 없어도 강화의 효과를 발생**시키는 강화물로 과자, 사탕, 물 등이 있다. 반면에 **이차적 강화물**이란 **훈련이나 경험을 통해 학습된 강화물**로, 일반적으로 다른 1차적 강화물과 연합하여 강화물의 기능을 수행한다. 미소, 칭찬, 점수, 웃음, 돈 등이 포함된다.

③ '정적처벌'이 아니라 '부적처벌'이 맞다. **부적처벌**이란 제3자가 유기체에게 **정적강화물을 철회하여(또는 빼앗아서)** 유기체의 **바람직하지 못한 행동의 빈도수를 줄이는 것**을 말한다.

⑤ 행동의 반응비율이 가장 높게 나타나는 것부터 순서대로 나열하면 **가변비율계획 > 고정비율계획 > 가변간격계획 > 고정간격계획** 순이다.

11 사회환경에 관한 주요 이론 정답 ③

③ 문제는 **사회학습이론의 주요 개념인 관찰학습에 관한 예시**이다.

12 인간행동에 관한 주요 이론 정답 ①

ㄱ. '파블로프'가 아니라 '스키너' 이론에 관한 설명이다. 스키너 이론의 주요 개념인 **조작적 행동**은 어떤 자극에 의해 일어나는 것이 아니라 스스로 일어나는 행동, 혹은 어떤 자극이 있었다고 하더라도 그것이 무엇인지 알 수 없었던 경우의 행동을 말한다. 즉 어떤 **유기체가 능동적으로 환경에 작용**을 가하는 행동을 말한다.

오답 분석

ㄷ. **반응적 행동(reactive behavior)**은 **어떤 자극(stimulous)에 의해서 직접적으로 유발된 반응(response)**으로, **파블로프 이론의 주요 개념**이다.

13 인간행동에 관한 주요 이론 정답 ③

오답 분석

① '생식기(genital stage)'가 아니라 '남근기(phallic stage)'가 맞다. **남근기(phallic stage, 3~6세)**는 유아의 리비도가 항문에서 **성기(性器)로 집중**되는 시기로, 남아의 경우 **오이디푸스 콤플렉스**를, 여아의 경우 **엘렉트라 콤플렉스**라는 이성의 부모에 대해 갖는 **무의식적인 성적 소망**을 보인다.

② '초자아'가 아니라 '자아'가 맞다. 프로이트의 이론에서 **자아(ego)**란 조직적이고 구체적인 정신구조로 **원초아에서 분화되어 형성**되며, **일반적으로 '이성'**이라고 불린다.

④ '강조하였다.'가 아니라 '부정하였다.'가 맞다. 프로이트는 **정신결정론(psychic determinism, 또는 심리결정론, 무의식적 결정론)을 주장**하였다. 정신결정론이란 **현재의 인간 행동에는 무언가 이 행동을 유발시킨 원인이 명확히 존재하며, 이를 뒤집어 말하자면 그 원인이 제거되거나 변화되면 유발된 그 행동도 없어지거나 변화될 수 있다는 관점**이다. 따라서 이러한 **정신결정론에서는 인간행동의 자율성이나 자유의지를 인정하지 않는다.** 참고로 **환경결정론을 주장한 스키너(B. Skinner)의 조작적 조건화이론에서도 인간의 자유의지를 인정하지 않는다.**

⑤ '지형학적 모형'이 아니라 '구조적 모형'이 맞다.

14 전 생애발달의 통합적 이해 정답 ①

① 임산부의 나이가 **16세 이하이거나 35세 이상일 경우** 유산·조산·사산·기형아 등의 발생 위험이 크게 증가하며, 특히 45세 이상 임산부의 경우 다운증후군 출산 가능성이 25명 중 1명으로 급증하게 된다.

오답 분석

② '남아'가 아니라 '여아'가 맞다. 정상적인 인간의 염색체는 성(性)을 결정하는 염색체인 **성염색체 1쌍(2개)**과 성염색체를 제외한 모든 염색체인 **상염색체 22쌍(44개)으로 구성**되어 있다. 태아의 성별은 **정자의 성염색체에 따라 결정**되는데 X성염색체를 가진 정자와 난자가 수정하면 **XX로 결합하여 '여아'가 출생**하고, Y성염색체를 가진 정자와 난자가 수정하면 **XY로 결합하여 '남아'가 출생**하게 된다. 이에 따라 **남성은 22쌍의 상염색체에 XY성염색체를, 여성은 22쌍의 상염색체에 XX성염색체**를 갖추게 된다.

③ '성염색체'가 아니라 '상염색체'가 맞다. **다운증후군**은 **'상염색체 이상으로 발생'**하는 유전적 질환으로, **21번째 상염색체가 1개 더 있어서, 총 염색체 수가 47개**이다.

④ **터너증후군(Turner syndrome)**은 **성염색체 이상**으로 발생하는 유전적 질환이다. 즉 **X염색체가 1개로 전체 염색체수는 45개인 '여성'**에게서 발생한다. 외형상은 여성이지만 사춘기의 2차 성징이 없고, 저신장, 조기 폐경 등의 특징을 보인다.

⑤ '3주'가 아니라 '16~20주'가 맞다. 임신 후 4개월이 지나면, 즉 **16~20주 사이부터 모체는 태아의 움직임인 태동(胎動)**을 느낄 수 있다.

15 전 생애발달의 통합적 이해 정답 ①

ㄱ. **애착(愛着)**은 **영아기의 가장 중요한 사회적 발달 과업**이다. 애착이란 **영아와 양육자(주로 어머니) 간에 형성되는 애정에 기초한 긍정적인 유대관계(또는 신뢰관계)**로, 주로 **영아와 양육자 간의 신체적 접촉**을 통해 형성되며, 다른 사람이나 사물과의 관계를 형성하는 데 영향을 미치고 이후의 사회적 발달의 밑바탕이 된다.

오답 분석

ㄴ. **서열화**란 특정한 속성이나 특징을 기준으로 하여 사물을 순서대로 배열하는 인지적 능력으로, 피아제의 구체적 조작기에 획득된다. **구체적 조작기는 아동기**에 해당한다.

ㄷ. **물활론적 사고**란 생명이 없는 사물에도 생명이 있다고 생각하는 사고로, **피아제의 전조작기에 획득**된다. **전조작기는 유아기**에 해당한다.

ㄹ. 성적 호기심을 갖는 것은 프로이트의 심리성적발달단계 중 **남근기의 특징**이며, **남근기는 유아기**에 해당한다.

16 전 생애발달의 통합적 이해 정답 ⑤

ㄱ. 유아기는 **피아제의 전조작기의 시기로, 타율적 도덕성이 발달**한다.

ㄴ. 유아기에는 언어 및 인지 발달을 통해 **사회적 정보의 비교가 가능해짐**으로 인해 **자아존중감이 발달**된다. 유아기의 자아존중감은 비현실적으로 긍정적이어서 대부분의 유아는 다른 유아보다 자신을 더 높게 평가하는 경향이 있다.

ㄷ. 유아기는 **프로이트의 남근기**에 해당하며, 따라서 **오이디푸스·엘렉트라 콤플렉스**가 나타난다.

ㄹ. **사회적 관점 수용능력**이란 **타인의 감정 및 사고 등에 이입할 수 있는 능력**을 말한다. **유아기**에는 유아의 '사회적 관점 수용능력'은 시작되나, 그 발달 수준은 매우 낮으므로 유아는 대인관계상의 갈등을 객관적으로 해결할 수 없다.

17 전 생애발달의 통합적 이해 정답 ②

ㄴ. '유아기'가 아니라 '중년기'가 맞다. **자기(self)**란 **중년기에** 드러나는 **집단무의식 내에 존재하는 타고난 핵심 원형**으로, **성격 전체의 일관성, 통일성, 전체성, 조화성을 무의식적으로 추구**한다. 융은 **자기실현은 인간발달의 궁극적인 목표**이며, 성격발달은 **자기실현의 과정**이라고 보았다.

ㄹ. 음영이 '인간의 어둡고 동물적인 측면'인 것은 맞지만 '자기나 자아상과 같은 개념'은 아니다.

18 전 생애발달의 통합적 이해 정답 ④

④ '청년기'가 아니라 '청소년기'에 관한 설명이다. 청소년기는 **제2의 급등성장기**로, 청소년기 시작 후 약 2.5~3년 동안은 신체적 성장 속도가 이전보다 약 2배 정도 빨리 진행되며, 골격이 완성된다. 또한 각 **성별 호르몬[남성의 경우에는 안드로겐(androgen), 여성의 경우에는 에스트로겐(estrogen)과 프로게스테론(progesterone)]**이 다량으로 분비되면서 여성 또는 남성의 특징이 나타나는 등 성적 성숙도 빠르게 진행된다.

오답 분석

① 청년기는 **삶과 직업에 대한 목표와 희망을 명확하게 정의**하고, **직업의 선택과 직업별로 요구하는 전문적 기술의 습득**을 통해 경력을 쌓는 등 **'자기 부양 능력'을 갖추어야 하는 시기**이다.

② **사회적 성역할 정체감(sex-role identity)**이란 사회가 각 성별로 적절하다고 인정하는 **특성, 태도, 가치관, 흥미 등을 동일시하는 과정**으로 그 성에 따른 사회의 역할기대를 내면화하는 과정이며, **청년기는 이러한 사회적 성역할 정체감을 확립하는 시기**이다.

19 인간행동에 관한 주요 이론 정답 ①

① 우월을 향한 목표는 **긍정적 경향 또는 부정적 경향을 취할 수 있다.**

이것도 알면 합격

우월을 향한 목표의 경향

긍정적 경향	사회적 관심이나 타인의 행복을 지향하는 이타적인 목표이다.
부정적 경향	개인적 우월성을 추구하는 자기존중, 권력, 개인적 허세 같은 이기적인 목표이다.

오답 분석

② '객관적'이 아니라 '주관적'이 맞다. 아들러에게 있어서 **개인은 환경을 주관적으로 파악하고 주관적인 믿음에 따라 행동하여 개인별 생활양식을 형성**해 나간다.

③ '필요하지 않다.'가 아니라 '필요하다.'가 맞다. **사회적 관심(social interest)**은 각 개인이 **이상적 공동사회의 목표를 달성하고자 사회에 공헌하려는 성향**이다. 즉 개인이 타인의 행복에 기여하기 위해 자신의 개인적 우월의 목표를 포기하는 것을 말한다. 이는 **선천적으로 타고나는 것**이지만, 저절로 발생하는 것은 아니고 **의식적인 개발을 필요**로 하고, 그 형성은 **아동기의 가족관계, 특히 모자 관계에서 출발**한다. 다음으로 부자관계에서 영향을 받는다.

④ '지속적으로 변화한다.'가 아니라 '안정적으로 거의 변화하지 않는다.'가 맞다. **생활양식**이란 아들러에게 있어서 **성격에 해당하는 개념**으로, 개인이 **생의 목표에 도달하기 위하여 스스로 설계한 독특한 인생 좌표**이다. 인생초기(4~5세경)에 **기본적인 생활양식이 형성**되고, 이후 안정적으로 거의 변화하지 않는다.

⑤ '위기와 전념을'이 아니라 '사회적 관심과 활동수준을'이 맞다. 아들러에게 있어서 생활양식은 **성격의 개념**으로, 개인이 생의 목표에 도달하기 위하여 **스스로 설계한 독특한 인생 좌표**이며 **사회적 관심과 활동수준**에 따라 **지배형, 획득형, 회피형, 사회적 유용형** 등 4가지 유형으로 구분된다. 참고로 **마샤**(J. Marcia)**는 청소년기의 자아정체감을 청소년이 경험하는 위기와 이러한 위기에 몰입하는 정도인 '전념'을 기준**으로 하여 4개의 영역, 즉 **성취, 유실, 유예, 혼란**으로 구분하였다.

20 전 생애발달의 통합적 이해 정답 ①

ㄱ. 아동기는 **탈중심화(decenter)로 인해 유아기의 자기중심적 사고에서 벗어나** 타인의 관점과 사물의 다른 특성을 고려할 수 있게 되는 **조망수용능력을 획득**하게 된다. 다만 '추상적 개념을 획득'하는 것은 **형식적 조작기인 청소년기에 대한 설명**이다.

오답 분석

ㄴ. 아동기에는 **가정에서 학교로 생활의 장이 확대**되어 가족의 영향력이 감소되고, 교사나 친구에 대한 애정이 나타난다. 아동은 **학교생활을 통해 인지적·사회적·학습 기술을 습득**할 수 있게 되고, **학교에서의 성공·실패 경험은 아동의 자아발달에 영향**을 준다.

ㄷ. **아동기는 프로이트의 잠복기에 해당**하며, 따라서 **성 에너지(또는 리비도)**가 **무의식 속으로 잠복하는 시기**로, 성적 관심이 줄어들고 학교생활을 통해 사회적 기술을 습득하는 시기이다.

21 인간행동에 관한 주요 이론 정답 ⑤

⑤ '전치'가 아니라 '반동형성'이 맞다. **반동형성(reaction formation)**이란 용납하기 어려운 충동을 **반대의 감정이나 행동으로 표현**하는 것으로, **감정의 역전**으로 볼 수 있다. 참고로 **전치(displacement, 또는 치환)**란 본능적 충동의 대상을 원래의 대상보다 **덜 위협적인 대상으로 옮겨서 발산하는 것**이다(예 우리 속담 중 "종로에서 뺨 맞고 한강 가서 눈 흘긴다.").

22 전 생애발달의 통합적 이해 정답 ⑤

ㄱ. **성공적인 노화(successful aging)의 조건**에는 **신체적 건강, 경제적 안정, 독립성 유지, 사회적 지지, 심리적 정서적 안정감, 개인적인 성장, 원만하고 원숙한 자기 성격** 등이 있다.

ㄴ. 노화이론 중 **분리이론**에서는 노인의 사회적 활동이 축소되는 현상인 **사회적 분리(또는 후퇴)**를 생의 발달 과정 중 당연한 현상으로 본다. 즉 노인이 대체로 사회에 소용되지 않기 때문에 사회는 노인을 사회로부터 분리시키려 하며, 노인 역시 스스로 사회에서 분리되기를 원하기 때문에 **노인과 사회의 유리(遊離)는 사회와 노인 모두에 유리(有利)하다고 주장하는 이론**이다.

ㄹ. 노년기에는 일반적으로 **생식기능 및 성교능력이 저하**된다. 단 남성 노인의 경우 여성 노인에 비해 70대에도 그 정도가 덜하다.

23 전 생애발달의 통합적 이해 정답 ⑤

ㄴ. 남성 청소년의 성적 성숙은 **'고환·음낭·음경의 확대 → 음모 → 겨드랑이 체모 → 수염'의 순**으로, 여성 청소년의 성적 성숙은 **'유방(또는 가슴) 발육 → 음모 → 겨드랑이 체모 → 초경'의 순으로 진행**된다.

24 전 생애발달의 통합적 이해 정답 ③

③ 인간발달이론은 사회복지사에게 클라이언트가 경험하는 **사회문화적 요인들을 다양하게 분석하여 이해할 수 있는 지식을 제공**한다.

25 전 생애발달의 통합적 이해 정답 ①

① 중년기는 **빈 둥지 증후군(empty nest syndrome)의 시기**, 즉 부모로서 자녀양육 역할이 줄어들고, 자녀와 분리되어 모두 집을 떠나고 부부만 남게 되는 시기이다. 이때 중년의 부부에게는 역할 변화가 요구된다.

오답 분석

② '남성'이 아니라 '여성'이 맞다. 개인적인 차이는 있지만 **여성은 50대 전후에 여성 호르몬인 에스트로겐(estrogen)의 분비가 1/6 정도**로 줄어들면서 **폐경을 경험**하며, 이로 인해 가임기가 끝나게 된다.

③ '자아통합 대 절망'이 아니라 '생산성 대 침체'가 맞다. 참고로 **'자아통합 대 절망'은 노년기의 심리사회적 위기**이다.

④ 중년기에는 **새로운 것의 학습능력은 저하되지만 문제해결능력은 오히려 높아진다.**

⑤ 중년기에는 유동성 지능은 감소하지만 결정성 지능은 지속적으로 발달한다.

2영역 사회복지조사론

26 사회복지조사과정(Ⅱ) 정답 ④

④ **델파이(Delphi)조사**란 **전문가 집단(또는 패널)의 구조화된 집단적 의사결정 방법**이다. **전문적인 주요 주제**에 관한 설문을 작성하여, **우편(또는 전자메일)을 통해 전문가들에게 발송**하고, 설문 회수 후 전문가들의 합의 및 미합의 분야 파악을 위한 집계를 실시하여 **합의되지 않은 부분 발생 시 첫 설문의 결과가 포함된 두 번째 설문을 작성하여 전문가들에게 우편을 통해 재발송**한다. 개방형 설문으로 시작해서 이후에는 응답내용을 폐쇄형으로 구성하여 질문하며, 이와 같은 절차를 **전문가들의 합의에 이를 때까지 반복적으로 실시**하여 지역사회의 욕구를 조사한다. 따라서 우편(또는 전자메일)을 통한 **익명 집단의 상호작용을 통해 도출된 자료를 분석**할 수 있다.

오답 분석

① '어려움이 있다.'가 아니라 '유리하다.'가 맞다. 델파이조사는 우편이나 이메일 등의 비대면 방법에 의해 진행되며, 따라서 **익명성 보장에 유리**하다.

② '대면집단의 상호작용'이 아니라 '익명집단의 상호작용'이 맞다. 델파이기법은 **전문가 집단의 구조화된 집단적 의사결정 방법**으로, 주요 주제에 관한 설문을 작성하여, **우편(또는 전자메일)을 통해 전문가들에게 발송**하고, 설문 회수 후 전문가들의 합의 및 미합의 분야 파악을 위한 집계를 실시하여 **합의되지 않은 부분 발생 시 첫 설문의 결과가 포함된 두 번째 설문을 작성하여 전문가들에게 우편을 통해 재발송**하는 절차를 **전문가들의 합의에 이를 때까지 반복 실시**하여 지역사회의 욕구를 조사하는 방법이다. 따라서 **'대면집단의 상호작용'이 아닌 우편(또는 전자메일)을 통한 '익명집단의 상호작용'을 통해 도출된 자료를 분석**한다.

③ '일반인들'이 아니라 '전문가들'이 맞다. 델파이기법은 **전문가들을 대상**으로 한 **전문적인 주제에 대한 견해를 도출**하는 데 유용하다.

⑤ 델파이기법은 **연구자가 사전에 결정한 방향으로 패널들의 의견이 유도**될 수 있고, 또한 응답 중 극단적인 것은 제외되는 경향이 있어서 창의적인 의견들이 손상될 수 있는 등, 조사 자료의 정리 중에 **연구자의 편향이 발생**하기 쉽다.

27 사회복지조사과정(Ⅱ) 정답 ③

③ **다항선택식 질문**이란 **여러 개의 응답범주를 나열해 놓고 그중에 몇 가지를 선택하게 하는 질문 유형**이다.

예 당신은 우리 복지관에서 제공하는 프로그램 관련 정보를 어디에서 얻으셨나요? 다음 중 2개만 선택해 주세요.
① 라디오 홍보
② 신문 홍보
③ 생활정보지 홍보
④ 현수막 홍보
⑤ 친구를 포함한 이웃의 소개
⑥ 기타(　　)

오답 분석

① '행렬식 질문'이 아니라 '수반형 질문'이 맞다. 주로 **행렬식 질문**이란 주로 리커트 척도에서 활용하는 질문 유형으로, **일련의 동일한 응답범주를 가지고 있는 동일한 질문 문항을 행과 열에 맞추어 질문하는 유형**이다.

예 프로그램 참여 후 생활 태도 변화에 관한 당신의 생각에 V 표 해주세요.

번호	문항	매우 아니다	아니다	보통이다	그렇다	매우 그렇다
1	하루의 삶을 매우 활기차게 시작한다.	①	②	③	④	⑤
2	타인과의 교류로 보내는 시간이 많아졌다.	①	②	③	④	⑤
3	삶의 의미를 찾았다.	①	②	③	④	⑤
4	삶이 재미있다.	①	②	③	④	⑤
5	웃음이 많아졌다.	①	②	③	④	⑤

② '이어서'가 아니라 '떨어뜨려서'가 맞다. 하나의 설문지에는 표현은 다르지만 동일한 질문 목적을 가지고 있는 문항들을 짝으로 배치하여 신뢰도를 측정할 수 있고, 이때 **신뢰도 측정을 위해 짝(pair)으로 된 문항들(또는 질문들)은 떨어지게 배치**하는 것이 바람직하다.

④ **개연성 질문(또는 수반형 질문, 해당자 부수질문)**이란 각 질문에 응답할 사람을 구분하는 질문인 **여과질문을 먼저 한 후에** 그 응답 결과에 따라 응답해야 할 내용들이 다른 **부수질문(또는 부가질문)을 연결해 놓은 질문 유형**이다. 따라서 **설문지를 구성할 때 응답자의 사고의 흐름을 예측하여 이에 따라 배치**해야 한다.

⑤ '앞부분'이 아니라 '뒷부분'이 맞다. 질문의 순서는 응답률에 영향을 줄 수 있다. 따라서 **일반적인 것을 먼저 질문하고, 특수한 것은 나중에 질문**해야 하며, **민감한 질문과 개방형질문(또는 주관식질문)은 뒤에 배치**해야 한다.

28 사회복지조사과정(Ⅰ) 정답 ③

③ **체계표집(또는 계통표집)**에서 표집간격은 **'모집단의 크기÷표본의 크기(=표본 수)'로 산출**된다. 따라서 문제에서 표집간격은 '27－17, 37－27'에 의해 '10'이며, 표본의 크기는 모집단의 크기(500명)÷표집간격(10)으로 산출되므로 50이 된다.

29 사회복지조사과정(Ⅱ) 정답 ④

오답 분석

① '필요하다.'가 아니라 '필요하지 않다.'가 맞다.

② '복구할 수 있다.'가 아니라 '복구할 수 없다.'가 맞다.

③ '대체할 수 없다.'가 아니라 '대체할 수 있다.'가 맞다. 2차 자료 분석에서는 원자료에서 누락된 **변수와 결측값을 추적하거나 복구할 수 없지만, 통계적 기법으로 자료의 결측값을 대체할 수는 있다.**

⑤ 2차 자료분석은 조사의 자료수집목적, 분석단위, 조작적 정의 등이 수행 중인 조사와 일치하지 않을 수 있어서 **조사의 타당도를 저하**시킬 수 있으며, 이러한 경우 사용이 곤란할 수 있다. 또한 공신력 있다고 판단되는 기관의 통계자료 역시 **의외로 그 신뢰도가 낮은 경우가 많다는 점을 염두에 둬야** 한다.

이것도 알면 합격

2차 자료란 현재의 **정부나 공공기관 또는 산하연구기관들에서 제공하는 '통계자료'**를 말하며, 이들 자료를 이용하여 조사문제의 검증에 활용하는 것을 **2차 자료분석법**이라고 한다.

30 사회복지조사과정(Ⅰ) 정답 ④

④ '추출한다.'가 아니라 '추출하기 어렵다.'가 맞다. 임의표집은 '비확률표집'으로, **비확률표집은 대표성이 높은 표본을 추출하는 것이 어렵다.**

오답 분석

① **층화표집**은 **동질적인 모집단일수록 이질적인 모집단보다 표집오차가 작다는 이론**에 근거한 표집방법으로, 모집단을 보다 **동질적인 몇 개의 층(strata, 또는 하위집단)으로 나눈 후, 각 층에서 단순무작위 방법을 이용해 표집**한다. 따라서 **전체 모집단이 아니라 여러 하위집단에서 표본을 추출**한다.

② **다단계집락표집**이란 집락표집을 변형한 표집방법으로, **두 단계 이상의 표집을 거쳐 최종적인 조사단위를 선정하는 방법**이다.

③ **할당표집**은 비확률표집 방법 중에 하나로, **층화표집에서 무작위가 아닌 임의적(또는 작위적) 방법으로 표집**을 한다. 따라서 연구자의 편향적 선정이 이루어질 수 있다.

⑤ **단순무작위표집**은 '확률표집'으로, 확률표집은 표집 시 **무작위 방법을 사용하는 표집방법**이며, 이로 인해 모집단 내의 표집단위 각각이 **표본으로 추출될 확률은 동일하며, 또한 알려져 있다.**

31 사회복지조사과정(Ⅰ) 정답 ④

④ '집단'이 아니라 '개인'이 맞다. **관찰단위**란 **실질적인 자료수집의 단위**를 말한다. 즉 **누구를 대상으로 분석단위와 관련된 자료를 획득할 것인가에 대한 기본단위**이다. 다시 말해 설문조사 시 설문에 '응답을 해주는 개인'이 관찰단위가 되는 것이다. 조사자가 설문조사를 할 경우 근무기관의 규모를 파악하기 위해서는 **사회복지기관에서 근무하는 사회복지사 500명 각 개인에게 설문을 실시**해야 하고, 더불어 직무만족도 역시 사회복지사 500명 각 개인을 대상으로 실시해야 한다. 예를 들자면 설문 문항을 **"당신이 근무하는 사회복지기관의 규모는 어떻게 됩니까?"**와 **"당신의 직무만족도의 수준은 어떻게 됩니까?"로 구성**할 수 있다. 따라서 **독립변수와 종속변수의 관찰단위는 모두 '사회복지사 개인'이 된다.**

32 사회복지조사의 개관 정답 ⑤

⑤ '평가한 이후에'가 아니라 '평가하기 이전에'가 맞다.

오답 분석

① **증거기반실천(Evidence-Based Practice, EBP)**이란 사회복지사가 **클라이언트에게 사회복지실천을 하기 전에 가능한 모든 과학적 조사를 평가(또는 검토)하고 또한 이를 응용하여 사회복지실천의 효과성을 가장 높일 수 있는 개입방법을 선택**하고 이를 적용하기 위해 이러한 평가와 적용의 기준과 절차에 대해 **체계적으로 접근을 할 수 있도록 원칙과 방식을 구조화해 놓은 것**을 말한다.

이것도 알면 합격

증거기반실천의 단계

질문으로 전환하기 → 증거 찾기 → 증거를 분석하고 평가하기 → 적용하기 → 평가하기

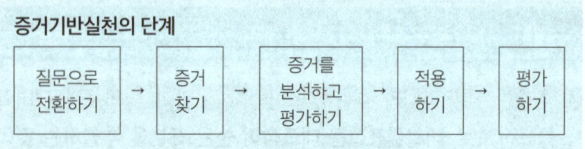

33 사회복지조사의 개관 정답 ⑤

오답 분석

① '존재할 수 있다고 본다.'가 아니라 '존재할 수 없다고 본다.'가 맞다. 실증주의에서는 관찰자, 즉 인간의 존재나 인식과는 무관하게 객관적인 실재가 독립적으로 존재한다고 본다. 그러나 **연구자의 편견 가능성을 인정하는 후기실증주의에서는 이를 부정**한다.

② '부정한다.'가 아니라 '인정한다.'가 맞다. **'관찰의 이론의존성'**이란 모든 관찰에는 관찰자가 지닌 지식, 가치, 신념, 기대, 이론 등이 반영될 수밖에 없으므로 **순수한 관찰은 존재할 수 없다**는 주장이다. 후기실증주의는 이러한 **관찰의 이론의존성을 인정**하여 관찰이나 측정은 순하게 객관적이고 완전할 수는 없다고 본다. 즉 후기실증주의에서는 연구에서 있어서 **연구자의 편견 가능성이 있다는 것을 인정**한다.

③ '논리적 실증주의'가 아니라 '논리적 경험주의'가 맞다. **논리적 경험주의**에서는 관찰은 논리의 출발점에 불과하고 **이론은 일반화, 즉 확률적으로 검증되는 관찰에 의해서만 정당화될 수 있다고 주장**하였다.

④ '쿤(T. Kuhn)'이 아니라 '포퍼(K. Popper)'가 맞다. **포퍼(K. Popper)를 중심으로 한 반증주의(falsification)**자들은 과학은 기존 이론이나 가설의 모순을 입증할 사례를 발견하는 데에서 시작되며, 이론이나 가설은 반증 가능성이 높을수록 더 큰 의미를 가지게 된다고 보았다. 즉 **연역적 방법을 기초**로 하여 반증되는(또는 허위화되는) 사례를 하나씩 제거해 나가 결국에 합당한 이론을 구축하는 방법으로, 이를 위해서는 **허위화의 가능성(또는 반증가능성)에 대해 개방적이어야 한다**고 주장하였다.

34 사회복지조사과정(Ⅰ) 정답 ③

③ **조작적 정의**란 측정하고자 하는 개념을 **수량화시켜 경험적·가시적으로 측정(또는 관찰) 가능한 형태로 재정의하는 과정**으로, **가설을 수립하여 이를 검증하는 양적조사에서 매우 중요한 과정**이다. 즉 **조작적 정의가 있어야만 가설의 검증이 가능**해진다.

35 사회복지조사의 개관 정답 ④

④ '패널조사'는 동일대상인에 대한 반복측정을 원칙으로 하는 것이 맞지만, **'동년배집단(cohort) 조사'**는 매 조사 시점마다 **'다른 대상인에 대한 반복측정을 원칙'**으로 한다.

36 사회복지조사과정(Ⅰ) 정답 ①

ㄱ. '늘어난다.'가 아니라 '줄일 수 있다.'가 맞다. **신뢰수준**이란 **통계치를 통해 추정하려는 모수의 신뢰성 정도**로, 모집단의 분산, 즉 통계치가 모수로부터 어느 정도 차이가 나는지를 보여주는 개념이다. 이러한 **신뢰수준을 높이면 1종 오류를 줄일 수 있다.**

오답 분석

ㄴ. **1종 오류란 영가설이 실제로 참임에도 불구하고 이를 기각하여 대립가설을 채택할 오류**를 말하며, 이때 **제1종 오류가 발생할 확률을 유의수준**이라고 한다. 즉 **유의수준이 증가하면 1종 오류가 증가**하고, **유의수준이 감소하면 1종 오류가 감소**하게 된다.

ㄷ. **유의확률**이란 **처음에 유의수준(α)을 얼마로 잡아야 가설검정 시 영가설을 기각할 수 있는지를 계산한 값**으로, 그 범위는 0~1 사이이다. **유의확률(p)의 값이 유의수준(α)보다 작으면($p < \alpha$) 영가설이 기각**되고 대립가설을 채택할 수 있으며, 반대로 **유의확률(p)의 값이 유의수준(α)보다 크면($p > \alpha$) 대립가설을 기각**하고, 영가설을 채택한다.

ㄹ. **2종 오류란 영가설이 실제로 거짓임에도 불구하고 이를 채택하여 대립가설을 기각할 오류**이다. 즉 **거짓인 영가설을 기각하지 못하는 것**으로, **2종 오류가 증가하면 통계적 검정력은 감소**하게 된다.

37 사회복지조사과정(Ⅰ) 정답 ②

오답 분석

① '종속변수'가 아니라 '독립변수'가 맞다.

③ '선행변수'가 아니라 '통제변수'가 맞다.

④ '매개변수'가 아니라 '독립변수'가 맞다. **경제발전은 독립변수, 복지정책의 재원은 매개변수, 생활수준은 종속변수**이다.

⑤ '억압변수'가 아니라 '조절변수'가 맞다.

38 사회복지조사과정(Ⅱ) 정답 ③

③ 관찰법은 피관찰자의 **비언어적인 행동이나 상황에 관한 자료 수집이 용이**하다.

오답 분석

① '피관찰자'가 아니라 '관찰자'가 맞다. 관찰법은 관찰자인 **인간의 감각기관을 이용**하여 피관찰자의 특성, **언어적 또는 비언어적 행동 등에 대해 관찰하여 자료를 수집하는 귀납적인 방법**이다. 즉 **자료는 피관찰자가 아닌 관찰자에 의해 생성**된다.

② '용이하다.'가 아니라 '어렵다.'가 맞다. 관찰법은 **피관찰자의 내면적 특성(또는 의식), 사적 문제, 과거 사실에 대한 자료의 수집은 어렵다.**

④ '계량화가 쉽다.'가 아니라 '계량화가 어렵다.'가 맞다. 관찰법은 관찰자의 비계량화된 인식을 수단으로 자료를 수집하기 때문에 계량화를 목적으로 관찰을 미리 구조화시키기보다는 **관찰의 대상이 되는 사건이 발생하면 이를 단순히 확인해서 기록하는 방식**을 취한다. 따라서 **자료의 계량화가 힘들고, 주로 백분율 정도의 계량화 방식만을 사용**한다.

⑤ '용이하다.'가 아니라 '어렵다.'가 맞다.

39 사회복지조사과정(Ⅰ) 정답 ④

④ 제시된 실험설계는 전실험설계 중에서 **단일집단사전사후검사설계의 설계도식**이다. 단일집단사전사후검사설계는 통제집단 없이 실험집단만 있는 설계로, **통제집단을 확보하기 어려울 때 사용할 수 있는 설계**이다.

오답 분석

①, ⑤ **단일집단사전사후검사설계**는 **1회 사례 설계에 비해 시간적 우선성과 비교의 기준은 존재**하지만, **내적타당도와 외적타당도에 영향을 미칠 수 있는 요인들을 전혀 통제**할 수 없다. 따라서 **연구결과의 일반화가 어렵다.**

② '통제가 가능'이 아니라 '통제가 여려운'이 맞다. **단일집단사전사후검사설계는 사전검사를 실시**하며, 따라서 **검사효과를 통제할 수 없다.**

③ '유사실험설계'가 아니라 '전실험설계'가 맞다.

이것도 알면 합격

단일집단사전사후검사설계란 **1회 사례 설계보다는 진일보한 설계**로, 실험처치를 하기 전에 사전에 변수를 측정한 다음 실험처치 이후에 측정한 것과의 비교를 하는 설계이다.

40 사회복지조사과정(Ⅰ) 정답 ③

ㄱ. '줄여야 한다.'가 아니라 '늘려야 한다.'가 맞다. 신뢰도를 높이기 위해서는 특정 개념을 측정하기 위한 **측정항목(또는 하위변수)을 늘리고 항목의 선택범위(또는 값)를 넓혀야 한다.** 특히 문항 간의 상관관계가 유사한 경우 항목의 수를 늘리면 척도의 신뢰도가 높아진다.

ㄴ. '사후에'가 아니라 '사전에'가 맞다.

ㄷ. 신뢰도를 높이기 위해서는 **측정자의 태도와 측정방식의 일관성을 유지**해야 한다. 즉 측정자들이 측정방식을 임의적으로 바꿀 수 없게 해야 한다.

오답 분석

ㄹ. 신뢰도를 높이기 위해서는 조사대상자가 **무관심하거나 잘 모르는 내용**은 측정하지 않는다.

41 사회복지조사과정(Ⅰ) 정답 ④

④ '비율측정'이 아니라 '등간측정'이 맞다. 시험점수는 **임의의 영(zero)**을 가진 등간측정이 가능한 등간변수이다.

오답 분석

①, ② 명목측정이나 서열측정의 경우 가능한 통계분석은 **빈도분석, 즉 빈도(최빈값)와 백분율**이 있다.

③ 등간측정이나 비율측정의 경우 가능한 통계분석은 **산술평균, 중위값, 최빈값 등**이 있다.

⑤ 두 변수 간 관계를 분석할 때 **두 변수 모두 명목측정일 경우 교차분석을 시행**할 수 있다.

42 사회복지조사과정(Ⅰ) 정답 ⑤

오답 분석

① 표본추출은 **모집단 확정, 표집틀 선정, 표집방법 결정, 표본의 크기 결정, 표집**의 순서로 진행된다.

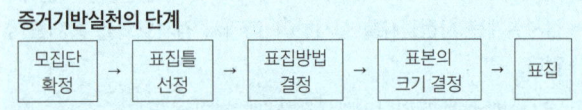

이것도 알면 합격

증거기반실천의 단계

모집단 확정 → 표집틀 선정 → 표집방법 결정 → 표본의 크기 결정 → 표집

② '비확률표집'이 아니라 '확률표집'이 맞다. 조사자의 주관성을 배제할 수 있는 것은 '확률표집'이다.

③ '커진다.'가 아니라 '작아진다.'가 맞다.

④ '줄여야 한다.'가 아니라 '늘려야 한다.'가 맞다. 신뢰수준 95%라는 것은 동일한 조사를 100번 할 경우 오차범위 내 동일한 결과가 나올 횟수가 95번이라는 것을 의미하며, **신뢰수준을 95%에서 99%로 높이려면 표본의 크기를 늘려야 한다.**

43 사회복지조사과정(Ⅰ) 정답 ③

③ '사회적 거리(social distance) 척도'가 아니라 '서스톤(Thurstone) 척도'가 맞다.

44 사회복지조사과정(Ⅰ) 정답 ②

② '신뢰도'가 아니라 '타당도'가 맞다.

오답 분석

① 익명으로 응답하게 하여 **사회적 적절성(또는 바람직성)의 편향의 오류를 줄일 수 있다.**

③ **측정의 체계적 오류**란 측정 대상에 어떠한 영향이 체계적으로 미쳐 측정 결과에 **편향(Bias), 즉 측정 결과가 일정하게 모두 높거나 낮아지는 경향으로 일정한 양태와 일관성을 발생시키는 오류**를 말한다.

④ **비관여적 관찰**은 객관성 확보에 있어서 매우 중요하며, 따라서 체계적 오류를 최소화시킬 수 있다.

⑤ 편견이 없는 단어와 용어를 사용하여 **문화적 차이에 의한 편향(또는 문화적 편견)을 줄일 수 있다.**

45 사회복지조사과정(Ⅱ) 정답 ③

③ **비반응성(또는 비관여적) 연구**란 **연구자가 연구하고자 하는 조사대상과의 상호작용 없이 완전히 분리되어 자료를 수집하는 방법**으로, 주로 자료에서 드러난 내용과 숨은 내용을 이해하기 위한 목적으로 수행되며, **내용분석, 2차 자료 분석, 비관여적 측정 등이 해당**된다. 즉 **단일사례설계는 비반응성 연구의 유형이 아니다.**

오답 분석

② 단일사례설계에서 기초선이란 **측정을 위한 비관여적 관찰 기간**으로, **표적행동이 안정화**될 때까지 반복하여 측정해야 한다. 다만 그 기간이 길어지게 되면 성숙효과가 발생할 수 있기 때문에 그 기간을 줄여서 **성숙효과(또는 성숙요인)를 통제**할 수 있다.

④ 일단 '여러 명의 조사대상자'라는 것은 기초선단계에서의 측정의 대상이 여럿이라는 것이고, '개입시기를 다르게 한다는 것'은 개입의 종류가 다양하다는 것을 의미한다. 이런 경우에 적용해 볼 수 있는 설계로 **ABCD 설계**가 있다. **ABCD 설계(또는 복수요인설계, 다중요소설계)**는 하나의 기초선에 다수의 각기 **다른 개입방법들을 연속적으로 도입하는 설계유형**으로, ABAB 설계에서처럼 개입 도중에 기초선 기간을 재설정한 후에 각기 다른 복수의 개입방법을 연속적으로 적용하여 각각의 개입방법의 효과성을 비교한다. 여기서 A는 기초선이고, B, C, D는 각기 다른 개입방법들이다. 이러한 **ABCD 설계**에서는 **우연한 사건(또는 역사)이 발생해서 내적타당도를 저해**시킬 수 있는데, 여기서 **우연한 사건**이란 개입 기간 중 연구자가 의도하지 못했던 사건이 발생해서 종속변수에 영향을 주는 것으로, **ABCD 설계에서** 예를 들자면 실제로는 B, C, D 개입방법이 모두 효과가 없지만 D 개입기간에 우연한 사건으로 인하여 변화가 발생해서 효과가 있는 것처럼 추정될 수도 있다. 이러한 우연한 사건을 통제하기 위해서는 본래 ABCD순서로 결과를 확인하였는데 **이것을 ABDA, ACDB 등, 그 순서를 바꾸어 재현해 보면 처음의 결과와의 차이점을 확인할 수 있다. 즉, 각 개입방법의 개입시기를 달리하여 우연한 사건을 통제할 수 있는 것**이다. 두 번째로는 구성설계라는 방법을 활용할 수 있다. 구성설계란 A-B-A-C-A-BC-( )같은 식으로 설계유형을 바꾸는 것을 말한다. 여기서 BC는 두 개입방법을 동시에 사용하는 혼합개입으로, 마지막에 적용된다. 그리고 ( ) 안은 가장 효과적으로 나타나 궁극적으로 선택되는 방법이다. 또한 연속설계(또는 띠설계)를 활용할 수 있다. 연속설계는 구성설계와는 달리 혼합개입을 처음에 도입한다. 즉 A-BC-A-B-A-C-( )와 같이 설계할 수 있다. 마지막으로 대체적 개입설계가 있다. 이는 B와 C를 무작위로 대체하고 상호작용설계를 활용하는 방법으로, A-B-A-B-BC-B-BC와 같은 설계유형이 된다. 한 번 더 강조하자면, **ABCD 설계에서는 여러 명의 조사대상자에게 개입시기를 다르게 하여 우연한 사건효과를 통제할 수 있다.**

이것도 알면 합격

제10회 시험에서는 **'다중기초선설계는 순서효과(order effect)를 통제할 수 있게 한다.'라고 출제된 적이 있는데, 이는 잘못된 선지로, '다중기초선설계'가 아니라 '다중요소설계(또는 복수요인설계)'로 수정하여야 맞다.**

⑤ 단일사례설계는 **개인, 가족, 소집단(또는 단체), 조직, 지역사회 등을 분석단위**로 하여 수행될 수 있다.

46 사회복지조사과정(Ⅰ) 정답 ⑤

⑤ 통제집단사후검사설계는 실험집단과 더불어 **통제집단 역시 존재**한다. 통제집단을 확보하기 어려울 때 사용할 수 있는 설계, 즉 통제집단이 없는 실험설계로는 **유사실험설계 중 단순시계열설계(또는 시간연속설계), 전실험설계 중 1회 사례설계, 단일집단 사전사후검사설계** 등이 있다.

오답 분석

② 통제집단사후검사설계에서는 사전조사(또는 검사)를 실시하지 않아 **검사효과**가 발생하지 않고 이로 인해 **내적타당도 저해요인인 주시험효과와 외적타당도 저해요인인 상호작용시험효과**가 생기지 않는다. 참고로 검사효과를 통제할 수 있는 실험설계의 종류로는 **통제집단사후검사설계 이외에 솔로몬4집단 설계가 있다.**

③ 통제집단사후검사설계는 무작위 할당(또는 선정)을 하므로 실험집단과 통제집단 간의 차이를 어느 정도 통제할 수 있다. 즉 **두 집단의 동질성을 어느 정도 확보할 수 있다.** 다만 사전조사(또는 검사)를 하지 않으므로 최초 실험집단과 통제집단의 할당 시 **두 집단의 동질성을 확인할 수는 없다.**

④ 통제집단사후검사설계는 통제집단전후비교설계(또는 통제집단사전사후검사설계)와 달리 **사전조사(또는 검사)를 시행하지 않으므로 설계가 간단**하며, 이러한 특징으로 인해 **사회조사에서 통제집단전후비교설계보다 더 많이 활용**된다.

47 사회복지조사과정(Ⅰ) 정답 ③

③ **기준(criterion)타당도(또는 실용적 타당도)**란 **기준이 되는 척도가 필요한 타당도** 평가방법이다. 즉 타당도가 확인된 다른 척도를 기준으로 삼아 현재 개발되어 타당도를 평가하려는 특정 척도의 타당도를 평가하는 방법이다. 척도를 현재 존재하는 다른 척도와 비교하므로 **'경험적 세계'를 기반**으로 한다. 제시된 지문은 기준타당도 중에서 '동시타당도'에 관한 예시이다.

48 사회복지조사과정(Ⅰ) 정답 ①

오답 분석

ㄴ. '반분법'에 관한 설명이다.

ㄷ. '관찰자 간 신뢰도'에 관한 설명이다.

ㄹ. '검사-재검사법'에 관한 설명이다.

49 사회복지조사과정(Ⅰ) 정답 ②

ㄱ. **솔로몬 4집단 설계**란 무작위 할당을 실시하는 순수실험설계의 한 종류로, **통제집단사전사후검사설계와 통제집단사후검사설계를 결합한 설계**이며, 따라서 2개의 실험집단과 2개의 통제집단 등 총 4개의 집단으로 구성된다. **주시험효과를 도출 및 통제**하여 내적타당도를 높일 수 있는 동시에, **상호작용시험 효과(또는 검사와 개입의 상호작용 효과) 역시 도출 및 통제**하여 외적타당도도 높일 수 있다. 즉 **검사효과(Testing)를 통제**할 수 있다. 더불어 **외부사건이나 성숙과 같은 기타 외생변수의 통제도 가능**하다. 따라서 **실험설계 중 내적타당도와 외적타당도가 가장 높아 가장 이상적인 설계유형**으로 평가받는다.

ㄹ. **통제집단 사후검사 설계**란 무작위 할당을 실시하는 순수실험설계의 한 종류로, 사전검사로 인해 발생하는 주시험효과와 상호작용효과를 통제하기 위해서 **통제집단 사전사후검사 설계에서 사전검사를 하지 않는 설계**이다. 따라서 무작위 할당으로 통제집단과 실험집단을 나누고 **실험집단에만 실험처치**를 한다.

오답 분석

ㄴ. **단일집단 사전사후검사 설계**란 무작위 할당을 실시하지 않는 전실험설계의 한 종류로, 실험처치를 하기 전에 사전에 변수를 측정한 다음 실험처치 이후에 측정한 것과의 비교를 하는 설계이다. **1회 사례 설계에 비해 시간적 우선성과 비교의 기준은 존재**하지만, 내적타당도와 외적타당도에 영향을 미칠 수 있는 요인들을 전혀 통제할 수 없다.

ㄷ. **단일집단 사후검사 설계**란 무작위 할당을 실시하지 않는 전실험설계의 한 종류로, 연구자가 실험대상에 대하여 **1번의 실험처치를 한 후 이 실험처치가 미쳤을 것이라고 판단하는 특성을 1번만 관찰하는 설계**이다. 내적타당도와 외적타당도에 영향을 미칠 수 있는 요인들을 전혀 통제할 수 없다.

이것도 알면 합격

우연한 사건(history, 또는 역사적 요인, 역사, 외부 사건)이란 **실험 진행 중에 연구자가 전혀 의도하지 않았던 사건이 우연히 발생**하여 종속변수에 영향을 주는 것으로 내적타당도를 저해하는 주요 요인이 된다. 이러한 외부사건을 통제하기 위해서는 제비뽑기, 컴퓨터 난수 발생프로그램 등을 활용하여 실험집단과 통제집단으로 하여금 동질적 속성을 갖추도록 할당하는 **무작위 할당을 실시**해야 한다.

50 사회복지조사과정(Ⅲ) 정답 ①

① '부정적 사례'가 아니라 '동료지지집단의 감시를 수용하기'가 맞다. **부정적 사례(negative case)**란 연구자의 조사 결과의 해석에 부합되지 않는 사례로, 질적연구에서 연구자는 이러한 **부정적인 사례를 의도적으로 찾아 자신이 수행한 조사의 결점을 스스로 확인**해 보아야 한다.

오답 분석

② 질적연구에서 연구자는 연구의 엄격성을 높이기 위해 연구자의 임의성이 반영된 자료가 아닌 **최대한 다양한 자료수집의 원천을 개발**해야 한다.

③ **참여행동조사(participatory action research, 또는 실행조사)**는 **연구보다는 연구대상자가 경험하고 있는 문제해결에 초점을 둔 실천지향적인 조사방법**으로, 진보적 철학, 비판적 사고, 민주주의 실천, 해방적 사고, 인본주의 등에 근거한 조사방법이다. 연구가 지식생산을 위한 하나의 수단일 뿐 아니라 **사회변화와 임파워먼트에 초점을 두어 의식의 교육과 개발을 위한 하나의 도구, 그리고 행동을 동기화시키는 것으로 기능한다는 믿음을 함축**하고 있으며, 따라서 **연구에 의해 영향을 받게 될 대상들도 그 연구설계에 책임이 있다고 주장**한다. 또한 연구자가 연구대상자보다 우위에 있다는 암묵적 가정에 도전하여 연구자와 연구대상자의 연구 중 역할과 관계를 평등하고 수평하게 설정한다. 따라서 연구대상자가 스스로 자신의 문제와 해결책을 정의하고, 연구설계에 있어서 주도적 역할을 수행하며 더 나아가 **연구의 목적 및 절차를 수행하는 주체**가 된다.

④ **생애사 조사(또는 생활사 조사)**란 편지, 일기, 자필자전(自筆自傳), 전기 등 **개인적 기록물을 수집 및 분석하여 한 개인 삶의 역사**를 외적인 삶의 상태, 심리적인 측면, 정신 내적인 측면으로 분석하는 방법이다. 생애사 조사를 통해 위안부 피해자 할머니들의 개인적 기록물을 수집 및 분석하여 그들의 개인적인 삶의 중요한 사건을 이해할 수 있다.

⑤ **문화기술지(또는 민족지학)**란 인간이 창조한 **특정 문화를 이해하기 위한 질적연구방법**으로, 동일한 문화를 공유하는 집단을 대상으로 하여 그 집단이 공유하는 가치·행동·언어·상호작용 등 **문화의 유형을 해석하는 데에 조사의 목적**을 둔다.

2교시 사회복지실천

3영역 | 사회복지실천론

01	⑤	02	③	03	②	04	⑤	05	②
06	①	07	⑤	08	④	09	①	10	④
11	②	12	②	13	②	14	⑤	15	①
16	④	17	③	18	①	19	②	20	③
21	⑤	22	②	23	②	24	②	25	①

4영역 | 사회복지실천기술론

26	④	27	①	28	③	29	④	30	③
31	⑤	32	⑤	33	①	34	⑤	35	⑤
36	③	37	⑤	38	⑤	39	⑤	40	①
41	③	42	⑤	43	③	44	④	45	⑤
46	④	47	④	48	③	49	②	50	③

5영역 | 지역사회복지론

51	④	52	①	53	⑤	54	③	55	①
56	④	57	⑤	58	②	59	③	60	①
61	①	62	④	63	①	64	②	65	②
66	①	67	④	68	⑤	69	③	70	④
71	①	72	③	73	③	74	④	75	②

나의 점수 분석표

영역명	맞힌 개수 / 문제 수
사회복지실천론	/ 25
사회복지실천기술론	/ 25
지역사회복지론	/ 25
합계	**/ 75**

* 과락 기준: 75문제 중 맞힌 문제 수가 30개 미만

취약점 키워드 box

* 틀린 문제 중, 본인이 부족했던 개념 또는 키워드를 정리해 보세요!

3영역 사회복지실천론

01 사회복지실천의 토대 정답 ⑤

ㄱ. '사회복지전담공무원'이 아니라 '사회복지전문요원'이 맞다.

ㄴ. '2000년에'가 아니라 '2003년에'가 맞다.

ㄷ. '1925년'이 아니라 '1952년'이 맞다.

ㄹ. '1931년'이 아니라 '1921년'이 맞다.

02 사회복지실천의 토대 정답 ③

오답 분석

ㄹ. '개인이 조직의'가 아니라 '조직이 개인의'가 맞다.

03 사회복지실천의 토대 정답 ②

오답 분석

ㄹ. '자선조직협회'가 아니라 '인보관운동'과 관계있는 것이다.

04 사회복지실천의 토대 정답 ⑤

ㄱ. 1898년 개설된 여름자선학교가 서구에서의 전문직 교육과정의 시작이다.

ㄴ. **플렉스너의 비판(1915년) 이전**인 **1905년** 미국의 매사추세츠 병원에서 의사인 **캐벗(Cabot)이 '의료사회복지사'를 정식으로 채용**하였다.

ㄹ. **플렉스너의 비판(1915년) 이후**인 **1921년에 미국 사회복지사 협회(American Association of Social Workers)가 설립**되었다.

05 사회복지실천의 토대 정답 ②

ㄴ. '사회복지실천의 윤리'가 아니라 '사회복지실천의 가치'에 관한 설명이다. 참고로 **사회복지실천 윤리는 '믿음 체계'가 아니라 '행동 체계'**이다.

ㄹ. '가치는 윤리에'가 아니라 '윤리는 가치에'가 맞다.

06 사회복지실천의 토대 정답 ①

① **거시(macro) 수준의 개입(또는 실천)**이란 주로 클라이언트의 삶에 영향을 미치는 **지역사회 또는 국가 복지체계를 대상으로 한 개입**을 말하며, 사회정책의 대안 개발·분석·평가, 자원 개발 및 관리, 모금, 행사, 서비스 조정, 서비스 및 프로그램 개발 등이 여기에 해당된다.

오답 분석

② '미시적 실천'이 아니라 '거시적 실천'이 맞다. **미시적 실천**이란 주로 **개인이나 가족체계에 대한 개입**으로, 사회복지사는 이들과 직접적인 대면관계를 갖고 상호작용하므로 일반적으로 **직접적 실천에 해당**한다.

③ '중시적 실천'이 아니라 '거시적 실천'이 맞다.

④ '미시적 실천'이 아니라 '중시적 실천'이 맞다. **'기관실무자 네트워크 회의'는 과업집단에 해당**하며, 따라서 중시적 실천이 맞다.

⑤ '중시적 실천'이 아니라 '거시적 실천'의 예시이다.

07 사회복지실천의 접근 방법 정답 ⑤

⑤ '실천지혜'가 아니라 '실천모델'이 맞다. **실천지혜(또는 암묵적 지식, 직관)**란 사회복지실천현장에서 **사회복지사 개인의 가치체계와 경험에 근거하여 귀납적으로 형성된 가장 구체화된 지식**으로, 사회복지사의 직관에 의존하는 **비구조화된 지식임에도 불구하고, 사회복지사의 실천 활동에 절대적인 영향**을 미친다.

오답 분석

② **실천모델**이란 실천이론보다 더욱 구체화된 것으로, 사회복지실천을 위해 활용되는 **유용한 개념들과 원리들의 집합체**이다. 즉 **실천 활동의 원칙과 방식을 구조화하고, 실천과정에 직접적으로 필요한 기술적 적용방법을 제시한 것**이다. 실천이론과는 달리 인간행동에 관한 특정 설명에 주목하지 않으며 대부분의 경우 경험이나 실험 등의 방법을 통해 개발되고 그 적용이 일반화된다.

③ **(실천)이론이란 실천관점보다 더욱 구체화된 것**으로, 사회복지실천 시 **클라이언트의 행동이나 현상(또는 상황)에 대한 설명, 즉 그러한 행동이나 상황이 발생하게 된 원인이나 이후 어떻게 그러한 행동이나 상황이 변화하여 전개될 것인지에 대해 사회복지사가 알아야 할 체계화된 지식**을 말하며, **가설이나 개념의 집합체로 정의**될 수 있다. 예를 들어 심리사회적 접근의 경우 정신분석이론과 심리사회이론에 기반을 두고 있으며, 행동주의적 접근의 경우 조작적조건화이론 등 행동주의심리학에 기반하고 있다.

④ **(실천)관점**이란 **패러다임보다 더욱 구체화된 것**으로, 사회복지실천 시 사회복지사에게 현상과 클라이언트 및 그의 환경체계를 이해하고, 동시에 원조와 관련된 **기본적인 시각을 제공해주는** 사회복지실천의 준거틀로, **사회복지사의 주요 관심영역, 개인적인 가치, 실천 대상들에 대한 규정(누구를 사회복지실천의 대상으로 볼 것인가?)을 의미**하며, 따라서 **개인과 사회에 관한 사회복지사의 주관적 인식 차이를 보여주는 사고체계**이다. 이러한 특성으로 인해 관점은 사회복지사의 주관적인 생각과 가치가 반영되므로 **병리관점과 강점관점처럼 서로 극단적인 차이, 즉 상호배타적인 경우가 종종 발생**할 수 있다. 참고로 사회복지실천의 대표적이면서도 가장 포괄적인 실천관점으로는 **생태체계적 관점**이 있으며, **최근에는 강점관점, 다문화관점, 사회구성주의적 관점** 등이 강조되고 있다.

08 사회복지실천의 접근 방법 정답 ④

④ 통합적 접근은 사회복지 실천의 전문성을 강조하면서도 특정 이론이나 방법론에 치우치지 않고 다양한 접근을 유연하게 활용하는 1궤도 접근이다.

오답 분석

② 통합적 접근은 **다중체계적 개입(Multi-Level Intervention, 또는 다차원적 접근)**을 한다. 즉 클라이언트의 욕구나 문제의 발생 원인을 다양한 체계 간 상호작용의 결과로 인식하여 **사회복지사의 개입 대상이 되는 체계에 미시·중범위·거시 등 모든 체계를 포함**시키는 등, 클라이언트의 욕구나 문제에 대해 광범위하고 포괄적인 접근을 한다. 따라서 **사회복지사 역시 상담자, 교육자, 중개자, 중재자, 옹호자 등 다양한 역할을 수행**한다.

⑤ 통합적 접근은 **체계이론과 생태학적 관점을 절충하여 사회복지 지식체계의 기반으로 활용**한다. 체계이론에 영향을 받아 인간과 환경 간의 역동적인 상호작용을 강조하며, **인간과 환경의 공유영역에 대한 사회복지사의 개입을 중시**하는 등 **환경 속의 인간(Person in Environment, PIE)관**을 갖는다.

09 사회복지실천의 접근 방법 정답 ①

ㄱ. '강점관점'이 아니라 **'병리적 관점'에 관한 설명**이다.

10 사회복지실천의 토대 정답 ④

ㄱ. **박애사상(또는 인도주의)**이란 인간애(人間愛)를 통해 **가진 자, 즉 부자(富者)와 가지지 못한 자, 즉 빈자(貧者)의 공존을 추구**하는 이념이다. 이에 따라 **부자는 빈자를 도와야만 한다는 당위성을 제시하여 부자의 사회적 책임을 강조**하였고, **자선조직협회(COS) 우애방문자의 주요 이념**이었다.

ㄴ. **애타주의(또는 이타주의)**란 **사회복지실천의 근본적 이념**으로, 인간 행위의 목적은 **자신의 희생을 통해 타인의 이익이나 행복을 추구**하는 것이라고 가정하는 이념이며, **타인을 위해 봉사하는 정신으로 실천**되었다.

ㄹ. **사회진화론**은 다윈(C. Darwin)의 **생물학적 진화론을 사회변동에 적용**한 이념으로, 19세기 **스펜서(H. Spencer)에 의해 주장**되었다. 생물학적 적자생존(適者生存)의 원리가 사회에도 적용되어 **사회적합계층은 생존하고 부적합계층은 스스로 소멸한다고 가정**하였으며, **자선조직협회(COS) 우애방문단의 주요 이념**이었다.

오답 분석

ㄷ. '자선조직협회'가 아니라 **'인보관운동'의 주요 이념**이었다.

11 사회복지실천의 토대 정답 ②

ㄴ. '기술 훈련'이 '과학적 속성(B)', '사회적 관심'이 '예술적 속성(A)'이 맞다.

ㄹ. '실험적 조사'가 '과학적 속성(B)', '적합한 가치'가 '예술적 속성(A)'이 맞다.

12 사회복지실천의 토대 정답 ②

② '가치상충'이 아니라 '의무상충'이 맞다. **가치상충**이란 윤리적 갈등이 가장 빈번히 야기될 수 있는 상황으로, 사회복지사가 **2개 이상의 경쟁적인 가치와 직면**했을 때 발생한다. 반면 **의무상충**이란 사회복지사의 개입 활동에 대해 클라이언트, 동료, 기관 등이 서로 상충되는 기대를 가질 때 **사회복지사는 "과연 누구의 기대를 우선 충족시켜야 하는가?"와 관련된 상황에서 발생**한다.

오답 분석

① 사회복지사는 자신이 속한 사회체계 속에 존재하는 법이나 규범 등에 익숙해져 있기 때문에 **자칫 가치 간 갈등이 발생할 수 있다는 사실을 간과**할 수 있으며, 따라서 **가치갈등에 대응하는 첫 단계는 가치갈등의 존재를 인식하고 이를 인정하는 것**이어야 한다.

이것도 알면 합격

가치갈등

사회복지사가 **사회복지실천 시 영향을 받는 개인적인 가치, 전문직으로서의 가치, 클라이언트 집단의 가치, 사회적 가치 간에 발생하는 갈등**으로, 가치상충, 의무상충(또는 충성심과 역할 상충), 클라이언트체계의 다중성(또는 다중 클라이언트 체계의 문제), 결과의 모호성, 능력 또는 권력의 불균형(또는 힘과 권력의 불균형) 등이 있다.

가치갈등의 해결 지침[재스트로우(Zastrow), 1995년]

- **가치갈등에 대응하는 첫 단계는 가치갈등의 존재를 인식**하는 것이다.
- 사회복지사와 클라이언트는 서로 동등한 입장에서 자신들의 가치를 밝힐 수 있어야 한다.
- 클라이언트는 자신의 가치가 무엇인지, 또한 그 가치에 부합되는 해결책이 무엇인지를 모색할 수 있는 원조를 받아야 한다.
- 타인의 욕구를 침해하지 않는다는 조건하에 클라이언트로 하여금 자신의 욕구를 충족시킬 수 있도록 허용해야 한다.
- 사회복지사는 누가 가치갈등을 가지고 있는지를 파악해야 한다.

③ **결과의 모호성**이란 클라이언트의 미래를 알 수 없는 사회복지사가 클라이언트를 대신해서 클라이언트의 삶과 관련된 결정을 내려야 하는 상황에서 **어떤 결정이 최선책인가 하는 의구심이 생길 경우에 발생**하는 가치갈등이다. 예를 들어 유아를 클라이언트로 보고 개입할 경우, 어떻게 결정하는 것이 유아를 위해서 최선인지, 앞으로 5~10년 후에도 이 결정으로 인한 결과가 최선일 수 있는지에 대해 갈등 상황에 빠질 수 있다.

13 사회복지실천의 접근 방법 정답 ②

② **역량강화모델**에서는 클라이언트가 의미 있는 선택을 할 수 있도록 **자아효능감을 증진시키고 자신의 강점을 찾도록, 그리고 자신의 삶과 상황에 대해 더 많은 통제력을 갖도록 원조한다. 문제와 부적응의 개입에 초점을 맞추는 것은 병리적 관점**에 관한 설명이다.

이것도 알면 합격

⑤ 임파워먼트 실천의 역사적 기원으로는 **제인 아담스(Jane Addams)의 인보관 운동, 19세기 미국 흑인여성들 및 소수민족집단들의 사회개혁 노력들, 초기 집단사회사업 이론가들, 레이놀즈(B. Reynolds)의 활동 등**이 있다. 레이놀즈(B. Reynolds)는 1950년대에 활동한 급진주의적 정신의료사회사업가로, 사회복지사와 클라이언트의 관계를 **동맹관계로 개념화**하고, 최대한도의 시민참여와 자원분배의 평등을 지향한 이상주의적이며 사회주의적 성향을 지닌 사회복지실천가였다. 이러한 그의 활동은 **강점관점과 역량강화 발전에 있어서 역사적 기원으로 평가**받는다.

14 사회복지실천의 접근 방법 정답 ⑤

⑤ **전문체계**란 **변화매개체계의 행동과 사고를 형성 및 발전시키는 체계**로, 제시된 사례에서는 확인할 수 없다.

오답 분석

① **행동체계**란 변화매개체계가 변화노력을 달성하기 위해 **서로 상호작용하는(또는 공동으로 노력하는) 모든 사람**으로, 제시된 사례에서는 **'지역 보건소의 금연 클리닉 프로그램 담당자'**와 **'철수의 친구들'**이다.

② **변화매개체계**란 **사회복지사와 이들이 소속되어 일하는 조직이나 기관**으로, 제시된 사례에서는 **'A 고등학교 학교사회복지사'**이다.

③ **클라이언트체계**란 **서비스나 도움을 필요로 하는 체계 또는 사람**으로, 제시된 사례에서는 **'철수의 어머니'**이다.

④ **표적체계**란 **목표달성을 위해 영향을 미치거나 변화시킬 필요가 있는 대상**으로, 제시된 사례에서는 **'철수'**이다.

15 사회복지실천의 토대 정답 ①

① 로웬버그와 돌고프(Loewenberg & Dolgoff)는 **윤리적 딜레마 상황에서 윤리적 원칙 적용의 우선순위를 '생명보호 → 평등과 불평등 → 자기결정(또는 자율성과 자유) → 최소 해악 → 삶의 질 향상 → 사생활보호와 비밀보장 → 정보개방(또는 진실성과 완전공개)'**로 제시하고, **여러 원칙이 충돌하는 경우 상위원칙을 우선 적용**하도록 하였다.

16 사회복지실천의 접근 방법 정답 ④

④ '지방정부에서 중앙정부로'가 아니라 '공공부문에서 민간부문으로'가 맞다. 사례관리는 1970년대 중반 이후 시작된 미국 정부의 재정위기(복지국가의 위기)와 이로 인한 **공공지출의 삭감, 정부의 역할 축소**로 본격화되었다. 이에 따라 사례관리는 지역사회를 중심으로 한 서비스 전달체계(또는 공식적·비공식적 자원) 간의 연계 및 조정을 통해 서비스 제공의 중복을 방지하여 서비스의 효율성을 높이고 **궁극적으로는 공공부문의 역할을 축소하여 공적 부담의 감소를 추구**하게 되었다.

이것도 알면 합격

⑤ 탈시설화 이후 **지역사회보호의 중요성이 강조**되었으며, 이는 지역사회 전체에 **복잡하고 분산되어 있는 서비스체계를 통합적으로 관리**해야 할 필요성의 원인이 되었다.

17 사회복지실천의 토대 정답 ③

③ '제3세대 인권'이 아니라 '제1세대 인권'이 맞다.

오답 분석

① 우리나라 헌법 제10조에서는 '모든 국민은 사람으로서 존엄함과 가치를 가지고 있으며, 행복을 추구할 권리를 가진다. 국가는 **개인이 가지는 침해할 수 없는 기본인권을 확인하고 이를 보장할 의무**를 진다.'라고 하여, '인권보장'을 정하고 있다.

② **사회권은 제2세대 인권에 해당**한다. 근대시민혁명은 모든 인간의 인권을 선언하며 찬란한 신기원을 열었지만, 사회적·경제적 불평등을 적극적으로 고치려 들지는 않았다. 당시 노동자, 여성에 대한 차별과 저임금·장시간 노동과 아동노동의 현실은 열악했다. 노동자들은 투쟁을 통해 사회·경제적 약자의 권리 보장과 노동조건의 개선 등 실질적인 평등을 요구했다. **노동자들의 투쟁과 지배세력의 수용을 통해 인권에 대해 등장한 권리가 '사회권'**이다.

⑤ **불가양성·불가분성**이란 인권은 인간의 권리의 내용 중 일부를 실현한다고 해서 보장되는 것이 아니라 **권리 전체가 실현될 때 비로소 완전히 보장**될 수 있다는 것이다. 즉 인권의 내용을 목록으로 나열하거나 **자유권, 사회권 등으로 구분하는 것은 필요에 의한 것**이지 인권 그 자체를 나눌 수 없다는 말이다. '양로시설에서 생활하는 노인에게 의사결정권을 제외한 여타의 다른 권리를 보장'해주더라도 이는 **그 노인이 누려야 할 모든 권리를 보장해주지는 못한 것**이 되며, 따라서 인권의 특성 중 **불가양성·불가분성에 어긋난 것**이다.

18 사회복지실천의 토대 정답 ①

① **'(전문가) 윤리강령'은 사회복지사의 권위와 권한을 제공하는 원천**이다. 따라서 전문적 관계는 전문가 윤리강령에 따라야 한다.

오답 분석

② '상호 간의 이익에 헌신하는 관계'가 아니라 '사회복지사가 클라이언트에게 헌신하는 관계'가 맞다.

③ '클라이언트는'이 아니라 '사회복지사는'이 맞다.

④ 사회복지실천의 전문적 관계는 **'문제가 해결되기 전에도 종결'될 수 있으며, '시간의 제한이 없다.'가 아니라 '시간제한적인 관계'**이다.

⑤ **온정주의(paternalism)**란 사회복지지사와 클라이언트 간의 관계를 가족관계, 즉 부모와 자녀와의 관계로 이해하는 것이다. 즉 사회복지사는 자신이 부모가 되고 클라이언트를 마치 자신의 자녀처럼 여겨 **클라이언트의 자기결정권을 무시하고, 자신이 계획한 서비스를 클라이언트에게 강요하는 문제를 일으킬 수 있으므로 지양해야 할 관계**이다.

19 사회복지실천의 접근 방법 정답 ②

ㄴ. **의도적 감정표현**이란 사회복지사는 클라이언트가 자신의 감정을 자유롭게 표현하도록 **의도적인 환경을 제공해야 한다는 것**이다.

ㄹ. **수용**이란 사회복지사가 클라이언트를 **'있는 그대로 인정'**해야 한다는 것이다. 즉 클라이언트의 강점과 약점, 바람직한 자질과 바람직하지 못한 자질, 긍정적인 감정과 부정적인 감정, 건설적인 태도와 행동 또는 파괴적인 태도와 행동을 있는 그대로 받아들여야 한다는 것이다.

20 사회복지실천의 과정 정답 ③

③ 개입 계획의 수립은 **'클라이언트를 동기화시키기(ㄴ) → 표적문제 선정하기(ㄱ) → 목적 설정하기 → 목표 설정하기(ㄷ) → 계약하기(ㄹ)'의 순서로 진행**된다.

21 사회복지실천의 토대 정답 ⑤

⑤ 사회복지사가 사회복지사 윤리강령을 준수하지 않았다고 할지라도 이를 이유로 법적 처벌을 받지는 않는다. 이와 마찬가지로 윤리강령이 **사회복지사가 동료나 기관과 갈등이 생길 때에 법적 보호 장치로서의 기능을 하지는 않는다.**

오답 분석

① **실천오류(malpractice)**란 사회복지사의 우발적인 실수, 다양한 클라이언트 체계와 가치체계 간 상충으로 윤리원칙을 준수하지 못해서 발생하는 문제, 고의적인 부정행위 등을 통틀어 말하는 것이다. **로웬버그(Loewenberg)**는 윤리강령을 준수한 사회복지사는 클라이언트나 또는 다른 이해관계 관계인의 민사·형사상의 소송에서 일정부분 보호받을 수 있다고 보았다.

② 사회복지사 윤리강령은 사회복지사 스스로 자기규제를 갖게 하여 **외부(또는 정부)의 통제로부터 사회복지 전문직의 전문성을 보호**할 수 있게 한다.

③ 사회복지사 윤리강령은 사회복지사들이 준수해야 할 **윤리적 기준을 명시한 규정**으로, 사회복지 전문직의 행동기준과 원칙을 제시하여 사회적·윤리적 제재력은 일정 정도 가지고 있으나 **법적 구속력(또는 제재력)은 없다.**

22 사회복지실천의 토대 정답 ②

② '상담자'가 아니라 '중개자'가 맞다. 참고로 **상담자**는 관계형성기술이나 상담이론 등의 전문적 기술에 기반하여 **클라이언트의 심리·정서적인 문제를 파악한 후 이를 정상화시켜서** 클라이언트가 스스로 지지망과 같은 자원을 개발하고 유지하는 방법을 알 필요가 있다는 사실을 가르치는 역할이다.

23 사회복지실천의 토대 정답 ②

오답 분석

① **사회복지관은 1차 현장이며, 이용시설**이다.

③ '이용시설'이 아니라 '생활시설'이 맞다. **양로시설**이란 노인을 입소시켜 급식과 그 밖에 일상생활에 필요한 편의를 제공함을 목적으로 하는 시설(「노인복지법」 제32조 제1항 제1호)로, **1차 현장이며, 생활시설**이다.

④ '1차 현장'이 아니라 '2차 현장'이 맞다. **교정시설**이란 「형의 집행 및 수용자의 처우에 관한 법률」 등에 따라 설치 및 운영되는 **교도소, 구치소, 보호감호소 등**으로, **2차 현장에 해당**한다.

⑤ '이용시설'이 아니라 '생활시설'이 맞다. **장애인거주시설**이란 거주공간을 활용하여 일반가정에서 생활하기 어려운 장애인에게 일정 기간 동안 거주·요양·지원 등의 서비스를 제공하는 동시에 지역사회생활을 지원하는 시설(「장애인복지법」 제58조 제1항 제1호)로, **1차 현장이며, 생활시설**이다.

24 사회복지실천의 토대 정답 ②

② **기능주의**는 진단주의와는 달리 사회사업기관이 **사회복지사의 실천을 위한 초점, 방향, 내용을 공급해야 한다**고 보았고, 더 나아가 **기관의 기능과 서비스를 최대한 활용하여 문제를 해결**하는 것을 선호하였다.

오답 분석

① '대공황 이후'가 아니라 '대공황 이전'이 맞다. 미국의 경제 대공황은 1929년에 발생하였으며, **진단주의 학파는 1920년대 전후에 등장**하였다. 참고로 **대공황 이후에 등장한 학파는 '기능주의'이다.**

③ '진단주의'가 아니라 '기능주의'가 맞다.

④ '1970년대에'가 아니라 '1950년대에'가 맞다.

⑤ '기능주의'가 아니라 '진단주의'가 맞다. **진단주의**는 인간을 프로이트의 정신분석이론적 관점으로 이해하여, 역기능적인 상태의 클라이언트를 **과거의 심리사회적인 부정적 영향**으로 인해 **현재 '자아의 기능'이 저하된 인간**으로 보았고, 이에 따라 **자아의 기능을 회복 및 강화시키는 것을 개입의 목표**로 삼았다.

25 사회복지실천의 토대 정답 ①

① '클라이언트의 권익옹호'가 아니라 '사회정의'가 맞다(윤리강령의 가치와 원칙 중).

오답 분석

② 사회복지사의 윤리기준 > Ⅴ. 사회에 대한 윤리기준 중

③ 사회복지사의 윤리기준 > Ⅰ. 기본적 윤리기준 중

④ 사회복지사의 윤리기준 > Ⅲ. 사회복지사의 동료에 대한 윤리기준 중

⑤ 사회복지사의 윤리기준 > Ⅰ. 기본적 윤리기준 중

4영역 사회복지실천기술론

26 사회복지실천 개입모델 정답 ④

ㄴ. **이분법적 사고**는 **흑백논리(黑白論理)에 근거한 사고로 완벽주의**를 추구한다. 즉 모든 사건들은 개인에게 있어서 '좋은 것'이 되거나, 그것이 아니라면 '나쁜 것'이 되어 버리는 것으로 인지하는 자동적 사고를 말한다.

ㄷ. **개인화(또는 잘못된 귀인)**란 **자신과 관련시킬 근거가 없는 부정적인 외부사건을 자신과 관련지어 자신이 원인이라고 인지**하는 자동적 사고를 말한다.

ㄹ. **과잉일반화**란 **단일 사건에 극단적인 신념을 적용**하여 유사하지 않은 사건이나 장면에 부적절하게 적용하는 자동적 사고이다. 선지는 임의적 추론(내가 너무 못생겨서 남자친구가 떠났으니)과 과잉일반화(결혼도 하기 어렵겠지)가 함께 발생한 경우이다.

오답 분석

ㄱ. '선택적 요약'이 아니라 '임의적 추론'이 맞다. **선택적 요약**이란 **전체적인 사건 가운데에서 긍정적인 부분은 여과시켜 무시**하고 부정적인 세부 부분만을 가지고 전체적인 사건에 적용하는 자동적 사고를 말한다. 선지는 임의적 추론(선생님은 나를 미워하니까)과 과잉일반화(성적도 나쁘게 줄 거야)가 함께 발생한 경우이다.

27 가족 대상 사회복지실천 정답 ①

ㄱ, ㄴ, ㄷ. 가족사정 기법 중 가족조각을 통해 **가족관계, 가족성원들 간의 친밀도(ㄷ), 가족규칙(ㄴ), 가족동맹(ㄱ), 가족신화, 가족성원들의 감정, 하위체계 내의 배제 대상 등을 파악**할 수 있다.

오답 분석

ㄹ. 세대 간의 반복적인 정서적·행동적 유형은 **'가족조각'이 아니라 '가계도'를 통해 파악**할 수 있다.

이것도 알면 합격

가족조각(family sculpture)이란 공간 속에서 **가족성원들이 자신들의 신체를 이용해 가족력(家族歷) 중 일정 시점에서의 가족의 상호작용양상을 표현**하도록 유도하는 기술이다.

28 사회복지실천의 기록과 평가 정답 ③

ㄱ. **단일사례설계 유형 중 BAB 설계**에 관한 설명이다. **BAB 설계(또는 선개입 설계)**란 **개입 이후에 기초선을 설정하는 설계**이다. 즉 기초선 기간의 설정 없이 개입을 먼저하고 그다음에 개입을 중단하는 반전의 단계를 거쳐서 다시 개입하는 설계유형이다.

ㄴ. **다중기초선설계의 유형 중 대상자 간 복수기초선설계에 관한 설명**이다. **대상자 간 복수기초선설계**란 **동일한 상황에서 같은 문제(또는 표적행동)를 가진 두 명 이상의 사람에게 하나의 개입방법을 실시**하여 그 개입방법의 효과성을 알아보기 위해 사용하는 설계로, **대상자의 수가 증가할수록 내적타당도가 증가**하는 특성이 있다. 과도한 음주를 하는 클라이언트 A, B, C에게 음주를 하지 않는 날마다 상품권을 지급하였을 때 3명의 클라이언트에게 각각 일어난 변화가 같거나 다른지를 비교하는 경우가 적절한 예가 될 수 있다.

ㄷ. 단일사례설계는 표본의 크기가 1개이므로 일반적으로 **내적타당도는 높으나 외적타당도는 낮다.** 다만 **반복적인 시행과 관찰로 통제집단의 효과**를 볼 수 있으므로 **개입효과성의 일반화가 가능**하다. 따라서 **최소한의 관찰(또는 자료수집) 횟수는 3회 이상**이어야 통제집단의 기능을 할 수 있으며, 개입 전 **표적행동의 변화가 심할수록 관찰의 횟수는 증가**해야 한다.

오답 분석

ㄹ. '바꿀 수 없다.'가 아니라 '바꿀 수 있다.'가 맞다. 선지는 **ABCD 설계(또는 복수요인설계, 다중요소설계)**에 관한 설명이다. **ABCD 설계**란 하나의 기초선에 다수의 각기 **다른 개입방법들을 연속적(또는 순차적)으로 도입하는 설계유형**으로, ABAB 설계에서처럼 개입 도중에 기초선 기간을 재설정한 후에 각기 다른 복수의 개입방법을 연속적으로 적용하여 각각의 개입방법의 효과성을 비교한다. 여기서 A는 기초선이고, B, C, D는 각기 다른 개입방법들이다. 특히 **ABCD 설계의 변형으로 '강도변화설계(change intensity designs)'**가 있는데, 이는 각기 다른 개입방법 대신 **각 개입 단계마다 개입의 양이나 수준을 서로 다르게 하는 것**이다.

29 사회복지실천 개입모델 정답 ④

④ 위기개입모델의 1단계 치료 목표는 '위기로 인한 증상을 제거하고, 위기 이전의 기능 수준으로 회복시키는 것'이다. 따라서 사례에서 사회복지사는 **A 씨가 경험하고 있는 '우울과 불안감과 이로 인해 발생한 자살 충동을 제거'하기 위한 개입을 하는 것이 바람직**하다.

30 가족 대상 사회복지실천 정답 ③

③ **탈삼각화**란 다세대 가족치료모델의 개입 목표이면서 기법으로, 삼각관계에서 제3자를 분리시켜 미분화된 자아를 분화시키는 것이다. 여기서 **삼각관계**란 **자아분화 수준이 낮은 부모**가 이로 인해 발생하는 불안이나 갈등을 회피하기 위해 **제3자를 끌어들이는 현상**을 말한다. 다시 말해 부부 사이에 갈등이 발생하게 되면 이들 중 불편을 느끼는 사람이 갈등으로 인한 불안을 감소시키기 위해 제3의 사람이나 대상(예 텔레비전, 애완동물, 취미활동, 친구 등)을 부부 관계로 끌어들이는 정서적 역동 현상이다. 사례에서 **어머니는 자신의 남편과의 갈등으로 인한 불안을 감소시키기 위해 4명의 자녀, 그중에서도 막내 경옥을 둘 사이의 관계에 끌어들였다.**

오답 분석

① **합류**란 사회복지사가 **가족 상호작용의 일원이 되어 가족 정서체계에 적응하여 관계를 맺는 기술**로, **가벼운 대화로 편안한 분위기를 조성**하는 것을 말한다. 주로 구조주의 가족치료모델에서 사용된다.

② **재구성**이란 겉으로 보여지기에는 역기능적인 상황을 **긍정적인 언어로 재정의함으로써 변화를 위한 동기를 부여**하는 기술로, 주로 **전략적 가족치료모델에서 사용**된다.

④ **균형 깨기**란 구조주의 가족치료모델에서 사용하는 기법으로, **가족 내 하위체계 간 역기능적인 위계의 균형을 깨뜨리기 위해서 활용하는 방법**이다. 사회복지사가 일부 가족성원의 편을 일방적으로 들어주기도 한다.

⑤ **경계 만들기**란 역기능적인 경계인 밀착된 경계나 유리된 경계를 기능적인 경계인 명확한 경계로 바꾸기 위해서 사용하는 방법이다. 즉 **밀착된 경계를 가진** 가족성원에게는 상호 간 경계를 분명히 하여 개인의 독립심과 자율성을 키워주고, **유리된 경계를 가진** 가족성원에게는 상호 간 접촉을 증가시켜 상호교류를 촉진하는 것이다.

31 사회복지실천 개입모델 정답 ⑤

⑤ **과제중심모델 초기**에는 **펄만(Perlman)의 문제해결과정의 관점(또는 요소)과 스투트(Studt)의 클라이언트 과제에 대한 개념의 영향**을 받았다.

오답 분석

① '개인의 내적변화보다는 환경의 변화를 중시'가 아니라 '환경의 변화보다는 개인의 내적변화를 중시'가 맞다.

② '인식한다.'가 아니라 '인식하지 않는다.'가 맞다.

③ '우선순위를 둔다.'가 아니라 '우선순위를 두지 않는다.'가 맞다.

④ 위기개입모델은 **위기로 인한 증상을 제거(또는 완화)**하고, 더 나아가 **위기 이전의 기능 수준으로 회복**하는 데에 개입의 초점을 둔다.

이것도 알면 합격

위기개입의 2단계 목표(Rapoport)

1. 1단계의 치료 목표는 기본목표로 **반드시 달성해야 할 목표**를 말한다.
   - **위기로 인한 증상 제거(또는 완화)**하기
   - **위기 이전의 기능 수준으로 회복**하기
   - **촉발사건 이해**하기
   - 클라이언트나 가족이 이용할 수 있는 지역사회의 자원이나 치료기제를 규명하기
2. 2단계의 치료목표는 추가목표로 **경우에 따라 달성할 수 있는 목표**를 말한다.
   - 현재의 스트레스와 과거의 경험 및 갈등과의 연관성을 인식하기
   - 새로운 인식, 사고, 정서를 개발하기
   - 위기상황 이후에도 사용할 수 있는 새로운 적응적 대처기제를 개발하기

32 사회복지실천 개입모델 정답 ⑤

⑤ '비구조화된 접근'이 아니라 '구조화된 접근'이 맞다. **과제중심모델**이 단기치료의 기본원리, 즉 신속한 개입, 시간 제한적 접근, 개입 초기에 문제규명, 체계적인 문제해결과정, 구체적 목표, 현재 중심적인 개입 시점, 개입 초기의 신속한 사정, 사회복지사와 클라이언트 간에 긍정적인 치료관계(또는 치료동맹)를 갖춘 것은 맞지만, **'비구조화된 접근'이 아닌 '구조화되고 체계적인 접근'을 한다.**

오답 분석

② 과제중심모델에서 과제란 클라이언트와 사회복지사 간에 계획하여 계약으로써 동의한 표적문제에 대한 해결활동으로, **클라이언트의 과제와 더불어 사회복지사의 과제**도 있다. 여기서 사회복지사의 과제는 표적문제를 감소시키기 위해 **클라이언트의 입장에서 사회복지사가 수행해야 하는 활동**으로, 주로 클라이언트의 과제수행을 지원하기 위한 활동이며, 타 기관 혹은 클라이언트의 가족·친구·이웃 등과 협의하고 협상하는 일 등이 포함된다.

③ 과제중심모델에서 **표적문제**란 **클라이언트가 해결을 호소하는 심리사회적 문제**로, 이는 면접 초기에 **클라이언트의 문제의식을 반영**하여 **클라이언트와 사회복지사 간의 합의에 의해 잠정적으로 결정**되며, **일반적으로 3개 이내로 선정**된다.

④ 과제중심모델에서 클라이언트의 문제란 **클라이언트가 인식한 클라이언트 자신의 자원 또는 기술의 부족**으로 정의된다. 그리고 **계약에 따라 클라이언트와 사회복지사 간에 합의된 구체적인 문제해결에 초점**을 주고 접근한다.

33 가족 대상 사회복지실천 정답 ①

오답 분석

ㄴ. 가족의 순환적 인과관계(circular causality)는 개인과 환경 간의 관계를 상호 연결된 전체로 이해하여 개인과 환경을 양자가 모두 원인인 동시에 결과인 **'상호적 원인 관계로 형성된 전체'로 바라보는 관점**이다.

ㄷ. '미치지 않는다.'가 아니라 '미친다.'가 맞다. **구두점(punctuation, 또는 마침표)**이란 **순환적 인과성** 속에서 **가족의 상호작용에서 발생하는 인과관계**, 즉 **무엇이 원인이고 또한 무엇이 결과인지에 관해** 특정하는 것으로, 가족 문제의 원인과 결과에 큰 영향을 미친다.

ㄹ. '강화시키는'이 아니라 '약화시키는'이 맞다. **이중구속(double binds)은 대표적인 가족의 병리적 의사소통 유형**으로, 상호 중요한 관계에 있는 가족성원끼리 상반되거나 모순된 2개의 메시지를 전달했을 때 이를 받은 다른 구성원은 그 메시지에 대해 응답하기 어려운 상황에 놓인 상태를 말하며, 따라서 **가족의 유대관계를 약화시키는 요인**이 된다.

34 사회복지실천 개입모델 정답 ⑤

ㄱ. **펄만(Perlman)의 문제해결모델**에서는 클라이언트의 어려움은 문제에 있는 것이 아니라 **문제를 해결하는 태도**라고 보고, **인간의 삶 자체가 지속적인 문제해결 과정(ongoing problem solving process)이라고 전제**하였으며, 이에 따라 **개별사회사업의 개입 목표는 치료가 아닌 클라이언트가 사용하는 자아방어기제를 억제하여 문제해결능력과 대처능력을 향상시키는 것**으로 보았다.

ㄴ. 문제해결모델에서 개인이 갖는 근본적인 어려움은 문제 자체가 아니라 그 문제를 해결하는 태도에 있다. 즉 자신의 문제를 적절한 방법으로 해결하거나 경감시키려는 **동기, 능력 또는 기회의 부족이 문제 발생의 원인**이다. 따라서 문제를 해결하기 위해서는 문제는 개인에게 있어서 **'위험이 아닌 도전'으로 인식**되어야 한다.

ㄷ. 문제해결모델에서는 문제해결을 위한 클라이언트의 참여와 협조를 강조하며, 이를 위해 **클라이언트 스스로 대안을 선택하고 모니터링**하게 한다. 따라서 **변화의 동기나 의지가 약한 클라이언트에게는 적용이 어려울 수도 있다.**

ㄹ. 문제해결모델에서 있어서 **개별사회사업의 개입 목표는 치료가 아닌 클라이언트가 사용하는 자아방어기제를 억제하여 문제해결능력과 대처능력을 향상시키는 것**이다.

35 사회복지실천 개입모델 정답 ⑤

⑤ '명료화'가 아니라 '훈습'이 맞다. **명료화**란 **클라이언트의 메시지가 추상적이거나 혼란스러운 경우**, 이를 보다 **구체적으로 표현할 수 있게 유도**하는 기술로, 때로는 **클라이언트가 말한 내용을 사회복지사가 잘 이해했는지 확인**하기 위해서도 사용된다.

오답 분석

① **직면**이란 사회복지사가 클라이언트의 **언어와 행동 간의 불일치 등을 발견하고 이를 지적하여 교정하게 하는 기술**로, 클라이언트로 하여금 **자기모순을 직시하게 하여 저항을 극복하거나 동기화시킬 때 활용**한다.

② **해석**이란 클라이언트의 생각이나 행동 속에 내포된 의미에 대해 **사회복지사가 자신의 지식과 직관력에 근거하여 가설을 제시하고 이를 설명하는 기술**로, 클라이언트의 '무의식 세계'에 대한 분석을 통해 클라이언트가 자신의 생각, 행동을 새로운 시각으로 볼 수 있게 하는 **통찰력을 향상**시킨다.

③ **전이(transference)**란 클라이언트가 과거 자신이 경험한 부정적인 대인관계에서 형성된 감정을 사회복지사에게 무의식적으로 투사하는 과정으로, 치료 상황 밖에서 발생한 클라이언트의 인간관계 유형을 파악할 수 있는 중요한 자료가 된다. 따라서 사회복지사는 **치료 과정 중 의도적으로 이러한 전이를 유도한 후 클라이언트에게 전이로 인한 행동과 정서적 반응을 해석**해주어 클라이언트 스스로 자신에 대한 '통찰'을 가능하게 할 수 있다.

④ **훈습**이란 클라이언트가 무의식적으로 치료의 목표 달성에 반대되는 태도를 보이는 현상인 **저항이나 전이에 대한 이해를 반복하여 심화하고 확장시키는 기술**로, 이를 통해 클라이언트는 자신의 불안을 최소화하고, 적합한 방법으로 자신의 문제를 이해할 수 있는 능력을 키우게 된다. 직면을 통해 클라이언트의 저항을 극복하는 것은 한계가 있으므로 **상당한 시간에 걸쳐 반복적으로 클라이언트의 저항에 도전하는 훈습이야말로 이를 극복하는 훌륭한 기법**이 될 수 있다. 단 이러한 훈습을 사용하는 사회복지사에게는 상당한 인내가 필요하다.

36 가족 대상 사회복지실천 정답 ③

오답 분석

ㄱ. '생태도'가 아니라 '가계도'가 맞다.

ㄷ. '가계도'가 아니라 '생태도'가 맞다.

37 가족 대상 사회복지실천 정답 ⑤

⑤ '재구조화'가 아니라 '재명명'이 맞다. **재명명 기법(또는 재구성, 재정의)**이란 **역설적 개입의 세부 전략 중 하나**로 겉으로 보이기에는 역기능적인 상황을 **긍정적인 언어로 재정의함으로써 그러한 상황을 다른 시각에서 보거나 다른 방법으로 이해하게 하여 변화를 위한 동기를 부여**하는 기법이다. 이 기법을 사용하는 목적은 클라이언트가 이 모델의 개입 전략을 따르는 데 따른 중요성을 인식하고 용납하도록 하기 위해서이다.

오답 분석

① **역설적 개입**은 주로 **가족이 변화에 대한 저항이 매우 크거나 또는 사회복지사 상호작용과 의사소통에 큰 압력을 받을 때 활용**한다.

② 역설적 개입의 세부 전략 중의 하나인 **증상처방(prescription)**은 문제와 관련된 **클라이언트의 행동체계를 정확히 파악**하여 **클라이언트에게 간단하지만 수용하기 어려운 증상을 지속하게 하거나 증상을 과장하게** 하여 클라이언트 스스로 증상을 통제할 수 있도록 만드는 기술이다. 이를 통해 클라이언트는 **사회복지사의 지시를 거부하고 증상을 포기하거나, 또는 그 지시대로 따르면서 증상이 본인의 통제와 조절하에 있다는 것을 깨닫게 된다.**

예 갈등이 심한 부부에게 매일 일정 시간을 정해 놓고 **부부싸움을 하도록 지시한다. 이때 이 지시를 따라 부부싸움을 하게 되면 결국 부부싸움을 하고 또는 하지 않는 것이 결국 자신들의 통제하에 있다는 것을 깨닫**는 것이고, **반대로 부부싸움을 하지 않게 되면 증상을 포기하게 되는 것**이다.

③ 전략적 가족치료에서는 **증상을 이용한 '증상처방'**을 한다. **증상처방**이란 **클라이언트에게 간단하지만 수용하기 어려운 증상을 지속하게 하거나 증상을 과장하게** 하여 클라이언트 스스로 증상을 통제할 수 있도록 만드는 기법이다. 이를 통해 클라이언트는 **치료자인 사회복지사의 지시를 거부하고 증상을 포기**하거나, 또는 그 지시대로 따르면서 증상이 본인의 통제와 조절하에 있다는 것을 깨닫게 된다.

④ **제지**란 **전략적 가족치료에서 사용하는 기법**이다. 즉 클라이언트의 문제가 개선될 때 **항상성 균형이 위험하다고 판단되어 사용**하는 기법으로, 클라이언트의 변화의 속도를 통제하기 위해 **"변화의 속도가 지나치게 빠르다."라고 지적**하는 것이다.

38 가족 대상 사회복지실천 정답 ⑤

⑤ 사티어의 의사소통 유형에서의 치료 목표는 역기능적 의사소통(회유형, 비난형, 초이성형, 산만형)에서 벗어나 **'일치형 의사소통을 하게 하는 것'**이다.

오답 분석

① '비난형'이 아니라 '초이성형(또는 계산형, 이성형)'이 맞다.

② '산만형'이 아니라 '초이성형(또는 계산형, 이성형)'이 맞다.

③ '가족그림'이 아니라 '가족조각'이 맞다.

④ 사티어에게 있어서 의사소통에 영향을 미치는 요인은 **자아존중감(또는 자존감)이며, 이러한 자존감은 생애초기 부모로부터 이 욕구가 충족**되고 이후 그 충족의 대상이 주위 사람들로 확대된다. 따라서 가족생활주기와는 관계가 없다.

39 집단 대상 사회복지실천 정답 ⑤

ㄱ, ㄴ, ㄷ, ㄹ. 모두 옳은 설명이다.

이것도 알면 합격

집단사회복지실천의 원칙

- **개별화의 원칙:** 사회복지사는 **집단전체는 물론 집단성원 개개인의 성장을 돕기 위해 그들의 욕구와 존재 역시도 개별화**시키고, 이에 대응해야 한다.(ㄹ)
- **수용의 원칙:** 사회복지사는 집단성원을 **있는 그대로 인정하고 받아들여야 한다.** 다만 범죄행위와 같은 반사회적 행위 역시 용납한다는 의미는 아니다.
- **참가(또는 참여)의 원칙:** 사회복지사는 집단성원이 집단과정에 참가 동기를 가지고 **집단의 주체적 역할을 수행하도록 지지**해야 한다.(ㄷ)
- **체험의 원칙:** 집단성원들은 집단과정에서 **각자 자신의 문제를 해결할 수 있다는 것을 스스로 체험할 때 능력을 키울 수 있다.** 따라서 사회복지사는 집단성원에게 이러한 체험의 기회를 제공해야 한다.
- **갈등해결의 원칙:** 사회복지사는 **집단성원이 갈등을 스스로 적극적이고 구체적으로 해결하는 것을 경험할 수 있도록 원조**해야 하며, 또한 집단이 직면하는 어려움을 해결하기 위해 **집단에 직접 개입해야 한다.**(ㄴ)
- **규범의 원칙:** 사회복지사는 집단과정의 원활한 수행을 위해서 집단활동에 필요한 **최소한의 규범을 수립하고 집단성원들로 하여금 이를 준수하도록 원조**해야 한다.(ㄱ)
- **계속평가의 원칙:** 사회복지사는 **집단과정을 지속적으로 평가하고 분석**해야 한다.

40 가족 대상 사회복지실천 정답 ①

① **문제의 외부화(또는 문제의 외현화, 표출대화)**란 클라이언트 안에 존재하는 문제를 끄집어내어 **클라이언트와 분리해서 다루거나 또는 클라이언트로 하여금 보도록 하는 기법**이다. 대화에서 사회복지사 B는 클라이언트 A로 하여금 그 자신이 겪고 있는 우울감을 분리해서 보도록 하고 있다.

오답 분석

② **재보증**이란 **사회복지사가 클라이언트에게 신뢰를 표현해 주어 자신감과 희망을 갖게 하는 기법**으로, 합리적인 생각과 결정에 대해 클라이언트가 의구심을 갖거나 자신 없어 할 때 사용한다.

③ **코칭(coaching)**이란 가족성원이 능력과 기능을 최대한 발휘하여 스스로 문제를 해결할 수 있도록 돕는 기법으로, 세부기법으로는 **도전, 직면, 설명, 과제부여 등**이 있다.

④ **가족지도(famaily map)**란 현재의 가족구조(family structure)를 쉽게 이해하고, 구조의 변화과정을 평가하거나 치료목표를 설정하기 위해서 **하위체계의 기능과 경계선, 위계구조 등을 그림으로 간단히 나타내는 방법**으로 주로 **구조주의 가족치료모델에서 가족사정도구로 활용**한다.

⑤ **시련기법(또는 고된체험기법)**이란 **클라이언트가 경험하고 있는 증상보다 더 고된 체험을 하도록 과제를 주어 증상을 포기**하도록 하는 기법으로, 주로 **전략적 가족치료모델에서 활용**한다. 이를 통해 클라이언트가 증상을 포기하는 것보다 증상을 유지하는 것이 더 고통스럽다는 것을 알게 되면 증상을 포기할 수 있게 된다.

41 사회복지실천의 기록과 평가 정답 ③

③ **과정기록(process recording)**이란 사회복지사와 클라이언트 간에 있었던 일을 **있는 그대로 기록하는 방식**으로, **의사소통 내용뿐만 아니라 비언어적 표현까지도 개념화·조작화 시켜 상세하게 포함**하여 기록한다. 이를 통해 클라이언트와 사회복지사와의 **상호작용 과정**(예 클라이언트의 표정과 몸짓, 사회복지사의 느낌 등)**을 면밀하게 분석하기 위해서 사용**되며, **초보 사회복지사나 실습생 등이 자신의 활동에 대한 점검과 슈퍼비전(또는 자문)을 받을 때 등, 교육과 훈련의 중요한 수단으로 현장에서 활용**된다.

42 집단 대상 사회복지실천 정답 ⑤

ㄱ. 집단 구성 시 '동질성'에 관한 내용이다. **동질성**이란 **집단성원들의 참여 동기, 문제유형, 인구학적 특성 간의 유사 정도**를 말한다. 동질성이 높으면 집단성원 간 의사소통을 원활하게 하여 공감대 형성을 증진시키며, **집단구성원에 대한 매력을 높여 집단응집력, 즉 구성원 간의 관계를 증진시키고 방어와 저항을 줄인다.**

ㄴ. 집단성원의 참여가 어렵다. 다양한 집단성원의 지속적인 참여를 유도하기 위해서는 **집단 과정 중 신입 성원이 집단에 참여(또는 입회)할 수 있는 집단인 개방형 집단(open-end group)으로 운영**해야 한다.

43 가족 대상 사회복지실천 정답 ③

오답 분석

ㄹ. '실연(enactment)'이 아니라 '역할극(roll play)'이 맞다. 참고로 **실연(enactment)**이란 가족성원으로 하여금 **자신들의 역기능적인 패턴(또는 상호교류)을 사회복지사 앞에서 행동으로 재현(또는 재구성)**시켜 보게 하는 방법이다.

44 집단 대상 사회복지실천 정답 ④

④를 제외하고는 **얄롬(Yalom)이 제시한 집단의 치료적 효과에 관한 내용**이다.

④ 얄롬이 제시한 집단의 치료적 효과에 해당하지 않는다.

오답 분석

① **일반화(또는 보편성)**란 집단성원이 집단과정 중 **자신과 유사한 문제를 경험하고 있는 집단성원들을 관찰**하면서 "나만 경험하고 있는 문제가 아니야!"라는 위로감이 형성되는 것을 말한다.

② **모방행동**이란 집단성원이 집단과정 중 **기능적인 집단사회복지사와 집단성원의 생각이나 행동을 관찰학습**하여 역기능적인 생각이나 행동을 기능적으로 수정할 수 있게 되는 것을 말한다.

③ **정보전달**이란 집단성원이 집단과정 중에 자신과 유사한 문제를 경험하고 있는 집단성원과 이에 대한 지식 등이 풍부한 사회복지사와의 교류를 통해 **문제에 대한 명확한 인식과 해결방법에 대한 모색이 가능**해지는 것을 말한다.

⑤ **실존적 요인**이란 집단성원이 집단과정을 겪으면서 "어떠한 원조가 있을지라도 **자기 인생의 책임자는 궁극적으로 자기 자신이라는 확신**"을 습득하게 되는 것을 말한다.

45 집단 대상 사회복지실천 정답 ⑤

ㄱ, ㄴ, ㄷ, ㄹ. **지지집단**이란 **동병상련(同病相憐)** 원리에 따라 **스트레스를 발생시키는 유사한 생활사건이나 문제를 경험했거나 경험중**이어서 자조 및 상호원조가 필요한 사람들을 집단성원으로 구성하여 이들에게 **생활사건이나 문제에 대한 대처기술을 향상**시키고, **미래에 대한 희망을 촉진**시키는 것을 목적으로 형성된 집단이다.

46 집단 대상 사회복지실천 정답 ④

④ '상호작용모델'이 아니라 '치료모델'에 관한 설명이다. **치료모델**은 **집단성원의 행동변화**, 즉 **역기능적 행동을 하는 개인을 치료**하는 것을 목표로 운영되는 집단으로, 집단을 개인 치료의 수단으로 이해하며, **정해진 목표를 달성하기 위해 구조화된 개입**을 하고, 전문가의 역할과 능력을 중시한다.

오답 분석

①, ②, ⑤ **상호작용모델**의 **장기적 목적은 개인과 사회의 조화**이다. 그리고 목표는 **개인의 문제해결을 위한 상호원조체계의 개발**이다. 단, 이러한 목표는 집단성원 간의 상호작용 과정 중 집단지도자와 집단성원 간의 협력을 통해 설정한다. 다시 말해 **집단활동이 이루어지기 전에는 구체적인 집단목표가 설정되지 않는다.**

③ 상호작용모델에서 사회복지사는 집단성원들이 상호원조체계를 형성할 수 있도록 원조하는 **조력자의 역할**과 집단성원과 집단이 상호원조체계가 될 수 있도록 원조하는 **중재자의 역할**을 수행한다.

47 집단 대상 사회복지실천 정답 ④

④ **중재자(mediator)**란 집단성원 간 갈등이나 상반되는 관점으로 인해 분쟁이 발생할 경우 **'중립적 입장으로 개입하여' 협상 또는 타협을 이끌 수 있도록 원조하는 역할**이다.

오답 분석

① **교육자(educator, 또는 교사)**란 집단성원에게 문제해결과 관련된 정보 및 기술을 **그가 이해할 수 있는 방법으로 가르치는 역할**이다.

② **중개자(broker)**란 문제해결과 관련된 **지역사회의 자원이나 서비스를 집단성원에게 연결(또는 연계)하는 역할**이다.

③ **옹호자(advocate)**란 자립하여 지역사회의 자원이나 서비스를 확보하기 어려운 집단성원의 **사회적 권리 확보를 위해 그들을 대변하는 역할**이다.

⑤ **조성자(enabler, 또는 조력자)**란 집단성원 스스로의 **문제해결 능력의 개발 및 향상을 원조하는 역할**이다.

48 집단 대상 사회복지실천 정답 ③

③ **집단응집력(또는 집단결속력)**이란 집단 내에서 각자의 개성을 표현할 수 있고, **충분한 친밀감(또는 신뢰감)을 허용하는 서로 간의 유대 또는 유착(bond)**으로, 일반적으로 **'우리'라는 강한 일체감 또는 소속감**이며, 강할 경우 집단성원들 사이에 상호 의존하려는 경향이 강해진다.

오답 분석

① '집단응집력을 촉진한다.'가 아니라 '집단응집력을 저해할 수 있다.'가 맞다. 집단성원 간에 공통적인 관심사나 매력에 의해 형성된 **'집단 내 집단'**으로, **하위집단이 생기는 것은 집단과정 중 발생하는 필연적인 현상**으로, **집단 과정 초기부터 하위집단이 등장**하기 시작하는 것은 맞다. 다만 집단 초기에 등장하기 시작한 하위집단, 그중에서도 우위에 있는 하위집단은 집단 전체에 대해 통제력을 행사하려 하기 때문에 다른 하위집단과의 관계에서 **협력보다는 경쟁이나 갈등을 발생시킬 소지가 더욱 크다. 이는 집단응집력을 저해시킬 가능성을 높게 만든다.**

② '지식 및 정보습득'은 포함되지 않는다. 집단역동성의 구성요소에는 **'의사소통 유형, 집단목적, 집단응집력(또는 결속력), 하위집단, 대인관계, 가치와 집단규범(집단규칙), 지위와 역할, 긴장과 갈등'** 등이 있다.

④ '불일치시킨다.'가 아니라 '일치시킨다.'가 맞다.

⑤ 긴장과 갈등이 집단에 항상 부정적인 영향을 미치는 것은 아니다. 오히려 **집단은 긴장과 갈등을 건설적으로 해결할 때 더욱 성장**할 수 있다. 그러나 긴장과 갈등이 오랫동안 지속되거나 심각해지면 집단성원들의 심리적인 분열과 심리사회적 기능의 와해를 야기할 수도 있다.

49 집단 대상 사회복지실천 정답 ②

ㄴ. '집단과 집단 간'이 아니라 '집단 내 성원 간'이 맞다. **소시오그램, 소시오메트리, 의의차별척도 등은 모두 집단 내 성원 간 거리감을 평가하는 도구들**이다. 참고로 **'집단과 집단 간 거리감을 평가'하는 도구로는 보가더스(Bogardus)의 사회적 거리감 척도**가 있다.

ㄹ. '전체집단 사정'이 아니라 '집단외부환경 사정'이 맞다. **집단외부환경 사정**이란 집단을 인가하고 지원하는 기관에 대한 사정, 즉 집단을 인가하고 지원하는 **기관의 목표와 집단 간 목표의 유관성**과 **해당 기관의 자원할당이 어떻게 또한 얼마만큼 이루어지는지를 파악**하는 것이다.

오답 분석

ㄱ. 집단사회복지실천에 있어서 **집단은 물론 개인도 동등하게 중요**하며, 따라서 **사회복지사는 집단과정 중 개별성원에 대한 개입도 할 수 있다.** 이에 개별성원의 문제행동에 대한 기초선을 조사한 후 집단과정 중 변화와 성장 여부, 기능적 행동과 비기능적 행동 등을 파악해서 기록하는 **집단성원별 문서화된 개별 프로파일을 준비하는 것이 바람직**하다.

ㄷ. **상호작용차트(interaction chart)**란 집단성원들 간의 또는 집단성원과 사회복지사 간의 상호작용과 관련된 **특정 행동의 '빈도수'를 측정하여 상호작용 정도를 파악**하는 사정도구이다.

50 집단 대상 사회복지실천 정답 ③

③ '평가'는 종결단계에서의 과업이지만, **'평가 계획의 수립'은 준비단계, 즉 집단계획단계에서의 과업**이다.

이것도 알면 합격

종결단계에서의 주요 과업

- 회합의 빈도와 시간을 줄이기
- 성취된 변화유지의 능력을 확인하기(②)
- 변화를 유지하고 생활영역으로 일반화하기(④)
- 불만족스러운 종결사유에 대해 이해시키기
- 개별 집단성원의 독립성을 촉진하고, 집단에 대한 의존성을 감소시키기
- 종결에 대한 감정을 다루기(⑤)
- 미래에 대한 계획을 세우기(①)
- 의뢰하기
- 평가하기

5영역 지역사회복지론

51 지역사회복지실천의 이론과 모델 정답 ④

④ '과정지향적 소집단'이 아니라 '과업지향적 소집단'이 맞다.

오답 분석

⑤ 로스만의 지역사회개발모델에서 사회복지사의 역할로는 **조력자, 촉매자, 조정자**, 교육자, 격려자, 능력부여자, 안내자, 문제해결기술 훈련자 등이 있다.

52 지역사회복지실천의 과정과 기술 정답 ①

ㄱ. 자원개발과 동원 시 지역사회자원에 대한 충분한 조사, 지역사회에 현존하는 네트워크의 활용, 내용과 분야에 따라 지역사회자원을 분류하는 등 **능동적이면서 적극적으로 환경을 조성**해야 한다.

오답 분석

ㄴ. 자원개발과 동원 시 가장 중요한 것은 **후원자에 대한 조직의 신뢰성을 형성하고 유지하는 것**으로, 이를 위해 사회복지사는 **자원의 사용에 대한 투명성을 확보하고 조직의 지역사회 내 책임성을 보여주기 위해 노력**해야 한다.

이것도 알면 합격

지역사회 인적자원의 동원 기술

기존조직(또는 집단)의 활용	가장 쉽고 빠르게 인적자원을 동원하는 방법으로, 지역사회에 현존하는 조직의 지도자들을 통해서 지역사회주민들로 하여금 특정한 사회적 쟁점을 위한 활동에 참여하도록 요청하는 방법이다.
개별적 접촉(또는 개인의 직접적인 참여)	지역사회 주민들을 개별적으로 접촉한 후 설득하는 방법이다.
사회경제적 네트워크 활용	지역사회주민들의 상호영향력을 활용하는 방법, 즉 지역사회 지도자를 통해서 지역사회활동에 참여를 촉진하는 메시지를 전달하는 방법이다.

53 지역사회복지실천의 과정과 기술 정답 ⑤

⑤ '실행단계'가 아니라 '실천계획 수립단계'에 해당한다. **실천계획 수립단계**란 **미션, 목적과 목표를 수립하고, 실행전략을 수립하는 단계**이다.

오답 분석

①, ②, ③, ④ 지역사회복지실천 과정 중 '실행단계'는 **수립된 계획의 추진·개입·프로그램의 실행 단계**로, 그 목적 및 과업은 다음과 같다.

- **재원(또는 재정자원)의 확보 및 집행**: 정부보조금, 공동모금, 기업 등을 대상으로 한 모금운동을 전개하고, 이를 통해 확보된 재정자원을 집행한다.
- **추진인력의 확보 및 활용**: 풀뿌리 지도자 등을 발굴하여 이를 활용한다.
- **지역사회복지추진체계의 리더십 확보**: 지역사회 내 서비스 제공 **조직 간의 협력과 조정을 위한 네트워크를 구축**하고, 이들에게 리더십을 발휘한다.
- **참여자의 적응 촉진 및 활동 조정하기**
- **참여자 간 저항과 갈등 관리하기**

54 지역사회복지실천의 과정과 기술 정답 ③

ㄹ. **자원 사정**은 클라이언트의 욕구해결과 관련하여 지역사회에서 활용할 수 있는 권력, 전문기술, 재정, 서비스 등의 **자원의 효과성을 평가하는 사정**이다.

오답 분석

ㄱ. '정태적인'이 아니라 '동태적인'이 맞다. **하위체계 사정**은 지역사회 전체가 아닌 지역사회체계의 하위체계 즉 **학교, 종교기관, 보호기관 등 지역사회의 특정 부분이나 일면의 동태적(또는 역동적) 이해를 높이기 위한 사정**이다.

ㄴ. '지역사회의 특정 문제'가 아니라 '지역사회 전반'이 맞다. **포괄적 사정**은 지역사회의 특정 문제나 집단에 한정되지 않고, **지역사회 전반을 대상으로 사정하는 것**이다.

55 지역사회복지실천의 토대 정답 ①

① '1980년대'가 아니라 '2000년대'가 맞다. **1987년 사회복지전문요원제도가 신설되어 사회복지전문요원**이 서울시 관악구에서 최초로 시범 사업차 배치되었고, 이후 **사회복지전문요원은 2000년에 일반직 사회전담공무원으로 변경**되었다.

오답 분석

② 1999년의 사건이다. **「국민기초생활 보장법」은 1999년 9월 7일에 제정**되었다.

③ 2004년의 사건이다. **사회복지사무소 시범사업은 2004년부터 2006년까지 운영**되었다.

④ 2010년의 사건이다.

⑤ 2021년의 사건이다. **「사회서비스 지원 및 사회서비스원 설립·운영에 관한 법률」은 2021년 9월 24일에 제정**되었다.

56 지역사회복지실천의 이론과 모델 정답 ④

오답 분석

ㄷ. '기능이론'이 아니라 '갈등이론'이 맞다.

57 지역사회복지실천의 과정과 기술 정답 ⑤

⑤ '조력자'가 아니라 '전문가'의 역할에 관한 설명이다.

58 지역사회복지실천의 토대 정답 ②

ㄷ. **지역사회보호(community care)**란 정상화 이념과 탈시설화의 영향으로 **시설보호의 한계를 극복하기 위해서 등장한 개념**으로, **클라이언트의 가정 또는 그와 유사한 지역사회 내의 환경에서 서비스를 제공**하는 사회적 돌봄의 형태를 말한다.

오답 분석

ㄱ. 지역사회복지실천은 **공식적인 전문가 이외에도 '비전문가'에 의해서도 이루어진다.**

ㄹ. '될 수 없다.'가 아니라 '될 수 있다.'가 맞다.

59 지역사회복지실천의 과정과 기술 정답 ③

ㄷ. '연계' 시 서비스 제공 기관들은 자발적인 참여에 의해 구성되어야 한다.

ㄹ. '수직적인 관계를 통해'가 아니라 '수평적 관계를 통해'가 맞다.

60 지역사회복지실천의 토대 정답 ①

① '사회통합기능'이 아니라 '상부상조기능'이 맞다. **길버트와 스펙트(Gilbert & Specht)는** 모든 사회가 공통적으로 수행하는 1차적 기능(major functions)을 기능주의관점하에 **존슨과 워렌(Johnson & Warren)의 기술**을 정리하여 **생산·분배·소비, 사회화, 사회통제, 사회통합, 상부상조** 등 5가지로 제시로 하였다.

61 지역사회복지실천의 토대 정답 ①

ㄱ. '반대한다.'가 아니라 '찬성한다.'가 맞다. **가족주의는 개인의 자율성과 독립성을 강조하여 탈시설화를 찬성**한다.

오답 분석

ㄹ. **국가주의는 집합주의적 보호를 강조**한다. 즉 사회의 모든 구성원에 대한 사회적 책임을 중시한다. 또한 이러한 책임은 공적·사적 영역을 포함하고, 공공교육, 보건 및 복지제도 등 광범위한 사회활동에 적용되어야 한다고 주장한다.

62 지역사회복지실천의 토대 정답 ④

④ '생활시설의 확대'가 아니라 '지역사회보호의 확대'가 맞다. 지역사회복지실천은 **정상화 이념에 따라 생활시설의 확대보다는 지역사회보호를 추구**한다.

63 지역사회복지실천의 이론과 모델 정답 ①

오답 분석

ㄹ. 지역사회연계 모델에서의 의사결정 배분정도는 클라이언트와 후원자가 동일하다.

64 지역사회복지실천의 토대 정답 ②

ㄱ. 1921년의 사건이다.

ㄴ. 1997년의 사건이다.

ㄷ. 2019년의 사건이다.

ㄹ. 2003년의 사건이다.

65 지역사회복지실천의 토대 정답 ②

오답 분석

ㄱ. '사회복지관의'가 아니라 '지역사회(또는 지역사회주민)의'가 맞다.

ㄹ. '보류될 수 있다.'가 아니라 '우선적으로 고려되어야 한다.'가 맞다. 지역사회가 지닌 능력은 지역사회복지실천의 수행의 가장 중요한 요소이며, 따라서 **그 능력의 탐색은 우선적으로 고려**되어야 한다.

66 지역사회복지의 실재 정답 ①

ㄱ. 사회복지관이 일반주의 실천을 하는 사회복지시설이라는 것은 맞지만, **「사회복지사업법」에 따라 서비스 제공의 우선 제공 대상자들에게 우선적으로 제공**해야 한다.

이것도 알면 합격

「사회복지사업법」 제34조의5 제2항

사회복지관은 모든 지역주민을 대상으로 사회복지서비스를 실시하되, 다음 각 호의 지역주민에게 우선 제공하여야 한다.

1. 「국민기초생활 보장법」에 따른 수급자 및 차상위계층
2. 장애인, 노인, 한부모가족 및 다문화가족
3. 직업 및 취업 알선이 필요한 사람
4. 보호와 교육이 필요한 유아·아동 및 청소년
5. 그 밖에 사회복지관의 사회복지서비스를 우선 제공할 필요가 있다고 인정되는 사람

ㄴ. '1급'이 아니라 '2급 이상의'가 맞다(「사회복지사업법 시행규칙」 제23조의2 제2항 제1호).

ㄷ. '교육문화 사업분야에'가 아니라 '지역조직화 기능 중 복지네트워크 구축에'가 맞다.

67 지역사회복지의 실재 정답 ④

④ '읍·면·동 지역사회보장협의체'가 아니라 **'시·군·구 지역사회보장협의체'의 목적 및 기능에 관한 설명**이다.

68 지역사회복지의 실재 정답 ⑤

ㄱ, ㄴ, ㄷ, ㄹ. **사회복지협의회의 임원 및 업무(「사회복지사업법」 제33조 제1항 및 동법 시행령 제12조)**

<table>
<tr><th>구분</th><th>한국사회복지협의회</th><th>시·도협의회</th><th>시·군·구협의회</th></tr>
<tr><td rowspan="2">임원</td><td colspan="2">대표이사 1인을 포함한 15인 이상 30인 이하의 이사와 감사 2인</td><td>대표이사 1인을 포함한 10인 이상 30인 이하의 이사와 감사 2인</td></tr>
<tr><td colspan="3">• 이사와 감사의 임기는 3년으로 하되, 각각 연임할 수 있다.
• 임원의 선출방법과 그 자격요건에 관하여 필요한 사항은 정관으로 정한다.</td></tr>
<tr><td>업무</td><td colspan="3">• 사회복지에 관한 조사·연구 및 정책 건의
• 사회복지 소외계층 발굴 및 민간사회복지자원과의 연계·협력
• 대통령령으로 정하는 사회복지사업의 조성 등

대통령령으로 정하는 사회복지사업(「사회복지사업법 시행규칙」 제12조)
• 사회복지에 관한 교육훈련
• 사회복지에 관한 자료수집 및 간행물 발간
• 사회복지에 관한 계몽 및 홍보
• 자원봉사활동의 진흥
• 사회복지사업에 관한 기부문화의 조성
• 사회복지사업에 종사하는 사람의 교육훈련과 복지증진
• 사회복지에 관한 학술 도입과 국제사회복지단체와의 교류 등</td></tr>
</table>

69 지역사회복지실천의 이론과 모델 정답 ③

③ '갈등이론'이 아니라 **'구조기능이론이나 사회체계이론'에 관한 설명**이다.

오답 분석

① 갈등이론에 따르면 **사회적 권력 및 자원의 불평등한 분배에 의해 '갈등'이 발생**하고, **갈등으로 인한 불안은 사회의 본질적 현상**이며, 또한 **갈등은 사회변화의 주요한 기제로서의 역할**을 한다고 가정한다.

② 갈등이론의 주요 개념에는 **'갈등전술, 내부 결속, 불평등한 분배, 불안'** 등이 있다.

70 지역사회복지의 실재 정답 ④

오답 분석

ㄷ. 시·군·구 지역사회보장계획은 **지역사회보장협의체의 심의와 시·군·구 의회의 보고**를 거쳐야 한다.

71 지역사회복지의 실재 정답 ①

오답 분석

ㄹ. '강화된다.'가 아니라 '약화된다.'가 맞다. 지방자치는 **사회복지 행정업무와 재정을 지방정부에 이양함으로써 중앙정부의 사회적 책임성을 약화**시킬 수 있다.

72 지역사회복지실천의 토대 정답 ③

③ '인보관 운동은'이 아니라 '자선조직협회는'이 맞다.

오답 분석

① 1988년 「지역사회보호 행동지침」이란 제명으로 발표된 그리피스 보고서에서는 **지역사회보호 실천 주체의 다양화(또는 다원화)를 강조**하여 **지방정부는 대인사회서비스의 직접적인 제공자가 아닌 계획·조정·구매자로서의 역할만을 해야 한다**고 주장하였다.

73 지역사회복지실천의 이론과 모델 정답 ③

ㄷ. 사회적 자본은 **거래 당사자 모두가 사용하면 할수록 더욱 축적되고 더욱 증가하며 사용하지 않으면 고갈되는 정합(positive-sum) 관계**를 갖는다. 즉 **사용하면 사용할수록 그 총량이 늘어난다.**

ㄹ. '공유되지 않는다.'가 아니라 '공유될 수 있다.'가 맞다.

오답 분석

ㄱ. 일단 획득된 사회적 자본일지라도 **일련의 지속적인 교환과정을 거쳐야만 유지되고 재생산**될 수 있다. 즉 **획득된 후에 언제든지 사라질 수 있다.**

ㄴ. 사회적 자본은 **일반적 호혜성(generalized reciprocity)에 기반을 둔 자원**이다, 즉 **보상에 대한 믿음이 존재**할 수 있다. 다만 그 호혜성은 불확실성, 위험성 등으로 인해 매우 취약하며 불안정적이다. 따라서 **동시에 교환되는 것을 전제로 하지는 않는다.**

74 지역사회복지실천의 토대 정답 ④

오답 분석

ㄷ. '기능적 개념을 넘어 지리적 개념을'이 아니라 '지리적 개념을 넘어 기능적 개념을'이 맞다.

75 지역사회복지의 실재 정답 ②

② 모금원에 따른 모금방법

개별형	개인 및 가정을 대상으로 한 모금이다.
기업중심형	기업의 임직원을 대상으로 한 모금으로, 전체모금에서 차지하는 비중이 가장 크다.
단체형	재단 및 협회 등을 대상으로 한 모금이다.
특별사업형	모금회에서 구상한 사업·프로그램·캠페인·이벤트 등을 통한 모금이다. 예 걷기대회, 언론사 홍보, 공연 등

오답 분석

① '지정기탁사업'이 아니라 '신청사업'이 맞다.

③ 기획사업은 **테마기획사업과 제안기획사업으로 구분**된다.

④ '제안기획사업'이 아니라 '테마기획사업'이 맞다.

이것도 알면 합격

사회복지공동모금회의 배분사업

신청사업	사회복지 증진을 위하여 **자유주제 공모형태**로 **개별 사회복지 기관이나 시설로부터 복지 사업을 신청받아 배분**하는 프로그램사업 및 기능보강사업이다.
기획사업	• **테마기획사업: 취약한 사회복지현장의 역량강화를 위해 모금회가 그 주제를 정하여 배분하는 사업**이다. • **제안기획사업:** 배분대상자로부터 제안받은 내용 중에서 선정하여 배분하는 **시범적이고 전문적인 사업**이다.
긴급지원사업	재난구호 및 긴급구호, 저소득층응급지원 등 **긴급히 지원해야 할 필요가 있는 경우에 배분하는 사업**이다.
지정기탁사업	사회복지 증진을 위하여 **기부자가 기부금품의 배분지역·배분대상자 또는 사용용도를 지정한 경우** 그 지정 취지에 따라 배분하는 사업이다.

⑤ '승인을 받아야'가 아니라 '보고해야'가 맞다.

이것도 알면 합격

기간에 따른 모금방법

연중모금	모금회는 사회복지사업이나 그 밖의 사회복지활동을 지원하기 위하여 **연중 기부금품을 모집·접수할 수 있다.**
연말집중모금	• 모금회는 효율적인 모금을 위하여 **기간을 정하여 집중모금을 할 수 있다.** • 모금회는 집중모금을 하려면 그 **모집일부터 15일 전에 그 내용을 보건복지부장관에게 보고**해야 한다. • 모집을 종료하였을 때에는 **모집종료일부터 1개월 이내에 그 결과를 보건복지부장관에게 보고**해야 한다.

3교시 사회복지정책과 제도

6영역 | 사회복지정책론

01	①	02	②	03	②	04	④	05	①
06	④	07	①	08	③	09	②	10	④
11	④	12	③	13	③	14	④	15	①
16	④	17	③	18	①	19	③	20	④
21	②	22	①	23	⑤	24	①	25	④

7영역 | 사회복지행정론

26	①	27	②	28	①	29	④	30	③
31	⑤	32	③	33	⑤	34	⑤	35	②
36	④	37	③	38	①	39	③	40	⑤
41	①	42	③	43	②	44	④	45	③
46	③	47	①	48	②	49	②	50	⑤

8영역 | 사회복지법제론

51	②	52	⑤	53	③	54	④	55	③
56	⑤	57	⑤	58	⑤	59	②	60	①
61	⑤	62	②	63	④	64	②	65	⑤
66	⑤	67	②	68	⑤	69	③	70	④
71	⑤	72	④	73	⑤	74	③	75	①

나의 점수 분석표

영역명	맞힌 개수 / 문제 수
사회복지정책론	/ 25
사회복지행정론	/ 25
사회복지법제론	/ 25
합계	**/ 75**

* 과락 기준: 75문제 중 맞힌 문제 수가 30개 미만

취약점 키워드 box

* 틀린 문제 중, 본인이 부족했던 개념 또는 키워드를 정리해 보세요!

6영역 사회복지정책론

01 사회복지정책 분석 정답 ①

오답 분석

ㄹ. '현물, 증서, 기회, 권력 등'이 아니라 '귀속적 욕구, 보상, 진단적 차별, 자산조사'가 맞다.

02 사회보장론 정답 ②

② '사회보험급여'가 아니라 '민영보험급여'가 맞다. 사회보험 역시 민영보험처럼 보험수리 원칙을 일정 부분 따르는 것은 맞지만, 그 정도가 철저하지는 않으며 이에 따라 급여가 납부한 보험료에 완전히 비례하지는 않는다. 특히 사회보험은 **소득재분배의 원칙이 반영**되어 보험의 수지상등의 원리가 사회보험에도 그대로 적용될 경우 위험에 노출될 가능성이 큰 집단(예 노인, 아동, 장애인 등)이 더 많은 보험료를 지불해야 하므로, **위험에 노출될 가능성이 아닌 '소득수준'에 따라 보험료를 부담**하게 하여 고소득자가 저소득자보다 더 많은 보험료를 부담하게 하는 방법으로 일정 부분 **수직적인 소득재분배 기능**을 한다.

이것도 알면 합격

② 사회보험의 급여를 산정할 때 **최저생활보장의 원칙**에 따라 가입자의 재직 시기와 납입한 기여금의 수준에 따라 **일정 수준의 보험금이 보장**되므로 **사회적 적절성의 가치**가, 또한 **일정 범위 내에서 소득수준과 기여의 정도에 따라 보험료 및 급여수준이 산정**되므로 **개별적 형평성의 가치** 역시 반영되었다고 볼 수 있다.

03 사회보장론 정답 ②

ㄴ. '중앙정부'가 아니라 '중앙정부(또는 국가)와 지방정부(또는 지방자치단체)'가 맞다(「사회보장기본법」 제28조 제3항).

ㄹ. '장애연금제도'가 아니라 '장애인연금제도'가 맞다. **장애연금은 국민연금제도에 따른 급여로, 이는 사회보험제도에 해당**한다.

오답 분석

ㄷ. **공공부조제도의 기본 원칙 중 보충성의 원칙**은 공공부조의 급여 수준은 소득과 자산조사를 통해 수급권자가 되고자 하는 **개인의 생존과 관련하여 자력구제를 우선으로 한 후, 소득의 부족분에 한해서만 보충적으로 이루어져야 하며,** 이러한 소득의 부족분을 산출하기 위해서 **개인 본인과 그의 가족을 대상으로 한 소득조사와 자산조사를 실시**해야 한다는 것이다. 다만 이 원칙이 적용될 경우 개인은 적극적인 근로를 하지 않고 **빈곤에 머무르려는 현상인 빈곤의 함정(poverty trap)에 빠질 수 있다.**

04 사회보장론 정답 ④

ㄴ. **적립방식(reserve-financed method)**은 **가입자들 각자가 보험료를 납부하여 축적한(또는 저축한) 적립기금으로 자신들의 노후를 보장하는 방식**이다.

ㄹ. **완전적립방식**은 **퇴직 후 생활보장을 위해 현재 소득의 일부를 저축하는 구조**로, 개인이 근로기간에 강제적으로 저축하여 정년 후에 그대로 되돌려 받는 방식이며 **수지상등의 원칙으로 재정을 운영**한다.

오답 분석

ㄷ. **'효과가 크다.'가 아니라 '효과를 기대하기 어렵다.'가 맞다. 부과방식(pay-as-you-go)**은 적립기금 없이 **현재의 근로세대가 은퇴세대의 연금급여에 필요한 재원을 부담**하여 연금재정의 수입총액과 지출총액의 균형을 맞추는 것으로 자본축적 효과를 기대하기 어렵다.

05 사회보장론 정답 ①

오답 분석

ㄴ. '전(全)물량 방식'이 아니라 '반물량 방식'이 맞다. **전물량방식**이란 **인간생활에 필수적인 모든 품목에 대해서 최저한의 수준을 정하고, 이를 화폐가치로 환산(가격 × 최저소비량)한 총합**으로 빈곤선을 측정하는 방법이다.

ㄷ. '최소값은 -1'이 아니라 '최소값은 0'이 맞다. **지니(Gini)계수**란 **로렌츠 곡선으로부터 산출되는 하나의 숫자**로, 대각선과 로렌츠 곡선 사이의 면적을 A, 로렌츠 곡선 하방의 면적을 B라고 하면, **지니계수는 A ÷ (A + B)라는 공식**을 통해 구할 수 있다. 따라서 **완전평등하다면 A의 값이 0이므로 0이 되고, 완전 불평등한 상태라면 B의 값이 0이므로 1이 된다.** 이를 통해서 소득의 불평등 정도를 측정할 수 있다. 즉 **지니계수는 0~1 사이의 값을 가지며, 0에 가까워질수록 평등한 상태를, 1에 가까워질수록 불평등 정도가 심화**된다고 본다.

ㄹ. '절대적 빈곤'이 아니라 '상대적 빈곤'이 맞다. **상대적 빈곤**이란 **상대적 박탈과 소득불평등 개념을 중시하며, 한 사회의 평균적인 생활수준과 비교하여 빈곤을 규정**하는 방법으로, 보통 사회구성원의 **중위소득과 이에 대한 비율**로 빈곤선으로 정한다. 참고로 **중위소득**이란 모든 가구를 소득 순서대로 줄을 세웠을 때, **정확히 중간에 있는 가구의 소득**을 말한다. 반면에 **평균소득**이란 **국가 또는 사회의 가구 소득의 전부를 가구의 수로 나눈 가구당 평균 소득**을 말한다. 일반적으로 **중위소득 50% 기준 빈곤선은 평균소득 50% 기준 빈곤선보다 낮은 경향**이 있다.

06 사회보장론 정답 ④

ㄱ. **사회보험은 수평적 재분배 기능 이외에 수직적 재분배 기능**도 있다. 보험의 수지상등의 원리가 사회보험에도 그대로 적용될 경우 위험에 노출될 가능성이 큰 집단(예 노인, 아동, 장애인 등)이 더 많은 보험료를 지불해야 하므로, **사회보험 제도에서는 위험에 노출될 가능성이 아닌 '소득수준'에 따라 보험료를 부담**하게 하여 고소득자가 저소득자보다 더 많은 보험료를 부담하게 하는 방법으로 **수직적인 소득재분배 효과**를 얻는다.

ㄴ. **수지상등의 원리(또는 수지균형의 원리, 보험수리원칙)**란 보험자의 입장에서는 **수입(또는 보험료)과 지출(또는 보험급여)이 서로 균형**을 이루어야 하며, 가입자의 입장에서는 위험발생에 대비하여 **지불한 보험료와 돌려받는 급여의 크기가 상호 비례**해야 한다는 원리이다.

ㄹ. **수익자 부담(또는 수혜자 부담) 원칙**이란 사회보장제도 운영에 소요되는 비용을 제도를 통해 직접적으로 혜택을 받는 주체가 부담해야 한다는 것이다. **사회보험의 경우 모든 국민을 대상으로 하고, 사회보험의 대상이 되는 근로자나 자영업자가 비용을 부담하므로 수익자 부담 원칙이 적용**된다고 볼 수 있다. 참고로 사회서비스의 경우 국가, 지방자치단체 및 민간부문의 도움이 필요한 모든 국민을 대상으로 하고, 부담 능력이 있는 국민은 수익자 부담을 원칙으로 하지만, 일정 소득 수준 이하의 국민에 대해서는 국가와 지방자치 단체가 비용을 부담한다. 즉 사회 서비스의 경우 부담 능력이 있는 국민의 경우에는 수익자 부담 원칙이 적용되지만, 부담 능력이 없는 국민의 경우에는 수익자 부담 원칙이 적용되지 않는다. 따라서 **수익자 부담 원칙이 적용된다고 확실하게 말할 수 있는 사회보장제도는 사회보험**이다.

오답 분석

ㄷ. 우리나라는 **공법인인 공단을 설립하여 사회보험 업무를 위탁**하고 있다. 이에 따라 **국민연금의 경우 국민연금공단에서, 국민건강보험과 노인장기요양보험의 경우 국민건강보험공단에서, 산업재해보상보험의 경우 근로복지공단에서 정부의 위탁을 받아 각 사회보험 업무를 수행**하고 있다. 다만 2011년 1월부터 '사회보험 징수통합제'의 실시로, 5가지 사회보험의 보험료의 고지·수납·체납관리 업무를 국민건강보험공단에서 대행하여 수행하고 있다.

07 사회보장론 정답 ①

① '장애연금'은 국민연금제도에 따른 급여로, 보편주의 범주에 포함되는 사회보장 급여이다.

오답 분석

②, ③ **생계급여, 주거급여**는 우리나라의 대표적인 **공공부조제도인 국민기초생활보장제도상의 급여로, 선별주의 범주에 포함**된다.

④ **기초연금**은 우리나라 공공부조제도인 **기초연금제도상의 급여로, 선별주의 범주에 포함**된다.

⑤ **장애수당**은 「장애인복지법」에 따른 급여로, **「국민기초생활 보장법」상 수급자 및 차상위계층만을 대상으로 하며, 따라서 선별주의의 범주에 포함되는 사회보장 급여**이다.

08 사회보장론 정답 ③

ㄴ. 목적세와 사회보험료 모두 **재원의 용도를 정하여 징수**한다.

ㄹ. '낮다'가 아니라 '높다'가 맞다. **직접세는 소득세, 부세**처럼 재산이나 소득이 많거나 증가할수록 **많은 또는 증가된 세율이 적용되는 누진적 성격의 세금**을 말하며, 전체 조세수입 중에서 **그 비중이 클수록 '조세형평성'이 높다고 볼 수 있다.**

오답 분석

ㄷ. **일반조세의 부담자-수혜자는 상호 일치되는 정도가 적으나, 사회보험료의 경우 그 일치 정도가 크다.**

09 사회보장론 정답 ②

ㄴ. '사회복지서비스'가 아니라 '사회서비스'가 맞다.

이것도 알면 합격

「사회보장기본법」 제3조 제1호

사회보장이란 **출산, 양육, 실업, 노령, 장애, 질병, 빈곤 및 사망** 등의 사회적 위험으로부터 모든 국민을 보호하고 국민 삶의 질을 향상시키는 데 필요한 소득·서비스를 보장하는 **사회보험, 공공부조, 사회서비스를 말한다.**

ㄹ. '통일성'은 해당되지 않는다.

이것도 알면 합격

「사회보장기본법」 제24조

- **보편성**: 국가와 지방자치단체가 사회보장제도를 운영할 때에는 이 제도를 필요로 하는 **모든 국민에게 적용**하여야 한다.
- **형평성**: 국가와 지방자치단체는 **사회보장제도의 급여 수준과 비용 부담 등에서 형평성을 유지**하여야 한다.
- **민주성**: 국가와 지방자치단체는 사회보장제도의 정책 결정 및 시행 과정에 **공익의 대표자 및 이해관계인 등을 참여**시켜 이를 민주적으로 결정하고 시행하여야 한다.
- **효율성, 연계성, 전문성**: 국가와 지방자치단체가 사회보장제도를 운영할 때에는 국민의 다양한 복지 욕구를 **효율적으로 충족시키기 위하여 연계성과 전문성을 높여야 한다.**

오답 분석

ㄱ. **사회보장의 범위 규정**

협의의 사회보장	• 사회보장을 **국가에 의한 '소득보장(또는 경제보장)제도' 라는 좁은 의미로 해석**하는 것 • **대표국가: 미국, 영국 등**
광의의 사회보장	• 사회보장을 넓은 의미로 파악하여 **소득보장제도 이외에도 의료보장 등, 기타 사회복지적 개입을 포함하여 해석**하는 것 • **대표국가 및 기구: 프랑스, 일본, 국제노동기구(ILO) 등**

10 사회복지정책의 이해 정답 ④

④ '가장 적극적인'이 아니라 '가장 소극적인'이 맞다.

오답 분석

⑤ '자원배분의 기준'이 필요한 평등 개념은 '결과의 평등(또는 수량적 평등)'이다.

11 사회복지정책의 이해 정답 ④

오답 분석

ㄷ. **무임승차자 문제**는 의료보험을 민간 시장에서 제공할 때 발생하는 문제가 아니라 **국가가 공공재로 제공할 때에 발생하는 문제**이다. **무임승차자 문제(free rider problem)란 공공재의 속성인 '비배제성'에 의해 발생**한다. 여기서 비배제성이란 **소비에 대한 대가를 치루지 않고 소비하더라고 소비에서 누군가를 배제시킬 수 없는 속성**을 말한다. 예를 들어 '국민 중 누군가가 세금을 내지 않았다고 해서 그를 국방이나 치안서비스에서 배제시키지는 않는다.' 이러한 비배제성으로 인해 공공재의 생산과 소비를 시장기제에만 맡길 경우 **소비자는 이에 합당한 대가를 지불하지 않고 편익만을 누리려 하는 무임승차자 문제가 발생하고 이로 인해 적정수준의 공공재가 생산되지 않게 된다.**

12 사회복지정책 분석 정답 ③

③ '수직적 재분배 보다는 수평적 재분배 효과가'가 아니라 '수평적 재분배 보다는 수직적 재분배 효과가'가 맞다.

오답 분석

① 사회보장을 통해 보장하는 사회적 위험의 종류와 적용대상의 범위에 따라 소득재분배의 효과가 달라질 수 있다. 즉 **사회적 위험의 종류가 많을수록 소득재분배 효과는 커지며, 적용범위(**예 특정 산업, 직종, 계층**)에 따라 소득재분배의 효과는 상이하게 나타난다.**

13 복지국가의 이해 정답 ③

ㄷ. 신사회적 위험이 아니라 **구(舊)사회적 위험**(old social risks)에 관한 설명이다. 실업, 노령(또는 노후), 산업재해 등 **남성 가장의 소득의 중단**을 가져오거나 또는 질병이 가져오는 예외적인 지출 등이 **'구(舊)사회적 위험(old social risks)'**이며, 이때 사회보장정책의 초점은 소득상실을 보존해 주는 **소득보장프로그램**에 맞추어 있었다.

ㄹ. **테일러-구비(Taylor-Gooby)가 주장한 신사회적 위험의 발생 원인에는 해당되지 않는다.** 다만 현재 우리나라가 경험하고 있는 사회적 위험에는 해당한다.

이것도 알면 합격

신사회적 위험의 발생경로(또는 원인)(Taylor-Gooby)

발생경로(1)	**맞벌이 부부의 증가와 여성의 교육 수준 향상**으로 여성들의 유급노동시장에의 참여가 급증하였으나 동시에 가정에서 **아동 보육과 노인 부양(또는 간병)에 대한 책임 역시 감내**해야 하는, 그래서 **일과 가정을 양립하기 어려운 저숙련 여성 노동자층이 증가**하게 되었다.
발생경로(2)	**고령화로 인한 노인인구의 증가**로 가족 내 **노인돌봄의 부담이 급증**하였고, 이에 **여성이 노인을 돌보기 위해 노동시장에서 철수**하여 홑벌이 부부가 되면 가구의 소득이 감소하게 되어 **빈곤 가능성이 증가**하게 되었다.
발생경로(3)	**미숙련 생산직의 비중을 줄여온 생산기술의 변동과 저임금의 비교우위를 이용한 국가 간 경쟁의 격화**로 인해 미숙련 생산직의 비중이 하락하는 형태로 노동시장의 구조가 변화되어 **저학력자들에 대한 사회적 배제가 확대**되었다.
발생경로(4)	새로운 사회적 위험으로 인한 수요증가에 필요한 재정의 부족현상이 심화됨에 따라 정부는 **복지부분에 대한 재정 지출을 줄이기 위해 공공부문을 축소**하였고, 이에 **민간부문(예 민영화된 공적연금·의료서비스 등)에 대한 국민의 복지 의존도가 높아졌고,** 이로 인해 민간이 제공하는 부적절한 서비스를 정부가 적절하게 규제하지 못하는 경우가 많아져서 **비용을 지불할 능력이 없는 빈곤 노인들이 증가**하였다.

14 사회복지정책 분석 정답 ④

④ '지방정부는 민간부문에 비해'가 아니라 '민간부문은 지방정부에 비해'가 맞다.

오답 분석

① '역선택이나 도덕적 해이 문제가 발생'하는 것은 **민간 시장실패의 요인들**로, 이와 같이 **시장실패가 발생하기 쉬운 재화와 서비스는 국가와 지방자치단체와 같은 공공부문이 제공하는 것이 바람직**하다.

③ **접근성**이란 클라이언트가 조직이 제공하는 사회복지서비스를 이용하는 데에서 발생하는 **다양한 장애요인을 제거하여 쉽고 편리하게 이용**할 수 있게 해야 한다는 사회복지전달체계 구축의 원칙이다. 공급자들을 공간적으로 분산배치하면 **지리적 장애를 개선**시켜 전달체계에 대한 접근성을 높일 수 있다.

15 사회복지정책 분석 정답 ①

ㄱ. '현금급여'가 아니라 '현물급여'가 맞다. 현물급여는 사회적 통제를 강조한다. 이때 **사회적 통제**란 **급여 수급자들로 하여금 정책이 추구하는, 즉 달성하려 하는 목표에 도달하게 한다는 의미**를 지니고 있다. 따라서 현물급여는 **집단적으로 사회의 공공선을 이루기 위해 급여 수급자 개인의 이익을 일정 부분 손상**시키기도 한다.

ㄴ. '공급자'가 아니라 '수요자'가 맞다. **바우처(voucher system, 또는 증서)**란 **현금급여와 현물급여를 절충한 형태**로, 정부가 **일정한 용도 내에서 재화나 서비스를 선택하여 구매할 수 있는 증서를 수요자에게 전달**하면 수요자가 선택한 서비스 공급자가 수요자에게 서비스를 제공하고, 이후 정부가 서비스 공급자에게 현금을 상환하는 **제3자 현금상환방식**이다. 즉 정부가 서비스 생산자(또는 제공기관)가 아닌 **소비자인 수요자에게 직접 재정을 지원하여 서비스를 이용하게 만드는 방식**이다.

ㄷ. '현물급여'가 아니라 '현금급여'가 맞다. **자기결정권을 강조하고, 이를 달성하기에 유리한 급여는 '현금급여'**이다.

오답 분석

ㄹ. 사회복지 급여 중 **기회**란 여성, 노인, 장애인 등의 **사회적 취약 집단에게 보다 유리한 기회를 제공하여 이들이 받은 부정적 차별을 보상하고 그들의 시민권을 보장하는 방법**을 말한다.

16 복지국가의 이해 정답 ④

④ '가장 낮은 것으로'가 아니라 '가장 높은 것으로'가 맞다. **스웨덴, 노르웨이, 덴마크 등의 북유럽 국가들**은 에스핑-안데르센 모형 중에서 사회민주주의 복지국가에 해당하는 국가들로, **탈상품화 정도는 매우 높은 반면, 계층화 정도는 낮은 특징**을 갖는다.

오답 분석

③ 탈상품화 수준에 따라 복지국가를 나열하면 '사회민주주의 복지국가 > 보수주의(또는 조합주의) 복지국가 > 자유주의 복지국가'이다.

⑤ 보수주의 복지국가의 주된 사회복지정책은 **사회보험**이며, 사회보험이 직역별·산업별(예 공적, 민간, 공무원 등)로 분절되어 구축되어 있고, **사회복지급여는 계급과 사회적 지위에 밀접하게 관련**되어 있다. 또한 이러한 직역별·산업별 분절 구조로 인해 산업재해와 같은 동일한 위험에 대해서 **다수의 운영주체가 존재**하고, **사회복지제도들은 위험별로 구분되어 각각 독립적인 제도로 운영**된다. 이러한 특성으로 인해 **탈상품화 효과는 제한적**이다.

17 사회복지정책 과정 정답 ③

오답 분석

ㄱ. '만족모형'이 아니라 '합리모형'이 맞다.

ㄴ. '합리모형'이 아니라 '만족모형'이 맞다.

ㄷ. '쓰레기통 모형'이 아니라 '최적모형'이 맞다.

18 사회복지정책의 이해 정답 ①

① '1601년 엘리자베스 구빈법'이 아니라 '1834년 개정구빈법'이 맞다. 1834년 개정구빈법은 **열등처우의 원칙, 작업장제의 원칙, 균일처우의 원칙 등 3가지 원칙을 기반**으로 운영하였다.

열등처우의 원칙	• 빈민에게 제공되는 국가의 무상 부조 수준은 **개별 노동자가 노동을 통해 받는 최저 대우의 수준보다 열등**해야 한다. • 이는 노동능력이 있는 빈민에 대한 구제를 국가가 거절할 수 있는 법적 근거를 제공하였다.
작업장제의 원칙	• **원내구제의 원칙: (길버트법 폐지)** 원외구제의 방법으로는 빈민의 자조 노력의 향상을 보장할 수 없으므로 노동 가능한 빈민은 작업장에 배치해야 한다. • 원칙적으로 원외구제는 배제하되 노유병자(老儒病者)를 부양하는 과부에게만 허용한다.
균일처우의 원칙	• **빈민의 처우는 전국적으로 동등**해야 한다. • 이를 위해 1601년 「엘리자베스 구빈법」 당시부터 '지방세'로 징수하여 관리하던 구빈세를 '중앙정부'가 징수하고 관리하게 한다.

오답 분석

③ **작업장 테스트법(1722년)**에서는 **막대한 자금이 투입되는 작업장 설립의 문제를 해결**하기 위해 **단일 교구의 작업장 이외에도 인접한 영세교구들 간의 연합에 의한 공동작업장 설치를 허용**하여 임금지불과 직업보도 등의 업무를 실시하였다. 참고로 길버트법(1782년)에서도 교구연합방식의 공동작업장 설립을 추진하였다. 다만 그 설립의 목적이 작업장 테스트법과는 달리 노인·병자·신체허약자 등만을 구제 대상으로 삼아 **구빈행정의 합리화와 빈민처우의 개선 시도했다는 데에서 차이**가 있다. 정리하자면 **공동작업장을 처음(또는 최초로) 시작한 것은 '작업장 테스트법(1722년)'**이며, 이후 길버트법에서도 공동작업장 설치를 허용하였다.

④ 길버트법(1782년)에서는 빈민의 수용 구제를 원칙으로 하는 기존 작업장 제도를 완화하여 **노동 능력이 있는 빈민**을 작업장에 보내지 않고 **자신의 가정에 머물게 하면서 구제하거나 인근에 있는 적당한 직장에 취업 알선**을 하는 **원외구제(outdoor relief, 또는 원외구호)를 허용**하였으며, 이런 의미에서 오늘날 **거택보호(居宅保護) 제도의 효시**로 여겨진다.

⑤ **스핀햄랜드법**에서는 **노동빈민의 처우 개선**으로 인해 **구빈비용이 증가**되어 구빈세를 납부하는 **교구민의 불만이 크게 발생**하였으며, 이는 결국 빈민에 대한 억압정책인 **개정구빈법(1834년)이 제정되는 결정적인 계기**가 되었다.

19 복지국가의 이해 정답 ③

ㄴ. '평등'이 아니라 '불평등'이 맞다. **조지와 윌딩(George & Wilding)의 이데올로기적 4분 모형**에서 **반집합주의는 자유주의적 입장**으로, **복지국가를 자유로운 시장 활동의 걸림돌로 간주**한다. 즉 사회복지정책의 확대가 개인의 자유와 선택을 제한하고, 경제적 비효율성과 근로동기의 약화를 가져왔다고 비판하고, **시장에 대한 국가의 개입 역시 경제적 비효율을 초래**하므로 **그 수준은 최소한에 그쳐야 한다**고 주장한다. 이에 따라 **노동 무능력자에 대한 국가의 책임은 인정**하지만, 국가는 최저 생계비 이하의 빈곤계층에 대해서만 **온정주의적으로 개입**해야 한다고 본다. **소극적 자유, 개인주의, 가족, 시장, 불평등, 경쟁**을 주요 사회적 가치로 삼는다.

ㄹ. '마르크스주의'가 아니라 '소극적 집합주의'가 맞다. **마르크스주의**는 자본주의 체제의 계급 간 갈등의 원인은 자본주의 자체에 존재하며 이에 따른 **빈곤은 필연적으로 발생할 수밖에 없다**고 주장한다. 즉 **자본주의 체제 자체를 전면적으로 부정**한다. 반면 **소극적 집합주의**는 자본주의의 비효율성과 비공정성에 대해 **부분적으로 비판하여 이를 수정하기 위한 국가의 조건부 규제와 통제가 필요하다고 주장**한다.

오답 분석

ㄱ. **페이비언 사회주의(fabiansocialism)**는 **사회민주주의 입장**으로, 자본주의 시장 경제체제에 **국가의 적극적인 개입**을 강조하는 것으로, 국가는 **민주정치에 따라 노동자를 포함한 국민의 다수에 의해 지배**되어야 하며, **의회 민주주의를 통한 점진적인 사회주의화**가 이루어져야 한다고 주장한다. 따라서 **복지국가의 확대를 적극적으로 지지하는 이념**이다.

ㄷ. **중도노선**은 **수정자본주의적 입장**으로, 신우파의 중심가치들을 절대적으로 믿지는 않는다. 즉 자본주의의 비효율성과 비공정성에 대해 **부분적으로 비판하여 이를 수정하기 위한 국가의 조건부 규제와 통제가 필요하다고 주장**한다.

20 복지국가의 이해 정답 ④

ㄹ. '냉전체제의 붕괴'가 아니라 '냉전체제의 강화'가 맞다. **냉전**이란 2차 세계 대전 종식 이후, 미국을 주축으로 한 서유럽의 자유주의 국가들과 소련을 중심으로 한 동유럽지역의 공산주의 국가들 간의 이념적 대립의 시기로, **군사적 충돌 없이 세력 간 군비경쟁에만 몰입하던 때**이다. 당시 신자유주의의 대표적 정권인 영국의 대처와 미국의 레이건 시대가 이러한 냉전의 분수령이 되었고, **냉전체제 유지를 위해 막대한 군비를 소모하여 결국 복지국가 유지에 소요될 재정의 공급이 어려워지는 현상이 발생**하였다.

오답 분석

ㄱ, ㄴ, ㄷ. 복지국가의 3가지 성립조건에는 **자유주의, 민주주의, 국민최저수준의 보장**이 있다.

이것도 알면 합격

복지국가의 3가지 성립조건

- **자유주의(ㄷ): 복지국가가 성립되기 위한 경제적 조건**으로, 자본주의의 시장실패로 인해 발생하는 다양한 문제들을 해결하기 위해서 복지국가의 기능이 요구된다.
- **민주주의(ㄱ): 복지국가가 성립되기 위한 정치적 조건**으로, 민주주의의 확산은 사회 내 계급 간 갈등을 촉진시키고, 이러한 갈등의 해결책으로 복지국가의 기능이 요구된다.
- **국민최저수준의 보장(ㄴ):** 복지국가의 복지정책의 1차적 목표이며, **복지국가가 성립되기 위한 사회보장의 조건**으로, 복지국가는 국민전체에게 적용될 수 있는 사회복지정책이 수반되어야 한다.

21 사회복지정책의 이해 정답 ②

오답 분석

① '수량적 평등'이 아니라 '기회의 평등'이 맞다. **사회투자전략**에서는 국민들에게 경제적 혜택을 직접 제공하기보다는 **기회의 평등 가치에 기초한 인적자본과 사회적 자본 등에 대한 투자를 중시**한다.

③ '배척한다.'가 아니라 '중시한다.'가 맞다. **사회투자국가전략**에서는 **인적자본에 대한 투자를 위해 현재 아동세대에 대한 선제적 투자**(예 교육)**를 중시**한다.

④ '분리를 추구한다.'가 아니라 '병진을 추구한다.'가 맞다. 사회투자전략에서는 **근로와 복지의 연계**, 즉 국민들의 **경제활동 참여기회를 확대**하고 더 나은 일자리를 제공함으로써 **경제성장(또는 경제정책)과 사회통합(또는 사회정책)의 병진(竝進)을 추구**하며, 따라서 **권리와 의무의 균형과 조화를 강조**한다.

⑤ 사회투자국가전략에서는 불평등의 해소보다는 **사회적 배제 감소에 중요성을 부여**하고, 이에 따라 **사회적 포섭정책을 추진**한다.

22 사회복지정책의 이해 정답 ①

① **산업화이론**은 **복지국가 간 차이점(또는 다양성)보다는 유사성을 강조**하는 이론으로, 모든 산업화된 국가들은 산업화로 인해 **주택, 교육, 고용 및 실업, 산업재해, 가족구조 및 인구·사회 구조의 변화 등 다양한 사회문제를 경험**하고, 이를 해결하기 위해 **산업화를 통해 형성된 재원을 활용**한다고 본다. 즉 **산업화로 인해 발생한 사회문제의 해결이라는 사회적 욕구에 대한 대응으로 사회복지가 발달했다**고 이해한다.

23 사회복지정책의 이해 정답 ⑤

⑤ **1942년 베버리지 보고서**에서는 빈곤계층뿐만 아니라 전국민들을 대상으로 **사회보험을 기반**으로 한 보편적인 사회보장제도를 강조하였다.

오답 분석

① 베버리지 보고서에서는 **5대 사회악(five giant evils)**으로 **나태, 무지, 결핍(Want, 또는 궁핍), 불결(Squalor), 질병**을 제시하였다.

③ 베버리지 보고서에서 제시된 정액부담과 정액급여 원리는 **보험료의 징수 및 급여제공과 관련된 행정비용을 절감할 수 있는 효과, 즉 운영효율성을 높일 수 있는 방법**이었다.

④ 베버리지 보고서에서 제시된 **통합적 행정 책임(또는 행정통합, 행정책임 통합성)의 원칙**이란 노령·장애·실업·질병 등과 같은 사회적 위험들에 대비하기 위한 사회보험은 **기여금과 급여를 지방사무소를 둔 하나의 사회보험금고(또는 사회보험기금)가 통합적으로 관리·운영**하여 효율성을 제고해야 한다는 것이다.

24 사회복지정책의 이해 정답 ①

오답 분석

ㄹ. **롤즈(J. Rawls)가 아니라 노직(R. Nozick)에 관한 내용이다. 노직(R. Nozick)은 자유지상주의 국가론**을 주장한 철학자이다. 그는 공공선이나 평등 지상주의 같은 복지국가론에 맞서 개인·시민의 소유권과 자유시장·자유기업 등을 인정하는 최소 형태의 국가를 **자유주의적 유토피아**로 보았다. 그는 롤스의 정의론에 대해 개인의 권리와 이에 대한 윤리 이외에 어떠한 정의의 원칙도 부정하며 어떠한 개인적 권리의 침해도 용납할 수 없다고 보고 비판하였다. 따라서 이러한 자유지상주의적 관점에서는 **빈자의 자유인 적극적 자유보다 부자의 자유인 소극적 자유를 더욱 옹호**하게 된다.

25 사회복지정책의 이해 정답 ④

오답 분석

ㄱ. '능력에 따른 분배'가 아니라 '욕구(또는 필요)에 따른 분배'가 맞다. 참고로 능력에 따른 **분배는 시장의 기능**이며, **사회복지정책은 능력에 따른 기여를 지향**한다.

7영역 사회복지행정론

26 사회복지조직의 운영과 관리 정답 ①

① 특성이론의 비판적 대안으로 자질이론이 등장하였다.

오답 분석

② **스피어스(Spears)에 따르면 섬김의 리더십은 민주적 원칙에 입각한 리더십**, 즉 리더의 권력은 조직성원들로부터 기인하며, 리더십의 하위행동에는 **경청, 공감, 치유, 설득, 인지, 통찰, 비전의 제시, 청지기 의식, 구성원의 성장, 공동체 형성** 등 10가지가 있다.

③ **거래적-변혁적 리더십**은 1978년 번즈(Burns)가 처음 제시하고 배스(Bass)에 의해 발전된 이론으로, 그들은 이전의 모든 리더십 이론들을 '거래적 리더십'이라고 비판하며, **변혁적 리더십은 리더와 조직성원 간의 협력 과정을 통해 형성된다고 주장**하였다.

27 사회복지조직의 운영과 관리 정답 ②

② **조직의 예산수립은 다음과 같은 순서로 진행**된다.
조직의 단기적·구체적 목표설정 → 조직 운영 관련 자료 수집 운영대안 고려 → 조직활동 우선순위 결정 → 우선순위에 따른 예산안(지출 및 수입 예산)의 잠정적 확정 → 재정원천과의 접촉 및 확인 → 예산안 수정 및 확정

28 사회복지조직의 운영과 관리 정답 ①

① '시장·군수·구청장'이 아니라 '시설의 장'이 맞다(「사회복지사업법」 제34조의2 제1항).

이것도 알면 합격

「사회복지사업법」 제34조의2

① **시설의 장은 시설에 대하여 정기 및 수시 안전점검을 실시하여야 한다.**
② 시설의 장은 제1항에 따라 정기 또는 수시 안전점검을 한 후 그 결과를 시장·군수·구청장에게 제출하여야 한다.
③ 시장·군수·구청장은 제2항에 따른 결과를 받은 후 필요한 경우에는 시설의 운영자에게 시설의 보완 또는 개수(改修)·보수를 요구할 수 있으며, 이 경우 시설의 운영자는 요구에 따라야 한다.
④ 국가나 지방자치단체는 예산의 범위에서 제1항부터 제3항까지의 규정에 따른 안전점검, 시설의 보완 및 개수·보수에 드는 비용의 전부 또는 일부를 보조할 수 있다.
⑤ 제1항부터 제4항까지의 규정에 따른 정기 또는 수시 안전점검을 받아야 하는 시설의 범위, 안전점검 시기, 안전점검기관 및 그 절차는 대통령령으로 정한다.

29 사회복지조직의 운영과 관리 정답 ④

오답 분석

① '과정지향적'이 아니라 '결과지향적'이 맞다. **성과목표**는 클라이언트에게 **예상되는 행동, 지식, 태도, 조건의 변화**를 나타내기 위해 **'줄인다, 향상한다, 증가한다, 촉진한다, 획득한다 등'과 같은 행위를 나타내는 동사를 사용하여 표현**해야 한다. 참고로 **과정지향적 성격을 갖는 것은 '산출목표'에 관한 설명**이다.

② '체계모델은'이 아니라 '목표달성모델은'이 맞다.

③ '목표달성모델을'이 아니라 '체계모델을'이 맞다.

⑤ '실행, 프로그래밍'이 아니라 '프로그래밍, 실행'이 맞다.

30 사회복지조직의 운영과 관리 정답 ③

③ '전문인력인 사회복지사를'이 아니라 '인간을(또는 클라이언트를)'이 맞다.

31 사회복지조직이론 정답 ⑤

⑤ **정치경제이론**은 조직과 환경 간의 상호작용을 중시하며, 그러한 **상호작용이 조직 내부 역학관계에 미치는 영향들에 초점**을 둔 이론이다.

32 사회복지조직의 운영과 관리 정답 ③

③ 표현된 욕구(expressed need)는 **인지적 욕구를 욕구실현을 해줄 수 있는 당사자에게 행동으로 표현하여 요구하는 욕구**로, 대기자명단 등에 나타난 사람들의 요구 행위 등을 근거로 해서 규정된다(예 의료·보건 분야에서 서비스를 신청한 사람의 수로 판명하는 경우).

33 사회복지조직의 운영과 관리 정답 ⑤

⑤ '카리스마적 권위에'가 아니라 '합법적·합리적 권위에'가 맞다. 관료제 이론은 **조직 내에서 집권화된 계층적 구조를 지닌 합법적·합리적 권위의 지배(또는 권한양식)가 제도화된 조직형태인 관료제**를 통해 조직의 생산성을 높이고자 한 이론이다.

오답 분석

① 관료제 이론에서는 금전적인 요인만이 조직성원을 동기화시킨다고 가정하여 **연공(年功)과 업적에 따라 급여와 소득을 차별화**한다.

②, ③, ④ 관료제 이론에서는 권위를 규정하는 **'성문화된 규칙'의 필요성, 관리자의 고도로 전문화된 기술적 지식, 명확하고 고도로 전문화된 분업, 공적인 지위에 기반을 둔 권위적인 위계구조를 강조**한다. 특히 위계구조 측면에서 최고관리자의 의사결정권을 강조한다.

34 사회복지조직의 운영과 관리 정답 ⑤

ㄱ, ㄴ, ㄷ, ㄹ. **「사회복지법인 및 사회복지시설 재무·회계 규칙」 제12조** 회계연도 개시전까지 법인 및 시설의 예산이 성립되지 아니한 때에는 법인의 대표이사 및 시설의 장은 시장·군수·구청장에게 그 사유를 보고하고 예산이 성립될 때까지 다음의 경비를 전년도 예산에 준하여 집행할 수 있다.
1. 임·직원의 보수(ㄱ)
2. 법인 및 시설운영에 직접 사용되는 필수적인 경비(ㄷ)
3. 법령상 지급의무가 있는 경비(ㄴ, ㄹ)

35 사회복지조직이론 정답 ②

② **인간관계이론**은 환경과의 관계를 고려하지 않는 **폐쇄체계적 관점**이다.

36 사회복지조직의 운영과 관리 정답 ④

④ '맥클랜드(McClelland)의 성취동기이론'은 '맥그리거(McGregor)의 X·Y 이론'과 관계가 없다.

오답 분석

③ **브룸(Vroom)의 기대이론**에서 조직성원은 특정 행동을 할 때에 자신의 노력정도에 따른 결과를 기대하며, 그 기대를 실현하기 위해서 어떤 행동의 수행여부를 결정한다고 본다. 즉 동기부여 정도는 **가치, 수단, 기대의 함수 관계에 따라 결정된다고 주장**한다.

⑤ **룬드 스테트(Lundstedt)의 Z이론**은 맥그리거의 X·Y이론에서 주장하는 인간관계의 **양분지향(지시적, 참여적)을 비판하여 등장한 이론**으로, 조직성원은 **통제와 강제의 대상이 아니라고 보아** 학자나 연구자와 같은 일부 특수한 직종에게 있어서 **조직 내의 방임상태**가 오히려 그들의 심리적 충족과 창의력을 발휘하게 하여 생산성 향상에 기여하게 한다고 주장한다.

37 사회복지조직의 운영과 관리 정답 ③

ㄴ. '다이렉트 마케팅(direct marketing)'이 아니라 '인터넷 마케팅(internet marketing)'이 맞다. 참고로 **다이렉트 마케팅**은 사회복지조직의 운영현황이나 프로그램 이용실적, 프로그램이나 서비스에 대한 이용 정보를 **우편물을 통해** 클라이언트, 서비스 이용자, 기부자나 잠재적인 후원자 등에게 발송하는 방법이다.

ㄹ. **'기업연계 마케팅(cause-related marketing)'이 아니라 '고객 관계 관리 마케팅(customer relationship management marketing)'이 맞다.**

38 사회복지조직의 운영과 관리 정답 ①

① **퀸(Quinn)은 혁신적 슈퍼바이저가 가져야 할 능력을 다음과 같이 제시하였다.**
- 유연한 변화를 창조하기 위한 의사소통 능력
- 비판적·창의적인 사고 능력
- 융통성과 외부지향성의 가치를 실현하는 능력
- 조직을 둘러싼 변화를 판단할 수 있는 능력
- 조직성원과 이해관계자들 간의 갈등을 예방할 수 있는 능력

39 사회복지조직의 운영과 관리 정답 ③

오답 분석

ㄴ. '유리하다.'가 아니라 '불리하다.'가 맞다. 간트 차트는 사업 간의 유기적 관계, 즉 **하나의 사업이 다른 사업과 어떻게 연결되는지를 파악할 수 없다.**

ㄷ. '간트 차트'가 아니라 '프로그램 평가검토기법'에 관한 설명이다.

40 사회복지조직의 운영과 관리 정답 ⑤

⑤ '직무기술서'가 아니라 '직무명세서'가 맞다. **직무기술서는 직무명칭, 직무개요, 직무내용, 직무수행에 필요한 각종 장비 및 도구, 요건, 직무수행방법, 핵심과업, 직무의 특성 등 직무분석을 통해 얻은 직무 자체에 대한 정보**를 직무의 특성에 중점을 두어 정리해서 기술한 문서이다.

41 사회복지조직의 운영과 관리 정답 ①

① '가용자원을 고려하는 것'이 아니라 '목표를 설정하는 것'이 맞다. 스키드모어(Skidmore)는 기획을 **목표 설정 → 가용자원 고려 → 대안 모색 → 대안의 결과 예측 → 최종대안 선택 → 구체적 프로그램 계획 수립 → 변화의 개방성 유지** 등 7단계로 제시하였다.

오답 분석

④ **구체적 프로그램 수립 단계**는 목표달성을 위한 선택된 방법(또는 프로그램)을 실시하기 위하여 **시간과 활동이 연관된 구체적인 계획을 수립하는 단계**로, 도표 작성 등의 업무가 포함된다.

42 사회복지조직의 운영과 관리 정답 ③

ㄷ. **변증법적 토의**는 반대가 있어서 개선이 가능하다는 진리에 기반하여 **사안에 대해 조직성원을 찬반으로 나누어 토론을 진행**하는 기법이다.

ㄹ. **상호작용집단기법**은 위원회나 회의와 같이 **다양한 사회적 배경을 지닌 사람들이 자유로운 분위기 속에서 공개적으로 여러 대안들에 대해 토론하고 논쟁하여 최선의 대안에 합의하는 방법**으로, 가장 보편적인 형태의 집단의사결정의 방법이며, 여러 집단의사결정기법들 가운데 가장 구조화되지 않은 기법이다.

오답 분석

ㄱ. '집단적 의사결정 기법'이 아니라 '개인적 의사결정 기법'이 맞다.

ㄴ. '발생시킬 수 있다.'가 아니라 '피할 수 있다.'가 맞다. **명목집단기법(nominal group technique)**은 의사결정 과정 동안 토론 등 집단성원 간에 일체의 의사소통을 제한시키고, 각자 성원들로 하여금 **자신들의 의견을 '서면'으로 작성한 후 제출**하게 하여 제시된 의견을 집단 내에서 투표로 **최종 결정하는 기법**으로 **감정이나 분위기상의 왜곡현상을 피하는 데 유리**하다.

43 사회복지조직의 운영과 관리 정답 ②

② **시간 기준 부문화**는 요양원이나 양로원과 같은 생활시설에서 **일일 근무 시간을 2교대 또는 3교대 등으로 나누어 교대로 근무시키는 방법**으로, 제대로 된 업무 인수인계가 어려울 수 있고, 야간근무를 해야 하는 것 등의 문제점들이 있어 **일반사회복지조직에서 광범위하게 활용되지는 않는다.**

오답 분석

① **기능 기준 부문화**는 업무단위 간 **조직성원 간 능력차를 반영하여 서비스 제공, 모금, 사례관리, 지역사회 조직, 프로그램기획 등의 기능을 기준으로 하여 부문화하는 방법**으로, 팀, 부서와 같은 업무단위 간 협조를 이끌어 내기 어려울 수 있고, 직원이 자신이 속한 업무단위에만 집중하므로 조직 전체의 목표를 등한시 할 수도 있다.

③ **지리적 영역 기준 부문화**는 **서비스 대상자(또는 클라이언트)의 거주지역에 따라 부문화하는 방법**으로, 부서가 배당 받은 거주지역에 따라 업무단위별 업무량의 격차가 크게 발생할 수 있다.

④ **서비스 기준 부문화**는 개별사회사업, 집단사회사업, 지역사회조직화사업 등과 같은 **전문화된 사회복지실천방법에 따라 부문화하는 방법**으로, 다양한 문제를 가진 클라이언트에게 서비스를 효과적으로 전달하는 데 불리할 수 있다.

⑤ **고객 기준 부문화**는 아동, 장애인, 노인 등 클라이언트의 종류와 가족문제, 비행문제, 고용문제 등 **문제유형에 따라 부분화하는 방법**으로, 복합적인 문제를 가진 클라이언트에게 서비스를 효과적으로 전달하는 데 불리할 수 있다.

44 사회복지조직의 운영과 관리 정답 ④

④ '일선조직'은 **스미스(G. Smith)가 업무의 통제성에 따라 분류한 조직의 유형** 중 하나이다.

오답 분석

①, ②, ③, ⑤ **클라이언트의 종류에 따른 분류(P. Blaw & W. Scott)**

분류	1차적인 클라이언트 (또는 주요 수혜자)	예
상호수혜조직	조직구성원	정당, 종교단체, 노동조합 등
사업조직	사업체의 소유자	상업적인 회사, 은행 등
서비스조직	클라이언트	사회복지조직
공공조직	일반 대중	행정기관, 군대조직 등

45 사회복지조직의 운영과 관리 정답 ③

③ 기획은 사업에 대한 **연속적인 의사결정**으로 **계속적인 과정(또는 동태적인 과정)**이다. 즉 **조건이나 환경의 변화에 따라 변동**되어야 한다.

46 사회복지조직이론 정답 ③

③ '높을수록'이 아니라 '낮을수록'이 맞다.

47 사회복지행정의 개관 정답 ①

ㄱ. **1914년에 사회사업교과과정에 최초로 사회복지행정이 등장**하며 사회복지사에 대한 **사회복지행정의 정규교육이 시작**되었다.

ㄴ. **1929년 개최된 밀포드 회의에서는 사회복지행정 교육의 필요성이 주장**되어 사회복지행정이 **개별사회사업, 집단사회사업, 지역사회조직, 사회사업조사와 더불어 기본적인 실천방법으로 인정**되었다.

ㄷ. 1929년 발발한 경제대공황으로 **1935년에 「사회보장법」이 제정**되었다. 경제대공황의 발발은 정부 주도의 공공부조 제도 창설과 이를 운영하기 위한 **공공사회복지행정에 대한 필요성을 확산**시켰고, 이로 인해 이와 관련된 인력과 조직의 수요가 크게 증가하였다.

오답 분석

ㄹ. '가속화되었다.'가 아니라 '침체되었다.'가 맞다. **1960년대 미국의 사회복지행정은 침체의 시기**였다. 1960년대 촉발된 흑인운동, 반전운동, 복지권 운동 등의 다양한 민주화 운동 등에 힘입어 시작된 **존슨 정부의 빈곤과의 전쟁이 실패**하였고, 이로 인해 사회복지조직 활동의 효율성과 효과성에 대한 비판이 제기되어 **사회복지행정의 발달 역시 위축**될 수밖에 없었다.

48 사회복지조직이론 정답 ②

ㄱ. 총체적 품질관리에서 **고객은 최초의 그리고 가장 중요한 품질 판정자**이다.

ㄷ. 총체적 품질관리에서는 **품질의 변이(variation) 가능성을 예방하고 방지**하는 것이 고품질을 확보하는 비결이다.

오답 분석

ㄴ. '전문직주의'가 아니라 '고객지향주의'가 맞다.

ㄹ. **총체적 품질관리**는 고객만족에 초점을 둔 조직문화이다. 따라서 작업시간을 단축하는 등의 생산성 향상적인 노력보다는 고객 중심적인 조직 문화 창달을 위한 노력으로 보는 것이 적절하다.

49 사회복지행정의 개관 정답 ②

② '사회복지전담공무원'이 아니라 '사회복지전문요원'이 맞다. **1987년 사회복지전문요원제도가 신설**되어 사회복지전문요원이 서울시 관악구에서 최초로 시범사업차 배치되었고, 이후 5개 직할시에 49명이 별정 7급으로 최초 배치되었다.

오답 분석

① **1970년, 「사회복지사업법」이 제정**되었다.

③ 1997년 「사회복지사업법」 개정으로 사회복지시설 설립이 기존 **'허가제'에서 '신고제'로의 전환**이 결정되었다.

④ 2003년 「사회복지사업법」 개정으로 **2005년 7월 31일부터 시·군·구청장, 시·도지사는 4년마다 지역사회복지계획 및 연차별 시행계획을 수립하도록 의무화**되었다.

⑤ **2013년, 사회보장정보시스템이 구축**되었다.

50 사회복지행정의 개관 정답 ⑤

ㄱ. **효과성(effectiveness)**이란 조직의 목표 달성과 관련된 가치이다. 즉 사회복지조직 관리자는 조직이 선정한 클라이언트의 욕구 충족 등, **조직이 기획한 목표를 달성을 지향**해야 한다.

ㄴ. **효율성(efficiency, 또는 능률성)**이란 자원의 유한성을 전제로 하여 이러한 자원을 어떻게 배분할 것인가에 대한 가치이다. 즉 사회복지조직 관리자는 **최소한의 자원 투입으로 최대한의 산출 달성을 지향**해야 한다.

ㄷ. **형평성(equity, 또는 공평성)**이란 사회복지조직 관리자는 **동일한 욕구를 지닌 클라이언트에게 동일한 수준의 서비스 제공**을 지향해야 한다는 가치이다. 이러한 형평성에는 서비스를 받을 기회와 내용뿐만 아니라 그 비용 등도 포함되어야 한다.

ㄹ. **접근성(accessibility, 또는 편의성)**이란 사회복지조직 관리자는 조직이 제공하는 서비스에 대해 **클라이언트가 쉽게 이용할 수 있는 제반 여건을 확보**해야 한다는 가치이다. 이러한 제반 여건에는 기관의 위치나 교통수단 등의 물리적인 부분뿐만 아니라 서비스 이용비용, 이용자의 심리적 부담감 등이 모두 포함된다.

8영역 사회복지법제론

51 공공부조 관련 법체계 정답 ②

② '가액하다.'가 아니라 '감액한다.'가 맞다(법 제8조 제1항).

오답 분석

① 법 제4조 제3항

③ 법 제3조 제1항

④ 법 제9조 제1항

⑤ 법 제21조 제1항

52 사회보험 관련 법체계 정답 ⑤

ㄱ. 법 제3조 제1항

ㄴ. 법 제3조 제2항

ㄷ. 법 제3조 제3항

ㄹ. 법 제3조 제4항

53 공공부조 관련 법체계 정답 ③

③ '9월 1일까지'가 아니라 '8월 1일까지'가 맞다(법 제6조 제2항).

오답 분석

① 법 제5조의2

② 법 제6조 제1항

④ 법 제7조 제3항

⑤ 법 제9조 제1항

54 사회복지 관련 일반법체계 정답 ④

④ 법 제19조 제1항 제1호

오답 분석

① '인가를'이 아니라 '허가를'이 맞다(법 제16조 제1항).

② '제외한'이 아니라 '포함한'이 맞다(법 제18조 제1항).

③ '3개월'이 아니라 '2개월'이 맞다(법 제20조).

⑤ '감사는'이 아니라 '이사는'이 맞다(법 제21조 제1항).

55 사회보험 관련 법체계 정답 ③

③ '3년마다'가 아니라 '상시적이고 체계적인'이 맞다(법 제11조의2 제1항).

오답 분석

① 법 제4조

② 법 제8조 제1항

④ 법 제12조

⑤ 법 제37조 제1항

56 사회복지 관련 일반법체계 정답 ⑤

⑤ '효율성을'이 아니라 '형평성을'이 맞다(법 제25조 제2항).

오답 분석

① 법 제7조 제3항

② 법 제28조 제2항

③ 법 제28조 제3항

④ 법 제28조 제1항

57 사회복지 관련 일반법체계 정답 ⑤

⑤ 법 제15조 제3항

오답 분석

① '1년마다'가 아니라 '분기마다'가 맞다(법 제12조의2 제1항).

② '지방자치단체장은'이 아니라 '보건복지부장관은'이 맞다(법 제12조의2 제2항).

③ '알릴 수 있다.'가 아니라 '알려야 한다.'가 맞다(법 제13조 제1항).

④ '매년'이 아니라 '3년마다'가 맞다(법 제19조의2 제1항).

58 공공부조 관련 법체계 정답 ⑤

ㄱ, ㄴ, ㄷ, ㄹ. **법 제15조 제1항**

자활급여는 수급자의 자활을 돕기 위하여 다음 각 호의 급여를 실시하는 것으로 한다.

1. 자활에 필요한 금품의 지급 또는 대여(ㄱ)
2. 자활에 필요한 근로능력의 향상 및 기능습득의 지원(ㄴ)
3. 취업알선 등 정보의 제공
4. 자활을 위한 근로기회의 제공
5. 자활에 필요한 시설 및 장비의 대여(ㄷ)
6. 창업교육, 기능훈련 및 기술·경영 지도 등 창업지원
7. 자활에 필요한 자산형성 지원(ㄹ)
8. 그 밖에 대통령령으로 정하는 자활을 위한 각종 지원

59 사회복지 관련 일반법체계 정답 ②

ㄱ, ㄷ. **법 제49조**

이 법에 따른 급여의 종류는 다음과 같다.

1. 노령연금(ㄱ)
2. 장애연금
3. 유족연금
4. 반환일시금(ㄷ)

오답 분석

ㄴ. '유족급여'는 산업재해보상보험법상 급여이다.

ㄹ. '장애인연금'이 아니라 '장애연금'이 맞다.

60 사회복지 관련 일반법체계 정답 ①

① '500명'이 아니라 '300명'이 맞다(법 제41조).

오답 분석

② 법 제41조의2 제1항 제1호

③ 법 제42조 제2항

④ 법 제43조 제1항

⑤ 법 제45조 제1항

61 사회서비스 관련 법체계 정답 ⑤

오답 분석

①, ②, ③, ④ **법 제17조 제2항**

정신건강전문요원은 그 전문분야에 따라 **정신건강임상심리사, 정신건강간호사, 정신건강사회복지사 및 정신건강작업치료사**로 구분한다.

62 사회복지법제의 개관 정답 ②

ㄷ. 헌법 제75조

오답 분석

ㄴ. 법률안 제출은 '국회의원' 이외에도 '정부'도 할 수 있다(헌법 제52조).

이것도 알면 합격

헌법 제52조
국회의원과 정부는 법률안을 제출할 수 있다.

ㄹ. **대통령은 법률안의 일부에 대하여 또는 법률안을 수정하여 재의를 요구할 수 없다**(헌법 제53조 제3항).

63 사회복지 관련 일반법체계 정답 ④

오답 분석

①, ②, ③, ⑤ **지원대상자와 그 친족, 「민법」에 따른 후견인, 「청소년 기본법」에 따른 청소년상담사·청소년지도사, 지원대상자를 사실상 보호하고 있는 자(관련 기관 및 단체의 장을 포함한다) 등(사회보장급여 신청권자)**은 지원대상자의 주소지 관할 보장기관에 사회보장급여를 신청할 수 있다. 다만, 지원대상자의 주소지와 실제 거주지가 다른 경우에는 실제 거주지 관할 보장기관에도 신청할 수 있고, 중앙행정기관의 장이 지원대상자의 이용 편의, 사회보장급여의 제공 유형 등을 고려하여 필요하다고 결정한 사회보장급여의 경우에는 지원대상자의 주소지 관할이 아닌 보장기관에도 신청할 수 있다.

64 사회서비스 관련 법체계 정답 ②

② 법 제4조 제5호

오답 분석

① '25세 이하의'가 아니라 '24세 이하의'가 맞다(법 제4조 제1의2).

③ '5월 11일을'이 아니라 '5월 10일을'이 맞다(법 제5조의4 제1항).

④ '보건복지부장관은'이 아니라 '여성가족부장관은'이 맞다(법 제5조의5 제1항).

⑤ '보건복지부장관과'가 아니라 '여성가족부장관과'가 맞다(법 제14조의2 제2항).

65 사회서비스 관련 법체계 정답 ⑤

⑤ 법 제39조의4 제1항

오답 분석

① '직계존속'이 아니라 '직계비속'이 맞다(법 제1조의2 제1호).

② '5년마다'가 아니라 '3년마다'가 맞다(법 제5조 제1항).

③ '11월 19일'이 아니라 '6월 15일'이 맞다(법 제6조 제4항).

④ '하여야 한다.'가 아니라 '할 수 있다.'가 맞다(법 제26조 제1항).

66 사회복지 관련 일반법체계 정답 ⑤

⑤ 「사회보장급여의 이용·제공 및 수급권자 발굴에 관한 법률」 제10조의 내용이다.

이것도 알면 합격

「사회보장급여의 이용·제공 및 수급권자 발굴에 관한 법률」 제10조
보장기관의 장은 지원대상자를 발굴하기 위하여 다음 각 호의 사항에 대한 자료 또는 정보의 제공과 홍보에 노력하여야 한다.
1. **사회보장급여의 내용 및 제공규모**
2. 수급자가 되기 위한 요건과 절차
3. 그 밖에 사회보장급여 수급을 위하여 필요한 정보

오답 분석

①, ②, ③, ④ 법 제30조 제1항

이것도 알면 합격

법 제30조 제1항
국가와 지방자치단체는 국민의 사회보장수급권의 보장 및 재정의 효율적 운용을 위하여 다음 각 호에 관한 사회보장급여의 관리체계를 구축·운영하여야 한다.
1. 사회보장수급권자 권리구제
2. 사회보장급여의 사각지대 발굴
3. 사회보장급여의 부정·오류 관리
4. 사회보장급여의 과오지급액의 환수 등 관리

67 공공부조 관련 법체계 정답 ②

② 법 제11조의2

68 사회복지 관련 일반법체계 정답 ⑤

⑤ 법 제35조 제2항 제3호

오답 분석

① 국가나 지방자치단체는 신고 절차 없이 시설을 설치·운영할 수 있다(법 제34조 제1항).

② **법 제34조의3 제1항**
시설의 운영자는 다음 각 호의 손해배상책임을 이행하기 위하여 손해보험회사의 책임보험에 가입하거나 「사회복지사 등의 처우 및 지위 향상을 위한 법률」 제4조에 따른 한국사회복지공제회의 책임공제에 가입하여야 한다.

③ '시장·군수·구청장은'이 아니라 '시설의 장은'이 맞다(법 제34조의4 제1항).

④ '채용하기 전에'가 아니라 '채용한 후에'가 맞다(법 제35조의3 제2항).

69 사회복지법제의 개관 정답 ③

ㄱ. 1970년

ㄴ. 1962년

ㄷ. 1963년

ㄹ. 1981년

70 사회보험 관련 법체계 정답 ④

④ '업무상의 사고'가 아니라 '업무상 재해'가 맞다(법 제5조 제1호).

오답 분석

① 법 제2조 제1항

② 법 제2조 제2항

③ 법 제3조 제1항

⑤ 법 제3조 제2항

71 사회복지법제의 개관 정답 ⑤

ㄱ. 헌법 제10조

ㄴ. 헌법 제31조 제1항

ㄷ. 헌법 제32조 제1항

이것도 알면 합격

헌법 제32조 제1항
모든 국민은 근로의 권리를 가진다. 국가는 사회적·경제적 방법으로 근로자의 고용의 증진과 적정임금의 보장에 노력하여야 하며, 법률이 정하는 바에 의하여 최저임금제를 시행하여야 한다.

ㄹ. 헌법 제34조 제1항

72 사회복지 관련 일반법체계 정답 ④

④ 「사회보장급여의 이용·제공 및 수급권자 발굴에 관한 법률」 제15조 제1항에 있는 내용이다.

이것도 알면 합격

「사회보장급여의 이용·제공 및 수급권자 발굴에 관한 법률」 제15조 제1항

보장기관의 장은 제9조제1항에 따라 사회보장급여의 제공을 결정한 때에는 필요한 경우 다음 각 호의 사항이 포함된 수급권자별 사회보장급여 제공계획을 수립하여야 한다. 이 경우 수급권자 또는 그 친족이나 그 밖의 관계인의 의견을 고려하여야 한다.

1. 사회보장급여의 유형·방법·수량 및 제공기간
2. 사회보장급여를 제공할 기관 및 단체
3. 동일한 수급권자에 대하여 사회보장급여를 제공할 보장기관 또는 관계기관·법인·단체·시설이 둘 이상인 경우 상호간 연계방법
4. 사회보장 관련 민간 법인·단체·시설이 제공하는 복지혜택과 연계가 필요한 경우 그 연계방법

오답 분석

①, ②, ③, ⑤ 법 제16조 제2항

이것도 알면 합격

법 제16조 제2항

사회보장기본계획에는 다음 각 호의 사항이 포함되어야 한다.

1. 국내외 사회보장환경의 변화와 전망
2. 사회보장의 기본목표 및 중장기 추진방향
3. 주요 추진과제 및 추진방법
4. 필요한 재원의 규모와 조달방안
5. 사회보장 관련 기금 운용방안
6. 사회보장 전달체계
7. 그 밖에 사회보장정책의 추진에 필요한 사항

73 공공부조 관련 법체계 정답 ⑤

ㄱ, ㄴ, ㄷ, ㄹ. 법 제3조 제2항

이것도 알면 합격

법 제3조 제2항

「재해구호법」, 「국민기초생활 보장법」, 「의료급여법」, 「사회복지사업법」, 「가정폭력방지 및 피해자보호 등에 관한 법률」, 「성폭력방지 및 피해자보호 등에 관한 법률」 등 다른 법률에 따라 이 법에 따른 지원 내용과 동일한 내용의 구호·보호 또는 지원을 받고 있는 경우에는 이 법에 따른 지원을 하지 아니한다.

74 사회서비스 관련 법체계 정답 ③

③ '지정을 받아야 한다.'가 아니라 '신고하여야 한다.'가 맞다(법 제5조 제2항).

오답 분석

① 법 제4조의2 제1항

② 법 제4조의5

④ 법 제4조의6

⑤ 법 제7조의2 제1항 제1호

이것도 알면 합격

법 제7조의2 제1항

가정폭력 피해자 보호시설의 종류는 다음 각 호와 같다.

1. 단기보호시설: 피해자등을 6개월의 범위에서 보호하는 시설
2. 장기보호시설: 피해자등에 대하여 2년의 범위에서 자립을 위한 주거편의(住居便宜) 등을 제공하는 시설
3. 외국인보호시설: 외국인 피해자등을 2년의 범위에서 보호하는 시설
4. 장애인보호시설: 「장애인복지법」의 적용을 받는 장애인인 피해자등을 2년의 범위에서 보호하는 시설

75 사회보험 관련 법체계 정답 ①

① '포함한'이 아니라 '제외한'이 맞다(법 제3조 제1호).

오답 분석

② 법 제2조

③ 법 제4조 제1항

④ 법 제6조 제1항

⑤ 법 제13조

제3회 FINAL 모의고사

: 정답 및 해설

1교시 | 사회복지기초
2교시 | 사회복지실천
3교시 | 사회복지정책과 제도

자동채점 + 합격예측 서비스
◀ QR 코드를 스캔하시면, 더욱 상세한 성적 분석 서비스 이용이 가능합니다.

1교시 사회복지기초

1영역 I 인간행동과 사회환경

01	④	02	③	03	②	04	②	05	④
06	②	07	①	08	④	09	③	10	①
11	③	12	④	13	⑤	14	②	15	③
16	⑤	17	②	18	②	19	⑤	20	③
21	⑤	22	④	23	①	24	①	25	⑤

2영역 I 사회복지조사론

26	⑤	27	⑤	28	④	29	②	30	②
31	④	32	①	33	⑤	34	②	35	②
36	③	37	②	38	①	39	③	40	②
41	④	42	④	43	②	44	⑤	45	④
46	⑤	47	③	48	⑤	49	①	50	③

나의 점수 분석표

영역명	맞힌 개수 / 문제 수
인간행동과 사회환경	/ 25
사회복지조사론	/ 25
합계	/ 50

* 과락 기준: 50문제 중 맞힌 문제 수가 20개 미만

취약점 키워드 box

* 틀린 문제 중, 본인이 부족했던 개념 또는 키워드를 정리해 보세요!

1영역 인간행동과 사회환경

01 전 생애발달의 통합적 이해 정답 ④

④ 인간은 부분화 또는 분절화 될 수 없는 **전체적인 존재**이다. 이는 사회복지사에게 인간발달이 **인간행동의 전체적인 맥락, 즉 신체적·심리적·사회적 맥락 안에서 분석 및 이해**되어져야 한다는 것을 의미한다.

오답 분석

① 발달이 '인간의 전 성애에 걸쳐 진행'되는 것은 맞지만, 발달과정 중에는 **영아기나 청소년기처럼 다른 단계들에 비해 우세하게 발달이 잘 이루어지는 시기가 존재**한다. 그러므로 **일정한 속도로 이루어지는 것은 아니다.**

② 발달은 유전과 환경의 상호작용에 의해 이루어진다. 따라서 인간발달에 있어서 **유전적 요인과 문화적·환경적 요인 모두가 중요**하다.

③ '하부에서 상부로, 말초부위에서 중심부위'가 아니라 '상부에서 하부로, 중심부위에서 말초부위'가 맞다.

⑤ '질적 변화보다는 양적 변화를'이 아니라 '질적 변화와 양적 변화 모두를'이 맞다.

02 전 생애발달의 통합적 이해 정답 ③

ㄴ. '성장'이 아니라 '학습'이 맞다. **학습**이란 **직·간접적인 경험이나 훈련** 등과 같은 **외적 요인에 의하여 발생하는 변화 과정**으로, 주로 개인의 내적변화, 즉 심리적·인지적 변화를 발생시킨다. 반면 **성장**은 주로 신체 크기의 확대, 근력의 증강, 인지의 확장과 같은 **양적인 확대(또는 증가)를 의미**한다.

ㄹ. '학습'이 아니라 '성숙'이 맞다. 성숙은 경험이나 훈련과 같은 환경 요인의 영향은 받지 않으며, 체계적으로 일어난다(예 청소년기의 2차 성징, 중년기 이후 여성의 폐경 등).

03 인간행동에 관한 주요 이론 정답 ②

② **잠복기(latent stage, 6~12세)**는 아동의 리비도가 **무의식 속으로 잠복**하는 시기로, 이때 **원초아(id)는 약해지고 남근기에 형성된 초자아(superego)는 오히려 강해지는 경향**을 보인다.

오답 분석

① '제시하지 않았다.'가 아니라 '제시하였다.'가 맞다. 프로이트는 **인간성격의 구조를 지형학적 모형(의식, 전의식, 무의식)과 구조적 모형(원초아, 자아, 초자아)**로, 또한 **인간성격의 발달단계를 리비도(libido)가 집중된 신체 부위에 따라 구강기, 항문기, 남근기, 잠복기, 생식기의 5단계로 제시**하였다. 참고로 **정신역동이론 중 인간성격의 구조나 발달단계 개념을 제시하지 않은 정신역동이론은 아들러(A. Adler)의 개인심리이론**이다.

③ '자아의 욕구를 초자아가'가 아니라 '원초아의 욕구를 자아가'가 맞다.

이것도 알면 합격

불안(anxiety)

- **인간 행동의 동기를 유발하게 하는 긴장 상태**로, 원초아와 자아 그리고 초자아 간의 갈등으로 유발되며, 적절한 대책이 이루어지지 않으면 자아가 붕괴될 수 있다는 **일종의 무의식적 경고**이다. 불안을 통해 **인간은 공포상태로서 위급한 상황에 적합한 방법으로 반응**하게 된다.

• 종류

현실적 (또는 객관적) 불안	• 자아(ego)가 **현실적으로 지각한 외부세계로부터 오는 위협이나 공포의 대상으로 인해 발생하는 불안**이다. • 불안의 정도는 외부세계가 주는 실재 위협이나 공포의 정도에 비례하고, 그것들이 사라지면 불안도 함께 사라진다. 예 길을 지나가다가 뱀이 지나가는 것을 보고 놀라는 경우
신경증적 불안	**원초아(id)와 자아(ego) 간의 갈등으로 인해 발생하는 불안**이다. 즉 원초아의 본능이 의식화되어 그 욕구를 충족시키려고 하는 경우이며 이 때문에 받을 처벌이 두려워서 생기는 불안이다. 예 시험 준비를 위해 공부하는 것이 정말 싫은데(원초아), 공부를 하지 않으면 시험을 망칠까봐 걱정(자아)하는 경우
도덕적 불안	**원초아(id)와 초자아(superego) 간의 갈등에서 느끼는 양심에 대한 두려움으로 발생하는 불안**이다. 예 떨어진 타인의 지갑을 보고 주워 본인이 가지고 싶지만(원초아), 이는 법을 위반한 행위가 되는 것이라고 고민(초자아)하는 경우

④ '항문기'가 아니라 '구강기'에 대한 설명이다. 구강기 후기의 영아는 이유(離乳)로 인한 욕구불만으로 인해 어머니에게 **최초의 양가감정(ambivalence)을 경험**하게 된다. 즉 애정과 우호적 태도를 갖는 동시에 적대적이며, 파괴적이 된다.

⑤ '생식기'가 아니라 '남근기'에 대한 설명이다.

04 인간행동에 관한 주요 이론 정답 ②

② '획득형'이 아니라 '사회적 유용형'이 맞다.

오답 분석

③ **사회적 관심**은 각 개인이 **이상적 공동사회의 목표를 달성하고자 사회에 공헌하려는 성향**이다. 즉 개인이 타인의 행복에 기여하기 위해 자신의 개인적 우월의 목표를 포기하는 것을 말한다. 이것은 **선천적으로 타고나는 것**이지만, 저절로 발생하는 것은 아니고 **의식적 개발을 필요**로 하며, 그 **형성**은 **아동기의 가족관계, 특히 모자관계에서 출발**한다. 다음으로 부자관계에 크게 영향을 받는다.

④ 아들러는 모든 **인간이 협동하고 상호작용하는 사회적 관계를 맺을 수 있는 선천적 능력**을 타고났다고 보아 **'사회적 존재'로 이해**하였다.

⑤ 아들러에게 있어서 생활양식은 **성격의 개념**으로, 개인이 생의 목표에 도달하기 위하여 **스스로 설계한 독특한 인생 좌표**이며 **사회적 관심과 활동수준**에 따라 **지배형, 획득형, 회피형, 사회적 유용형** 등 4가지 유형으로 구분된다.

05 인간행동에 관한 주요 이론 정답 ④

④ **고정비율강화계획**이란 **시간과는 관계없이 유기체의 반응에 따른 강화계획**이다. 즉 **유기체의 특정한 반응(영업사원이 판매 목표를 10%씩 초과 달성할 때마다)에 따라 강화물(성과급)이 주어지는 것**이다.

06 인간행동에 관한 주요 이론 정답 ②

② '의식, 전의식, 무의식'이 아니라 '의식, 무의식'이 맞다. 융에게 있어서 **정신은 의식과 무의식으로 구성**되어 있으며, **무의식은 다시 개인무의식, 집단무의식으로 구성**되어 있다.

07 인간행동에 관한 주요 이론 정답 ①

오답 분석

ㄹ. **대리학습**은 **타인이 수행한 행동의 결과에 강화나 처벌(또는 대리강화)이 수반되는 것**(예 친구가 학교규칙을 위반해 벌을 서는 것을 본 경우)**을 관찰한 후에** 이를 자신에게 주어진 환경에 적용하여 **그 결과를 예측하여 행동**(예 학교 규칙을 준수하게 되는 것)**하는 학습방법**으로 **반두라(A. Bandura)의 사회학습이론**의 주요 개념이다.

08 인간행동에 관한 주요 이론 정답 ④

④ '전조작기의 발달 특성'이 아니라 **'구체적 조작기의 발달 특성'**에 관한 설명이다. **유목화란 구체적 조작기의 대표적인 발달 특성**으로, **대상을 일정한 속성에 따라 다양한 범주로 분류하는 능력**을 말하며, 이때 분류의 기준이 되는 속성에는 형태, 색상, 무늬, 크기 등이 있다. 이러한 유목화에는 **단순유목화, 다중유목화, 유목포함조작개념이 포함**된다.

이것도 알면 합격

유목화

단순유목화	사물을 **한 가지 속성에 따라 분류할 수 있는 능력**을 말한다.
다중유목화	사물을 **두 가지 이상의 속성에 따라 분류할 수 있는 능력**을 말한다.
유목포함 (class inclusion)	**상위유목(전체)은 하위유목(부분)보다 그 수가 항상 많다는 것을 이해할 수 있는 능력**을 말한다.

오답 분석

① 피아제는 적응과정인 **동화와 조절, 그리고 이를 통한 평형상태**로 인지발달이 이루진다고 가정하였다. 또한 인지발달의 3가지 촉진요인으로 **성숙, 물리적 경험, 사회적 상호작용**을 주장하였으며 이러한 3가지 요인 중에 어느 하나라도 결핍될 경우 아동의 지적발달이 지연된다고 보았다.

이것도 알면 합격

인지발달의 3가지 촉진 요인

성숙	각 인지발달단계에서 유전적으로 아동에게 주어진 **인지발달의 가능성과 불가능성의 정도**를 말한다.
물리적 경험	감각적인 경험과 신체적인 활동이 사고나 정신적 조작을 통해 얻어지는 내재화되는 것을 말한다. 예 아동이 숟가락을 만져보면서 숟가락의 모양, 강도, 촉감 등에 관한 자신만의 지식을 내재화시킨다.
사회적 상호작용	아동의 **사회적 지식 습득과 관련된 것**으로, 아동은 아이디어의 교환, 즉 사회적 상호작용을 통해 지식과 경험을 습득하게 된다. 예 아동은 물리적 경험을 통해 내재화된 숟가락에 대한 자신만의 지식에 더해 부모의 식사 교육(사회적 상호작용)을 통해 '숟가락으로는 밥을 뜬다.'라는 사회적 지식을 습득하게 된다.

② 피아제 이론은 **성별에 따른 차이 이외에도 인지발달의 외적 요인으로 교육·문화·사회·경제·인종 등의 영향을 크게 고려하지 않았다는 한계**를 갖는다.

③ 피아제는 **인지발달을 적응과정**으로 보았으며, 적응 과정에는 **동화와 조절**이 있고, 이를 통해 개인은 **평형상태를 지향**한다.

이것도 알면 합격

동화, 조절, 평형상태

동화 (assimilation)	상황이나 환경의 변화를 개인이 지닌 **기존의 도식을 이용해 인지하는 과정**으로, 인지를 **양적으로 변화**시킨다. 예 하늘을 나는 물체는 '새' 밖에 본 적이 없는 아동이 하늘을 나는 비행기를 처음으로 보고 "저건 새야"라고 말하는 경우
조절 (accommoda-tion)	기존의 도식으로는 상황이나 환경의 변화를 인지할 수 없을 경우 **기존 도식을 수정하여 인지하는 과정**으로, 인지를 **질적으로 변화**시킨다. 예 하늘을 나는 물체는 '새' 밖에 본 적이 없는 아동이 하늘을 나는 비행기를 처음으로 보고 "저건 새야"라고 말할 때, 옆에 있는 엄마가 "저건 새가 아니라 비행기란다."라고 알려주면 아동이 이를 듣고 새와 비행기를 구분하게 되는 경우
평형상태 (equilibrium, 또는 평형화)	동화와 조절 과정을 통해 **인지적 균형을 이룬 상태**를 말한다.

⑤ 인지발달에는 정해진 순서와 단계(감각운동기, 전조작기, 구체적 조작기, 형식적 조작기)가 있으며, 개인적 유전이나 문화 등에 관계없이 이러한 **발달단계의 순서와 발달단계별 주요 특징이 나타나는 것에서는 개인차(또는 변화)가 없다.** 단 **발달단계별 성취연령에서는 개인차가 존재할 수 있다.**

09 사회환경에 관한 주요 이론 정답 ③

③ 환경 속의 인간관에서는 **인간과 환경은 지속적으로 상호작용하는 호혜적 관계를 유지**한다고 가정한다.

10 인간행동에 관한 주요 이론 정답 ①

심리사회적 위기와 심리성적발달단계와의 비교

단계	심리사회적 위기	심리성적발달단계와 비교
유아기	기본적 신뢰감 vs 불신감	구강기
초기아동기	자율성 vs 수치심과 의심	항문기
유희기	주도성(또는 솔선성) vs 죄의식	남근기
학령기	근면성 vs 열등감	잠복기
청소년기	자아정체감 vs 역할혼란(또는 혼미)	생식기
성인초기	친밀감 vs 고립감	
성인기	생산성 vs 침체	
노년기	자아통합 vs 절망	

11 전 생애발달의 통합적 이해 정답 ③

③ 묘성증후군은 상염색체 이상으로 발생하는 장애이다. **묘성증후군(Cri du Chat Syndrome)은 영아의 울음소리가 고양이 울음소리 같다고 해서 고양이 울음 증후군이라고도 한다.** 5번 상염색체의 일부가 결실되어 발생하며, 삼키고 빠는 능력이 저하되어 섭식에 문제가 생기고, 저체중아로 출생하거나, 발육이 부진하고, 인지·언어·운동능력의 심각한 지체가 발생한다.

오답 분석

② 임산부의 나이가 **16세 이하이거나 35세 이상일 경우** 유산·조산·사산·기형아 등의 발생 위험이 크게 증가하며, 특히 45세 이상 임산부의 경우 다운증후군 출산 가능성이 25명 중 1명으로 급증하게 된다. 또한 고령임산부의 경우 난산(難産), 임신성 고혈압이나 임신중독증, 태반조기박리 등의 위험이 발생하기 쉽다. 따라서 **임산부의 나이는 임산부뿐만 아니라 태아 모두에게 영향을 미칠 수 있는 요인**이다.

④ 혈우병은 X염색체의 열성유전자에 기인한다.

⑤ **클라인펠터증후군**(Klinefelter syndrome)은 **성염색체 이상으로 발생**한다. 즉 **X성염색체를 더 많이 가진**(예 XXY, XXXY, XXXXY) **'남성'에게 발생**한다. 외형상은 남자이지만 청소년기에 여성의 2차 성징이 나타나 가슴이 커지고, 남성의 정소발달이 불완전하여 정자 생산을 못해 생식이 불가능하다.

12 인간행동에 관한 주요 이론 정답 ④

④ '자율성 대 수치심'이 아니라 **'기본적 신뢰감 대 불신감'이 맞다. 영아기는 에릭슨(E. Erikson)의 유아기에 해당하며 기본적 신뢰감 대 불신감의 심리사회적 위기를 경험**한다.

오답 분석

① **'낯가림'이란 '분리불안'과 함께 '애착의 대표적인 반응(애착반응)'**으로, 낯선 사람에 대한 **영아의 불안 반응**을 말하며, 일반적으로 생후 6~8개월경에 나타나기 시작하여 첫돌 전후에 최고조에 달하였다가 서서히 감소한다.

② 영아에게 있어서 언어는 **지적활동의 주요 매개체, 타인과의 관계 형성의 기본 도구, 자신의 생각을 표현하는 도구, 주변 환경을 이해하는 도구로 사용**되며, **인지 발달 및 사회정서발달과 밀접한 관련**이 있다.

13 전 생애발달의 통합적 이해 정답 ⑤

ㄱ. 유아기는 **콜버그(L. Kohlberg)의 전인습적 단계(pre-conventional stage)에 해당**하는 시기로, **처벌회피를 목적으로 한 제1단계의 타율적 도덕성**과 **보상을 목적으로 한 제2단계의 개인적·도구적 도덕성**이 나타난다.

ㄴ. 유아기는 **에릭슨(E. Erikson)의 초기아동기(주도성 대 죄의식)의 시기**로, 이때 유아의 주요 관계범위로는 부모와 형제를 포함한 가족으로, 이들이 유아에게 가장 큰 영향을 미친다.

ㄷ. 유아기인 **6~7세경에 성개념을 획득하여 '성역할 고정관념'이 확립**되고, 이에 따라 **'성유형 행동'이 발달**되며, **부모의 기대와 문화적 기준에 맞는 '성역할 기준을 내면화'**하게 된다.

ㄹ. **전환적 추론**이란 유아가 한 **특정 사건과 전혀 관계없는 사건을 상호 연관 짓는 사고**를 말하며, 유아기의 대표적인 사고 유형이다(예 유아가 동생이 지금 아픈 이유를 자신이 동생을 미워해서라며 슬퍼하는 경우).

14 전 생애발달의 통합적 이해 정답 ②

② 아동기에는 주로 동성 또래집단과의 팀놀이나 팀스포츠와 같은 **단체놀이를 통해 협동, 경쟁, 협상, 노동배분(또는 역할분담) 등의 사회성이 발달**된다.

오답 분석

① '아동기'가 아니라 '청소년기'에 관한 설명이다. 청소년기는 **불안·우울·질투 등의 부정적인 감정의 기복이 심하게 발생**하며, 자아의식이 서서히 발달하면서 혼자 있고 싶어 하고 또한 고독에 빠지기 쉽다.

③ '아동기'가 아니라 '유아기'에 관한 설명이다. 유아는 **6~7세경에 성개념을 획득**하여 **'성역할 고정관념'이 확립**되고, 이에 따라 **'성유형 행동'이 발달**되고, **부모의 기대와 문화적 기준에 맞는 성역할 기준을 내면화**하게 된다.

④ '아동기'가 아니라 '청년기'에 관한 설명이다. 청년기는 발달과업에 있어서 **사회적 발달(또는 사회문화적인 요소)이 더 중요한 시기**로, 사회적 관계가 확대되어 **가족으로부터 독립을 준비**하고자 한다.

⑤ 아동기에는 학년이 올라갈수록 급우들과의 상호작용이 확대되어 급우들 간의 관계는 강화되며, 성인의 승인보다는 또래집단의 승인을 받고 싶어 한다.

15 전 생애발달의 통합적 이해 정답 ③

③ '발달의 순서 역시 개인마다 다르다.'가 아니라 '발달의 순서는 일정하다.'가 맞다. **청소년기의 성적 성숙(또는 제2차 성징)**이란 각 **성별 호르몬[남성의 경우에는 안드로겐(androgen), 여성의 경우에는 에스트로겐(estrogen)과 프로게스테론(progesterone)]**이 다량으로 분비되면서 여성 또는 남성의 특징이 나타나는 현상으로, **개인차는 있지만 그 발달의 순서는 일정한 편**이다.

이것도 알면 합격

청소년기 성적 성숙의 발달 순서
- **남성**: 고환·음낭·음경의 확대 → 음모 → 겨드랑이 체모 → 수염
- **여성**: 유방(또는 가슴) 발육 → 음모 → 겨드랑이 체모 → 초경

오답 분석

⑤ **청소년기**의 **자기중심성**이란 **자신에 대한 지나친 몰두**로 인해 자신과 타인의 관심을 구분하지 못하는 인지 상태를 말하며, 이는 **'상상적 청중'과 '개인적 우화'로 표현**된다. 참고로 **상상적 청중**이란 청소년이 상상적 관중을 머릿속에 만들어 내서 다른 사람들은 관중이고 자신은 주인공이 되어 무대 위에 서 있는 것처럼 행동하는 특성을 말한다. 또한 **개인적 우화**란 청소년이 자신의 감정과 사고는 너무나 독특한 것이어서 다른 사람들이 이해할 수 없을 것이라고 생각하는 것을 말하며, 자신을 주인공으로 생각하고 자신에게만 통용된다는 의미에서 개인적이고, 현실성이 결여되어 있다는 의미에서 우화(fable)라고 한다.

16 전 생애발달의 통합적 이해 정답 ⑤

마샤(J. Marcia)는 청소년기의 자아정체감을 청소년이 경험하는 위기와 이러한 위기에 몰입하는 정도인 전념을 기준으로 하여 4개의 영역으로 구분하였다.

마샤(J. Marcia)의 자아정체감 이론

구분		위기: 있음	위기: 없음
전념	있음	성취 (전념을 통해 위기를 해결했다.)	유실 (자신만의 위기는 없다. 다만 부모 등이 제시한 정체감에 그대로 전념한다.)
전념	없음	유예 (위기를 해결하지 못하고, 현재 진행 중이다.)	혼란 (위기와 전념 모두가 없다.)

17 전 생애발달의 통합적 이해 정답 ②

② '자아성취감'이 아니라 '친밀감'이 맞다. 청년기는 **사랑하고 보살피는 능력이 심화되는 시기**이다. 즉 **자아정체감 확립과 친밀감 형성**으로 영속적 관계를 유지할 수 있는 **배우자를 선택하고 결혼**하여 가족을 형성한다.

오답 분석

③ 청년기는 **사랑하고 보살피는 능력이 심화되는 시기**로, **자아정체감 확립과 친밀감 형성**으로 영속적 관계를 유지할 수 있는 배우자를 선택하고 결혼하여 가족을 형성하며, 이를 통한 부모됨을 고려하는 시기이다.

이것도 알면 합격

④ 하비거스트(Havighurst)의 청년기의 발달과업
- 배우자를 선택하기
- 배우자와 동거 생활하는 방법을 배우기
- **육아에 대한 기본적인 지식을 배우기(④)**
- 가정관리에 관한 기본적인 지식을 배우기
- 직업을 준비하고 선택한 후에 직장생활을 시작하기
- 마음에 맞는 사람들과 사교적(또는 사회적) 집단을 구성하기
- 시민의 사회적 책임을 완수하기

18 인간행동에 관한 주요 이론 정답 ②

ㄴ. 로저스의 이론은 **사회복지사에게 기본적인 관계형성의 원칙을 제시**하였다. 즉 상담가인 사회복지사에게 **일치성과 진실성(또는 솔직성), 온화함, 무조건적 긍정적 관심(또는 존중), 수용, 공감적 이해, 감정이입, 적극적인 경청 등** 전문적 관계의 기본 원칙에 관한 지식을 제공하였다.

ㄹ. 로저스(C. Rogers)나 매슬로우(A. Maslow)와 같은 인본주의 학자들은 인간의 본성은 본질적으로 **선하고 존경받을 만하다고** 보아, **정신역동이론이나 행동주의이론가들과는 달리 인간에 대해 희망적·긍정적·낙관적인 관점**을 갖는다.

오답 분석

ㄱ. '보편적·객관적 경험'이 아니라 '주관적 경험'이 맞다. 로저스는 인간을 **주관적 존재로 규정**하여 인간에게는 객관적 현실은 존재하지 않으며, 다만 그것을 **주관적으로 인식한 현실 세계만이 존재**한다고 보았다.

ㄷ. '지시적 상담'이 아니라 '비지시적 상담'이 맞다.

19 사회환경에 관한 주요 이론 정답 ⑤

ㄹ. **생태학이론**에서는 인간과 환경 간의 균형을 강조하여 사회복지사로 하여금 클라이언트의 현재 행동을 **'상황 속 개인'의 '적합성'과 '적응과정'으로 이해**하는 데에 관심을 둔다.

20 전 생애발달의 통합적 이해 정답 ③

③ **레빈슨(D. Levinson)에게 있어서 성인중기(40~60세, 또는 중년기)**는 지혜와 판단력이 절정에 달하며 일에 몰두하는 시기로, **성인초기 생애구조의 평가를 통해 젊은 시절 계획한 꿈과 현실 사이의 괴리를 발견**하고 그동안 추구해 오던 목표를 재평가해야 한다. 또한 **성인중기, 즉 중년기에 대한 가능성을 탐구**하고, 노화의 증상과 신체능력의 감소를 경험하며 더 나아가 다가올 죽음을 생각하는 등 **새로운 생애 구조 설계를 위한 선택**을 해야 한다.

오답 분석

① '남성만이'가 아니라 '남성과 여성 모두가'가 맞다. 중년기의 특징인 '갱년기'에 관한 설명이다. **갱년기**는 중년기에 **호르몬의 변화**로 성적 능력의 저하가 일어나는 현상으로, **남성과 여성 모두에게 우울증, 무기력감 등의 증상이 나타난다.**

② 혼과 카텔(Horn & Cattell)은 형성 방법에 따라 지능을 **결정성 지능과 유동성 지능으로 분류**하였다. **결정성 지능**이란 학습과 경험을 통해 형성되는 어휘력, 언어능력, 추리력, 판단력 등의 지능으로, 중년기를 포함한 인생 전반에 걸쳐 발달된다. 반면 **유동성 지능**이란 타고난 지능으로 귀납적 추리력, 형태지각의 융통성, 통합능력 등의 지능으로, 10대 후반에 절정에 도달하고 **중년기에는 중추신경의 노화로 감퇴되는 경향을 보인다.**

④ **여성**은 50대 전후에 **여성 호르몬인 에스트로겐의 분비가 1/6 정도**로 줄어들면서 **폐경을 경험**하게 된다. 또한 중년기 **남성**의 경우에도 **남성 호르몬인 테스토스테론의 분비가 줄어**들면서 남성 갱년기가 발생한다.

⑤ 남성의 갱년기 현상은 **남성 호르몬인 테스토스테론의 분비가 줄어**들면서 생긴다. 일반적으로 남성의 갱년기는 **여성에 비해 비교적 늦게 발생**하며, 남성은 폐경 시 성기능 저하 및 성욕감퇴를 경험하지만, 여성의 난자와는 달리 **정액과 정자를 계속 생산할 수 있어서 생식능력은 존재**한다.

21 인간행동에 관한 주요 이론 정답 ⑤

⑤ '실현가능성과 개인의 의지'가 아니라 '강도와 중요도'가 맞다. 매슬로우의 이론에 따르면 **욕구는 강도와 중요도에 따라 '생리적 욕구 > 안전의 욕구 > 소속과 사랑(또는 애정)의 욕구 > 자기존중의 욕구 > 자아실현의 욕구'**라는 위계를 가지고 있다. 그리고 욕구는 위계에 따른 순서에 따라 나타난다.

22 전 생애발달의 통합적 이해 정답 ④

④ '조건을 받아들이는 것'은 **5단계인 수용(acceptance)**으로, 수용은 '죽음을 이겨내기 위해서 노력하는 것' 보다는 '죽음을 완전히 받아들이는 단계'이다.

오답 분석

① **1단계인 부정(denial)**의 예시이다.

② **2단계인 분노(rage and anger)**의 예시이다.

③ **3단계인 타협(bargaining)**의 예시이다.

⑤ **5단계인 수용(acceptance)**의 예시이다.

23 전 생애발달의 통합적 이해 정답 ①

ㄷ. 노년기에는 **행동둔화(behavioral slowing) 현상이 발생**하여, 외부 자극에 의한 반응 속도가 늦어지게 되고, 이로 인해 안전사고 발생 위험이 증가한다.

오답 분석

ㄹ. '생에 대한 회상'이 증가하는 것은 맞지만, **융통성은 감소**한다. 노년기에는 **지난 삶을 회상**하여 그 동안 해결하지 못한 문제의 해결을 시도하고, 이를 통해 새로운 인생의 의미를 발견하려는 경향을 보이는 등 생에 대한 회상은 증가한다. 다만 자신에게 일상적으로 **익숙한 태도와 방법으로 상황에 대처**하려고 하는 경향을 보이는 등 **'융통성은 감소하고 오히려 경직성이 증가'**한다.

24 인간행동에 관한 주요 이론 정답 ①

① '상이할 때'가 아니라 '유사할 때'가 맞다. **모방(imitation)**이란 **타인의 행동을 관찰한 후 그의 행동을 단순히 따라하는 것**으로, 주로 타인의 공격적 행동, 이타적 행동, 불쾌감을 주는 행동이 관찰을 통해 학습되며, 그 대상은 다음과 같다.
- 위대하다고 생각하는 사람의 행동을 위대하다고 생각하지 않는 사람의 행동보다 더 잘 모방한다.
- 자신과 동성인 모델의 행동을 이성인 모델의 행동보다 더 잘 모방한다.
- 돈, 명성, 높은 사회경제적 지위 등을 지닌 모델을 더 잘 모방한다.
- 벌을 받은 모델은 거의 모방하기 않는다.
- **연령이나 지위에서 자기와 비슷한(또는 유사한) 모델을 상이한 모델보다 더 잘 모방**한다.

오답 분석

② 반두라 이론의 주요개념인 '상호결정론'에 관한 설명이다. **상호결정론(reciprocal determinism)**이란 인간행동에서 개인(내적 영향력)과 환경(외적 영향력)을 모두 강조하는 개념으로, 인간의 성격은 **개인적·행동적-환경적 요소들 간의 지속적인 양방향적 상호작용에 의하여 발달**한다는 것이다.

③ 반두라의 주요개념인 '자기효율성(또는 자기효능감)'에 대한 설명이다. **자기효율성(또는 자기효능감)**이란 특정 과업을 **성공적으로 완수하게 될 가능성에 대한 개인의 신념**으로, **성취경험, 대리경험, 언어적 격려, 정서적 각성** 등에 의해 형성된다.

④ 반두라의 관찰학습 과정은 **'주의 → 보존 → 운동재생 → 동기화'의 순으로 진행**된다.

⑤ **관찰학습**이란 **타인의 행동을 모방하여 자신의 행동으로 동기화시키는 일련의 과정**으로, 스키너의 주장처럼 직접적인 강화의 결과를 통해서만 바람직한 행동을 형성할 수 있는 것이 아니라, 인간을 사회적인 존재로 보고 **타인의 행동과 그 결과를 관찰하는 것으로도 행동수정이 가능한 것**을 의미한다.

25 사회환경에 관한 주요 이론 정답 ⑤

⑤ **중간체계**란 개인이 적극적으로 참여하는 **2개 이상의 미시체계 간 상호작용(또는 관계)**으로, **미시체계 간 연결망**을 의미한다.

오답 분석

① '거시체계'가 아니라 '미시체계'에 대한 설명이다. **미시체계란 개인에게 가장 가까운(또는 밀접한) 환경이며 동시에 개인이 일상생활에서 만나게(또는 상호작용하게) 되는 실제적인 사회적·물리적 환경**으로, 개인과 직접적인 상호작용을 한다.

② '일방적인 영향을 미친다.'가 아니라 '상호 영향을 주고받는다.'가 맞다. 브론펜브레너(U. Bronfenbrenner)의 생태체계이론에서 모든 체계는 **상호 영향을 주고받으며 성장**한다.

③ '내부체계'가 아니라 '외체계'가 맞다. 일단 **브론펜브레너(Bronfenbrenner)의 5가지 사회환경체계(또는 생태적체계)**에는 '내부체계'는 없다. 선지는 **'외체계'에 관한 설명**이다. **외체계란 개인과 직접적인 상호작용은 없지만, 개인에게 간접적으로 영향을 미치는 사회적 환경**이다. 즉 개인에게 영향을 미치지만 그것이 직접적이지는 않은 환경을 말한다. 예를 들어 아동의 아버지가 직장에서 받은 스트레스는 아동과 아버지 간의 상호작용에 영향을 미칠 수 있다. 이때 **아버지가 근무하는 직장이 외체계에 해당**한다.

④ 미시체계는 **가족, 친구, 학교 등과 같이 개인에게 직접적으로 영향을 미칠 수 있는 체계**이다.

2영역 사회복지조사론

26 사회복지조사의 개관 정답 ⑤

ㄱ. '상호 배타적'이 아니라 '상호 보완적(또는 순환적)'이 맞다. **연역법의 '전제'가 되는 명제 또는 이론은 연역적 방법으로 도출될 수 없고, 그동안 관찰해 온 사실들, 즉 귀납법으로 도출**된다.

ㄴ, ㄷ. '귀납법'이 아니라 '연역법'이 맞다.

ㄹ. '연역법'이 아니라 '귀납법'이 맞다.

27 사회복지조사과정(Ⅰ) 정답 ⑤

ㄱ. 밀(J. Mill)의 인과관계 추론의 3가지 조건 중 **'시간적 우선성'에 관한 설명**이다.

ㄴ. 밀(J. Mill)의 인과관계 추론의 3가지 조건 중 **'공변성'에 관한 설명**이다.

ㄷ. 밀(J. Mill)의 인과관계 추론의 3가지 조건 중 **'통제성'에 관한 설명**이다.

28 사회복지조사의 개관 정답 ④

④ '존재하지 않는다.'가 아니라 '존재한다.'가 맞다. **쿤(T. Kuhn)**은 과학적 진보의 유형을 '전과학 → 정상과학 → 위기 → 과학적 혁명'의 순서로 설명하였으며, 따라서 특정한 패턴이나 구조가 존재한다.

29 사회복지조사과정(Ⅰ) 정답 ②

오답 분석

① 측정의 오류 중 **무작위 오류(또는 비체계적 오류)에 관한 설명**이다. **무작위 오류(또는 비체계적 오류)**란 우연적 또는 가변적인 원인들에 의해 **일시적으로 발생하여 측정의 결과를 일정한 경향성(또는 일관성) 없이 분산시키는 오류**를 말하며, 그 발생 원인으로는 다음과 같은 것들이 있다.

- **측정자로 인한 오류**: 측정자의 건강, 사명감, 컨디션, 관심사 등
- **측정대상자로 인한 오류**: 측정대상자의 긴장, 피로, 컨디션, 관심사 등
- **측정환경으로 인한 오류**: 측정장소, 측정시간, 소음, 좌석배치 등
- **척도로 인한 오류**: 척도에 대한 사전 교육 부족, 척도의 문항이 지나치게 많은 경우 등
- **자료분석 과정 중의 오류**: 코딩왜곡, 즉 자료를 코딩하는 과정에서 잘못 입력할 경우 등

③ 분석단위의 오류 중 **'환원주의적 오류'에 관한 설명**이다.

④ 루빈과 바비(Rubin & Babbie)가 제시한 일상적 지식을 통해 개인이 얻는 개인적 탐구의 오류 중 '과도한 일반화'에 관한 설명이다.

⑤ 분석단위의 오류 중 **'개인주의적 오류'에 관한 설명**이다.

30 사회복지조사과정(Ⅰ) 정답 ②

② **매개변수(또는 개입변수)**란 독립변수와 종속변수의 **중간에 놓여 두 변수 사이를 연계하는 변수**로, 이때 독립변수의 효과가 매개변수를 거쳐 종속변수에 전달된다. 따라서 매개변수는 **독립변수의 결과인 동시에 종손변수의 원인**이 된다. 제시된 모형에는 매개변수가 존재하지 않는다.

오답 분석

① 모형 안에서 독립변수는 '노인학대'이다.

③ 모형 안에서 종속변수는 '노인의 자살생각'이다.

④ 모형 안에서 독립변수인 노인학대가 종속변수인 노인의 자살생각에 미치는 효과의 강도를 조절하는 **'사회적 지지체계의 수준'이 조절변수**가 된다.

⑤ 내생변수는 '노인의 자살생각'이다. **내생변수**란 **외생변수에 의해 발생한 결과변수**로, 연구결과에서 **'자살생각'이 내생변수에 해당**한다.

31 사회복지조사과정(Ⅰ) 정답 ④

ㄴ. '가능하다.'가 아니라 '불가능하다.'가 맞다. 조작적 정의로서 조작화가 가능해진다.

ㄷ. '질적조사'가 아니라 '양적조사'가 맞다.

ㄹ. '한정되어 있다.'가 아니라 '한정되어 있지 않다.'가 맞다.

32 사회복지조사과정(Ⅰ) 정답 ①

① 치료레크리에이션 프로그램의 경험(유무)은 **독립변수이며, 명목변수**이다. 따라서 **산술평균은 분석이 불가능**하지만, **최빈값은 구할 수 있다.**

오답 분석

② 치료레크리에이션 프로그램의 경험(종류)은 **독립변수이며, 명목변수로 산술평균은 분석이 불가능하다.**

③ 치료레크리에이션 프로그램의 경험(기간)은 **독립변수이며, 비율변수로 중간값을 포함한 모든 통계수치를 구할 수 있다.**

④ 치매노인 가족의 지지 정도(5점 척도)는 **조절변수이며, 서열변수로 중간값을 구할 수 있다.**

⑤ 삶의 만족 정도(5점 척도)는 **종속변수이며, 서열변수로 중간값을 구할 수 있다.**

33 사회복지조사과정(Ⅰ) 정답 ⑤

⑤ '신뢰도를'이 아니라 '타당도를'이 맞다.

34 사회복지조사과정(Ⅰ) 정답 ②

② '필요충분조건'이 아니라 '필요조건'이 맞다. **타당도가 높으면(↑) 신뢰도도 높지만(↑)**, 신뢰도가 높으면서 타당도가 낮은 경우도 있다. 즉 타당도가 높으면서 신뢰도가 낮은 경우는 없다. 따라서 **타당도는 신뢰도의 충분조건**이며, **신뢰도는 타당도의 필요조건**이다.

오답 분석

① 측정도구의 신뢰도를 평가하는 방법에는 **재검사법, 반분법 이외에도 크론바하알파계수법(Cronbach's alpha), 조사자 간 신뢰도법 등**이 있다.

③ 신뢰도란 측정도구인 척도를 가지고 **동일한 대상에게 반복하여 측정하여도 동일한(또는 일관된) 결과가 나오는 정도**로, 측정결과의 **일관성, 안정성, 예측가능성 정도**를 의미한다.

④ 신뢰도란 측정도구인 척도를 가지고 **동일한 대상에게 반복하여 측정하여도 동일한(또는 일관된) 결과가 나오는 정도**를 말한다. 즉 **측정할 때마다 실제보다 5g 더 높게 측정되는 저울은 신뢰도가 있다**고 볼 수 있다. **다만 이 경우 타당도는 없다고 볼 수 있다.**

⑤ 신뢰도를 높이기 위해서는 특정 개념을 측정하기 위한 **측정항목(또는 하위변수)을 늘리고 항목의 선택범위(또는 값)를 넓혀야 한다.** 또한 문항 간의 상관관계가 유사한 경우 항목의 수를 늘리면 척도의 신뢰도가 높아진다.

35 사회복지조사과정(Ⅰ) 정답 ②

② **판별타당도**란 **수렴타당도의 반대 개념**으로, **서로 다른 개념을 동일한 방법으로 측정**했을 경우 각 결과치 간 상관관계가 높고 낮음을 분석하여 타당도를 평가하는 방법이다. 이때 **높은 상관관계가 발생하면 판별타당도가 없거나 적다라고 추정**할 수 있지만, 낮은 상관관계가 발생하면 판별타당도가 있다고 추정할 수 있다. 제시된 사례에서 '연구자는 새롭게 개발한 자아존중감 척도 A의 타당도를 확인하기 위하여 우울증 척도 B와의 상관계수를 산출하였고, 그 결과 A와 B의 상관관계가 매우 낮은 것을 확인'하였으므로 **새로 개발한 우울증 척도 A는 판별타당도가 있다**고 추정할 수 있다.

36 사회복지조사과정(Ⅰ) 정답 ③

ㄱ. '타당도'가 아니라 '신뢰도'가 맞다.

ㄴ. '일관성 확인을 위해 두 번 조사해야 하는 불편함'은 **재검사법이나 복수양식법 등에서 발생하는 문제**이다.

ㄷ. 반분법에서는 **'문항을 어떻게 두 조합으로 나누는지에 따라 상관관계는 달라진다는 문제'**를 갖는다.

오답 분석

ㄹ. **반분법**은 어떻게 반분하느냐에 따라 서로 다른 상관계수가 나타날 수 있으며, 설문지 전체의 신뢰도는 측정할 수는 있지만 설문지 내의 특정 항목의 신뢰도를 측정할 수 없다는 단점이 있다. 따라서 **신뢰도가 낮은 경우 이를 높이기 위해 어떤 항목을 수정 혹은 제거해야 할지 결정하기 어렵다.**

37 사회복지조사의 개관 정답 ②

② '자료분석'이 아니라 '보고서 작성'이 맞다.

38 사회복지조사과정(Ⅰ) 정답 ①

오답 분석

② '독립변수와 종속변수에게'가 아니라 '종속변수에게'가 맞다. **매개변수는 독립변수의 원인변수로, 독립변수에 영향을 미치는 반면, 종속변수의 결과변수로서 종속변수에게는 영향을 미친다.**

③ '매개변수'가 아니라 '조절변수'가 맞다.

④ 변수들 간의 관계, 즉 상관관계를 그래프로 그려보면 **그 속성에 따라 직선 이외에도 곡선 등 다양한 형태**로 나타낼 수 있다.

⑤ '독립변수에만'이 아니라 '독립변수와 종속변수 모두에'가 맞다.

39 사회복지조사과정(Ⅰ) 정답 ③

③ '영가설'이 아니라 '연구가설'에 관한 설명이다. **연구가설(research hypothesis)은 가설검증의 절차를 거쳐, 즉 대안가설(또는 대립가설)을 검증하여 채택하는 가설**이다. 참고로 영가설은 처음부터 **기각(reject, 또는 버릴 것)이 목표인 가설**이다. 즉, 참일 가능성이 적어 **처음부터 버릴 것이 예상되는 가설**이다.

오답 분석

①, ② **영가설**(null hypothesis, H0, 또는 귀무가설)이란 **연구가설을 반증하기 위한 목적으로 사용되는 가설**로, 변수 간의 관계가 단지 표집오차, 즉 **우연에 의해서 발생했다고 진술하는 가설**이다. 즉 **독립변수가 종속변수에 영향을 미치지 않는다고 설정된 가설**이다. 다시 말해 **변수 간 관계가 존재하지 않는다는 것을 가정하는 가설**이다.

④ **영가설**은 변수 간의 관계가 단지 표집오차, 즉 **우연에 의해서 발생했다고 진술하는 가설**이다.

⑤ **영가설**은 **연구가설과 대조되는 가설**, 즉 처음부터 **기각(reject, 또는 버릴 것)이 목표인 가설**이다. 다시 말해 참일 가능성이 적어 **처음부터 버릴 것이 예상되는 가설**이다. 따라서 **영가설을 기각하면 연구가설이 잠정적으로 채택**된다.

40 사회복지조사의 개관 정답 ②

오답 분석

ㄱ. '횡단연구'가 아니라 '종단연구 중 패널연구'가 맞다.

ㄷ. '많이 든다.'가 아니라 '적게 든다.'가 맞다.

41 사회복지조사과정(Ⅰ) 정답 ④

④ '유사한'이 아니라 '상반되는'이 맞다. **의미차별척도(또는 어의변별척도, 어의차별척도, 의미차이척도, 의미분화척도)**는 일직선으로 도표화된 척도의 **양극에 서로 상반되는 형용사를 배열하고 양극단 사이에서 5~7점의 척도를 배치하여 해당 속성을 평가하는 서열척도**이다.

오답 분석

① **리커트척도(또는 총화평정척도)**란 특정한 대상이나 상황에 대해 **개인의 태도나 가치의 강도를 서열화된 다수의 문항으로 측정하는 방법**으로, **각 항목의 측정값을 총합하여 계산한 것이 측정하고자 하는 개념을 대표**한다는 가정에 근거한 **단순합계 척도의 대표적인 방법**이다. 이때 **개별 문항의 중요도(또는 기여)는 동등**해야 하고, 문항 간 내적일관성이 높아야 한다.

② **보가더스(Bogardus)의 사회적 거리척도**는 **보가더스(E. Bogardus)가 개발**한 척도로, 인종 및 민족, 사회계급, 직업형태, 사회적 가치 등에 대한 사회적 거리감, 즉 친밀감, 무관심, 혐오감의 정도를 측정하기 위해 **하나의 연속성을 가진 문항들로 구성된 서열척도**이다. 거트만척도와 같은 **누적척도**로, 거트만척도와 유사하지만 **마지막 가장 극단적인 문항의 경우에는 누적되지 않는 특성**이 있다.

③ **거트만척도**는 **누적척도의 대표적인 방법**으로, **문항 간 서열성이 존재**한다. 즉 강도가 다양한 어떤 가치나 태도를 가장 약한 것부터 가장 강한 것에 이르기까지 **서열적 순서를 부여하여 구성**한다. 또한 가치나 태도가 일관성이 없거나 상호 상충되어서는 안되는 **'단일차원성'**을 갖추어야 한다.

⑤ **서스톤척도의 개발**은 **사전문항평가자에게 의존**하므로 **평가자의 편견 개입 가능성**을 배제할 수 없으며, 평가를 위한 문항 수가 많고, 동원되는 평가자들이 다수이므로 척도 구성에 있어서 **시간과 인원이 많이 소요**된다. 즉 다른 척도들에 비해 **척도 개발이 비경제적이며 용이하지 않아** 최근에는 널리 사용되고 있지 않다. 참고로 **'개발의 용이성이 장점'인 대표적인 척도로는 총화평정척도라고도 불리 우는 리커트척도(Likert type scale)**가 있다.

42 사회복지조사의 개관 정답 ④

④ 연구의 결과를 보고할 때에는 연구과정에서 **드러난 문제점과 실패도 모두 보고**해야 한다.

오답 분석

① **원칙적으로 조사윤리는 조사의 공익적 가치보다 우선**해야 한다.

② '변조'가 아니라 '위조'가 맞다.

이것도 알면 합격

연구의 3가지 부정행위

위조 (fabrication)	존재하지 않는 조사 자료나 조사 결과 등을 허위로 만들어 보고하는 행위를 말한다.
변조 (falsification)	조사자료, 조사과정, 조사결과 등을 인위적으로 조작하거나 자료를 임의로 변형, 삭제함으로써 조사내용 또는 결과를 왜곡하는 행위를 말한다. 즉 조사 보고서에는 조사결과의 문제점과 실패도 모두 보고되어야 한다.
표절 (plagiarism)	이미 발표되거나 출간된 자신 및 타인의 아이디어, 조사과정, 조사결과 등을 적절한 인용, 즉 출처 표시 없이 전부 또는 일부를 조사에 사용하거나 다른 형태로 변화시켜 사용하는 행위를 말한다.

③ 연구로부터 얻을 수 있는 사회적 이익이 비용을 반드시 초과해야 하는 것은 아니다. 연구의 궁극적인 목적은 **지식의 탐구**이다. 따라서 비용을 들인 연구를 통해 얻어진 결과로 사회적 이익에 부합되는 것 역시 바람직하겠지만 **순수조사처럼 개인의 지적 호기심을 충족시키기 위한 목적으로 연구를 진행할 수도 있다.**

⑤ **익명성**이란 연구자가 조사대상자의 신분을 노출시키지 않아 **신원을 알리지 않고, 응답하게 하는 것**을 말하며, 반면 **비밀성**이란 연구자의 의지와 관련된 것으로, **조사참여자의 응답 내용을 노출시키지 않는 것**을 의미한다. 이 둘은 전혀 다른 속성의 윤리원칙으로, 비밀성이 보장된다고 익명성도 함께 보장되지는 않는다. 예를 들면 면접조사의 경우 비밀성은 보장될 수 있지만, 익명성을 보장하기는 어렵다.

43 사회복지조사과정(Ⅰ) 정답 ②

② **ABAB설계(또는 반전설계, 철회설계)**란 ABA설계에 B국면을 추가한 설계유형이다. 즉 **개입과 철회를 반복하여 수행하는 설계**로, **개입의 효과를 가장 크게 확신할 수 있는 설계**이다. 즉 2번의 기초선 국면과 2번의 개입 국면을 관찰함으로써 **개입의 효과에 대한 확신**을 가질 수 있다. 따라서 이 설계에서는 개입 이외에 다른 요인(또는 외생변수)으로 인해 변화가 일어났을 가능성은 거의 배제될 수 있다.

오답 분석

① '여러 유형의 문제에 적용이 가능한 것'은 맞지만 '외부요인을 충분히 통제'하기는 어렵다. **AB설계(또는 기본시간연속설계, 기본단일사례연구설계)**란 하나의 기초선과 하나의 개입국면으로만 이루어진 **가장 기본적인 설계유형**으로 쉽게 적용이 가능하다. 그러나 표적행동의 변화가 반드시 개입에 의한 것이라고 확신할 수 없다. 즉 다른 요인들(또는 외생변수들)이 변화를 발생시켰거나, 심지어는 개입 없이도 문제가 개선될 수 있었는데 단지 개입기간에 그것이 개선된 것처럼 보일 수도 있다. 따라서 외생변수의 통제가 어려워 **개입의 효과성을 파악하는 데 한계**가 있다.

③ '복수기초선설계'가 아니라 'ABCD설계(또는 복수요인설계, 다중요소설계)'에 관한 설명이다. **복수기초선설계(또는 다중기초선설계, 중다기초선설계)**란 **동일한 개입방법을 각자 다른 여러 문제, 상황, 대상자에게 적용하여 개입의 효과성을 파악하는 설계유형**이다. 종류로는 **문제 간 복수기초선설계, 상황 간 복수기초선설계, 대상자 간 복수기초선설계**가 있다.

④ '통계적 분석'이 아니라 '시각적 분석'이 맞다. **시각적 분석(또는 시각적 유의성)**이란 **기초선단계와 개입단계에 그려진 그래프에 나타난 파동, 수준, 경향의 변화를 통해 개입의 효과를 확인하는 방식**이다.

이것도 알면 합격

- **변화의 파동(variability)**: 관찰점들에 대한 안정성을 나타내 주는 것으로 개입 후 변화에 대한 예측이 가능하다. 다만 변화의 파동이 심할 경우 효과 판단이 어려울 수 있다.
- **변화의 수준(level)**: 기초선과 개입 간 점수 수준의 차이가 클 때 개입의 효과가 있음을 보여준다.
- **변화의 경향(trend)**: 자료의 방향성을 나타내는 것으로 목표행동이 증가했는지 감소하고 있는지를 보여준다.

⑤ '평균비교'가 아니라 '경향선 분석'이 맞다. **통계학적 분석(또는 통계학적 유의성)**이란 클라이언트의 변화가 우연히 일어난 것이 아닌 **확률적 판단에서 나오는 절차인지에 대한 검토**를 말하며, 종류로는 **평균비교법과 경향선 접근법**이 있다.

이것도 알면 합격

평균비교법과 경향선 접근법

평균비교법	• 주로 **기초선 국면이 안정적일 경우에 사용**하는 통계학적 분석기법으로, **기초선 국면과 개입 국면의 평균을 산정하여 비교하는 방법**이다. • **개입 국면의 평균이 기초선 국면의 평균에 비해 2x표준편차 이상 차이가 날 경우 개입이 효과적이라고 추정**한다.
경향선 분석법 (또는 접근법)	• 주로 **기초선 국면이 불안정적일 경우에 사용**하는 통계학적 분석기법으로, 기초선 국면의 관찰점을 전반부와 후반부로 양분하여 각 평균을 구해 두 점을 잇는 직선을 그어 개입 국면까지 연장하는 경향선을 긋게 되면 **기초선의 변화의 폭과 기울기**가 보여진다. • 개입 국면에서의 관찰점이 모두 경향선 아래 또는 위에 있으면 개입이 효과적이라고 추정한다.

44 사회복지조사과정(Ⅱ) 정답 ⑤

⑤ 우편조사는 원래 표본으로 추출된 응답자가 아닌 다른 사람이 응답하는 **대리응답의 가능성**이 있다.

오답 분석

① '높다.'가 아니라 '낮다.'가 맞다. **익명성**이란 연구자가 피면접자의 신분을 노출시키지 않아 **신원을 알리지 않고, 응답하게 하는 것**을 말하며, **우편조사는 익명성 보장 수준이 높다.** 반면 면접조사는 피면접자를 직접 대면하기 때문에 익명성 보장이 어렵고, 따라서 **자기기입식 설문조사[우편조사, 배포조사, 온라인조사(또는 인터넷조사) 등)]에 비해 개인의 민감한 문제를 다루는 데 불리**할 수 있다.

② '쉽다.'가 아니라 '어렵다.'가 맞다. **심층규명(probing, 또는 심층탐구)**이란 면접 중 응답자의 응답이 완전하지 않거나 불명확할 때에 **다시 질문하는 것**으로, 조사자가 **응답자에게 보다 많은 정보를 획득하기 위해 사용**되며, **덜 구조화된 면접이나 질적조사에서 많이 활용**된다. 따라서 **대면면접이 이루어지지 않는 우편조사에서는 심층규명이 어렵다.**

③ '통제하기 쉽다.'가 아니라 '통제하기 어렵다.'가 맞다. **배포조사**란 조사자가 직장동료나 지역사회 주민 등 자신이 알고 있는 집단을 응답자로 정하고, 이들에게 설문지를 배포한 후 응답자는 답을 기재하고 그 후 배포자가 다시 회수하는 자기기입식 설문조사 방법이다. 따라서 **조사자가 응답환경을 통제하는 것이 어렵다.**

④ '길다.'가 아니라 '짧다.'가 맞다.

45 사회복지조사과정(Ⅲ) 정답 ④

④ '용이하다.'가 아니라 '어렵다.'가 맞다. **질적연구는 연구자와 조사대상은 상호작용한다고 보는 '내부자적 관점(Emic)'으로 진행**되며, 연구자 자신이 조사의 도구가 된다. 따라서 연구 중에는 연구자들의 교체가 어려울 뿐 아니라 조사 후에는 이를 다른 연구자들이 재연하는 것 역시 거의 불가능하다.

46 사회복지조사과정(Ⅰ) 정답 ⑤

⑤ '증가한다.'가 아니라 '감소한다.'가 맞다. 동일한 조건에서 **표본의 크기(또는 규모)가 커질수록 표집오차는 감소하여 모수와 통계치의 유사성이 커진다.**

오답 분석

① 표집오차란 **통계치에서 모수치를 뺀 값**을 말한다. 즉 모수치와 통계치가 일치하지 않고 분산되어 있는 정도이다.

② '표본으로 추출될 기회가 동등한 것'은 '무작위 표집'에 관한 설명이며, **무작위 표집을 하게 되면 표집오차는 감소**하며, 따라서 **표본의 대표성 역시 증가**한다.

③ **표준오차란 표집분포의 표준편차**를 말한다. 즉 **무수히 많은 표본평균의 통계치가 모집단의 모수로부터 평균적으로 떨어진 거리를 의미**한다. 만약 모집단이 정규분포일 경우 그 모집단에서 무작위로 표집된 여러 표본들에서 나오는 **통계치의 표집분포인 표준오차도 정규분포**가 되며, 표준오차가 커질수록 신뢰구간이 커지고, 신뢰구간이 커지게 되면 **신뢰도는 낮아지게 되어 검정통계값이 통계적으로 유의할 가능성이 낮아진다.**

④ **표집오차**는 실질적으로 전수조사가 아닌 이상 모집단의 속성인 모수치를 알 수 없기 때문에 **표본조사를 통해 얻어진 통계치를 통해 모수치를 추정**하게 되며, 이때 연구자가 정한 일정한 신뢰수준에서 나타날 수 있는 추정된 오차의 범위를 말하며, 일반적으로 **다른 조건이 같다면 신뢰수준이 높을수록 표집오차는 증가**한다.

47 사회복지조사과정(Ⅰ) 정답 ③

③ **의도적 표집(또는 유의표집, 판단표집, 목적표집)**이란 연구자가 **조사목적에 부합되는 대상을 주관적으로 판단**하여 작위적(또는 임의적)으로 표집하는 비확률 표집방법으로, **주로 탐색적 조사에서 활용**된다. 글에서 연구자는 자신의 조사목적에 부합되는 대상을 사례관리 담당자에게 의뢰하여 임의적으로 표집하였으므로 **글에서의 표집방법은 '의도적 표집'에 해당**한다.

48 사회복지조사과정(Ⅰ) 정답 ⑤

ㄱ. **단일집단 사전사후검사 설계**란 **1회 사례 설계보다는 진일보한 설계**로, 실험처치를 하기 전에 변수를 측정한 다음 실험처치 이후에 측정한 것과 비교하는 설계이다. 따라서 **사전 변수에 대한 측정, 즉 사전검사를 하므로 검사효과를 통제하기 어렵다.**

ㄴ. **통제집단 사후검사 설계**는 사전검사로 인해 발생하는 주시험효과와 상호작용효과를 통제하기 위해서 **통제집단 사전사후검사 설계에서 사전검사를 하지 않는 설계**로, 무작위할당으로 통제집단과 실험집단을 나누고 **실험집단에만 실험처치**를 한다. 즉 **사전검사를 하지 않으므로 사전검사의 영향을 배제할 수 있다.**

ㄷ. **시계열 설계**는 사전검사에 따른 **검사효과, 상호작용시험효과(또는 검사와 개입의 상호작용 효과)** 이외에도 통제집단이 없으므로 **우연한 사건 등의 발생을 배제할 수 없다.**

ㄹ. **정태적 집단 비교설계(또는 고정집단 비교설계, 비동일집단 사후검사설계)**란 순수실험 설계 중 **통제집단사후검사설계에서 단순무작위가 아닌 작위적(또는 임의적)으로 할당한 실험설계**로, 실험집단과 개입이 주어지지 않은 통제집단을 사후에 구분해서 종속변수의 값을 비교한다. 즉 **사전검사를 하지 않기 때문에 두 집단의 본래 차이를 확인하기 어렵다.**

49 사회복지조사과정(Ⅰ) 정답 ①

① 외적 타당도란 독립변수의 종속변수에 대한 영향, 즉 인과관계 정도가 다른 대상이나 상황에서도 적용되는 정도를 말한다. 따라서 외적 타당도의 정도를 따지기 위해서는 우선 내적 타당도가 전제되어야 하며, 이에 내적 타당도는 외적 타당도의 필요조건이 되지만, 내적 타당도만으로 외적 타당도의 확보를 담보할 수는 없다. 즉 **내적 타당도는 외적 타당도의 필요조건이지만 충분조건은 아니다.**

오답 분석

② 내적 타당도와 외적 타당도는 **일반적으로 상호 상충관계(또는 부적관계)**에 있다. 즉 어느 하나가 높아지면 다른 하나는 상대적으로 낮아지는 경향을 보인다.

③ '내적 타당도가 높으면 외적 타당도가 낮다.'가 맞다. **내적 타당도와 외적 타당도는 상충적 관계(또는 부적관계)의 양상**을 보인다. 즉 어느 하나가 높아지면 다른 하나는 상대적으로 낮아지는 경향을 보이는 것이 일반적이다.

④ '내적 타당도'가 아니라 '외적 타당도'가 맞다. **외적 타당도란 연구결과의 일반화 정도**이다. 즉 독립변수의 종속변수에 대한 영향이 상이한 대상이나 상황하에서도 적용되어지는 정도, 쉽게 말해 **연구의 결과를 연구조건을 넘어서는 상황이나 모집단에게로 적용할 수 있는 정도**를 말한다.

⑤ '외적 타당도'가 아니라 '내적 타당도'가 맞다. **내적 타당도란 변수 간의 인과관계 정도**이다. 즉 종속변수의 변화가 독립변수에 의해 발생한 것임을 확신할 수 있는 정도로, 쉽게 말해 **어떤 변수(독립변수)가 다른 변수(종속변수)의 원인임을 정확하게 기술하는 것을 의미**한다. 사회복지실천과 관련해서는 **개입의 효과성을 확인하기 위해 확보해야 하는 요소이기도 하며, 연구결과에 대한 대안적 설명 가능성 정도**를 의미한다.

50 사회복지조사과정(Ⅰ) 정답 ③

③ '1회만'이 아니라 '여러 번(최소 3회 이상)에 걸쳐서'가 맞다. **단순시계열 설계(또는 시간연속설계)**란 유사실험설계 중 유일하게 **통제집단 없이 실험집단만 있는 실험설계**로, 동일한 실험대상에게 실험처치가 있기 전과 후에 **여러 번에 걸쳐 검사 횟수를 늘려 비교의 시점을 확대하는 방법**이다.

O_1 O_2 O_3 O_4	X	O_5 O_6 O_7 O_8

오답 분석

① 실험설계에서는 **무작위 할당[또는 난선화(亂選化)]**을 한다. 즉 **제비뽑기, 컴퓨터 난수 발생프로그램 등을 활용**하여 **실험집단과 통제집단을 동질적 속성으로 할당**한다. 이렇게 무작위 할당을 하는 가장 근본적인 목적은 **효과적으로 내적 타당도 저해요인 통제**하기 위함이다. '우연한 사건'은 대표적인 내적 타당도 저해요인이며, 따라서 무작위 할당을 통해 일정 부분 예방이 가능하다.

⑤ **정태적집단 비교설계(또는 고정집단비교설계, 비동일집단 사후검사설계)**란 순수실험 설계 중 **통제집단사후검사설계에서 단순무작위가 아닌 작위적으로 할당한 실험설계**를 말한다. 즉 2개의 집단을 작위적으로 할당한 후 하나의 집단에 대해서는 실험처치를 하고 다른 집단에는 실험 처치를 하지 않은 후 비교하는 설계이다.

X	O_1
	O_2

2교시 사회복지실천

3영역 | 사회복지실천론

01	②	02	③	03	⑤	04	④	05	⑤
06	②	07	④	08	⑤	09	①	10	①
11	⑤	12	③	13	⑤	14	③	15	①
16	①	17	④	18	④	19	⑤	20	③
21	①	22	④	23	①	24	②	25	⑤

4영역 | 사회복지실천기술론

26	①	27	①	28	⑤	29	②	30	③
31	③	32	④	33	③	34	③	35	④
36	⑤	37	①	38	①	39	⑤	40	④
41	①	42	②	43	⑤	44	④	45	⑤
46	③	47	⑤	48	①	49	①	50	②

5영역 | 지역사회복지론

51	①	52	④	53	⑤	54	③	55	④
56	②	57	④	58	①	59	④	60	④
61	④	62	⑤	63	④	64	①	65	③
66	⑤	67	④	68	⑤	69	①	70	⑤
71	③	72	④	73	③	74	③	75	①

나의 점수 분석표

영역명	맞힌 개수 / 문제 수
사회복지실천론	/ 25
사회복지실천기술론	/ 25
지역사회복지론	/ 25
합계	/ 75

* 과락 기준: 75문제 중 맞힌 문제 수가 30개 미만

취약점 키워드 box

* 틀린 문제 중, 본인이 부족했던 개념 또는 키워드를 정리해 보세요!

3영역 사회복지실천론

01 사회복지실천의 과정 정답 ②

② **인정(recognition)은 클라이언트가 어떤 행동을 하거나 중단한 이후** 이에 대해 긍정적으로 평가해주는 기술이다.

02 사회복지실천의 토대 정답 ③

오답 분석

ㄹ. '개인이 조직에게'가 아니라 '조직이 개인의 요구에'가 맞다.

03 사회복지실천의 토대 정답 ⑤

ㄱ, ㄴ, ㄷ, ㄹ. **간접적 개입(또는 간접적 실천)**이란 사회복지사가 클라이언트와의 대면적인 접촉 대신 **클라이언트가 속한 환경에 개입**하는 것을 말한다. 클라이언트가 속한 환경체계의 변화를 통해 클라이언트에게 필요한 **사회적 지지체계의 개발**을 목적으로 하며, 그 형태로는 **공청회 개최, 홍보, 제안서 신청, 모집, 모금, 자원개발, 서비스 조정, 정책 개발, 서비스 및 프로그램 개발, 옹호, 조직화** 등이 있다.

04 사회복지실천의 과정 정답 ④

④ **자원의 양은 '원의 크기'**로, **관계의 속성은 '선'의 모양으로 표시**한다.

오답 분석

⑤ 가계도의 제공 정보로는 **일반적으로 2~3대에 걸친 가족의 구성 및 구조 및 변화**, 가족 내 하위체계 간 경계의 속성, 종단 및 횡단·종합 및 통합적인 가족의 속성, **가족의 생애주기**, 출생·질병·사망·결혼·이혼·재혼 등의 생활사건, 성별·나이·직업·종교 등의 사회·인구학적 특성, **가족규칙, 세대 간의 반복적인 정서적·행동적 유형·사건·특성(⑤), 가족성원의 역할과 기능의 균형상태**, 가족의 지배적 주제, 가족 내 삼각관계 유형 등이 있다.

05 사회복지실천의 토대 정답 ⑤

ㄱ. '2001년'이 아니라 '2003년'이 맞다. 사회복지사 1급 국가시험은 **1997년 개정된 「사회복지사업법」에 따라 2003년도부터 시행**되었다.

ㄴ. 1987년부터 별정직 사회복지전문요원이 배치되었고, **1992년 「사회복지사업법」 개정으로 일반직 '사회복지전담공무원' 조항이 생겼고, 2000년부터 배치**되었다.

ㄷ. '1970년대'가 아니라 '1980년대'가 맞다. **1983년 「사회복지사업법」 개정으로 '사회복지관'의 설립 및 운영에 대한 국고 지원의 법적 근거가 마련**되었고, 이후 1988년에는 '사회복지관 운영 및 국고보조사업 지침'이 수립되어 국가지원금 산출방식이 제정되었다.

ㄹ. '재가중심의 사회복지를'이 아니라 '시설중심의 사회복지를'이 맞다. 1950년 한국전쟁 이후 급속히 늘어난 **외원단체들은 고아, 장애, 유기 아동 등을 수용하기 위한 시설중심의 사회복지를 발전**시켰다.

06 사회복지실천의 토대 정답 ②

② '민주주의'가 아니라 '개인주의'가 사회복지실천에 미친 영향에 관한 설명이다.

오답 분석

① 사회복지실천의 이념 중 **개인주의(個人主義, individualism)는 개인의 권리와 이에 따르는 의무를 강조하는 이념**으로, 타인의 권리와 사회적 가치를 침해하지 않는다면 **개인은 자신이 가진 자유를 통해 자신과 관련된 이익을 극대화시키는 것이 바람직하다고 보는 이념**이다. 자본주의 발전에 큰 영향을 주었으며, 사회복지실천과 관련해서는 **개별화와 수혜자격 축소(또는 최소한의 수혜자격 원칙)에 영향**을 미쳤다.

이것도 알면 합격

개별화와 수혜자격 축소

개별화	사회복지사가 개인의 문제나 욕구에 따라 **각기 다른 개입 수준과 방법을 선택하는 것**을 말한다.
수혜자격 축소	빈곤의 원인을 빈자 개인의 나태함이나 도덕적 문제로 보아 **빈자의 수혜자격과 관련하여 엄중한 잣대의 제시를 주장**하는 것을 말한다.

⑤ **문화다양성(cultural diversity)**이란 다양한 문화의 공존을 지향하는 점에서는 다문화주의와 같지만, 이를 **'개인이나 소수자의 문화적 권리'라는 인권 측면으로 확대한 개념**이다. 즉 다문화주의가 인간사회 내에서 주류 문화로의 동화나 각 문화 간의 충돌, 갈등 발생을 막기 위하여 다른 문화를 가진 집단의 집단적 문화권을 강조하는 측면이 강한 반면, 문화적 다양성은 경제 논리나 경쟁 논리에 따라 다양한 문화가 동화되거나 약소 문화가 존중·보호받지 못하는 것을 경계하는 **'문화주권'을 더욱 강조**한다.

07 사회복지실천의 토대 정답 ④

④ '구분한다.'가 아니라 '구분하지 않는다.'가 맞다. 사회복지실천의 **기본적 가치인 '인간의 존엄성'은 인권과 윤리의 공통적인 토대**이며, 따라서 사회복지실천에서는 인권과 윤리를 명확하게 구분하지 않는다. 이에 따라 **사회복지실천가인 사회복지사는 '인권 전문직'**이라고 불린다.

오답 분석

① 인권은 **인간의 욕구를 충족시키기 위한 실정법에 따라 규정된 법적 권리**이다. 그렇다고 **실정법에서 보장하는 것에만 한정되지 않는다.** 즉 인권은 현실에 존재하는 법의 한계를 뛰어 넘어 **인간의 존엄성을 보장하는데 필요한 권리까지 포함하는 '정의의 법, 양심의 법'을 지향**한다. 또한 실정법은 아동, 노인, 여성, 이주민, 장애인 등 **사회적 약자의 인권을 실현하여 인간의 존엄성을 보장하기 위한 수단이 되어야 한다.**

② 인권은 **국제법과 국제규약 및 각국의 국내법에 의해 규정**된다. 인권을 규정한 대표적인 국제법과 국제규약에는 1948년에 제정된 **「세계인권선언(Universal Declaration of Human Rights)」**, 1966년에 제정된 **「인권에 관한 국제조약(International Covenants on Human Rights)」**, 2006년에 제정된 **「장애인권리협약(Convention on the Rights of Persons with Disabilities)」** 등이 있으며, 국내법으로는 **「대한민국헌법(제10조, 제34조, 제37조)」 및 「국가인권위원회법」** 등이 있다.

③ **인권은 각 사회의 문화에 따라 각국마다 다양하게 규정**된다. **인권은 '보편성'**을 갖추어야 한다. **인권의 보편성**이란 인권의 가치(예 인간의 존엄성, 자유, 평등 및 정의 등)가 **각 사회의 문화에 따라 다양하게 표현되고 규정되지만 인권의 가치와 기준은 문화의 차이에도 불구하고 존중**되어야 한다는 의미를 담고 있다. 즉 모든 인간은 국적, 인종, 성, 종교, 신분 등의 차이에도 불구하고 자신의 존엄성을 지키기 위해 누려야 할 권리가 있으며 국가는 이를 보장해야 할 의무를 지닌다는 실천적인 함의를 지닌다.

⑤ 인권은 보통 성문화된 실정법을 통해 구체적으로 보장되지만, 그렇다고 **실정법에서 보장하는 것에만 한정되지 않는다.** 즉 인권은 현실에 존재하는 법의 한계를 뛰어 넘어 **인간의 존엄성을 보장하는데 필요한 권리까지 포함하는 '정의의 법, 양심의 법'을 지향**한다. 따라서 실정법은 아동, 노인, 여성, 이주민, 장애인 등 **사회적 약자의 인권을 실현하여 인간의 존엄성을 보장하기 위한 수단이 되어야 한다.**

08 사회복지실천의 토대 정답 ⑤

⑤ 윤리강령은 **전문직의 행동기준과 원칙을 기술한 것**이지, 전문적인 활동과 기술을 제시하고 있지는 않다.

09 사회복지실천의 토대 정답 ①

① '한국사회복지사협회의 지침에'가 아니라 '윤리강령과 제반 법령에'가 맞다. 사회복지사는 동료의 윤리적이고 전문적인 행위를 촉진해야 하며, 동료가 전문적인 판단과 실천이 미흡하여 문제를 발생시켰을 때 **윤리강령과 제반 법령에 따라 대처**한다(사회복지사의 윤리기준 > III. 사회복지사의 동료에 대한 윤리기준 중).

오답 분석

② 사회복지사는 클라이언트의 지불 능력에 상관없이 복지 서비스를 제공해야 하며, 이를 이유로 차별해서는 안 된다(사회복지사의 윤리기준 > Ⅰ. 기본적 윤리기준 중).

③ 사회복지사의 윤리기준 > Ⅲ. 사회복지사의 동료에 대한 윤리기준 중

④ 사회복지사의 윤리기준 > Ⅳ. 기관에 대한 윤리기준 중

10 사회복지실천의 토대 정답 ①

오답 분석

ㄹ. '가치는 윤리에'가 아니라 '윤리는 가치에'가 맞다.

11 사회복지실천의 토대 정답 ⑤

⑤ '상호책임성'은 '결과우선의 가치'가 아니라 **'사람우선의 가치'에 해당**한다.

오답 분석

①, ④ **사람우선의 가치**란 '사회복지사에게 인간은 어떠한 존재인가?'라는 질문에 대한 대답으로, **사람에 대해 사회복지사가 갖추어할 기본적 가치**이며, 인간의 존엄성, 건설적 변화에 대한 능력과 열망, 상호 책임성, 소속의 욕구, 인간의 공통되지만 독특한 욕구 등이 있다.

② **레비(C. Levy)가 제시한 사회복지전문직의 가치 중 결과우선의 가치**란 '사회복지사는 어떠한 목표를 세우고 서비스를 제공할 것인가?'라는 질문에 대한 대답으로, **서비스 제공 후 발생하는 결과에 대한 가치, 즉 인간에 대해 선호하는 결과**이며, 그 내용은 다음과 같다.

- **기회의 제공**: 서비스 제공의 결과로 **개인은 자신의 잠재력을 실현, 성장과 개발을 위한 기회를 제공**받아야 한다.
- **사회적 책임**: 사회는 개인의 발전을 위해 **사회 참여에 대한 기회를 동등하게 제공**해야 하며, **사회문제를 해결하거나 미연에 방지**해야 하고, 동시에 이와 같은 **욕구를 충족시킬 수 있는 자원을 제공**해야 한다(예 인간의 욕구 충족, 사회적 문제 해결 등).

③ **수단(또는 수단우선)의 가치**란 '사회복지사는 어떤 수단과 절차로 인간을 대할 것인가?'라는 질문에 대한 대답으로, **서비스를 제공하는 수단과 도구, 방법에 대한 가치**이다. 즉 **인간은 존엄과 존중으로 다루어져야 하며, 자기결정의 권리를 가져야하고, 사회변화에 참여하도록 하며, 하나의 독특한 존재로 인정**되어야 한다는 믿음과 같은 것이다.

12 사회복지실천의 토대 정답 ③

ㄱ. (네 번째) 10번째 단계이다.

ㄴ. (첫 번째) 2번째 단계이다.

ㄷ. (세 번째) 5번째 단계이다.

ㄹ. (두 번째) 3번째 단계이다.

이것도 알면 합격

돌고프, 로웬버그와 해링턴(R. Dolgoff, F. Loewenberg & D. Harrington)의 윤리적 의사결정과정의 순서

단계	내용
1	문제가 무엇이며, 또한 그 문제를 지속시키는 요인들이 무엇인지를 찾아낸다.
2(ㄴ)	해당 **문제와 관련 있는 사람들**(예 클라이언트, 지지체계, 다른 전문가 등)**과 제도들을 확인한다.**
3(ㄹ)	해당 문제와 관련해서 2번째 단계에서 **확인한 관련 있는 사람들이 갖고 있는 가치들을 찾아낸다.**
4	해당 문제를 해결하거나 문제의 정도를 경감할 수 있는 **개입목표를 찾아내고, 이를 명확히 한다.**
5(ㄷ)	대안적인 개입전략과 개입대상을 찾아낸다.
6	확인된 목표에 부합되는 **각 대안(또는 개입방법)의 효과성과 효율성을 평가**한다.
7	대안 선택 시 **의사결정에 관여해야 할 사람이 누구인지를 결정**한다.
8	**가장 적절한 전략이나 개입방법을 선택**한다.
9	**선택된 전략이나 개입방법을 실행**한다.
10(ㄱ)	**실행을 점검**한다.
11	**실행된 결과들을 평가**하고 추가적인 문제들을 확인한다.

13 사회복지실천의 토대 정답 ⑤

⑤ '중개자'가 아니라 '중재자'가 맞다. **중재자**란 분쟁 발생 시 **중립적 입장으로 개입하여 협상 또는 타협을 이끌 수 있도록 원조하는 역할**을 말한다.

14 사회복지실천의 접근 방법 정답 ③

③ '강점관점'이 아니라 **'병리관점'에 관한 설명**이다. **강점관점에서 클라이언트의 진술**은 그 사람을 알아가고 평가하는 중요한 방법 중 하나이며, 따라서 **사회복지사는 클라이언트의 진술을 인정**해야 한다.

15 사회복지실천의 토대 정답 ①

ㄱ. 「노인복지법」에 따른 **노인여가복지시설**에는 **노인복지관, 경로당, 노인교실**이 있으며, 이들은 **모두 이용시설이며, 1차 현장에 해당**된다.

이것도 알면 합격

- **노인복지관:** 노인의 교양·취미생활 및 사회참여활동 등에 대한 각종 정보와 서비스를 제공하고, 건강증진 및 질병예방과 소득보장·재가복지, 그 밖에 노인의 복지증진에 필요한 서비스를 제공함을 목적으로 하는 시설
- **경로당:** 지역노인들이 자율적으로 친목도모·취미활동·공동작업장 운영 및 각종 정보교환과 기타 여가활동을 할 수 있도록 하는 장소를 제공함을 목적으로 하는 시설
- **노인교실:** 노인들에 대하여 사회활동 참여욕구를 충족시키기 위하여 건전한 취미생활·노인건강유지·소득보장 기타 일상생활과 관련한 학습프로그램을 제공함을 목적으로 하는 시설

ㄴ. **양육지원시설**은 6세 미만 자녀를 동반한 한부모가족에게 자녀를 양육할 수 있도록 주거 등을 지원하는 시설이다.

ㄷ. **지역아동센터**란 지역사회 아동의 보호·교육, 건전한 놀이와 오락의 제공, 보호자와 지역사회의 연계 등 아동의 건전육성을 위하여 종합적인 아동복지서비스를 제공하는 「아동복지법」에 따른 시설로, **이용시설이며, 1차 현장이고, 민간시설**이다.

오답 분석

ㄹ. '이용시설'이 아니라 '생활시설'이 맞다. **아동양육시설**이란 보호대상아동을 입소시켜 보호, 양육 및 취업훈련, 자립지원 서비스 등을 제공하는 것을 목적으로 하는 「아동복지법」에 따른 시설로, **생활시설**이다.

16 사회복지실천의 접근 방법 정답 ①

① **통합적 접근방법**이란 기존의 전통적 실천방법을 해체하고 새로운 실천방법을 제시한 것이 아니라, **기존의 전통적 방법들 간에 공통 기반이 존재한다는 인식하에 이들을 통합하고 조정한 것**이다.

17 사회복지실천의 접근 방법 정답 ④

④ '발견단계'가 아니라 '대화단계'가 맞다.

18 사회복지실천의 접근 방법 정답 ④

펄만은 **개별사회사업의 문제해결과정을 4P로 정의**하였다. 이는 "**문제(problem)(③)**를 가지고 있는 **사람(person)(②)**이 **사회복지기관(place, 또는 장소)(①)**에 와서 문제를 해결해 가는 **과정(process)(⑤)**"을 의미한다.

19 사회복지실천의 접근 방법 정답 ⑤

오답 분석

①, ② '의뢰-응답체계와 전문체계'에 관한 설명은 맞지만 이는 핀커스와 미나한(Pincus & Minahan)의 4체계모델이 아닌 **콤튼과 갤러웨이(Compton & Galaway)의 6체계 모델**에서 사용하는 개념이다. 참고로 의뢰-응답체계는 클라이언트 체계와는 구별된다. 핀커스 미나한의 4체계에서 클라이언트 체계에 대한 개입은 클라이언트의 관심이나 동의하에 이루어져야 한다. 따라서 만약 다른 사람의 요청에 의해 클라이언트에게 접근하거나 강제로 변화매개체계에게 온 클라이언트의 경우에는 사회복지사와 함께 작업하는 사람이 바로 클라이언트체계가 된다. 쉽게 말해 클라이언트체계는 변화매개체계와 계약이 성립된 관계라고 본다면 의뢰-응답체계는 아직 변화매개체계와의 계약 관계가 성립되지 않은 체계라고 할 수 있다. 콤튼과 갤러웨이는 이를 명확히 하고자 **서비스를 요청한 사람을 의뢰체계로, 강제로 의뢰체계에 의해 의뢰가 이루어진 사람을 응답체계로 구별**하였다.

③ '표적체계'가 아니라 '클라이언트체계'가 맞다.

④ '클라이언트체계'가 아니라 '표적체계'가 맞다.

20 사회복지실천의 접근 방법 정답 ③

③ '증가하였다.'가 아니라 '감소하였다.'가 맞다. **사례관리는 만성적이고 복합적인 문제를 지닌 클라이언트의 증가**로 인해 임상적 치료모델의 한계가 인식되었고, 이로 인해 등장하게 되었다.

21 사회복지실천의 토대 정답 ①

① 자선조직협회가 개별사회사업에 영향을 미친 것은 맞지만, **구빈법에는 영향을 받았다.**

22 사회복지실천의 토대 정답 ④

④ 통합적 방법론이 등장하게 된 것은 **1950년대**이다.

오답 분석

① **1900~1920년대**, 이 시기를 보통 **사회복지실천의 전문화기**라고 하는데, 이때는 **본격적인 전문화가 이루어져 사회복지실천이 봉사활동에서 벗어나 전문직의 위치를 갖게 된 시기**로, 사회사업과 관련된 전문적 교육체계가 등장하고, 사회사업 단체나 조직에서 유급직원을 채용하기 시작했다. 또한 **플렉스너(Flexner)의 비판 이후 메리 리치몬드의 사회진단이 출간**되는 등, **전문적 사회사업의 이론이 구축**되어 갔으며, **관련 단체의 조직화**가 이루어졌다.

② **우애방문활동의 유급화**가 이루어져 우애방문자들에게 **보수(또는 임금)를 지급**하였고, 이를 통해 **서비스 제공의 지속성과 책임성을 증대**하고자 하였다.

③ 우애방문자 관리원을 고용하여 **우애방문자에 대한 교육을 실시**하였으며, 이는 지금의 슈퍼바이저의 기원으로 볼 수 있다.

⑤ **1898년 미국 최초의 사회복지인력 훈련과정이 뉴욕 자선조직협회에 의해 사회복지실천 경험자들에게 6주 과정으로 개설**되었다. 이후 1919년까지 뉴욕자선학교 이외에 17개의 2년제 전문사회복지학교가 설립되었고, 1923년에는 이 중 13개 학교에서 사회사업 학부과정이 신설되었다.

23 사회복지실천의 접근 방법 정답 ①

① '클라이언트의 책임성'이 아니라 '사회복지사의 책임성'이 맞다.

24 사회복지실천의 과정 정답 ②

ㄴ. '이후에 즉시'가 아니라 '이전에'가 맞다.

ㄹ. 고지된 동의는 사회복지사가 **개입을 시작하기 전**, 개입의 내용 등에 대해 클라이언트에게 충분히 설명한 후 얻게 되는 **개입에 대한 클라이언트의 자발적인 동의**로 이는 **클라이언트의 자기결정의 가치를 실현하기 위한 윤리원칙**이다.

오답 분석

ㄱ. **고지된 동의**에는 개입의 목적과 내용, 개입 시 발생할 수 있는 위험, 개입 시 소요되는 비용, 개입의 다양한 대안들, 개입의 한계, 동의의 거부나 철회권 등이 포함된다.

ㄷ. **고지된 동의**는 **서면(書面)**뿐만 아니라 **구두(口頭)의 형태**로도 받을 수 있다.

25 사회복지실천의 과정 정답 ⑤

오답 분석

① '재명명'이 아니라 '재보증'이 맞다.

② '재보증'이 아니라 '재명명'이 맞다.

③ '격려'는 '정서적 안정을 원조'하는 기술이다.

④ '요약'이 아니라 '명료화'가 맞다. 참고로 **요약이란 클라이언트가 말한 내용을 축약하여 정리하는 기법**이다.

4영역 사회복지실천기술론

26 사회복지실천 개입모델 정답 ①

ㄱ. '클라이언트의 행동이 어떻게 생각에'가 아니라 '생각이 어떻게 클라이언트의 행동에'가 맞다.

27 사회복지실천 개입모델 정답 ①

오답 분석

② '문제 중심의 접근'이 아니라 '해결 중심의 접근'이 맞다.

③ 해결중심모델에서는 문제 자체보다 클라이언트의 준거틀, 인식, 강점에 더욱 초점을 둔다.

④ '해결중심모델'이라기보다는 '전략적가족치료모델'에 관한 설명이다. 해결중심모델에서는 문제 자체보다는 **문제해결 방안과 새로운 행동유형을 시작하는 데 초점**을 둔다.

⑤ '해결중심모델'이라기보다는 '정신역동모델이나 심리사회모델'에 관한 설명에 더 가깝다.

28 사회복지실천 개입모델 정답 ⑤

⑤ '비구조화된 접근'이 아니라 '구조화된 접근'이 맞다. 인지행동모델에서는 인지체계 변화를 위한 **구조화되고 방향적(또는 직접적)인 접근을 강조**한다.

오답 분석

① 인지행동모델에서는 클라이언트의 **주관적 경험의 독특성, 즉 문제 및 상황에 대한 주관적인 인식을 중요시**한다.

② 인지행동모델에서 인간은 자신에게 주어진 사건을 이해하는 **자신의 신념체계를 통해 감정에 영향을 받는다**. 따라서 개인의 심리적 장애는 **개인의 경험한 사건 그 자체가 아니라 그 경험에 대한 개인의 독특한 주관적 해석에 근거**한다.

③ 인지행동모델에서 인간은 외부 자극에 수동적으로 반응하거나, 심리 내적인 힘에 따라 결정되는 존재가 아니다. 즉 인간행동은 **자신이 지닌 의지에 의해 결정되며, 문제에 대한 통제력은 전적으로 자신에게 있다.**

④ 인지행동모델에서는 **소크라테스식 문답법**을 활용하여 사회복지사의 질문을 통해 클라이언트는 자기발견과 타당화의 과정을 거치게 된다.

29 사회복지실천 개입모델 정답 ②

② **고객형에게는 주로 행동과제가, 불평형의 경우에는 관찰과제가 부여**된다. 해결중심모델에서 클라이언트에게 부여되는 과제는 관찰과제와 행동과제가 있다. **관찰과제(observation task)**란 해결방법을 구축하는데 도움이 될 것이라고 생각되는 것에 클라이언트가 주의를 기울일 것을 제안하는 것이다. 반면 **행동과제(behavioral task)**는 사회복지사가 생각하기에 클라이언트에게 도움이 될 만한 어떤 일을 실제로 해 보도록 제시하는 것을 말한다. 고객형의 경우 **주로 행동과제가 부여**된다.

30 가족 대상 사회복지실천 정답 ③

③ 사티어는 자신의 **경험적 가족치료모델**에서 자아존중감을 구성하는 3가지 요소인 **자기, 타인, 상황** 중에서 **무엇을 중요시 하는가 아니면 무시하는가에 따라 회유형, 비난형, 초이성형, 산만형, 일치형** 등 5가지 의사소통유형으로 구분하였다. 이 중 **비난형**은 자기와 상황만을 중시하고 타인을 무시하는 의사소통유형으로 자신의 생존을 위해 타인을 탓하고, 타인에게 자신만의 삶의 방식을 강요하는 역기능적인 의사소통유형이다. 반면 **일치형**이란 자기·타인·상황을 모두 중요시하며, **높은 수준의 자아존중감을 지닌 의사소통유형**으로, 언어적·비언어적인 메시지가 일치하고, 솔직하게 표현하며 타인의 생각과 감정을 수용하는 기능적인 유형이다.

이것도 알면 합격

비난형이나 일치형과 같은 의사소통유형이 어떤 가족치료모델에서 사용하는 주요 개념인가를 알고 있으면 해결할 수 있는 문제이다.

31 가족 대상 사회복지실천 정답 ③

ㄷ. **제지**란 **전략적 가족치료에서 사용하는 기법**이다. 즉 클라이언트의 문제가 개선될 때 **항상성 균형이 위험하다고 판단되어 사용**하는 기법으로, 클라이언트의 변화의 속도를 통제하기 위해 **"변화의 속도가 지나치게 빠르다."고 지적**하는 것이다.

오답 분석

ㄱ, ㄴ. '전략적 모델'이 아니라 '구조적 모델'에 관한 설명이다. 참고로 **전략적 모델의 치료목표**는 제시된 가족의 **현재 증상을 제거하고 행동을 변화시키는 것**이다.

ㄹ. 전략적 모델에서는 **"가족문제가 왜 일어났는지?", 즉 가족문제의 발생 원인을 찾지 않는다.** 다시 말해 전략적 모델이란 **가족문제의 원인이 아닌 증상제거(또는 개선)를 위해 구체적이며 다양한 치료전략을 수립**하여 접근하는 가족치료모델들에 대한 통칭이다.

32 집단 대상 사회복지실천 정답 ④

④ 사회복지사는 집단의 활성화나 생존을 위해서 집단성원들이 **개별적이면서 자기중심적이기보다는 집단중심적이고 집단에 통합된 행동과 생각을 보일 수 있도록 원조**해야 한다.

오답 분석

① 긴장과 갈등이 집단에 항상 부정적인 영향을 미치는 것은 아니다. 오히려 **집단은 긴장과 갈등을 건설적으로 해결할 때 더욱 성장**할 수 있다. 그러나 긴장과 갈등이 오랜 동안 지속되거나 심각해지면 집단성원들의 심리적인 분열과 심리사회적 기능의 와해를 야기할 수도 있다.

② 집단규칙은 사회복지사가 아닌 **집단성원들 간의 합의에 따라 결정**되어야 한다.

③ '집단응집력을 촉진시킨다.'가 아니라 '집단응집력을 저해할 수 있다.'가 맞다. **하위집단**은 둘 이상의 하위집단이 서로 경쟁하고 집단 내 분파를 조장하여 **집단응집력을 저해시킬 가능성이 있다.** 따라서 **집단지도자는 발생할지 모르는 하위집단의 이러한 부정적인 영향을 파악**해야 한다.

⑤ '경쟁적 관계'가 아니라 '협력적 관계'가 맞다.

33 집단 대상 사회복지실천 정답 ③

오답 분석

① **피드백은 분명하고 솔직하게 제공**되어야 한다.

② '단점에 초점을'이 아니라 '장점에 초점을'이 맞다.

④ 지나치게 많은 피드백을 동시에 제공하지 않아야 한다. 즉 **집단성원이 활용할 수 있는 만큼의 피드백만 제공**해야 한다.

⑤ **피드백은 집단성원이 요청할 경우에 제공**해야 한다.

34 사회복지실천 개입모델 정답 ③

③ 역량강화모델은 옹호활동을 통해 **클라이언트의 자원과 기회를 확대**시키고, 클라이언트가 **자신의 삶과 상황에 대해 더 많은 통제력을 갖도록 원조**하는 것을 강조한다.

오답 분석

② 역량강화모델에서는 개입 시 클라이언트를 주체로 이해하기 때문에 **변화를 위한 클라이언트의 역할을 중요시**한다. 따라서 **클라이언트의 권리와 함께 책임 역시 강조**한다.

④ 역량강화모델에서는 문제해결과 관련하여 **환경자원의 활용을 강조**한다.

⑤ **발견(discovery)단계**는 사정과 분석을 통해 **수집된 정보를 조직화하여 클라이언트의 강점을 발견하고 역량강화를 위한 계획을 수립하는 단계**이다.

이것도 알면 합격

발견단계

강점 확인 (또는 규명)하기	• **클라이언트의 강점을 구체화하기:** 클라이언트의 강점을 자세하게 조사하여 다양한 가능성(예 문화적 정체성, 역경을 극복하는 강점 등)을 발견하기
자원 역량 (또는 능력) 사정하기	• 클라이언트와 함께 클라이언트의 사회체계를 강점 관점으로 사정하여 **이용가능한 자원체계의 능력을 분석**하기
해결방안 수립하기	• **목표를 구체화하여 설정**하고, 클라이언트와 함께 목표 달성과 관련된 다양한 행동 계획을 수립하기 • 클라이언트와 사회복지사의 역할 정하기

35 집단 대상 사회복지실천 정답 ④

④ '전문가가 의도적으로'가 아니라 '집단성원이 자발적으로'가 맞다. **자조집단**이란 비슷한 관심사를 공유하며 자조 및 상호원조가 필요한 사람들을 집단성원으로 하여 집단상호 간 **자조적 활동[상부상조(相扶相助)]**을 통해 문제상황에 대처할 수 있는 능력을 향상시키기 위해 **자발적으로 형성된 집단**이다.

오답 분석

① **지지집단**(support group)이란 **동병상련(同病相憐)의 경험, 즉 스트레스를 발생시키는 유사한 생활사건이나 문제를 경험했거나 경험 중**이어서 자조 및 상호원조가 필요한 사람들을 대상으로, 이들 집단성원들의 상호원조를 통해 **생활사건이나 문제에 대한 대처기술을 향상**시키고, **미래에 대한 희망을 촉진**시키기 위해 만들어진 집단이다.

② **성장집단**이란 타인과 자신과의 차이점을 알고 싶어 하거나 타인의 경험을 통해 성장할 기회를 갖기 원하는 사람들을 집단성원으로 하여 그들의 생각이나 감정 등 **내면의 성장(또는 자기인식)을 통해 잠재력을 최대화시키고 심리사회적 건강을 증진**시키기 위해 형성된 집단이다.

③ **교육집단**이란 지식, 정보, 기술의 향상이 필요한 사람들을 집단성원으로 하여 그들에게 **지식, 정보, 기술을 학습적인 방법을 통해 전달**하기 위해 형성된 집단이다.

36 집단 대상 사회복지실천 정답 ⑤

ㄱ, ㄴ, ㄷ, ㄹ. **사회(성)기술이란 사회화집단에서 활용(ㄱ)하는 일종의 대인관계 기술로, 사회학습이론에 근거(ㄴ)하여 적당한 훈련 방법**[예 모델링, 강화, 과제제시, 직접적인 지시, 영상물, 행동시연, 역할연습(ㄹ), 코칭, 자기옹호 등]**을 활용**하여 클라이언트의 환경에 대한 영향력을 향상시키고, 적응하게 만드는 것이다. 의사소통기술, 사회인지기술(상대방의 말을 경청하고, 상황을 파악하고, 어떻게 반응해야 하는지를 알 수 있는 능력), 사회문제 상황에 대한 대처기술 등으로 구성되어 있으며, **정신병원이나 교정시설 퇴소자 등의 사회복귀지원 프로그램에 적용이 가능**(ㄷ)하다.

37 집단 대상 사회복지실천 정답 ①

① '정화 효과'가 아니라 '모방행동의 효과'가 맞다. 얄롬이 제시한 **집단의 치료적 효과 중 '모방행동'**이란 집단성원이 **기능적인 집단사회복지사와 다른 집단성원의 생각이나 행동을 관찰학습**하여 역기능적인 생각이나 행동을 새롭게 기능적으로 수정할 수 있게 해주는 것을 말한다.

이것도 알면 합격

③ 집단 역동성의 치료적 효과 중 **재경험의 기회제공**이란 집단과정을 통해 역기능적인 경험을 재현할 뿐 아니라 집단성원 간 역동성 속에서 역기능을 경험하기도 하는 등, 집단 내 상호작용 과정에서 그동안 해결되지 않은 원가족과의 갈등에 대해 탐색하고 행동패턴을 수정하여 성장할 기회를 가질 수 있는 것을 말한다.

38 가족 대상 사회복지실천 정답 ①

ㄷ. 가족 내 하위체계의 경계유형은 투과성 정도에 따라 **비투과성 경계, 반투과성 경계, 투과성 경계**로 나뉠 수 있다.

오답 분석

ㄹ. '일차적 사이버네틱스'가 아니라 '이차적 사이버네틱스'가 맞다. **일차적 사이버네틱스**에서는 **사회복지사의 객관적 입장을 강조**한다. 즉 치료자인 사회복지사는 치료의 대상인 가족체계 밖에서 **가족을 관찰하여 가족 내부의 의사소통과 제어과정을 객관적으로 발견**한다.

39 가족 대상 사회복지실천 정답 ⑤

ㄱ. **재구성(또는 재정의, 재명명)이란 주로 전략적 가족치료모델에서 활용되는 기법**으로, 클라이언트에게 있어서 겉으로 보이기에는 역기능적인 상황을 **긍정적인 언어로 재정의함으로써 변화를 위한 동기를 부여하는 기술**이다. 이 기술을 사용하는 목적은 클라이언트가 이 모델의 개입 전략을 따르는 데 따른 중요성을 인식하고 용납하도록 하기 위해서이다. **'간섭하는 부모와 갈등하는 자녀'의 경우 자녀로 하여금 부모의 간섭을 간섭이 아닌 사랑이나 배려로 재구성하게 할 수 있다.**

ㄴ. **경계만들기란 구조적가족치료에서 가족 재구조화에 활용되는 기법**으로, 역기능적인 경계인 밀착된 경계나 유리된 경계를 기능적인 경계인 명확한 경계로 바꾸기 위해서 사용하는 방법이다. 즉 **밀착된 경계를 가진** 가족성원에게는 상호 간 경계를 분명히 하여 개인의 독립심과 자율성을 키워주고, **유리된 경계를 가진** 가족성원에게는 상호 간 접촉을 증가시켜 상호교류를 촉진시키는 것이다. **'서로 무관심한 남편과 아내'는 유리된 경계를 가진 것이므로 부부 상호 간 접촉을 증가시켜 상호교류를 촉진시켜야 한다.**

ㄷ. **역설적 지시란 전략적가족치료에서 활용되는 기법**으로, **"변화하라!"는 메시지와 "변화하지 말라!"는 두 가지 모순된 메시지를 전달하는 '치료적 이중구속'을 활용**하여 가족으로 하여금 증상을 통제하거나 포기하게 만들어 가족의 문제를 해결하는 기술이다. 즉 **가족이 사회복지사의 지시에 저항하도록 하여 변화를 일으키는 기술**로 사회복지사는 가족의 변화를 돕기 원한다고 하면서 동시에 그들에게 "변화하지 말라."고 요구함으로써 가족의 변화를 유도한다. '끊임없이 잔소리하는 시어머니'의 경우 역설적 지시 중 증상처방을 통해 "잔소리하는 행위를 더욱 강화하도록 지시할 수 있다." 여기서 **증상처방**이란 **클라이언트에게 간단하지만 수용하**

기 어려운 증상을 지속하게 하거나 증상을 과장하게 하여 클라이언트 스스로 증상을 통제할 수 있도록 만드는 기술이다. 이를 통해 클라이언트는 사회복지사의 지시를 거부하고 증상을 포기하거나, 또는 그 지시대로 따르면서 증상이 본인의 통제와 조절하에 있다는 것을 깨닫게 된다.

ㄹ. **균형깨뜨리기**란 **구조적 가족치료에서 가족 재구조화에 활용되는 기법**으로, **가족 내 하위체계 간 역기능적인 위계의 균형을 깨뜨리기 위해서** 사회복지사가 일부 가족성원의 편을 일방적으로 들어주는 것이다. **'독단적으로 자녀문제를 결정하는 아버지'**의 경우 **사회복지사는 아내나 또는 자녀의 편을 일방적으로 들어주어 역기능적인 위계의 균형을 깨뜨릴 수 있다.**

40 가족 대상 사회복지실천 정답 ④

④ **가족구성원의 의미 체계**란 가족구성원이 각자가 자신의 주변 환경이나 사물을 어떻게 인식하고 또한 평가하고 있는 지에 대한 개념이다. 즉 가족구성원 자신이 경험하고 있는 내·외부 상황을 어떻게 파악하고 해석하며, 그 경험이나 해석에 대해 어떻게 반응하고 있는 지에 대한 것으로, **사회복지사는 주로 가족구성원에 대한 직접질문을 통해 가족구성원의 의미 체계를 파악**한다. 제시된 사례에서는 확인하기 어렵다.

오답 분석

① **연합**이란 구조적 가족치료에서 사용하는 주요 개념으로, 가족 내 두 명의 구성원이 가족 내 다른 구성원에게 대항하기 위해서 맺는 제휴를 말한다. 이와 같이 연합한 가족 내 두 구성원은 다른 구성원과 적대관계에 놓여 있다. 제시된 사례에서 **'영수와 그의 어머니는 이러한 아버지의 행동에 대해 분노하고 함께 아버지에게 대항하고 있다.'는 내용**을 통해 영수의 어머니와 영수가 연합하여 아버지에게 대항하고 있음을 확인할 수 있다.

② **순환적 인과관계**란 가족을 이해하는 관점으로, 가족 내 한 성원의 변화는 다른 가족 성원을 반응하게 하는 자극이 되고 **이러한 자극은 다른 가족에게 상호 영향을 미쳐 결국 전체에 영향을 주게 되며** 이 영향은 처음에 변화를 유발하게 한 성원에게 다시 순환적으로 영향을 미친다고 가정하는 것을 말한다. 제시된 사례에서 **'영수의 어머니는 남편의 폭음과 이로 인한 술주정에 대해 잔소리를 하고, 이에 영수의 아버지는 아내의 잔소리 때문에 폭음과 술주정이 심해져 부부갈등이 지속되고 있다.'**는 내용을 통해 순환적 인과관계를 확인할 수 있다.

③ **의사소통상 구두점**이란 **순환적 인과성** 속에서 **가족의 상호작용에서 발생하는 인과관계, 즉 무엇이 원인이고 또한 무엇이 결과인지에 관해** 특정하는 것이다. **인과관계를 바라보는 관찰자에 따라 다르며,** 구두점을 찍는 가족성원에 따라 그 원인을 식별해 내는 행위도 달라진다. 따라서 **구두점은 가족문제의 원인과 결과에 영향을 미친다.** 제시된 사례에서 **영수의 어머니는 남편의 폭음과 술주정에 구두점을, 반면 영수 아버지는 아내의 잔소리에 구두점을 찍고, 이것에 집중**하고 있기 때문에 부부갈등이 지속되고 있는 것이다.

⑤ **병리적 이중구속**이란 **가족의 병리적 의사소통 유형**으로, 상호 중요한 관계에 있는 가족성원끼리 상반되거나 모순된 두 개의 메시지를 전달했을 때에 이를 받은 다른 구성원은 그 메시지에 대해 응답하기 어려운 상황에 놓인 상태를 말한다. 제시된 사례에서 **'평소에 아버지는 영수에게 "너의 진로는 네가 알아서 정해도 된다."고 하였지만, 정작 영수가 사회복지학과 진학을 하겠다고 말하자 "사범대학교에 입학해 선생님이 돼라!"고 언성을 높이며 영수의 의견을 묵살하였다.'**는 내용을 통해 아버지가 영수에게 이중구속 메시지를 제공하고 있음을 확인할 수 있다.

41 가족 대상 사회복지실천 정답 ①

① 제시된 사례에서 **A 씨의 아내와 딸은 연합을 이룬 상태**이다. **연합**이란 가족 내 두 구성원이 가족 내 다른 구성원에게 대항하기 위해서 '밀착된 경계'를 '지속적'으로 갖는 것을 말한다.

42 사회복지실천 개입모델 정답 ②

오답 분석

ㄴ. 과제중심모델의 과제 유형에는 **조작적 과제와 일반적 과제**가 있으며, **조작적 과제가 일반적 과제보다 구체적**이다.

이것도 알면 합격

과제중심모델의 조작적과제와 일반적 과제

일반적 과제	• 행동의 방향만을 제시하는 과제, 즉 **구체적 행동을 제시하지 않는 과제**를 말한다. • 클라이언트의 목표, 즉 과제가 수행됐을 때 달성되어야 하는 상태를 포함한다. 예 재철 씨는 인지치료를 받아야 한다.
조작적 과제	일반과제에서 도출되며, **클라이언트가 수행해야 하는 구체적인 행동**을 말한다. 예 재철 씨는 인지치료센터에 가서 인지 기능 검사를 받아야 한다.

ㄹ. 과제중심모델은 개입의 효과성과 효율성 증진이라는 목적을 달성하기 위해 특정한 이론이나 개입방법에 몰입하지 않고 체계이론, 의사소통이론, 인지이론, 정신분석이론, 학습이론 등 **다양한 이론들을 절충**하여 활용한다.

43 사회복지실천 개입모델 정답 ⑤

⑤ '지시적 관계'가 아니라 '파트너십 관계'가 맞다.

44 가족 대상 사회복지실천 정답 ④

ㄴ, ㄷ, ㄹ. **가계도(genogram)**란 일반적으로 **2~3세대 이상 가족의 정보를 다양한 상징을 통해 보여주는 가족 사정도구**로, 2~3대에 걸친 가족의 구성 및 구조 및 변화, 가족 내 하위체계 간 경계의 속성, 종단 및 횡단·종합 및 통합적인 가족의 속성, 가족의 생애주기, 출생·질병·사망·결혼·이혼·재혼 등의 생활사건, 성별·나이·직업·종교 등의 사회·인구학적 특성, 가족규칙, 세대 간의 반복적인 정서적·행동적 유형·사건·특징, 가족성원의 역할과 기능의 균형상태, 가족의 지배적 주제, 가족 내 삼각관계 유형 등의 정보를 제공한다.

오답 분석

ㄱ. 가계도가 아니라 **생태도를 통해 확인할 수 있는 정보**이다.

45 가족 대상 사회복지실천 정답 ⑤

ㄱ. **순환적 인과성은 파문효과(ripple effect)와 관련**이 있다. **파문효과**란 상호작용 고리를 만들고 있는 체계의 한 구성요소에 변화를 주면 그 효과는 다른 구성요소에 영향을 주고 결국 전체체계에 영향을 주게 되는 것, 즉 하위체계의 변화가 상위체계에 영향을 주게 되는 것을 말한다.

ㄴ. 순환적 인과성에 따르면 가족 내 한 성원의 변화는 다른 가족성원을 반응하게 하는 자극이 되고 **이러한 자극은 다른 가족에게 상호 영향을 미쳐 결국 전체에 영향을 주게 되며** 이 영향은 처음에 변화를 유발하게 한 성원에게 다시 순환적으로 영향을 미친다고 가정하는 것이며, 따라서 **가족성원이 많을수록 더욱 복잡한 양상**을 띠게 된다.

ㄷ, ㄹ. 순환적 인과성에 따르면 사회복지사가 가족체계에 개입할 경우에는 문제의 직접적인 원인을 찾기보다는 **체계론적 관점하에서 악순환적인 연쇄고리, 즉 가족의 악순환적인 상호작용의 과정이나 양상을 파악**해야 하며, **문제를 일으킨 성원도 되지만 또는 다른 성원의 변화를 통해서도 이러한 악순환적인 연쇄고리를 끊어 가족 전체의 역기능적인 문제를 해결**할 수 있다. 쉽게 말해 **가족성원 중 누군가의 바람직한 변화는 가족 전체의 바람직한 변화를 일으킬 수 있다는 것**이다.

46 사회복지실천 개입모델 정답 ③

오답 분석

ㄹ. 위기개입모델에서 **위기(crisis)**란 **개인적인 입장**에서 자신이 가진 현재의 자원과 대처기제로는 감당하기 어려운 사건이나 상황을 **주관적으로 지각하거나 경험하는 것**이다. 즉 위기란 사건 자체가 아니라 **사건에 대한 주관적인 인식**이다.

47 가족 대상 사회복지실천 정답 ⑤

⑤ 현대에 들어 전통적인 가족이 본래 가지고 있던 기능의 많은 부문을 다양한 사회제도에 이전하게 되었다.

이것도 알면 합격

전통적인 가족 기능	사회적 이양 주체
구성원의 양육과 보호 기능	어린이집, 장기요양기관 등의 사회적 돌봄 제도
사회화 기능	학교 등의 교육제도
경제적 기능	기업 등의 경제 주체

오답 분석

① 저출산, 핵가족화로 인해서 **가족구조가 단순화되고 가족규모가 축소**되고 있다. 즉 기존의 부부와 미혼자녀로 구성된 전형적인 핵가족 형태 대신 **1·2인 가구의 비율이 꾸준히 증가**하고 있다. 또한 **1인 가구 중에서도 노인 단독가구와 여성가구주 가족이 계속 증가**하고 있으며, 이와 같은 가족 형태의 단순화는 꾸준히 지속될 것으로 전망된다.

② 가족의 정서적 기능이란 가족이 가족성원에게 정서적인 유대와 안정감을 제공하는 것을 말한다. **현대 가족의 정서적 기능은 약화**되고 있다. 하지만 경쟁적인 현대사회에서 소외될 수밖에 없는 개인에게 가족이 제공하는 **정서적 기능의 중요성은 점점 더 강조**되고 있다. 정리하자면 **'가족의 정서적 기능의 중요성은 점점 더 강조되고 있는 반면, 현대 가족의 정서적 기능은 오히려 약화'**되고 있다.

48 사회복지실천 개입모델 정답 ①

오답 분석

② '상황적 위기'가 아니라 '발달적 위기'가 맞다. 참고로 **상황적 위기**란 **예기하지 않는 가운데 발생하는 위기**로, 개인이 통제할 수 없는 사건이 발생할 때 나타난다(예 실직, 사고, 가족의 사망, 이혼 등).

③ '장기적인 서비스를'이 아니라 '단기적인 서비스를'이 맞다. 위기개입모델에서 **서비스는 가능한 한 즉시 제공**되어야 한다. 즉 위기단계에서 6주 이내에 문제를 해결해야 하며, 이로 인해 **위기개입모델은 단기개입모델에 해당**한다.

④ 위기개입모델의 1차적 목표는 제한된 목표로, **위기로 인한 증상(또는 반응)을 제거(또는 완화)하는 것과 위기 이전의 기능 수준으로 회복하는 것** 등이 있다.

⑤ **위기개입모델**에서 사회복지사의 역할은 **지시적·적극적·직접적이어야** 한다.

49 사회복지실천 개입모델 정답 ①

① **심리사회모델의 직접적 개입 기법 중에 하나인 지지하기**는 클라이언트의 불안을 감소시키고, 원조관계를 수립하며, 동기화를 촉진시키기 위해 활용되는 것으로, 세부기법으로는 재보증, 격려, 실질적 활동(예 경제적 지원, 선물주기 등) 등이 있다.

오답 분석

② **직접적 영향 주기**는 클라이언트에게 **사회복지사의 의견을 제시하고 이를 관철시키기 위해 활용되는 기법**으로, 세부기법으로는 **자신을 위한 클라이언트의 제안 '격려'하기**, 현실적인 '제안'하기, **직접적인 '조언'하기**, 대변적인 '행동'하기, 문제 해결을 위한 사회복지사의 의견을 강조하기, 충고하기, 독려하기 등이 있다.

③ **발달적 고찰**은 클라이언트에게 **자신의 성인기 이전의 생애(또는 유년기) 경험이 현재의 자신에게 어떤 영향을 미치는가를 이해시키기 위해 활용**하는 것으로, 세부기법으로는 명확화, 해석, 통찰, 토의, 추론, 설명, 일반화, 변호, 역할극, 강화, 교육 등이 있다.

④ **심리사회모델의 직접적 개입 중 유형의 역동성 고찰**이란 클라이언트에게 클라이언트 자신의 심리적 기능(예 성격유형, 특징, 행동유형, 방어기제 등)을 이해시키기 위해서 문제의 **명확화, 해석, 통찰 등의 세부기술을 활용하는 것**이다.

⑤ **인간-상황에 대한 고찰**은 심리사회모델의 핵심 기법으로, 사건에 대한 클라이언트의 지각방식 및 행동에 대한 자신의 신념이나 외적 영향력 등을 평가하기 위해 활용된다. 세부기법으로는 토의, 추론, 부연설명, 일반화, 변화, 역할극, 강화, 명확화, 교육 등이 있다.

50 사회복지실천 개입모델 정답 ②

오답 분석

ㄱ. '의타심'이 많은 것은 구강 수동적 성격이며, '타인을 지배하려는 성향이 있는 것'은 구강 공격적 성격이다.

ㄷ. '미래의 의지'가 아니라 '과거의 경험'이 맞다. 정신역동모델은 **무의식적 욕망과 충동과 과거의 경험을 강조**하고, **성격발달 단계에서 고착과 퇴행을 고려**한다.

5영역 지역사회복지론

51 지역사회복지실천의 이론과 모델 정답 ①

① '사회계획 모델'이 아니라 **'지역사회개발 모델'에 관한 설명**이다.

오답 분석

④ 사회계획 모델에서 사회복지사의 역할은 **전문가, 계획가, 분석가, 프로그램의 기획 및 평가자, 사실발견수집가** 등이다.

52 지역사회복지의 실재 정답 ④

ㄹ. '협동조합은 기획재정부장관의 인가를, 사회적 협동조합은 시·도지사에게 신고하여 설립한다.'가 아니라 '협동조합은 시·도지사에게 신고를, 사회적 협동조합은 기획재정부장관의 인가를 받아 설립한다.'가 맞다.

53 지역사회복지실천의 과정과 기술 정답 ⑤

ㄱ, ㄴ, ㄷ, ㄹ. **임파워먼트 향상 방안**

- **의식 제고(또는 의식 고양)시키기:** 무력감을 표현하는 개인들을 모아 그들이 경험하는 문제가 **그들 자신이 아닌 사회구조적 원인에 있다는 것**을 알게 하여 **사회구조에 대해 비판적인 의식**을 갖추게 한다.
- **자기주장을 강화시키기(또는 자기 목소리 내기):** 의식 제고가 이루어진 이후, **공개적으로 자기의 목소리를 내어 자기주장을 전개**하게 한다.
- **공공의제의 틀을 마련하기:** 시위나 대중매체를 활용한 캠페인 등을 통해 **쟁점을 공공의제화**시킨다.
- **권력을 키우기:** **지역사회의 자원을 동원**하고, 주민을 조직화시켜 권력을 키운다.
- **사회적 자본 창출하기:** 사회적 자본 창출로 **지역사회주민 간 연대감을 형성**한다.
- **역량건설:** 지역사회주민들의 **역량을 강화시키기 위한 조직을 설립**하고, 이를 통해 그들의 주장을 효과적으로 표명하게 한다.

54 지역사회복지의 실재 정답 ③

오답 분석

① 사회복지관 설치 시 '시·도지사 및 시장·군수·구청장이 사회복지관을 설치코자 할 때에는 저소득층 밀집지역에 우선 설치하되, 사회복지관이 일부 지역에 편중되지 않도록 한다.'는 지침(사회복지관 운영관련 업무처리 안내<보건복지부>)은 있으나 **'기초 지방자치단체마다 의무적으로 설치해야 한다.'는 규정은 없다.**

② '중앙정부 환원사업이 되어'가 아니라 '지방이양사업으로 선정되어'가 맞다. **2005년 사회복지관 사업이 지방이양사업으로 분류**됨에 따라 **관할 지방자치단체가 자율적으로 사회복지관에 대한 예산을 편성·집행**할 수 있게 되었다.

④ 사회복지관은 **일반주의 실천을 실행하는 곳**으로, **모든 지역주민을 대상으로 사회복지서비스를 실시**하여야 한다. 따라서 **중산층 역시 이용할 수 있다.**

⑤ '투명성'이 아니라 '중립성'이 맞다.

55 지역사회복지의 실재 정답 ④

ㄱ. 사회복지전담공무원은 **2000년 국민기초생활보장제도의 시행으로 수급자 및 차상위자에 대한 관리를 위해** 그 인원이 대폭 확대(또는 증원)되었다.

ㄹ. 지역사회복지실천과 관련된 사회복지전담공무원의 역할 중 **자원연결자**란 **잠재적 수급권자 파악, 자산조사 및 수급권자에 대한 욕구조사, 공공부조 대상자 선정, 서비스 및 시설입소 의뢰, 취업정보 제공 및 알선, 지역사회자원 개발 및 연결** 등을 하는 것이다.

오답 분석

ㄷ. '1992년에'가 아니라 '1987년'이 맞다.

56 지역사회복지의 실재 정답 ②

ㄴ. 사회복지협의회는 **지역사회 복지에 관심 있는 민간단체 및 개인의 연합체**이며, 그 기원은 구호활동을 하던 민간사회복지기관의 모임이다.

ㄷ. **사회복지협의회의 임원 및 업무(「사회복지사업법」 제33조 제1항 및 동법 시행령 제12조)**

구분	한국사회복지협의회	시·도협의회	시·군·구협의회
임원	대표이사 1인을 포함한 15인 이상 30인 이하의 이사와 감사 2인		대표이사 1인을 포함한 10인 이상 30인 이하의 이사와 감사 2인
	• 이사와 감사의 임기는 3년으로 하되, 각각 연임할 수 있다. • 임원의 선출방법과 그 자격요건에 관하여 필요한 사항은 정관으로 정한다.		
업무	• **사회복지에 관한 조사·연구 및 정책 건의** • **사회복지 소외계층 발굴 및 민간사회복지자원과의 연계·협력** • 대통령령으로 정하는 사회복지사업의 조성 등 **대통령령으로 정하는 사회복지사업(「사회복지사업법 시행규칙」 제12조)** • 사회복지에 관한 교육훈련 • 사회복지에 관한 자료수집 및 간행물 발간 • 사회복지에 관한 계몽 및 홍보 • 자원봉사활동의 진흥 • 사회복지사업에 관한 기부문화의 조성 • 사회복지사업에 종사하는 사람의 교육훈련과 복지증진 • 사회복지에 관한 학술 도입과 국제사회복지단체와의 교류 등		

오답 분석

ㄱ. **사회복지협의회**는 「사회복지사업법」 제33조에 따라 설립된 법정단체로, **각종 민간의 사회복지사업과 활동을 조직적으로 연계·협력·조정하는 기구**이다.

ㄹ. 「사회보장급여의 이용·제공 및 수급권자 발굴에 관한 법률」이 아니라 「사회복지사업법」이 맞다.

57 지역사회복지의 실재 정답 ④

④ 지역사회보장협의체는 **대표협의체, 실무협의체, 실무분과, 읍·면·동 지역사회보장협의체로 구성**되어 있다.

오답 분석

① 시장·군수·구청장은 지역의 사회보장을 증진하고, 사회보장과 관련된 서비스를 제공하는 관계 기관·법인·단체·시설과 연계·협력을 강화하기 위하여 해당 시·군·구에 지역사회보장협의체를 둔다.

② '공급자 중심'이 아니라 '수요자 중심'이 맞다.

③ 「사회복지사업법」이 아니라 「사회보장급여의 이용·제공 및 수급권자 발굴에 관한 법률」이 맞다.

⑤ '심의·의결'이 아니라 '심의·자문'이 맞다.

58 지역사회복지실천의 과정과 기술 정답 ①

오답 분석

ㄴ. '지역사회를 사정할 때에는'이 아니라 '실행할 때에는'이 맞다.

ㄷ. '평가 시'가 아니라 '실행 시'가 맞다.

59 지역사회복지실천의 이론과 모델 정답 ④

④ '조직가'는 **그로스만(Grossman)이 주장**한 **사회행동모델의 사회복지사의 역할**이다.

이것도 알면 합격

그로스만(Grossman)의 조직가

기술적인 과업	• 진지한 토의, 화합, 빠른 승리를 얻으려고 한다. • 주민들의 조직적인 행동을 장기적인 프로그램에 포함한다.
이데올로기적인 과업	• 지역사회에 계속적인 긴장을 조성하기 • 주민들의 정치적 의식을 증대시키기 • 주민들이 스스로의 생활에 관한 통제력을 키우도록 원조하기 • 사회복지조직의 힘을 키우기

60 지역사회복지실천의 과정과 기술 정답 ④

ㄱ. '지역사회 욕구사정' 단계에서의 과업이다.

ㄴ. '평가' 단계에서의 과업이다.

ㄷ. '문제 확인' 단계에서의 과업이다.

ㄹ. '실천계획 수립' 단계에서의 과업이다.

61 지역사회복지실천의 과정과 기술 정답 ④

ㄹ. 증언청취는 전문가인 사회복지사가 자신의 문제를 스스로 해결할 능력이나 지식이 부족한 클라이언트를 대신하여 **클라이언트와 관련된 의사결정을 내린 행정기관에 심사를 요청하는 활동**을 말한다.

오답 분석

ㄷ. '정치적 압력을'이 아니라 '표적을 난처하게 하기를'이 맞다.

62 지역사회복지의 실재 정답 ⑤

⑤ '지역자활센터가 자활후견기관으로'가 아니라 '자활후견기관이 지역자활센터로'가 맞다. **2006년 12월 기존 자활후견기관이 지역자활센터로 그 명칭이 변경**되었다.

이것도 알면 합격

지역자활센터의 주요 연혁
- 1996년 자활지원센터 설립
- 2000년 10월 '자활후견기관'으로 명칭 변경
- **2006년 12월 '지역자활센터'로 명칭 변경**
- 2012년 상반기부터 지역자활센터의 유형을 도시형, 도·농복합형, 농촌형으로 구분하여 운영

오답 분석

① **1992년부터 설치 및 운영되기 시작한 재가복지봉사센터**는 기존의 사회복지관, 장애인복지관, 노인복지관 등이 전담인력, 장비 등에 소요되는 사업비를 국가와 지방자치단체로부터 지원받아 **부설형태로 운영**하였다. 이후 2010년에 **종합사회복지관의 재가복지봉사서비스에 흡수되어 통합**되었다.

② **2012년, 시·군·구 희망복지지원단이 설치되어 (공공)통합사례관리 사업이 실시**되었다.

③ **1989년**, 「주택건설촉진법」 등에 따라 **저소득층의 영구임대아파트 건립 시 일정 규모의 사회복지관 건립이 의무화**되었다.

④ **2016년, '읍면동 복지 허브화 사업' 추진으로 '읍·면·동 주민센터'가 '행정복지센터(약칭: 행복센터)'로 변경**되었다.

63 지역사회복지의 실재 정답 ④

ㄴ. 우리나라의 경우 **1997년 국가경제위기를 기점**으로 급속하게 증가한 지역사회 빈곤 및 불평등 문제에 대항하기 위해서 등장·활성화되고 있다.

오답 분석

ㄷ. 지역사회복지운동은 지역사회활동가, 사회복지전문가 및 실무자를 포함하여 **지역주민과 서비스 이용자 모두가 참여 주체**가 된다. 따라서 뚜렷한 참여 계층이 존재하지 않는다.

64 지역사회복지실천의 이론과 모델 정답 ①

오답 분석

ㄹ. '생태체계이론'이 아니라 '자원동원이론'이 맞다.

65 지역사회복지실천의 과정과 기술 정답 ③

ㄱ. '명목집단기법'이 아니라 '초점집단기법'이 맞다.

ㄴ. '표준화된 면접도구'가 아니라 '비표준화된 면접도구'가 맞다. **민속학적 방법**은 일반적으로 **비표준화된 면접도구**를 사용하여 사회적 약자계층의 문화적 규범과 실천행위를 규명하는 사정으로 **일종의 참여관찰로 이해**할 수 있다.

ㄹ. '초점집단 기법'이 아니라 '델파이 기법'이 맞다. 참고로 **초점집단 기법**은 **집단적 의사결정 방법**으로, 지역사회의 문제와 관련된 정보를 제공할 수 있는 **초점집단을 12~15명 정도의 인원으로 구성**한 후, 이들을 한자리에 모아 조사자가 주제를 제시한 후, **약 2시간 전후로 자유로운 의사소통을 유도**하고 이 과정에서 **조사자의 판단에 근거하여 욕구를 조사하는 질적자료수집 방법**이다.

66 지역사회복지의 실재 정답 ⑤

⑤ '공무원으로'가 아니라 '민간인으로'가 맞다(「자원봉사활동 기본법 시행령」 제15조 제3항).

오답 분석

① 「자원봉사활동 기본법」 제3조 제4호

② 「자원봉사활동 기본법」 제19조 제1항

③ 「자원봉사활동 기본법 시행령」 제14조 제2항

④ 「자원봉사활동 기본법」 제19조 제3항

67 지역사회복지실천의 토대 정답 ④

ㄴ. 펠린은 **바람직한 지역사회를 '역량 있는 지역사회(competent community)'**로 보았다.

이것도 알면 합격

역량 있는 지역사회의 특징(P. F. Fellin)
- 지역사회 내 다양한 구성원들이 지역사회의 문제와 욕구를 밝혀내는 데 **효과적으로 협력**한다.
- 목적과 우선순위에 대해 **실제적으로 합의**한다.
- 합의된 목표를 달성하기 위한 방법과 수단에 대해 **의견일치**가 이루어진다.
- 목적을 이루기 위해 요구되는 실천과정에서 **효과적인 협력**이 이루어진다.

오답 분석

ㄷ. '던햄(A. Dunham)'이 아니라 '뒤르켐(E. Durkheim)'이 맞다.

68 지역사회복지실천의 이론과 모델 정답 ⑤

⑤ '갈등이론'이 아니라 '엘리트이론'에 관한 설명이다. **엘리트이론**에서는 **소수의 지배 엘리트 집단이 정책을 좌우하는 권력을 장악**하고 있다고 가정하며, 지역사회복지정책과 관련해서는 **엘리트들이 자신들의 이익을 위해 정책을 도입**한다고 본다. 따라서 이 관점에서는 **사회나 조직을 지배하는 특정 소수엘리트 집단의 역할이 중요**하다.

69 지역사회복지실천의 토대 정답 ①

① '장점을 유지하기 위해서'가 아니라 '한계를 극복하기 위해서'가 맞다. **지역사회보호(community care)**란 정상화 이념과 탈시설화의 영향으로 **시설보호의 한계를 극복하기 위해서 등장한 개념**으로, **클라이언트의 가정 또는 그와 유사한 지역사회 내의 환경에서 서비스를 제공**하는 사회적 돌봄의 형태를 말한다.

70 지역사회복지실천의 토대 정답 ⑤

ㄱ. 1980년대 레이거노믹스로 일컬어지는 신자유주의·신보수주의 경향으로 인해 **복지예산에 대한 삭감 압력이 크게 증가**하였다.

ㄴ. 대공황 이전에는 자선조직협회나 인보관운동 등 민간이 지역사회복지실천의 주요 전달체계를 담당하였지만, **1929년에 발발한 대공황**에 따른 실업의 급증과 빈곤으로 사회복지에 관한 수요가 급증하였고, 이에 **'자선조직협회와 인보관 운동 등' 민간 주도의 지역사회복지체제의 한계가 드러나며 공공부문을 포함한 '다양한 형태의 지역사회복지 추진체계'의 발전이 촉진**되었다.

ㄷ. 1960년대에는 **케네디·존슨 정부에서 당시 풍요속의 빈곤(poverty in the midst of plenty)관에 따라 빈곤과의 전쟁(war on poverty)을 선포**하면서 **연방정부의 역할이 강조**되었다.

ㄹ. 1970년대에는 베트남전 반전(反戰)운동, 인종차별 금지 등 **사회정의와 관련된 이슈들을 달성하기 위한 수단으로 조직화가 진행되었으며, 이에 지역사회복지조직사업이 촉진**되어 **다양한 전략과 접근을 활용한 사회행동 및 옹호계획이 개발**되었다.

71 지역사회복지실천의 토대 정답 ③

③ 새마을 운동은 **농촌재건운동 및 농가소득배가운동**으로, 또한 **농한기 마을 가꾸기 시범사업으로 시작**되었으며, 이후 정부의 절대적인 지원으로 단순한 농촌개발사업이 아닌 한국사회 전체의 근대화 운동으로 확대 및 발전하여 **도시민의 의식개선운동과 소득증대운동으로 변화**하였다.

오답 분석

① '1980년대'가 아니라 '1970년대'가 맞다. **새마을 운동**은 1970년대 박정희 정부의 주도 아래 전국단위로 실시된 **지역사회개발운동**으로, 처음에는 **새마을가꾸기운동**이라고 하였다.

② '단결'이 아니라 '협동'이 맞다.

④ '1980년대'가 아니라 '1970년대'가 맞다.

⑤ '4월 20일'이 아니라 '4월 22일'이 맞다.

72 지역사회복지실천의 토대 정답 ④

오답 분석

ㄷ. **네트워크(또는 연계)는 이용자 중심의 서비스 제공**을 위해 지역사회 내에 산재되어 있는 서비스 제공 주체 및 주민들의 조직화·연계 등이 이루어져야 한다는 것이다. 다만, 이를 통해 **지역구성원의 개인정보를 누구든지 공유할 수 있는 것은 아니다.**

73 지역사회복지실천의 토대 정답 ③

③ 지역사회복지실천의 특성 중 **'통합성'이란 서비스 제공 기관 간 연계 및 조정 활동을 통해 포괄성을 충족시켜야 한다는 것**이다.

74 지역사회복지실천의 토대 정답 ③

ㄷ. **지역의 자치성**이란 **경제적·정치적으로 타 지역에 의존하지 않는 정도**로, 지역의 재정자립도, 지역의 정치인 수 등으로 확인할 수 있다.

ㄹ. **수평적 유형**이란 **지역사회 내 상이한 조직들의 구조적·기능적 관련 정도**를 말한다.

오답 분석

ㄱ. '사회성'이 아니라 '서비스 영역의 일치성(또는 서비스 일치성)'이 맞다. **서비스 영역의 일치성**이란 **지역사회 내 서비스 영역이 동일 지역 내에서 일치하는 정도**를 말하며, 지역 내에 위치한 병원, 쇼핑몰, 편의 시설 등의 수로 확인할 수 있다.

ㄴ. **심리적 동일시**란 **지역사회 주민들이 자기 지역을 중요한 준거집단으로 생각하는 정도**를 말하며, 지역에 대한 주민 개개인의 자긍심 등으로 확인이 가능하다.

이것도 알면 합격

워렌(R. Warren)은 지역사회의 기능 비교척도로 지역의 자치성, 서비스 영역의 일치성, 심리적 동일시, 수평적 유형 등 4가지를 제시하였다.

75 지역사회복지실천의 이론과 모델 정답 ①

오답 분석

ㄹ. '커뮤니티 케어모델'이 아니라 '인종차별철폐 지역사회사업 모델'이 맞다. 참고로 **커뮤니티 케어모델**은 지역사회에 거주하는 주민(예 노인, 아동, 장애인 등)의 **케어를 위한 자원봉사 서비스와 지역사회 네트워크를 조성하는 데 초점을 둔 모델**이다.

3교시 사회복지정책과 제도

6영역 I 사회복지정책론

01	③	02	④	03	④	04	①	05	②
06	②	07	④	08	②	09	⑤	10	④
11	①	12	①	13	②	14	②	15	④
16	③	17	①	18	①	19	①	20	③
21	⑤	22	③	23	①	24	⑤	25	②

7영역 I 사회복지행정론

26	⑤	27	③	28	③	29	②	30	④
31	④	32	④	33	④	34	⑤	35	①
36	④	37	②	38	③	39	④	40	②
41	④	42	③	43	③	44	③	45	③
46	②	47	④	48	④	49	①	50	③

8영역 I 사회복지법제론

51	⑤	52	①	53	②	54	③	55	①
56	①	57	④	58	⑤	59	②	60	②
61	③	62	④	63	①	64	②	65	⑤
66	⑤	67	①	68	②	69	③	70	⑤
71	③	72	②	73	③	74	③	75	⑤

나의 점수 분석표

영역명	맞힌 개수 / 문제 수
사회복지정책론	/ 25
사회복지행정론	/ 25
사회복지법제론	/ 25
합계	/ 75

* 과락 기준: 75문제 중 맞힌 문제 수가 30개 미만

취약점 키워드 box

* 틀린 문제 중, 본인이 부족했던 개념 또는 키워드를 정리해 보세요!

6영역 사회복지정책론

01 사회복지정책 분석 정답 ③

ㄴ, ㄷ, ㄹ. '민간부문'이 아니라 '공공부문'의 장점, 그 중에서 **중앙정부의 장점에 관한 설명**이다.

02 사회보장론 정답 ④

ㄴ. 「긴급복지지원법」 제10조 제3항

ㄷ. 「긴급복지지원법」 제3조 제2항

이것도 알면 합격

「긴급복지지원법」 제3조 제2항

「재해구호법」, 「국민기초생활 보장법」, 「의료급여법」, 「사회복지사업법」, 「가정폭력방지 및 피해자보호 등에 관한 법률」, 「성폭력방지 및 피해자보호 등에 관한 법률」 등 **다른 법률에 따라 이 법에 따른 지원 내용과 동일한 내용의 구호·보호 또는 지원을 받고 있는 경우에는 이 법에 따른 지원**을 하지 아니한다.

ㄹ. 「긴급복지지원법」 제7조 제1항

오답 분석

ㄱ. 「긴급복지지원법」에 따른 지원은 위기상황에 처한 사람에게 일시적으로 신속하게 지원하는 것을 기본원칙으로 한다(「긴급복지지원법」 제3조 제1항). 특히 **'소득이나 재산에 대한 조사'는 사후조사, 즉 긴급복지지원을 받았거나 받고 있는 긴급지원대상자에 대하여 시장·군수·구청장이 실시**하게 되어 있다(법 제13조 1항).

이것도 알면 합격

「긴급복지지원법」 제13조 제1항

시장·군수·구청장은 긴급복지지원을 받았거나 받고 있는 긴급지원대상자에 대하여 **소득 또는 재산 등 대통령령으로 정하는 기준에 따라 긴급지원이 적정한지를 조사**하여야 한다.

03 사회복지정책 분석 정답 ④

④ '막을 수 있다.'가 아니라 '막기는 어렵다.'가 맞다. **바우처의 경우에도 '꺾기' 등의 오남용 문제가 발생**할 수 있다.

오답 분석

① **바우처(voucher, 또는 증서)**란 **제3의 급여, 즉 현금급여와 현물급여를 절충한 형태**로, 정부가 **일정한 용도 내에서 재화나 서비스를 선택하여 구매할 수 있는 증서를 수급자에게 전달**하면 수급자가 선택한 서비스 공급자가 수급자에게 서비스를 제공하고, 이후 정부가 서비스 공급자에게 현금을 상환하는 **제3자 현금상환방식**이다. 즉 정부가 서비스 생산자(또는 제공기관)가 아닌 **소비자인 수급자에게 재정을 지원하여 서비스를 이용하게 만드는 소비자 직접 지원방식**이다.

04 사회복지정책 분석 정답 ①

ㄱ. '현물급여'가 아니라 '현금급여'가 맞다. 공공부조제도에서 특정 개인에 지급되는 급여는 **소비자 선택권 존중의 원칙에 근거**하여 **일반적으로 '현금' 형태**이어야 한다.

05 복지국가의 이해 정답 ②

② **사회보장국가**의 사회복지정책의 목적은 국민 전체의 생활안정을 위한 **국민최저수준의 보장**이다. 즉 전 국민을 직접적인 수혜자이며 동시에 자신에 대한 책임자로 보아 **국가는 국민의 최저수준만을 보장하고, 그 이상에 대한 추구는 각 개인의 책임이라고 주장**하며, **완전고용정책을 중요**시한다. **사회보험 이외에도 공공부조(또는 사회부조)와 보편적 제도 등도 함께 사용**한다. 대표적인 국가로 **영국**이 있다.

오답 분석

퍼니스와 틸튼은 **사회복지정책의 목적에 따라 적극적 국가, 사회복지국가, 사회보장국가로 구분**하였다.

① **적극적 국가**의 사회복지 정책의 목적은 자유주의 시장경제 체제의 불안정성으로 인한 재분배의 요구로부터 **자본가의 이익을 보호**하는 것이다. 따라서 **실용적·경제적 효율성에 기여할 수 있는 정책만 실시**하고, **사회복지정책은 사회통제의 수단**으로 사용되며, **완전고용정책을 최소화**하고자 한다. 특히 공공부조에 의한 최하위 계층에 대한 지원은 경제성장을 저해한다고 보아 **사회보험제도를 강조**한다. 대표적인 국가로 **미국**이 있다.

③ **사회복지 국가**의 사회복지정책의 목적은 국민의 평등과 화합을 통해 **국민최저수준 이상에 대한 보장**이다. 정부와 노동조합의 협동을 강조하고, **국민을 정책형성과정에 주체로 참여**시키려 하며, **완전고용정책을 극대화**한다. **사회수당 등의 보편적 제도를 사용**한다. 대표적인 국가로 **스웨덴**이 있다.

④, ⑤ **분화된 복지국가**와 **통합된 복지국가**는 **미쉬라(Mishra)의 2분 모형**에 포함되는 것으로, **미쉬라는 성장(또는 경제)정책과 분배(또는 사회복지)정책의 분화 정도에 따라 분화된 복지국가와 통합적 복지국가로 구분**하였다. **분화된 복지국가**란 **성장정책과 분배정책이 분화된 국가**로, 성장에 악영향을 미치는 분배정책은 제한될 수밖에 없다고 보며, 분배정책은 **잔여적 기능**만 한다. 대표적인 국가로는 **미국**과 **영국**이 있다. 반면 **통합된 복지국가**는 **성장정책과 분배정책이 상호 의존적인 국가**로, 경제집단의 상호의존성을 인식하여 사회적 협력형태로 제도화를 추구한다. 분배정책은 국가·기업·노동자와 같은 경제집단 또는 부자와 빈자와 같은 사회적 계급의 상호협력하에 추진되므로 **집합적 책임을 강조**한다. 대표적인 국가로는 **스웨덴**과 **오스트리아**가 있다.

06 사회복지정책 과정 정답 ②

② '가치중립적이며, 비정치적'이 아니라 '가치지향적이며, 정치적'이 맞다. **사회복지정책 평가는 가치지향적 과정**이다. 즉 정책평가에는 정책평가자의 가치판단적인 내용(예 잘되었는가?, 잘못되었는가?, 바람직한 것은 무엇인가? 등)이 포함된다. 또한 **사회복지정책은 정치적 과정**이다. 즉 정책평가는 정책결정자, 집행자와 같은 정치적 이해집단에게 영향을 받을 수밖에 없다.

오답 분석

① 사회복지 정책평가의 유용성은 **정책담당자의 사용의지에 영향**을 받는다. 즉, 정책결정자나 집행자가 평가결과를 이해하고 이를 이후 정책과정에 반영하려는 의지가 있어야 한다.

07 사회복지정책 과정 정답 ④

오답 분석

① '쓰레기통모형'이 아니라 '합리모형'이 맞다.

② '혼합모형'이 아니라 '최적모형'이 맞다.

③ '최적모형'이 아니라 '점증모형'이 맞다.

⑤ '엘리트모형'이 아니라 '혼합모형'이 맞다.

08 복지국가의 이해 정답 ②

ㄱ. '자유주의 복지국가'가 아니라 '보수(또는 조합)주의 복지국가'가 맞다.

ㄷ. '사회민주주의 복지국가'가 아니라 '자유주의 복지국가'가 맞다. 자유주의 복지체제 국가는 **시장체제가 제공하는 복지를 보완하는 낮은 수준의 국가복지만을 추구**하여 노동시장에서 배제된 저소득 계층에게만 **자산조사와 같이 엄격한 수준의 수급자격조사를 실시**하고, 이에 따른 **공공부조 프로그램을 제공**하는 등, **다분히 잔여적 특성이 강한 사회보장급여를 제공**한다.

오답 분석

ㄴ. **보수주의(또는 조합주의) 복지체제 국가**란 **탈상품화 정도는 비교적 높지만** 시장체제에서 형성된 **계층화가 사회복지정책으로 인해 그대로 유지되는 국가**로, 제조업 중심의 강한 노동조합이 발달한 국가들이다. 이 모형에 속하는 **독일, 네덜란드, 오스트리아, 이탈리아, 프랑스 등**의 국가들은 이전부터 남성은 높은 임금을 보장받았지만 여성의 경제적 참여는 매우 어려워 남성이 가족성원 전체를 경제적으로 부양하고, 여성은 가정을 돌보는 등, **전통적인 가부장적 가족 체제를 중시하는 '남성생계부양자 모형'**이다.

ㄹ. **자유주의복지국가**는 **시장체제가 제공하는 복지를 보완하는 낮은 수준의 국가복지만을 추구**하여 노동시장에서 배제된 저소득계층에게만 **자산조사와 같이 엄격한 수준의 수급자격조사를 실시**하고, 이에 따른 **공공부조 프로그램을 제공**하고자 한다.

09 사회보장론 정답 ⑤

ㄱ. **5분위 배율**이란 9분위에서 제10분위까지의 소득이 전체 소득에서 차지하는 점유율을 제1분위에서 제2분위의 소득이 전체 소득에서 차지하는 점유율로 나눈 값으로, 그 **값이 클수록 소득분배가 불평등**하다고 볼 수 있다.

ㄴ. **상대적 빈곤**이란 **상대적 박탈과 소득불평등 개념을 중시**하며, **한 사회의 평균적인 생활수준과 비교하여 빈곤을 규정하는 방법**으로, **그 사회의 불평등 정도와 관계가 깊다.**

ㄷ. 기존의 빈곤 개념이 경제중심적인 데 반해 **사회적 배제는 다차원적인 개념**이다. 즉 사회적 배제는 빈곤의 해결과 기본적 욕구 충족을 위한 재화 및 서비스의 부족뿐만 아니라, **사회보장제도로부터·사회적 정의로부터·대표성으로부터·시민권으로부터의 배제를 포함**한다. 이로 인해 사회적 배제는 물질적 부족뿐만 아니라 **주거, 건강, 노동(또는 고용), 교육, 사회적 관계망 등 다양한 영역에서 발생**할 수 있으며, 또한 각 영역에서의 배제는 다른 영역에서의 배제의 원인인 동시에 결과로 해석될 수 있다.

ㄹ. 빈곤율과 빈곤갭을 구분한다. **빈곤갭**이란 빈곤층의 평균소득과 빈곤선과의 격차를 나타내는 비율로, **빈곤층의 소득을 빈곤선 수준까지 끌어올리는 데 필요한 총소득(또는 총비용)**을 의미한다. 이러한 빈곤갭이 크면 빈곤을 해결하기 위해 소요되는 비용이 더 많아지므로 **빈곤의 심각성을 빈곤율보다 더 정확하게 보여줄 수 있어서 빈곤의 심도를 파악하는 데 유리**하다.

10 사회보장론 정답 ④

④ '적립방식은 부과방식에 비해'가 아니라 '부과방식은 적립방식에 비해'가 맞다.

11 사회복지정책 분석 정답 ①

① **이용료(또는 본인부담금)**는 **사회복지서비스를 이용하는 사람들이 자신의 비용으로 그 대가를 지불하는 것으로, 수익자부담이라는 시장체제의 기본적인 원칙에 부합되는 재원**이다. 유료 또는 실비 사회복지시설의 이용료, 국민건강보험제도나 노인장기요양보험제도의 본인부담금 등이 여기에 해당된다.

오답 분석

② '임금을 포함하여'가 아니라 '임금 이외에'가 맞다. **기업(또는 직업) 복지**란 기업이 근로자에게 직접적으로 제공하는 **임금 이외의 다양한 부가적 혜택**을 말한다(예 자녀에 대한 학자금 융자, 무료 통근버스 운영 등).

③ 『사회복지공동모금법』이 아니라 『사회복지공동모금회법』이 맞다.

④ '향상시킬 수 있다.'가 아니라 '저해할 수 있다.'가 맞다.

⑤ '크다.'가 아니라 '적다.'가 맞다. **사회보험료**는 국가의 반대급부가 특정되어 있으므로 **조세에 비해 징수에 대한 저항이 적다.**

12 사회복지정책의 이해 정답 ①

ㄱ. '사회민주주의이론'이 아니라 '이익집단론(또는 이익집단정치이론)'이 맞다. **이익집단론**은 복지국가의 발달 원인을 **국가의 정치적 역할에서 찾는 이론**으로, 사회복지정책을 정당이나 협회와 같은 **이익집단들 간의 다양한 이익 추구와 이에 따라 발생하는 갈등과 타협(또는 합의)의 산물로 간주**한다. 이때 **국가는 중립적이고 합리적인 집단**으로, 그 역할은 다양한 이익집단 간 경쟁과정에서 **희소한 자원의 배분을 둘러싼 갈등이 발생할 경우 이를 중재**하는 것이며, 이러한 중재의 결과로 복지국가가 발전한다고 이해한다. 현대사회에서 **귀속적 차이(인종, 연령, 언어, 종교, 지역 등에서의 차이)에 따른 이익집단들 간의 정치적 행위의 중요성**이 커지면서 정치적 이익집단인 정당들 간에도 이러한 이익집단들로부터 받는 정치적 지지와 득표가 중요해졌다. 다시 설명하자면 과거 산업화 시대에는 자본가와 노동자는 서로의 이익을 위해 대립하였다. 특히 노동자들은 자본가에 맞서기 위해 동질성과 계급의식에 기반한 동맹인 노동조합을 강화시켰고, 정치적 이익집단인 정당들 역시 이러한 계급갈등에 편승하여 각 계급의 정치적 대변자들이 되었다. 그러나 제조업의 비중이 약해지고 서비스 산업의 비중이 커지는 등 탈산업화가 진행되고, 더불어 경제성장으로 산업화 시대에 빈곤했던 노동자들이 중산층화되면서 기존에 노동자들이 가졌던 동질성과 계급의식은 급격하게 약화되었고, 오히려 교육, 인종, 환경 등 다양한 비급계급적인 쟁점들에 관심이 높아졌다. 이러한 현상에 따라 이에 기반한 새로운 이익집단들이 등장하게 되었으며, 이러한 현상은 정당들로 하여금 과거 계급적 이념보다는 이렇게 형성된 이익집단을 대상으로 지지와 득표를 극대화시키는 전략에 치중하게 만들었다.

13 사회복지정책의 이해 정답 ②

ㄴ. **정보의 비대칭성은 '역의 선택과 도덕적 해이'의 문제를 발생**시킨다.

ㄹ. **중고차 매매시장은 역선택의 문제가 발생하는 대표적인 장소**이다. **역선택(adverse selection)**이란 정보의 비칭성에 따라 누군가와의 거래관계에서 자신에게 불리한 선택을 하게 되는 현상을 말한다. 즉 거래와 관련된 정보를 많이 가진 사람과 그렇지 않은 사람이 거래를 한다면 정보가 부족한 사람이 불리할 수밖에 없으며, 이는 궁극적으로 자신에게 불리한 선택, 즉 역선택을 하게 만든다. 정보경제학의 창시자로 인정받는 조지 애컬로프(George Akerlof)는 1970년에 자신이 발표한 논문 **「레몬시장(Market for Lemons)」에서 중고차 매매시장을 대표적인 역의 선택이 발생하는 장소**로 보았다. 즉 중고차 매매시장에서는 차량에 대한 정보가

중고차 판매자들에게 편중되어 있으며, 결국 자동차에 대한 정보를 많이 갖지 못한 소비자는 자신에 불리한 선택, 즉 외부만 그럴듯하게 좋고 내부 기능은 좋지 못한 자동차를 선택하게 될 가능성이 많아지게 된다는 것이다.

14 사회복지정책의 이해 정답 ②

② '운영효율성'이 아니라 '목표효율성'이 맞다.

오답 분석

① '수단으로서의 효율성'에 관한 설명이다. **수단으로서의 효율성**이란 효율성 달성, 그 자체가 1차적인 목표(primary objective)가 아니라 '평등 가치'의 실현이라는 사회복지정책의 1차적인 목표 실현의 수단으로만 이해하여 **사회복지정책은 '평등 가치'의 실현을 위해 '비효율적'일 수도 있다고 보는 것**으로, 종류로는 **목표효율성(또는 대상효율성)과 운영효율성**이 있다.

목표효율성 (또는 대상효율성)	• **자원 배분의 집중성 정도**로, 사회복지정책을 집행하기 위해 투입된 자원이 목표 대상 집단에 얼마나 집중적으로 할당되어졌는가에 대한 판단 기준을 말한다. • 일반적으로 **공공부조제도가 사회보험제도에 비해, 현물급여가 현금급여에 비해, 선별주의가 보편주의에 비해 목표효율성이 높다.**
운영효율성	• 자원 배분과 관련된 **행정비용의 투입 정도**로, 사회복지정책을 집행하기 위해서 투입된 **전체 비용에서 간접비용(또는 운영비용)이 차지하는 비율이 낮을수록 운영효율성이 높다**고 본다. • 일반적으로 **사회보험제도가 공공부조제도에 비해, 현금급여가 현물급여에 비해, 보편적 할당이 선별적 할당에 비해 운영효율성이 높다.**

③, ④ 파레토 효율은 **자원 배분이 가장 효율적으로 이루어진 상태 또는 효용이 최적으로 배분된 상태**로, 하나의 자원배분 상태에서 **다른 사람의 효용을 감소시키지 않고서는 어떤 한 사람의 효용이 증가되지 못하는 지점**을 말한다. 경제학에서는 **완전경쟁시장, 즉 시장 내 정부의 개입이 존재하지 않는 시장 내에서 개인의 자발적인 선택을 전제**로 하는 데, 이는 **정부가 시장에 개입할 경우 누군가**(예 부자)**의 효용은 감소될 것이 필연적**이기 때문이다. 이런 의미에서 누군가(예 부자)의 효용을 감소시키면서 **누군가**(예 빈자)**의 효용을 증가시키는 '소득재분배 정책'은 매우 비효율적**이다.

⑤ '파레토 개선'에 관한 설명이다. **파레토 개선이란 다른 사람들의 효용을 감소시키지 않으면서 누군가의 효용을 증가시키는 것**으로, **정부가 아닌 민간의 자발적인 자선활동이 대표적인 예**가 될 수 있다.

15 복지국가의 이해 정답 ④

④ '반대하는 입장'이 아니라 '적극 찬성하는 입장'이 맞으며, **밀리반드(Miliband)**는 마르크스주의의 대표적인 인물이다.

오답 분석

① 반(反)집합주의는 **소극적 자유, 개인주의, 가족, 시장, 불평등, 경쟁**을 주요 사회적 가치로 삼는다. 특히 현존하는 **불평등은 경제성장에 기여하므로 정당화될 수 있다고 주장**한다. 즉, 일부 계층은 경제적 독점으로 획득한 자본을 통해 규모의 경제를 일으키고, 생산성을 향상시킬 수 있다. 따라서 반집합주의자들에게 불평등은 경제성장에 기여할 수 있으며 이로 인해 정당화될 수 있다.

② 사회민주주의는 **적극적 자유, 우애(또는 동포애), 평등**을 주요 사회적 가치로 삼으며, **시장체제와 사회복지정책이 공존하는 시장사회주의를 지향**하여, **자본주의 시장경제체제를 인정하나 이를 보완하기 위해서 사회복지정책이 필요**하다고 본다. 이로 인해 주요 기업이나 기간산업의 점진적인 국유화를 주요 정책 대안으로 삼는다.

③ 6분 모형 중 **녹색주의**는 기본적으로 **복지국가가 추구하는 경제성장으로 인해 환경문제가 유발되기 때문에 복지국가를 반대**하며, 그 반대 정도에 따라 2가지 관점으로 분류된다. 우선 **밝고 약한 녹색주의**는 **경제와 소비의 지속적인 성장은 인정**한다. **다만 환경을 무질서한 착취로부터 보호하고 방어해야 한다는 자각하에 친환경적 경제성장과 소비를 주장**한다. 또한 **어둡고 강한 녹색주의**는 과학기술로는 현재의 환경문제를 해결할 수 없으므로, **유일한 대안은 경제와 소비를 줄이는 것이라고 강조**한다.

16 사회복지정책의 이해 정답 ③

③ 사회보장법 제정 당시 의료보험은 국민 전체에게 가장 시급한 욕구 중에 하나였지만, **전미 의사협회((American Medical Association, AMA)의 강력한 반대와 저지 운동으로 결국 정부 차원에서는 도입하지 못하고 민간보험 시장에 맡기게 되었다.**

오답 분석

①, ②, ④, ⑤ 미국의 사회보장법(1935년)은 **사회보험 프로그램(노령연금, 실업보험), 공공부조 프로그램, 보건 및 복지서비스 프로그램 구성**되었다.

17 사회복지정책의 이해 정답 ①

① 사회복지정책은 완전경쟁 원리가 아니라 **소득의 일방적 이전을 통한 국민의 최저생활 유지를 강조**한다.

18 사회복지정책 분석 정답 ①

ㄱ. 귀속적 욕구의 결정기준은 **'규범적 판단(또는 기준)에 기반한 집단(또는 범주)적 할당'**이다. 또한 **'도시재개발에 의해 피해를 입은 사람'은 할당의 세부원칙 중 '보상'의 사례에 해당**한다.

오답 분석

ㄴ, ㄷ, ㄹ. **할당의 세부원칙**

구분	대상자	욕구판단 기준	내용
귀속적 욕구(또는 부여된 욕구)	집단	규범적 판단(또는 기준)	• **규범적 판단(또는 기준)에 기반한 집단(또는 범주)적 할당**이다. • **대상:** 시장체제를 통해서는 충족되지 않는 욕구를 공통적으로 지닌 집단에 소속된 사람들 • **욕구판단 기준:** 성별, 거주여부, 인구학적 기준 등
보상	집단	규범적 판단(또는 기준)	• **형평성 회복을 위해 규범적 판단(또는 규범적 기준)에 기반한 집단(또는 범주)적 할당**이다. • **대상:** 사회를 위해 사회적·경제적으로 **공헌·기여를 한 사람들과 사회로부터 부당한 피해나 희생을 당한 사람들** • **욕구판단 기준:** 형평성의 회복 예 사회보험 가입자, 도시재개발에 의해 피해를 입은 사람 등
진단적 차별(또는 차등, 구분, 평가)	개인	전문적 등급 분류	• **기술적 진단에 기반을 둔 개인별 할당**이다. • **대상:** 신체적·정신적 결함으로 특정 재화나 서비스에 대한 **개별화된 욕구가 있는 개인** • **욕구판단 기준:** 전문가의 기술적 진단에 근거한 개별화된 판단 예 「장애인복지법」상 수급자, 「노인장기요양보험법」상 수급자, 「국민연금법」 중 장애연금 수급자, 「산업재해보상보험법」 중 장해급여 수급자 등
자산조사(또는 자산조사 욕구)	개인	경제적 기준	• **욕구의 경제적 기준(소득과 재산)에 기반 한 개인별 할당**이다. • **대상:** 시장체제 내에서 자신의 욕구를 충족시킬 수 있는 재화나 서비스에 대한 구매력이 없다는 증거가 있는 개인 • **욕구판단 기준:** 구매력과 관련된 경제적 기준 예 「국민기초생활 보장법」상 수급자 등

19 사회복지정책의 이해 정답 ①

① 베버리지 보고서에서는 **소득과는 상관없이 동일한 보험료를 부담해야 하는 정액갹출(또는 정액기여, 정액부담, 균등기여)의 원칙을, 또한 동일한 급여의 수급을 정한 정액급여의 원칙**을 제시하였다.

오답 분석

② **포괄성(또는 적용 포괄성의 원칙)**이란 사회보험은 **일반적인 사회적 위험을 모두 포함**해야 하며, 적용대상이나 욕구보장에 있어서 그 범위가 포괄적이어야 한다는 것이다.

③ 베버리지 보고서가 작성될 당시 영국은 2차 세계대전을 치루고 있었으며, 이에 베버리지는 전쟁으로 발생한 사회적 병폐를 **5대 사회악(five giant evils), 즉 나태(idleness), 무지(squalor), 결핍(want, 또는 궁핍), 불결(squalor), 질병(disease)**으로 제시하였다.

20 사회보장론 정답 ③

③ '장기적 재분배'가 아니라 '단기적 재분배'가 맞다. **장기적 재분배**는 생애에 걸친 장기간 동안 소득이 이전되는 형태로, 개인 입장에서 **근로시기에서 노년시기로 소득을 이전하는 형태**를 말한다(예 적립방식 연금 재정조달 방법). 반면 **단기적 재분배**는 **현재 드러난 사회적 욕구의 충족을 위해 소득이 이전되는 형태**로, **공공부조가 대표적**이다.

오답 분석

① **세대 간 재분배**는 **현 근로세대에서 노령세대로(또는 청장년에게서 노인으로) 또는 현 세대와 미래세대 간(또는 성인에게서 아동으로)에 소득이 이전되는 형태**를 말한다(예 부과방식 연금 재정조달방법, 기초연금, 노인장기요양보험).

② **아동수당**은 자녀가 없는 가구로부터 자녀가 있는 가구로 소득이 이전되는 **수평적 재분배가 반영된 제도**이다.

④ **시간적 재분배**는 안정된 소득이 발생하는 근로생활 시기에서 불안정한 소득시기(예 노년, 실업 등)로 소득을 이전하는 형태를 말한다(예 적립방식 연금 재정조달방법).

⑤ **우발적 재분배**는 우발적 사고(예 재해, 질병 등)로 고통 받는 개인에게로 소득이 이전되는 형태를 말한다(예 건강보험, 산재보험).

21 사회보장론 정답 ⑤

⑤ '부과방식'이 아니라 '적립방식'이 맞다. **적립방식 연금 제도의 장기적 운용**을 통해 형성된 자본은 국부 증진과 관련된 재정투자·융자 등에 활용될 수 있다.

오답 분석

① 사회복지정책과 경제정책은 **상호보완적 관계**를 가지며, 또한 **상호상생(相生)적인 역할**을 할 수 있다.

② **자동안정장치 기능**이란 정부가 불황기에는 실업급여나 공공부조 정책 등의 사회보장관련 지출을 하게 되고, 이것의 **재원마련을 위해 강화되는 소득세나 법인세**는 이를 납부하는 **부유층에게는 고소득에 수반되는 고소비나 고투자를 억제**시키고, 반면에 **정책 수혜자인 '빈자'에게는 유효수요를 창출**시켜서 **과도한 경기변동(또는 경기불안정)을 억제**할 수 있다. 이를 통해 **자본주의 경제체제를 유지**할 수 있다.

③ '상속효과'에 관한 설명이다. **상속효과**란 **부과방식 연금 제도하에서** 부모세대가 장래 자신들의 연금을 자녀세대가 부담하여 자녀세대의 실질적인 소득이 감소한다는 사실을 인지하고, 이로 인해 발생하게 될 **자녀세대의 소득 감소를 보존해주기 위해 유산을 남기기 위한 개인차원의 자발적인 저축이 증가(↑)하게 되는 현상**을 말한다.

22 사회보장론 정답 ③

오답 분석

ㄱ. '산입할 수 없다.'가 아니라 '산입할 수 있다.'가 맞다. **국민연금의 실업크레딧에 관한 설명**으로, **실업크레딧**이란 「고용보험법」상의 구직급여 수급자가 연금보험료의 납부를 희망하고, 본인 부담금 연금보험료(25%)를 납부하는 경우, 국가에서 보험료(75%)를 지원하고, **그 기간을 최대 12개월까지 가입기간으로 추가 산입하는 제도**이다.

ㄴ. 국민건강보험에 따른 **지역가입자의 건강보험료**는 가입자의 소득, 재산(전월세 포함), 자동차, 생활수준 및 경제활동참가율을 참작하여 정한 부과요소별 점수를 합산한 보험료 부과점수에 점수당 금액을 곱하여 보험료를 산정한 후, 경감률 등을 적용하여 세대단위로 부과한다. 반면 **직장가입자**의 경우 소득 능력에 따라 보험료를 부과하는 것이며, 전년도 신고한 보수월액으로 보험료를 부과한 후 당해 연도 보수총액을 신고 받아 정산하는 방식을 채택한다.

ㄹ. '조정 없이'가 아니라 '조정 후에'가 맞다. 「근로기준법」에 따른 장해보상·유족보상·일시보상, **「산업재해보상보험법」에 따른 장해급여·유족급여·진폐보상연금·진폐유족연금**, 「선원법」에 따른 장해보상·일시보상·유족보상, 「어선원 및 어선 재해보상보험법」에 따른 장해급여·일시보상급여·유족급여를 받을 수 있는 경우 **국민연금의 장애연금 또는 유족연금의 수급권자의 국민연금 급여액은 조정되어 1/2로 감액**된다.

23 사회보장론 정답 ①

ㄱ. 「국민기초생활 보장법」 제18조 제1항

오답 분석

ㄴ. '장례급여'가 아니라 '장제급여'가 맞다.

ㄷ. '근로능력'이 아니라 '부양의무자'가 맞다. **「국민기초생활 보장법」에서 수급권자에 대한 수급권 여부를 판정하는 기준에는 부양의무자 기준과 소득인정액 기준**만이 있다. 이때 부양의무자란 수급권자를 부양할 책임이 있는 사람으로서 수급권자의 1촌의 직계혈족 및 그 배우자(단 사망한 1촌의 직계혈족의 배우자는 제외)를, 소득인정액이란 보장기관이 급여의 결정 및 실시 등에 사용하기 위하여 산출한 개별가구의 소득평가액과 재산의 소득환산액을 합산한 금액을 말한다(법 제2조 제5호 및 제9호).

ㄹ. '부부의 소득평가액'이 아니라 '가구의 소득평가액'이 맞다. 소득인정액이란 보장기관이 급여의 결정 및 실시 등에 사용하기 위하여 산출한 **개별가구의 소득평가액과 재산의 소득환산액을 합산한 금액**을 말한다(「국민기초생활 보장법」 제2조 제9호).

24 사회보장론 정답 ⑤

⑤ '보건복지부'가 아니라 '납세지 관할 세무서나 국세청홈페이지'가 맞다. 근로장려금은 **납세지 관할 세무서나 국세청홈페이지에 가구 단위로 신청·접수**한다.

오답 분석

③ **우리나라 근로장려세제의 구성**

- **근로장려금**: 종교인과 사업자(전문직은 제외)를 포함한 근로빈곤층 가구에 대해 가구원 구성과 총급여액 등에 따라 산정된 근로장려금을 지급함으로써 근로를 장려하고 실질소득을 지원하는 근로연계형 소득지원 제도이다.
- **자녀장려금**: **2015년부터 시행된 제도**로, 저소득 가구의 자녀양육 부담을 경감하기 위해서 부부합산 총소득이 일정액 미만이면서 **부양자녀(18세 미만)가 있는 경우 1명당 일정액을 지급하는 제도**이다.

④ **근로장려세제**는 자신의 근로의지와는 무관하게 **취업이 어려운 계층(예 장애인 등)을 위해서는 이 제도 이외에 별도의 공공부조제도가 필요하다**는 기능적인 한계를 가지고 있다.

25 사회보장론 정답 ②

② '크다.'가 아니라 '적다.'가 맞다. 공공부조 수급자격을 갖거나 유지하기 위해서는 자산이나 소득이 일정수준 이하여야 한다. 또한 이 제도를 통해 지급받는 급여수준 역시 소득과 연계되어 소득이 증가하면 이에 따라 감소하게 된다. 이러한 특성에 따라 일반적으로 **공공부조는 수급자의 근로동기를 크게 감소**시킨다. 반면 **사회수당**은 소득 수준에 상관없이 **인구학적 기준에 부합할 경우 당연히 지급받음으로 공공부조제도에 비해 근로동기를 크게 감소시키지 않는 특성이 있다.**

7영역 사회복지행정론

26 사회복지조직의 운영과 관리 정답 ⑤

⑤ '확대될 수 있다.'가 아니라 '제한될 수 있다.'가 맞다.

오답 분석

④ **경쟁적 전략은 조직이 다른 조직과의 경쟁을 통해 세력을 증가시켜 서비스의 질과 절차 등을 매력적으로 만드는 전략**으로, 조직 내 충분한 내적 자원이 있을 경우에 사용이 가능하다. 조직은 타 조직보다 더 높은 수준의 서비스를 제공하므로 클라이언트의 수요가 증가하고, 이로 인해 정부의 재정지원이나 지역사회의 후원금이 늘어나 양질의 조직구조를 갖출 수 있게 된다. 클라이언트의 서비스 선택 범위를 넓혀 주고 질 높은 서비스를 받게 해 주는 장점이 있지만, 조직이 조직의 입장에서 성공률이 높은 클라이언트만 받아들이고, 이와 반대되는 클라이언트는 거부하는 **'크리밍 현상'이 발생**할 수 있으며, **지나친 경쟁으로 서비스의 중복과 자원방비가 조장**될 수 있다는 단점도 있다.

27 사회복지조직의 운영과 관리 정답 ③

③ '작아진다.'가 아니라 '커진다.'가 맞다. **매몰비용(sunk cost)**이란 사라지고 없어져서 다시는 되돌릴 수 없는 시간과 노력, 헌신 등의 비용을 말한다. 즉 조직의 의사결정가가 의사결정을 하고 집행한 이후에 발생하는 비용 중 **회수할 수 없는 비용**이다. 따라서 조직의 의사결정가는 의사결정 시 매몰비용에 대한 집착 때문에 합리적 의사결정이 제한될 수밖에 없으며, 이러한 매몰비용으로 인한 의사결정의 제한은 **조직이 혁신과 변화를 시도할 때에 강력한 저항이나 걸림돌이 될 수 있다.**

28 사회복지조직의 운영과 관리 정답 ③

③ '장기적 예산에'가 아니라 '단기적 예산에'가 맞다.

오답 분석

①, ② **영기준 예산은 전년도 예산과는 무관**하게 매년 **비용-편익분석에 따라** 프로그램의 우선순위를 정하여 합리적으로 편성하는 예산으로, **현재 프로그램의 효과성·효율성·시급성에 따라 예산을 재평가하여 증감을 결정하는 모형**이다.

29 사회복지조직의 운영과 관리 정답 ②

② 일반적으로 사회복지조직의 마케팅은 **'조직 환경 분석(ㄴ) → 시장 욕구 분석(ㄹ) → 마케팅 목표 설정(ㄷ) → 기부시장 분석(ㄱ) → 마케팅 도구 설정(ㅁ) → 마케팅 실행 → 마케팅 평가'**의 순으로 진행된다.

30 사회복지조직이론 정답 ④

ㄹ. **목표설정(goal setting)이론**은 인지에 초점을 둔 이론으로, 조직성원 개인이 의식적으로 설정한 구체적인 목표, 즉 **개인이 의식적으로 얻고자 하는 사물이나 상태가 동기와 행동에 영향을 미친다고 가정하는 이론**이다. 이때 **목표는 동기의 기초를 제공하고 행동의 지표**가 되며, 개인은 자신이 인지한 목표를 달성하려 한다고 가정한다. 따라서 관리자가 조직성원에게 동기부여를 하기 위해서는 **조직성원 개개인에게 의미 있고 구체적인 목표를 제시**해 주어야 한다.

오답 분석

ㄷ. '맥그리거(McGregor)'가 아니라 '맥클리랜드(McClelland)'가 맞다.

31 사회복지조직의 운영과 관리 정답 ④

ㄹ. **보건복지부령으로 정한 사회복지시설의 서비스 최저기준(「사회복지사업법 시행규칙」 제27조 제1항)**

서비스 최저기준에는 다음 각 호의 사항이 포함되어야 한다.

1. 시설 이용자의 인권
2. 시설의 환경
3. 시설의 운영
4. 시설의 안전관리
5. 시설의 인력관리
6. 지역사회 연계
7. 서비스의 과정 및 결과
8. 그 밖에 서비스 최저기준 유지에 필요한 사항

오답 분석

ㄷ. '사회보장정보원'이 아니라 '중앙사회서비스원'이 맞다. **2022년부터 중앙사회서비스원에서 사회복지시설 평가 업무를 맡고 있다.**

32 사회복지행정의 개관 정답 ④

④ '직접적인'이 아니라 '간접적인'이 맞다.

33 사회복지조직의 운영과 관리 정답 ④

④ 기획 과정 중 조직성원의 참여는 성취감, 인정감 등을 제공하여 **조직성원의 사기 진작에 도움**을 줄 수 있다.

오답 분석

① 기획은 급변하는 조직 외부의 정치경제적 환경 속에서 **조직 미래의 불확실성을 감소**시킬 수 있다.

② 기획은 미래에 일어날 수 있는 상황을 예측하며, **과거에 발생한 오류의 재발을 방지**할 수 있다.

③ 기획은 최소의 비용과 노력으로 조직의 목표달성을 이룰 수 있는 방법과 과정을 제시하여 **조직운영의 효율성을 높이는 데 도움**이 될 수 있다.

34 사회복지조직의 운영과 관리 정답 ⑤

ㄱ, ㄴ, ㄷ, ㄹ. **직무기술서**는 **직무명칭, 직무개요, 직무내용, 직무수행에 필요한 각종 장비 및 도구, 요건, 직무수행방법, 핵심과업, 직무의 특성 등 직무분석을 통해 얻은 직무 자체에 대한 정보**를 직무의 특성에 중점을 두어 정리해서 기술한 문서이다.

35 사회복지조직의 운영과 관리 정답 ①

오답 분석

② '관계지향적'이 아니라 '과업지향적'이 맞다. **피들러의 상황이론**에 따르면 상황호의성이 극단적인 경우, 즉 상황이 아주 호의적이거나 또는 비호의적일 때에는 과업지향형 리더십을, 상황호의성이 중간 정도일 때에는 관계지향형 리더십을 사용하는 바람직하다고 주장한다.

③ '리더의 특성'이 아니라 '직원의 특성'이 맞다.

④ '지시적 리더십이'가 아니라 '참여형적·성취지향적 리더십이'가 맞다. **하우스(House)의 상황이론**에서는 **욕구와 능력이 높은 직원에게는 참여형적·성취지향적 리더십을, 욕구와 능력이 낮은 직원에게는 지시적 리더십을, 내적통제 성향인 직원에게는 참여적 리더십을, 외적 통제 성향 직원에게는 지시적 리더십을 사용**하는 것이 바람직하다고 주장한다.

⑤ '지시형 리더십'이 아니라 '제시형 리더십'이 맞다.

36 사회복지조직의 운영과 관리 정답 ④

④ **대안선택흐름도표(alternative choice flow chart)**는 목표가 분명하고 예상 가능한 사항의 선택에 적용될 수 있는 의사결정 기법으로 **'예'와 '아니오'로 답할 수 있는 연속적 질문을 통해 예상되는 결과를 결정**하는 **개인적 의사결정 방법**이다.

37 사회복지조직의 운영과 관리 정답 ②

② '질적으로'가 아니라 '양적으로'가 맞다. 목표관리에서 목표는 **수량화되어 측정**할 수 있어야 하며, **현실적인 성과가 가능**해야 한다.

오답 분석

⑤ **목표관리이론**은 1950년대 드러커(Drucker)에 의해 최초로 소개된 이론으로, 조직전체의 목표달성을 위해 **조직성원의 참여를 강조**하면서, **명확한 단기적 목표설정과 이의 달성을 위한 조직성원 전체의 책임부여에 초점**을 두어 생산성을 높이고자 하는 **조직관리방법이며, 또한 예산 및 기획기법**이다.

38 사회복지조직이론 정답 ③

③ **인간관계이론**은 산업심리학자인 메이요(E. Mayo)가 **호손(Hawthorne)공장실험**의 결과를 통해 제시한 조직이론으로, 호손공장 실험의 결과, 생산과 관리에서 **인간적인 요소와 감정의 중요성, 인간의 사회적·심리적 욕구와 조직성원의 사회적인 상호작용이 중요한 영향**을 미친다는 것이 증명되었다.

39 사회복지조직의 운영과 관리 정답 ④

④ '가장 짧은 시간이'가 아니라 '가장 오랜 시간이'가 맞다. **임계경로(critical path, 또는 임계통로)**는 프로그램의 시작부터 모든 활동의 종료까지 이르는 경로 가운데 **가장 오랜 시간이 걸리는 경로**로, 이는 프로그램 활동을 수행하기 위해 **최소한 확보해야 할 시간**을 의미한다.

오답 분석

② **프로그램 평가검토기법의 작성 과정**
최종목표 설정하기 → 최종목표 달성과 관련된 모든 과업들을 확인하기 → 모든 과업의 순서를 결정하도록 도식화하기 → **각 과업별 소요시간을 계산하여 추정하기 → 전체 과업들 간 최적의 시간경로를 파악하기**

40 사회복지조직의 운영과 관리 정답 ②

오답 분석

① 서비스 통합성 증진을 위해서는 **'인테이크 창구를 단일화'하는 것이 바람직**하다.

③ '집행체계'가 아니라 '행정체계'가 맞다. '장애인활동지원서비스'는 '국민연금공단 내 장애인지원센터'가 주요 행정체계이다.

이것도 알면 합격

우리나라의 대표적인 사회복지서비스의 행정체계와 집행체계

사회복지서비스의 종류	행정체계	집행체계
노인장기요양보험 서비스	보건복지부 → 국민건강보험공단	장기요양기관
장애인활동지원 서비스	보건복지부 → 국민연금공단	활동지원기관
보육서비스(어린이집)	보건복지부 → 시·도 → 시·군·구	어린이집
국민기초생활보장제도 관련 급여	보건복지부 → 시·도 → 시·군·구	읍·면·동
지역사회서비스투자사업	보건복지부 → 시·도 → 시·군·구	서비스 제공 기관

④ '서비스 종류에 따라'가 아니라 '운영주체에 따라'가 맞다.

⑤ '수렴할 수 없다.'가 아니라 '수렴할 수 있다.'가 맞다. 민간조직은 연합체(또는 협의체)를 구성하여 정부가 제공하는 서비스를 개선하거나 새로운 서비스를 도입하도록 압력을 가할 수 있다.

41 사회복지조직이론 정답 ④

④ 과학적 관리론에 따르면 관리자에게만 조직의 목표를 설정할 수 있는 권한과 책임이 부여된다.

42 사회복지행정의 개관 정답 ③

ㄴ. 1970년대 들어 사회복지시설의 운영에 필요한 재원 중 외원기관의 비중이 줄어들었고, 특히 **1974년이 지나면서 그 비중은 급격하게 감소**하였다. 이에 따라 **우리나라 정부가 이를 대신 지원하게 되었고, 이는 자생적 사회복지단체들이 성장하게 된 이유**가 되었다.

ㄹ. 1980년대 도시빈곤문제가 심각한 사회문제로 부각되었고, 이에 대한 해결방안으로 **민간전달체계인 사회복지관을 확대·설치하기로 결정**하였다. 이에 따라 **1983년 「사회복지사업법」을 개정하여 사회복지관이 법정 사회복지시설이 되었고, 특히 종합사회복지관 가형, 나형, 사회복지관으로 나누어지면서 공식적인 국가의 지원을 받게 되었다.** 특히 **1980년대 후반에 들어** 영구임대주택단지 내 사회복지관의 건립의 시작과 더불어 민간단체에 의한 사회복지관 건립이 활성화되었다. 또한 1989년에는 사회복지관 운영·건립 국고보조사업지침이 마련되어 국가지원금 산출방식이 제정되었고, 이러한 과정을 거쳐 **지역사회 이용시설 중심 기관인 사회복지관이 크게 증가**하였다.

오답 분석

ㄱ. '1970년대'가 아니라 '1980년대'가 맞다. **1987년 사회복지전문요원제도가 신설**되어 사회복지전문요원이 서울시 관악구에서 최초로 시범사업차 배치되었고, 이후 5개 직할시에 49명이 별정 7급으로 최초 배치되었다.

ㄷ. 1997년 「사회복지사업법」 개정으로 사회복지시설 설립이 기존 **'허가제'에서 '신고제'로의 전환**이 결정되었고, **사회복지시설의 평가제도가 법제화**되어 모든 **사회복지시설은 3년마다 1회 이상 의무적으로 평가**를 받게 되었다.

43 사회복지조직이론 정답 ③

오답 분석

ㄱ. **'인사(staffing)'가 아니라 '조직화(organizing)'가 맞다. 참고로 인사는 직원의 '채용부터 면직'까지의 관리 과정과 기능**을 말한다.

ㄷ. **'지시(directing)'가 아니라 '조정(coordinating)'이 맞다.**

44 사회복지조직이론 정답 ③

③ '향상시킬 수 있다.'가 아니라 '저하될 수 있다.'가 맞다.

오답 분석

④ **정실주의**란 능력이나 업적이 아닌 혈연, 지연, 학연 친분관계 등에 따라 조직 인사관리하는 것으로, **비공식적 조직으로 인해 발생하는 대표적인 조직의 폐해**이다.

45 사회복지조직이론 정답 ③

ㄴ. **클라이언트의 종류에 따른 분류(P. Blaw & W. Scott)**

분류	1차적인 클라이언트 (또는 주요 수혜자)	예
상호수혜조직	조직구성원	정당, 종교단체, 노동조합 등
사업조직	사업체의 소유자	상업적인 회사, 은행 등
서비스조직	클라이언트	사회복지조직
공공조직	일반 대중	행정기관, 군대조직 등

ㄹ. **업무 통제성에 따른 분류(G. Smith)**

분류	특성
관료제조직	• 공식적인 조직과 규정 • 계층적인 권위구조 • 명확하고 전문화된 분업 • 문서에 의한 업무처리 • 기술에 의한 신분보장 • 합리적인 통제조직
일선조직	주도권이 일선에 있는 조직
전면적 통제조직	관리자가 전면적으로 강한 통제력을 갖는 조직 예 정신병원, 기숙사, 교도소, 요양시설 등
투과성 조직	조직성원이나 클라이언트의 자발적인 참여가 가능한 조직 예 자원봉사활동 조직

오답 분석

ㄱ. '보상이다.'가 아니라 '규범이다.'가 맞다.

이것도 알면 합격

권력의 형태에 따른 분류(A. Etzioni)

구분	하급자의 대응 형태		
	소외적 관여 (강한 소외감을 나타냄)	타산적 관여 (획득한 보상에 따른 무관심을 나타냄)	도덕적 관여 (강한 인정을 나타냄)
강제적 권력 (예 위협, 신체적 탄압 등)	유형1 예 수용소, 정신병원, 교도소 등	유형2	유형3
보상적 권력 (예 물질, 금전 등)	유형4	유형5 예 민간기업 등	유형6
규범적 권력 (예 존엄, 위신 등)	유형7	유형8	유형9 예 종교조직, 정치조직, 사회복지조직, 학교조직, 병원조직 등

ㄷ. '업무통제성에 따라'가 아니라 '사회복지조직이 사용하는 기술에 따라'가 맞다.

이것도 알면 합격

사회복지조직이 사용하는 기술에 따른 분류(Y. Hasenfeld)

기술의 유형 / 클라이언트 유형	인간식별기술	인간유지기술	인간변화기술
정상기능	유형1	유형2	유형3
	대학교 (신입생선발) 신용카드회사	사회보장청 요양시설	공립학교 YMCA
비정상기능	유형4	유형5	유형6
	소년법원 진료소	공적부조사무소 요양시설	병원 수용치료센터

46 사회복지조직이론 정답 ②

ㄱ. **복잡성**은 **조직 내 분화 정도를 의미**한다. 이러한 분화의 차원에는 **수평적 분화, 수직적 분화, 공간적 분산**이 있다.

오답 분석

ㄴ. '수직적 조직구조'가 아니라 '수평적 조직구조'가 맞다. **수평적 분화**는 조직이 수행하는 직무를 조직성원들이 지닌 전문성을 기준으로 하여 **'횡적'으로 분리한 정도**로, **통제범위가 넓어지면 상대적으로 수평적 조직구조**를 갖게 되며, 따라서 **조직 설계 시 이러한 통제범위를 고려**해야 한다.

ㄹ. '수평적 분화'가 아니라 '수직적 분화'가 맞다. **수직적 분화**는 **조직의 권력배분 정도**, 즉 직무의 책임도와 난이도에 따른 **조직의 수직화된 계층화 정도**를 의미한다. 따라서 **조직설계 시 조정과 의사소통 수준을 고려**해야 한다.

47 사회복지조직의 운영과 관리 정답 ④

④ '전산화'는 효율적으로 정보관리를 위한 수단이지 필수조건은 아니다.

48 사회복지조직의 운영과 관리 정답 ④

오답 분석

① '충분한 경력과 지식을 지닌'이 아니라 '객관적으로 자격이 인정된'이 맞다. **전문가**란 경험과 지식이 많은 사람을 의미하는 것이 아니라 **국가가 제공하는 자격증이나 면허증 등의 객관적인 자격을 갖춘 사람**을 말한다. 즉 직무에 관한 권위·의사결정권·책임성 등이 자격증·면허증 등을 통해 확인되는 것이 객관적으로 입증된 사람이다.

② '책임성'이 아니라 '충분성(또는 적절성)'이 맞다.

③ **포괄성**은 인간의 욕구와 문제는 다양하므로 **사회복지서비스는 클라이언트의 다양한 욕구와 문제에 동시에 또는 순차적으로 대응할 수 있도록 종합적으로 제공**되어야 한다. 즉 사회복지서비스는 **클라이언트의 모든 문제와 욕구를 다룰 수 있어야 한다는 것**이다.

⑤ **평등성**은 **보편주의에 입각한 원칙**으로, 사회복지서비스는 연령, 성별, 소득, 지위, 지역, 종교와 같이 클라이언트가 가진 조건과는 관계없이 이를 필요로 하는 모든 이에게 제공되어야 한다.

49 사회복지조직의 운영과 관리 정답 ①

ㄱ. **투입(input)**은 **프로그램에서 사용하는 모든 종류의 자원들**을 말하며, 서비스에 소요된 비용, 직원 및 직원의 근무시간, 자원봉사자 및 활동시간, 시설, 장비 등으로 표현된다.

ㄴ. **활동(activity)**은 프로그램에 투입된 자원들을 가지고 목표달성을 위해 **실질적으로 수행하는 활동**들을 말한다.

ㄷ. **산출(output)**은 **프로그램 활동으로 얻어진 직접적인 결과물(또는 실적)**로, **일반적으로 완성된 업무량**을 말한다. 즉 **성과를 위한 프로그램 활동의 직접적 결과 상태**이며, **수량(또는 양적)으로 표현**된다.

오답 분석

ㄹ. '성과'가 아니라 '영향'이 맞다. **성과(outcome)**는 프로그램 참여자들이 계획 당시 수립된 프로그램의 목표, 즉 **프로그램 종료 후 얻게 된 태도, 지식, 기술 등에서의 내적 변화·이익·혜택** 등의 달성 정도를 말한다. 즉 **프로그램이 의도하는 변화 목적의 성취 상태를 말한다.** 반면 **영향**이란 프로그램 계획 당시 고려하지 않았던 프로그램의 결과로 나타나는 **부수적이면서도 장기적인 성과**이다. 문제에서 **'성과'**는 **'참여 노인들의 스마트폰 활용 능력 향상'**이다.

50 사회복지조직이론 정답 ③

③ **제도이론**에 따르면 조직은 **'효율성의 논리'가 아닌 '생존'을 위해 이러한 '제도적인 환경'에 적응(또는 순응)**해야만 하며, 따라서 **조직의 생존을 위한 제도적인 환경에 적응하는 기제에 주목**한다.

오답 분석

⑤ **동형화(isomorphism)**란 유사한 서비스를 제공하는 **조직 내 한 조직단위가 동일한 환경 조건에 직면한 타 조직단위를 닮아가는 과정**을 말한다.

8영역 사회복지법제론

51 사회복지 관련 일반법체계 정답 ⑤

ㄱ, ㄴ, ㄷ, ㄹ. 법 제19조 제1항

52 공공부조 관련 법체계 정답 ①

① '5인 이상'이 아니라 '2인 이상'이 맞다(법 제18조 제2항 제2호).

오답 분석

② 법 제18조 제2항 제1호

③ 법 제18조의2 제2항

④ 법 제18조 제2항 제2호

⑤ 법 제18조 제1항

53 사회복지 관련 일반법체계 정답 ②

② 법 제14조 제3항

오답 분석

① '국가와 지방자치단체는'이 아니라 '국가는'이 맞다(법 제10조 제2항).

③ '최저생계비와'가 아니라 '최저보장수준과'가 맞다(법 제10조 제3항).

④ '국가나 지방자치단체로부터 허가를 받아야 한다.'가 아니라 '국가나 지방자치단체에 신청하여야 한다.'가 맞다(법 제11조 제1항).

⑤ '구두로'가 아니라 '서면으로'가 맞다(법 제14조 제1항).

54 사회보험 관련 법체계 정답 ③

③ 수급권자에게 이 법에 따른 2 이상의 급여 수급권이 생기면 수급권자의 선택에 따라 그 중 하나만 지급하고 다른 급여의 지급은 정지된다(법 제56조 제1항).

오답 분석

① 법 제50조 제2항

② 법 제2조

④ 법 제6조

⑤ 법 제7조

55 사회서비스 관련 법체계 정답 ①

① '중앙장애인권익옹호기관은'이 아니라 '국가와 지방자치단체는'이 맞다(법 제54조 제1항).

오답 분석

② 법 제55조 제2항

③ 법 제56조 제1항

④ 법 제56조의2 제1항

⑤ 법 제53조 제1항

56 공공부조 관련 법체계 정답 ①

오답 분석

ㄹ. '정지 사유'가 아니라 '수급권의 상실 사유'에 해당한다(법 제16조 제1항).

57 사회복지 관련 일반법체계 정답 ④

④ '보조하여야 한다.'가 아니라 '보조할 수 있다.'가 맞다(법 제34조의4 제4항).

이것도 알면 합격

법 제34조의4 제4항

국가나 지방자치단체는 **예산의 범위에서** 안전점검, 시설의 보완 및 개수·보수에 드는 **비용의 전부 또는 일부를 보조할 수 있다.**

오답 분석

① 법 제34조 제5항

② 법 제34조의2 제1항

③ 법 제6조 제2항

⑤ 법 제6조의2 제4항

58 사회보험 관련 법체계 정답 ⑤

ㄱ, ㄴ, ㄷ, ㄹ. 법 제37조 제2항

59 공공부조 관련 법체계 정답 ②

② '지역자활센터'가 수행하는 사업이다(법 제16조 제1항 제2호).

오답 분석

①, ③, ④, ⑤ 법 제15조의3 제1항

이것도 알면 합격

법 제15조의3 제1항

한국자활복지개발원은 다음 각 호의 사업을 수행한다.

1. 자활 지원을 위한 사업(자활지원사업)의 개발 및 평가(①)
2. 자활 지원을 위한 조사·연구 및 홍보(③)
3. 광역자활센터, 지역자활센터 및 자활기업의 기술·경영 지도 및 평가
4. 자활 관련 기관 간의 협력체계 구축·운영(④)
5. 자활 관련 기관 간의 정보네트워크 구축·운영
6. 취업·창업을 위한 자활촉진 프로그램 개발 및 지원(⑤)
7. 고용지원서비스의 연계 및 사회복지서비스의 지원 대상자 관리
8. 수급자 및 차상위자의 자활촉진을 위한 교육·훈련, 광역자활센터 등 자활 관련 기관의 종사자 및 참여자에 대한 교육·훈련 및 지원
9. 국가 또는 지방자치단체로부터 위탁받은 자활 관련 사업
10. 그 밖에 자활촉진에 필요한 사업으로서 보건복지부장관이 정하는 사업

60 사회복지 관련 일반법체계 정답 ②

② '사회복지관의 장에게'가 아니라 '보장기관의 장에게'가 맞다(법 제20조).

오답 분석

① 법 제19조의2 제1항

③ 법 제21조 제2항

④ 법 제22조 제2항

⑤ 법 제22조의2 제1항

61 사회서비스 관련 법체계 정답 ③

③ 법 제25조 제1항

오답 분석

① '6세 미만의'가 아니라 '7세 이하의'가 맞다.

② '보건복지부에'가 아니라 '교육부에'가 맞다(법 제6조 제1항).

④ '보건복지부장관은'이 아니라 '교육부장관은'이 맞다(법 제9조 제1항).

⑤ '18세까지'가 아니라 '12세까지'가 맞다(법 제27조).

62 사회복지법제의 개관 정답 ④

ㄱ. 헌법 제40조

ㄴ. 헌법 제51조

이것도 알면 합격

헌법 제51조
국회에 제출된 법률안 기타의 의안은 회기중에 의결되지 못한 이유로 폐기되지 아니한다. 다만, **국회의원의 임기가 만료된 때에는 그러하지 아니하다.**

ㄹ. 헌법 제53조 제5항

이것도 알면 합격

헌법 제53조 제5항
대통령이 제1항의 기간(15일)내에 공포나 재의의 요구를 하지 아니한 때에도 그 법률안은 법률로서 확정된다.

오답 분석

ㄷ. '20일 이내에'가 아니라 '15일 이내에'가 맞다.

63 사회복지 관련 일반법체계 정답 ①

① '평등주의'가 아니라 '상호주의'가 맞다(법 제8조).

오답 분석

② 법 제6조 제2항

③ 법 제7조 제1항

④ 법 제7조 제3항

⑤ 법 제6조 제1항

64 사회서비스 관련 법체계 정답 ②

② '지정을'이 아니라 '인가를'이 맞다(법 제12조 제2항).

오답 분석

① 법 제4조 제1항

③ 법 제7조의2 제1항

④ 법 제11조

이것도 알면 합격

법 제11조
성폭력피해상담소는 다음 각 호의 업무를 한다.
1. **성폭력피해의 신고접수와 이에 관한 상담(④)**
2. 성폭력피해로 인하여 정상적인 가정생활 또는 사회생활이 곤란하거나 그 밖의 사정으로 긴급히 보호할 필요가 있는 사람과 성폭력피해자보호시설 등의 연계
3. 피해자등의 질병치료와 건강관리를 위하여 의료기관에 인도하는 등 의료 지원
4. 피해자에 대한 수사기관의 조사와 법원의 증인신문(證人訊問) 등에의 동행
5. 성폭력행위자에 대한 고소와 피해배상청구 등 사법처리 절차에 관하여 「법률구조법」 제8조에 따른 대한법률구조공단 등 관계 기관에 필요한 협조 및 지원 요청
6. 성폭력 예방을 위한 홍보 및 교육
7. 그 밖에 성폭력 및 성폭력피해에 관한 조사·연구

⑤ 법 제16조 제1항

이것도 알면 합격

법 제16조 제1항
성폭력피해자보호시설의 종류별 입소기간은 다음 각 호와 같다.
1. **일반보호시설: 1년 이내. 다만, 여성가족부령으로 정하는 바에 따라 1년 6개월의 범위에서 한 차례 연장할 수 있다.(⑤)**
2. 장애인보호시설: 2년 이내. 다만, 여성가족부령으로 정하는 바에 따라 피해회복에 소요되는 기간까지 연장할 수 있다.
3. 특별지원 보호시설: 19세가 될 때까지. 다만, 여성가족부령으로 정하는 바에 따라 2년의 범위에서 한 차례 연장할 수 있다.
4. 외국인보호시설: 1년 이내. 다만, 여성가족부령으로 정하는 바에 따라 피해회복에 소요되는 기간까지 연장할 수 있다.
5. 자립지원 공동생활시설: 2년 이내. 다만, 여성가족부령으로 정하는 바에 따라 2년의 범위에서 한 차례 연장할 수 있다.
6. 장애인 자립지원 공동생활시설: 2년 이내. 다만, 여성가족부령으로 정하는 바에 따라 2년의 범위에서 한 차례 연장할 수 있다.

65 사회복지 관련 일반법체계 정답 ⑤

ㄱ, ㄴ, ㄷ, ㄹ. 법 제25조 제1항

이것도 알면 합격

법 제25조 제1항
이사회는 다음 각 호의 사항을 기재한 회의록을 작성하여야 한다. 다만, 이사회 개최 당일에 회의록 작성이 어려운 사정이 있는 경우에는 안건별로 심의·의결 결과를 기록한 회의조서를 작성한 후 회의록을 작성할 수 있다.
1. 개의, 회의 중지 및 산회 일시
2. 안건
3. 의사
4. 출석한 임원의 성명
5. 표결수
6. 그 밖에 대표이사가 작성할 필요가 있다고 인정하는 사항

66 사회서비스 관련 법체계 정답 ⑤

⑤ 「국민기초생활 보장법」은 1999년에, 「긴급복지지원법」은 2005년에 제정되었다.

오답 분석

① 「아동복리법」은 1961년에, 「산업재해보상보험법」은 1963년에 제정되었다.

② 「사회복지사업법」은 1970년에, 「의료보호법」은 1977년에 제정되었다.

③ 「노인복지법」은 1981년에, 「국민연금법」은 1986년에 제정되었다.

④ 「고용보험법」은 1993년에, 「정신보건법」은 1995년에 제정되었다.

67 사회복지 관련 일반법체계 정답 ①

① '대통령령으로'가 아니라 '해당 특별자치시 및 시·군·구의 조례로'가 맞다(법 제42조 제3항).

오답 분석

② 법 제50조

③ 법 제43조 제1항

④ 법 제42조의2 제2항

⑤ 법 제29조 제2항

68 사회서비스 관련 법체계 정답 ②

ㄱ. 법 제2조 제2호

ㄷ. 법 제9조 제1항

오답 분석

ㄴ. '국무총리'가 아니라 '행정안전부장관'이 맞다(법 제8조 제1항).

ㄹ. '11월 5일'이 아니라 '12월 5일'이 맞다(법 제13조 제1항).

69 사회보험 관련 법체계 정답 ③

③ 법 제17조 제1항

오답 분석

① '2년'이 아니라 '1년'이 맞다(법 제19조 제1항).

② '변경을'이 아니라 '갱신을'이 맞다(법 제20조 제1항).

④ '지정받을 수 있다.'가 아니라 '지정받을 수 없다.'가 맞다(법 제32조 제1호).

⑤ '5년으로'가 아니라 '6년으로'가 맞다(법 제32조의3).

70 사회보험 관련 법체계 정답 ⑤

ㄱ, ㄴ, ㄷ, ㄹ, ㅁ. 법 제36조 제1항

71 사회보험 관련 법체계 정답 ③

오답 분석

①, ②, ④, ⑤ 법 제10조 제1항

이것도 알면 합격

법 제10조 제1항

가입자는 다음 각 호의 어느 하나에 해당하게 된 날에 그 자격을 잃는다.

1. 사망한 날의 다음 날(①)
2. 국적을 잃은 날의 다음 날(②)
3. 국내에 거주하지 아니하게 된 날의 다음 날(③)
4. 직장가입자의 피부양자가 된 날(④)
5. 수급권자가 된 날(⑤)
6. 건강보험을 적용받고 있던 사람이 유공자등 의료보호대상자가 되어 건강보험의 적용배제신청을 한 날

72 사회복지법제의 개관 정답 ②

② '법령으로'가 아니라 '법률로'가 맞다(헌법 제35조 제2항).

오답 분석

① 헌법 제33조 제2항

③ 헌법 제31조 제3항

④ 헌법 제32조 제3항

⑤ 헌법 제36조 제1항

73 사회복지 관련 일반법체계 정답 ③

③ '위원회에 실무위원회를 두며, 실무위원회에 분야별 전문위원회를 둘 수 있다.'가 맞다(법 제21조 제6항).

오답 분석

① 법 제21조 제1항

② 법 제21조 제4항

④ 법 제21조 제5항

⑤ 법 제21조 제8항

74 사회서비스 관련 법체계 정답 ③

오답 분석

①, ②, ④, ⑤ 법 제31조

이것도 알면 합격

법 제31조

노인복지시설의 종류는 다음 각호와 같다.

1. 노인주거복지시설(①)
2. 노인의료복지시설
3. 노인여가복지시설
4. 재가노인복지시설
5. 노인보호전문기관(④)
6. 「노인 일자리 및 사회활동 지원에 관한 법률」 제9조제1항제2호에 따른 노인일자리지원기관(⑤)
7. 제39조의19에 따른 학대피해노인 전용쉼터(②)

75 공공부조 관련 법체계 정답 ⑤

ㄱ, ㄴ, ㄷ, ㄹ. 법 제2조

이것도 알면 합격

법 제2조

이 법에서 "위기상황"이란 본인 또는 본인과 생계 및 주거를 같이 하고 있는 가구구성원이 다음 각 호의 어느 하나에 해당하는 사유로 인하여 생계유지 등이 어렵게 된 것을 말한다.

1. 주소득자(主所得者)가 사망, 가출, 행방불명, 구금시설에 수용되는 등의 사유로 소득을 상실한 경우
2. 중한 질병 또는 부상을 당한 경우(ㄱ)
3. 가구구성원으로부터 방임(放任) 또는 유기(遺棄)되거나 학대 등을 당한 경우(ㄴ)
4. 가정폭력을 당하여 가구구성원과 함께 원만한 가정생활을 하기 곤란하거나 가구구성원으로부터 성폭력을 당한 경우
5. 화재 또는 자연재해 등으로 인하여 거주하는 주택 또는 건물에서 생활하기 곤란하게 된 경우(ㄷ)
6. 주소득자 또는 부소득자(副所得者)의 휴업, 폐업 또는 사업장의 화재 등으로 인하여 실질적인 영업이 곤란하게 된 경우
7. 주소득자 또는 부소득자의 실직으로 소득을 상실한 경우(ㄹ)
8. 보건복지부령으로 정하는 기준에 따라 지방자치단체의 조례로 정한 사유가 발생한 경우
9. 그 밖에 보건복지부장관이 정하여 고시하는 사유가 발생한 경우

제4회 FINAL 모의고사

정답 및 해설

1교시 | 사회복지기초
2교시 | 사회복지실천
3교시 | 사회복지정책과 제도

자동채점 + 합격예측 서비스

◀ QR 코드를 스캔하시면, 더욱 상세한 성적 분석 서비스 이용이 가능합니다.

1교시 사회복지기초

1영역 | 인간행동과 사회환경

01	③	02	②	03	④	04	②	05	③
06	②	07	④	08	②	09	③	10	⑤
11	②	12	③	13	②	14	③	15	①
16	②	17	⑤	18	①	19	④	20	②
21	④	22	①	23	②	24	①	25	③

2영역 | 사회복지조사론

26	③	27	②	28	①	29	①	30	③
31	②	32	⑤	33	④	34	③	35	①
36	③	37	①	38	①	39	②	40	④
41	②	42	③	43	③	44	④	45	②
46	①	47	②	48	①	49	③	50	②

나의 점수 분석표

영역명	맞힌 개수 / 문제 수
인간행동과 사회환경	/ 25
사회복지조사론	/ 25
합계	/ 50

* 과락 기준: 50문제 중 맞힌 문제 수가 20개 미만

취약점 키워드 box

* 틀린 문제 중, 본인이 부족했던 개념 또는 키워드를 정리해 보세요!

1영역 인간행동과 사회환경

01 전 생애발달의 통합적 이해 정답 ③

③ '횡단적'이 아니라 '종단적'이 맞다. 인간발달은 태아기에서 노년기에 이르기까지 **시간적 흐름에 따라 일어나는 변화**이며, 따라서 **종단적 변화 과정**이다.

오답 분석

① 인간발달의 주요 원리인 **'점성원리'에 관한 설명**이다. **점성원리**(epigenetic principle)란 **에릭슨(E. Erickson)이 자신의 심리사회 이론에서 제시한 주요개념**으로, 특정단계의 발달은 이전 단계에서 성취한 발달과업에 영향을 받게 된다는 것을 말한다. 즉 모든 인간 발달은 **유전적인 기초안**을 가지고 있고, 이러한 기초안을 바탕으로 각 발달의 영역이 발달되어지며, 발달되어진 각 영역은 서로 결합하여 새로운 형태의 구조를 만들게 된다.

02 인간행동에 관한 주요 이론 정답 ②

② '이성 부모'가 아니라 '동성 부모'가 맞다. 남근기에 **남아는 오이디푸스 콤플렉스(oedipus complex)로 인해 자신의 아버지를, 여아는 엘렉트라 콤플렉스(electra complex)로 인해 자신의 어머니를 동일시**한다.

오답 분석

③ **자율성 대 수치심**은 에릭슨의 **초기아동기 때의 심리사회적 위기**로, 이때는 프로이트의 항문기에 해당한다.

④ 프로이트에게 있어서 **불안(anxiety)**이란 **인간 행동의 동기를 유발하게 하는 긴장 상태**로, 원초아와 자아 그리고 초자아 간의 갈등으로 유발되며, 적절한 대책이 이루어지지 않으면 **자아가 붕괴될 수 있다는 일종의 무의식적 경고**이다. 불안을 통해 **인간은 공포 상태로서 위급한 상황에 적합한 방법으로 반응**하게 된다. 프로이트는 불안의 종류를 **현실적 불안, 신경증적 불안, 도덕적 불안**으로 구분하였다.

⑤ 프로이트는 유아기인 만 5~6세 이전의 경험을 인간 성격발달에 가장 중요한 원인으로 보았고, 이에 따라 **현재보다 과거의 경험을 중시하는 입장**을 취하였다.

03 인간행동에 관한 주요 이론 정답 ④

④ '학령기(아동기)'가 아니라 '초기아동기'가 맞다. 참고로 **학령기(아동기)의 심리사회적 위기는 '근면성 대 열등감'**이다.

오답 분석

② 에릭슨은 무의식과 성을 강조하는 프로이트의 정신분석이론에 기반하면서도, 인간발달에 영향을 미치는 **사회환경의 중요성을 강조**하였고, 또한 각 발달 단계마다 문화적 목표, 사회적 기대와 요건, 문화가 개인에게 제공하는 것이 있어 개인에게 양육방법을 전수하고 교육 기회를 제공하며 성이나 일에 대한 가치와 태도를 전달한다고 보아 **문화의 기여 역시 강조**하였다.

04 인간행동에 관한 주요 이론 정답 ②

② **'융(C. Jung)의 분석심리이론'이 아니라 '프로이트(S. Freud)의 정신분석이론'에 대한 설명**이다. **융은 프로이트의 리비도 개념을 확장**시켜, 리비도를 생물학적·성적·사회적·문화적·창조적인 모든 형태의 활동에 에너지를 제공하는 **전반적인 생명력(또는 삶의 에너지, 창의적인 생활력)**으로 보았다.

오답 분석

③ 자아는 **의식의 지배자**, 즉 의식 속에 존재하는 유일한 원형으로, **의식을 지배**한다. 참고로 **원형**이란 표상 불가능한 무의식적이고 선험적인 이미지로, **인간 정신에 존재하는 보편적이고 근원적인 핵**을 말한다.

④ 융은 자아의 기능을 사고, 감정, 감각, 직관의 4가지로 나누고, 이 중 **사고와 감정은 이성을 필요로 하는 합리적 기능**으로, **감각과 직관은 이성을 필요로 하지 않는 비합리적 기능**으로 보았다.

이것도 알면 합격

자아의 심리적(또는 정신적) 기능

합리적 기능	사고형	• 객관적인 진실과 원리원칙, 논리, 합리적인 계획 등에 따라 판단하고, **논리적이고 분석적**이며 **객관적**으로 문제를 해결한다. • **규범과 기준을 중시**한다.
	감정형	• **감정 상태에 기준하여 판단**하고, 상황적이며 정상을 참작한 설명을 한다. • 특히 **대인관계에 큰 관심**을 갖는다.
비합리적 기능	감각형	• 인간의 5가지 감각기능에 의존하여 실제로 경험하고 관찰할 수 있는 구체적이고 **사실적인 측면과 매우 밀접성 있는 현실수용을 중시**한다. • **지금 또는 현재에 초점**을 맞추고 정확하고 철저하게 문제를 해결한다.
	직관형	• 감각기능 이외에 **미래의 가능성과 자신의 육감 또는 직관**을 통해 **사물을 가능한 모습**으로 보려한다. • **미래지향적이고 신속하게 문제를 해결**한다.

05 인간행동에 관한 주요 이론 정답 ③

③ **'약화시키는'이 아니라 '동기화시키는'이 맞다.** 아들러에게 있어서 **열등감은 인간의 보편적인 감정이며 행동의 동기가 되는 것**으로, 개인이 잘 적응하지 못하거나 준비가 안 되어 해결할 수 없는 문제에 부딪혔을 때 생기는 **주관적인 자기평가**를 말한다. 이러한 열등감을 보상하려는 욕구에서 발생하는 **개인적·사회적 수준에서 나타나는 실재적인 행위가 우월성 추구(또는 우월을 향한 노력)**이다.

오답 분석

① **가상적 목표**란 개인이 추구하는 **현실에서는 검증되지 않는 가상의 목표**로, 미래에 실재하는 어떤 것을 의미하는 것이 아니라 현재의 행동에 영향을 미치는 **일종의 미래에 대한 기대**이다. 인간은 과거의 경험보다는 이러한 가상적 목표, 즉 **미래에 대한 기대로 더 동기화**된다.

② **사회적 관심**은 각 개인이 **이상적 공동사회의 목표를 달성하고자 사회에 공헌하려는 성향**이다. 즉 개인이 타인의 행복에 기여하기 위해 자신의 개인적 우월의 목표를 포기하는 것을 말한다. **선천적으로 타고 나는 것**이지만, 저절로 발생하는 것은 아니고 **의식적 개발을 필요**로 한다.

④ 아들러에게 있어서 개인의 성격, 즉 생활양식은 개인의 가족 내에서의 경험이나 **가족형상[또는 가족구조(예 부모와 자녀와의 관계, 가족의 크기, 형제와의 관계)]** 이외에도 **가족 내에서의 출생순위**에 영향을 받는다.

⑤ 아들러에게 있어서 개인은 창조적 자기를 통해 자신만의 삶을 지속적·능동적으로 결정하고 창조해 나간다. 또한 **환경에 반응할 뿐만 아니라 환경에 영향을 미치며, 환경이 그들에게 반응하도록 만드는 창조적인 존재**이다.

06 사회환경에 관한 주요 이론 정답 ②

오답 분석

① '직접적이고'가 아니라 '간접적이지만'이 맞다. **거시체계**란 개인이 속한 **사회(또는 국가)의 이념이나 제도, 정치, 정책, 문화 등**으로, 미시체계·중간체계·외체계에 영향을 미치는 신념체계 또는 이데올로기이며, **역사적·사회적·문화적 요인**에 의해서 형성되고 수정된다. 이는 개인의 생활에 **직접적으로 개입하지는 않지만 간접적으로 강력한 영향력**을 미친다.

③ '개입하지 않는다.'가 아니라 '개입한다.'가 맞다. **미시체계**란 가족, 친구, 학교 등과 같이 **개인에게 가장 가까운(또는 밀접한) 환경이며 동시에 개인이 일상생활에서 만나게(또는 상호작용하게)되는 실제적인 사회적·물리적 환경**으로, 개인과 직접적인 상호작용을 한다.

④ '중간체계'가 아니라 '외체계'가 맞다. **외체계**란 개인과 직접적인 상호작용은 없지만, **개인에게 간접적으로 영향을 미치는 사회적 환경**이다. 즉 개인에게 영향을 미치지만 그것이 직접적이지 않는 환경을 말한다. 예를 들어 아동의 아버지가 직장에서 받은 스트레스는 아동과 아버지 간의 상호작용에 영향을 미칠 수 있다. 이때 아버지가 근무하는 직장이 외체계에 해당된다.

⑤ '거시체계'가 아니라 '중간체계'가 맞다.

07 사회환경에 관한 주요 이론 정답 ④

④ '적합성'이 아니라 '유능성'이 맞다. **생태체계이론에서는 유능성의 발달이 인간발달에 필수적인 요소라고 이해**하며, **자아심리이론과 상징적 상호작용이론을 원용하여 유능성을 개념화**한다. **자아심리이론에서는 유능성을 개인이 환경과 효과적으로 상호작용을 할 수 있는 능력으로 이해**하며, **상징적 상호작용이론에서는 대인관계적 시각에서 유능성을 설명**한다. 또한 **효과적인 유능성은 환경과의 성공적인 상호작용을 통해서 형성되며, 일생에 걸쳐 확대**될 수 있다.

오답 분석

① 생태체계이론은 **과거 어떤 실천모델이나 방법(예 정신역동이론, 인지이론, 행동주의이론, 인본주의이론 등)보다 넓은 관점과 관심 영역을 포괄**하며, 더불어 **문제에 대한 총체적인 이해와 조망을 제공**한다.

③ **스트레스(stress)**는 개인과 환경 사이의 상호교류 중 내·외적 자극에서 지각한 요구와 그 **요구를 충족시킬 수 있는 자원을 동원할 수 있는 능력 사이의 불균형**에 의해 야기되는 생리적·심리적·사회적 상태를 말하며, 개인마다 동일한 상황을 스트레스로 경험할 수도 있지만 일종의 도전으로 경험될 수도 있다.

⑤ 생태체계이론의 기본적인 인간관은 **환경 속의 인간**(person in environment, PIE)이다. 즉 **인간과 환경은 지속적으로 상호작용하는 호혜적 관계를 유지**한다고 가정한다. 다시 말해 인간은 **환경과의 상호작용과 상호교류에 의해 환경적 요구에 적응하고, 때로는 환경을 자신의 요구에 맞추어 수정·변화**시켜서 만족스러운 삶을 영위하며 발달해 나가는 존재로 이해한다.

08 인간행동에 관한 주요 이론 정답 ②

오답 분석

① '원초아가'가 아니라 '자아가'가 맞다.

③ 대부분의 경우 한 번에 **2가지 이상의 방어기제가 동시에 사용**한다.

④ 일부 방어기제는 불안 감소뿐만 아니라 긍정적 결과도 가져온다.

⑤ '전치'가 아니라 '퇴행'이 맞다.

09 인간행동에 관한 주요 이론 정답 ③

③ '고정간격 강화계획'이 아니라 '고정비율 강화계획'이 맞다. 고정비율 강화계획이란 **시간과는 관계없이 유기체의 반응에 따른 강화계획**이다. 즉 **유기체의 특정된 정해진 수의 반응에 따라 강화물이 주어지는 것**이다(예 복지관의 직원이 후원자들 1명 발굴할 때마다 일정액의 성과급을 지급 받는 경우). 참고로 **고정간격 강화계획**이란 **일정한 시간마다 유기체의 반응과는 상관없이** 강화물이 주어지는 것이다(예 월급, 주급, 일당, 정기적 시험, 공부하는 자녀에게 1시간 간격으로 간식을 제공하는 경우, 공부하는 자녀에게 매주 정기적으로 용돈을 주는 경우 등).

오답 분석

① 스키너의 조작적 조건화이론에서는 **환경결정론을 강조**한다. **환경결정론**(environmentalism)이란 자율적인 인간의 존재를 부정하여 **인간의 자유의지와 자기결정의 가능성을 전적으로 배제**하는 관점으로, **인간의 행동은 내적 충동보다는 외적 자극(또는 환경적 요인)에 의해서 동기화(또는 결정)**가 된다고 보고, 인간의 성격과 행동발달에 있어서 **환경의 영향력을 강조**한다.

② **변별자극**이란 유기체에게 **어떤 반응이 보상될 것이라는 단서 혹은 신호로 작용하는 자극**으로, 유기체로 하여금 자신이 원하는 바람직한 결과를 얻기 위해 어떤 행동을 해야 할지를 암시해 준다.
예 아이가 벽에 낙서를 할 때 이를 본 어머니의 화난 얼굴은 아이로 하여금 자신이 처벌을 받는다는 신호로 일종의 변별자극이 된다.

④ **부적강화**란 제3자가 유기체의 행동의 결과로 **불쾌한 자극을 제거**하여 제3자가 정한 **특정 행동의 빈도수를 증가**시키는 것을 말한다. 즉 유기체에게 불쾌한 강화물(또는 부적강화물)을 제시하고, 이후 유기체가 제3자가 원하는 행동을 할 경우 그 **부적강화물을 제거하여 유기체의 행동을 강화시키는 방법**이다.

10 인간행동에 관한 주요 이론 정답 ⑤

ㄱ. 콜버그 이론은 개인주의 성향이 강한 서구사회 중심의 문화적 편향성이 반영되어, 집단적 가치를 중시하는 동양 문화권 등에서는 '후인습적 수준' 발견이 어렵다. 따라서 **모든 문화권에 보편적으로 적용하기에는 한계가 있다**는 비판을 받는다.

ㄴ. **길리건**(C. Gilligan)은 후속 연구를 통해 콜버그의 도덕성 발달 기준을 그대로 따를 경우 남성은 4단계 수준, 여성은 3단계 수준의 도덕성 발달단계에 머물기 때문에 **남성의 도덕성 수준에 비해 여성의 도덕적 수준이 열등하게 인식**될 수밖에 없다고 보았다. 이에 **길리건은 남성과 여성의 도덕성은 질적 차이가 있다고 가정**하여 **남성의 도덕성을 권리와 책임을 중시하는 정의(justice)적 도덕성**으로, **여성의 도덕성을 배려·책임·관계·이타심 등을 중시하는 돌봄(care)적 도덕성**으로 제안하였다.

ㄷ, ㄹ. 콜버그 이론은 **도덕적 사고와 도덕적 행위가 항상 일치하지는 않다는 사실을 간과**하고, 도덕적 행동에 영향을 미치는 상황 요인을 무시한 경향이 있다.

11 인간행동에 관한 주요 이론 정답 ②

② **스키너(B. Skinner)의 '조작적 조건화이론'에 관한 설명**이다.

오답 분석

① 반두라 이론의 주요개념인 '자기강화'에 관한 설명이다. 자기강화란 모델의 특정 행동을 관찰하면서 자신도 그러한 행동을 하게 되면 보상을 받게 될 것인지, 아니면 처벌을 받게 될 것인지에 대해 **스스로 판단을 내린 후 그 판단에 근거해서 모델의 행동을 모방하거나 또는 모방하지 않는 것**을 말한다. 다시 말해 **자기 스스로 목표한 일을 달성하고 자신에게 강화물을 주어서 행동을 유지**하고 변화해 나가는 과정이다. 즉 **스스로 자신의 행동을 강화하는 것**이다.

③ 반두라는 **개인이 자신의 행동을 감독하고 규율할 수 있는 인지적 능력**을 가지고 있다고 보았고, 이를 **'자기규제(또는 자기조정)'**라고 하였다.

④ **자기효능감(또는 자기효율성)**이란 특정 과업을 **성공적으로 완수하게 될 가능성에 대한 개인의 신념**이다.

이것도 알면 합격

⑤ 반두라(A. Bandura)의 자기효능감(또는 자기효율성) 형성 요인

성취 경험	특정 행동에 대한 **자신의 성공적 수행으로부터 얻은 긍정적인 경험**을 말한다. 예 그래, 그 때도 해냈으니 지금도 할 수 있어!
대리 경험	특정 행동에 대한 **타인의 성공적 수행으로부터 얻은 긍정적인 경험**을 말한다. 예 저 사람도 해냈으니 나도 충분히 할 수 있어!
언어적 격려	타인으로부터 받은 **긍정적인 언어적 원조**를 말한다. 예 낙심해 있는 클라이언트에게 사회복지사가 "당신은 충분히 하실 수 있습니다."라고 말하는 경우
정서적 각성	특정 행동에 대한 **정서적·생리적인 반응**을 말한다. 예 특정 행동을 앞두고 보이는 불안은 낮은 자기효율성, 유쾌함은 높은 자기효율성을 의미한다.

12 인간행동에 관한 주요 이론 정답 ③

ㄱ. **2차 순환반응기(4~8개월)**에는 자신의 신체에 국한되어 있던 순환반응의 대상이 **자신의 신체 밖 사물로 확장**되며, 이를 통해 영아는 **사물에 관한 도식을 형성**하여 **자신과 외부대상에 대한 구별이 가능**해진다.

ㄴ. **구체적 조작기의 탈중심화**에 관한 설명이다. 구체적 조작기에서는 **전조작기의 자아중심성을 극복**함으로써 다른 사람의 시각에서 사물을 보는 능력이 발달한다. 이로 인해 어떠한 상황에서 타인의 감정(또는 외부의 관점)을 추론하고 인지할 수 있는 **조망수용능력을 획득**하게 된다.

ㄷ. 형식적 조작기에는 **전조작기에 나타났다가 구체적 조작기에서 벗어났던 자기중심성**이 다시 나타나며, 추상적·합리적·체계적·조합적 사고 역시 가능해진다.

오답 분석

ㄹ. 자기중심적 사고가 시작되는 것은 '구체적 조작기'가 아니라 '전조작기'이다. 다만 사물을 분류하는 것이 가능한 능력, 즉 유목화는 구체적 조작기의 특징이 맞다.

13 인간행동에 관한 주요 이론 정답 ②

② '페르소나'가 아니라 '자기'가 맞다. 융에게 있어서 **페르소나(persona)**란 **자아의 가면**으로 자아가 외부세계에 내보이는 이미지, 즉 **개인이 사회적 요구에 대한 반응으로 내보이는 사회적 모습**이다. 사회에 적응하기 위해서는 일정 정도의 페르소나의 발달이 필요하지만, 자아가 페르소나와 지나치게 동일시되면 자신의 내면세계로부터 유리될 위험이 있다.

14 전 생애발달의 통합적 이해 정답 ③

③ **터너(Turner)증후군**은 **성염색체 이상**으로 발생한다. 즉 **X염색체가 1개로 전체 염색체수는 45개인 '여성'**에게서 발생한다. 외형상은 여성이지만 사춘기의 2차 성징이 없고, 저신장, 조기 폐경 등의 특징을 보인다.

오답 분석

① **페닐케톤뇨증(Phenylketonuria)**은 **상염색체 이상**으로 발생하며, 아미노산에 포함되어 있는 페닐알라닌을 분해하는 효소인 **페닐알라닌 수산화효소가 결핍**되어 소변에 **페닐피루브산(phenylalanine hydroxylase)이 함유되어 배출**된다. 구토, 습진, 금발, 백안, 흰 피부색, 굽은 등, 전신운동 발달의 지연, 땀과 소변에서 쥐오줌 냄새가 나는 등의 특징이 있으며, 출생 즉시 특수한 식이요법 실시해야 지적장애를 막을 수 있다.

15 전 생애발달의 통합적 이해 정답 ①

① '바빈스키반사(Babinski reflect)'가 아니라 '탐색반사(rooting reflect, 또는 젖찾기반사)'가 맞다. 바빈스키반사란 **영아의 발바닥을 간지럽히면 발가락을 부채모양으로 폈다가 다시 오므리는 행동을 취하는 반사운동**으로, 생후 1년쯤에 사라진다.

16 전 생애발달의 통합적 이해 정답 ②

② '임신 말기(7~9개월)에 간혹'이 아니라 '임신 진단 직후에 필수적으로'가 맞다. **풍진진단검사**는 **임신 진단 직후에 필수적으로 실시**한다. **임산부가 풍진에 감염되었을 경우** 태아의 눈이나 심장 등에 장애가 발생할 수 있다.

17 전 생애발달의 통합적 이해 정답 ⑤

오답 분석

① 유아기는 **프로이트의 남근기**에 해당하며, 따라서 **남아는 오이디푸스 콤플렉스를, 여아는 엘렉트라 콤플렉스**를 경험한다.

② '구체적 조작기'가 아니라 '전조작기'가 맞다. 유아기는 **피아제의 전조작기와 타율적 도덕성 단계**에 해당한다.

③ '급격히 빨라지며'가 아니라 '완만해지며'가 맞다. **유아기에는 지속적으로 성장하나, 영아기(0~2세)에 비해 성장 속도는 완만**해진다.

④ '인습적 수준의 도덕성'이 아니라 '전인습적 수준의 도덕성'이 맞다.

18 전 생애발달의 통합적 이해 정답 ①

① '조합적 사고가'가 아니라 '조합기술이'가 맞다. **조합적 사고는 청소년기의 인지 발달 특성**이다.

오답 분석

② **아동기에는 유아기의 자아중심성에서 벗어나 타인의 관점과 사물의 다른 특성을 고려할 수 있게 되는 조망수용능력을 획득**한다.

④ 아동기에는 사회적 관계의 범위 확대로 분노의 표출과 동시에 **통제가 가능**해진다. 즉 **정서적 통제 및 분화된 정서표현이 가능**해 진다.

⑤ 아동기에는 주로 동성 또래집단과의 팀놀이나 팀스포츠와 같은 단체놀이를 통해 **협동, 경쟁, 협상, 노동배분(또는 역할분담) 등의 사회성이 발달**된다.

19 전 생애발달의 통합적 이해 정답 ④

④ 청소년기는 **제2의 급등성장기**로, 청소년기 시작 후 약 2.5~3년 동안은 신체적 성장 속도가 이전보다 약 2배 정도 빨리 진행되며, 골격이 완성된다.

오답 분석

⑤ 청소년기는 부모의 간섭·보호 등으로부터 독립하려는 경향이 발생하지만, 실제로는 독립하지 못하는 양가감정이 발생하는 시기이므로 **심리적 이유기(離乳期)**라고도 한다.

20 전 생애발달의 통합적 이해 정답 ②

ㄴ. '제2성장 급등기'는 '청년기'가 아니라 '청소년기'이다.

ㄹ. '청년기'가 아니라 '청소년기'에 관한 설명이다. **청소년기**는 부모나 가족보다는 **또래집단(또는 동년배 집단)에 참여하여 다양한 경험을 하고, 또한 그들에게 인정(또는 지지)을 받고 싶어 하여** 부모로부터 독립하려는 경향을 보인다. 참고로 이러한 또래집단은 청소년 비행 발생의 중요한 요인이 되기도 한다.

21 전 생애발달의 통합적 이해 정답 ④

④ 중년기에는 속도가 필요한 과제나 문제를 빠르게 해결하지 못하는 경향이 있다. 또한 **새로운 것의 학습능력은 저하**되지만 학습과 삶의 경험을 통해 습득한 지혜를 통합하여 사고하는 능력이 발달하여 **문제해결능력은 오히려 높아질 수 있다.**

오답 분석

① '중년기'가 아니라 '청년기'의 발달특성에 관한 설명이다.

② **갱년기(更年期)**는 **호르몬의 변화**로 성적 능력의 저하가 일어나는 현상으로, **남성과 여성 모두에게서 발생**한다.

③ '유동적 지능은 증가하는 반면, 결정적 지능은 감소'가 아니라 '유동적 지능은 감소하는 반면, 결정적 지능은 증가'가 맞다. **혼과 카텔(Horn & Cattell)**은 형성 방법에 따라 지능을 **결정성 지능과 유동성 지능으로 분류**하였다. **결정성 지능**이란 학습과 경험을 통해 형성되는 어휘력, 언어능력, 추리력, 판단력 등의 지능으로, 장년기를 포함한 인생 전반에 걸쳐 발달된다. 반면 **유동성 지능**이란 타고난 지능으로 귀납적 추리력, 형태지각의 융통성, 통합능력 등의 지능으로, 10대 후반에 절정에 도달하고 장년기에는 중추신경의 노화로 감퇴되는 경향이 있다.

⑤ '남성은'이 아니라 '여성은'이 맞다. 개인적인 차이는 있지만 50대 전후에 **여성 호르몬인 에스트로겐의 분비가 1/6 정도**로 줄어들면서 **폐경을 경험**하며, 이로 인해 가임기가 끝나게 된다. 또한 폐경기의 여성은 **홍조현상(또는 안면홍조), 두통, 수면장애, 호흡장애, 유방통증, 골반통, 현기증, 우울증, 무기력증 등의 증상**을 보인다.

22 전 생애발달의 통합적 이해 정답 ①

① 미르는 어머니의 영향을 받아 자신의 적성에 대한 탐색 없이 사회복지사가 되는 것을 꿈으로 생각하였기 때문에 **위기를 경험하지 못했지만**, 사회복지사가 되기 위해 사회복지학과에 입학하는 등 **그 꿈에 전념하였다. 따라서 '정체감 유실'에 해당**한다.

23 전 생애발달의 통합적 이해 정답 ②

오답 분석

① '중년기와 노년기로 구분하여'가 아니라 '중년기 이후로 통합하여'가 맞다. **펙(Peck)**은 에릭슨(Erikson)의 심리사회적 발달단계에서 7단계(성인기)와 8단계(노년기)를 통합한 '중년기 이후' 단계가 적용된 7단계 모델을 제시하였다.

③ '경제적으로 안정된 시기이므로 심리적 위기를 경험하지 않는다.'가 아니라 '경제적으로 불안정한 시기이며 심리적 위기를 경험한다.'가 맞다. 일반적으로 노년기는 소득활동에 종사하지 못하므로 경제적으로 불안정하며, 신체적·심리적·사회적 변화로 인해 심리적 위기를 경험하게 된다. 에릭슨은 노년기의 심리사회적 위기를 **자아통합 대 절망**으로 정의하였다.

④ '우울-타협'이 아니라 '타협-우울'이 맞다. 미국의 정신의학자이며 심리학자였던 **퀴블러 로스(Kübler Ross, 1926~2004)**는 1969년에 쓴 그녀의 저서 「죽음과 죽어감(On Death and Dying)」에서 200여 명의 말기 암환자들이 죽음을 선고받고 이를 인지하기까지의 과정을 **부정 - 분노 - 타협 - 우울 - 수용의 5단계로 제시**하였다.

⑤ 노년기에는 일반적으로 **사회관계망이 축소되어 사회적 역할이 축소**된다. 특히 **수단적(또는 제도적) 역할과 비공식적 역할이 축소**된다. 다만 **희박한 역할은 증가**하는 경향이 있다. 이로 인해 결국에는 무위(無爲) 상태에 이르게 되어 **고독과 소외를 경험**하게 된다.

24 전 생애발달의 통합적 이해 정답 ①

① 영아기(0~2세)에는 감각 및 운동기능의 발달, 애착관계, 언어발달, 보행, 배설통제 등의 발달과업을, 유아기(3~6세)에는 언어의 급속한 발달, 운동능력의 정교화, 자기통제능력 습득, 상상놀이 등의 발달과업을 수행해야 한다.

오답 분석

② '양심의 발달'은 프로이트의 남근기에 해당하는 **유아기의 발달과업**이며, '부모로부터의 정서적 독립'을 준비하는 것은 **청소년기의 발달과업**이다.

③ '직업 선택, 배우자 선택'은 청년기의 발달과업이며, '성역할학습'은 유아기의 발달과업이다.

④ '동년배 사귀는 법 학습'은 **아동기의 발달과업**이며, '놀이에 필요한 신체 기술학습'은 **유아기의 발달과업**이다.

⑤ '노년기 부모에 대한 적응'은 **중년기의 발달과업**이며, '경제적 독립의 필요성 인식'은 **청년기의 발달과업**이다.

25 사회환경에 관한 주요 이론 정답 ③

③ 문화의 주요 특성 중 **'공유성'에 관한 설명**으로, 문화는 그 문화가 적용되는 **사회구성원들에게만 전승되어 공유**된다. 즉 문화는 다른 사회구성원들이 구축한 문화와는 구별되는 자문화만의 공통적인 경향을 지닌다.

오답 분석

① **문화가 누적되는 것은 맞지만, 문화는 시대 및 상황 등 다양한 조건에 의해 서서히 변동**한다.

② '중간체계'가 아니라 '거시체계'가 맞다. 문화는 개인, 집단, 조직, 지역사회 등에 영향을 주는 **거시체계**로서의 특성을 갖는다.

④ '타고 나는 것이라기보다는 후천적으로 습득되는 것이다.'가 맞다. **문화**는 인간에게 **후천적으로 학습되어 습득·공유·전승**된다.

⑤ '규범적 문화'가 아니라 '관념적 문화'가 맞다. **규범(또는 제도)문화**란 인간 사회의 질서를 유지하기 위한 사회의 제도 및 인간행동의 기준으로, **법, 관습, 정치, 예의범절 등**이 있다. 반면 **관념문화**란 인간에게 삶의 목적과 방향을 제시해 주고, 그의 정신적 삶을 풍요롭게 해주는 지식과 가치 등으로, 언어, 철학, 문학, 신화, 예술, 학문, 종교, 신념, 사상 등이 포함된다.

2영역 사회복지조사론

26 사회복지조사과정(Ⅱ) 정답 ③

③ '용이하다.'가 아니라 '불리하다.'가 맞다.

오답 분석

① 면접조사는 비언어적 행위 등 **보충적인 정보 수집이 가능**해서 **어린이나 노인 등 의사소통이 어려운 대상에게 적절**하다. 그러나 **우편조사**의 경우 **응답자의 비언어적 행동을 관찰하는 것은 불가능**하다.

② **면접조사**는 일반적으로 설문조사 중에서 **1인당 비용이 가장 많이 드는 단점을 가지고 있다**. 그러나 **설문조사 중에서 응답률이 가장 높다.**

④ 폐쇄형 질문의 응답범주는 **상호배타적이면서, 또한 포괄적**이어야 한다.

27 사회복지조사과정(Ⅰ) 정답 ②

② **할당 표본추출**이란 **층화 표본추출에서 무작위가 아닌 작위적 방법으로 표집하는 것**이다. 즉 다양한 기준에 의해 모집단을 여러 하위집단으로 분류하고 각 집단별로 사전에 정해진 비율로 작위적(또는 임의적) 방법을 통해 표집한다. 제시된 사례에서 표본은 전국 사회복지관에 근무하는 사회복지사를 대상으로 **연령(30세 미만, 30세 이상 50세 미만, 50세 이상)이라는 기준에 따라** 연령 집단별로 각각 100명씩 총 300명을 **임의로 추출**하였으므로 할당 표본추출에 해당한다.

28 사회복지조사과정(Ⅰ) 정답 ①

① 단일사례연구는 개인·가족·소집단(또는 단체)·조직·지역사회 등을 대상으로 1개의 사례(표본의 크기 '1', 분석단위 '1', 표집요소의 수 '1')의 **'행동'**에 대한 개입의 효과성을 분석하는 연구방법이다.

오답 분석

② 단일사례설계는 단일 연구대상에 대한 개입효과성을 평가해야 할 경우에 효과적으로 사용할 수 있어서 **조사 과정과 실천 과정을 통합**할 수 있다.

③ **경향선 분석**이란 주로 **기초선 국면이 불안정적일 경우에 사용**하는 통계학적 분석기법이다. 기초선 국면의 관찰점을 전반부와 후반부로 양분하여 각 평균을 구해 두 점을 잇는 직선을 그어 개입 국면까지 연장하는 경향선을 긋게 되면 **기초선의 변화의 폭과 기울기**가 보여지고, 이때 개입 국면에서의 관찰점이 모두 경향선 아래 또는 위에 있으면 개입이 효과적이라고 추정한다.

④ 단일사례연구에서는 개입과 이로 인해 실제 클라이언트에게 변화가 발생하는지의 유무와는 상관없이 사회복지사와 클라이언트가 **개입 중간에(또는 도중에) 문제를 점검하여 즉각적인 피드백을 주고받을 수 있으므로** 개입의 지속여부 판단 및 사후계획을 수립하고, 개입방법을 수정하여 효과적인 개입을 할 수 있다.

⑤ **단일사례연구**는 일반적으로 표본의 크기가 1개이므로 **내적타당도는 높으나 외적타당도는 낮다.** 다만 **반복적인 관찰로 통제집단의 효과**를 볼 수 있으므로 개입효과성의 일반화도 일정 정도 가능하다.

29 사회복지조사과정(Ⅰ) 정답 ①

① **비동일 통제집단 설계**란 순수실험 설계 중 **통제집단 사전사후검사 설계에서 단순무작위가 아닌 작위적(또는 임의적)으로 할당한 유사실험설계**로, 구조는 다음과 같다.

O_1	X	O_2
O_3		O_4

즉 실험집단과 통제집단을 작위적(또는 임의적)으로 할당한 후, 사전검사 후에 실험집단에만 실험처치를 하고, 이후 실험집단과 통제집단을 대상으로 사후검사를 하는 방식이다. 지문의 경우 'OO시 소재 노인주야간보호센터 중에서 노인들의 특성이 유사한 A노인주야간보호센터와 B노인주야간보호센터를 선정'하였을 때에, 즉 실험집단과 통제집단을 할당할 때에 **'무작위 할당을 했다는 표현'이 없고**, 두 집단을 대상으로 사전검사를 실시한 다음 실험집단인 A노인주야간보호센터에서만 우울증 예방프로그램을 실시한 후 다시 한 번 두 노인주야간보호센터의 이용 노인들을 대상으로 사후검사를 실시하였으므로 **비동일 통제집단 설계에 해당**한다.

30 사회복지조사과정(Ⅰ) 정답 ③

③ '평균은 1이고 분산과 표준편차는 0이다.'가 아니라 '평균은 0이고 분산과 표준편차는 1이다.'가 맞다.

31 사회복지조사과정(Ⅰ) 정답 ②

② '불일치될수록'이 아니라 '일치될수록'이 맞다.

오답 분석

①, ③ **측정(measurement)**이란 일정한 규칙을 따라 **측정하고자 하는 대상에 수치나 상징을 부여하여 이들을 밝혀내는 일련의 과정**으로, **추상적 세계와 경험적 세계의 교량(bridge)적 기능**과 **계량화 기능**을 한다.

④ 측정의 신뢰도를 높이기 위해서는 특정 개념을 측정하기 위한 **측정항목(또는 하위변수)을 늘리고 항목의 선택범위(또는 값)를 넓혀야 한다.** 또한 문항 간의 상관관계가 유사한 경우 항목의 수를 늘리면 척도의 신뢰도가 높아진다.

⑤ 측정은 **사건이나 현상을 세분화**하고 양적인 의미를 보유한 기호로 수(數)를 사용하여 수들 간의 관계를 **통계적 분석을 통해 분석할 수 있는 정보를 제공**하며, **조사 결과에 대한 반복 및 의사소통 기능**을 한다.

32 사회복지조사과정(Ⅰ) 정답 ⑤

⑤ **패널조건화(panel conditioning)**란 패널조사의 대표적인 단점 중 하나로, 조사가 반복됨에 따라 패널이 **연구자의 조사 의도를 파악해서 조사 결과를 왜곡**시키는 현상을 말한다. 이는 **연구결과의 정확성을 낮추는 요인으로 작용**한다.

오답 분석

① '동년배조사'가 아니라 '패널조사'가 맞다.

② '이루어지지 않는다.'가 아니라 '이루어질 수 있다.'가 맞다.

③ '동년배조사'가 아니라 '패널조사'가 맞다. **포괄적 자료**란 연구자가 조사 대상에게 자신이 조사를 통해 얻고자 하는 자료를 어느 정도나 얻을 수 있는 지에 대한 정도를 말한다. 패널조사의 경우 동일인을 반복적으로 조사하기 때문에 그에게서 연구자가 얻고자 하는 변화와 관련된 모든 자료를 확보하는 데에 동일인이 아닌 다른 집단을 대상으로 조사하는 동년배조사에 비해 유리하다.

④ '탐색 목적의 조사연구'가 아니라 '기술 목적의 조사연구'가 맞다. 기술 목적의 조사연구, 즉 기술적 조사란 특정 현상에 대해 **정확하고 사실적인 기술(또는 묘사)을 목적으로 수행하는 조사**로, **여론조사, 인구센서스 조사, 경제총조사 등이 여기에 해당**된다.

33 사회복지조사과정(Ⅰ) 정답 ④

④ '기준관련타당도의 하위타당도는 동시타당도와 예측타당도이다.'가 맞다. **기준타당도(또는 실용적 타당도)**란 용어 그대로 **기준이 되는 척도가 필요한 타당도** 평가방법이다. 즉 타당도가 확인된 다른 척도를 기준으로 삼아 현재 개발되어 타당도를 평가하려는 특정척도의 타당도를 평가하는 방법이며, 따라서 척도를 현재 존재하는 다른 척도와 비교하므로 **'경험적 세계'를 기반**으로 한다. 또한 관련된 **하위타당도로는 동시타당도와 예측타당도**가 있다.

오답 분석

① **내용타당도[또는 액면타당도(안면타당도, 표면타당도), 논리적 타당도]**란 척도가 가지고 있는 **적절성과 대표성의 정도**를 의미한다. 즉 척도를 구성하고 있는 내용들이 자신이 측정하고자 하는 개념이 포함하고 있는 의미의 범위를 **어느 정도나 포괄적으로 담고 있는지의 정도**를 말한다.

② 동시타당도는 기준타당도의 하위타당도로, 기준이 되는 척도가 타당도를 **평가하려는 척도와 현재 상태나 상황에 어느 정도 부합되는지의 정도**를 의미한다. 즉 타당도 평가를 원하는 척도를 기준이 되는 척도와 **동시에 적용하여 두 척도 사이의 결과를 비교한 후 상호 동일한 결과치가 발생하면 동시타당도가 있다고 추정**할 수 있다.

③ **구성타당도(또는 개념타당도, 구성체타당도, 개념구성타당도)**란 타당도를 평가할 때 그 척도가 측정하고자 하는 개념과 관련이 있는 **특정한 이론(theory)으로부터 도출된 구성체(construct)가 그 척도를 사용하여 측정한 실제 측정값과 어느 정도 연관이 있는지를 판단하는 방법**으로, 가장 수준이 높은 타당도이다. 여기서 **구성체**란 직접적인 관찰에 의해서 측정할 수 있는 것이 아닌 **간접적인 관찰에 근거하여 이론적으로 만들어진 추상적인 개념**이다(예 지능, 우울, 이타심, 적개심, 친밀도, 욕구 등). 즉 **구성타당도**란 측정하고자 하는 추상적인 개념이 척도에 의해 제대로 측정되었는지를 파악하는 방법으로, 척도의 측정값을 개념이나 이론과 비교하므로 **'이론적 세계(또는 모형)'를 기반**으로 한다.

⑤ **구성타당도(또는 개념타당도, 구성체타당도, 개념구성타당도)**란 타당도를 평가할 때 그 척도가 측정하고자 하는 개념과 관련이 있는 **특정한 이론(theory)으로부터 도출된 구성체(construct)가 그 척도를 사용하여 측정한 실제 측정값과 어느 정도 연관이 있는지를 판단하는 방법**으로, **가장 수준이 높은 타당도**이며, 종류로는 **수렴타당도, 판별타당도, 이해타당도**가 있다.

34 사회복지조사과정(Ⅰ) 정답 ③

③ **선행(leading)변수**란 **시간적으로 독립변수에 앞서면서 독립변수에 유효한 효과를 행사하는 변수**를 말한다. 선행변수를 통제해도 독립변수와 종속변수 간의 인과관계는 그대로 유지되지만, 독립변수를 통제할 경우 선행변수와 종속변수 간의 관계는 사라진다.

오답 분석

① '원인변수'가 아니라 '결과변수'가 맞다.

② '연속변수'가 아니라 '이산변수'가 맞다. **'더미변수'란 질적변수를 0 또는 1의 수치로 변환한 것으로 '이산변수'**이다.

④ '조절변수'가 아니라 '외생변수'가 맞다.

⑤ '원인변수'가 아니라 '결과변수'가 맞다.

35 사회복지조사과정(Ⅰ) 정답 ①

① 연구문제는 정(+) 또는 부(-)의 관계로 서술되어야 한다.

오답 분석

③ **설명적 연구에 있어서 연구문제**는 변수 간의 잠정적인 결과를 예측하는 형태로 제시되지만, **탐색적 연구나 기술적 연구의 경우에는 예측하지 않고 진행**할 수도 있다.

36 사회복지조사의 개관 정답 ③

오답 분석

ㄹ. '양극단의 가치 중 어느 하나를 선택한다.'가 아니라 '양극단의 가치를 절충하여 적용한다.'가 맞다. **'대상자의 이익을 최우선으로 하는 것'은 사회복지학이라는 학문의 특성이라기보다는 사회복지실천의 목적에 더욱 가까운 설명**이며, 더불어 사회복지학은 문제해결의 방법론을 구축하기 위해서 상호충돌 가능성이 있는 양극단의 가치를 조화롭게 절충하여 이를 활용하기 위해서 노력해야 한다.

37 사회복지조사과정(Ⅰ) 정답 ①

① **신뢰도**란 측정도구인 척도를 가지고 **동일한 대상에게 반복하여 측정하여도 동일한(또는 일관된) 결과가 나오는 정도**로, 측정결과의 **일관성, 안정성, 예측가능성 정도**를 의미한다.

오답 분석

② '신뢰도'가 아니라 '타당도'에 관한 설명이다.

③ '검사-재검사 신뢰도'가 아니라 '크론바하알파계수법'이 맞다. 참고로 **검사-재검사 신뢰도는 주시험효과나 성숙효과의 발생 등으로 잘 사용하지 않는다.**

④ '신뢰도'가 아니라 '타당도'가 맞다. **사회적 바람직성(또는 적절성)의 편향**이란 주로 **연구자의 유도성 질문에 대해** 응답자가 연구자에게 **자신의 이미지를 좋게 보이려고 자신의 의사가 아닌 연구자가 유도한 의향이나 보편적인 사회적 가치에 부합되는 방향으로 응답**하여 발생하는 체계적 오류를 말한다. 이는 측정의 결과는 측정하려는 개념이 아닌 연구자의 의향이나 보편적인 사회적 가치를 측정한 것일 수 있다. 이러한 **사회적 바람직성 오류는 측정의 체계적 오류이며, 측정의 체계적 오류는 타당도를 낮추는 주요 요인이 된다.**

⑤ '낮아진다.'가 아니라 '높아진다.'가 맞다. 신뢰도를 높이기 위해서는 특정 개념을 측정하기 위한 **측정항목(또는 하위변수)을 늘리고 항목의 선택범위(또는 값)를 넓혀야 한다.** 또한 문항 간의 상관관계가 유사한 경우 항목의 수를 늘리면 척도의 신뢰도가 높아진다.

38 사회복지조사과정(Ⅰ) 정답 ①

① **'소득'은 비율변수**로, 비율변수는 등간수준 이상의 기능뿐만 아니라 절대적 0의 개념도 가지고 있으므로 **모든 척도 수준으로 분석이 가능**하다.

오답 분석

② '비율척도'가 아니라 '등간척도'가 맞다.

③ '높아지는 편이다.'가 아니라 '낮아지는 편이다.'가 맞다. 질문 시 응답률, 즉 응답률의 개연성은 **'명목척도 > 서열척도 > 등간척도 > 비율척도 순'으로 높다.**

④ '절대영점'이 아니라 '임의의 영점'이 맞다. 참고로 **절대영점이 있는 것은 비율척도**이다.

⑤ '가능하다.'가 아니라 '불가능하다.'가 맞다. 높은 수준의 척도는 낮은 수준으로 변경이 가능하지만, 낮은 수준의 척도는 높은 수준으로 변경할 수 없다. 따라서 **서열척도보다 높은 수준의 척도인 등간척도는 서열척도로 변환이 가능**하다.

39 사회복지조사과정(Ⅰ) 정답 ②

ㄴ. '종단조사'가 아니라 '횡단조사'가 맞다.

ㄹ. '횡단조사'가 아니라 '종단조사'가 맞다. **종단조사**는 시간 간격을 두고 표본을 **반복적, 즉 2회 이상 조사하는 조사방법**으로, 일정 기간 동안 시간의 흐름에 따른 **조사대상의 변화 추이를 파악하는 데 유리**하다.

오답 분석

ㄱ. **설명적 조사**는 변수 간의 **인과관계를 규명하여 가설을 검증하기 위한 조사**이다.

ㄷ. **탐색적 조사**는 조사설계를 확정하고 본격적인 **조사과정을 개시하기 전에** 조사설계의 타당성을 검증하기 위해 실시하는 조사이다. 따라서 **명확한 연구가설이나 조사계획의 수립이 필요하지 않다.**

40 사회복지조사과정(Ⅰ) 정답 ④

오답 분석

① '사용되는 변수의 수에 따라'가 아니라 '통계적 검증을 위해'가 맞다.

② '정(+)의 관계'가 아니라 '정(+) 또는 부(-)의 관계'가 맞다.

③ '유리하다.'가 아니라 '불리하다.'가 맞다.

⑤ **목적에 따른 조사 유형 중 '탐색적 조사'의 경우 가설을 설정할 필요가 없다.**

41 사회복지조사과정(Ⅱ) 정답 ②

문제는 **내용분석법에 관한 것**이다.

② 내용분석이 '기존자료를 활용하는 것'은 맞지만, 내용분석법은 의사소통의 표면적인 내용(또는 드러난·현재적) 내용뿐만 아니라 **숨은 내용(또는 잠재적 내용)도 분석의 대상**이 된다. 이때 숨은 내용에 대한 분석도 이루어지므로 양적인 정보만을 분석하는 것은 진정한 의미의 내용분석이라 보기 어렵고, 따라서 **양적 분석법뿐만 아니라 질적 분석법도 사용**하며, **질적인 정보를 양적인 정보로 전환**한다. 따라서 양적조사의 가설검증 절차가 필요하다.

오답 분석

① 내용분석법은 연구자의 **입수된 자료에만 의존**하기 때문에 **선정편향(selection bias)이 발생**할 수 있다. 여기서 **선정편향**이란 연구 전 실험집단과 통제집단은 비슷한 속성이 균등하게 분포되도록 할당되어야 하나, **잘못된 할당으로 두 집단이 서로 이질적일 경우**를 말하며, 이는 내적타당도를 저해시키는 요인이 된다.

③ 내용분석법은 **비관여적 조사**이므로 조사대상에게 영향을 미치지 않아 **조사대상의 반응성 문제가 발생하지 않는다.**

④ 내용분석은 **양적 조사와 질적 조사에서 모두 사용**할 수 있으며, 이에 따라 **연역적 방법과 귀납적 방법의 사용이 모두 가능**하다. **양적 내용분석**은 연구 자료를 규칙에 따라 체계적으로 어떤 범주에 할당하고, 체계적 방법을 사용하여 그러한 범주들 간의 관계를 분석하는 것인 반면, **질적내용분석**은 양적내용분석과 같이 단순히 유사한 의미 끼리 묶어 범주를 만들거나 단어의 수를 세는 계량적 방법이 아니라 내용의 코딩을 통해 **범주의 드러난 내용(manifest content)과 숨은 내용(latent content) 모두를 파악하는 방법**이다.

⑤ 내용분석에서는 **인간의 모든 의사소통 기록물**(예 신문, 잡지, 도서, 연설, 논문, 일기, 영상, 방송 등)을 분석단위로 한다.

42 사회복지조사과정(Ⅰ) 정답 ③

③ '영가설'이 아니라 '연구가설'에 관한 설명이다.

43 사회복지조사과정(Ⅰ) 정답 ③

오답 분석

ㄹ. '없다.'가 아니라 '있다.'가 맞다. **타당도가 높으면(↑) 신뢰도도 높지만(↑)**, 신뢰도가 높으면서 타당도가 낮은 경우도 있다. 또한, 타당도가 높으면서 신뢰도가 낮은 경우는 없다.

44 사회복지조사과정(Ⅱ) 정답 ④

④ '폐쇄형 질문'이 아니라 '개방형 질문'이 맞다.

오답 분석

① 초점집단 조사는 **자료수집 과정에서 연구자의 주관적 개입이 가능**하며, 따라서 **연구자의 개입에 따른 편향이 발생**할 수 있다.

② 초점집단 조사란 **집단적 의사결정 방법**으로, 지역사회의 문제와 관련된 정보를 제공할 수 있는 **초점집단을 12~15명 정도의 인원으로 구성**한 후, 이들을 한자리에 모아 조사자가 주제를 제시한 후, **약 2시간 전후로 자유로운 의사소통을 유도**하고 이 과정에서 **조사자의 판단에 근거하여 욕구를 조사하는 질적자료수집 방법**이다. 따라서 **참여한 초점집단 성원 간에 발생하는 집단역학(또는 집단역동성)을 분석대상**으로 할 수 있다.

45 사회복지조사과정(Ⅰ) 정답 ②

② '감소한다.'가 아니라 '증가한다.'가 맞다. 표본의 크기가 커지면 표집오차가 감소(↓)하고, 비표집오차는 증가(↑)한다.

오답 분석

④ **'2종 오류'란 귀무가설이 거짓인데 기각하지 않음으로 발생하는 가설검증의 오류**를 말한다. 제2종 오류를 범할 확률은 β로, 검정의 검정력에 따라 달라진다. 따라서 검정력을 충분하게 설정함으로써 제2종 오류를 범할 위험을 줄일 수 있다. 즉, **실제 존재하는 차이를 탐지할 수 있을 정도로 표본 크기를 크게 만들면 2종 오류를 통제**할 수 있다.

46 사회복지조사과정(Ⅰ) 정답 ①

ㄱ. **검사효과(testing, 또는 테스트효과, 측정효과, 검사요인, 시험효과)는 사전검사를 할 경우에 발생**한다. 즉 **사전검사와 사후검사에서 사용된 척도가 동일**할 때, 사전검사가 검사 대상자에게 영향을 미쳐 사후검사의 측정값에 영향을 주는 경우를 말한다. 종류로는 **내적타당도를 저해하는 주시험효과와 외적타당도를 저해하는 상호작용시험효과**가 있다.

ㄷ. **성숙(maturation, 또는 성장효과, 시간적 경과)**이란 **단순한 시간의 경과에 따른 인간의 성장과 변화**가 종속변수에 영향을 주는 경우를 말하며, **제시된 연구설계에서는 '프로그램 제공 후 한 달 만에'를 통해 확인**할 수 있다.

오답 분석

ㄴ. **도구효과**(instrumentation)는 사전검사와 사후검사의 척도나 검사자(또는 연구자)가 동일한 경우에 발생하는 검사효과를 제거하기 위해 **사전검사와 사후검사에서 사용된 척도나 검사자(또는 연구자)를 달리 하여 사용한 것이 종속변수에 영향을 주는 경우**를 말한다. 제시된 연구설계 내용에서는 확인할 수 없다.

ㄹ. **통계적 회귀**(statistical regression)는 모집단에서 표본을 추출하거나 실험집단을 구성할 때 종속변수를 기준으로 너무 낮거나 반대로 너무 높은 측정값을 보이는 **극단적 성향의 집단을 조사의 대상으로 선정할 경우에 발생**한다. 제시된 연구설계 내용에서는 확인할 수 없다.

47 사회복지조사과정(Ⅱ) 정답 ②

② 평가연구 역시 **객관성 추구를 위해 과학적 방법과 절차에 따라 진행되어야 하며, 따라서 의뢰기관의 요구를 수용하여 평가결과를 임의로 조정해서는 안 된다.**

오답 분석

① 평가 시 **프로그램이 독립변수**가 되고, **프로그램의 효과가 종속변수**가 된다.

48 사회복지조사과정(II) 정답 ①

① '앞부분'이 아니라 '뒷부분'이 맞다. 질문의 순서는 응답률에 영향을 줄 수 있다. 따라서 **일반적인 것을 먼저 질문하고, 특수한 것은 나중에 질문**해야 하며, **민감한 질문과 개방형 질문(또는 주관식 질문)은 뒤에 배치**해야 한다.

오답 분석

② 응답군, 즉 고정반응(response set)이 발생하지 않도록 **유사질문들은 분리해서 배치**해야 한다. 여기서 **고정반응**이란 유사하게 느껴지는 질문 문항들이 연속적으로 나열된 경우에 응답자가 대략 자기의 응답기준치를 정해 두고 문항들에 대한 응답을 그 근처에서 쉽사리 채택해 버리는 현상을 말한다. 이러한 고정반응을 막기 위해서는 유사한 질문내용을 가진 문항들을 떼어 놓는 등, 변화감 있게 질문 문항들을 배치해야 한다.

③ **명목측정을 위한 질문의 각 범주는 '상호배타성, 포괄성, 단일차원성, 논리적 연관성'을 갖추어야 한다.** 여기서 **단일차원성**이란 측정하려는 것이 일관성이 없거나 상호 상충되어서는 안 된다는 의미이다.

④ **수반형 질문(또는 해당자 부수질문, 개연성 질문)**이란 각 질문에 응답할 사람을 구분하는 질문인 **여과질문을 먼저 한 후에** 그 응답 결과에 따라 응답해야 할 내용들이 다른 **부수질문을 하는 질문 형태**로, 많아질수록 **응답자의 응답 편의성이 감소되어 응답률을 떨어뜨리는 경향**이 있다.

이것도 알면 합격

수반형 질문 예시

- 여과질문
  문제1. 당신은 현재 복지관을 이용 중이신가요? 이용 중이신 경우 문제 2로 가주세요.
  ① 이용 중이다. ② 이용 중이 아니다.
- 부수질문
  문제2. 당신은 현재 복지관의 어떤 프로그램을 이용 중이신가요?
  ① 노인주야간보호 프로그램
  ② 노인 급식 서비스 프로그램
  ③ 노인여가선용 프로그램
  ④ 노인 컴퓨터 교육 프로그램

⑤ **이중질문(double-barreled question), 유도질문, 부정적인 질문**은 피해야 한다. 참고로 **이중질문**이란 하나의 질문문항에 두 개 이상의 질문이 중첩되어 있는 질문을 말한다. 예를 들어 "당신은 사과나 배를 좋아하십니까? 예 또는 아니오로 답해주세요."라는 질문으로 이 경우 두 과일 중에 하나만을 좋아하는 응답자는 응답을 할 수 없게 된다.

49 사회복지조사과정(III) 정답 ③

오답 분석

① **'라포형성이 요청된다.'가 아니라 '라포형성을 해서는 안 된다.'가 맞다. 완전 관찰자**로서의 연구자는 조사대상에게 **자신의 신분을 공개하지 않고, 조사대상의 활동에도 전혀 참여하지 않으며 관찰만 하는 경우**를 말하며, 따라서 연구자는 먼저 자료제공자들과 라포형성을 해서는 안 된다. 참고로 질적조사는 양적연구와 같이 연구자가 미리 설정한 이론이나 가설로서 현상을 설명하는 것이 아니라 **내부자적 관점(emic)**에서 **조사대상자가 현상을 어떻게 이해하고 이에 따른 행위를 하는지를 찾고 기술하는 것을 목적**으로 하는 조사방법이다. 따라서 연구자는 **내부자적 시각을 유지하기 위해 완전참여자의 역할을 지향**해야 한다.

② '집락(cluster) 표집'은 해당되지 않는다. **질적조사**에서 일반적으로 활용하는 표집방법으로는 **임의(또는 편의)표집, 의도적 표집(또는 유의표집)이나 눈덩이 표집(또는 누적표집) 등의 비확률표집** 이외에도 **기준표집, 전형적 사례표집, 최대변이표집, 동질적 표집, 이론적 표집, 결정적 사례 표집, 극단적 사례 표집, 준예외적 사례표집** 등이 있다.

④ '질적조사'가 아니라 '양적조사'에 관한 설명이다.

⑤ **'배제되는 것'이 아니라 '자료수집의 도구가 되는 것'이 맞다.** 질적조사에서는 연구자 자신이 자료수집과정의 도구가 되므로 **조사도구로서 연구자가 가진 자질이 중요**하다.

50 사회복지조사과정(I) 정답 ②

오답 분석

ㄴ. '사용하기는 어렵다.'가 아니라 '사용할 수 있다.'가 맞다.

ㄹ. '추적할 수 있다.'가 아니라 '추적할 수 없다.'가 맞다. **결측값(missing values)**이란 자료수집을 위한 설문조사 시 응답이 누락된 항목들을 말한다. 즉 측정되어야 할 항목이지만 다양한 이유로 제대로 측정이 되지 못한 오기(誤記)나 불기(不記)를 의미한다. 주로 설문지를 활용해서 수집된 자료인 1차 자료에서는 결측값이 발생하면 복구가 가능하다. 그러나 2차 자료의 경우에는 시간의 흐름이나 정책의 변화에 따라 발생하는 기존 자료와의 차이, 천재지변으로 인한 자료의 훼손으로 발생한 자료의 오차에 대해 수집된 자료 중에서 분석 가능한 자료만을 대상으로 **재검토는 가능**하지만, 주로 문서라는 특성상 **원자료에서 발생하는 누락된 변수와 결측값을 추적하고 복구하는 것은 불가능**하다.

2교시 사회복지실천

3영역 | 사회복지실천론

01	③	02	②	03	④	04	①	05	①
06	⑤	07	④	08	①	09	③	10	⑤
11	③	12	③	13	④	14	④	15	③
16	⑤	17	⑤	18	⑤	19	③	20	①
21	②	22	②	23	③	24	④	25	⑤

4영역 | 사회복지실천기술론

26	②	27	⑤	28	①	29	③	30	③
31	②	32	③	33	③	34	①	35	②
36	④	37	⑤	38	⑤	39	③	40	⑤
41	①	42	③	43	③	44	①	45	②
46	①	47	①	48	⑤	49	③	50	④

5영역 | 지역사회복지론

51	③	52	②	53	④	54	④	55	②
56	②	57	③	58	③	59	⑤	60	⑤
61	①	62	④	63	②	64	②	65	④
66	③	67	②	68	①	69	④	70	①
71	①	72	③	73	④	74	②	75	④

나의 점수 분석표

영역명	맞힌 개수 / 문제 수
사회복지실천론	/ 25
사회복지실천기술론	/ 25
지역사회복지론	/ 25
합계	**/ 75**

* 과락 기준: 75문제 중 맞힌 문제 수가 30개 미만

취약점 키워드 box

* 틀린 문제 중, 본인이 부족했던 개념 또는 키워드를 정리해 보세요!

3영역 사회복지실천론

01 사회복지실천의 접근 방법 정답 ③

③ 면접은 구체적인 목적을 달성하기 위한 **목적 지향적인 활동**으로, 의사소통은 **개입목적에 관련된 내용들로 제한**된다.

오답 분석

④ 재스트로(Zastrow)의 **목적에 따른 면접의 종류 중 '치료적 면접'에 관한 설명**이다.

02 사회복지실천의 접근 방법 정답 ②

② **전문적 동료관계**란 사회복지사가 알게 된 클라이언트나 기관에 대한 동료의 부당한 행위에 대해 **동료를 존중할 것인지, 아니면 클라이언트를 보호하거나 기관에 해당 부당한 사실을 보고할 것**인지를 놓고 발생하는 윤리적 갈등을 말한다. 다음의 사례에서 사회복지사 A는 C가 신입 사회복지사인 B에게 한 부당한 행위들, 즉 프로그램 운영에 필요한 자료 제작 지시와 개인적인 대학원 과제 수행 지시 등에 대해 기관에 이를 보고할 것인지를 놓고 윤리적 갈등에 빠져 있다.

03 사회복지실천의 과정 정답 ④

오답 분석

ㄱ. '초점제공기술'이 아니라 '해석기술'이 맞다. 참고로 **초점제공(또는 초점화)기술**은 클라이언트가 경험하는 문제가 다양하거나 불확실할 경우 **특정한 문제에만 초점을 맞추는 기술**로, 클라이언트로 하여금 자신의 사고과정을 명확히 인지할 수 있도록 하는 데에 유용하게 사용된다.

04 사회복지실천의 접근 방법 정답 ①

ㄱ, ㄴ, ㄷ. **일반적인 비밀보장의 예외 상황**

- 클라이언트의 문제 해결과 관련하여 타 전문가와 필요한 정보를 공유해야 할 경우
- 지도감독을 받기 위해 슈퍼바이저에게 보고해야 하는 경우(ㄱ)
- 클라이언트의 치료를 위해 전문가 회의를 할 경우(ㄷ)
- 비밀보장이 타인이나 클라이언트 자신의 생명을 위협하는 경우(ㄴ)
- 법정으로부터 클라이언트의 정보공개 명령을 받았을 경우

오답 분석

ㄹ. '외부로부터 클라이언트에 관한 정보를 제공받았다.'는 것은 클라이언트의 자발적 진술이 아닌 **클라이언트의 환경체계로부터 개입의 목적과 관련된 클라이언트의 정보를 간접적으로 취득한다는 것을 의미**한다. 이런 경우 **사회복지사는 더욱 더 클라이언트의 비밀보장 의무를 준수**해야 한다.

05 사회복지실천의 접근 방법 정답 ①

오답 분석

ㄹ. 다음 사례에서 비밀보장의 원칙은 제한되어야 한다. **비밀보장**이란 사회복지사가 클라이언트는 **자신의 비밀이 지켜지기를 원한다**는 욕구를 받아들여 전문적 관계를 통해 알게 된 클라이언트의 비밀을 치료의 목적 이외에는 누설하지 말아야 한다는 원칙을 말한다. 다만 **사례의 경우처럼 비밀보장이 클라이언트의 생명에 위협이 될 경우, 이는 제한**되어야 한다.

06 사회복지실천의 접근 방법 정답 ⑤

오답 분석

① 클라이언트가 침묵하는 경우 **사회복지사는 섣부르게 침묵을 깨지 말고 침묵의 의도를 탐색하여야 하며, 또한 저항으로써의 침묵이 계속될 시에는 면접을 중단**할 수도 있다.

② '전이'가 아니라 '역전이'가 맞다. **역전이(counter-transference)란 사회복지사가 어린 시절 누군가에게 지녔던 무의식적 감정을 클라이언트에게 보이는 현상**을 말하며, 이러한 역전이가 발생할 경우 사회복지사는 클라이언트로 하여금 자신의 감정의 기원을 파악하여 현실적으로 대처하도록 노력하지만 **전문적인 관계가 지속되기 어려울 것으로 판단될 경우 다른 사회복지사에게 '의뢰'**해야 한다.

③ '비자발적인 클라이언트 역시 동기화시켜야 한다.'가 맞다. **비자발성**이란 개입에 대한 클라이언트의 **자발적인 참여 의지가 없는 현상**을 말하며, 주로 법원이나 학교 등을 통해 사회복지사에 강제로 의뢰된 클라이언트에게서 나타난다.

④ '강화된다.'가 아니라 '감소한다.'가 맞다. 사회복지사가 양가감정이 매우 자연스럽고, 당연한 현상임을 설명하고 이를 **수용하면 일반적으로 클라이언트의 양가감정은 감소**하게 된다.

이것도 알면 합격

비자발성을 지닌 클라이언트에 대한 동기화 및 개입 방법

- 미래에 대한 희망과 용기를 준다.
- 저항의 실체를 수용한다.
- 지금까지 견뎌온 것을 격려한다.
- 부정적인 감정을 표출하도록 유도한다.
- 다른 노력이 실패할 경우 '거래'전략을 사용한다.
- 클라이언트가 자신의 양가감정을 인식하도록 성찰의 기회를 준다.
- 클라이언트를 이해하기 위해 비언어적인 단서들을 찾아본다.
- 클라이언트의 저항을 고려하여 대응이나 직면 기술의 사용은 가급적 피한다.
- 사회복지사 개인의 경험을 노출한다. 단 이 때에 역전이 발생에 주의해야 한다.

07 사회복지실천의 접근 방법 정답 ④

④ **진실성(또는 순수성)**이란 **실재적이고 순수해질 수 있는 능력**, 즉 사회복지사가 자기인식을 바탕으로 **자신의 감정과 반응을 있는 그대로 클라이언트에게 전달할 수 있는 능력**으로, 클라이언트에게 지킬 수 없는 약속을 하지 않고 최대한 진실해 지는 것이다.

이것도 알면 합격

진실성(또는 순수성)과 일치성 증진을 위한 사회복지사의 자세

- 클라이언트에게 신중하고 진실되게 말하고 행동해야 하며, **말과 행동이 일치**하도록 노력해야 한다.
- 사회복지사와 클라이언트에게 동일한 의미로 전달되는 전문가의 역할, 기관의 절차 및 정책에 대한 분명한 인식이 있어야 한다.
- 자신의 내면과 외면이 일치하도록 노력해야한다. 이를 위해서는 **올바른(또는 정직한) 자기인식**과 **자신의 감정에 대한 정직성**이 있어야 한다.
- **타인에 대한 관심, 수용, 헌신 등 전문적 관계에서 요구되는 기본요소들을 내면화**해야 한다.

08 사회복지실천의 접근 방법 정답 ①

① 사례관리는 일반적으로 '기관접촉 → 접수 → 사정 → 계획 → 개입 → 점검 → 재사정 → 결과평가'의 순으로 진행된다. 선지의 **'연계 및 조정'은 개입단계에서 수행하는 간접적인 개입에 해당**된다. 따라서 지문을 맞게 고치면 **'사정-계획-연계 및 조정-점검'**의 순이다.

오답 분석

③ **사례관리**에서는 서비스 전달체계(또는 공식적·비공식적 자원) 간의 연계 및 조정을 통해 서비스 제공의 중복을 방지하여 **서비스의 효율성을 높여야 하며**, 이를 위해 **개별적인 실천기술과 지역사회 실천기술을 통합**한다.

④ **사례관리**에서는 **직접적인 개입과 간접적인 개입(연계 및 조정하기)이 모두 이루어진다.** 즉 내부자원 획득을 통해 직접적 서비스를 제공하고, 외부자원 획득을 위한 간접적 서비스를 제공한다.

⑤ **만성적이고 복합적인 욕구를 가진 클라이언트를 대상**으로 하는 사례관리에서는 기관 차원을 넘어선 지역사회차원의 서비스 제공과 점검과정, 즉 클라이언트를 위해 수립된 **계획에서 정해진 서비스 전달과정을 지속적으로 추적해서 감시하고 감독하는 과정을 중요**시한다.

09 사회복지실천의 과정 정답 ③

오답 분석

ㄹ. '도전'이 아니라 '재명명'이 맞다. 참고로 도전이란 클라이언트가 자신의 문제에 대해 부정, 회피, 합리화 할 경우 이를 **현실 상황에서 문제로 인정하게 하여 의지와 관심을 가지고 해결하도록 유도하는 기술**이다(예 "당신은 지금 상황이 어쩔 수 없는 상황이라고 말하지만 절대 그렇지 않습니다. 당신과 제 노력으로 얼마든지 해결할 수 있는 상황입니다! 한 번 해봅시다.").

10 사회복지실천의 과정 정답 ⑤

오답 분석

① **목표는 기관의 가치나 기능에 부합**되어야 한다.

② 목표설정 시에는 동기부여보다 달성가능성을 더 중요하게 고려해야 한다.

③ 목표는 클라이언트와 사회복지사의 합의를 통해 설정한다.

④ '다수의'가 아니라 '하나의'가 맞다.

11 사회복지실천의 과정 정답 ③

오답 분석

ㄹ. '접수단계'가 아니라 **'사정단계'에서의 과업**이다. 참고로 MMPI (Minnesota Multiphasic Personality Inventory)는 가장 널리 쓰이는 심리검사 중 하나로 스타크 해서웨이(Starke Hathaway) 박사와 제이 챔리 매킨리(J. Chamley McKinley) 박사가 **군인들의 PTSD를 빠르게 측정하기 위해 미네소타 대학교에서 개발한 자기보고형 심리검사**이다. **사회복지실천 현장에서도 자주 활용**되고 있으며, **이와 같은 심리검사는 주로 사정단계에서 수행**된다.

12 사회복지실천의 과정 정답 ③

③ 의뢰될 기관에 대한 구체적인 정보를 클라이언트에게 제공하는 것은 바람직하지만, **사회복지실천 기술과 관련하여 비전문가인 클라이언트에게 상담기법까지 알려 줄 필요는 없다.**

13 사회복지실천의 토대 정답 ④

④ '사회적 책임'은 해당되지 않는다.

오답 분석

① **이타주의(또는 애타주의)**란 **사회복지실천의 근본적 이념**으로, 인간 행위의 목적은 **자신의 희생을 통해 타인의 이익이나 행복을 추구**하는 것이라고 가정하는 이념이며, **타인을 위해 봉사하는 정신으로 실천**되었다.

14 사회복지실천의 토대 정답 ④

④ 플렉스너는 사회복지직에 대한 비판 내용에 '전문적 권위의 유무'를 제시하지 않았다. 참고로 플렉스너가 제시한 사회복지직에 대한 비판 내용에는 응답범주 ①, ②, ③, ⑤ 이외에 **'전문적 조직체가 없다.'는 것**이 있다.

15 사회복지실천의 과정 정답 ③

③ 개입 계획의 수립은 **'클라이언트를 동기화시키기(ㄴ) → 표적문제 선정하기(ㄱ) → 목적 설정하기(ㄷ) → 목표 설정하기(ㄹ) → 계약하기'의 순서로 진행**된다.

16 사회복지실천의 토대 정답 ⑤

⑤ '인보관운동'이 아니라 '자선조직협회'에 관한 설명이다. 참고로 자선조직협회는 사회복지실천과 관련해서 **개별사회사업, 지역사회복지, 사회조사기술 발전에 영향**을 주었다.

17 사회복지실천의 토대 정답 ⑤

⑤ '기능주의'가 아니라 **'진단주의'에 관한 설명**이다.

18 사회복지실천의 과정 정답 ⑤

⑤ **사회적 관계망표**(social network grid)는 개인 및 가족의 사회적 지지체계에 관한 사정도구로, 사회적 관계망(클라이언트의 환경 내에 영향을 미치는 중요한 사람이나 체계)을 표를 통해 보여준다. 제공정보로는 **중요한 인물, 지지받는 생활영역, 소속감, 유대감, 접촉 빈도** 등이 있다.

19 사회복지실천의 접근 방법 정답 ③

③ 해결중심모델에서 사용되는 '예외질문'에 관한 예시이다. **예외(발견)질문**은 어떠한 문제에도 예외, 즉 **클라이언트가 문제로 생각하고 있는 행동이 일어나지 않았던 경우나 우연적인 성공은 있기 마련이라는 가정하에 실시하는 질문**이다. 즉 중요한 예외를 질문을 통해 찾아내서 계속 그것을 강조하면서 **클라이언트의 성공을 확대하고 강화시켜 주는 것**이다.

오답 분석

①, ④ '유도형 질문'의 예이다. **유도형 질문**이란 클라이언트의 진실한 반응이 아닌 **사회복지사의 편견이 담긴 제안에 클라이언트의 동의를 구하는 식의 질문**으로, 면접 시 삼가야 할 부적절한 질문 유형이다.

② '왜?라는 식의 질문'의 예이다. **왜?라는 식의 질문**이란 클라이언트로 하여금 **자기 자신을 분석하고 비판하도록 요구하는 질문**으로, 클라이언트에게 위협감을 준다. 따라서 면접 시 삼가야 할 부적절한 질문 유형이다.

⑤ '복합형(또는 중첩형) 질문'의 예이다. **복합형(또는 중첩형) 질문**이란 클라이언트가 대답하기 전에 **한꺼번에 여러 개의 질문을 쏟아 놓는 질문**이다. 이 질문을 받은 대부분의 클라이언트는 혼동하거나 단순히 마지막 질문에 대해서만 응답할 수 있다.

20 사회복지실천의 토대 정답 ①

ㄱ. (첫 번째) **1947년, 이화여자대학교에 기독교사회사업학과가 설립**되어 우리나라 최초로 대학에서 사회복지 전문 인력 양성을 위한 정규 사회복지교육이 시작되었다.

ㄴ. (두 번째) **1983년,** 「사회복지사업법」 개정으로 기존 **'사회복지사업종사자'에서 '사회복지사'로 법적 명칭이 변경**되었다.

ㄷ. (세 번째) **1987년, 사회복지전문요원제도가 신설**되어 사회복지전문요원이 서울시 관악구에서 최초로 시범사업차 배치되었고, 이후 5개 직할시에 49명이 별정직 7급으로 배치되었다.

ㄹ. (네 번째) 1995년에 제정된 「정신보건법」이 2016년 5월 29일에 전부개정되어(2017년 5월 30일부터 시행) 변경됨에 따라 **2017년부터 기존 '정신보건사회복지사' 대신 '정신건강사회복지사'로 그 명칭이 변경**되었다.

21 사회복지실천의 토대 정답 ②

② **의무상충(또는 충성심과 역할 상충)**이란 사회복지사의 개입 활동에 대해 클라이언트, 동료, 기관 등이 서로 상충되는 기대를 가질 때 **사회복지사는 "과연 누구의 기대를 우선 충족시켜야 하는가?"와 관련된 상황에서 발생**하는 가치갈등이다. 문제에서 사회복지사는 **소속기관의 규정(국민기초생활보장제도에 따른 수급자에게만 쌀 1포씩을 불출할 것), 즉 기관의 기대와 서비스를 필요로 하는 클라이언트의 기대(수급자가 아니면서도 쌀의 지급을 요청하는 것) 중 무엇을 충족시켜야 할지에 대해 갈등**할 수밖에 없다.

오답 분석

① **가치상충**이란 윤리적 갈등이 가장 빈번히 야기될 수 있는 상황으로, 사회복지사가 **2개 이상의 경쟁적인 가치와 직면**했을 때 발생하는 가치갈등이다.

③ **결과의 모호성**이란 미래를 알 수 없는 사회복지사가 클라이언트를 대신해서 결정을 내려야 하는 상황에서 **어떤 결정이 최선책인가 하는 의구심이 생길 경우에 발생**하는 가치갈등이다.

④ **힘 또는 권력의 불균형**이란 사회복지사와 클라이언트 관계에서 **권력 배분의 불균형으로 인해 발생**하는 가치갈등이다.

22 사회복지실천의 과정 정답 ②

② **소시오그램(sociogram)**은 **집단 내 성원 간의 상호작용을 이해**하기 위해 **상징(주로 '선')을 이용**하여 그리는 대표적인 집단 사정도구로, 이를 통해 집단 성원 간의 응집력, 집단성원의 지위(예 소외자, 주도자 등), 집단성원 간 대인관계(예 선호도, 적대감, 무관심, 갈등 등), 집단 내 하위집단의 유무 등을 확인할 수 있다.

23 사회복지실천의 토대 정답 ③

③ '직접적 실천'이 아니라 '간접적 실천'에 해당한다.

24 사회복지실천의 토대 정답 ④

④ 인권은 보통 성문화된 실정법을 통해 구체적으로 보장되지만, 그렇다고 **실정법에서 보장하는 것에만 한정되지는 않는다.**

25 사회복지실천의 토대 정답 ⑤

1957년에 '그린우드'는 '전문직의 속성'이라는 발표문에서 전문직의 속성을 5가지로 규정하고 '사회복지직은 이미 전문직'이라고 선포하였다.

이것도 알면 합격

그린우드(Greenwood)가 제시한 전문직의 속성

- 체계적인 지식과 기술의 보유(ㄱ)
- 전문적 권위의 존재(ㄴ)
- 사회적인 승인의 존재(ㄷ)
- 윤리강령의 존재
- 전문직의 고유문화가 존재(ㄹ)

4영역 사회복지실천기술론

26 집단 대상 사회복지실천 정답 ②

ㄴ. '이질적 속성'이 아니라 '동질적 속성'이 맞다.

ㄹ. 사회복지사의 프로그램 활동은 집단성원 중심적이어야 하며, 따라서 집단성원이 **흥미 있어 하는 프로그램 활동을 일정에 포함**시켜야 한다.

27 가족 대상 사회복지실천 정답 ⑤

⑤ '분화된다.'가 아니라 '미분화된다.'가 맞다. **자아분화**란 **보웬 이론에서 가장 핵심적인 개념**으로, **개인이 원가족의 정서적 융합에서 벗어나 자기만의 방식으로 자주적으로 행동하게 되는 것**을 말하며, **자아분화수준이 높을수록 원가족과 정서적으로 분화**되어 사고와 감정의 균형, 자발성, 적응력, 자율성, 자제력, 객관성 등 기능적인 요소를 갖는 경향이 증가하며, 반면 **자아분화수준이 낮을수록 원가족과 정서적으로 미분화**되어 삼각관계 형성, 타인과 정서적 융합, 자기중심적 사고, 분노, 배척 등 역기능적 요소를 갖는 경향이 증가한다.

28 집단 대상 사회복지실천 정답 ①

① **이타주의**란 집단성원 간 상호지지를 통해 **"나도 누군가에게 도움을 줄 수 있다."**라는 **자존감이 형성**되는 것을 말한다.

오답 분석

② **보편성(또는 일반화)**이란 **자신과 유사한 문제를 경험하고 있는 집단성원들을 관찰**하면서 **"나만 경험하고 있는 문제가 아니야!"라는 위로감을 형성시켜 주는 것**을 말한다.

③ **모방행동**이란 **기능적인 집단사회복지사와 집단성원의 행동을 관찰학습**하여 역기능적인 행동을 기능적 행동으로 수정할 수 있게 해주는 것을 말한다.

④ **희망증진(또는 희망주기)**이란 **문제 해결을 위한 집단의 존재와 집단과정**을 통해 집단성원에게 문제의 개선 가능성의 희망을 제시해 주는 것을 말한다.

⑤ **카타르시스(또는 정화)**란 집단성원 간의 유대감으로 형성된 비교적 안전한 분위기를 집단성원에게 제공하여 그동안 억압되었던 감정을 자유롭게 발산시키고, 이를 통해 **감정의 정화를 경험**하게 하는 것을 말한다.

29 사회복지실천 개입모델 정답 ③

③ 인지행동모델에서 인간행동은 **전 생애에 걸쳐서 학습**된다.

오답 분석

① **인지행동모델**은 **인지이론과 행동주의이론(고전적 조건화이론, 조작적 조건화이론, 사회학습이론 등)이 절충**되어 형성되었다.

② **인지행동모델**은 클라이언트의 책임을 강조하여 개입 과정 중 **클라이언트의 능동적인(또는 적극적인) 참여를 요구**한다.

④ 인지행동모델에서 인간은 외부 자극에 수동적으로 반응하거나, 심리 내적인 힘에 따라 결정되는 존재가 아니다. 즉 인간행동은 **자신이 지닌 의지에 의해 결정되어지며, 문제에 대한 통제력은 전적으로 자신에게 있다.**

⑤ 인지행동모델은 인지 능력, 즉 지적 능력을 갖춘 클라이언트에게 적용이 용이하다. 따라서 **지적 능력이 낮은 클라이언트에게는 효과가 제한적**이다.

30 가족 대상 사회복지실천 정답 ③

③ 모든 의사소통에는 **내용기능(또는 내용수준)과 관계기능(또는 관계수준)**이 있다. **내용기능**이란 의사소통을 통해 **사실적인 정보만을 제공(또는 보고)하는 것**이며, 반면 **관계(또는 지시)기능**이란 의사소통을 통해 의사소통의 대상들과 관계를 정의하는 것이다. 즉 의사소통을 통해 **상대방에게 암묵적인 명령(또는 지시)을 하는 것**이다. 기능적인 가족은 **내용기능과 관계기능이 일치**하거나, 또는 모호한 암묵적인 명령이 없거나 혹은 있더라도 그것을 상대방이 잘 이해한다. 또한 가족성원이 성원 간 관계를 수직적으로 이해할수록 **내용기능과 관계기능의 일치는 적어지고, 암묵적인 명령이 많아져 역기능적인 의사소통**이 된다. 따라서 **내용기능과 관계기능 중 어느 것이 더 중요한 것이 아니라 두 기능이 일치하는 것이 가장 기능적**이다.

오답 분석

① **1차 수준 사이버네틱스(cybernetics)**란 전통적인 치료모델로, **치료환경에 대한 2분법적 관점을 지향**한다. 즉 **사회복지사의 객관적 입장을 강조**한다. 그러므로 치료자인 사회복지사는 치료의 대상인 가족체계 밖에서 가족을 관찰하여 가족 내부의 의사소통과 제어과정을 객관적으로 발견한다.

② 가족은 피드백을 통해 **상호 정보를 교환하면서 서로의 행동을 통제하거나 확장**하며, 적응적 행동과 관련된 피드백으로는 **정적 피드백과 부적 피드백**이 있다. **가족규칙에 따라 가족의 상호작용이 정적 피드백 고리인지 아니면 부적 피드백 고리인지가 정해지며,** 따라서 **피드백 고리는 가족규칙이 유지되거나 변화되는 과정을 설명**한다.

④ **가족규칙**이란 **가족체계 내에서 준행이 강요되는 가족 내 규정**으로, 가족항상성을 유지하도록 하는 기제이다. **명시적 규칙과 암묵적 규칙**이 있으며 일반적으로 **가족규칙은 명시적 규칙보다 암묵적으로 이루어지는 경우가 더 많다.**

⑤ **순환적 인과성**이란 **문제의 원인과 결과를 단선적 인과론(또는 직선적 인과관계)이 아닌 순환적 인과관계로 이해**하는 것으로 **가족 문제를 이해하는 효과적인 관점**이다. 즉 가족 내 한 성원의 변화는 다른 가족 성원을 반응하게 하는 자극이 되고 **이러한 자극은 다른 가족에게 상호 영향을 미쳐 결국 전체에 영향을 주게 되며** 이 영향은 처음에 변화를 유발하게 한 성원에게 다시 순환적으로 영향을 미친다고 가정하는 것이다. 따라서 **가족구성원이 많을수록 더욱 복잡한 양상을 띠게 된다.**

31 사회복지실천 개입모델 정답 ②

② **예외질문**이란 어떠한 문제에도 예외, 즉 **클라이언트가 문제로 생각하고 있는 행동이 일어나지 않았던 경우나 우연적인 성공은 있기 마련이라는 가정하에 실시하는 질문**이다. 즉 중요한 예외를 질문을 통해 찾아내서 계속 그것을 강조하면서 클라이언트의 성공을 확대하고 강화시켜 주는 것이다.

오답 분석

① '대처질문'이 아니라 '척도질문'이 맞다. **척도질문**이란 클라이언트에게 자신의 문제, 문제의 우선순위, 성공에 대한 태도, 정서적 친밀도, 자아존중감, 변화에 대한 확신, 변화를 위해 투자할 수 있는 노력, 진행에 관한 평가 등의 수준을 **'수치'로 표현하도록 하는 기술**이다.

③ '척도질문'이 아니라 '기적질문'이 맞다. **기적질문**이란 문제 자체를 제거시키거나 감소시키지 않고 **문제와 분리되어 해결책을 상상하게 하는 기술**이다. 다시 말해 **클라이언트로 하여금 문제가 해결된 미래의 상태를 상상해보게 하는 것**이다.

④ '기적질문'이 아니라 '대처질문'이 맞다. **대처질문**이란 과거 **클라이언트가 수행한 문제의 대처 경험에 대해 질문**하여 클라이언트 스스로가 자신이 대처기술을 가졌다는 것을 깨닫게 하는 기술이다.

⑤ '관계성질문'이 아니라 '간접적 칭찬'이 맞다. **간접적 칭찬**이란 클라이언트의 긍정적인 부분을 암시하여 제시하는 질문 기술로, 클라이언트로 하여금 자신의 강점이나 자원을 발견하도록 이끄는 질문 형태를 취하기 때문에 **직접적인 칭찬보다 더욱 효과적**이다.

32 사회복지실천의 기록과 평가 정답 ③

③ **BAB설계(또는 선개입설계)**란 **개입 이후에 기초선을 설정하는 설계**이다. 즉 기초선 기간의 설정 없이 개입을 먼저하고 그 다음에 개입을 중단하는 반전의 단계를 거쳐서 다시 개입을 하는 설계유형으로, 클라이언트의 **위기적 상황에 즉각적으로 개입해야 할 경우에 유용한 설계유형**이다. 문제는 청소년의 흡연행동에 대한 개입을 먼저 실시한 후, 흡연행동 변화를 측정하고(B), 개입효과를 확인하기 위해 개입을 잠시 중단(A)한 후 다시 치료를 실시하면서 청소년의 흡연행동 변화를 관찰(A)하였으므로 **BAB설계에 해당**한다.

오답 분석

① **AB설계(또는 기본시간연속설계, 기본단일사례연구설계)**란 하나의 기초선과 하나의 개입국면으로만 이루어진 **가장 기본적인 설계유형**으로, **쉽게 여러 유형의 문제에 적용이 가능**하다는 장점을 가지고 있다.

② **ABA설계**란 AB설계에 개입을 중단하는 두 번째 기초선을 추가한 설계유형으로, **준실험설계의 단순시계열설계를 단일한 대상에 적용한 것**으로 볼 수 있다. 일반적으로 첫 번째 기초선에서 관찰된 표적행동의 빈도가 높았으나 **개입을 종료한 후 두 번째 기초선에서 그 빈도가 다시 높아지면 그 개입이 효과적이었다고 추정**한다.

④ **ABC설계(또는 복수요인설계, 다중요소설계)**란 하나의 기초선에 다수의 각기 **다른 개입방법들을 연속적(또는 순차적)으로 도입하는 설계유형**으로, ABAB설계에서처럼 개입 도중에 기초선 기간을 재설정한 후에 각기 다른 복수의 개입방법을 연속적으로 적용하여 각각의 개입방법의 효과성을 비교한다. 여기서 A는 기초선이고, B, C는 각기 다른 개입방법들이다.

⑤ **ABAB설계(또는 반전설계, 철회설계)**란 ABA설계에 B국면을 추가한 설계유형이다. 즉 **개입과 철회를 반복하여 수행하는 것**으로, **개입의 효과를 가장 크게 확신할 수 있는 설계유형**이다.

33 집단 대상 사회복지실천 정답 ③

③ **의의차별척도(semantic differential scale)**란 일직선으로 도표화된 척도의 **양극단에 서로 상반되는 형용사를 배열**하고 양극단 사이 5~7개의 범주 내에서 **집단성원이 집단 내 자신의 동료를 평가**하는 척도로, 동료성원에 대한 평가, 동료 성원의 잠재력 및 활동력에 대한 인식 평가 등에 활용된다.

오답 분석

① **상호작용차트(interaction chart)**란 집단성원들 간의 또는 집단성원과 사회복지사 간의 상호작용과 관련된 **특정 행동의 '빈도수'를 측정하여 상호작용 정도를 파악**하는 사정도구로, 집단 과정 중에 사회복지사가 직접 작성하는 것은 거의 불가능하므로 관찰자나 녹화 등을 활용한다. **시간에 관계없이 특정 행동이 일어날 때마다 기록하는 방법과 일정시간 동안 특정 행동이 일어나는 빈도를 기록하는 방법**이 있다(예 60분 동안 운영되는 집단의 경우 매10분마다 3분 동안 특정 행동의 발생빈도를 기록한다.).

② **PIE(person-in-environment) 분류체계**란 체계이론적 관점에서 **상호작용 맥락에 대한 이해를 통해 성인 클라이언트의 사회적 기능 수행상의 문제를 묘사·분류·기호화하기 위해 마련**되었으며, **사회 기능상 문제, 환경상 문제, 정신건강상 문제, 신체건강상 문제** 등 4가지 기본 구성요소로 이루어져 있다.

④ **소시오그램(sociogram)**이란 **모레노와 제닝스(Moreno & Jennings)가 개발**한 것으로, **집단 내 성원 간의 상호작용을 이해**하기 위해 **상징(주로 '선')을 이용**하여 그리는 집단 사정도구이다. 주로 집단성원 간의 응집력, 집단성원의 지위(예 소외자, 주도자 등), 집단성원 간 대인관계(예 선호도, 적대감, 무관심, 갈등 등), 집단 내 하위집단의 유무 등을 파악하기 위한 도구로 활용된다.

⑤ **(가족)생활주기표(family life cycle matrix)**란 **남녀 간의 결혼으로 가족이 형성되는 시점부터 배우자의 사망으로 가족이 해체되는 시점까지** 가족의 변화와 발달 과정을 구조화시킨 것으로, 주로 가족 구조와 발달과업을 파악하고, 가족이 발달하면서 경험하게 될 사건이나 위기를 예측하기 위해 활용된다.

34 사회복지실천의 기록과 평가 정답 ①

ㄱ. 과정기록은 초보 사회복지사나 실습생 등이 자신의 활동에 대한 점검과 슈퍼비전 또는 자문을 받을 때 유용하여 주로 **교육적 도구**로 활용된다.

오답 분석

ㄴ. '과정기록'이 아니라 '문제중심기록'에 관한 설명이다. **문제중심기록(problem-oriented recording)**은 현재 클라이언트에 의해 제시된 문제를 **목록화하고, 사정하고, 문제해결을 위해 어떤 개입을 선택할 것인지에 대해 계획하는 기록 방식**이다.

ㄷ. 과정기록은 **작성시간과 비용이 많이 소요**되어 비효율적이며, 따라서 많이 사용되지 않고 선택적으로 사용된다.

ㄹ. '클라이언트가'가 아니라 '사회복지사가' 맞다. **과정기록**은 사회복지사와 클라이언트 간에 있었던 일을 **있는 그대로 기록하는 방식**으로, **의사소통 내용뿐만 아니라 비언어적 표현까지도 상세히 포함**하여 기록한다. 이를 통해 클라이언트와 사회복지사와의 **상호작용 과정(**예 클라이언트의 표정과 몸짓, 사회복지사의 느낌 등**)을 면밀하게 분석하기 위해서 사용**된다.

35 사회복지실천 개입모델 정답 ②

② '시작단계'가 아니라 '실행단계'가 맞다. 과제중심모델의 중기단계에 해당하는 실행(또는 수행)단계에서는 클라이언트와 사회복지사의 **수행과제를 개발하고 수립하며, 실질적인 장애물(**예 클라이언트의 기술부족, 타인과의 협력과 지지 부족, 자원 부족 등**)을 규명하고 제거**하기 위한 활동들을 계획하고 개선한다.

오답 분석

① 과제중심모델에서는 초기단계 중 문제규명단계에서 표적문제와 그 우선순위가 설정된 후 계약을 위한 **예비적인 초기 사정을 신속하게(또는 빠르게) 실시**한다. 이후 **중기단계인 실행(또는 수행)단계에 들어서면 초기 문제규명단계보다 표적문제에 대해 더욱 집중적(또는 초점적)이고 정교한 사정**을 하게 된다.

③ 과제중심모델은 개입의 효과성과 효율성 증진이라는 목적을 달성하기 위해 특정한 이론이나 개입방법에 몰입하지 않고 체계이론, 의사소통이론, 인지이론, 정신분석이론, 학습이론 등 **다양한 이론들을 절충하여 활용**한다.

④ 과제중심모델은 **'경험적 기초'에 의해 개발**되었다. 즉 실천을 통해 형성된 어떤 노하우나 검증되지 않은 이론이 아닌 **3년의 모델 설계 기간 이후 다양한 사회복지기관에서 실제 사례에 모델을 적용하고 평가하는 과정을 거쳐 개발**되었다.

⑤ 실행단계에서는 매 회기마다 표기법, 차트, 그래프, 간결한 이야기체 코멘트 등을 사용하여 **표적문제의 상태와 변화 과정을 확인 및 점검**한다.

36 사회복지실천 개입모델 정답 ④

④ '미래의 의지'가 아니라 '과거의 경험'이 맞다. **정신역동모델**은 클라이언트의 **무의식적 욕망과 충동과 과거의 경험을 강조**하고, **성격발달 단계에서 고착과 퇴행을 고려**하였다.

오답 분석

① 정신역동모델의 창시자인 프로이트는 유아기인 만 5~6세 이전의 경험을 인간 성격발달(또는 인간행동)에 가장 중요한 원인으로 보았고, 이에 따라 **현재보다 과거를 중시하는 입장**을 취하였다. 참고로 **심리적 결정론(psychic determinism, 또는 정신결정론, 무의식적 결정론)**이란 모든 인간행동의 발생에는 그 원인이 있다는 관점으로, 마치 우연처럼 보이는 것일지라도 의식하지 못하는 **무의식속에 있는 어떤 원인이 이를 동기화시킨다고 보는 가정**이다. 정신역동모델은 심리적 결정론에 근거하여 인간을 이해한다.

② 정신역동모델은 **무의식적 욕망과 충동과 과거의 경험을 강조**하고, **성격발달 단계에서 고착과 퇴행을 고려**한다.

③ 정신역동모델에서 주로 사용되는 해석이나 직면기술은 비자발적이거나 문제해결 의지가 약한 클라이언트에게는 반감이나 저항감을 불러일으킬 수 있다. 따라서 이 모델은 **통찰을 통한 자기분석과 자기성장에 대한 의지나 욕구가 강한 클라이언트에게만 효과적**일 수 있다.

⑤ **전이(transference)**란 클라이언트가 과거 자신이 경험한 부정적인 대인관계에서 형성된 감정을 사회복지사에게 무의식적으로 투사하는 과정으로, 치료 상황 밖에서 발생한 클라이언트의 인간관계 유형을 파악할 수 있는 중요한 자료가 된다. 따라서 사회복지사는 치료 과정 중 의도적으로 이러한 전이를 유도한 후 클라이언트에게 **전이로 인한 행동과 정서적 반응을 해석**해주어 클라이언트 스스로 자신에 대한 '통찰'을 가능하게 할 수 있다.

37 가족 대상 사회복지실천 정답 ⑤

ㄱ. **밀착된 경계**란 부모와 자녀 간에 **지나치게 밀착되어 불분명한 상태의 경계**를 가진 것으로, 부모는 자녀에게 많은 시간과 희생을 감수하고 관여하며 이에 자녀는 독립성이 결여된 의존적인 상태에 놓이게 된다. 따라서 밀착된 관계는 가족체계의 불균형을 유발하는 요인이 된다.

ㄷ. 기능적인 가족의 경우 **전체로서의 가족과 가족성원 각자의 건강한 발달에 도움이 되는 가족규칙**을 가지고 있으며, **가족발달 단계에 따라 변화**한다. 반면 역기능적인 가족의 경우 가족규칙의 변화가 가능한 **융통성 있는 상위규칙이 없거나 또는 상위규칙이 있더라도 그것이 현재의 가족규칙이 변화하지 못하게 하는 기능**을 한다.

ㄹ. 가족 내 **가족성원의 역할은 가족발달 단계에 따라 변화**되며, 따라서 이러한 가족역할을 파악하는 작업은 가족을 이해하는 데 도움이 된다.

38 가족 대상 사회복지실천 정답 ⑤

오답 분석

① 피드백은 **집단성원이 요청할 경우에 제공**해야 한다.

② 피드백은 집단성원의 **구체적인 행동이나 관계에 대해서만 제공**해야 한다.

③ **집단성원 상호 간의 피드백 제공도 허용**해야 한다.

④ 지나치게 많은 피드백을 동시에 제공하지 말아야 한다. 즉 **집단성원이 활용할 수 있는 만큼의 피드백만 제공**해야 한다.

39 사회복지실천 개입모델 정답 ③

③ 위기개입모델에서는 문제의 원인을 밝히기 위해 **클라이언트의 과거를 탐색하지 않는다.** 다만 위기적 문제 파악과 해결에 초점을 두면서 **클라이언트가 통제할 수 있을 수준에서 현실에 직면하도록 원조**한다.

오답 분석

⑤ 골란(N. Golan)은 개인이 위기에 노출되었을 때에 이에 반응하는 양상을 **'위험사건 → 취약상태 → 위기촉진요인 → 위기 → 재통합' 등 5단계로 구분**하였다.

40 가족 대상 사회복지실천 정답 ⑤

ㄱ. '빈 둥지 시기가 빨리 오고 있다.'가 아니라 '빈 둥지 시기가 늦게 오고 있다.'가 맞다. **빈 둥지(empty nest)란 자녀의 출가 이후 노부부만 남아 이후 배우자 사망까지의 기간**을 말한다. 청년실업이 증가하여 자녀가 독립하는 시기가 늦어지고, 이로 인해 **빈 둥지 시기가 늦게 찾아오고 있다.**

ㄴ. 초혼연령의 증가(또는 만혼 경향)로 인해 자녀가 원가족에서 독립하여 가족을 형성하는 시기, 즉 **가족생활주기가 시작되는 시기가 늦어지고,** 결혼부터 첫 자녀를 출산하는 기간과 첫 자녀 출산에서부터 막내 자녀 출산까지의 기간이 단축되고 있다.

ㄷ. '늘어나고 있다.'가 아니라 '단축되고 있다.'가 맞다.

ㄹ. '전통적인 가족 유형'이 아니라 '비전통적인 가족 유형'이 맞다. **저출산, 핵가족화**로 인해서 **가족구조가 단순화되고 가족규모가 축소**되고 있다. 즉 기존의 부부와 미혼자녀로 구성된 전통적인 핵가족 형태 대신 **단독가구와 무자녀가구를 포함한 비전통적인 가구 유형인 1·2인 가구의 비율이 꾸준히 증가**하고 있다. 또한 **1인 가구 중에서도 노인 단독가구와 여성가구주 가족이 계속 증가**하고 있으며, 이와 같은 가족 형태의 단순화는 꾸준히 지속될 것으로 전망된다.

41 집단 대상 사회복지실천 정답 ①

오답 분석

ㄹ. '계획단계, 즉 준비단계'가 아니라 '중간단계'에서 고려해야할 요소이다.

42 사회복지실천 개입모델 정답 ③

③ '해결중심모델'이 아니라 **'과제중심모델'에 관한 설명**이다. 과제중심모델에서 클라이언트의 문제란 **클라이언트가 인식한 클라이언트 자신의 자원 또는 기술의 부족**으로 정의된다. 또한 **계약에 따라 클라이언트와 사회복지사 간에 합의된 구체적인 문제해결에 초점**을 두고 접근한다.

43 사회복지실천 개입모델 정답 ③

③ 전략적 가족치료모델의 개입 목표는 가족에 의해 제시된 **현재 증상을 제거하고 행동을 변화시키는 것**이다. 즉 가족문제의 원인을 찾지 않는다.

오답 분석

④ **전략적 가족치료모델**에서 사회복지사는 직접적으로 개입하여 변화를 유도하며, 따라서 개입 중 클라이언트에 대한 **사회복지사의 권위가 요구**된다. 이에 따라 **사회복지사는 가족성원보다 높은 지위에서 그들에게 지시하고 과제를 부여**한다.

44 집단 대상 사회복지실천 정답 ①

ㄱ, ㄴ, ㄷ. '과업달성보다 집단성원 간의 유대감 강화를 강조하는 집단'은 **치료집단**으로, **ㄱ, ㄴ, ㄷ은 치료집단에서 집단리더의 역할**이다.

오답 분석

ㄹ. **과업집단에서 사회복지사의 역할**이다.

45 집단 대상 사회복지실천 정답 ②

ㄴ. '시작단계'가 아니라 '중간단계'가 맞다. **직면**은 직면의 당사자인 집단성원으로 하여금 방어적 반응을 불러일으킬 수 있고, 라포를 저해시킬 수 있으므로 **충분한 신뢰관계가 형성된 후(보통 중간단계 이후)에 사용**해야 한다.

ㄹ. 직면은 집단성원이 극심한 정서적 긴장 상태에 있을 때에는 사용하지 말아야 한다.

46 사회복지실천 개입모델 정답 ①

① **부적 강화**란 클라이언트가 **바람직한 행동을 한 후에 불쾌한 자극을 제거하여 그 행동을 증가시키는 기술**이다.

오답 분석

② '감소시킨다.'가 아니라 '증가시킨다.'가 맞다. **정적 강화**란 클라이언트가 **바람직한 행동을 한 후에 유쾌한 자극을 제공하여 그 행동을 증가시키는 기술**이다.

③ '행동형성(shaping)'이 아니라 '소거'가 맞다. **소거**란 **강화를 중지**시켜 강화된 행동의 빈도수가 줄어들거나 사라지게 하는 기술이다. 소거와 처벌은 다른 개념으로, **처벌이 유기체의 바람직하지 못한 행동의 빈도수를 줄이는 것**이 목적이라면 **소거는 일상생활에서 관심을 받아 강화되어 온 특정 행동을 무시(無視)하는 형태**로 나타난다. 선지에서 **어머니는 '달래주지도, 야단치지도 않는 방법' 즉 무시하는 형태로 아이의 버릇없는 행동을 감소**시켰으며, 따라서 이는 **'소거'에 해당**한다.

④ '소거하기 쉽다.'가 아니라 '소거하기 어렵다.'가 맞다. **소거란 강화를 중지**시켜 강화된 행동의 빈도수가 줄어들거나 사라지게 하는 기술로, **간헐적으로 강화된 행동은 연속적으로 강화된 행동에 비해 소거가 어렵다.**

⑤ **'부적 처벌'이 아니라 '정적 처벌'**이 맞다. **부적 처벌**이란 클라이언트에게 **유쾌한 자극을 제거하여 바람직하지 않은 행동을 감소**시키는 기술이다.

47 가족 대상 사회복지실천 정답 ①

① '이성적으로'가 아니라 '감정적으로'가 맞다.

오답 분석

②, ③ 가족조각의 절차는 다음과 같다. 가족의 동의를 얻은 후 역기능적 의사소통에 대한 조각상을 표현해보도록 한다. 이때 사회복지사가 시험을 보여 가족들이 따라 할 수 있도록 한다. → **가족이 경험했던 특정한 시기의 어려웠던 사건을 선정**한다. → **언어를 사용하지 않고 신체적으로 상징화**하기 위하여 **가족성원 중 한 사람이 '조각가'가 되어 다른 가족성원의 동작과 신체적 표현을 조각하고 배치**한다. → 가족의 배치가 끝난 후 **조각가도 가족조각의 어느 부분에 들어가 자신의 모습을 만든다.** → **조각 후, 사회복지사는 현재의 조각이 어떻게 변화되기 바라는지를 다시 조각으로 표현하게 한다.** → 가족조각 과정을 주제로 가족성원 간에 감정을 나눈다.

④ 가족조각 실연 중 가족성원은 **엄숙하고 진중한 자세**로 임해야 한다.

48 사회복지실천 개입모델 정답 ⑤

⑤ 인지행동모델에서 인간은 외부 자극에 수동적으로 반응하거나, 심리 내적인 힘에 따라 결정되는 존재가 아니다. 즉 인간행동은 **자신이 지닌 의지에 의해 결정되며, 문제에 대한 통제력은 전적으로 자신에게 있다고 가정**한다. 따라서 클라이언트의 무의식적 행동에 관심을 두지 않는다. 참고로 **'클라이언트의 무의식적 행동에 관심'을 두는 대표적인 모델은 정신역동모델**이다.

오답 분석

① 인지행동모델은 클라이언트의 **주관적 경험의 독특성, 즉 문제 및 상황에 대한 클라이언트의 주관적인 인식을 중요시**한다. 또한 인지체계 변화를 위한 **구조화되고 방향적(또는 직접적)인 접근을 강조**하며, **교육적 접근을 중요시**하여 **대체 사고와 행동에 대한 학습을 강조**한다. 따라서 사회복지사는 개입초기에 클라이언트가 치료를 이해하고 이에 협조할 수 있도록 충분히 설명·교육·논의해야 한다.

② '인지행동모델' 중 **'엘리스(A. Ellis)의 합리적 정서행동치료모델(rational emotive behavior Therapy, REBT)'에 관한 설명**에 가깝다. 엘리스의 합리적 정서행동치료모델에서는 클라이언트가 자신이 가진 **비합리적인 신념**과 그러한 신념들로부터 생기는 **부적절한 정서적 결과**, 즉 분노나 수치심과 같은 부정적인 감정 이외에도 우울이나 불안과 같은 심리적 증상을 스스로 지각하여 자신의 **'비합리적 신념'을 수정할 수 있도록 원조하는 것을 개입의 목표**로 삼는다.

③ **체계적 둔감법(또는 체계적 탈감법)**이란 **고전적 조건화 이론에 근거한 기법**으로, 클라이언트로 하여금 **그가 불안감을 경험하는 상황에 의도적으로 노출시키는 것**이다. 즉 **클라이언트에게 가장 덜 위협적인 상황에서 가장 위협적인 상황까지 상황들을 순서대로 제시**하면서, 불안자극과 불안반응 간의 연결이 없어질 때까지 불안을 일으키는 자극들을 반복적으로 이완 상태와 연결하는 기법이다.

④ **내적 의사소통의 명료화**란 클라이언트 스스로 **자신에 대해 독백(獨白)하고 생각하게 만드는 기법**으로, 사회복지사는 피드백을 제공하여 **클라이언트 자신의 독백과 생각의 비합리성을 이해할 수 있게 해야 한다.**

49 가족 대상 사회복지실천 정답 ③

③ '감소시키는'이 아니라 '증가시키는'이 맞다. **유리된 경계를 가진** 가족성원에 대한 개입은 **상호 간 접촉을 증가시켜 상호교류를 촉진**시킨다.

50 집단 대상 사회복지실천 정답 ④

ㄴ, ㄷ, ㄹ. **집단 초기단계에서의 주요 과업**

- **오리엔테이션:** 사회복지사·집단성원·집단목적 소개(또는 설명)하기, **집단성원의 역할을 명확히 하기**(예 집단의 규칙 수립, 의무·책임 정하기)**(ㄴ, ㄷ)**
- 집단목표에 대한 집단성원들의 의견 수렴하기
- 개별성원의 목표 설정하기
- 집단성원 간 공통점을 찾아 연결하기
- 집단성원의 상호 관심사와 집단에 대한 기대를 공유하기
- 집단활동에 대한 참여 동기를 확인하기
- 집단 참여에 대한 동기부여와 능력을 격려하기
- 집단 규칙을 수립하기
- **집단성원의 불안과 저항을 다루기(ㄹ)**
- 장애물을 예측하기
- 계약하기

오답 분석

ㄱ. '초기단계'가 아니라 '종결단계'에서의 과업이다.

5영역 지역사회복지론

51 지역사회복지실천의 토대 정답 ③

③ '인구 구성의 사회적 특수성'이 아니라 '산업구조 및 경제적 기반'이 맞다.

이것도 알면 합격

던햄(Dunham)은 지역사회를 지리적으로 보고 4가지 기준에 따라 유형화시켰다.

- **인구의 크기에 따라:** 대도시, 중·소도시, 읍 지역 등
- **산업구조 및 경제적 기반에 따라:** 광산촌, 산촌, 농촌, 어촌, 산업단지 등
- **정부가 정한 행정구역에 따라:** 특별시, 광역시·도, 시·군·구, 읍·면·동 등
- **인구구성의 사회적 특수성에 따라:** 도시 저소득층 지역, 쪽방촌, 외국인 밀집지역, 장애인 밀집지역, 차이나타운 등

오답 분석

④ **사회통제 기능**이란 주민들로 하여금 **사회의 규범**(예 법, 도덕, 규칙)에 **순응(또는 준수)하게 만드는 기능**을 말한다.

52 지역사회복지의 실재 정답 ②

② 우리나라 「법인세법」이나 「소득세법」상에서는 기부금의 종류를 법정기부금과 지정기부금으로 구분하고 있으며, **사회복지공동모금회는 법정기부금 단체에 해당**한다.

오답 분석

① '민간과 공공재원을'이 아니라 '민간재원을'이 맞다. **사회복지공동모금사업 수행을 위해 동원되는 자원에 '공공재원'은 포함되지 않는다.**

③ '상대적으로 적다.'가 아니라 '상대적으로 크다.'가 맞다.

④ '시·도별 지회형식에서 독립법인형식으로'가 아니라 '독립법인형식에서 시·도별 지회형식으로'가 맞다. **1997년 제정된 「사회복지공동모금법」에서는 독립법인 형식을 취하였으나, 1999년 「사회복지공동모금회법」 개정으로 시·도별 지회형식으로 변경**되었다.

⑤ '허가를'이 아니라 '승인을'이 맞다.

53 지역사회복지실천의 이론과 모델 정답 ④

오답 분석

ㄱ. '갈등이론'이 아니라 **'다원주의이론'에 관한 설명**이다.

54 지역사회복지실천의 이론과 모델 정답 ④

④ '수직적 관계'가 아니라 '수평적 관계'가 맞다.

55 지역사회복지의 실재 정답 ②

ㄱ. 「사회보장급여의 이용·제공 및 수급권자 발굴에 관한 법률」 제41조 제2항 제5호

오답 분석

ㄴ. '5명 이상 10명 이하'가 아니라 '10명 이상 40명 이하'가 맞다.

ㄹ. '위원'이 아니라 '위원장'이 맞다. **읍·면·동 단위 지역사회보장협의체 위원장만이 시·군·구 지역사회보장협의체의 위원이 될 수 있다.**

56 지역사회복지실천의 토대 정답 ②

② **탈시설화는 무시설주의를 지향하지 않는다.** 즉 소규모 생활시설로 시설을 다양화시키고, 이들 시설이 지역사회에 개방화되어야 한다고 주장한다.

57 지역사회복지실천의 이론과 모델 정답 ③

③ 프로그램개발과 지역사회연계모델에서 사회복지사의 역할은 **대변인, 계획가, 관리자, 프로포절 제안자 등**이다.

58 지역사회복지실천의 토대 정답 ③

오답 분석

① **사회통제 기능**이란 주민들로 하여금 **사회의 규범**(예 법, 도덕, 규칙)에 **순응(또는 준수)하게 만드는 기능**을 말한다.

② **생산·분배·소비 기능**이란 **경제(또는 시장)제도**에 의해 주민들이 일상생활을 영위하는데 필요한 **재화와 서비스를 생산·분배·소비하는 과정과 관련된 기능**으로, 궁극적으로 **지역주민들이 필요한 재화와 서비스를 어느 정도 제공받을 수 있느냐를 결정하는 것과 관련**되어 있다.

④ **사회통합 기능**이란 지역사회가 정상적인 기능을 수행하기 위해서 **결속력과 사기를 제공하는 기능**을 말한다.

⑤ **상부상조(相扶相助) 기능**이란 주민들 중 곤경에 처한 자에 대한 **상부상조적 원조를 제공하는 기능**을 말한다. 이 **기능이 현대의 사회복지제도로 정착**되었다.

59 지역사회복지실천의 토대 정답 ⑤

ㄱ. 시봄(Seebohm)보고서는 1965년 구성된 「지방정부 및 관련 **대인사회서비스** 위원회(또는 시봄위원회<Seebohm Committee>)」에서 **1968년에 영국 의회에 제출한 보고서**로, **영국의 사회복지가 지역사회보호로 실질적으로 전환하는 계기가 된 사건**이다. 지역사회를 **사회서비스의 수혜자이며 동시에 서비스의 제공자로 인식**하여 **지방정부가 제공하는 공식적 서비스와 고용·교육·주택·경찰·교회·자원봉사조직·친구·이웃에 의한 비공식적 서비스의 협력 및 통합을 강조**하였다. 이에 따라 지방정부에 의해 수행되는 '공식적 서비스'와 지역사회 주민의 참여에 의한 '비공식적 서비스'를 함께 제공할 수 있는 **새로운 사회서비스 부서의 창설을 제안**하였다.

ㄴ. 1960년대에는 **케네디·존슨 정부에서 당시 풍요속의 빈곤(poverty in the midst of plenty)관에 따라 빈곤과의 전쟁(war on poverty)을 선포**하고, 다양한 지역사회 개혁을 단행하였으며, 이에 따라 **연방정부의 역할이 강조**되었다.

ㄷ. 1957년, 영국에서는 「정신질환과 정신장애에 관한 왕립위원회 보고서」가 출간되었고, 이 보고서의 영향으로 **1959년에 「정신보건법(Mental Health Act)」이 제정되어 지역사회보호가 법적으로 규정**되고, 형식적이지만 **1960년대부터 지역사회보호정책이 전개**되면서, **기존 시설보호로부터 지역사회보호로 전환**이 이루어졌다.

60 지역사회복지의 실재 정답 ⑤

⑤ 「사회복지관 설립 및 운영에 관한 법률」이 아니라 「사회복지사업법」이 맞다.

오답 분석

③ 1997년 「사회복지사업법」 개정으로 매 **3년마다 사회복지시설의 평가가 의무화** 되었으며, 따라서 **사회복지시설에 포함되는 사회복지관 역시 의무적으로 3년마다 평가**를 받게 되었다.

이것도 알면 합격

시설의 평가(「사회복지사업법 시행규칙」 제27조의2)

① 보건복지부장관 및 시·도지사는 법 제43조의2에 따라 **3년마다 시설에 대한 평가를 실시**하여야 한다.
② 제1항에 따른 시설의 평가기준은 법 제43조제1항에 따른 **서비스 최저기준을 고려하여 보건복지부장관이 정한다.**
③ 보건복지부장관과 시·도지사는 제1항에 따른 평가의 결과를 해당 기관의 홈페이지 등에 게시하여야 한다.
④ 제1항의 규정에 의한 평가의 방법 기타 평가에 관하여 필요한 사항은 보건복지부장관이 정한다.

61 지역사회복지실천의 과정과 기술 정답 ①

① **옹호자**란 자립하여 **지역사회의 자원이나 서비스를 확보하기 어렵거나 또는 불이익을 당하는 소외된 클라이언트의 사회적 권리 확보**를 위해 **그들의 입장에서 그들을 대변하는 역할**로, **궁극적으로는 사회제도와 정책의 변화를 추구**한다.

62 지역사회복지실천의 토대 정답 ④

④ '비민주적으로'가 아니라 '민주적으로'가 맞다.

오답 분석

① **「UN의 지역사회개발에 관한 원칙」**에서는 **지역사회**의 자조적인 프로젝트의 효과를 위해 **'정부의 적극적인 지원을 받아야 함'**과 **'국가 차원의 지역사회개발을 강조'**하였다.

이것도 알면 합격

UN의 지역사회개발에 관한 10가지 원칙

지역사회개발사업은 지역사회의 기본적인 욕구에 부합되어야 한다. 특히 최초의 사업은 주민들의 표현된 욕구에 따라 착수되어야 한다.

- 지역의 각 분야가 일치된 행동과 다목적적인 사업을 필요로 한다.
- 주민들의 태도변화를 중요시하여야 한다.
- 주민들을 적극적으로 참여하게 하고, 기존의 지방정부를 활성화시키고, 제 기능을 못하는 지방행정의 효과를 고양시킨다.
- 지방의 지도력을 발굴·격려·훈련한다.
- 부녀자·청소년을 참여시킨다.
- 자조적인 프로젝트의 효과를 위해 정부의 적극적인 지원을 받아야 한다.
- 국가적인 차원에서 지역사회개발을 실시한다.
- 지역적·국가적·국제적 차원에서 자발적인 비정부기관(NGO)의 자원을 최대한 활용한다.
- 지역차원과 보다 넓은 국가적 차원의 개발이 평행해서 이루어져야 한다.

② **로스(M. G. Ross)는 지역사회조직사업**은 전체 지역사회주민들이 합의하는 문제를 해결하기 위한 수단이라고 보았으며, 따라서 소수집단의 이해관계가 담긴 문제나 이를 해결하기 위한 사업은 추진회가 성숙되어감에 따라 점차적으로 진행하는 것이 바람직하다고 보았다.

63 지역사회복지실천의 토대 정답 ②

ㄴ. 1921년, **미국 기독교 감리교 소속 선교사인 메리 마이어스(M. Myers)가 서울에 태화여자관을 설립**하여 여성과 아동을 대상으로 전문적인 사회사업을 실시하였다. 참고로 **태화여자관은 우리나라 최초의 사회복지관**으로 평가받으며, 현 태화기독교사회복지관의 전신이다.

ㄹ. 1906년 **미국 기독교 감리교 소속 선교사인 메리 놀즈(M. Knowles)가 원산에 반열방(班列房)을 설립**하여 여성들을 대상으로 계몽사업을 하였다. 이후 1926년에 **원산의 보혜여자관으로 발전**되었다.

오답 분석

ㄱ. '오가통'이 아니라 '향약'이 맞다.

ㄷ. '1970년대'가 아니라 '1980년대'가 맞다. **우리나라의 재가복지서비스**는 1980년대 초부터 민간부문의 자생적 사업으로 노인복지 분야부터 시작되어 장애인복지 분야의 지역사회 중심 재활 사업을 통해 확장되었다. 이후 1989년 6월 보건복지부 훈령 제568호로 제정된 「사회복지관설치운영규정」에 목욕 서비스, 식사 서비스, 가정봉사원 파견 등의 재가복지서비스 프로그램이 규정되었고, 1992년에는 재가복지센터설치 운영지침이 제정되면서 본격적으로 제도화되었다.

64 지역사회복지실천의 이론과 모델 정답 ②

오답 분석

ㄴ. '프로그램개발 및 조정모델'이 아니라 '계획모델'이 맞다.

65 지역사회복지실천의 이론과 모델 정답 ④

ㄱ. **사회체계이론**에 따르면 지역사회는 교육기관, 사회복지기관, 주민 등과 같은 **다양한 상호의존적인 하위체계(또는 하부체계)들이 모인 하나의 사회체계**이며, **각 하위체계들 간에 수평적 관계**를 맺고 있다고 가정한다. 즉 지역사회는 더 큰 상위체계, 동일수준의 체계, 여러 하위체계들과 상호작용하면서 순기능과 역기능이 이루어지는 공간이다.

오답 분석

ㄷ. '사회체계이론'이 아니라 **'자원동원이론'에 관한 설명**이다.

66 지역사회복지실천의 과정과 기술 정답 ③

③ '지역사회 욕구 사정을 기반으로 계획수립을 실시한다.'가 맞다.

오답 분석

① **결과목표**는 최종목표로, 프로그램 실행 결과에 따른 클라이언트 체계의 변화, 즉 프로그램의 결과 표적대상이 변화하게 될 행동이나 태도를 기술하는 것을 말한다. 변화 정도, 언제 변화가 나타날 것인가를 기술해야 하고, 표적집단을 **어떠한 상태로 향상시킬 것인가**의 내용을 담고 있어야 한다.

② **과정목표**는 단계별로 어떻게 과업이 수행되고 성취될 것인지를 나타내는 목표로, 무엇으로 어떻게 그 결과에 도달할 것인가와 **무슨 일을 누가 어떻게 할 것인지에 관해 기술**해야 한다. **성취여부**는 '관찰, 현장메모, 면접, 설문지, 프로그램 기록, 지역신문과 간행물 수집 등' **양적인 기준과 질적인 기준 모두에 의해 판단**한다.

67 지역사회복지실천의 토대 정답 ②

ㄱ. 2010년의 사건이다.

ㄴ. 2012년의 사건이다.

ㄷ. 2016~2017년의 사건이다.

ㄹ. 2013년의 사건이다.

68 지역사회복지실천의 이론과 모델 정답 ①

① **권력의존이론**은 지역사회체계 내 조직의 생존이 **권력균형의 교환 과정**, 즉 해당 조직이 지닌 자원의 크기에 따라 결정된다고 가정하는 관점이다. 즉 **자원을 많이 가진 조직이 적게 가진 조직을 통제할 수 있다고 이해**한다.

69 지역사회복지실천의 토대 정답 ④

오답 분석

ㄷ. '일반화한다.'가 아니라 '개별화한다.'가 맞다.

70 지역사회복지의 실재 정답 ①

① 기존 **「사회복지사업법」에 따른 지역사회복지계획**이 **2015년 7월부터 「사회보장급여의 이용·제공 및 수급권자 발굴에 관한 법률」에 따른 지역사회보장계획으로 변경**되었다.

71 지역사회복지의 실재 정답 ①

ㄱ. **사회적 경제**란 사회적 가치(예 공동체의 보편적 이익실현, 민주적 의사결정, 노동중심의 수익분배, 사회 및 생태계의 지속가능성 등)의 실현을 우선적인 목적으로 하여 **자본보다 사람을 우위**에 두며, 사회적 문제를 해결한다는 사회적 측면과 자생력을 가져야 한다는 경제적 측면을 동시에 고려하는 **새로운 경제개념**이다.

오답 분석

ㄴ. '영리법인'이 아니라 '비영리법인'이 맞다.

ㄷ. '고용노동부장관의 인가를'이 아니라 '고용노동부장관의 인증을'이 맞다.

이것도 알면 합격

사회적기업의 정의(「사회적기업 육성법」 제2조의 제1호)

"사회적기업"이란 취약계층에게 사회서비스 또는 일자리를 제공하거나 지역사회에 공헌함으로써 지역주민의 삶의 질을 높이는 등의 사회적 목적을 추구하면서 재화 및 서비스의 생산·판매 등 **영업활동을 하는 기업**으로서 **고용노동부장관에게 인증받은 자**를 말한다.

ㄹ. '기획재정부장관의 허가를'이 아니라 '행정안전부장관의 지정을'이 맞다.

72 지역사회복지의 실재 정답 ③

③ '지방분권화가 지역사회복지에 미치는 부정적인 영향'이 아니라 **'지방분권화가 지역사회복지에 미치는 긍정적 영향'에 관한 설명**이다.

73 지역사회복지의 실재 정답 ④

④ '자활급여를'이 아니라 '생계급여를'이 맞다.

이것도 알면 합격

① 지역자활센터의 주요 연혁
- 1996년 자활지원센터 설립
- 2000년 10월 '자활후견기관'으로 명칭 변경
- **2006년 12월 '지역자활센터'로 명칭 변경**
- 2012년 상반기부터 지역자활센터의 유형을 도시형, 도·농복합형, 농촌형으로 구분하여 운영

74 지역사회복지의 실재 정답 ②

② 협동에 대한 설명이다.

이것도 알면 합격

주민참여 단계(Arnstein)

단계			참여내용
8	주민권력	주민통제	**주민에 의한 완전한 자치가 이루어지는 단계**로 정책입안부터 집행·평가단계까지 **주민이 스스로 통제하는 단계**이다.
7	주민권력	권한위임	**주민이 주도적 역할을 수행하는 단계**로 주민들이 정책결정과 집행에 있어서 **정부보다 우월한 권한을 행사하는 단계**이다.
6	주민권력	협동관계	**주민과 정부가 동등한 입장에서 협상하여 정책을 결정하는 단계**이지만 **최종 결정은 정부**가 내린다. 단, 필요시 주민들은 정부와 협상이 가능하다.
5	형식적 참여	주민회유	**위원회 등을 통해** 주민의 참여범위가 확대되는 단계로, 주민의 관심과 이에 대한 정부의 반응이 적극적인 상태이다. 단 **최종 결정은 정부가 내린다.**
4	형식적 참여	상담	공청회나 집회 등을 통해 **주민의 의견과 아이디어가 수렴되어지는 단계**이다. 이때 정부의 반응은 형식적이다.
3	형식적 참여	정보제공	**정부가 주민에게 일방적으로 정보를 제공하는 단계**로, 주민의 반응과 같은 환류는 잘 일어나지 않는다.
2	비참여	대책치료	**정부가 주민을 임상적인 치료의 대상으로 간주하는 단계**로, 주민에 대한 행정의 일방적인 지도에 그친다.
1	비참여	조작(또는 여론 조작)	**정책지지 유도를 위한 정부의 책략 단계로, 정부의 행정과 주민 상호 간 관계만 확인**한다. 즉 정부는 주민에게 일방적으로 설득 및 교육을 실시하고, 주민은 단순히 참여만 하게 된다.

75 지역사회복지실천의 과정과 기술 정답 ④

ㄱ. 조직화 기술 활용 시 **초기에는 사회복지사가 주도적인 역할을 수행하다가 점차 지역주민들이 주도적인 역할을 수행**하도록 한다.

ㄴ. '주민통제'는 해당되지 않는다.

ㄹ. **조직화는 쟁점을 중심으로 진행**된다. 따라서 **쟁점은 명확**해야 한다.

3교시 사회복지정책과 제도

6영역 | 사회복지정책론

01	①	02	④	03	③	04	⑤	05	④
06	④	07	⑤	08	④	09	①	10	⑤
11	②	12	①	13	③	14	②	15	②
16	②	17	④	18	①	19	①	20	②
21	④	22	②	23	③	24	③	25	③

7영역 | 사회복지행정론

26	②	27	④	28	②	29	②	30	①
31	③	32	④	33	⑤	34	③	35	④
36	④	37	②	38	③	39	②	40	④
41	①	42	②	43	⑤	44	⑤	45	①
46	③	47	④	48	④	49	②	50	②

8영역 | 사회복지법제론

51	①	52	②	53	④	54	⑤	55	④
56	②	57	⑤	58	①	59	⑤	60	④
61	②	62	③	63	②	64	③	65	⑤
66	②	67	⑤	68	①	69	①	70	③
71	⑤	72	②	73	②	74	④	75	①

나의 점수 분석표

영역명	맞힌 개수 / 문제 수
사회복지정책론	/ 25
사회복지행정론	/ 25
사회복지법제론	/ 25
합계	/ 75

* 과락 기준: 75문제 중 맞힌 문제 수가 30개 미만

취약점 키워드 box

* 틀린 문제 중, 본인이 부족했던 개념 또는 키워드를 정리해 보세요!

6영역 사회복지정책론

01 사회보장론 정답 ①

ㄱ. 총액계약제의 진료비 상승 억제 효과는 행위별수가제와 포괄수가제보다 높다. 참고로 **총액계약제(global budget)**란 행위별수가제의 단점인 의료비 지출증가를 조절하기 위해 시도된 제도로, **보험자 측과 의사단체(또는 보험의협회)간에 국민에게 제공되는 의료서비스에 대한 진료비 총액을 추계하고 협의한 후 사전에 결정된 진료비 총액을 지급하는 방식**이다.

오답 분석

ㄹ. **포괄수가제(case-payment)**란 치료행위가 기준이 아닌 **질병군(또는 환자군)별로 미리 책정된 일정액의 진료비를 지급하는 방식**으로, 미국에서 의료비의 급격한 상승을 억제하기 위하여 1983년부터 **DRG(diagnosis related groups)에 기초를 둔 선불상환제도로 개발**되어 연방정부가 운영하는 메디케어 환자의 진료비지급방식으로 사용되고 있다. 참고로 우리나라의 경우에는 **2012년 7개 질병군에 대해 포괄수가제가 적용되기 시작**했다.

02 사회복지정책의 이해 정답 ④

④ '능력에 따른 분배'가 아니라 '욕구(또는 필요)에 따른 분배'가 맞다. 참고로 능력에 따른 **분배는 시장의 기능**이며, **사회복지정책은 능력에 따른 기여를 지향**한다.

오답 분석

⑤ **자동안정장치 기능(automatic stabilizer, 또는 자동안정화 기능)**이란 정부가 불황기에는 실업급여나 공공부조 정책 등의 사회보장관련 지출을 하게 되고, 이것의 **재원마련을 위해 강화되는 소득세나 법인세**는 이를 납부하는 **부유층에게는 고소득에 수반되는 고소비나 고투자를 억제**시키고, 반면에 **정책 수혜자인 빈곤층에게는 유효수요를 창출**시켜 **과도한 경기변동을 억제**할 수 있는 사회복지정책의 기능이다.

03 사회보장론 정답 ③

③ '부가급여'만 차등적으로 지급된다. 장애인연금제도에 따른 **급여에는 기초급여와 부가급여**가 있다. **기초급여란 근로능력의 상실 또는 현저한 감소로 인하여 줄어드는 소득을 보전해 주기 위하여 지급하는 급여**로, 그 대상자는 **만 18세~만 65세가 되는 전달까지 수급권을 유지하고 있는 자**이다. 이후 **65세 이상이 되면 동일한 성격의 급여인 기초연금으로 지급하고, 이에 따라 기초급여는**

지급하지 않는다. 이러한 **기초급여는 감액될 수 있으며, 그 감액 조건은 부부감액과 초과분 감액 등 2가지**가 있다.

- **부부감액:** 단독가구와 부부(2인)가구의 생활비 차이를 감안하여 **부부가 모두 기초급여를 받는 경우 각각의 기초급여액에 20%를 감액**한다.
- **초과분 감액:** 약간의 소득인정액 차이로 **장애인연금(기초급여)을 받는 자와 못 받는 자의 소득역전 방지를 위해 기초급여액의 일부를 단계별로 감액**한다.

부가급여란 **장애로 인하여 추가로 드는 비용의 전부 또는 일부를 보전해주기 위하여 지급하는 급여**로, 그 대상자는 **만 18세 이상 장애인연금 수급자 중 국민기초생활보장제도에 따른 수급자(생계급여 또는 의료급여 수급자)와 차상위계층(생계 또는 의료급여 미수급자이며 주거 또는 교육급여 수급자), 차상위 초과자(기초생활수급자, 차상위계층에 해당되지 않으면서 장애인연금 선정기준액 이하에 해당되는 자)**로, 이때 **'65세 미만과 65세 이상이라는 연령에 따라 그 급여액이 차등 지급'**된다. 참고로 부가급여는 장애로 인한 추가지출비용 보전 성격으로 **부부감액과 초과분 감액을 적용하지는 않는다.**

오답 분석

① 「의료급여법 시행령」 제3조 제1항
수급권자는 1종 수급권자와 2종 수급권자로 구분한다.

② 「긴급복지지원법」 제3조 제1항

④ **국민기초생활보장제도**는 대표적인 공공부조제도로, **공공부조제도는 모든 국민 중 극빈층을 선별하고 이를 관리해야 하므로 이에 소요되는 비용 등이 사회보험 제도에 비해 더욱 많이 소요**된다. 즉 사회보험제도에 비해 운영효율성이 낮다.

⑤ 기초연금제도는 **비(또는 무)기여-소득·자산조사 프로그램인 공공부조제도**인 노후 소득보장프로그램이다.

04 사회복지정책의 이해 정답 ⑤

⑤ 롤스가 아닌 '로버트 노직(Robert Nozick)'의 주장이다. **로버트 노직(Robert Nozick)은 자유지상주의 국가론을 주장한 철학자**이다. 그는 '재산의 정당한 소유와 합법적인 이전이 정의로운 결과를 가져온다고 주장'하였으며, 국가는 이렇게 취득된 개인의 소유권을 침해하지 않고, 그들의 권리를 보호하는 **'최소국가의 형태'가 가장 정당**하다고 보았다.

오답 분석

② 제1의 원칙인 '평등한 자유의 원칙'에 관한 설명이다.

④ 롤스는 **'최소극대화의 원칙'을 통해 최소수혜자(worst off)들의 최대행복을 고려**하였으며, 따라서 롤스가 주장한 정의로운 사회는 제1원칙과 제2원칙 중 기회균등의 원칙을 통해 능력을 가진 사람은 자신의 능력을 마음껏 발휘할 수 있고, 반면 **최소수혜자에 속한 사람들은 제2의 원칙 중 최소극대화의 원칙에 따라 사회로부터 최대의 이득을 받는 사회**이다.

05 사회복지정책의 이해 정답 ④

ㄱ. '독점자본이론'이 아니라 '수렴이론(또는 산업화이론)'이 맞다. **독점자본이론**이란 **전통적인 마르크스주의에 그 이론적 뿌리를 둔 갈등주의적 시각**으로 **자본주의가 고도화된 사회의 현상과 산업화가 무시한 계급문제 및 노동력 재생산을 독점자본주의의 속성과 관련시켜 복지국가 발전을 분석**하고 설명하는 이론이다.

ㄴ. '음모이론'이 아니라 '이익집단론'이 맞다. **이익집단론**에 따르면 현대사회에서 **귀속적 차이(인종, 연령, 언어, 종교, 지역 등에서의 차이)에 따른 이익집단들 간의 정치적 행위의 중요성**이 커지면서 정치적 이익집단인 정당들 간에도 이러한 이익집단들로부터 받는 정치적 지지와 득표가 중요해졌다.

ㄹ. **'권력자원이론'**이 아니라 **'엘리트이론'**이 맞다. **권력자원이론(또는 사회민주주의 이론, 계급정치론)**이란 사회복지정책 발전을 **노동자 계급의 정치적 세력 확대결과로 이해**하여, 사회복지는 사회민주주의나 좌파정당과 같이 노동자 계급을 대변하는 정치적 집단의 세력이 커질수록 발전이 가능하다고 주장한다. 따라서 **노동자 계급의 이익을 대변하는 좌파정당과 노동조합의 역할을 강조**한다.

오답 분석

ㄷ. **사회양심론**에서는 **인도주의에 기초**하여 **개인의 이타적 양심과 사회적 의무감을 국가가 사회복지정책을 통해 실현(또는 제도화)**시킨다고 주장한다. 다시 말해 **사회복지정책을 국가의 자선활동으로 간주**한다.

06 사회복지정책의 이해 정답 ④

ㄴ. 1601년부터 시작된 영국의 구빈법 체제는 1948년 국민부조법 제정을 통해 공식적으로 폐지되었다.

오답 분석

ㄷ. **'찰스 부스(C. Booth)'가 아니라 '시봄 라운트리(S. Rowntree)'**가 맞다. 1899년 라운트리는 부스(Booth)의 조사 결과에 영향을 받아 당시 본인이 거주하던 요크시에 거주하는 **중산층을 제외한 순수 노동계층** 4만 7천여 명을 대상으로 빈곤실태조사를 실시하였고, 이를 토대로 1901년에 「빈곤: 도시생활의 연구」라는 보고서를 발표하였으며, 여기에서 **빈곤의 구분과 빈곤순환, 빈곤선 개념 등을 제시**하였다.

07 사회보장론 정답 ⑤

ㄹ. **산업재해보상보험제도**는 근로자의 업무상의 재해를 신속하고 공정하게 보상하며, 재해근로자의 재활 및 사회 복귀를 촉진하기 위하여 이에 필요한 보험시설을 설치·운영하고, 재해 예방과 그 밖에 근로자의 복지 증진을 위한 사업을 시행하여 근로자 보호에 이바지하는 것을 목적으로 하는 **1963년에 제정되어 전국민을 대상으로 한 우리나라 최초의 사회보험제도**이다.

08 복지국가의 이해 정답 ④

ㄹ. '대체효과'가 아니라 '소득효과'가 맞다. 신자유주의자들은 무상의 복지급여 수급은 **소득효과를 발생시켜 근로자들의 근로동기를 감소시킨다고 주장**하여 복지국가를 비판하였다.

오답 분석

ㄴ. **포디즘(fordism)적 생산방식**이란 **소품종 대량생산체제**를 말한다. 즉 소비자의 개별화된 욕구에 대한 대응보다는 **생산자의 편익 중심적 생산체계**로, 이러한 대량생산체제에서 **기업들은 전용기계(경직성)를 갖춘 후 대규모의 저숙련 노동자를 고용하여 일부 특정화된 소품종을 대량생산하는 데에만 집중**하였으며, 또한 **노동자들은 강력한 노동조합을 구축해서 사용자들과 상호 대립**하였다. 이러한 **포디즘적 생산방식은 비효율적**이었으며, 이에 따라 **복지국가 위기의 주요 원인**이 되었다.

ㄷ. **1973년에 발발한 제1차 오일쇼크와 1979년에 발발한 제2차 오일쇼크**는 전세계적으로 심각한 **경기침체(또는 스태그플레이션 <stagflation>) 현상을 심화**시켰다. 이로 인해 정부의 조세수입은 감소하는 반면, 재정 지출은 오히려 증가하여 **국가재정위기가 발생**하였고, 따라서 2차 세계대전 이후 30여년 간 지속되어 온 복지국가의 기본적인 경제적인 틀이 무너졌다.

09 사회보장론 정답 ①

① '감소'가 아니라 '증가'가 맞다. 우리나라는 **노인부양비(dependency ratio)의 증가**, 즉 노인인구를 부양해야 하는 사회적 비용이 증가하고 있다. 참고로 **노인(또는 노년)부양비(old-age dependency ratio)**는 생산가능인구(15~64세)에 대한 노인인구(65세 이상)의 비율로, **'노인인구(65세 이상) ÷ 생산가능인구(15~64세) × 100'**으로 계산된다.

10 사회보장론 정답 ⑤

ㄱ. **5분위 배율**이란 9분위에서 제10분위까지의 소득이 전체 소득에서 차지하는 점유율을 제1분위에서 제2분위의 소득이 전체소득에서 차지하는 점유율로 나눈 값으로, 그 **값이 클수록 소득분배가 불평등**하고, 반면 그 **값이 작을수록 소득분배가 평등하다고 볼 수 있다.**

ㄷ. **센 지수** 산정 시 소득불평등을 측정하기 위한 도구인 **저소득층의 지니계수가 반영**되므로 빈곤집단 내 불평등 정도가 반영된다. 센 지수란 **센(Amartaya Sen)이 제시한 빈곤 측정방법으로, 빈곤율과 빈곤갭**의 한계를 극복하기 위해 **빈곤율, 빈곤갭, 지니계수를 종합적으로 활용**하는 방법이다. 이는 지니계수처럼 **0~1 사이의 값**을 가지며, **빈곤의 정도가 클수록 높은 값**을 갖는다.

이것도 알면 합격

$PSEN = HGz + PGI(1 - Gz)$

H: 빈곤율

PGI: 빈곤갭

Gz: 저소득층의 지니계수

ㄹ. **지니(Gini)계수**란 **로렌츠 곡선으로부터 산출되는 하나의 숫자**로, 대각선과 로렌츠 곡선 사이의 면적을 A, 로렌츠 곡선 하방의 면적을 B라고 하면, **지니계수는 A ÷ (A + B)라는 공식**을 통해 구할 수 있다. 따라서 완전 평등하다면 **A의 값이 0이므로 0이 되고, 완전 불평등한 상태라면 B의 값이 0이므로 1**이 된다. 이를 통해서 소득의 불평등 정도를 측정할 수 있다. 즉 **지니계수는 0~1 사이의 값을 가지며, 0에 가까워질수록 평등한 상태**를, **1에 가까워질수록 불평등 정도가 심화**된다고 본다.

11 사회보장론 정답 ②

② 1995년부터 농·어업인에 대한 국고지원제도를 운영하여 농·어업인인 지역가입자·지역임의계속가입자를 대상으로 연금보험료의 일부를 국민연금공단에서 지원하고 있다.

오답 분석

① '3명 이상'이 아니라 '2명 이상'이 맞다. 출산크레딧은 자녀가 2명 이하인 경우 자녀 1명마다 12개월을 더한 개월 수를, 자녀가 3명 이상인 경우 첫째 및 둘째 자녀에 대하여 인정되는 24개월에 2자녀를 초과하는 자녀 1명마다 18개월을 더한 개월 수를 추가 산입한다.

③ 군복무자가 노령연금수급권을 취득한 때에는 복무기간(12개월을 초과하면 12개월로 한다)을 가입기간에 추가로 산입한다. 다만, 「병역법」에 따른 병역의무를 수행한 기간이 6개월 미만인 경우에는 그러하지 아니한다.

④ '조기재취업수당'이 아니라 '구직급여'가 맞다. 「고용보험법」에 따른 구직급여를 받는 경우로서 구직급여를 받는 기간을 가입기간으로 산입하기 위하여 국민연금공단에 신청하는 때에는 그 기간을 가입기간에 추가로 산입한다. 다만, 추가로 산입하는 기간은 1년을 초과할 수 없다.

⑤ '사회복무요원'도 추가 산입 대상이다(「국민연금법」제18조 제1항 제4호).

12 사회보장론 정답 ①

① '시설급여'가 아니라 '재가급여'가 맞다. **단기보호를 포함해 방문요양, 방문목욕, 방문간호, 주·야간보호, 기타재가급여 등이 시설급여에 해당**한다.

오답 분석

④ **국민건강보험과 노인장기요양보험의 보험자는 '국민건강보험공단'**이며, 따라서 동일하다.

⑤ 국민연금의 '**소득활동에 따른 노령연금**'은 가입기간이 10년 이상이며, 60세에 도달한 자가 소득이 있는 업무에 종사하는 경우, **60세부터 65세가 될 때까지, 즉 최대 5년 동안 소득구간별 감액을 적용한 금액으로 지급**하고, 부양가족연금은 미지급한다.

13 사회복지정책 분석 정답 ③

③ 국민기초생활보장제도와 같은 공공부조제도는 **국가(또는 중앙정부)와 지방자치단체(또는 지방정부)가 징수하는 조세로 재원**을 조달한다. 반면 국민연금제도, 건강보험제도, 고용보험제도 등의 **사회보험제도는 보험 가입자(또는 근로자)와 사용자에게 강제로 징수되는 보험료(또는 기여금), 국가의 부담, 본인부담금 등으로 재원을 조달**한다.

14 사회보장론 정답 ②

② '수평적 재분배'가 아니라 '수직적 재분배'가 맞다. **수직적 재분배는 부자(또는 고소득층)로부터 빈자(또는 저소득층, 사회적 취약계층)에게로 소득이 이전되는 형태**로, 소득계층 간 소득의 격차를 줄이는 기능을 한다.

부자
↓소득
빈자

예 누진적 소득세, 공공부조 제도, 저소득층에게 지급되는 생계급여 등

반면 **수평적 재분배**는 **저위험집단에서 고위험집단으로 소득이 이전되는 형태**로, 같거나 또는 유사한 소득 계층 내에서 개인의 소득이 아닌 **욕구나 위험발생 정도에 따라 소득이 이전되는 형태**를 말한다.

욕구나 위험발생 정도가 없거나 낮은 자 → 소득 → 욕구나 위험발생 정도가 높은 자

예
- 취업자로부터 실업자에게 소득이 이전되는 **실업급여**
- 건강한자로부터 질병에 걸린 자로 소득이 이전되는 **건강보험**
- 근로자로부터 산업재해 피해자로 소득이 이전되는 **산재보험**
- 자녀가 없는 가구로부터 자녀가 있는 가구로 소득이 이전되는 **아동수당** 등

15 복지국가의 이해 정답 ②

ㄱ. '높다.'가 아니라 '낮다.'가 맞다. 자유주의 복지국가는 **탈상품화 정도는 낮고, 시장에서 형성된 높은 수준의 계층화가 그대로 유지되어 다차원적인 계층체제가 발생하는 국가로, 개인의 책임, 선별주의와 자조의 원리, 시장의 효율성, 근로의욕의 고취를 강조**한다.

ㄷ. 사회민주주의 복지체제가 '탈상품화 효과가 큰 것'은 맞지만 '선별주의와 자조의 원칙'에 따르는 것은 '자유주의 복지국가체제'에 관한 설명이다.

오답 분석

ㄴ. **탈상품화(decommodification)와 계층화(stratification) 정도**, 그리고 **국가와 시장 및 가족과의 역할관계(또는 상대적 비중)의 기준**에 따라 **자유주의, 보수주의(또는 조합주의), 사회민주주의로 유형화**시켰다.

ㄹ. **조합주의(또는 보수주의) 복지국가는 탈상품화 정도는 비교적 높지만** 시장체제에서 형성된 **계층화가 사회복지정책으로 인해 그대로 유지**되며, 특히 **노동시장에 속해있는 남성노동자 간 계층화가 크다.**

16 사회보장론 정답 ②

ㄴ. **우리나라의 근로장려세제**는 차상위 계층의 소득지원과 근로유인 제고를 위해 **'점증-평탄-점감' 형태인 미국식 EITC모형을 채택**하였다.

오답 분석

ㄱ. 우리나라 근로장려세제는 차상위 계층의 소득지원과 근로유인 제고를 위해 **'점증-평탄-점감' 형태인 미국식 EITC모형을 채택**하였다. 이에 따라 점증구간에서는 소득구간이 높아질수록 비례하여 근로장려금의 크기가 커지지만, **평탄구간에서는 유지되고, 점감구간에서는 감소**한다.

이것도 알면 합격

우리나라 근로장려금제도의 구성

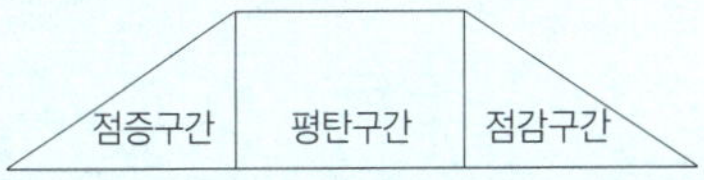

- **점증구간**: 근로소득이 늘어날수록 **근로장려금도 정률로 증가하는 구간**으로, **노동참여율을 증진시키는 효과**가 있음
- **평탄구간**: **근로소득 증가에 상관없이 최대급여액이 정액으로 지급되는 구간**으로, 점감구간 앞에 위치하여 점감구간에 따른 **근로유인 저해를 완화하는 효과**가 있음
- **점감구간**: 근로소득이 증가함에 따라 급여액이 정률로 감소하여 0에 도달하는 구간

ㄷ. '고용노동부'가 아니라 '기획재정부'가 맞다.

17 사회보장론 정답 ④

④ 사회수당은 **비기여-비자산조사 프로그램**으로, **기여 여부와 무관하게 급여가 지급**된다.

18 사회복지정책 과정 정답 ①

① '사용해서는 안 된다.'가 아니라 '사용할 수 있다.'가 맞다.

이것도 알면 합격

정책대안 개발 방법

<table>
<tr><td>점진주의적 방법</td><td colspan="2">정부가 과거에 집행하였거나 현재 집행 중인 정책·다른 정부의 정책·해외 정책 사례 등 이미 알려진 대안들을 선택적으로 모방하는 방법이다.</td></tr>
<tr><td rowspan="3">창조적 방법</td><td colspan="2">• 급변하는 환경 변화에 따라 새로운 사회문제가 발생하므로 과거에 집행된 정책을 통해서는 해당 사회문제를 해결할 수 없어서 창의적인 대안을 개발해내는 방법이다.
• 구체적인 방법</td></tr>
<tr><td>과학적인 이론 및 모형을 활용하는 방법</td><td>사회과학적 지식을 활용하여 정책대안을 개발하는 방법이다.</td></tr>
<tr><td>주관적·직관적 방법</td><td>정책분석가의 개인적·집단적 판단에 의존하여 정책대안을 개발하는 방법이다.
예 세미나, 패널토의, 포럼, 브레인스토밍, 정책델파이 등</td></tr>
</table>

오답 분석

③ **비용효과분석평가**는 **프로그램에 소요되는 비용은 화폐 가치로 환산하지만, 그 산출물은 비용이 아닌 '목표달성 정도'로 평가하는 방식**이다. 반면 **비용편익분석은 소요되는 비용뿐만 아니라 그 편익 역시 모두 화폐가치로 산출하여 평가하는 방식**이다.

⑤ 정책대안의 비교분석 기준 중 **기술적 실현가능성은 현재 정부가 가진 전문화 수준, 재정능력, 행정능력을 가지고 선택된 정책대안을 실현(또는 집행)시킬 수 있는가**에 관한 기준이다.

19 사회복지정책 분석 정답 ①

① '인구학적 기준'은 해당되지 않는다.

이것도 알면 합격

국민기초생활보장제도의 할당 기준

- 부양의무자(1촌 직계혈족 및 그의 배우자, 단 사망한 1촌 직계혈족의 배우자 제외)
- 소득인정액(개별가구의 소득평가액과 재산의 소득환산액을 합산한 금액)(자산조사)

오답 분석

② **장애인연금제도의 할당 기준**
- 18세 이상(인구학적 기준)
- 중증장애인(진단적 차별)
- 소득인정액(수급권자와 그 배우자의 소득평가액과 재산의 소득환산액을 합산한 금액)(자산조사)

③ **노인장기요양보험제도의 할당 기준**
- 65세 이상의 노인 또는 65세 미만의 자로서 치매·뇌혈관성질환 등 대통령령으로 정하는 노인성 질병을 가진 사람(인구학적 기준)
- 장기요양등급 판정자(1~5등급, 인지지원등급)(진단적 차별)
- 보험가입자(기여여부)

④ **아동수당제도의 할당 기준**: 8세 미만의 아동(인구학적 기준)

⑤ **장애수당제도의 할당 기준**
- 18세 이상(인구학적 기준)
- 「장애인연금법」상 중증장애인에 해당하지 않는 사람(종전3~6급)(진단적 차별)
- 「국민기초생활 보장법」상 수급자 및 차상위계층(자산조사)

20 사회복지정책 분석 정답 ②

② '현물급여'가 아니라 '현금급여'가 맞다.

21 사회복지정책 분석 정답 ④

④ '치료서비스와 같이 사례별로 다른 기술이 필요한 경우', 즉 서비스의 표준화 정도가 낮은 서비스의 경우에는 **비영리기관보다 영리기관이 서비스 제공 주체로 더 적합**하다.

이것도 알면 합격

Gilbert(1984년)는 사회복지서비스를 **영리기관 또는 비영리기관 중 누가 제공해야 하는 것이 바람직한 것**과 관련해서 **서비스의 표준화 정도, 클라이언트 집단의 능력 정도, 서비스의 위험성 정도, 관련 규정 준수에 대한 감독의 강력성 정도**라는 4가지 기준에 따라 선택하는 것이 바람직하다고 보았다.

높은 경우	기준	낮은 경우
비영리기관	서비스 표준화 정도	영리기관
영리기관	클라이언트 집단의 능력 정도	비영리기관
비영리기관	서비스의 위험성 정도	영리기관
비영리기관	관련 규정 준수에 대한 감독의 강력성 정도	영리기관

오답 분석

① **'아동, 지적장애인 등과 같이 표현할 능력이 부족한 이용자'의 경우 '클라이언트 집단의 능력 정도가 낮은 경우'로, 사회복지서비스 제공에 있어서 비영리기관이 영리기관보다 더 적합한 사례**이다.

② **'보호관찰이나 기초생활보장 조건부수급자의 서비스와 같이 강제적인 서비스의 제공'의 경우 '관련 규정 준수에 대한 감독의 강력성 정도가 높은 경우'로, 사회복지서비스 제공에 있어서 비영리기관이 영리기관보다 더 적합한 사례**이다.

③ **'공중예방접종과 같은 표준적 절차나 내용을 담고 있는 서비스의 제공'의 경우 '서비스 표준화 정도가 높은 경우'로, 사회복지서비스 제공에 있어서 비영리기관이 영리기관보다 더 적합한 사례**이다.

⑤ **'중증의 치매를 앓고 있는 노인과 같이 자신을 스스로 대변하기 어려운 이용자'의 경우 '클라이언트 집단의 능력 정도가 낮은 경우'로, 사회복지서비스 제공에 있어서 비영리기관이 영리기관보다 더 적합한 사례**이다.

22 사회보장론 정답 ②

ㄴ. **과거 생활보호제도에서는 생활보호, 자활보호, 교육보호, 해산보호, 장제보호, 의료보호의 6가지 급여제도를 운영**하고 있으며, 명칭도 '보호'라는 용어를 사용하고 있었다. 급여 수준은 1996년 차등급여제도가 도입되기 이전에는 개인당 최저생계비의 일정 수준을 현금과 현물로 지급받도록 되어 있었다. 반면에 국민기초생활보장제도의 경우 생계급여, 주거급여(신설), 의료급여, 교육급여, 자활급여, 해산급여, 장제급여의 7가지 급여를 지원하도록 하고 있다. 특히 **새롭게 주거급여를 둠으로써 수급자들의 주거안정을 가능**하게 하였다.

ㄹ. 국민기초생활보장제도는 부양의무자 기준을 지속적으로 완화시킴으로써 사각지대에 머물러있던 비수급 빈곤층을 제도권으로 포함시켰다. 제도를 처음 시작할 때 부양의무자의 범위는 직계혈족과 그 배우자, 생계를 같이 하는 2촌 이내 혈족이었다. 그러나 2007년에 이르러 그 범위는 1촌 직계혈족과 그 배우자로 축소되었고, 이후 **2015년의 '맞춤형 급여' 체계로 개편되면서 교육급여의 부양의무자 기준이 최초로 폐지**되었다. 이어서 **2018년에는 주거급여의 부양의무자 기준도 철폐**되었다. 이와 같은 부양의무자 기준의 소멸 추세는 앞으로도 당분간 계속될 것으로 예상된다.

오답 분석

ㄱ. '근로복지공단'이 아니라 '국민연금공단'이 맞다. 자활사업에 참여하기 위해서는 먼저 근로능력의 유무를 판정받아야 한다. 이러한 **근로능력의 평가방식은 2010년부터는 의학적 평가와 활동능력평가를 종합해 근로능력을 판정하고, 2012년부터는 근로능력평가사업을 국민연금공단에 위탁**함으로써 중앙근로능력심사위원회의 제한된 구성과 운영에서 탈피하여 다양한 판정경험을 축적하고 있다.

ㄷ. '맞춤형 급여체계가 통합급여 체계로'가 아니라 '통합급여 체계가 맞춤형 급여체계로'가 맞다. 과거 '통합급여' 체계가 2015년부터 '맞춤형' 급여체계로 개편되면서, 기존 최저생계비를 기준으로 한 대상자 선정 및 급여 수준 결정 방식이 상대적 빈곤 개념이 반영된 기준중위소득 기준으로 바뀌었으며, 이러한 **기준중위소득이 지속적으로 인상됨에 따라 급여 대상자인 수급권자의 수와 급여 수준이 증가**하게 되었다.

23 사회복지정책의 이해 정답 ③

③ '역선택으로 인해 정보의 비대칭성 문제가'가 아니라 '정보의 비대칭성으로 인해 역선택 문제가'가 맞다. **정보의 비대칭성**이란 **시장 내 경제주체 간 지닌 정보의 양과 질이 상대적으로 불평등한 상태**로, 이러한 정보의 비대칭성은 **역선택(adverse selection), 도덕적 해이(moral hazard), 가치재(value goods)**라는 3가지 문제를 발생시킨다.

오답 분석

④ **가치재(merit goods)**란 **기본적으로 시장에서 거래가 가능하지만 소비자의 불완전한 정보로 인해 소비자가 그 가치를 과소평가(過小評價)하여 과소소비(過少消費)하기 쉬운 재화나 서비스**를 말한다. 이는 사회적으로 바람직한 수준보다 **과소소비(過少消費)되기 쉬우므로 정부가 무상이나 저가로 공급하거나 또는 소비자가 의무적으로 소비하게 하는 정책 등을 통해 적정 소비를 유도**해야 한다. 이러한 가치재는 **현금보다는 현물제공 위주의 사회정책을 정당화하는 중요한 근거**가 된다(예 건강검진 등의 예방의료 서비스의 경우 건강한 사람들은 그 가치를 제대로 평가하지 못하기 쉬우므로 이에 정부가 건강검진을 급여로 책정해서 국민들에게 강제로 이용하게 한다.).

⑤ **민간보험사의 보험은 가입자의 위험발생률이 상호 독립적**이어야 한다. 즉 가입자들 가운데 일부는 위험이 발생하고, 일부는 위험이 발생하지 않았을 때에 위험이 발생하지 않은 사람들이 지불한 보험료로 위험이 발생한 사람에게 보험금을 지불할 수 있게 된다. 그러나 **대공황 등의 환경적 요인으로 인해 대규모 실업 사태 등이 발생할 경우 위험발생이 상호 의존(또는 비독립)**하게 되며, 이때 민간보험사는 이러한 위기를 대비해서 **보험료를 미리 산정하기도 어렵거니와 또한 위기 발발 이후 이에 대응할 능력도 부족**하므로, 결국 **국가의 개입만이 이를 해결**할 수 있다.

24 사회복지정책 과정 정답 ③

③ '조직화된 상태'가 아니라 '조직화된 혼란 상태 또는 무정부상태'이며, '체계적이 아니라 비체계적 또는 혼란스럽게'가 맞다. 킹돈(Kingdon)은 코헨·마치·올슨(Cohen & March & Olsen)의 이론을 발전시킨 **쓰레기통 모형을 제시**하였다. 곧 정책과정은 **정치의 흐름, 정책문제의 흐름, 정책대안의 흐름이라는 3가지 흐름**이 각각 독립적으로 존재하며, 각 흐름에 주요 참여자도 다르다고 보았다. 그리고 이러한 **흐름이 조직화된 무정부상태에서 우연히 합쳐질 때 정책결정이 이루어진다고 주장**하였다.

오답 분석

②, ④ **쓰레기통 모형의 흐름**

정치, 정책문제, 정책대안이 각각 독립적으로 흐르고 있다.
↓
정책전문가(또는 정책활동가)들은 지속적으로 특정 사회문제에 대한 정책대안들을 연구하면서 **정책대안들이 정치의 흐름과 정책문제 흐름에 의해 정책아젠다(agenda)로 등장할 때까지 기다리고 있다.**
↓
흐름의 결합1) **3가지 흐름이 우연히 만날 때 정책아젠다가 형성**된다.
↓
흐름의 결합2) 정책대안의 흐름 속에 떠다니던 정책대안이 연결되는 경우 **정책의 창문(policy window)이 열리면서 정책결정의 기회를 맞게 된다.**
↓
이 때 정책결정을 하지 않으면 정책의 창문이 닫히고 3개의 흐름은 다시 독립적으로 흐르게 된다.

25 사회복지정책의 이해 정답 ③

오답 분석

① '결과의 평등'이 아니라 '기회의 평등'이 맞다.

② '유리하다.'가 아니라 '불리하다.'가 맞다.

④ '수량적 평등'이 아니라 '비례적 평등(또는 공평, 형평)'이 맞다.

⑤ '조건의 평등'이 아니라 '비례적 평등(또는 공평, 형평)'이 맞다. 참고로 조건의 평등이란 기회의 평등의 한계로 인해 새롭게 대두된 평등 개념으로, 평등은 **비교 대상들의 능력이나 장애여부 등의 조건이 동등할 때에만 타당**하며, 이와 같은 조건들이 동등하지 않은 존재는 동등하지 않게 취급되어야 하므로 **동등하게 권리를 누릴 수 있는 조건들이 우선적으로 제공**되어야 한다고 주장하는 것이다(예 공무원 장애인 전형 가산점 제도).

7영역 사회복지행정론

26 사회복지조직의 운영과 관리 정답 ②

② **감수성훈련**은 15명 내외의 소집단을 구성하여 외부와 격리된 장소에서 **1~2주 동안 합숙**을 하며 조직성원끼리 자유로운 의사표현과 교환을 통해 자신과 상대방의 가치관·사고방식·행동방식 등을 파악하여 행동과 태도에 변화를 기하는 방법으로, 인간관계 개선에 효과적이다.

27 사회복지조직의 운영과 관리 정답 ④

ㄹ. **책임성**은 사회복지서비스의 제공 주체는 **클라이언트의 욕구충족이라는 궁극적인 목표달성**뿐만 아니라 **전달체계 자체의 효과성이나 효율성을 향상**시켜야 한다는 것이다. 책임져야 할 내용에는 서비스 이용자의 욕구에 대한 적절한 대응, 전달절차의 적합성, **서비스 전달과정에 있어서 발생하는 불평과 불만에 대한 제도적 수렴장치**의 적합성 등이 있다.

오답 분석

ㄱ. '평등성'이 아니라 '지속성'이 맞다. **지속성(또는 연속성)은 클라이언트에게 필요한 서비스는 일정기간 동안 중단 없이 지속적으로 제공**되어야 한다는 것이다. 특히 클라이언트의 욕구나 문제는 계속적으로 변화하므로 이에 대응하는 사회복지서비스 역시 클라이언트에게 맞추어 그 내용이 계속적으로 달라져야만 지속적으로 제공할 수 있으며, 이를 위해 지역사회를 기반으로 하는 **사례관리 등의 방법을 적극적으로 모색하고, 서비스 조직 간 연계를 강화**해야 한다.

ㄴ. '높일 수 있다.'가 아니라 '떨어뜨릴 수 있다.'가 맞다.

ㄷ. '비분절성'이 아니라 '충분성(또는 적절성)'이 맞다.

28 사회복지조직의 운영과 관리 정답 ②

② '총괄평가'가 아니라 '형성평가'가 맞다. **형성평가**는 **프로그램 제공 과정 중에(또는 진행 중에) 이루어지는 동태적 성격의 평가**로, 양적·질적 방법으로 **프로그램 운용 과정 중에 발생하는 문제점을 찾아내 이를 수정·보완**, 또는 **프로그램 수행의 중단 여부를 결정**하는 데 활용된다.

오답 분석

⑤ **노력성**은 프로그램 수행을 위해 **동원된 자원의 양**을 말한다. 주로 **프로그램에 참여한 사회복지사의 수나 활동 시간, 소요된 재정 등을 통해 평가**할 수 있다.

29 사회복지조직의 운영과 관리 정답 ②

② '분기별로'가 아니라 '연 1회'가 맞다(법 제40조의2).

오답 분석

① 법 제25조 제1항

③ 법 제41조의4 제4항

④ 법 제41조의7 제1항

⑤ 법 제42조 제1항

30 사회복지조직의 운영과 관리 정답 ①

① '직관적 성격이'가 아니라 '객관적 성격이'가 맞다.

오답 분석

② **성과주의 예산**은 **조직이 운영하는 프로그램(또는 업무)을 중심으로 편성하는 예산**으로, 개별 지출 항목들을 성과, 즉 **프로그램의 목표 수행과 연관시키는 관리지향적 예산**이다.

③ **성과주의 예산**은 조직의 활동을 기능별·프로그램별로 나누고 다시 세부프로그램으로 나누어 프로그램 단위 비용을 편성하는 **과정 중심적 성격**을 가지고 있다. 즉 각 **세부프로그램을 '단위원가×업무량=예산'으로 계산**한다.

④ **성과주의 예산**은 프로그램의 목표와 운영에 대한 모니터링이 가능하므로 **프로그램 관리자에게 유리**하다.

⑤ **성과주의 예산**은 조직의 사업과 목표를 이해하는 데 도움을 주고, 조직의 운영이나 활동내용을 명확하게 볼 수 있다.

31 사회복지조직의 운영과 관리 정답 ③

③ **특성이론(또는 자질이론)**은 **1940~1950년대에 주로 주장된 이론**으로, 리더에게는 신체적 특성, 사회적 배경, 인지적·정서적·사회적·과업적 특성 등 일련의 **천부적인 특성이나 자질이 있다고 가정**하여 **성공적인 리더의 공통적인 특성과 자질을 찾는데 집중**하였다. 그러나 모든 상황에 보편적으로 적용할 수 있는 리더의 일반적인 특성은 없다는 점에서 비판 받았다.

오답 분석

① '중도형(5 ,5)'이 아니라 '팀형(9, 9)'이 맞다.

② '자질이론'이 아니라 '행동이론'이 맞다.

④ '상황이론들'이 아니라 '행동이론들'이 맞다.

⑤ '행동이론에서'가 아니라 '상황이론에서'가 맞다.

32 사회복지조직의 운영과 관리 정답 ④

ㄹ. **중간관리층**이란 사회복지시설의 부장이나 과장과 같이 **조직의 중요한 프로그램 부서의 책임자**를 말한다. 이들은 최고관리층이 내린 정책 결정의 집행과 보조를 하며, 최고관리층의 지시를 구체적인 프로그램 목표로 전환하여 목표 달성을 위한 프로그램 전략을 선택하고 프로그램 실행에 따르는 인적·물적 자원을 확보한다. 또한 내부운영절차 개발과 함께 프로그램 활동에 대한 감독·조정·평가를 한다. 이들에게는 최고관리층과 하위관리층, 일선 직원 간을 수직적·수평적으로 연결하는 기술과 개별 직원들의 욕구와 기대를 조직의 목표에 통합시키는 **인간관계기술이 필요**하다.

오답 분석

ㄷ. '관리자가'가 아니라 '하급자(또는 조직성원)가'가 맞다. **자율적 리더십(또는 위임형 리더십)**은 **방임적 리더십**으로, 리더가 자신의 권한과 책임을 포기하는 리더십이다. 다시 말해 **직원 중심(또는 하급자 중심)의 의사결정이 이루어지는 리더십**으로 리더십의 부재(不在)라고도 볼 수 있다.

33 사회복지행정의 개관 정답 ⑤

⑤ '사용한다.'가 아니라 '사용하기 어렵다.'가 맞다. 사회복지조직의 대상인 인간은 변동적이며 불안정한 존재이므로 이들에게 사회복지조직이 사용하는 주된 **지식과 기술은 복잡하고 불확실해질 수밖에 없다.**

34 사회복지조직의 운영과 관리 정답 ③

③ **명목집단기법**은 의사결정 과정 동안 토론 등 집단 성원 간에 일체의 의사소통을 제한시키고, 각자 성원들로 하여금 **자신들의 의견을 '서면'으로 작성한 후 제출**하게 하여 제시된 의견을 집단 내에서 투표로 **최종 결정하는 기법**으로 **감정이나 분위기상의 왜곡현상을 피하는 데 유리**하다.

35 사회복지조직의 운영과 관리 정답 ④

④ 'SMART 분석기법'이 아니라 'SWOT 분석방법'이 맞다.

36 사회복지조직이론 정답 ④

④ **비공식적 조직**은 공식적인 조직구조와 조직과정에 **기능적인 측면이 있으므로 허용**해야 한다.

37 사회복지조직이론 정답 ②

② '높아진다.'가 아니라 '낮아진다.'가 맞다. **공식성 정도가 높은 조직**은 직무수행자가 직무수행 시 정형화된 규정에 따라 업무를 수행해야 하므로 **사적 영향력, 즉 재량권과 자율권이 낮은 편**이다. 반면 **공식성 정도가 낮은 조직**은 직무수행자가 직무수행 시 비정형화된 규정에 따라 업무를 수행해야 하므로 **재량권과 자율권이 높은 편**이다.

오답 분석

④ **수평적 분화**는 조직이 수행하는 직무를 조직성원들이 지닌 전문성을 기준으로 하여 **'횡적'으로 분리한 정도**로, **통제범위가 넓어지면 상대적으로 수평적 조직구조**를 갖게 되며, 따라서 **조직 설계 시 이러한 통제범위를 고려**해야 한다.

38 사회복지조직이론 정답 ③

③ '최종단계'가 아니라 '기획단계'가 맞다. **총체적 품질관리이론**에서 **품질은 조직의 1차적 목적**이며, **기획 단계부터 고려**되어야 한다.

오답 분석

① **총체적 품질관리**는 조직성원 전체의 참여를 통해 조직이 제공하는 **재화와 서비스의 '품질향상'**을 이루어 이를 소비하는 **'고객의 만족'을 달성**하고자 하는 다소 장기적 목표를 달성하기 위한 **조직 전체의 체계적인 노력 또는 조직의 문화**를 일컫는다.

39 사회복지조직이론 정답 ②

② 구조주의이론에서는 조직을 **사회집단들이 상호작용하는 크고 복잡한 사회적 단위**로 보고, 이러한 조직 내에는 **구조적 법칙이 존재한다고 가정**한다. 즉 조직 내에서는 표면적으로는 드러나지 않지만 조직성원들의 행위를 가능하게 하는 **내적·근원적 법칙이 존재하며, 이러한 법칙을 통해 조직을 설명**해야 제대로 설명할 수 있다고 주장한다. 이러한 법칙 중에 **갈등**, 즉 집단들은 이해관계를 공유하기도 하지만 **양립할 수 없는 다른 이해관계를 갖기도 한다는 점에 주목**한다.

40 사회복지조직이론 정답 ④

ㄱ, ㄴ. **조직군생태이론**은 **해넌과 프리만(M. Hannan & J. Freeman)** 등이 주장한 이론으로, 조직을 **개방체계로 인식**하며, 정치·경제적 환경에 적합한 **조직군(組織群)만이** 장기적인 과정을 통해 **환경에 의해 선택되어진다는 수동적이며 환경결정론적 조직관**이다.

ㄹ. **조직군생태이론**은 장기적 조직변동, 즉 **'변이 → 선택 → 보전'**의 과정에 관심을 갖는다.

변이(variation)	조직변동의 첫 단계로 **환경의 선택이 이루어지는 과정**이다.
선택(selection)	조직의 환경에의 적합성 여부에 따라 **선택되어 생존하거나 도태되는 과정**이다.
보전(retention)	환경에 의해 성공적으로 선택된 **조직형태가 지속되는 과정**이다.

오답 분석

ㄷ. '개별조직'이 아니라 '조직군'이 맞다. **조직군생태이론**의 분석단위는 **개별조직이 아닌 조직군**이다.

41 사회복지조직이론 정답 ①

① '유리하다.'가 아니라 '불리하다.'가 맞다. 관료제는 정해진 규정과 규칙의 준수에만 몰입하여 **개인의 창조성이 조직관리나 운영에 반영되지 않는 한계**를 갖는다.

오답 분석

② **관료제 조직**은 동조과잉(overcomformity)과 목표·수단의 대치현상, 즉 본래 수단으로만 간주되었던 **규칙의 준수가 형식주의를 초래하게 되어 그 자체가 목표가 되어 버릴 수 있다.**

③ **크리밍 현상**이란 조직이 **접근성 메커니즘을 조정하여 보다 유순하고 성공 가능성이 높은 클라이언트들을 선발하고 비협조적이거나 어려울 것으로 예상되는 클라이언트들을 배척하게 되는 것으로, 관료제 조직의 역기능적인 현상**이다.

⑤ **할거주의(sectionalism, 또는 부서이기주의)**란 관료들이 타 기관이나 부처 등에 대한 배려 없이 **자신이 소속되어 있는 기관이나 부처의 입장과 발전만을 고려**하여 결과적으로 조정이나 협조가 어려워지는 것으로, **관료제 조직의 역기능적인 현상**이다.

42 사회복지조직의 운영과 관리 정답 ②

ㄱ. '좌절-침체'가 아니라 '침체-좌절'이 맞다. 에델위치와 브로드스키(Edelwich & Brodsky)는 소진의 단계를 **'열성 → 침체 → 좌절 → 무관심'의 순으로 제시**하였다.

ㄷ. '개인적인 차원의 대응에는'이 아니라 '조직차원의 대응에는'이 맞다. **QWL**이란 노동생활의 질적 충실, 즉 일하는 보람을 지향하는 세계적인 운동이다. 고도의 분업에 따른 인간소외를 극복하고 노동을 통해 정신적인 풍요를 실현하고자 1973년에 국제 QWL위원회가 발족되었다. **QWL의 기준으로는 충분한 임금, 공평, 작업조건의 안전성, 능력의 개발·활용, 조직 내에서의 권리보장** 등이 있다.

오답 분석

ㄴ. 소진은 전문직의 특성, 개인적 성향, 직무환경 등 다양한 요인으로 인한 **스트레스로 인해 조직성원에 발생하는 신체적·사회적·정서적 고갈상태**이며, **목적의식이나 관심을 점차 상실하는 과정**이다.

43 사회복지조직이론 정답 ⑤

⑤ **'베버(Max Weber)'의 관료제 이론에 관한 설명**이다.

44 사회복지조직의 운영과 관리 정답 ⑤

ㄱ, ㄴ, ㄷ, ㄹ. **서브퀄(SERVQUAL)**은 패라슈라만 등(A. Parasuraman, V. A. Zeithaml & L. L. Berry)이 기업의 서비스 품질에 대한 고객의 인식을 주로 질적으로 측정하기 위해 5개 차원 22개 항목으로 구성하여 제시한 다항척도로 **SERVQUAL의 5개 차원은 유형성(tangibles), 신뢰성(reliability), 대응성(responsiveness), 확신성(assuarance, 또는 보증성), 공감성(empathy)으로 구성**되어 있으며, 각 차원은 4~5개의 항목으로 구성되어 있다. 참고로 **공감성**이란 조직이 고객을 인간적으로 배려하고 관심을 제공할 수 있는 능력이다.

45 사회복지조직의 운영과 관리 정답 ①

① 퀸(Quinn)의 '경쟁가치 모델(competing value model)'은 '리더십 이론'이 아닌 '조직문화'에 관한 이론이다. 즉 조직문화에 형성에 영향을 준 리더십 요인을 강조했다는 점(리더십이 독립변수이고, 조직문화가 종속변수가 됨)에서 상황에 따라 여러 유형의 리더십이 발생한다는(상황이 독립변수이고, 리더십 유형이 종속변수가 됨) 점에서 '상황적 리더십 이론'으로 볼 수 없다.

46 사회복지조직의 운영과 관리 정답 ③

③ '인위적으로만'이 아니라 '자연적으로도'가 맞다. 조직문화는 **조직 내에서 자연적으로 형성**될 수 있다. 즉 **과거의 역사적 사건이나 행동이 조직에 의해 학습**되며, 특히 **조직이 과거에 이루었던 성공 경험**은 조직문화 형성에 큰 영향을 미친다. 더불어 **조직의 창립자들은 초기의 조직문화 형성에 지대한 영향**을 미치는 요인이다.

47 사회복지행정의 개관 정답 ④

ㄱ. 1997년 「사회복지사업법」 개정으로 사회복지시설 설립이 기존 **'허가제'에서 '신고제'로의 전환**이 결정되었고, **사회복지시설의 평가제도가 법제화**되어 **모든 사회복지시설은 3년마다 1회 이상 의무적으로 평가**를 받게 되었다.

ㄴ. **2005년, 제1기 지역사회복지계획이 수립**되었다.

ㄷ. **2016년, '읍면동 복지 허브화 사업' 추진**으로 **'읍·면·동 주민센터'가 '행정복지센터(약칭: 행복센터)'로 변경**되었다.

ㄹ. **2012년, 시·군·구 희망복지지원단이 설치**되어 **(공공)통합사례관리 사업이 실시**되었다.

ㅁ. **2013년, 사회보장정보시스템이 개통**되었다.

48 사회복지조직이론 정답 ④

오답 분석

ㄷ. '최고관리자의 감독과 통제의 의한'이 아니라 '팀 학습에 의한'이 맞다.

49 사회복지행정의 개관 정답 ②

② 1990년대 이후 사회복지서비스의 민영화와 상업화가 더욱 강화되었고, 이로 인해 **기획에서 서비스전달까지 수행하던 거대 공공조직들이 퇴조**하고, 사회복지전달체계가 다원화되면서 **공공과 민간조직의 기능적인 구분이 불명확**해졌다.

오답 분석

① **1976년 최초의 학술지인 「사회사업 행정(Administration in Social Work)」이 발간**되었다.

③ 1963년에 지역사회정신건강법이 제정되어 **지역사회정신건강센터(community mental health center)가 출범**하고 크게 확산되었다.

④ **1952년 미국 사회복지교육협의회(CSWE)의 대학원 교육과정에 조직과 행정과정에 대한 교육이 포함**되었다.

⑤ **1929년 개최된 밀포드 회의에서는 사회복지행정 교육의 필요성이 주장**되어 사회복지행정이 **개별사회사업, 집단사회사업, 지역사회조직, 사회사업조사와 더불어 기본적인 실천방법으로 인정**되었다.

50 사회복지조직이론 정답 ②

② '비공식적 조직'이 아니라 '공식적 조직'이 맞다. **프로젝트조직**은 **특정 프로젝트를 중심으로 다른 종류의 기능조직을 종합한 공식적 조직**이다. 즉 특정 목표를 달성하기 위해서 일시적으로 다른 부서의 인력과 자원을 결합하여 조직을 구성하였다가 **목표가 달성되면 해체되어 원래의 부서로 돌아가는 한시적 조직**을 말한다.

8영역 사회복지법제론

51 사회복지 관련 일반법체계 정답 ①

ㄱ. '사회서비스를'이 아니라 '공공부조를'이 맞다(법 제22조 제2항).

ㄴ. '공공부조에'가 아니라 '사회서비스에'가 맞다(법 제23조 제1항).

ㄷ. '국가는'이 아니라 '국가와 지방자치단체는'이 맞다(법 제22조 제1항).

오답 분석

ㄹ. 법 제24조 제2항

52 공공부조 관련 법체계 정답 ②

② '장해급여'는 「산업재해보상보험법」상의 급여이다.

오답 분석

①, ③, ④, ⑤ 법 제7조 제1항

이것도 알면 합격

법 제7조 제1항

이 법에 따른 급여의 종류는 다음 각 호와 같다.

1. 생계급여
2. 주거급여
3. 의료급여
4. 교육급여
5. 해산급여(解産給與)
6. 장제급여(葬祭給與)
7. 자활급여

53 사회보험 관련 법체계 정답 ④

④ '3일간은'이 아니라 '7일간은'이 맞다(법 제49조 제1항).

오답 분석

① 법 제38조

② 법 제42조 제1항

③ 법 제69조의2

⑤ 법 제79조 제2항

54 사회보험 관련 법체계 정답 ⑤

ㄱ, ㄴ, ㄷ, ㄹ, ㅁ. 법 제36조 제1항

55 사회복지법제의 개관 정답 ④

ㄱ. '시행령'이 아니라 '시행규칙'이 맞다. **시행령**은 **대통령이 발하는 명령**으로, **대통령령으로 공포**되며, **법규명령과 행정명령으로 구분**된다.

ㄴ. '국무총리령'이 아니라 '대통령령'이 맞다. **국무총리령에는 위임명령과 집행명령**이 있다.

ㄹ. '명령과 규칙'이 아니라 '조례와 규칙'이 맞다.

오답 분석

ㄷ. 헌법 제49조

56 사회복지법제의 개관 정답 ②

② 「사회보장급여 이용·제공 수급권자 발굴에 관한 법률」은 2014년 12월에 제정되었다.

오답 분석

① 「자원봉사활동 기본법」은 2005년에 제정되었다.

③ 「노인장기요양보험법」은 2007년에 제정되었다.

④ 「기초연금법」은 2014년 5월에 제정되었다.

⑤ 「국민건강보험법」은 1999년에 제정되었다.

57 사회복지 관련 일반법체계 정답 ⑤

ㄱ, ㄴ, ㄷ, ㄹ. 법 제12조 제1항

이것도 알면 합격

법 제12조 제1항

보건복지부장관은 보장기관이 제10조에 따른 업무를 효율적으로 수행할 수 있도록 지원하기 위하여 「사회보장기본법」 제37조에 따른 사회보장정보시스템(이하 "사회보장정보시스템"이라 한다)을 통하여 다음 각 호의 자료 또는 정보를 처리할 수 있다.

1. 「전기사업법」 제14조에 따른 단전(전류제한을 포함한다), 「수도법」 제39조에 따른 단수, 「도시가스사업법」 제19조에 따른 단가스 가구정보(가구정보는 주민등록전산정보·가족관계등록전산정보를 포함한다. 이하 같다)
2. **「초·중등교육법」 제25조에 따른 학교생활기록 정보 중 담당교원이 위기상황에 처하여 있다고 판단한 학생의 가구정보(ㄱ)**
3. **「국민건강보험법」 제69조에 따른 보험료를 3개월 이상 체납한 사람의 가구정보(ㄴ)**
4. 「국민기초생활 보장법」 또는 「긴급복지지원법」에 따른 신청 또는 지원 중 탈락가구의 가구정보
5. 「사회복지사업법」 제35조에 따른 시설의 장이 입소 탈락자나 퇴소자 중 위기상황에 처하여 있다고 판단한 사람의 가구정보
6. 「신용정보의 이용 및 보호에 관한 법률」 제25조제2항제1호에 따른 종합신용정보집중기관과 같은 항 제2호에 따른 개별신용정보집중기관이 보유하고 있는 개인신용정보 중 보건복지부장관이 위기상황에 처하여 있다고 판단한 사람의 대통령령으로 정하는 기준에 해당하는 연체정보(대출금·신용카드대금·통신요금 등을 말한다) 및 해당 연체정보와 관련된 채무액으로서 금융위원회 위원장과 협의하여 정하는 개인신용정보
7. **「공공주택 특별법」 제4조제1항에 따른 공공주택사업자가 보유하고 있는 정보로서 같은 법 제49조에 따른 임대료를 3개월 이상 체납한 임차인의 가구정보(ㄷ)**
8. 「공동주택관리법」 제2조제1항제10호에 따른 관리주체가 보유하고 있는 정보로서 같은 법 제23조제1항에 따른 관리비를 3개월 이상 체납한 입주자의 가구정보
9. 「집합건물의 소유 및 관리에 관한 법률」 제26조의5에 따라 시·도지사 또는 시장·군수·구청장이 보고 또는 제출받은 자료로서 같은 법 제25조제1항제2호에 따른 관리단의 사무 집행을 위한 비용과 분담금을 3개월 이상 체납한 구분소유자 또는 점유자의 가구정보

10. 「국민연금법」 제46조제1항제1호에 따라 국민연금공단에서 실시하는 자금의 대여사업을 이용하는 자의 가구정보(ㄹ)
11. 기간통신사업자가 보유한 이용자의 정보로서 「전기통신사업법」 제4조제6항에 따른 전자정보시스템을 통하여 제공할 수 있는 정보 중 보건복지부장관이 위기상황에 처하여 있다고 판단한 이용자의 이동전화번호 정보
12. 그 밖에 지원대상자의 발굴을 위하여 필요한 정보로서 대통령령으로 정하는 정보

58 사회보험 관련 법체계 정답 ①

ㄱ, ㄴ, ㄷ. 법 제5조 제1항

오답 분석

ㄹ. '기금운용지침에 관한 사항'은 '국민연금기금운용위원회'의 심의·의결 사항이다(법 제103조 제1항).

이것도 알면 합격

법 제103조 제1항

기금의 운용에 관한 다음 각 호의 사항을 심의·의결하기 위하여 보건복지부에 국민연금기금운용위원회를 둔다.

1. 기금운용지침에 관한 사항
2. 기금을 관리기금에 위탁할 경우 예탁 이자율의 협의에 관한 사항
3. 기금 운용 계획에 관한 사항
4. 기금의 운용 내용과 사용 내용에 관한 사항

59 사회복지 관련 일반법체계 정답 ⑤

⑤ 사회보험은 국가의 책임으로 시행하고, 공공부조와 사회서비스는 국가와 지방자치단체의 책임으로 시행하는 것을 원칙으로 한다. 다만, 국가와 지방자치단체의 재정 형편 등을 고려하여 이를 협의·조정할 수 있다(법 제25조 제5항).

오답 분석

① 법 제25조 제1항
② 법 제25조 제2항
③ 법 제25조 제3항
④ 법 제25조 제4항

60 사회복지 관련 일반법체계 정답 ④

ㄱ. 법 제2조 제7호
ㄴ. 법 제2조 제2호
ㄹ. 법 제2조 제5호

오답 분석

ㄷ. '사회복지서비스란 국가·지방자치단체 및 민간부문의 도움을 필요로 하는 모든 국민에게 「사회보장기본법」에 따른 사회서비스 중 사회복지사업을 통한 서비스를 제공하여 삶의 질이 향상되도록 제도적으로 지원하는 것을 말한다.'가 맞다(법 제2조 제6호).

61 사회서비스 관련 법체계 정답 ②

② '지원대상아동'이 아니라 '보호대상아동'이 맞다(법 제3조 제4호). 참고로 **지원대상아동**이란 아동이 조화롭고 건강하게 성장하는 데에 필요한 기초적인 조건이 갖추어지지 아니하여 사회적·경제적·정서적 지원이 필요한 아동을 말한다(법 제3조 제5호).

오답 분석

① 법 제3조 제1호
③ 법 제3조 제7호
④ 법 제7조 제1항
⑤ 법 제10조 제1항

62 사회복지 관련 일반법체계 정답 ③

③ 「사회복지사업법」 제5조의2에 따른 사회복지서비스 제공의 원칙이다(「사회복지사업법」 제5조의2 제3항).

오답 분석

① 법 제4조 제1항
② 법 제4조 제2항
④ 법 제4조 제5항
⑤ 법 제4조 제6항

63 공공부조 관련 법체계 정답 ②

② 법 제8조 제1항

이것도 알면 합격

법 제8조 제1항

본인과 그 배우자가 모두 기초연금 수급권자인 경우에는 각각의 기초연금액에서 **기초연금액의 100분의 20에 해당하는 금액을 감액**한다.

64 공공부조 관련 법체계 정답 ③

③ '분기별로'가 아니라 '연 1회 이상 정기적으로'가 맞다(법 제7조의2 제1항).

오답 분석

① 법 제3조 제1항

② 법 제5조의2

이것도 알면 합격

법 제5조의2

국내에 체류하고 있는 외국인 중 대통령령으로 정하는 사람이 제5조에 해당하는 경우에는 긴급지원대상자가 된다.

④ 법 제7조 제1항

⑤ 법 제18조 제1항

65 사회보험 관련 법체계 정답 ⑤

ㄱ, ㄴ, ㄷ, ㄹ. 법 제41조 제1항

이것도 알면 합격

법 제41조 제1항

가입자와 피부양자의 질병, 부상, 출산 등에 대하여 다음 각 호의 요양급여를 실시한다.

1. 진찰·검사
2. 약제(藥劑)·치료재료의 지급
3. 처치·수술 및 그 밖의 치료
4. 예방·재활
5. 입원
6. 간호
7. 이송(移送)

66 사회보험 관련 법체계 정답 ②

② 법 제7조 제3항

오답 분석

① '3년'이 아니라 '5년'이 맞다(법 제6조 제1항).

③ '5년마다'가 아니라 '3년마다'가 맞다(법 제6조의2 제1항).

④ '보건복지부장관으로'가 아니라 '국민건강보험공단으로'가 맞다(법 제7조 제2항).

⑤ '통합회계로'가 아니라 '각각의 독립회계로'가 맞다(법 제8조 제3항).

67 공공부조 관련 법체계 정답 ⑤

⑤ '5년마다'가 아니라 '3년마다'가 맞다(법 제20조의2 제1항).

오답 분석

① 법 제20조의2 제4항

② 법 제24조 제2항

③ 법 제29조 제1항

④ 법 제34조

68 사회복지법제의 개관 정답 ①

ㄱ. 헌법 제32조 제2항

이것도 알면 합격

헌법 제32조 제2항

모든 국민은 근로의 의무를 진다. 국가는 근로의 의무의 내용과 조건을 **민주주의원칙에 따라 법률로 정한다.**

ㄴ. 헌법 제34조 제5항

69 사회복지 관련 일반법체계 정답 ①

① '국무총리와'가 아니라 '보건복지부장관과'가 맞다(법 제26조 제2항).

오답 분석

② 법 제26조 제5항

③ 법 제27조 제1항

④ 법 제28조 제1항

⑤ 법 제28조 제3항

70 사회복지 관련 일반법체계 정답 ③

③ '현금으로'가 아니라 '현물로'가 맞다(법 제5조의2 제1항).

오답 분석

① 법 제5조 제1항

② 법 제6조 제2항

④ 법 제6조의2 제1항

⑤ 법 제10조 제1항

71 사회복지 관련 일반법체계 정답 ⑤

ㄱ, ㄴ, ㄷ, ㄹ. 법 제17조 제1항

이것도 알면 합격

법 제17조 제1항

법인의 정관에는 다음 각 호의 사항이 포함되어야 한다.

1. 목적
2. 명칭
3. 주된 사무소의 소재지
4. 사업의 종류
5. 자산 및 회계에 관한 사항(ㄱ)

6. 임원의 임면(任免) 등에 관한 사항(ㄴ)
7. 회의에 관한 사항
8. 수익(收益)을 목적으로 하는 사업이 있는 경우 그에 관한 사항(ㄷ)
9. 정관의 변경에 관한 사항
10. 존립시기와 해산 사유를 정한 경우에는 그 시기와 사유 및 남은 재산의 처리방법(ㄹ)
11. 공고 및 공고방법에 관한 사항

72 사회서비스 관련 법체계 정답 ②

ㄱ, ㄷ. **법 제19조 제1항(한부모가족복지시설)**

이것도 알면 합격

법 제19조 제1항(한부모가족복지시설)

한부모가족복지시설은 다음 각 호의 시설로 한다.

1. 출산지원시설: 다음 각 목의 어느 하나에 해당하는 자의 임신·출산 및 그 출산 아동(3세 미만에 한정한다)의 양육을 위하여 주거 등을 지원하는 시설(ㄱ)
   가. 제4조제1호의 모

   > **법 제4조 제1호**
   > "모" 또는 "부"란 다음 각 목의 어느 하나에 해당하는 자로서 아동인 자녀를 양육하는 자를 말한다.
   > 가. 배우자와 사별 또는 이혼하거나 배우자로부터 유기(遺棄)된 자
   > 나. 정신이나 신체의 장애로 장기간 노동능력을 상실한 배우자를 가진 자
   > 다. 교정시설·치료감호시설에 입소한 배우자 또는 병역복무 중인 배우자를 가진 사람
   > 라. 미혼자{사실혼(事實婚) 관계에 있는 자는 제외한다}
   > 마. 가목부터 라목까지에 규정된 자에 준하는 자로서 여성가족부령으로 정하는 자

   나. 혼인 관계에 있지 아니한 자로서 출산 전 임신부
   다. 혼인 관계에 있지 아니한 자로서 출산 후 해당 아동을 양육하지 아니하는 모
2. 양육지원시설: 6세 미만 자녀를 동반한 한부모가족에게 자녀를 양육할 수 있도록 주거 등을 지원하는 시설(ㄷ)
3. 생활지원시설: 18세 미만(취학 중인 경우에는 22세 미만을 말하되, 「병역법」에 따른 병역의무를 이행하고 취학 중인 경우에는 병역의무를 이행한 기간을 가산한 연령 미만을 말한다) 자녀를 동반한 한부모가족에게 자립을 준비할 수 있도록 주거 등을 지원하는 시설
4. 일시지원시설: 배우자(사실혼 관계에 있는 사람을 포함한다)가 있으나 배우자의 물리적·정신적 학대로 아동의 건전한 양육이나 모 또는 부의 건강에 지장을 초래할 우려가 있을 경우 일시적 또는 일정 기간 동안 모와 아동, 부와 아동, 모 또는 부에게 주거 등을 지원하는 시설
5. 한부모가족복지상담소: 한부모가족에 대한 위기·자립 상담 또는 문제해결 지원 등을 목적으로 하는 시설

오답 분석

ㄴ. '12세 미만(취학 중인 경우에는 18세 미만을 말하되)'가 아니라 '18세 미만(취학 중인 경우에는 22세 미만을 말하되)'가 맞다(법 제19조 제1항 제3호).

ㄹ. '사람은 제외한다'가 아니라 '사람을 포함한다'가 맞다(법 제19조 제1항 제4호).

73 사회서비스 관련 법체계 정답 ②

오답 분석

①, ③, ④, ⑤ 정신건강증진 및 정신질환자 복지서비스 지원에 관한 법률상 입원의 종류에는 **자의입원, 동의입원, 보호의무자에 의한 입원, 특별자치시장·특별자치도지사·시장·군수·구청장에 의한 입원(또는 행정입원), 응급입원**이 있다.

74 사회서비스 관련 법체계 정답 ④

④ '18세'가 아니라 '19세'가 맞다(법 제9조 제1항 제2호).

이것도 알면 합격

법 제9조 제1항

성매매피해자등을 위한 지원시설의 종류는 다음 각 호와 같다.

1. 일반 지원시설: 성매매피해자등을 대상으로 1년의 범위에서 숙식을 제공하고 자립을 지원하는 시설
2. 청소년 지원시설: 19세 미만의 성매매피해자등을 대상으로 19세가 될 때까지 숙식을 제공하고, 취학·교육 등을 통하여 자립을 지원하는 시설
3. 외국인 지원시설: 외국인 성매매피해자등을 대상으로 3개월의 범위에서 숙식을 제공하고, 귀국을 지원하는 시설
4. 자립지원 공동생활시설: 성매매피해자등을 대상으로 2년의 범위에서 숙박 등의 편의를 제공하고, 자립을 지원하는 시설

오답 분석

① 법 제4조 제1항

② 법 제14조 제1항

③ 법 제15조 제1항

⑤ 법 제17조 제2항

75 사회서비스 관련 법체계 정답 ①

오답 분석

ㄹ. '장애인 자립생활지원시설'이 아니라 '장애인 직업재활시설'이 맞다(법 제58조 제1항 제3호).